Visual Studio 2022

쉽게 풀어쓴

C 언어
Express

천인국 지음

개정4판

생능출판

저자소개

천인국

- 1983年 서울대학교 전자공학과 공학사
- 1985年 한국과학기술원 전기및전자공학과 공학석사
- 1993年 한국과학기술원 전기및전자공학과 공학박사
- 1985年~1988年 삼성전자 종합연구소 주임 연구원
- 1993年~현재 순천향대학교 컴퓨터공학과 교수
- 2005年 캐나다 UBC 방문 교수
- E-mail: chunik@sch.ac.kr

쉽게 풀어쓴 C언어 Express

초판발행 2007년 12월 20일
제4판2쇄 2024년 2월 5일

지은이 천인국
펴낸이 김승기
펴낸곳 (주)생능출판사 / **주소** 경기도 파주시 광인사길 143
출판사 등록일 2005년 1월 21일 / **신고번호** 제406-2005-000002호
대표전화 (031)955-0761 / **팩스** (031)955-0768
홈페이지 www.booksr.co.kr

책임편집 신성민 / **편집** 이종무, 최동진 / **디자인** 유준범, 노유안
마케팅 최복락, 김민수, 심수경, 차종필, 백수정, 송성환, 최태웅, 명하나, 김민정
인쇄 성광인쇄(주) / **제본** 일진제책사

ISBN 978-89-7050-667-8 93000
정가 32,000원

개정4판 머리말

"C언어 익스프레스" 초판이 나온 지도 엊그제 같은데 어느덧 시간이 흘러서 개정4판을 출간할 때가 되었다. 그동안 여러 가지로 부족한 점에도 불구하고 "C언어 익스프레스"를 격려해주신 여러 교수님과 학생 여러분께 깊은 감사를 드린다. 4차 개정판에서 다음과 같은 점들을 보완하고 추가하였다.

- ▶ 1장의 스크래치 내용을 삭제하고 알고리즘에 관한 내용을 추가하였다.

- ▶ 전체 그림을 새롭게 그려서 좀 더 선명하고 이해하기 쉬운 그림으로 교체하였다.

- ▶ 연습 문제와 프로그래밍 문제의 일부를 교체, 업그레이드하였다. 너무 어려운 문제나 중복되는 문제를 삭제하고 새롭고 흥미로운 문제들은 추가하였다. 또 프로그래밍 문제에는 난이도와 주제, 힌트를 두어서 프로그램을 작성하는 데 도움을 주고자 하였다.

- ▶ 각 장의 끝에 미완성의 미니 프로젝트 문제를 제시하였다. 이들 문제는 학습 중의 과제로 활용할 수 있도록 하였다.

- ▶ 각 장에 흥미를 느낄 수 있는 다양한 분야의 실습 문제를 추가하였다. 프로그램을 힌트와 함께 작성하다 보면, 문제를 해결하는 능력도 단계적으로 배양될 것으로 기대한다.

아무쪼록 이번 개정판도, 여러분들이 재미있게 프로그래밍을 학습하는 데 일조할 수 있다면 저자에게는 큰 보람이 될 것이다. 책이 출간될 때마다 오류를 지적해주시고 조언, 격려해주시는 교수님들과 학생 여러분께 항상 감사드린다. 또 항상 저자의 까다로운 요구를 수용해주시면서 편집해주시는 생능출판사 여러분들께도 깊이 감사드립니다.

2022년 12월
천인국

초판 머리말

C언어는 현재도 공학 전반의 실무 현장에서 가장 많이 사용되는 언어중의 하나이다. C언어는 간결하고 효율적이며 저수준의 하드웨어 제어도 가능한 강력한 언어이다. 이 책을 저술하게 된 가장 큰 이유는, 프로그래밍 입문자들이 이 책을 통하여 보다 쉽고 재미있게 프로그래밍의 세계로 들어올 수 있도록 하자는 것이었다. 이 책을 저술하면서 역점을 두었던 몇 가지는 다음과 같다.

▶ 적절한 그림을 가능한 많이 사용하여 보다 친숙하고, 지루하지 않으며 독자들이 이해하기 쉬운 교재를 만들려고 노력하였다. 입문자들은 그림을 통하여 보다 쉽게 관련 개념들을 빠르게 이해할 수 있다.

▶ 각각의 주제에 대하여 개념과 원리를 자세하게 설명하였으며 설명은 문답식으로 친숙하게 만들려고 노력하였다.

▶ 페이지가 허용하는 한도에서 충분한 예제 프로그램을 제공하여 입문자들이 참고할 수 있도록 하였다.

▶ 학교에서 교재로 사용하는데 무리가 없도록 다양하고 충분한 연습 문제를 제공하려고 노력하였다.

▶ 실습 책을 따로 구입하지 않아도 혼자서 실습을 진행할 수 있도록 단계식 실습 문제를 제공하였다. 사용자들은 주어진 예제 소스를 첨삭해가면서 학습한 내용을 체득할 수 있도록 구성하였다.

▶ 컬러를 사용하여 지루하지 않고 보다 친숙한 교재가 되도록 노력하였다.

이 책이 만들어지기까지 많은 도움이 있었다. 특히 그림 제작에 많은 도움을 주신 CH디자인과 적극적으로 지원해주신 생능출판사 여러분께 깊은 감사를 표한다. 아무쪼록 이 책이 C언어를 공부하는 많은 이들에게 조금이라도 도움이 될 수 있다면 저자에게는 큰 보람이 될 것이다.

2007년 11월
천인국

이 책의 구성

이 책은 1학기 분량의 강의의 경우, 1학기를 16주로 가정하여 다음과 같은 진행을 생각할 수 있다. 2장은 1장과 합쳐서 진행할 수 있고 14장은 선택적으로 일부분만을 강의할 수 있다.

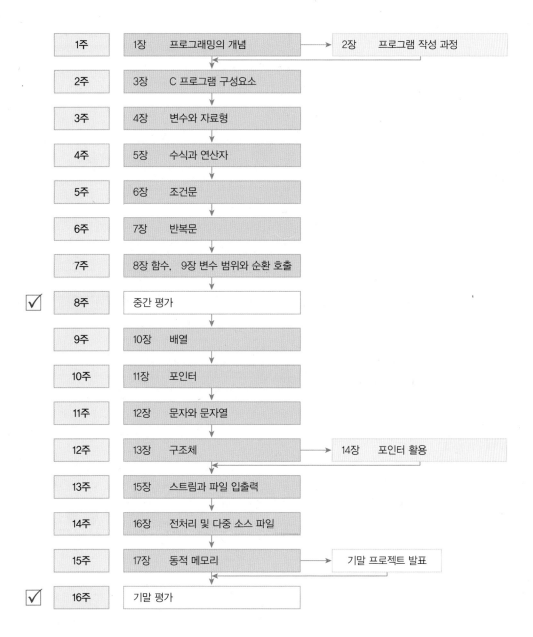

주	장	내용		
1주	1장	프로그래밍의 개념	2장	프로그램 작성 과정
2주	3장	C 프로그램 구성요소		
3주	4장	변수와 자료형		
4주	5장	수식과 연산자		
5주	6장	조건문		
6주	7장	반복문		
7주	8장 함수, 9장 변수 범위와 순환 호출			
☑ 8주	중간 평가			
9주	10장	배열		
10주	11장	포인터		
11주	12장	문자와 문자열		
12주	13장	구조체	14장	포인터 활용
13주	15장	스트림과 파일 입출력		
14주	16장	전처리 및 다중 소스 파일		
15주	17장	동적 메모리	기말 프로젝트 발표	
☑ 16주	기말 평가			

이 책의 특징

그림을 통한 개념 전달
중요한 프로그래밍 개념과 원리를 최대한 그림을 이용하여 설명하였다.

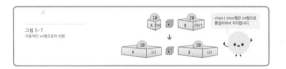

다양한 보충설명
본문 옆의 여백을 이용하여 참고사항이나 주의사항을 자세하게 설명하였다.

중간점검
각 절에 등장하는 기본 개념과 용어에 대해 복습하기 위하여 단답형 문항으로 이루어진 퀴즈를 두었다.

Mini Project
문제중심학습(Problem-based learning)이 가능하도록 실제적인 문제가 먼저 주어지고 풀이 과정을 학생들과 함께 생각할 수 있는 예제 문제들을 제시하였다.

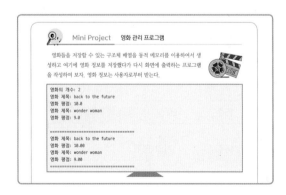

Q & A

학습자들이 공통적으로 궁금해하는 사항들을 문답 형식으로 정리하여 자세히 설명하였다.

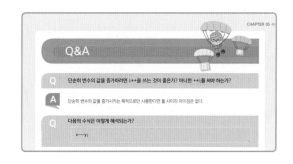

Summary

각 장에서 학습한 내용을 복습할 수 있도록 가장 대표적인 소스를 가지고 퀴즈를 출제하였다.

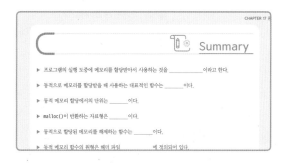

Exercise

연습문제는 퀴즈와 프로그래밍 문제의 중간 수준의 문제이다. 주로 프로그램의 분석이나 부분 프로그램의 작성으로 구성되어 있다.

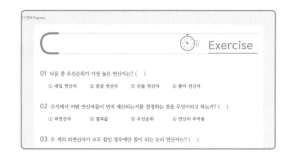

Programming

학습자들이 완전한 C 프로그램의 설계와 구현을 할 수 있도록 다양한 문제를 제공하였다. 특히 학습자가 참고할 수 있도록 힌트가 제공되며, 난이도를 확인하며 스스로 수준을 점검해 볼 수 있다.

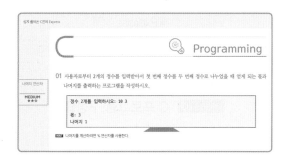

차례

프로그래밍의 개념

C언어가 중요하다고 들었어요. 정말로 그런 가요?

네, C언어는 현대적인 거의 모든 언어의 어머니라고 할 수 있습니다. C언어는 지금도 활발하게 사용됩니다.

Objectives

- 프로그램이 컴퓨터에서 어떤 역할을 하는지를 설명할 수 있다.
- 프로그래밍 언어는 왜 필요한지를 설명할 수 있다.
- C언어의 특징과 중요성에 대하여 이해하고 설명할 수 있다.
- 알고리즘이 소프트웨어 개발에서 왜 필요하고 어떤 단계에서 사용되는지를 이해하고 설명할 수 있다.
- 순서도와 의사 코드로 간단한 알고리즘은 표현할 수 있다.

01 프로그래밍의 개념

1.1 프로그래밍이란?

프로그램의 중요성

우리는 컴퓨터를 사용하여 많은 작업을 할 수 있다는 것을 알고 있다. 문서를 작성하거나 회계 장부를 정리하거나 사진을 편집할 수 있다. 이러한 작업들은 하드웨어만 있다고 할 수 있는 일이 아니다. 이러한 작업들이 가능하기 위해서는 컴퓨터에 "한글"과 같은 워드 프로세서나 "엑셀"과 같은 스프레드시트 프로그램, 또는 "포토샵" 같은 이미지 편집 프로그램이 설치되어 있어야 한다.

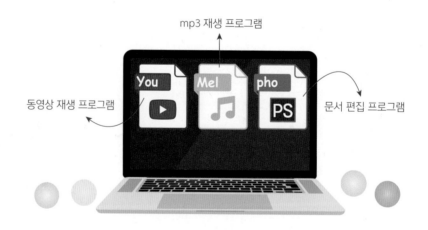

그림 1-1
컴퓨터는 여러 가지 용도로 사용될 수 있다.

mp3 재생 프로그램

동영상 재생 프로그램

문서 편집 프로그램

참고사항

스마트폰도 컴퓨터의 일종으로 볼 수 있다. 흔히 '앱(App)' 또는 '어플'이라고 말하는 것이 애플리케이션 프로그램을 의미한다. 스마트폰에서도 다양한 앱을 다운로드받아서 여러 가지 작업을 할 수 있다.

만약 컴퓨터에 프로그램은 하나도 없고 단지 하드웨어만 있다면 어떤 기능을 할 수 있을 것인가? 컴퓨터 조립을 손수 해본 사람들은 느꼈겠지만, 하드웨어 조립이 끝났다고 해서 바로 컴퓨터를 사용할 수 있는 것은 아니다. "윈도우"와 같은 운영 체제를 설치하고 추가로 여러 가지 응용 프로그램을 설치해야만 비로소 우리가 유용하게 사용할 수 있는 컴퓨터가 되는 것이다. 프로그램이 없다면 컴퓨터는 그저 약간의 열과 소음을 발생하는 쓸모없는 기계에 불과하다(물론 난방을 위해서 사용할 수는 있지만).

그렇다면 왜 컴퓨터에서는 가전제품처럼 프로그램 설치 없이 바로 동작되도록 하지 않고 불편하게 사용자가 프로그램을 설치하게 하였을까? 컴퓨터가 범용적인 기계(universal machine)이기 때문이다. 가전제품은 미리 정해진 한 가지 작업밖에 못 하는 반면, 컴퓨터는 프로그램만 바꾸어주면 매우 다양한 작업을 할 수 있다. 컴퓨터의 일종인 스마트폰을 생각해보자. 스마트폰이 기존의 휴대폰에 비해서 인기가 있는 이유도 자신에게 필요한 각종 앱들을 자유롭게 설치할 수 있기 때문이다. 스마트폰 때문에 MP3 플레이어, 카메라, 전자사전, 내비게이션, 휴대용 게임기 등의 매출이 큰 타격을 받은 것을 생각해보자. 동일한 하드웨어에서 프로그램을 바꾸어가면서 다양한 작업을 할 수 있는 것은 컴퓨터의 가장 강력한 장점이다.

컴퓨터에 프로그램이 없으면 우리는 아무런 일도 할 수 없다. 컴퓨터는 근본적으로 미리 작성된 프로그램을 단순히 수행하는 기계인 것이다. 공상 과학 영화에서는 인공 지능이나 감정을 가지고 있는 컴퓨터를 흔히 볼 수 있지만, 현실에서는 그저 시키는 대로만 일하는 컴퓨터도 대단히 유용하다. 만약 컴퓨터로 문서를 작성하여야 하는데 컴퓨터가 감정이 있어서 작업을 거부하면 얼마나 불편할 것인가?

컴퓨터 vs 계산기

컴퓨터의 기본적인 임무는 숫자 계산을 빠르게 하는 것이다. 하지만 계산만 빨리할 수 있다고 해서 컴퓨터라고 부를 수 있을까? 계산기도 계산을 빠르게 하지만 아무도 계산기를 컴퓨터라고 부르지 않는다. 요즘의 컴퓨터는 계산만 하는 기계는 아니다. 현대적인 의미로 컴퓨터를 정의하여 보면 "명령어들의 리스트에 따라 데이터를 처리하는 기계"라고 할 수 있다. 특정한 작업을 수행하도록 설계된 명령어들의 리스트가 바로 프로그램(program)이다. 다양한 프로그램을 수행할 수 있는 능력은 컴퓨터를 다재다능한 기계로 만들었으며 이것이 바로 계산기와 컴퓨터를 구별하는 중요한 특징이 된다. 한때 사람들이 많이 사용하던 일반 휴대폰들이 사라지고 스마트폰 시대가 온 것도 자신이 필요한 앱을 스마트폰에 설치할 수 있는 특징 때문이다. 앱(application: 응용 프로그램)이 바로 프로그램이다.

참고사항

명령어는 컴퓨터의 두뇌에 해당하는 프로세서가 수행할 수 있는 하나의 연산을 의미한다. 산술 연산이나 데이터 이동 등이 대표적인 명령어들이다.

계산기는 정해진 기능만을 수행한다 기능을 변경할 수 없다.

프로그램이라는 개념을 도입하여 수행하는 기능을 쉽게 변경할 수 있다.

그림 1-2
계산기와 컴퓨터의 비교

프로그램 안에 들어 있는 것

프로그램 안에는 무엇이 들어 있을까? 프로그램이란 우리가 하고자 하는 작업을 컴퓨터에게 전달하여 주는 역할을 한다. 프로그램은 특정한 작업을 위한 작업 지시서라고 보면 된다. 작업을 지시하려면 명령어(instruction)들을 나열해야 한다. 프로그램 안에는 명령어들이 들어 있다.

그림 1-3
프로그램은 작업 지시서와 같다.

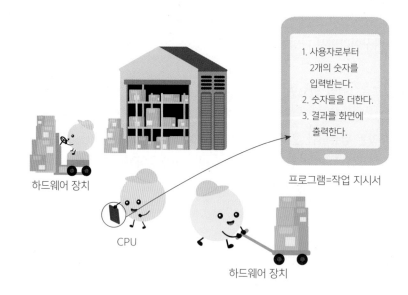

간단한 예를 들어보자. 3개의 숫자를 받아서 평균을 계산하는 프로그램이 있다고 하자. 프로그램 안에는 다음과 같은 명령어들이 들어 있을 수 있다.

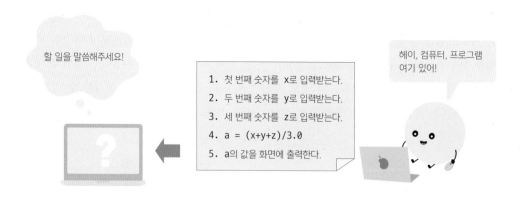

프로그램의 역사

프로그램은 언제 처음으로 시도되었을까? 프로그램이 가능한 최초의 기계는 18세기에 "컴퓨터의 아버지"로 불리는 찰스 배비지가 설계한 "해석 기관(Analytical Engine)"이라고 한다. 18세기에 들어서 영국에서는 기계를 돌리고 바다를 항해하는 분야에서 정확한 수치 계산이 필요하였다. 하지만 당시에는 모든 계산을 사람의 손으로 하고 있어서 틀리기 쉬웠다. 따라서 정확한 계산을 할 수 있는 기계를 많은 사람들이 원하게 되었다. 찰스 배비지는 복잡한 수학 연산을 기계로 풀어낼 수 있다고 주장하였고 영국은 많은 돈을 투자하였다. 배비지가 설계한 해석 기관은 모든 종류의 계산을 하나의 기계에서 할 수 있도록 설계된 최초의 범용 컴퓨터였다. 이전의 기계들과 결정적으로 달랐던 점은 프로그램을 수행하는 것이 가능했다는 점이다. 그러나 애석하게도 해석 기관은 개념과 원리만 완성됐을 뿐, 실제로 만들어지지 못했다.

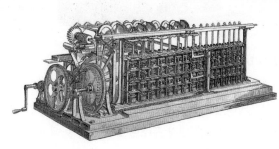

그림 1-4
최초로 프로그램이 가능한 기계를 설계하였던 찰스 배비지와 그의 차분 기관

배비지의 해석 기관은 수천 개의 기어, 바퀴, 축, 레버 등으로 구성하여 증기로 작동하는 것으로 설계되었다. 해석 기관에는 현대 디지털 컴퓨터의 기초적인 하드웨어와 소프트웨어의 원리가 구현돼 있었다. 해석 기관은 현대 컴퓨터에서도 사용하는 네 가지의 핵심적인 부품(component)이 모두 포함되어 있었다.

* 중앙 처리 장치(계산을 담당, mill이라고 불림)
* 메모리(중간 단계에서 임시로 숫자가 저장, store라고 불림)
* 출력 장치(출력 숫자를 나타내는 다이얼)
* 입력 장치(천공 카드)

> **참고사항**
>
> 천공 카드(punched card)란 두꺼운 종이의 적당한 위치에 구멍을 내어 그 구멍의 위치가 정보를 나타내도록 설계된 것이다.

19세기 말까지 실용적인 컴퓨터를 구현할 수 있는 많은 요소 기술들이 등장하였다. 즉 펀치 카드, 부울 대수, 진공관, 그리고 텔레타이프 등이 그것이다. 전자 공학의 발전으로 전자 스위치가 부울 대수(Boolean algebra)의 참/거짓을 나타낼 수 있다는 것을 깨닫게 되었다. 최초의 전자식 컴퓨터 중의 하나는 1943년에 탄도 궤적을 계산할 목적으로 개발된 ENIAC으로 18,000여 개의 진공관과 6,000여 개의 스위치로 이루어져 있었다. ENIAC은 십진법을 사용해서 계산을 하는 최초의 범용 전자 컴퓨터였다. ENIAC은 산술 연산과 논리 연산을 수행할 수 있고 변수 개념도 지원하였다. 그러나 결정적인 문제점은 ENIAC은 탄도 궤도 표를 계산하는 특수 목적 컴퓨터였기 때문에 설계된 목적만을 수행할 수 있었고 다른 작업을 수행시키려면 아주 복잡하였다. ENIAC의 프로그램은 스위치에 의하여 기억되었고 프로그램을 변경할 때마다 그 많은 스위치들을 처음부터 다시 연결하여야 했다고 한다. 첫 번째 코딩은 아주 험난하였다. 따라서 공학자들은 프로그램을 쉽게 바꿀 수 있는 방법을 연구하였다.

> **참고사항**
>
> **부울 대수**
> 1848년 영국의 수학자 부울(Bool)에 의하여 제안된 것으로, 참과 거짓을 나타내는 0과 1만을 가지고 논리 과정을 표현하는 수학의 한 분야.

그림 1-5
ENIAC의 프로그래밍 장면: 수많은 스위
치와 전선을 연결하여 프로그램을 기억
시켰다.

몇몇 ENIAC의 개발자들이 그 결점을 개선하려고 노력하였고 후에 훨씬 유연하고 깔끔한 설계를 할 수 있게 되었다. 이 방식은 프로그램 내장(stored program) 구조 또는 폰 노이만 구조라고 불린다. 이 프로그램 내장 방식은 폰 노이만이 1945년에 발표된 논문에서 최초로 기술되었다. 프로그램 내장 구조란 프로그램을 메모리에 저장하는 방식이다. 컴퓨터가 자신의 메모리에 적재된 프로그램에 의해 작동될 수 있다는 것이다. 프로그램이 저장 장치에 내장되어 반복적으로 메모리에 적재될 수 있고, 프로그램 자체도 다른 데이터와 마찬가지로 수정될 수 있었다. 즉 프로그램을 데이터처럼 취급하는 개념이었다. 이후 많은 사람들이 이러한 구조를 구현하기 위하여 노력하였고 최초의 실용적인 프로그램 내장 방식의 컴퓨터인 EDVAC이 1948년에 제작되었다. EDVAC은 최초로 메인 메모리를 가지고 있었고 이 메모리 안에 프로그램을 내장하여 수행하였다. EDVAC은 0과 1의 이진 숫자들로 구성된 기계어를 사용하였다. 폰 노이만 구조는 다음과 같은 특징을 지닌다.

* 프로그램과 데이터가 모두 메인 메모리에 저장된다.
* 메인 메모리에 저장된 프로그램에서 이진수로 되어 있는 명령어들을 순차적으로 가져와서 실행한다.

그림 1-6
폰 노이만 구조

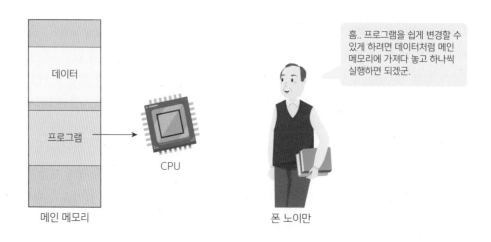

흠.. 프로그램을 쉽게 변경할 수 있게 하려면 데이터처럼 메인 메모리에 가져다 놓고 하나씩 실행하면 되겠군.

데이터

프로그램 → CPU

메인 메모리   폰 노이만

참고사항

프린스턴 아키텍처라고도 알려진 폰 노이만 구조는 1945년 John von Neumann이 EDVAC에 대한 보고서에서 설명한 내용을 기반으로 하는 컴퓨터 아키텍처이다.

컴퓨터가 개발된 이후로 컴퓨터에 사용된 기술은 엄청나게 발전하였지만 지금도 폰 노이만 구조는 사용되고 있다.

프로그램은 누가 만들까?

프로그램을 전문적으로 작성하는 사람을 프로그래머(programmer)라고 한다. 역사상 최초의 프로그래머는 누구일까? 프로그램을 최초로 만든 사람은 에이다 러브레이스(Ada Lovelace)였다. 에이다는 낭만파 시인 바이런의 친딸로서 1833년에 배비지가 만들던 "차분 기관"과 "해석기관"에 매료되어 천공 카드로 입력을 받아서 해석 기관에서 다양한 계산을 수행하는 프로그래밍의 개념을 개발하였다. 배비지는 에이다를 숫자의 마술사(Enchantress of Number)라고 불렀다고 한다.

에이다는 현대적인 컴퓨터가 등장하기 100년 전에 이미 서브루틴(subroutine), 루프(loop), 점프(jump) 등의 핵심적인 컴퓨터 프로그래밍 기본 원리를 고안하였다. 서브루틴은 같은 공식을 여러 번 사용하기 위해서 고안하였고 루프는 같은 계산을 반복하기 위하여, 또 중간의 필요 없는 과정을 뛰어넘기 위하여 점프를 고안하였다. 여기에 추가로 어떤 조건이 일치할 경우, 다음 공식으로 넘어가는 if 구문을 생각해 냈다. 이러한 것들은 배비지의 해석 기관이 단순히 계산만 하는 기계가 아니라 주어진 조건에 따라 결정을 내리고 논리를 수행할 수 있다는 것을 의미하였다. 미국 국방성에서는 에이다 러브레이스를 기념하기 위하여 자신들의 언어를 에이다(ADA)라고 이름지었다. 세계 최초의 프로그래머는 여자였다.

참고사항

1842년에 에이다는 분석 엔진에 대한 이탈리아 엔지니어 루이지 메나브레아(Luigi Menabrea)의 기사를 번역하는 과정에서 여백에 주석을 추가하였다. 에이다의 주석은 기사 자체보다 3배 더 길며, 해석 엔진을 사용하여 베르누이(Bernoulli) 수를 계산하는 방법을 자세하게 설명한다. 이 주석은 컴퓨터의 초기 역사에서 많은 사람들이 최초의 컴퓨터 프로그램, 즉 기계가 수행하도록 설계된 알고리즘으로 간주한다.

 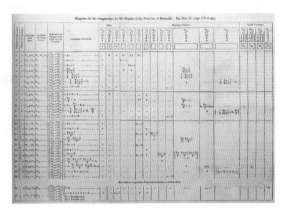

그림 1-7
에이다와 에이다가 작성한 프로그램의 일부(출처: 위키백과)

얼마나 자세하게 작업을 지시해야 할까?

지금부터는 어떻게 하면 컴퓨터에게 작업을 지시할 수 있는지를 살펴보자. 컴퓨터에게는 "적당히" 일을 지시할 수 없다. 사람한테 일을 시키는 경우에는 적당히 일을 지시하더라도 상식이나 지능이 있기 때문에, 어떤 일을 해야 하는지를 추측할 수 있다. 그러나 컴퓨터는 상식이 없기 때문에, 믿을

그림 1-8
컴퓨터는 상식이 없기 때문에 애매모호한 용어는 이해할 수 없다.

수 없을 정도로 아주 자세하고 구체적으로 일을 지시하여야 한다. 또한 컴퓨터가 알아들을 수 있는 언어로 지시하여야 한다.

먼저 얼마나 자세하고 구체적으로 지시하여야 하는지를 살펴보자. 컴퓨터를 이용하여 학생들의 성적 평균을 계산한다고 가정하였다.

그림 1-9
학생들의 성적 평균을 계산하는 예

그림 1-9에서는 간신히 작업을 지시할 수 있었지만 이것도 굉장히 간략하게 줄인 것이다. 실제로 컴퓨터에 일을 지시하려면 훨씬 더 자세히 지시해야 된다는 것만 알아두자. 컴퓨터는 전혀 융통성이 없다. 세세한 작업의 순서까지 사람이 결정해주지 않으면 작업을 하지 못한다. "적당히" 일을 시킬 수는 없는 것이다. 문제를 해결하는 방법을 사람이 완벽하게 고안해서 지시하지 않으면 컴퓨터는 일을 할 수 없다. 컴퓨터는 절대로 영화에서처럼 스스로 판단하여 일을 하지 않는다(인공지능 컴퓨터는 제외). 컴퓨터 프로그래머가 설계한 대로만 동작하는 것이다. 따라서 컴퓨터에게 내리는 작업 지시는 상세하고 애매모호하지 않아야 한다.

사람이 문제를 해결하는 방법을 이토록 자세하게 고안하여 알려주어야 한다면 도대체 왜 컴퓨터를 사용하는 것일까? 차라리 사람이 하는 편이 낫지 않을까? 그러나 컴퓨터의 장점은 작업을 굉장히 빠르게 하고 정확하게 하며 몇 번을 반복해서 시켜도 불평이 없다는 것이다. 컴퓨터를 이용하여 성적 처리를 밤새도록 시켜도 컴퓨터는 불평하지 않고 작업을 완벽하게 끝낼 것이다.

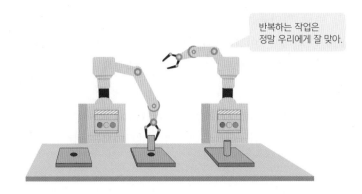

하지만 컴퓨터에 무언가를 시킬 때마다 자세하게 작업 지시를 다시 내려야 한다면 아주 귀찮은 일이 될 것이다. 하지만 방법이 있다. 즉 한 번 만들어진 작업 지시서 즉 프로그램은 하드 디스크에 저장될 수 있고 이것을 다시 실행시키면 똑같은 작업이 실행될 수 있다. 따라서 한 번만 만들어 두면 몇 번이고 사용할 수 있다. 워드 프로세서 프로그램을 한 번만 제작하면 몇 번이고 사용할 수 있는 것과 마찬가지이다.

---

1   컴퓨터의 장점은 무엇인가?
2   왜 계산기는 컴퓨터라고 할 수 없는가?
3   프로그램 안에는 무엇이 들어 있는가?

중간점검

1.2 프로그래밍 언어

컴퓨터가 이해하는 언어

앞에서 프로그램은 컴퓨터에게 작업을 지시하는 문서와 같다고 했다. 그렇다면 어떤 언어를 사용해야만 컴퓨터가 작업 지시를 이해할 수 있을까? 앞에서 컴퓨터는 프로그래머가 시키는 대로만 하는 단순한 기계라고 하였으니, 사람의 언어를 이해할 것 같지는 않다. 즉 한국어나 영어 등으로 작업을 기술한다면 컴퓨터는 전혀 이해할 수 없을 것이다.

참고사항

최근에는 음성인식을 통하여 컴퓨터를 사용할 수 있다. 하지만 복잡하고 정교한 작업을 음성으로 설명하는 것은 불가능하다.

사실 컴퓨터가 바로 알아듣는 언어는 한 가지뿐이다. 즉 0과 1로 구성되어 있는 "001101110001010…"과 같은 이진수이다. 컴퓨터는 이진수의 개념 위에 만들어진 기계이다. 컴퓨터 안에서는 모든 것이 0과 1로 표현되고, 0과 1에 의하여 내부 스위치들이 ON/OFF(커짐/꺼짐) 상태로 변경되면서 작업이 진행된다. 즉 0이면 회로를 끄고 1이면 회로를 켠다. 이러한 이진수 형태의 언어를 기계어(machine language)라고 한다. 이러한 기계어는 컴퓨터가 가장 좋아하는 언어이다. 실제로 초기의 컴퓨터에서는 이러한 기계어를 사용하여 프로그램을 했었다.

그림 1-10
컴퓨터는 한글로 된 작업 지시서는 이해하지 못하는 반면 기계어로 된 작업 지시서는 이해할 수 있다.

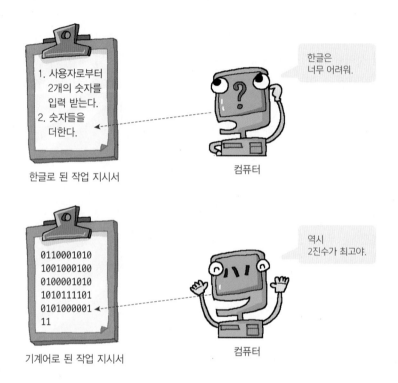

그러나 기계어는 인간한테는 상당히 불편한 언어이었기 때문에 좀 더 편리한 언어가 필요했고, 사람들은 점차적으로 인간의 언어에 더욱 근접한 프로그래밍 언어들을 만들었다. 이들 프로그래밍 언어들은 기계어와 인간이 사용하는 자연어 중간쯤에 위치한다. 인간이 프로그래밍 언어를 배워서 프로그램을 작성하면 컴파일러라고 하는 통역을 담당하는 소프트웨어가 프로그램을 기계어로 바꾸어준다. 이것은 영어를 말하는 사람과 한국어를 말하는 사람이 중간에 통역을 두고 이야기하는 것과 비슷하다. 인간은 기계어를 학습하기에는 너무 힘들고 컴퓨터가 인간의 언어를 정확히 이해한다는 것은 먼 미래의 이야기이다. 따라서 중간에 통역의 역할을 하는 프로그래밍 언어를 두고 작업을 지시하는 것이다. C언어는 이러한 프로그래밍 언어의 일종이다.

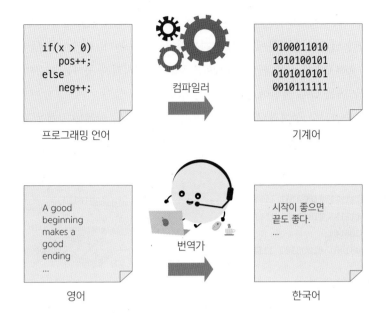

그림 1-11
컴파일러는 프로그래밍 언어로 작성된
프로그램을 기계어로 변환한다.

프로그래밍 언어의 분류

프로그래머들이 선택할 수 있는 프로그래밍 언어는 굉장히 많다. 이들 언어들은 다음의 세
가지로 분류할 수 있다.

* 기계어(machine language)
* 어셈블리 언어(assembly language)
* 고급 언어(high-level language)

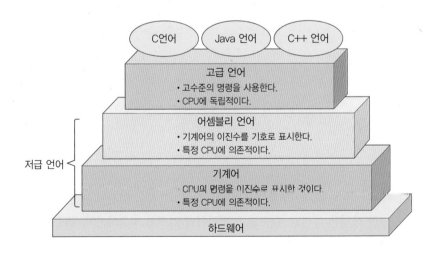

기계어

기계어는 컴퓨터가 바로 이해할 수 있는 단 하나의 언어이다. 어떠한 프로그래밍 언어라
도 전처리와 컴파일 단계를 거치면 결국은 기계어가 된다. 기계어는 특정 컴퓨터 명령어

(instruction)를 이진수로 표시한 것이며 컴퓨터 하드웨어를 설계할 때 결정된다. 기계어는 하드웨어에 따라 달라지기 때문에 철저히 하드웨어에 종속된다. 이것이 인텔 CPU를 사용하는 프로그램을 ARM CPU를 사용하는 컴퓨터에서 바로 실행시키지 못하는 이유이다. 기계어는 인간이 사용하기에는 너무 불편하고 지루하다.

하나의 예로 중간고사 성적과 기말고사 성적을 더하여 성적 합계를 구하는 연산을 가상적으로 기계어로 표시해보면 다음과 같다.

그래도 진정한 프로그래머는 기계어 프로그래머

```
00001111 10111111 01000101 11111000
00001111 10111111 01001101 11111000
00000011 10100001
01100110 10001001 01000101 11111010
```

0101000101111...

어셈블리 언어

기계어는 인간이 사용하기에는 너무 힘들고 오류가 발생하기 쉬웠으므로 프로그래머들은 어셈블리 언어를 개발하게 되었다. 어셈블리 언어를 사용하면 프로그래머들은 CPU의 명령어들을 기호(symbolic name)로 표기할 수 있었다. 어셈블리 언어는 프로그래머가 기계어보다는 더 높은 수준에서 프로그램을 작성하는 것을 가능하게 하였다. 어셈블러(assembler)라는 프로그램이 기호를 이진수로 변환한다. 어셈블리 프로그램에서는 기호 이름과 CPU의 명령어가 일대일 대응되고 컴퓨터의 CPU가 달라지면 실행이 불가능하기 때문에 저급 언어(low level language)라고 불린다. 앞에서와 같은 예로 중간고사 성적과 기말고사 성적을 더하여 성적 합계를 구하는 연산을 어셈블리어로 표시해보면 다음과 같다.

```
MOV AX, MIDSCORE
MOV CX, FINALSCORE
ADD AX CX
MOV TOTALSCORE, AX
```

고급 언어

어셈블리 언어가 비록 기계어보다는 편리하였지만, 아직도 인간이 사용하기에는 너무나 번잡하다. 간단한 작업을 하려고 해도 많은 명령어를 기호로 기술하여야 했다. 따라서 좀 더 높은 수준에서 작업을 할 수 있는 언어가 절실히 필요했다. 이러한 목적으로 고급 언어가 개발되었다. 고급 언어가 개발됨에 따라 프로그래머들은 더 이상 특정한 컴퓨터의 구조에 얽매이지 않아도 되었다. 왜냐하면 고급 언어의 명령어들은 특정한 CPU 명령어보다는 훨씬 고수준이기 때문이다. 따라서 특정한 컴퓨터의 구조나 프로세서에 무관하게, 독립적으로 프로그램을 작성할 수 있었다.

고급 언어에는 C, C++, Java, C#, Python 등이 있다. 이들을 고급 언어라고 부르는 이유는, 이 언어들의 구성이 기계어보다는 인간의 언어에 가깝기 때문이다. 이와는 반대로 어셈블리 언어 등은 기계어에 가깝기 때문에 저급 언어로 분류된다. 고급 언어를 사용하면 프로그램을 작성하기가 쉽고, 작성된 프로그램을 이해하고 유지 보수하기가 쉽다.

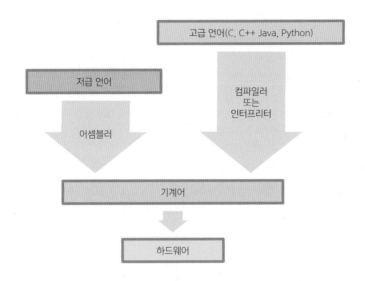

고급 언어로 작성된 프로그램이 컴퓨터에서 수행되려면 고급 언어의 문장들을 컴퓨터가 이해할 수 있는 기계어로 바꾸는 특별한 프로그램이 필요하게 된다. 이러한 프로그램을 컴파일러(compiler)라고 한다. 하나의 예로 중간 고사 성적과 기말 고사 성적을 더하여 성적 합계를 구하는 연산을 고급 언어로 표시해보면 다음과 같다.

참고사항

IBM의 존 배커스(John Backus)가 이끄는 팀은 1957년에 최초의 컴파일러인 FORTRAN 컴파일러를 완성했다. 당시의 제한된 메모리 용량 때문에 상당한 기술적 문제를 야기했다. 따라서 컴파일 과정을 여러 개의 작은 프로그램으로 나누어야 했다.

```
TotalScore = MidScore + FinalScore;
```

고급 언어의 종류

현재 많이 사용되는 프로그래밍 언어에는 FORTRAN, PASCAL, COBOL, C, C++, C#, Objective-C, Java, Python 등이 있다. 프로그래밍 언어는 하나만 있으면 될 것 같은데 왜 그렇게 많은 종류가 있을까? 그 이유는 각 언어마다 특징이 다르기 때문이다. 시장에 나가 보면 TV도 여러 회사에서 나온 제품들이 경쟁하고 있는 것처럼 프로그래밍 언어도 다양한 용도에 맞는 여러 가지 언어들이 만들어지게 된 것이다. 어떤 프로그래밍 언어를 사용하더라도 컴퓨터에 일을 시킬 수 있지만 선택 기준은 주어진 상황에서 어떤 프로그래밍 언어가 가장 작업을 효과적으로 기술할 수 있느냐이다. 표 1-1에 각 언어들의 특징을 간략하게 기술하였다.

표 1-1
프로그래밍 언어

언어	특징	예제
FORTRAN	포트란은 1950년대에 가장 먼저 만들어진 언어로서 수치 계산과 과학 기술 계산에 적합하다.	``` PROGRAM HELLO PRINT '(A)', 'Hello World' STOP END ```
COBOL	코볼은 1959년 만들어진 비지니스 사무 처리 언어이다. 이 언어는 구어체 문장 형태로 기술할 수 있도록 설계되었다.	``` IDENTIFICATION DIVISION. PROGRAM-ID. HELLO-WORLD. PROCEDURE DIVISION. DISPLAY 'Hello World'. STOP RUN. ```
Python	파이썬은 1991년 귀도 반 로섬(Guido van Rossum)이 개발한 인터프리트 언어이다. 초보자들이 배우기 쉬우며 인공지능, 데이터 과학 분야에서 많이 사용된다.	``` print("Hello World") ```

C	C언어는 1970년대 초반, UNIX 운영체제를 위하여 AT&T의 벨 연구소에서 일하던 데니스 리치에 의하여 만들어졌다.	```
		int main(void)
		{
		    printf("Hello World\n");
		    return 0;
		}
		``

C++	C++는 1983년 벨 연구소의 스트로스트럽에 의하여 개발된 언어로서 C언어에 클래스 개념을 비롯하여 여러 가지 객체지향적인 특징들을 추가한 언어이다.	```
		int main()
		{
		    cout << "Hello World" << endl;
		    return 0;
		}
		``

Java	자바는 1995년 선 마이크로시스템의 제임스 고슬링에 의하여 개발된 객체 지향 언어이다.	```
		public class Hello {
		    public static void main(String[] args)
		    {
		        System.out.println("Hello World");
		    }
		}
		``

중간점검

1 고급 언어를 기계어로 번역하는 프로그램을 _____이라고 한다.

2 _____은 과학 기술 계산에 주로 사용된다.

3 _____은 인공지능, 빅데이터에 적합하다.

4 _____은 C에 객체 지향 개념을 추가한 언어로서 C의 상위 집합이다.

1.3 C언어의 소개

C언어는 많은 장점을 가지고 있다. 가장 중요한 장점은 C언어가 현장에서 일하는 프로그래머에 의하여 만들어졌다는 사실이다. C언어는 다른 언어들과 달리 교육적 목적이나 전시 목

적으로 만들어지지 않았다. 실제 작업 현장에서 프로그램 제작을 쉽게 하기 위한 목적으로 만들어진 언어이다. C언어는 잘 만들어진 연장처럼 전문가들이 사용하기 편안하고 쉽다. 산에서 나무를 벌목하는 인부들은 체인톱이 위험한 것을 알면서도 나무를 빠르게 자르기 위하여 사용한다. C도 마찬가지이다. C언어가 처음 배우는 사람들한테는 조금 어려울 수 있지만 한 번만 통달하면 아주 강력한 도구가 될 것이다.

C언어의 역사

C언어는 1969년부터 1973년까지의 시기에 AT&T의 벨 연구소에서 데니스 리치(Dennis Ritchie)에 의하여 탄생하였다. 잘 알려져 있다시피 "C"라고 하는 이름이 만들어진 이유는, 직전에 사용하던 언어의 이름이 "B"였기 때문이다. C언어는 UNIX라는 운영 체제의 탄생과도 밀접한 관계가 있다. C언어는 UNIX 운영 체제를 개발하기 위하여 만들어졌기 때문이다.

데니스 리치는 오랜 친구인 켄 톰슨(Ken Thompson)과 함께 Multics 운영체제의 개발에 참여하고 있었다. 켄 톰슨은 사무실에 있었던 PDP-7이라는 미니컴퓨터를 발견하였고 운영 체제부터 개발하기 시작하였다. 이것이 우리가 지금도 사용하는 UNIX 운영체제의 시작이다. 이에 데니스 리치도 돕기로 한다. 하지만 운영 체제를 어셈블리 언어로 작성하기에는 너무 어렵고 지루하였다고 한다. 두 사람은 운영 체제를 고수준의 언어로 작성하여 운영 체제가 한 번 작성되면 다른 컴퓨터에 쉽게 이식하는 것이 필요하다고 생각하게 되었고 켄 톰슨은 BCPL 언어를 업그레이드하여 "B" 언어를 개발한다. 그러나 언어 "B"는 새롭게 구입된 PDP-11 의 성능을 충분히 활용하기에는 모자란 점이 있다고 판단하고 데니스 리치는 1971년에 새로운 언어 "C"를 개발하였다고 한다. 두 사람은 이후 몇 년에 걸쳐서 함께 C언어와 UNIX 운영 체제를 함께 개발하게 된다.

참고사항

UNIX 운영체제는 현재 우리가 많이 사용하는 리눅스(LINUX) 운영체제의 원형이다. 현재도 대형 컴퓨터나 워크스테이션에서는 UNIX 운영체제를 사용한다.

처음 만들어진 후, 벨연구소 안에서만 사용되던 C언어는 차츰 벨연구소 외부에서도 인기를 얻기 시작하더니 현재는 가장 널리 사용되는 언어 중의 하나가 되었다. 데니스 리치는 이 공로로 1983년에 켄 톰슨과 함께 컴퓨터 분야의 노벨상이라고 불리는 튜링 상을 수상하였다.

오늘날 C언어는 응용 프로그램, 운영 체제, 임베디드 시스템 개발에 널리 사용되며 거의 모든 현대적인 프로그래밍 언어는 C언어의 영향을 받았다. C는 하드웨어의 명령어 세트로 밀접하게 변환되는 구조를 가진 저수준 언어이지만 특정 하드웨어에 얽매이지 않는다. 현재 우리가 많이 사용하는 스마트폰에서도 C와 UNIX의 영향을 찾을 수 있다. 예를 들어서 안드로이드폰의 운영체제는 리눅스로서 C언어로 작성되어 있다. 아이폰도 유닉스 계열의 운영체제인 iOS이고 애플리케이션은 Objective-C언어로 제작된다.

C언어의 버전

C언어는 다 똑같은 것 같지만 자세히 살펴보면 역사적으로 몇 가지의 버전이 존재한다.

참고사항

K&R C는 다음과 같은 책에 기술되어 있다. 이 책은 지금도 세계의 서점에서 팔리고 있다. 인터넷 서점 아마존에서는 현재 3485명이 평가하였으며 평점은 4.7이다.

버전	설명
K&R C	1978년에 Ritchie와 Brian Kernighan은 "C Programming Language"라고 하는 책을 출간하였다. 이 책은 C 프로그래머들에게는 오랫동안 C언어의 비공식적인 명세서 역할을 하였다. 이 책에서 정의한 C언어 버전을 흔히 "K&R C"라고 부른다. K&R C는 흔히 C 컴파일러가 지원해야 하는 가장 기본적인 부분으로 간주된다. 프로그래머들은 최대한의 이식성을 보장하기 위하여 K&R C를 사용하였다.
ANSI C	1983년에 ANSI(American National Standards Institute)는 X3J11이라는 위원회를 만들고 C언어의 표준을 만들게 된다. 많은 시간 후에 1989년에 작업이 끝나게 되고 ANSI C라고 불리는 표준을 발표하게 된다. ANSI C는 기본적으로 K&R C의 상위집합(superset)이다. 많은 비공식적인 특징들이 추가되었다. 현재 많은 컴파일러들이 ANSI C를 지원한다. __STDC__ 매크로가 ANSI C와 K&R C를 구분하는 데 사용된다.
C99	ANSI의 표준화 노력 이후에 C언어 명세는 별 변화가 없었다. 반면 C++는 변화를 계속하였다. 1999년에 ISO는 C언어에 대한 새로운 표준을 다시 공표하였다. 이것은 C99로 불린다. C99에서는 C++에서 널리 사용되고 있던 여러 가지 특징들을 추가하였다. C99는 차츰 많은 컴파일러에서 지원되고 있다.
C11	ISO에 의하여 2011년 12월에 발표된 C언어 표준이다. 메모리 정렬 기능, 타입 제네릭 매크로, 무명 구조체, 유니코드 지원 강화, 아토믹 연산, 멀티 스레딩, 복소수형, 분석 기능, 한도 검사 함수 등의 기능이 추가되었다. __STDC_VERSION__ 매크로값이 201112L 이상이면 C11이다.
C17, C18	2018년 6월에 ISO/IEC 9899:2018로 발표된 C17은 현재 표준이다. 새로운 언어 기능이 추가된 것은 없고 C11 버전의 기술적인 결함만 수정되었다.

C언어의 특징

▶ **C언어는 간결한 언어이다.**

C언어에는 꼭 필요한 기능만이 들어 있고 모든 표기법이 아주 간결하게 되어 있다. 이 점은 여러분들이 학습을 진행하면 느낄 수 있을 것이다. 간결성은 C언어의 핵심적인 특징이다.

▶ **C언어는 효율적인 언어이다.**

C언어는 효율적인 언어이다. C로 작성된 프로그램은 크기가 작으며 실행 속도가 빠르고 메

모리를 효과적으로 사용한다. C언어는 거의 어셈블리 언어 수준의 효율성을 자랑한다. 이점은 상업용 프로그램을 작성할 때 큰 장점이 된다.

▶ **C언어는 저수준의 프로그래밍도 가능하고 고수준의 프로그래밍도 가능하다.**

C언어는 운영 체제를 만들었던 언어이니만큼, 어셈블리 언어 수준의 구체적인 하드웨어 제어가 가능하다. 실제로 스마트폰, TV, 세탁기 등의 여러 가지 전자 기기 안에 들어가는 임베디드(내장) 프로그램은 대부분 C언어로 개발된다. 예를 들어서 안드로이드 폰의 운영체제는 리눅스로서 C언어로 작성되어 있다. 아이폰도 유닉스 계열의 운영체제이다. 예전에는 어셈블리 언어로 작업을 하였지만 어셈블리 언어는 사용하는 CPU에 따라서 프로그램을 변경시켜야 되는 치명적인 약점이 있다. C언어로 임베디드 프로그램을 작성하게 되면 유지 관리가 쉬워진다. C언어는 포인터, 비트 단위의 조작으로 여러 가지 하드웨어 장비를 섬세하게 제어할 수 있다.

반면에 C언어는 모듈 단위의 프로그램 작성을 지원하고 분할 컴파일도 가능하기 때문에 고수준에서의 프로그램 작성도 가능한 언어이다. 하향식(top-down) 설계, 구조화 프로그래밍, 모듈화 설계 등의 소프트웨어 공학의 다양한 기법들을 적용할 수 있다.

▶ **C언어는 이식성이 뛰어나다.**

이식성(portability)이란 한 번 작성된 프로그램을 다른 CPU를 가지는 하드웨어로 쉽게 이식할 수 있다는 뜻이다. 많은 종류의 CPU에 대하여 C 컴파일러가 개발되어 있으므로, C 프로그램은 상대적으로 이식성이 좋다. 즉 PC에서 개발된 프로그램도 컴파일만 다시 하면 슈퍼컴퓨터에서도 수행시킬 수 있다.

▶ **C언어의 단점**

단점도 존재하는데 초보자가 배우기가 어렵다는 것이다. C언어는 교육을 위하여 일부러 쉽게 만들어 놓은 언어가 아니라 지금도 산업 현장에서 사용되는 언어이므로 당연하다 할 것이다. 또한 항상 모든 자유에는 책임이 따르듯이 하드웨어를 제어하기 위하여 꼭 필요한 요소인 포인터 등을 잘못 사용하는 경우가 많다.

그림 1-12
C언어의 특징

간결하다

효율적이다

C language

배우기는 어렵다

저수준과 고수준이 모두 가능하다

이식성이 뛰어나다

C언어의 미래

1980년대부터 C언어가 널리 사용되면서 거의 모든 상업적인 프로그램들이 C언어로 만들어졌다. 그러나 1990년대로 오면서 소프트웨어를 작성하는 새로운 방법론인 객체 지향 개념이 새롭게 등장하면서 많은 상업적인 회사들이 C에서 C++로 전환하였다. C++ 언어는 C언어를 그대로 유지하면서, 여기에 객체 지향적인 특징들을 추가한 언어이다. 따라서 C++는 흔히 C언어의 상위 집합(superset)이라고 불린다. C에서 지원되는 것들은 모두 C++에서도 지원된다. 따라서 C를 배우면 C++의 많은 부분들을 알게 되는 셈이다. 우리가 아직도 C언어를 배워야 하는 이유이다.

최근에 임베디드 시스템(embedded system)이 주목을 받으면서 다시 C에 대한 관심이 증대하고 있다. 임베디드 시스템에서는 CPU와 메모리의 한계 때문에 객체지향 언어를 사용하기는 힘들다. 이러한 환경에서 C언어는 최적의 선택이 된다. 간결하고 빠른 코드를 생산하며 하드웨어를 효과적으로 제어할 수 있다.

스마트폰도 CPU와 플래시 메모리 등이 들어가 있는 임베디드 시스템이다.

참고사항

임베디드 시스템이란 특수 목적의 시스템으로 컴퓨터가 장치 안에 내장되어 있다. 범용 컴퓨터 시스템과는 다르게 임베디드 시스템은 하나 혹은 몇 개의 미리 결정된 작업만을 수행한다. 우리가 많이 사용하는 MP3 플레이어, 스마트폰, 교통 신호들 제어 시스템, 공장의 제어기, 자동차, 카메라 등이 모두 임베디드 시스템의 예이다.

중간점검

1 임베디드 시스템이란 무엇인가?
2 C언어의 장점과 단점을 정리하여보자.

1.4 알고리즘이란?

이제 우리는 프로그램이 컴퓨터 안에서 무슨 역할을 하는지도 알았고 고급 프로그래밍 언어를 사용하면 더 쉽게 프로그램을 작성할 수 있다는 것도 알았다. 그러면 프로그래밍 언어의 규칙만 학습하면 프로그램을 작성할 수 있는 것일까? 즉 프로그래밍 언어를 어떻게 사용하는지만 배우면 프로그램을 작성할 수 있는 것일까?

요리로 예를 들어보자. 자, 요리를 만들기 위해서 오븐을 준비하였다. 그리고 오븐을 어떻게 사용하는지도 배웠다. 자, 그러면 음식 재료만 있으면 누구나 요리를 할 수 있는 것일까?

요리법이 필요한데 …

한 가지 아주 중요한 것이 빠져 있다. 오븐

의 사용법을 안다고 해서 누구나 요리를 만들 수 있는 것은 아니다. "어떻게 요리를 만들 것인가"가 빠져 있다. 즉 요리를 만드는 절차가 빠져 있는 것이다. 컴퓨터도 마찬가지이다. 컴퓨터에 명령을 내리는 프로그래밍 언어만 안다고 해서 누구나 프로그램을 작성할 수 있는 것은 아니다. 주어진 문제를 어떤 절차에 따라서 해결할 것인가가 빠져 있으면 프로그램을 작성할 수 없다. 문제를 해결하는 절차(또는 방법)가 바로 알고리즘이다.

이 책에서는 물론 어려운 알고리즘은 등장하지 않는다. 본격적인 알고리즘은 자료 구조 또는 알고리즘 과목에서 학습하게 될 것이다. 하지만 아무리 간단한 프로그램이라도 어떤 절차에 따라서 주어진 문제를 해결할 것인지를 생각해보아야 한다. 여기서는 알고리즘에 대하여 간단히 살펴보자.

알고리즘이란?

어떤 문제가 주어져 있고 이것을 컴퓨터로 해결하려고 한다고 가정하자. 제일 먼저 해야 할 일은 문제를 해결할 수 있는 방법을 고안하는 것이다. 예를 들면 전화번호부에서 특정한 사람(박철수라고 가정하자)의 전화번호를 찾는 문제를 생각해보자. 한 가지 방법은 전화번호부의 첫 페이지부터 시작하여 한 장씩 넘기면서 박철수를

중간 정도를 펼쳐서 박철수와 비교하자.

찾는 것이다. 이 방법은 엄청난 시간이 걸리는 방법이고 보통 이런 식으로 찾는 사람은 거의 없다. 또 하나의 방법은 전화번호부의 이름들이 정렬되어 있음을 이용하는 방법이다. 전화번호부의 중간 정도를 펼쳐서 거기에 있는 이름과 박철수를 비교하여 앞부분으로 가든지 뒷부분으로 간다. 이러한 과정을 박철수란 이름을 찾을 때까지 되풀이한다. 이러한 방법은 프로그래밍 언어와는 무관하다. 즉 C언어를 사용하건, Java를 사용하건, 사용되는 방법은 동일하다.

이렇게 문제를 풀기 위하여 컴퓨터가 수행하여야 할 단계적인 절차를 기술한 것을 알고리즘(algorithm)이라고 한다. 알고리즘을 프로그래밍 언어로 구현하면 프로그램이 된다. 알고리즘은 흔히 요리법(recipe)에 비유된다. 여러분은 아마 요리를 요리법에 따라 만들어 본 적이 있을 것이다. 예를 들어 빵을 만드는 알고리즘은 다음과 같다.

참고사항

알고리즘이라는 용어는 아랍의 수학자인 알 콰리즈미(Al-Khowarizmi, 825년)의 이름에서 유래했다.

① 빈 그릇을 준비한다.
② 이스트를 밀가루, 우유에 넣고 저어준다.
③ 버터, 설탕, 계란을 추가로 넣고 섞는다.
④ 따뜻한 곳에 놓아두어 발효시킨다.
⑤ 170~180도의 오븐에서 굽는다.

그림 1-13
알고리즘은 요리법과 같다.

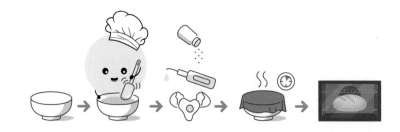

빵을 만들 때도 순서가 잘못되면 빵이 만들어지지 않는다. 빵을 만드는 방법은 영어, 독일어, 프랑스어로도 정확하게 표현할 수 있듯이 알고리즘은 어떤 프로그래밍 언어로도 동일하게 표현할 수 있다. 같은 빵을 만드는 방법도 여러 가지가 존재할 수 있듯이 하나의 문제에 대하여 알고리즘은 여러 개가 존재할 수 있다. 이 경우 프로그래머는 가장 효율적인 알고리즘을 선택하여 구현하여야 할 것이다.

알고리즘의 예

간단한 예를 들어서 알고리즘을 설명하여보자. 많이 사용되는 예제가 1부터 10까지의 합을 구하는 문제이다. 다음과 같이 몇 가지의 방법을 생각할 수 있다. 각각의 방법은 하나의 알고리즘이 된다.

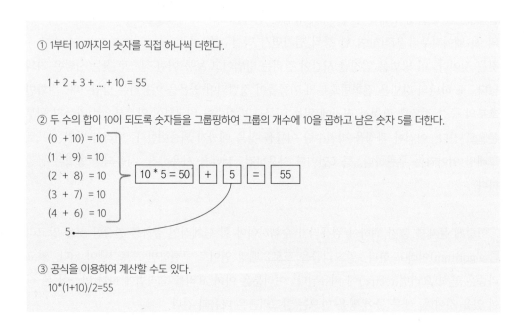

① 1부터 10까지의 숫자를 직접 하나씩 더한다.

$$1 + 2 + 3 + ... + 10 = 55$$

② 두 수의 합이 10이 되도록 숫자들을 그룹핑하여 그룹의 개수에 10을 곱하고 남은 숫자 5를 더한다.

```
(0  + 10) = 10
(1  +  9) = 10
(2  +  8) = 10       10 * 5 = 50  +  5  =  55
(3  +  7) = 10
(4  +  6) = 10
        5
```

③ 공식을 이용하여 계산할 수도 있다.
10*(1+10)/2=55

참고사항

프로그래머들은 흔히 '프로그램을 짠다'라는 말을 사용한다. 실로 옷감을 짜듯이 프로그래밍 언어로 프로그램을 짠다고 생각하기 때문이다.

알고리즘의 기술

프로그램을 잘 짜는 사람은 컴퓨터 앞에 앉기 전에 컴퓨터를 이용하여 문제를 어떻게 해결할 것인가를 충분히 생각한다. 즉 문제를 푸는 알고리즘을 먼저 생

컴퓨터 앞에 바로 앉지 말고 알고리즘을 구상하여야 합니다.

각하여야 한다. 프로그래밍 작업이 주어지면 흔히 급한 마음에 컴퓨터 앞에 앉아서 키보드로 입력부터 시작하지만 이런 식으로 하면 짜임새 있고 효율적인 프로그램을 작성할 수 없다. 먼저 책상 앞에 앉아서 연필로 문제를 해결하는 방법부터 고민해야 한다. 즉 알고리즘의 설계부터 하여야 한다. 먼저 알고리즘을 연필로 노트에 먼저 적어보는 것이다(물론 컴퓨터의 워드 프로세서를 이용하여도 된다.).

일반적으로 알고리즘은 컴퓨터 프로그램 작성을 위한 출발점이다. 알고리즘을 기술하는 데는 다음과 같은 2가지의 방법이 있다.

- 순서도(flowchart): 도형과 화살표를 이용하여서 알고리즘을 기술하는 것이다.
- 의사 코드(pseudo-code): 명령어를 한글이나 영어로 한 줄씩 적는 것이다.

아래 그림은 2차 방정식의 근을 구하는 알고리즘으로 왼쪽이 순서도이며 오른쪽이 의사 코드이다.

참고사항

의사 코드(pseudo code)는 자연어보다는 더 체계적이고 프로그래밍 언어보다는 덜 엄격한 언어로서 알고리즘의 표현에 주로 사용되는 코드이다.

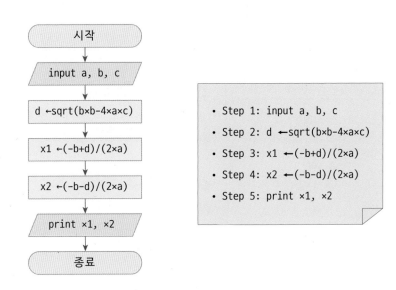

순서도

순서도는 플로우차트(flowchart) 또는 흐름도라고 하는 것으로 알고리즘에서 작업 순서를 그림으로 표현하는 방법이다. 알고리즘을 작성할 때는 순서도를 통해 자신의 논리를 가시화하는 것이 좋다. 순서도는 단순한 기하학적 기호를 사용한다. 즉 처리는 직사각형으로, 판단은 마름모꼴, 입출력 처리는 사다리꼴 기호로 표시한다. 순서도에는 많은 기호가 있으나 우리는 다음과 같은 기호만을 사용해도 충분하다.

그림 1-14
순서도 작성에 사용되는 기호

기호	의미
→	화살표는 알고리즘이 진행하는 방향을 나타낸다.
	수행의 시작(start), 종료(end)
	처리(process)를 나타낸다. 예를 들어서 변수 x에 1을 더하는 연산이 여기에 해당된다.
	판단(decision)을 나타낸다. yes/no 질문이나 true/false 검사가 여기에 해당된다. 일반적으로 이 도형에서 나가는 2개의 화살표가 있다.
	입력(input)이나 출력(output)을 나타낸다. 예를 들어서 사용자로부터 정수를 받아서 변수 x에 저장하는 연산이 여기에 해당된다.

학교 홈페이지에 로그인하는 알고리즘을 순서도로 표시해보자.

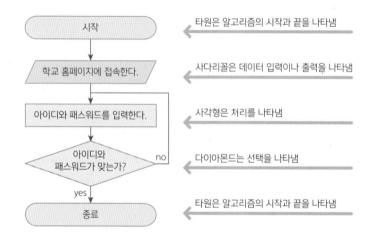

의사 코드

의사 코드(pseudo code)는 자연어보다는 더 체계적이고 프로그래밍 언어보다는 덜 엄격한 언어로서 알고리즘의 표현에 주로 사용되는 코드를 말한다. 의사 코드는 흔히 알고리즘을 기술하는데 선호되는 표기법이다.

알고리즘은 문제를 해결하는 절차이다. 알고리즘을 순서에 따라 실행되어야 하는 단계(step)들로 이루어져 있다. 알고리즘을 기술하는 데는 앞에서 살펴본 순서도를 사용할 수 있다. 하지만 알고리즘이 복잡해지면 그림을 그려서 알고리즘을 나타내는 것도 상당히 번거롭게 된다. 이러한 경우에는 프로그래밍 언어와 비슷하지만 문법적인 제약이 없는 의사 코드(pseudo code)를 사용하는 것이 좋다. "의사(pseudo)"란 유사하다는 의미이다. 유사 코드라고도 한다.

예를 들어서 학생 10명의 성적을 입력받아서 평균을 계산하는 알고리즘을 의사 코드로 표현하면 다음과 같다. 아직 우리가 학습하지 않은 while 구문을 사용하고 있다.

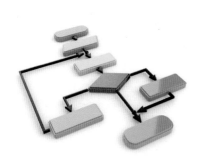

```
total ← 0
counter ← 1
while counter <= 10
        input grade
        grade ← grade + total
        counter ← counter + 1
average ← total / 10
print average
```

의사 코드는 프로그래밍 언어와 유사하지만 프로그래밍 언어의 문법을 사용하지 않으며 간단한 명령어 집합만을 가지고 있다. 의사 코드의 장점은 프로그래밍 언어보다 이해하기 쉽고 알고리즘의 핵심적인 부분을 언어-독립적으로 기술할 수 있다는 점이다.

알고리즘의 중요성

인공지능 컴퓨터가 아니라면 컴퓨터는 주어진 알고리즘만큼만 동작할 수 있다. 우리가 컴퓨터에게 좋지 못한 알고리즘을 주는 경우에는 나쁜 결과를 얻을 수밖에 없다. 컴퓨터가 항상 논리적인 동작만 하는 것은 아니다. 개발자가 논리적이지 않은 알고리즘을 만들어서 프로그램으로 실행하는 경우에는 컴퓨터가 비논리적으로 동작할 수도 있는 것이다. 이때까지 스마트폰이나 가전제품, 자동차가 많은 오류를 일으킨 것을 생각해보라. 알고리즘에 오류가 없어야 컴퓨터 프로그램도 논리적인 오류가 없이 동작하게 된다.

알고리즘을 만드는 방법

초보 프로그래머가 어떻게 하면 알고리즘을 만들 수 있을까? 알고리즘은 만드는 것은 상당히 어려운 일이다. 물론 문제가 간단하면 쉽게 만들 수 있지만 일반적으로 현실에 부딪치는 문제들은 쉽지 않다. 알고리즘은 해결하려는 문제에 따라서 다양한 복잡도를 가진다. 어떤 문제는 단순해서 알고리즘을 바로 생각할 수 있는 경우도 있고 문제가 복잡한 경우에는 더 신중하게 구상하여야 한다. 전산학에서는 '자료 구조'와 '알고리즘' 분야에서 알고리즘을 본격적으로 학습하게 된다. 우선은 알고리즘을 너무 어렵게 생각하지 말고 다음의 간단한 지침만을 염두에 두고 개발하여보자.

> * 문제를 한 번에 해결하려고 하지 말고 더 작은 크기의 문제들로 분해한다. 문제가 충분히 작아질 때까지 계속해서 분해한다.

하나의 예로 집 안을 청소하는 알고리즘을 구상해보자. 집 안을 청소하는 문제를 더 작은 문제로 분해하여보면 다음과 같이 될 것이다.

> ① 방을 청소한다.
> ② 거실을 청소한다.
> ③ 부엌을 청소한다.

다시 방을 청소한다는 문제를 다시 분해하여보면 다음과 같이 될 수 있다.

> ① 환기를 시킨다.
> ② 물건들을 정리한다.
> ③ 진공청소기를 돌린다.
> ④ 걸레질을 한다.

| 환기 | 물건정리 | 진공청소기 | 걸레질 |

컴퓨터에서는 **CPU**가 바로 실행할 수 있을 정도까지 분해하여야 한다. 더 자세한 예제는 차후에 등장할 것이다.

중간점검

1 친구에게 전화를 거는 알고리즘을 만들어보자.
2 세탁기를 이용하여서 세탁을 하는 알고리즘을 만들어보자.
3 햄버거 가게에서 햄버거를 주문하는 알고리즘을 순서도로 작성해보자.

LAB   프린터 고장 수리 알고리즘

프린터 고장을 처리하는 알고리즘을 작성해보자. 이 알고리즘은 컴퓨터가 아니라 인간을 위한 알고리즘이다.

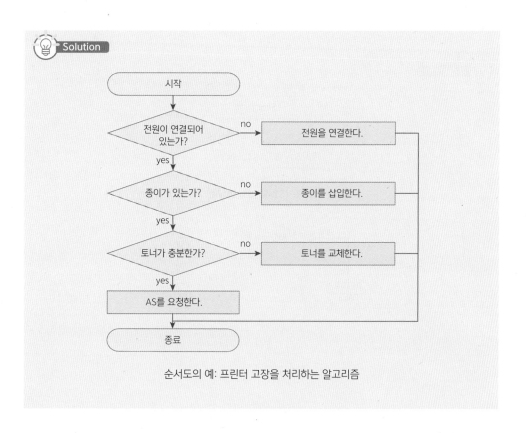

순서도의 예: 프린터 고장을 처리하는 알고리즘

 도전문제

모든 사람들은 숙제하기 싫어한다. 자신이 숙제하는 알고리즘을 작성하여보자.

LAB 　성적 평균 계산기

어떤 시험에서 4과목의 성적 평균이 60점 이상이면 합격이고, 평균이 60점 미만이면 탈락이라고 하자. 이것을 계산하는 알고리즘을 순서도로 만들어보자. 4과목의 성적은 사용자가 입력한다. 입력에 사용하는 명령어는 INPUT이다. 출력에 사용하는 명령어는 PRINT이다.

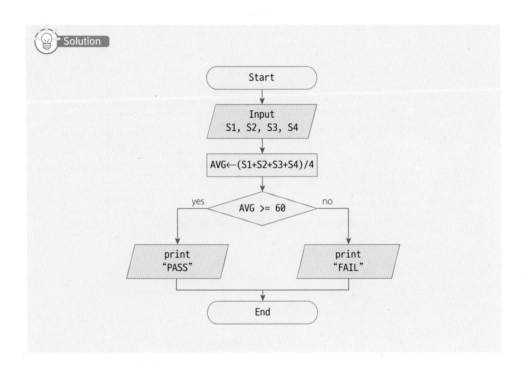

 도전문제

1부터 50까지의 합을 계산하는 알고리즘을 순서도로 작성해보자.

Mini Project 숫자 리스트에서 최대값 찾는 알고리즘

　이번에는 여러 개의 숫자가 저장된 리스트에서 가장 큰 숫자를 찾는 알고리즘을 생각해보자. 정답을 찾으려면 리스트의 모든 숫자를 살펴봐야 한다. 일단 자연어(영어이지만)로 알고리즘을 기술해보자.

1. 리스트의 첫 번째 숫자가 리스트에서 가장 큰 숫자라고 가정한다.
2. 리스트의 나머지 숫자 각각에 대해 다음을 반복한다. 이 숫자가 현재 가장 큰 숫자보다 크면 이 숫자를 리스트에서 가장 큰 숫자로 간주한다.
3. 리스트에 숫자가 남아 있지 않으면 현재 가장 큰 숫자를 리스트의 가장 큰 숫자로 한다.

프로그래밍 언어에 훨씬 더 가까운 의사 코드로 알고리즘을 기술해보자.

```
알고리즘 GetLargestNumber
입력: 숫자들의 리스트 List
출력: 리스트 List에서 가장 큰 숫자

largest←List[0]
for each item in List,
do
        if item > largest, then
            largest←item
return largest
```

 노선문제

1. 위의 알고리즘을 순서도로 그려보자.
2. 최소값을 구하도록 의사 코드를 수정해보자. 어디만 수정하면 되는가?

Q&A

Q 컴퓨터는 왜 십진수가 아닌 이진수를 사용하나?

A 이진수의 각 자리수는 0 아니면 1이다. 0은 스위치가 열린 상태(OFF)로 표현할 수 있고 1은 스위치가 닫힌 상태(ON)로 표현할 수 있다. 따라서 여러 개의 스위치를 늘어놓으면 이진수를 나타낼 수 있다. 따라서 이진수는 컴퓨터가 받아들이기가 아주 쉽다. 컴퓨터에서는 내부적으로는 모든 것을 이진수 형태로 표현하여 처리한다.

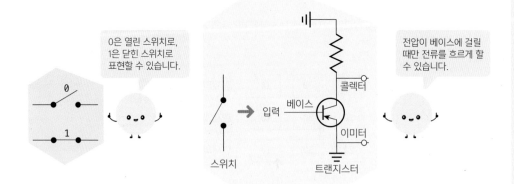

이진법은 숫자를 표현하는 데도 사용되지만 컴퓨터 안에서 덧셈과 같은 연산을 수행하는 회로를 구현하는 데도 이용된다. 0과 1만을 이용하여 논리 처리를 하는 수학의 분야를 부울 대수(bool algebra)라고 한다. 이 부울 대수를 이용하면 몇 개의 스위치를 모아서 논리 회로(logic circuit)를 만들어서 각종 연산을 빠르게 하는 회로를 만들 수 있다. 컴퓨터에서 스위치는 트랜지스터로 구현된다. 트랜지스터는 소형 전자 스위치로 생각하면 된다.

Q 지금은 객체 지향 언어 시대라고 한다. 그래도 C언어를 공부하여야 하는가?

A C언어는 현재 많이 사용되는 객체 지향 언어인 C++, 자바, C#, 파이썬의 어머니 격이 되는 언어이다. 그리고 지금도 전자 기기 안에 내장되는 임베디드 프로그램은 C언어를 많이 사용한다. 그리고 많은 응용 프로그램들이 스크립트 언어로 C언어와 유사한 언어들을 제공한다(예를 들어 MATLAB). 결론적으로 프로그래머가 되려면 C언어는 필수라고 할 수 있다.

Q 왜 이름이 C언어인가요?

A C언어라고 이름 붙여진 이유는 이전에 존재하였던 B언어에서 많은 특징들을 따왔기 때문이다. B언어는 BCPL이라는 언어의 간략화된 버전이었다고 한다.

C Exercise

01 컴퓨터가 사용하는 진법은?

① 2진법　　　　② 8진법　　　　③ 10진법　　　　④ 16진법

02 고급 언어로 작성된 프로그램을 기계어로 바꾸어주는 도구는 무엇인가?

① 링커　　　　② 컴파일러　　　　③ 에디터　　　　④ 디버거

03 문제를 해결하는 절차를 시각적으로 표현한 것은 무엇인가?

① 구조도　　　　② 순서도　　　　③ 의사 코드　　　　④ 설명도

04 다음 중 C언어의 특징으로 적합하지 않은 것은?

① 간결한 프로그래밍이 가능하다.
② 객체지향 프로그래밍이 가능하다.
③ 실행 속도가 빠르다.
④ 저수준의 프로그래밍이 가능하다.

05 컴퓨터를 이용하여 문제를 해결하기 위한 절차를 무엇이라고 하는가?

① 알고리즘　　　　② 객체지향　　　　③ 구조적 방법　　　　④ 자료 구조

06 알고리즘을 기술할 수 있는 방법을 모두 고르시오.

① 순서도　　　　② 의사 코드　　　　③ 자연어　　　　④ 디버깅

07 순서도(flowchart)에서 처리를 나타내는 기호는?

①　　　　②　　　　③　　　　④

08 다음 중에서 C언어를 개발한 사람은 누구인가?

① 데니스 리치(Dennis Ritchie)　　　② 스티브 잡스(Steve Jobs)
③ 니클라우스 워스(Niklaus Wirth)　　④ 비야네 스트롭스트룹(Bjarne Stroustrup)

09 컴퓨터에서 이미지와 음악이 어떻게 표현되는지를 인터넷에서 조사해보자.

10 컴퓨터에서 십진법이 아닌 이진법이 사용되는 이유를 설명해보자.

11 인텔의 CPU에서 사용되는 명령어 중에서 3가지를 선택하여 무슨 일을 하는 명령어인지를 조사해보자.

12 주판, 계산자, 계산판 등의 고대의 계산하는 기계들하고 현대의 컴퓨터와 결정적인 차이점은 무엇인가?

13 컴퓨터 부품을 판매하는 인터넷 쇼핑몰을 방문해서 컴퓨터의 부품에는 어떤 것들이 있고 어떻게 분류할 수 있는지를 조사해보자.

14 컴퓨터를 이용하여 문제를 해결할 때, 문제를 해결하는 방법을 인간이 구체적으로 고안하여 알려주어야 한다면 왜 컴퓨터를 사용하는 것인가? 인간이 직접 하는 편이 낫지 않을까? 컴퓨터를 사용하는 경우의 장점을 들어보자.

15 기계어, 어셈블리어, 고급 언어의 차이점을 정리해보자.

16 C++와 Java는 C에다 어떤 개념을 추가한 것인가? 인터넷에서 검색하여 정리해보자.

17 임베디드 시스템이란 어떤 것인가? 인터넷에서 자료를 찾아서 정리해보자.

18 아이폰과 안드로이드폰에서는 어떤 언어를 사용하여서 애플리케이션을 개발하는지 조사해보자.

19 다음과 같은 일상적인 행위에 대한 알고리즘을 작성해보자.

    (a) 프린터를 이용하여 인쇄를 한다.
    (b) 인터넷 쇼핑몰에서 상품을 구입한다.

20 사용자가 입력하는 정수 2개의 평균을 구하는 알고리즘을 순서도로 작성해보자.

21 사용자로부터 원의 반지름을 입력받고 반지름에 2를 곱하여 지름을 구하고 여기에 3.14를 곱하여 원의 둘레를 계산하는 알고리즘을 순서도를 이용하여 기술해보자.

22 두 개의 숫자 중에서 큰 수를 반환하는 연산만 지원되는 컴퓨터가 있다. 이 컴퓨터에서 3개의 숫자 중에서 제일 큰 수를 찾으려고 하면 어떤 알고리즘을 사용해야 하는가? 순서도로 그려보자.

23 두 개의 컵에 우유와 주스가 각각 담겨있다. 우유와 주스를 교환하기 위한 알고리즘을 고안해보자. 사용 가능한 세 번째 컵이 있다고 가정한다.

24 (a) 만약 숫자들의 리스트가 주어지고 이 중에서 특정한 숫자를 찾는 알고리즘을 구상해보자. 숫자들은 정렬되어 있지 않다고 가정해보자.

   (b) 만약 숫자들이 크기순으로 정렬되어 있다면 특정한 숫자를 찾는 알고리즘을 어떻게 개선시킬 수 있는가?

25 1부터 100 사이의 정수 중에서 소수(prime number)를 찾는 알고리즘을 생각할 수 있는가?

알고리즘 설계

HARD
★★★

HINT 먼저 주어진 문제를 이해하고 분석해보자. 양의 정수 k가 소수가 되려면 1과 자기 자신만을 약수로 가져야 한다. 따라서 소수의 경우, 약수의 개수는 항상 2개이다. 따라서 약수의 개수를 세어서 2이면 소수라고 결론을 내리면 된다. 자 그렇다면 첫 번째 단계인 정수 k의 약수의 개수는 어떻게 구할 수 있을까? k를 1부터 k까지의 정수로 나누어서 떨어지면 약수이다. 따라서 1부터 k까지의 정수로 차례대로 나누어서 떨어지면 약수의 개수를 증가시키면 된다.

프로그래밍 작성 과정

비주얼 스튜디오는 어떤 도구인가요? 기대되네요!

비주얼 스튜디오는 현재 PC에서 실행되는 대부분의 애플리케이션을 작성하는 강력한 도구입니다.

Objectives

● 프로그램이 개발되는 과정(소스 작성→컴파일→링크→실행→디버깅)을 이해할 수 있다.

● 비주얼 스튜디오를 사용할 수 있다. 프로젝트를 생성하고 여기에 소스 파일을 추가할 수 있다.

● 화면에 "Hello World!"를 출력하는 첫 번째 프로그램을 이해하고 실행할 수 있다.

02 프로그래밍 작성 과정

2.1 프로그램 개발 과정

1950년대 컴퓨터가 개발된 이래로 우리는 소프트웨어를 개발하는 것이 결코 쉬운 작업이 아니라는 것을 깨닫게 되었다. 여러분의 손에 들려있는 스마트폰의 많은 앱들이 지금도 상당한 양의 버그를 가지고 있는 것을 생각해보자. 상용 프로그램을 만드는 작업은 생각보다 복잡하며 전문가들은 다음과 같은 과정을 거쳐야 한다고 이야기하고 있다.

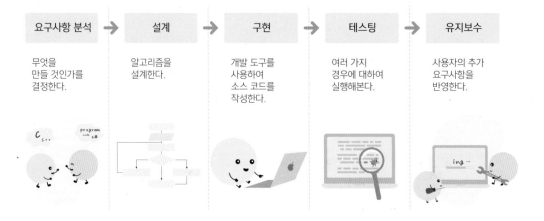

요구사항 분석	→	설계	→	구현	→	테스팅	→	유지보수
무엇을 만들 것인가를 결정한다.		알고리즘을 설계한다.		개발 도구를 사용하여 소스 코드를 작성한다.		여러 가지 경우에 대하여 실행해본다.		사용자의 추가 요구사항을 반영한다.

하지만 이 책에서는 설계→구현→테스팅 단계에 집중하도록 하겠다. 나머지 단계들은 "소프트웨어 공학"이라는 분야에서 학습하게 될 것이다.

설계

설계(design)는 주로 문제를 해결하는 알고리즘을 개발하는 단계이다. 알고리즘 개발은 프로그램 개발 과정의 핵심적인 부분이 된다. 어떤 단계를 밟아서 어떤 순서로 작업을 처리할 것인지를 설계하는 것이다. 앞장에서 살펴본 바와 같이 알고리즘 개발을 할 때 많이 사용되는 도구로는 순서도와 의사 코드가 있다. 이 두 가지 도구를 사용하여 우리는 프로그램의 각 단계들을 구체적으로 작성할 수 있다. 우리가 처음에 작성하는 프로그램들은 아주 간단한 것들이어서 설계 단계는 생략될 것이다. 하지만 조건문과 반복문을 학습한 후에는 알고리즘도 작성해볼 것이다.

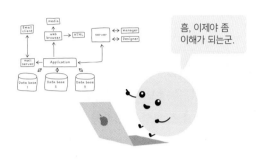

구현

구현(implementation)은 가장 핵심적인 단계이다. 이 단계에서 개발 도구를 사용하여 프로그램 소스를 작성하고 컴파일한 후에 실행한다. 구현은 다시 다음과 같은 단계로 나누어진다.

(1) 소스 작성

프로그래밍 언어를 이용하여 원하는 작업의 내용을 기술한 것을 소스 코드(source code)라고 한다. 소스 코드는 텍스트 에디터를 이용하여 입력하고 텍스트 파일로 저장된다. 윈도우즈의 경우, 메모장이나 워드패드 같은 간단한 텍스트 에디터도 사용할 수 있고 통합 개발 환경인 비주얼 스튜디오에 내장되어 있는 텍스트 에디터를 사용할 수도 있다.

소스 코드가 들어 있는 이러한 파일을 소스 파일(source file)이라고 한다. 소스 파일 이름은 프로그래머가 마음대로 지을 수 있다. 다만 확장자는 항상 ".c"여야 한다. 예를 들면 test.c는 적합한 파일 이름이다.

(2) 컴파일과 링크

소스 파일이 작성되었으면 다음 단계는 소스 파일을 컴파일(compile)하고 링크(link)하는 것이다. 이때 필요한 것이 컴파일러(compiler)이다. 컴파일러는 소스 파일을 분석하여 컴퓨터에서 실행이 가능하도록 기계어로 변환한다.

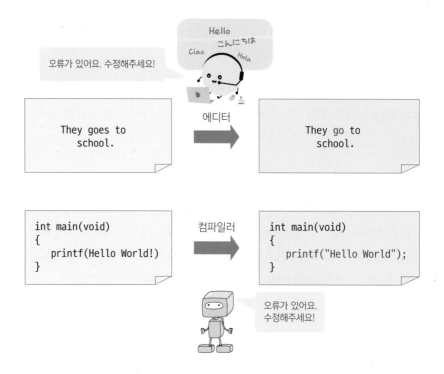

컴파일러는 소스 파일의 문장을 분석하여 문법에 맞도록 작성되었는지를 체크한다. 만약 오류가 발견되면 사용자에게 오류를 통보하고 컴파일은 종료된다. 이런 경우에 프로그래머는 소스 작성 단계로 되돌아가서 소스 파일을 수정하여야 한다.

사람의 언어와 마찬가지로 프로그래밍 언어도 자신만의 어휘와 문법의 규칙을 가지고 있다. 영어에서 "They goes to school"이라고 하면 주어와 동사의 수가 일치하지 않아서 문법적인 오류가 발생하는 것처럼 프로그램에서도 이러한 규칙을 위반하면 컴파일러가 오류 메시지를 출력하게 된다. 이러한 메시지가 출력되면 프로그래머는 메시지의 내용을 꼼꼼히 읽어본 다음, 오류가 있는 문장을 수정하고 다시 컴파일하여야 한다.

만약 오류가 없다면 컴파일러는 각 문장들을 기계어로 변환된다. 이 기계어로 되어 있는 파일은 오브젝트 파일(object file)이라고 불린다. 오브젝트 파일은 윈도우즈에서는 ".obj" 확장자를 가진다. 예를 들어 윈도우즈에서는 test.c를 컴파일하면 test.obj라는 이름의 오브젝트 파일이 생성된다.

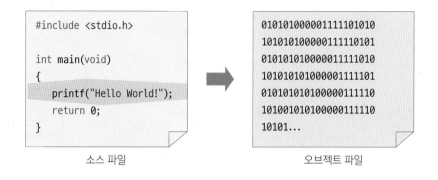

소스 파일   오브젝트 파일

컴파일이 성공적으로 수행되면 다음 단계는 링크(link)이다. 링크는 오브젝트 파일을 라이브러리와 연결하여 실행 프로그램을 만든다. 라이브러리(library)란 프로그래머들이 많이 사용되는 기능을 미리 작성해 놓은 것으로 컴파일러에 내장되어 있다. 링크를 수행하는 프로그램을 링커(linker)라고 한다. 예를 들어서 윈도우즈에서는 **test.obj** 파일에 라이브러리를 붙여서 실행가능한 파일인 **test.exe**가 생성된다.

이와 같이 컴파일과 링크의 두 단계로 분리시켜 실행 파일을 만드는 이유는 무엇일까? 하나의 프로그램은 일반적으로 여러 개의 소스 파일로 구성된다. 여러 개의 소스 파일로 구성된 프로그램의 경우, 각각의 파일을 따로따로 컴파일한 후에 링커를 통하여 결합한다. 만약 하나의 소스 파일만 변경한 경우에도 모든 소스 파일을 다시 컴파일하여야 한다면 상당한 시간이 낭비될 것이다. 만약 링크 단계가 있다면, 변경된 소스 파일만 다시 컴파일하면 된다.

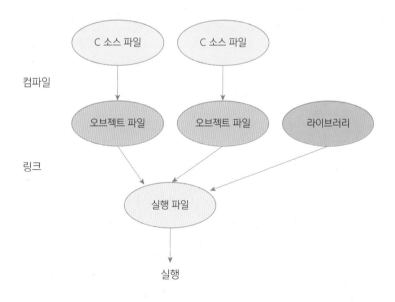

우리가 사용하는 비주얼 스튜디오에서는 컴파일과 링크 과정을 묶어서 빌드(build)라고 한다. 빌드 메뉴를 선택하면 소스 파일이 곧바로 실행 파일로 변환된다. 우리는 빌드 메뉴를 사용하기로 하자.

각 과정에서 필요한 도구와 생성되는 파일을 정리하면 다음과 같다.

그림 2-1
프로그램 개발 과정

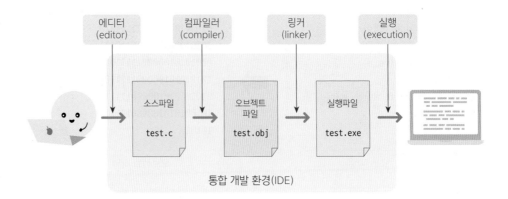

(3) 프로그램 실행과 디버깅

오류를 모두 수정하여 컴파일과 링크가 성공적으로 수행되면 실행 가능한 파일이 만들어진다. 예를 들어서 소스 파일이 test.c였다면 test.exe 파일이 생성된다. 이 실행 파일을 가리키는 아이콘을 더블클릭하면 실행 파일이 실행된다.

그렇다면 프로그램이 실행 파일로 만들어져서 성공적으로 실행되기만 하면 모든 작업이 끝난 것일까? 그러나 문법적인 오류가 없다고 해서 프로그램이 항상 우리가 원하는 대로 실행되는 것은 아니다. 문법이 완벽하더라도 실행 결과는 잘못 나올 수 있다. 만약 실행 도중에 오류가 발생하거나 실행 결과가 잘못되면 실행을 중단하고 다시 편집 단계로 돌아가서 소스 파일을 수정하여야 한다.

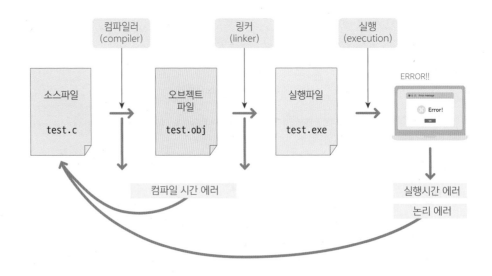

컴파일 오류는 없지만 알고리즘을 잘못 생각하여 의도했던 대로 실행되지 않는 경우가 있다. 이러한 오류를 논리적인 오류(logical error)라고 한다. 논리적인 오류란 문법은 틀리지 않았으나 논리적으로 정확하지 않음을 의미한다. 예를 들어 빵을 만들기 위하여 다음과 같은 프로그램을 만들었다고 하자.

① 그릇1과 그릇2를 준비한다.
② 그릇1에 밀가루, 우유, 계란을 넣고 잘 섞는다.
③ 그릇2를 오븐에 넣고 30분 동안 350도로 굽는다.

위의 프로그램에 문법적인 오류는 없다. 그러나 빵은 구워지지 않을 것이다. 왜냐하면 빵의 재료는 그릇1에 담겨 있는데 그릇2를 오븐에서 구웠기 때문이다. 즉 논리적인 오류가 있는 것이다. 따라서 프로그램을 작성하여 문법적인 오류를 전부 수정한 후에, 프로그램을 실행하였는데 정확한 결과가 나오지 않으면 논리적인 오류가 어딘가에 있는 것이다.

실수로 빈 그릇을 오븐에 넣는다면 논리적인 오류입니다.

논리적인 오류를 잡는 것은 생각보다 어려울 수 있다. 추리력이 필요한 작업이고 또한 많은 데이터를 이용하여 테스트하여야 한다. 논리 오류는 제품 출시 마지막 순간까지도 모르고 넘어가는 경우도 많다. 대개 프로그래머는 자신의 프로그램이 논리적으로 절대적으로 맞는다고 확신하고 있는 경우가 많다. 그러나 어처구니없는 실수를 하기도 하고, 대강 생각하고 넘어간 부분도 많으며, 고쳐야지 생각하고 있다가 잊어버린 경우도 많다. 여러분이 구입했던 최신형의 스마트폰들이 상당한 오류를 가지고 있었던 것을 생각하여보라.

거의 모든 프로그래머들이 논리적인 오류를 저지른다. 흔히 사람들은 프로그램을 처음부터 완벽하게 만드는 것이 가능할 것이라고 생각해왔지만, 현실은 결코 그렇지 않았다. 소프트웨어 개발 기간의 거의 절반에 해당하는 기간이 테스트와 디버깅에 소요된다. 따라서 논리적인 오류는 얼마든지 존재할 수 있고, 우리는 오류의 숫자를 최소로 하도록 노력해야 한다.

의도했던 대로 프로그램이 동작하지 않으면 소스 프로그램을 수정하고 다시 "컴파일→링크→실행"의 단계를 거쳐야 한다. 이러한 오류 수정 작업을 보통 디버깅(debugging)이라 하고, 이때 사용되는 도구를 디버거라고 한다. 디버깅에서 버그(bug)는 벌레를 뜻하며, 디버그(debug)는 원래 '해충을 잡다'라는 뜻이다. 이 말은 프로그램의 오류를 벌레에 비유해 오류를 찾아 수정하는 일이라는 의미로 쓰인다.

TIP

디버깅의 유래

1945년 마크 II 컴퓨터가 릴레이 장치에 날아든 나방 때문에 고장을 일으켰고 이것을 "컴퓨터 버그(bug: 벌레)"라고 불렀다. 여성 컴퓨터 과학자인 그레이스 호퍼가 나방을 채집해 기록에 남기고 이를 "디버깅(debugging)" 작업이라고 보고하였다. 이때부터 오류를 수정하는 작업을 디버깅이라고 부르기 시작하였다.

유지보수

디버깅까지 끝나서 프로그램이 출시되면 더는 할 일은 없는 것처럼 보인다. 그러나 사실은 하나의 단계가 더 있다. 바로 유지보수이다. 소프트웨어에서 유지보수라고 하면 처음에는 의아하게 생각된다. 왜냐하면 소프트웨어는 보통의 제품처럼 시간에 흘러감에 따라서 닳거나 녹슬어서 손상되는 것이 아니기 때문이다. 그러면 도대체 소프트웨어의 유지보수란 무엇인가?

소프트웨어의 유지보수가 필요한 이유 중 하나는 디버깅 후에도 버그가 남아 있을 수 있기 때문이다. 제품 출시 전에 많은 테스트를 하지만 어떤 비정상적인 상황이 발생하면 잠복하고 있던 버그 때문에 오동작할 수 있다. 또 하나의 중요한 이유는 소프트웨어가 개발된 다음에 사용자의 요구가 추가될 수 있기 때문이다. 사용자는 보통 소프트웨어를 사용하여 본 다음에 불편한 점이나 추가되어야 하는 기능 등을 이야기하기 마련이다. 이 경우, 누군가가 전체 프로그램을 읽어보고 필요한 기능 등을 추가하여야 할 것이다. 따라서 프로그램의 작성자는 차후에 누군가가 코드를 읽고 쉽게 수정할 수 읽도록 최선을 다해야 할 것이다. 보통은 유지보수 비용이 전체 비용 중에서 상당한 부분을 차지한다고 한다.

 Q&A

 Q   소스 파일과 오브젝트 파일, 실행 파일 중에서 반드시 보관하여야 하는 파일은 무엇일까?

 A   정답은 소스 파일이다. 소스 파일만 있으면 컴파일러를 수행시켜서 오브젝트 파일, 실행 파일을 만들 수 있다. 하지만 소스 파일을 삭제하면 컴파일이 불가능하다. 따라서 반드시 소스 파일은 잘 보관하여야 한다.

Q 만약 여러분이 게임 프로그램을 작성하였다고 가정하자. 프로그램을 판매하여 수익을 얻으려고 한다. 그런 경우에 여러분은 소스 파일, 오브젝트 파일, 실행 파일 중에서 어떤 파일을 구매자한테 주어야 할까?

A 정답은 실행 파일이다. 실행 파일은 독립적인 파일이다. 즉 다른 파일들이 없어도 독립적으로 수행될 수 있다. 구매자들은 실행 파일만 있으면 얼마든지 실행이 가능하다. 또한 C 컴파일러도 필요 없다. 만약 소스 파일을 구매자한테 준다면 구매자가 소스를 변경하여 다른 게임을 만들 수 있기 때문에 조심하여야 한다. 업체들이 소스 파일을 공개하지 않는 것은 이런 이유 때문이다.

중간점검

1 프로그램 개발 과정을 순서대로 정리하여보자.
2 소스 파일의 이름으로 test.txt는 올바른가?
3 소스 파일, 오브젝트 파일, 실행 파일의 차이점을 설명하라.
4 소스 파일이 test.c라면 컴파일 과정을 거친 후에 생성되는 오브젝트 파일과 실행 파일의 이름은 어떻게 되는가?
5 컴파일과 링크 과정을 거쳐서 실행 파일을 만든 다음에 소스 파일과 오브젝트 파일을 보관해야 하는가? 아니면 삭제하여도 되는가? 그 이유를 말하라.
6 디버깅(debugging)이란 무엇인가?
7 왜 소프트웨어도 유지 보수가 필요한가?

2.2 통합 개발 환경

예전에는 에디터, 컴파일러, 디버거 등이 별도의 분리된 프로그램이었다. 따라서 프로그래머들은 매번 여러 개의 프로그램을 반복적으로 수행시켜야 했다. 통합 개발 환경(IDE: integrated development environment)과 같은 소프트웨어 도구들이 등장하면서 우리는 더욱 간편하고 효율적으로 프로그램을 작성할 수 있게 되었다. 통합 개발 환경은 프로그램 개발에 필수적인 편집, 컴파일, 실행, 디버깅 기능을 하나로 통합한 도구이다. 통합 개발 환경도 일종의 프로그램이다. 즉 우리는 프로그램을 이용하여 프로그램을 더 빠르고 쉽게 제작할 수 있는 것이다. 통합 개발 환경은 프로그램 개발과 관련된 전체 과정을 아주 쉽게 해준다. 따라서 적어도 하나의 통합 개발 환경은 반드시 배워두어야 한다. C프로그램 개발에 많이 사용되는 몇 가지의 통합 개발 환경을 간단히 살펴보자.

컴파일러
에디터
디버거
통합 개발 환경

그림 2-2
통합 개발 환경

참고사항

C++ 언어는 C 언어를 포함하고 있다. 따라서 C++ 개발 도구로 C언어 프로그램도 개발이 가능하다.

비주얼 스튜디오

참고사항
비주얼 스튜디오를 제외한 나머지 통합 개발 도구들도 웬만한 개발 프로젝트는 너끈히 진행할 수 있을 정도의 수준이다.

윈도우즈에서의 대표적인 통합 개발 도구는 마이크로소프트사의 비주얼 스튜디오(Visual Studio)이다. 비주얼 스튜디오는 마이크로소프트사가 윈도우즈 운영체제에서 응용 프로그램 제작을 위하여 제공하는 통합 개발 환경이다. 비주얼 스튜디오는 윈도우즈 상에서 동작하는 거의 모든 형태의 프로그램을 제작할 수 있는 강력한 도구이며, 윈도우즈에서 수행되는 많은 프로그램들이 비주얼 스튜디오로 작성되고 있다. 최근의 비주얼 스튜디오는 하나의 틀 안에서 C, C++, C#, 자바스크립트, 파이썬, 비주얼 베이직, HTML&CSS 등의 여러 프로그래밍 언어를 사용하여 서로 다른 프로그램을 개발할 수 있게 되어 있다. 따라서 사용법을 한 번만 학습해두면 두고두고 사용할 수 있다. 이미 20년 넘게 사용되어온 도구이고, 절대 없어지지 않을 것 같으니 안심하여도 된다.

하지만 우리가 주로 작성할 프로그램은 콘솔(console) 형태의 간단한 프로그램이다. 콘솔 프로그램은 콘솔 창을 이용하여 텍스트 형태로 입력과 출력을 하는 아주 간단한 프로그램을 의미한다. 주로 문자 입출력만이 가능하며 윈도우나 그래픽은 거의 불가능하다. 하지만 너무 실망할 필요는 없다. C언어만 잘 학습하면 차후에 얼마든지 화려한 프로그램을 작성할 수 있다. 그리고 항상 중요한 것은 화려한 외양보다 내용이다.

이클립스

참고사항
오픈 소스 프로젝트란 소스 코드를 공개하고 공유하여 누구든 그것을 수정하고 개량할 수 있도록 하는 원칙을 지키며 진행되는 프로젝트를 말한다.

이클립스(eclipse)는 인터넷을 이용한 오픈 프로젝트의 산물이다. 이클립스는 IBM을 비롯한 많은 회사들의 지원으로 개발되었다. 이클립스는 상용 프로그램의 수준에 이르는 통합 개발 환경을 지원한다. 이클립스는 자바 언어를 위한 JDT(Java Development Tools)를 시작으로 여러 언어에 대한 개발 툴이 추가되고 있다. C언어를 위해서는 CDT(C/C++ Development Tools)가 개발되어 있으며 현재도 사용이 가능하다. 컴파일러는 공개 컴파일러인 GNU의 gcc 컴파일러를 사용한다. 이클립스는 윈도우즈, 리눅스, 솔라리스 등의 많은 플랫폼에서 사용이 가능하다. 이클립스는 무료로 보급된다. 자세한 내용은 www.eclipse.org를 참조하라.

참고사항
GNU의 GCC 컴파일러도 C언어 분야에서는 아주 유명한 오픈 소스 컴파일러이다. 유닉스 계열에서 기본 컴파일러로 사용한다.

Dev-C++

Dev-C++도 인터넷을 통한 오픈 소스 프로젝트에서 개발하였다. Bloodshed Dev-C++는 모든 기능이 잘 갖추어진 C/C++ 프로그래밍 언어를 위한 통합 개발 환경이다. Dev C++는 GCC(GNU Compiler Collection)의 Mingw 버전을 이용한다. GCC 컴파일러도 유닉스나 리눅스에서는 거의 표준인 유명한 C 컴파일러이다. Dev-C++도 윈도우즈에서 실행될 수 있는 실행 파일을 생성하며 Cygwin이라고 불리는 윈도우즈에서의 유닉스 환경에서도 사용할 수 있다. Dev-C++도 오픈 소스이므로 무료이다. Dev-C++는 Delphi로 작성되었다고 한다. http://www.bloodshed.net/dev/를 참조하라.

2.3 비주얼 스튜디오 설치

비주얼 스튜디오의 최근 버전은 비주얼 스튜디오 **2022**이다. 비주얼 스튜디오 **2022**에서는 사용자의 용도에 맞추어서 몇 가지의 버전을 제공하고 있다.

▶ 커뮤니티(Visual Studio Community) 버전은 "개인이나 학생들을 위한 무료로 제공되는 강력한 개발 도구"라고 되어 있다.

▶ 프로페셔널 버전(Visual Studio Professional)은 "개별 개발자 또는 소규모 팀을 위한 전문적인 개발자 도구 및 서비스"라고 되어 있다.

▶ 엔터프라이즈 버전(Visual Studio Enterprise)은 "고급 테스트 및 **DevOps**를 포함해서 어떠한 크기나 복잡한 프로젝트까지 개발 팀을 위한 고급 기능이 포함된 엔터프라이즈급 솔루션"이라고 표시되어 있다.

누구나 엔터프라이즈 버전을 사용하고 싶겠지만 가격도 만만치 않고 설치에도 많은 시간이 걸린다. 그리고 사용 방법도 너무 복잡하다. 학생이나 입문자는 커뮤니티 버전으로 충분하다.

(1) 웹 사이트 https://visualstudio.microsoft.com/ko에 접속하면 다음과 같은 화면이 나타난다.

> **참고사항**
>
> 자신이 사용하는 버전이 이전 버전의 비주얼 스튜디오라면 생능출판사 홈페이지에서 컴파일러 버전에 맞는 pdf 파일을 다운로드하여서 사용하면 된다.

(2) 위의 화면에서 Community 버전의 [무료 다운로드]를 선택하고 다운로드되는 파일을 [실행 (R)]한다.

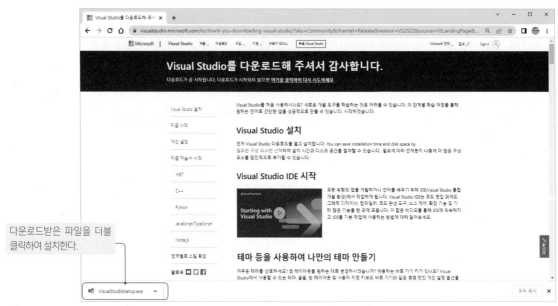

다운로드받은 파일을 더블 클릭하여 설치한다.

(3) 다음과 같은 화면이 나오면 [계속]을 누른다.

참고사항

파이썬도 비주얼 스튜디오를 이용하여 개발할 수 있다.

(4) 다음 화면에서는 자신이 사용할 프로그래밍 언어와 개발 환경을 선택할 수 있다. 우리는 [C++를 사용한 데스크톱 개발]을 선택한다. 나중에 필요하면 다른 프로그래밍 언어는 추가 설치가 가능하다.

(5) 설치에 상당한 시간이 걸린다. 설치가 완료되면 설치 프로그램을 종료한다.

2.4 비주얼 스튜디오 사용하기

윈도우의 [시작] 버튼을 누르고 [Visual Studio 2022]를 찾아서 실행한다. 이 과정에서 마이크로소프트 계정으로 로그인해야 할 수도 있다. 계정이 없다면 하나 생성하도록 하자. 다음과 같은 화면이 등장한다. "코드를 사용하지 않고 계속(W)"을 클릭한다.

프로젝트의 생성

본격적으로 프로그램을 작성하기 전에 먼저 솔루션과 프로젝트를 생성하여야 한다. 프로젝트(project)는 하나의 실행 파일을 만드는데 필요한 소스 파일, 아이콘, 이미지들이 들어 있는 컨테이너이다. 솔루션(solution)은 여러 프로젝트를 가질 수 있는 컨테이너이다.

참고사항

우리는 당분간 하나의 솔루션과 하나의 프로젝트만 있으면 된다.

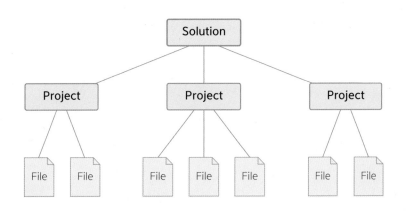

솔루션을 생성하고 프로젝트를 생성하는 것이 올바른 순서이지만, 새로운 프로젝트를 만들면 자동으로 하나의 솔루션이 생성된다. 따라서 솔루션을 먼저 생성할 필요는 없다.

(1) 새로운 프로젝트를 만들려면 [파일]→[새로 만들기]→[프로젝트] 메뉴를 선택한다.

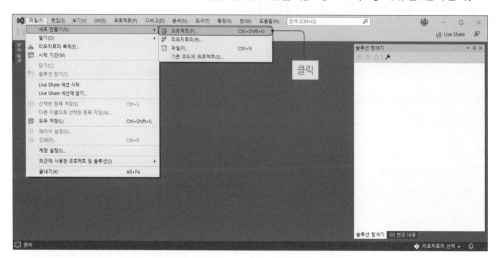

(2) 대화 상자에서 "빈 프로젝트"를 선택한다.

(3) 다음 대화 상자에서 프로젝트의 이름을 입력한다.

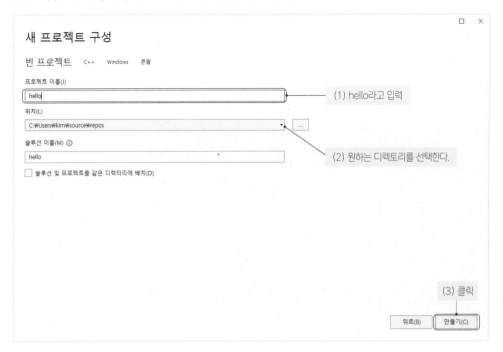

(4) 다음과 같은 화면이 등장한다.

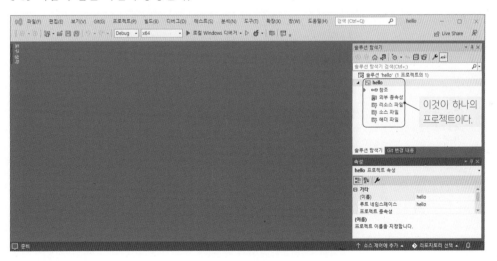

소스 파일 작성

(1) 앞에서 프로젝트를 생성하였다. 이제 프로젝트 안에 소스 파일을 추가해보자. 프로젝트에 소스 파일을 추가하려면 화면 오른쪽의 솔루션 탐색기의 **[소스 파일]** 폴더 위에서 마우스 오른쪽 버튼을 누르고 **[추가]→[새 항목]**을 선택한다.

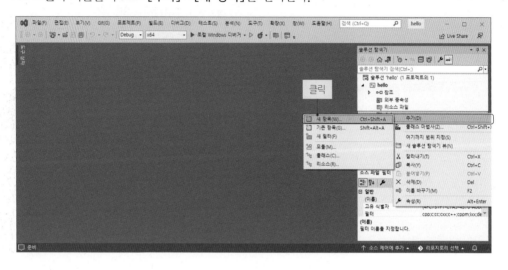

(2) 설치된 템플릿 중에서 **[C++ 파일(.cpp)]**를 선택하고 파일 이름 hello.c를 입력한다. **[추가]** 버튼을 누른다.

⚠ 오류 주의

hello.cpp로 입력하면 C++ 소스 파일이 되어서 문법 규칙이 달라진다. hello.c로 소스 파일 이름을 입력하여야 한다.

(3) 오른쪽 상단에 있는 솔루션 탐색기에 보면 솔루션 hello 아래에 프로젝트 hello가 있음을 알 수 있다. 프로젝트 hello 아래에는 리소스 파일, 소스 파일, 외부 종속성, 참조, 헤더 파일 폴더가 보인다. 우리가 추가한 hello.c는 소스 파일 폴더에 들어 있다. hello.c 파일을

더블 클릭하면 hello.c가 열리면서 에디터가 실행되어 오른쪽 화면에서 소스 코드를 입력할
수 있다.

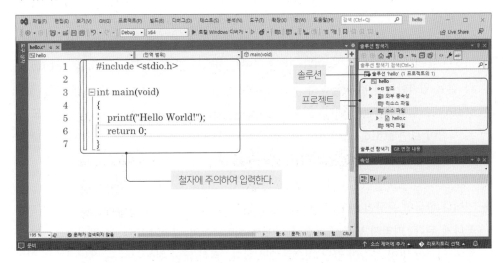

이 상태에서 왼쪽 윈도우에다가 소스를 입력하면 된다. 다음의 소스를 주의하여서 그대로
입력하여보자. 소스 코드를 입력할 때는 흔히 한두 글자는 틀리기 쉽다. 그러나 한 글자만
틀려도 전체 프로그램이 컴파일 되지 않는다(우리가 상대하는 것이 단순한 컴퓨터라는 것을
이해하여야 한다. 그리고 한두 글자씩 틀리는 것은 전문 프로그래머들도 자주 하는 실수이니 너
무 자책하지 않아도 된다.). 따라서 처음에는 다음의 코드를 일단 보이는 대로 그대로 입력하
도록 하자.

그림 2-3
소스 코드를 그림과 같이 입력한다.

소스 코드를 입력할 때 주의하여야 할 사항을 살펴보자.

▶ 하나의 단어에 속하는 문자나 기호는 붙여서 써야 하고 단어와 단어 사이에는 구별을 위
하여 한 개 이상의 공백이 들어가야 한다. 예를 들어서 int는 붙여서 입력하여야 하고 int
와 main 사이에는 하나 이상의 공백이 있어야 한다.

▶ C에서는 대문자와 소문자를 구별한다. 따라서 대문자와 소문자를 정확하게 구별하여 입력
하도록 하여야 한다. 즉 main과 MAIN은 서로 다르다.

▶ 특수 문자를 입력할 때 주의하여야 한다. /, \, *, (,), ; 등을 다른 특수 문자와 혼동하면 안 된다.

▶ 주어진 소스 코드를 입력할 때 한 글자라도 틀리지 않게 철자에 주의하여야 한다. 하나의 기호만 틀려도 실행이 불가능하다. 만약 위에서부터 두 번째 라인을 #include <stdio.h>와 같이 입력한다면 컴파일 오류가 발생한다. 오류의 이유는 stdio.h라고 해야 할 것을 stdio,h로 입력했다는 것이다. 컴퓨터는 믿을 수 없을 만큼 멍청하다. C를 조금이라도 아는 사람이 보면 stdio.h를 stdio,h로 잘못 입력하였다는 것을 쉽게 알 수 있지만, 컴퓨터는 조금이라도 틀리면 스스로는 아무 것도 하지 않는다.

참고사항

자동으로 들여쓰기를 하려면, 소스 영역을 마우스로 선택하고 [편집]→[고급]→[선택 영역 서식]을 클릭한다.

▶ 영어나 한글의 문장이 마침표로 끝나듯이 소스 코드에서의 각 문장은 세미콜론(;) 기호로 끝나게 된다. 따라서 반드시 문장의 끝에는 세미콜론이 있어야 한다. 컴파일러는 세미콜론이 있어야 만이 문장이 끝난 것으로 인식한다. 흔히 많이 하는 실수는 세미콜론을 잊어버리는 것이다. 또한 세미콜론(;)과 콜론(:)을 혼동하면 안 된다.

▶ 각 문장은 라인의 처음에서 시작하지 않아도 된다. 라인의 중간에서도 시작될 수 있다. 그러나 일단은 주어진 대로 입력하도록 하는 것이 좋다. printf로 시작하는 문장과 return으로 시작하는 문장은 일부러 세 칸의 공백을 두고 시작되었다. 이것을 들여쓰기(indentation)이라고 한다. 들여쓰기는 소스 코드를 좀 더 읽기 쉽게 하기 위한 방법이다. 들여쓰기는 탭키를 이용하여 할 수도 있고 스페이스키를 쳐도 된다. 비주얼 스튜디오에서는 자동 들여쓰기를 지원한다.

▶ 문장과 문장 사이에 공간을 두는 것을 얼마든지 허용한다. 따라서 #include <stdio.h>와 int main(void) 사이에는 얼마든지 많은 공간이 존재할 수 있다.

화면을 캡처한 그림에서도 알 수 있지만 단어들이 파란색, 붉은색, 검정색으로 나타난다. 만약 자신이 입력한 단어가 위의 그림의 색상과 다른 경우에는 다시 한 번 확인을 하여야 한다. 위와 완전히 100% 동일한 경우만 올바르게 컴파일된다.

Q&A

Q

비주얼 스튜디오로 프로그램을 작성할 때, 비주얼 스튜디오에서 지원하는 에디터만을 써야 하나요?

A

다른 텍스트 에디터를 사용해도 된다. 예를 들어서 메모장을 이용하여 소스 파일을 작성해도 된다. 프로젝트의 [소스 파일] 위치에서 마우스 오른쪽 버튼을 누르고 [추가]→[기존 항목] 메뉴를 선택하면 하드 디스크에서 삽입시킬 파일을 찾아서 추가할 수 있다.

컴파일과 링크

소스 코드를 다 입력하였으면 컴파일과 링크를 하여 실행 파일을 만들어보자. 컴파일과 링크를 하여서 완전한 실행 파일을 생성하는 것을 흔히 빌드(build)라고 한다. 변경된 소스 파일은 빌드 전에 자동으로 저장된다. 우리가 입력한 프로그램을 빌드하려면 **[빌드]** 메뉴의 **[솔루션 빌드]**를 선택하면 된다.

참고사항

빌드할 때 [Ctrl]+[Shift]+B를 입력하여도 된다.

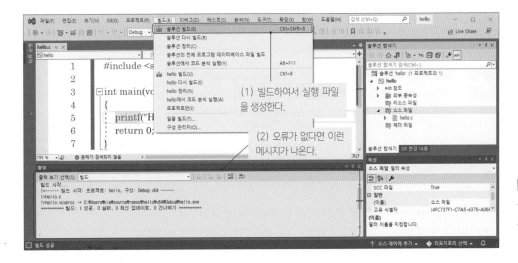

참고사항

실행시킬 때는 [Ctrl]+F5를 선택하여도 된다.

위의 화면은 빌드 과정에서 성공하였다는 것을 나타낸다. 만약 여러분이 입력하는 과정에서 철자를 잘못 입력하게 되면 성공이 아닐 수가 있다. 이 경우에는 입력한 소스 코드를 다시 한 번 교과서와 비교해보면서 오류를 수정한 다음, 다시 빌드를 하여야 한다.

프로그램 실행

지금까지 작성한 프로그램을 실행시키려면 **[디버그]→[디버깅하지 않고 시작]** 메뉴 항목을 선택한다. 만약 오류가 없다면 다음과 같은 콘솔 창이 뜨고 여기에 *Hello World!*가 출력된다. 이 상태에서 아무키나 누르면 프로그램이 종료되고 다시 비주얼 스튜디오로 되돌아간다.

참고사항

'경고'는 프로그램이 실행되는 데는 문제가 없지만 무언가 석연치 않은 결과를 가져올 수도 있는 문제가 발견되었을 경우에 표시된다.

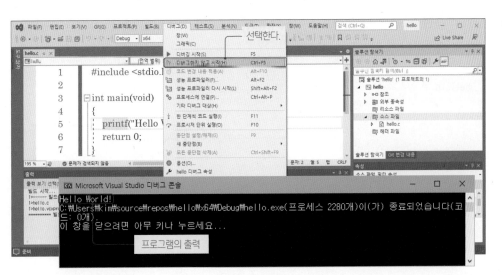

참고사항

독자들 중에서는 혹시 왜 프로그램의 출력이 콘솔에 텍스트로 나오는지 궁금해하는 사람도 있을 것이나. C언어가 만들어진 1970년대에는 주로 텍스트로 입력과 출력을 하였다. 따라서 C 프로그램은 기본적으로 텍스트 입력과 출력을 가정한다. 하지만 그래픽 프로그램을 C언어로 작성하지 못한다는 의미는 절대 아니다. 비주얼 스튜디오에서도 프로젝트의 유형을 [Win32]로 하면 윈도우에서 실행되는 그래픽 프로그램을 작성할 수 있다.

위의 실행 화면에서 "이 창을 닫으려면 아무 키나 누르세요…"는 프로그램의 출력이 아니고 계속 진행하려면 아무 키나 누르라는 안내 메시지이다. 이 메시지는 프로그램을 실행시켰을 때 항상 나오는 메시지이다. "Hello World!"가 예제 프로그램의 출력이다. 앞과 같은 화면이 나오면 프로그램이 성공적으로 실행된 것이다. 이 프로그램에 대한 설명은 다음 절에서 자세하게 살펴보자.

 비주얼 스튜디오에서는 소스 파일이 어디에 저장되는가?

 소스 파일 hello.c는 c:\Users\사용자\source\repos\hello\hello 폴더에 저장된다. 여러분이 프로젝트를 생성할 때 다른 디렉토리를 지정하였으면 거기에 만들어진다. 첫 번째 hello는 솔루션 이름이고 두 번째 hello는 프로젝트 이름이다. 한번 가서 확인해보자.

1 에디터, 컴파일러, 링커, 실행, 디버깅 등의 기능이 하나의 프로그램 안에 들어 있는 것을 무엇이라고 하는가?

2 비주얼 스튜디오에서 새로운 프로젝트를 생성하는 메뉴는 무엇인가?

3 비주얼 스튜디오에서 프로젝트에 속하는 소스 파일을 컴파일하여 실행 파일을 생성하는 메뉴는?

4 C언어에서는 대문자와 소문자를 구별하는가?

5 비주얼 스튜디오를 이용하여서 sample.c라는 소스 파일을 컴파일하였을 때 생성되는 실행 파일의 이름은?

6 비주얼 스튜디오를 사용하여 소스 프로그램을 편집하는 경우, 메모장같은 다른 텍스트 에디터를 사용하여도 되는가?

2.5 예제 프로그램의 간략한 설명

참고사항

이 전통은 K&R이 지은 "The C Programming Language" 책에서부터 시작되었다고 한다.

이 프로그램은 전통적으로 개발자가 시스템을 테스트하는 데 사용하는 첫 번째 프로그램이다. 프로그래머가 화면에서 두 단어를 보는 것은 코드를 컴파일, 로드, 실행할 수 있고 출력을 볼 수 있음을 의미한다.

Brian Kernighan은 "Hello, World"라는 단어를 선택한 이유를 확실히 기억하지 못한다. 하지만 만화에서 병아리가 "Hello, World"라고 말하는 것을 본 적이 있다고 한다.

앞에서 등장한 예제 소스를 간단하게 설명하여보자. 이 예제 소스는 콘솔 화면에 "Hello World!"를 출력하는 프로그램으로 전통적으로 프로그래밍 세계에 입문한 사람들이 제일 처음으로 작성하는 프로그램이다.

hello.c

```
1   #include <stdio.h>
2
3   int main(void)
4   {
5       printf("Hello World!");
6       return 0;
7   }
```

Hello World!

1장에서 프로그램이란 컴퓨터에 작업을 지시하는 문서와 같다고 하였다. 우리가 원하는 작업은 콘솔에 "Hello World!"를 출력하는 것이다. **그림 2-4**에서 알 수 있듯이, 이 작업에 대응되는 문장은 printf("Hello World!");이다.

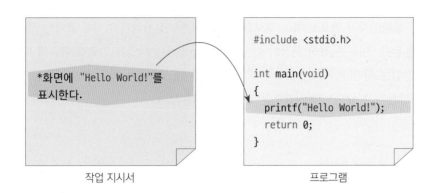

그림 2-4
작업 지시서와 프로그램

즉 printf("Hello World!"); 라는 문장이 화면에 "Hello World!"라는 텍스트를 출력하는 문장이 된다. 그렇다면 이 문장의 앞뒤에 있는 잡다한 문장들은 무엇인가? 이것들은 원하는 작업을 적어주기 전에 반드시 있어야 하는 문장이라고 생각하자. 일단 다음과 같은 틀이 있고 여기에 우리가 원하는 작업들을 기술한다고 생각하라.

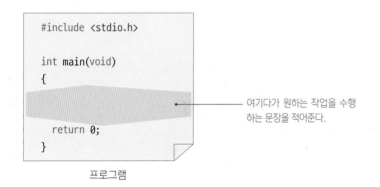

그림 2-5
프로그램의 구조

프로그램의 각각의 문장에 대하여 간단하게 설명하여본다. 만약 이해가 안 되더라도 전혀 걱정할 필요가 없다. 나중에 상세하게 다시 설명될 것이다.

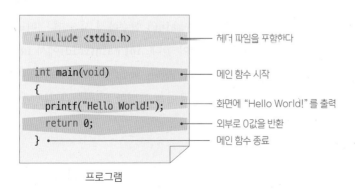

#include <stdio.h>

#으로 시작하는 문장은 전처리기 지시자이다. 전처리기(preprocessor)는 본격적으로 컴파일하기 전에 사전 정지 작업을 하는 컴파일러의 일부분이다. #include는 특정 파일을 현재의 위치에 포함시키라고 지시한다. 이러한 파일들은 헤더 파일(header file)이라고 불리며 헤더 파일은 컴파일러가 필요로 하는 정보를 가지고 있다. 전처리기 지시자 끝에는 세미콜론을 붙이면 안 된다. 이들은 정식 문장이 아니다. stdio.h라는 파일은 입출력 함수에 대한 정보를 가지고 있는 헤더파일이다. 우리는 대부분의 경우에 stdio.h 헤더 파일을 포함시킬 것이다. 헤더 파일은 소스 파일의 시작부분에서 포함시킨다.

> **참고사항**
>
> 헤더파일들은 대개 .h 확장자를 가지고 있다.

int main(void)

위의 문장은 main() 함수를 정의하는 문장이다. 함수(function)란 프로그램에서 입력이 주어지면 출력을 만들어내는 작은 기계라고 할 수 있다. 함수는 특정한 작업을 수행하기 위하여 작성된 독립적인 코드이다. 여러분들은 수학에서의 함수의 정의는 잘 알고 있을 것이다. $y = x^2 + 1$과 같은 수학적인 함수에서 x의 값이 정해지면 y의 값도 따라서 결정된다. 프로그램에서의 함수도 입력값이 주어지면 출력값을 만들어낸다.

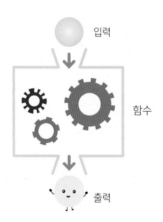

입력

함수

출력

> **그림 2-6**
>
> 함수는 입력값을 받아서 출력값을 만들어내는 블랙 박스와 같다.

> **참고사항**
>
> int main()이나 main()도 가능하다. 하지만 int main(void)로 쓰는 것이 원칙이다.

> **참고사항**
>
> 하나의 프로그램에 main() 함수는 하나만 있어야 한다. 2개를 만들면 컴파일 오류이다.

하나의 프로그램은 여러 개의 함수들로 이루어진다. 그러나 우리는 당분간 main() 함수만을 사용할 것이다. main() 함수는 특별한 의미가 있다. main() 함수는 C 프로그램에서 가장 처음으로 실행이 되는 부분이다. 모든 C 프로그램은 main() 함수에서 시작한다. 따라서 모든 C 프로그램에는 반드시 하나의 main() 함수가 있어야 한다. int main(void)에서 int는 함수가 출력하는 값의 타입이 정수(integer)라는 것을 의미한다. void는 비어있다는 의미로 함수의 입력이 없다는 것을 의미한다. int, void 같은 용어는 특별한 의미를 가지는 단어들로서 예약어 또는 키워드라고 한다.

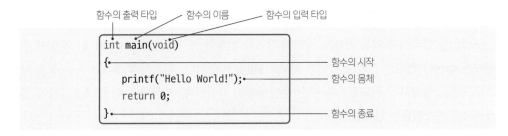

그림 2-7
함수의 구성요소

{

함수의 시작과 끝은 {과 }로 나타낸다. { } 사이에 함수의 몸체 부분이 들어간다. 함수의 몸체에는 함수의 기능을 수행하는 문장들이 들어간다. 예를 들어 만약 함수가 입력 x에 대하여 x^2+1의 값을 계산하는 기능을 한다면 x^2+1을 계산하는 문장들이 { } 사이에 들어간다. 문장이란 소스 코드에서 보통 한 줄에 하나씩 쓰이고 항상 ;(세미콜론)으로 끝난다. 프로그램이 어떻게 동작하느냐는 어떤 문장이 함수 안에 포함되느냐에 달려있다. 문장을 이용하여 화면에 값들을 출력할 수도 있고 수학적인 계산을 할 수도 있고 값들을 입력받을 수도 있다. 모든 작업들은 문장을 통하여 이루어진다.

함수 안의 문장들은 기본적으로 순차적으로 실행된다. 예제 프로그램에서는 두 개의 문장이 main() 함수 안에 들어가 있다. 이들 문장은 main() 함수가 시작하면 순차적으로 실행된다. 프로그램은 main() 함수에 있는 첫 번째 문장에서 시작하고 main() 함수의 마지막 문장에서 종료된다.

⚠ 오류 주의

함수의 시작과 끝을 나타내는 {과 }은 항상 짝으로 사용되는 것을 잊지 말자.

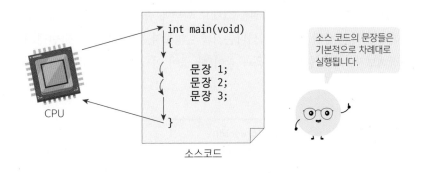

소스코드

그림 2-8
소스 코드는 여러 개의 문장들로 이루어진다. 컴퓨터는 기본적으로 문장들을 차례대로 수행한다.

printf("Hello World!");

이 문장은 printf() 함수를 호출하여 모니터 화면에 텍스트 "Hello World!"를 출력하는 문장이다. 함수를 호출한다고 하는 것은 이미 작성되어 있는 함수를 사용한다는 뜻이다. printf() 함수는 컴파일러가 우리에게 제공하는 함수로서 화면에 텍스트나 데이터 값들을 출력할 때 사용하는 라이브러리 함수이다. 일반적으로 printf 함수는 큰 따옴표 사이에 있는 텍스트를 화면에 출력한다. 보통 큰 따옴표로 둘러싸인 텍스트를 문자열(string)이라고 한다. 예제 프로그램에서 "Hello World"가 바로 문자열이다.

📌 참고사항

printf()에서 f는 formatted를 의미한다. 즉 형식(format)을 지정하는 출력 함수라는 의미이다. printf() 함수는 프린트에프라고 읽으면 된다.

return 0;

return은 함수가 작업을 끝내고 작업의 결과를 반환할 때 사용된다. return 0; 문장이 수행되면 main() 함수는 작업을 끝내고 외부로 0값을 반환한다. 여기서 외부라고 하는 것은 이 프로그램을 실행시킨 윈도우즈와 같은 운영체체를 가리킨다. 보통 0의 값은 프로그램이 정상적으로 종료했음을 나타낸다.

}

}은 함수의 끝을 나타낸다.

중간점검

1   문장의 끝에 추가하여야 하는 기호는?
2   C 프로그램에 반드시 있어야 하는 함수는?
3   printf()가 하는 기능은 무엇인가?

2.6   예제 프로그램의 응용

앞의 예제에서는 미리 지정된 문자열을 그대로 화면에 출력하였다. 여기서는 앞의 예제를 약간 수정하여서 어떤 실행 결과가 나타나는지를 살펴보자. 우리가 만든 첫 번째 프로그램을 약간만 확장해보자. 화면 출력을 다음과 같이 한 줄이 아닌 두 줄로 하려면 어떻게 하여야 할까?

```
Hello World!
Kim ChulSoo
```

첫 번째 예제에서는 printf("...");에 있는 큰 따옴표 안의 텍스트가 화면에 출력되었다. 그리고 main() 함수 안에 들어 있는 문장들은 순차적으로 수행된다. 따라서 비슷한 문장을 하나 더 만들어서 추가하여 실행하면 원하는 결과를 얻을 수 있을 것이다.

hello1.c

```
1  #include <stdio.h>
2
3  int main(void)
4  {
5       printf("Hello World!");
6       printf("Kim ChulSoo");
7
8       return 0;
9  }
```

2개의 문장은 순차적으로 실행된다.

Hello World! Kim ChulSoo

하지만 실행 결과는 우리가 원하는 것과 약간 다르다. "Hello World!"와 "Kim ChulSoo"가 같은 줄에 출력되어 있다. "Hello World!"를 출력한 후에 다음 줄에 "Kim ChulSoo"를 출력하려면 줄을 바꾸어 주어야 한다. 콘솔에서 줄을 바꾸려면 콘솔에 줄을 바꾸라는 특수 문자를 보내야 한다. C에서 줄바꿈 문자는 \n으로 표현된다. 여기서 \n은 화면에 \n으로 출력되지 않는다. \n 처럼 앞에 역슬래시(\)가 있으면 특별한 의미를 가진다. \n은 줄바꿈(newline)을 의미한다. \n은 화면의 커서를 다음 줄의 시작 위치로 옮긴다. 여기서 커서라고 하는 것은 마우스의 커서가 아니고 콘솔 화면에서의 커서를 의미한다.

참고사항

한글 키보드에서 \은 ₩로 표시되어 있다.

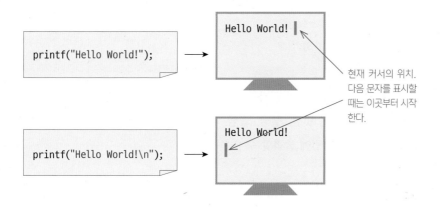

printf("Hello World!");

Hello World!

printf("Hello World!\n");

Hello World!

현재 커서의 위치. 다음 문자를 표시할 때는 이곳부터 시작한다.

그림 2-9
\n은 화면에서 줄을 바꾸는데 사용되는 특수한 문자이다.

따라서 우리가 원하는 결과를 얻으려면 다음과 같이 소스를 변경하여야 한다.

test1.c

```
1  #include <stdio.h>
2
3  int main(void)
4  {
5       printf("Hello World! \n");
6       printf("Kim ChulSoo \n");
7
8       return 0;
9  }
```

끝에 줄바꿈 문자를 추가한다.

Hello World!
Kim ChulSoo

중간점검

1 화면에 새로운 줄을 만드는 데 사용되는 특수한 기호는?

2 "사과", "오렌지", "포도"를 한 줄에 하나씩 출력하는 프로그램을 작성하여보자.

LAB   간단한 계산을 해보자

이제 여러분들은 새로운 프로젝트를 만들고 소스 파일을 프로젝트에 추가할 수 있다. 2와 3을 가지고 덧셈과 뺄셈, 곱셈, 나눗셈 계산을 하는 프로그램을 작성해보자. 산술 연산에 대한 자세한 이야기는 5장에서 하겠지만 간단한 연산은 여기서 할 수 있다.

```
결과값=5
결과값=-1
결과값=6
결과값=5
```

프로그램에서 2와 3을 더해서 그 결과를 화면에 출력하려면 다음과 같은 문장을 사용한다.

```
printf("결과값=%d\n", 2 + 3);
```

print() 안에 있는 %d는 계산의 결과를 정수 형식으로 출력하라는 기호이다. C언어에서는 +, -, *, / 기호를 이용하여 덧셈, 뺄셈, 곱셈, 나눗셈을 한다. 위의 소스를 참조하여서 2+3, 2-3, 2*3, 2/3의 결과를 화면에 출력할 수 있는가?

Solution add.c

```c
1  #include <stdio.h>
2
3  int main(void)
4  {
5      printf("결과값=%d\n", 2 + 3);
6      printf("결과값=%d\n", 2 - 3);
7      printf("결과값=%d\n", 2 * 3);
8      printf("결과값=%d\n", 2 / 3);
9      return 0;
10 }
```

LAB 구구단을 출력해보자

구구단 중에서 9단의 일부를 출력하는 프로그램을 작성해보자.

```
9 X 1 = 9
9 X 2 = 18
9 X 3 = 27
9 X 4 = 36
9 X 5 = 45
```

프로그램에서 9와 1을 곱해서 그 결과를 화면에 출력하려면 다음과 같은 문장을 사용한다.

```
printf("9 X 1 = %d\n", 9*1);
```

Solution gugu9.c

```
1   #include <stdio.h>
2
3   int main(void)
4   {
5           printf("9 X 1 = %d\n", 9*1);
6           printf("9 X 2 = %d\n", 9*2);
7           printf("9 X 3 = %d\n", 9*3);   ──── 순차적으로 실행된다.
8           printf("9 X 4 = %d\n", 9*4);
9           printf("9 X 5 = %d\n", 9*5);
10
11          return 0;
12  }
```

도전문제

9단 전체를 출력하도록 코드를 수정해보자.

2.7 오류 수정

만약 소스 코드에 오류가 있으면 반드시 수정하여야 한다. 오류에는 컴파일 단계에서 발생하는 "컴파일 시간 오류"도 있고 컴파일은 성공적으로 완료되었어도 실행 시간에 오류가 발생하는 "실행 시간 오류"도 있다. 또한 실행도 성공적으로 되지만 자신이 의도하는 대로 실행이 되지 않는 "논리 오류"도 있다. 오류에는 심각도에 따라서 에러와 경고가 있다.

- 에러(error): 컴파일, 링크가 불가능한, 심각한 오류
- 경고(warning): 컴파일, 링크는 가능하고 실행도 가능하나 잠재적인 문제를 일으킬 수 있는 경미한 오류

경고의 경우, 수정하지 않아도 문제가 없는 경우가 종종 있지만 가능하면 경고 메시지도 나타나지 않도록 프로그램을 작성하여야 한다. 경고 메시지를 수정하지 않으면 나중에 아주 찾기 어려운 오류를 일으키는 경우도 종종 있다. 따라서 지금부터 오류 메시지를 참고로 하여 오류를 수정하는 방법에 대하여 살펴보자. 오류를 수정하는 과정을 디버깅이라고 한다. 먼저 오류 메시지가 어떻게 표시되는지를 살펴보자. 앞의 예제 프로그램을 수정하여 오류가 발생하도록 하여보자.

 경고 메시지를 무시하면 어떤 일이 발생하는가?

 경고 메시지에 따라 어떤 것은 무시해도 좋은 것들도 있다. 그러나 대부분의 경우, 잘못된 부분이 있기 때문에 발생하는 것이다. 따라서 반드시 경고 메시지가 나오지 않도록 소스를 수정하는 것이 중요하다. 비주얼 스튜디오에서는 경고 메시지의 수준을 설정할 수 있도록 되어 있다. 초보자인 경우에는 경고 메시지의 수준을 낮추어 놓는 것도 좋은 방법이다. 수준을 낮추어 놓으면 아주 사소한 오류도 볼 수 있다. 비주얼 스튜디오 2022에서 경고의 수준을 설정하는 방법은 [프로젝트]→[속성]을 선택한다. 화면에 대화상자가 등장하고 [구성 속성]→[C/C++]→[일반]→[경고 수준] 드롭 상자에서 경고 수준을 설정할 수 있다. "모든 경고 해제"에서 수준 4까지 설정할 수 있다.

컴파일 시간 오류 #1

가장 많이 하는 실수 중의 하나인 문장의 끝에 세미콜론을 생략한 경우를 살펴보자. 아래의 소스를 컴파일하면 다음과 같은 오류 메시지가 표시된다.

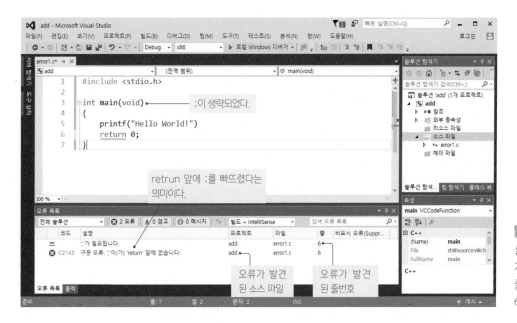

참고사항

실제로는 소스의 5번째 줄의 잘못이지만 컴파일러는 5번째 줄과 6번째 줄이 연결되어 있는 것으로 생각하고 6번째 줄의 오류라고 보고한다.

일반적으로 오류 메시지에는 오류가 발견된 파일의 이름, 오류가 발견된 줄의 번호, 발견된 오류의 내용(설명) 등이 표시된다. 문장의 끝에 세미콜론을 생략한 경우, 앞의 그림과 같은 오류 메시지가 발생하며 오류 메시지를 보면 6번째 줄에서 return 앞에 ;을 빠뜨렸다는 것을 알 수 있다. 오류 메시지를 더블 클릭하면 소스 파일에서 오류가 발생한 위치를 알 수 있다.

컴파일 시간 오류 #2

그러나 때때로 오류 메시지가 가리키는 줄에 반드시 오류가 있다고 할 수 없는 경우도 종종 있다. 이런 경우에는 그 주변(특히 이전 줄들)이 잘못되었을 가능성이 많다. 따라서 오류 메시지가 가리키는 줄뿐만 아니라 그 이전의 줄들까지 조사해야 되는 경우도 많다. 예를 들어 다음과 같이 문자열을 출력할 때, 따옴표를 생략하면 다음과 같은 오류 메시지가 출력된다.

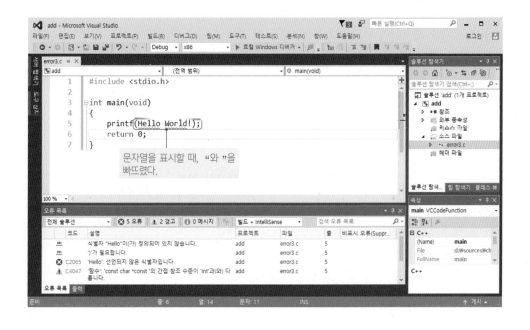

오류 메시지만 보면 5번째 라인에서 엄청나게 많은 오류가 있는 것처럼 보이지만 사실은 생략된 따옴표 때문에 모든 문제가 발생되고 있다. 사실 이런 종류의 오류는 화면에 표시되는 소스의 색상을 주의 깊게 보면 쉽게 알 수 있다. 비주얼 스튜디오에서 문자열은 자주색으로 표시된다.

컴파일 시간 오류 #3

링크 단계에서 오류가 발생하는 경우도 있다. 흔히 printf 함수 이름을 print라고 잘못 입력하기도 한다. 이런 경우에는 라이브러리를 연결하는 링커에서 함수를 찾을 수 없다는 오류 메시지를 내보낸다. "unresolved external symbol" 메시지는 링커가 해결할 수 없는 외부 기호 이름이라고 이해하면 될 것이다.

실행 결과를 해석하여 보면 print가 정의되지 않았고 링크 단계에서 찾지 못했다는 것을 알 수 있다. 추가적으로 C에서는 대소문자를 구별한다. 따라서 printf를 PRINTF라고 쓰게 되면 역시 동일한 오류가 발생한다.

논리 오류

논리 오류는 프로그램을 작성하는 프로그래머가 문제를 해결하는 절차를 만들 때 실수를 하는 것이다. 즉 프로그램을 해결하는 논리에 문제가 있는 것이다. 논리 오류의 경우에는 컴파일러는 아무런 오류 메시지를 출력하지 않는다. 예를 들어서 우리는 위와 같이 출력되는 프로그램을 목표로 한다고 가정하자.

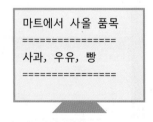

자 어떻게 하면 위와 같이 출력할 수 있을가? 문장들은 순차적으로 실행되므로 먼저 각 줄을 출력하는 문장을 순차적으로 적어주면 된다. 다음과 같이 프로그램을 작성하였다.

error4.c

```
1   #include <stdio.h>
2
3   int main(void)
4   {
5       printf("마트에서 사올 품목");
6       printf("=================");
7       printf("사과, 우유, 빵");
8       printf("=================");
9
10      return 0;
11  }
```

주어진 문자열을 순차적으로 출력한다.

마트에서 사올 품목=================사과, 우유, 빵=================

참고사항

문자열은 따옴표 "..." 안에 들어 있는 텍스트이다.

위의 프로그램은 아무런 오류 없이 컴파일되고 링크된다. 그러나 실행을 하여보면 위와 같은 출력을 생성한다. 이것은 명백히 우리가 원하던 결과는 아니다. 이런 종류의 오류가 논리 오류이다. 어디에 문제가 있었는가? 즉 이러한 결과를 발생시키는 원인은 무엇인가? 세밀하게 살펴보면 각 문장들이 문자열을 출력한 후에 줄바꿈 문자를 보내지 않고 다음 문장이 실행되었기 때문이다. 따라서 각 문자열의 끝에 줄바꿈 문자 "\n"을 붙여주어야 우리가 원하는 실행 결과를 얻을 수 있다.

```
printf("마트에서 사올 품목\n");
printf("=================\n");
printf("사과, 우유, 빵\n");
printf("=================\n");
```

복잡한 프로그램을 작성하다보면 항상 많은 논리 오류를 만나게 된다. 논리 오류를 찾아내는 일은 수사관들이 범죄 현장을 분석하여 범인을 찾는 것과 같다. 실행 결과를 보고 원인을 찾아야 한다. 제일 중요한 것은 이러한 오류가 발생하지 않도록 여러 가지 프로그래밍 원칙에 충실하여야 한다. 다음으로 만약 논리 오류가 발생하게 되면 여러 가지 도구들과 논리적인 추리를 통하여 원인을 찾아야 한다.

아무래도 이 부분이 수상해..

프로그램의 실행결과

논리 에러를 발견하는 것은 수사관이 범죄 흔적을 이용하여 범인을 찾는 것과 같습니다.

그림 2-10
논리 오류 찾기

디버거(debugger)

컴파일 오류는 오류 메시지를 보고 수정하면 되지만 논리 오류는 왜 잘못된 결과가 나왔는 지를 추리하여야 한다. 이 때 유용하게 사용할 수 있는 도구가 디버거(debugger)이다. 디버 거는 소스 코드를 한 줄씩 실행하면서 소스 코드의 잘못된 곳이나 특정 상황에서 어떻게 작 동을 하는지 알아 볼 수 있는 소프트웨어 도구를 의미한다. 특히 디버거는 초보자한테도 유 용한데 그 이유는 프로그램의 각 문장들이 어떠한 순서대로 수행되는지를 쉽게 알 수 있기 때문이다. 여기서는 간단하게 한 문장씩 실행시키는 방법만 살펴보기로 하자.

비주얼 스튜디오에서 디버거를 사용하는 것은 아주 간단하다. 일단 소스 코드를 입력하고 **[빌드]→[솔루션 빌드]**를 클릭하여서 실행할 수 있는 상태까지 만드는 것은 이전과 같다. 이어서 다음 화면과 같이 메뉴 항목 **[디버그]→[프로시저 단위 실행]**을 선택하면 한 문장씩 실행된다. F10 키를 눌러도 한 문장씩 실행된다.

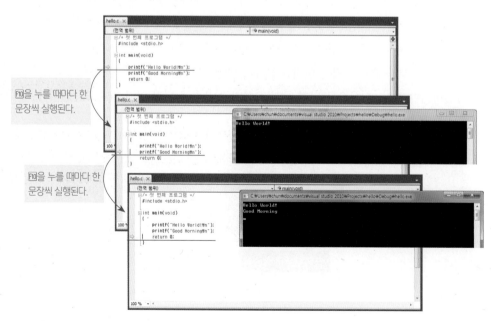

문장 단위로 실행하다가 main 함수가 끝나게 되면 디버깅이 종료된다. 만약 중간에 디버거를 끝내려면 메뉴항목 [디버그]→[디버그 중지]를 선택하면 된다.

중간점검

1   프로그램을 편집하여 컴파일, 링크를 한 다음, 실행시켰는데 자신이 기대한 대로 결과가 나오지 않았다. 이것을 어떤 오류라고 하고 이때는 어떻게 하여야 하는가?

2   비교적 경미한 오류를 무엇이라고 하는가?

참고사항

다음은 비주얼 스튜디오의 디버거에서 지원되는 기능을 요약한 것이다. 지금 전부 알 필요는 없다. 참고로 사용하자.

Start Debug→Go(F5)	디버깅 모드로 프로그램을 실행.
Restart(Ctrl+Shift+F5)	프로그램을 재실행.
Stop Debugging(Shift+F5)	디버깅 중단.
Break Execution	프로그램 실행 중에 이 버튼을 누르면 현재 위치에서 실행이 중단됩니다.
Step Into(F11)	하나의 문장을 실행합니다. 만약 문장에 함수 호출이 있으면 그 함수로 들어갑니다.
Step Over(F10)	하나의 문장을 실행합니다. 만약 문장에 함수 호출이 있어도 함수도 들어가지 않습니다.
Step Out(Shift+F11)	현재 실행중인 함수를 빠져 나옵니다.
Run to Cursor(Shift+F10)	현재 커서 위치까지 실행합니다.
Quick Watch(Shift+F9)	현재 사용 중인 변수를 입력하여 그 변수의 값을 볼 수 있습니다.
Watch	보고 싶은 변수를 입력합니다.
Variables	현재 사용되는 변수값이 표시됩니다.
Registers	CPU 안의 레지스터의 상태를 보여줍니다.
Memory	메모리를 16진수와 문자열로 표시합니다.
Call Stack	함수의 호출 순서를 볼 수 있습니다.
Disassembly	변환된 어셈블리 코드를 보여줍니다.
F9	현재 위치에 중단점을 설정합니다. 디버거가 중단점을 만나면 실행을 중지합니다.

Mini Project   오류를 처리해보자

여러분들은 이제부터 많은 프로그램을 작성할 것이고 많은 오류를 만나게 될 것이다. 이번 실습에서 고의적으로 오류를 발생시켜서 처리해보자. 뭐든지 대비가 되어 있으면 좋은 것이다. 오류도 미리 경험해보면 실전에서 당황하지 않을 것이다. 다음과 같은 코드를 입력하고 오류를 하나씩 고쳐보자.

bug.c

```
1  #include <stdio.h>
2
3  int Main(void)
4  (
5       printf(안녕하세요?\n);
6       printf(이번 코드에는 많은 오류가 있다네요\n)
7       print(제가 다 고쳐보겠습니다.\n);
8       return 0;
9  )
```

Solution   bug.c

```
1  #include <stdio.h>
2                              ── main
3  int Main(void)
4  (•──────────── (가 아니라 {이어야 한다.
5       printf(안녕하세요? \n);
6       printf(이번 코드에는 많은 오류가 있다네요 \n)•──── 문장의 끝에는 ;가 있어야 한다.
7       print(제가 다 고쳐보겠습니다.\n);
8       return 0;           ──── 문자열에는 따옴표를 붙인다.
9  )
            print가 아니고 printf이어야 한다.
```

Solution   debugged.c

```
1  #include <stdio.h>
2
3  int main(void)
4  {
5       printf("안녕하세요 ? \n");
6       printf("이번 코드에는 많은 오류가 있다네요\n");
7       printf("제가 다 고쳐보겠습니다.\n");
8       return 0;
9  }
```

> 안녕하세요 ?
> 이번 코드에는 많은 오류가 있다네요
> 제가 다 고쳐보겠습니다.

 도전문제   오류가 모두 해결되었으면 프로그램 빌드 후에 F10 키를 눌러서 한 문장씩 실행해보자. 프로그램 안의 문장들이 어떤 순서대로 실행되는가?

Q&A

Q 인터넷에 보면 다음과 같은 C 프로그램도 많던데, int와 void를 생략해도 되는가?

```
main()     // 또는 int main()
{
        printf("Hello World!");
}
```

A C언어가 표준화되면서 반환형과 입력 타입을 구체적으로 기술하는 것이 좋다고 간주된다. 따라서 위와 같이 적더라도 컴파일되고 실행도 되지만, 표준적인 표기법을 사용하는 것이 좋다.

Q main() 함수에서 return 0; 문장은 반드시 있어야 하는가?

A return 0; 문장이 없어도 컴파일되고 실행도 된다. 하지만 우리가 main() 함수가 정수값을 반환한다고 선언하였기 때문에, 프로그램이 성공하였으면 0을 반환하고, 실패하였으면 1을 반환하는 것이 좋다. 이것을 운영체제가 사용할 수도 있다.

Q stdio.h 헤더 파일을 포함시키지 않으면 어떻게 되는가?

A "printf가 정의되지 않았습니다"라는 컴파일 오류가 발생한다. stdio.h 파일은 입출력에 관한 함수 정의를 포함하고 있다.

Q 프로그램을 작성할 때 한 줄에 반드시 하나의 문장만 있어야 되는가?

A 많은 개발자들이 한 줄에 보통 하나의 문장만을 두지만, 꼭 그럴 필요는 없다. 다음과 같이 한 줄에 여러 개의 문장을 위치시키는 것도 가능하다.

```
printf("Hello "); printf("World!\n");
```

컴파일러는 ;만 있으면 하나의 문장으로 인식한다. 다만 가독성을 위하여 한 줄에서는 하나의 문장만 두는 것이 바람직하다.

Q 비주얼 스튜디오에서 자동으로 소스를 정리하여 주는 자동 포매팅 기능이 있는지?

A 먼저 자동 정리하고 싶은 소스 영역을 마우스로 선택하고 [편집]→[고급]→[선택 영역 서식]을 선택하면 전문가가 포맷하는 것처럼 소스를 자동으로 들여 쓰기 한다.

Summary

빈칸을 채우면서 학습한 내용을 정리하여보자.

▶ 프로그램 개발 과정을 순서대로 정리하면 다음과 같다. 각 과정에서 나타나는 프로젝트의 이름이나 파일의 이름을 빈칸에 적어보자.

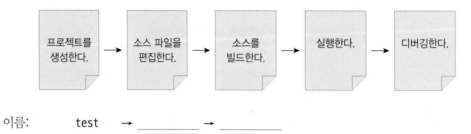

이름: test   → _____ → _____

▶ 각 과정에서 필요한 비주얼 스튜디오의 메뉴를 빈칸에 적어보자.

메뉴: _____ → _____ → _____ → _____ → _____

▶ 다음은 이번 장에서 학습한 소스이다. 소스를 설명하는 설명문을 빈칸에 적어보자.

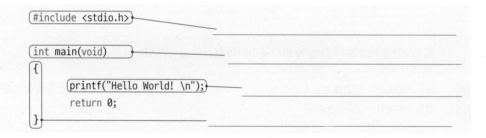

Exercise

01 프로그램 개발 과정을 순서대로 적으시오.

① 컴파일과 링크 ② 알고리즘의 개발
③ 요구 사항 분석 ④ 유지보수
⑤ 코딩 ⑥ 프로그램 실행과 디버깅

02 다음과 같은 실행결과가 나오도록 빈칸을 채우시오.

```
#include <stdio.h>
int main(void)
{
        printf("_____");
        _____;
        return 0;
}
```

비주얼 스튜디오로
C언어를 시작합니다.

03 다음 각각의 코드에는 오류가 있을 수 있다. 오류가 있다면 찾아서 올바르게 수정하라.

(a)
```
#include <stdio.h>

int main(void)
{
        printf(Hello World!);
        return 0;
}
```

(b)
```
#include <stdio.h>

int main(void);
{
        printf("Hello World!");
        return 0;
}
```

(c)
```
#include <stdio.h>

int Main(void)
{
        printf("Hello World!");
        return 0;
}
```

(d)
```
#include <stdio.h>

int main(void)
{
        print("Hello World!")
        return 0;
}
```

04 다음의 설명에 맞는 문장(들)을 작성하여 보시오.

(a) 화면에 "Hi! Programmers"와 줄바꿈 문자를 출력한다.
(b) 화면에 줄바꿈 문자와 "Good Morning"을 출력한다.
(c) "C언어", "C++언어", "Java 언어"를 한 줄에 하나씩 출력한다.

Programming

출력문 연습
MEDIUM
★★☆

01 자신의 이름과 나이, 주소 등을 3줄에 걸쳐서 다음과 같이 출력하는 프로그램을 작성하여보자.

```
이름: 홍길동
나이: 21살
주소: 서울  200번지
```

HINT '\n'을 사용하면 줄을 바꿀 수 있다.

출력문 연습
MEDIUM
★★☆

02 다음과 같은 형태로 출력하는 프로그램을 작성하여보자. 단 printf()는 한 번만 호출하여야 한다.

```
Hello
C
Programmers!
```

HINT '\n'을 사용하면 줄을 바꿀 수 있다.

출력문 연습
MEDIUM
★★☆

03 다음과 같은 형태로 출력하는 프로그램을 작성하여보자.

```
---------------------------------------------
              학과: 컴퓨터공학과
              학번: 0001
              성명: 홍길동
---------------------------------------------
```

출력문 연습
HARD
★★★

04 다음과 같이 출력되는 프로그램을 작성하여보자.

```
일      월      화      수      목      금      토
1       2       3       4       5       6       7
8       9       10      11      12      13      14
15      16      17      18      19      20      21
22      23      24      25      26      27      28
29      30      31
```

HINT 특수문자 \t는 키보드에서 탭키를 누른 것처럼 커서를 이동시킨다. 따라서 값들을 정렬시켜서 출력하는데 사용된다.
printf("일\t월\t화\t수\t목\t금\t토\n");

출력문 연습과
사칙 연산
HARD
★★★

05 7과 8을 가지고 사칙 연산을 한 결과를 다음과 같이 출력하는 프로그램을 작성해보자. 본문의 Lab 문제를 참조한다.

```
7+8=15
7-8=-1
7*8=56
7/8=0
```

HINT printf("7+8 = %d \n", 7+8);

C 프로그램 구성 요소

이번 장에서는 학습할 내용이 많네요!

이번 장에서는 일반적인 C프로그램에 포함되는 기초적인 요소들을 학습합니다. 가장 핵심적인 개념은 변수라고 할 수 있습니다.

Objectives

- 주석, 변수, 함수, 문장 등의 프로그램을 구성하는 요소들의 개념을 이해한다.
- printf()와 scanf() 같은 입출력 함수의 사용법을 익힌다.
- 수식과 연산의 기초적인 사항들을 학습한다.

CHAPTER
03 C 프로그램 구성 요소

3.1 덧셈 프로그램 #1

2장에서 출력문만 존재하는 아주 간단한 프로그램을 살펴보았다. 그러나 일반적인 프로그램은 외부로부터 데이터를 받아서(입력단계), 데이터를 처리한 후에(처리단계), 결과를 화면에 출력(출력단계)한다. 이번 장에서는 이러한 일반적인 구조를 가지는 프로그램을 살펴본다.

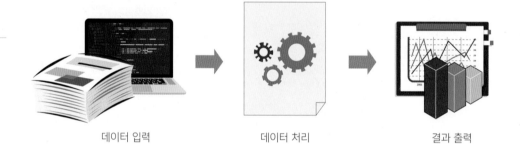

그림 3-1
일반적인 프로그램의 단계

데이터 입력　　　　　데이터 처리　　　　　결과 출력

이번 장에서 이러한 프로그램들을 난이도 순으로 학습하여보자. 첫 번째 프로그램은 두 개의 정수를 가지고 덧셈 연산을 실행한 후에, 연산 결과를 화면에 출력한다. 이 프로그램에서는 데이터들을 메모리에 저장하기 위하여 변수라는 새로운 개념을 사용한다. 또한 덧셈 연산을 실행하는 문장이 등장한다. 또한 printf() 함수를 사용하여 변수의 값을 출력하는 방법도 살펴본다. 먼저 소스 프로그램을 전체적으로 살펴본 다음에 각 구성 요소별로 좀 더 자세히 설명한다.

add1.c

```
1   /* 두개의 숫자의 합을 계산하는 프로그램 */       ── 주석
2   #include <stdio.h>                              ── 전처리기
3
4   int main(void)                                                  ── 함수
5   {                       ── 변수 선언
6       int x;        // 첫 번째 정수를 저장할 변수
7       int y;        // 두 번째 정수를 저장할 변수
8       int sum;      // 두 정수의 합을 저장하는 변수
9
10      x = 100;
11      y = 200;                ── 연산
12
13      sum = x + y;
14      printf("두수의 합: %d", sum);
15
16      return 0;
17  }
```

두수의 합: 300

주석

주석이란?

주석(comment)은 /*와 */로 묶인 부분이다. 주석은 프로그램이 하는 일을 설명하는 설명 글로서 프로그램의 실행 결과에 영향을 끼치지 않는다. 주석은 반드시 있어야 하는 부분은 아니다. 컴파일러는 주석을 무시하며 주석에 대한 기계어 코드를 전혀 생성하지 않는다. 그 렇다면 도대체 주석은 어디에 필요한 것인가? 주석은 컴퓨터를 위한 것이 아니고 프로그램 을 읽는 사람을 위한 것이다. 주석은 프로그램의 가독성을 높인다. 주석에는 보통 프로그램 의 구조와 동작을 설명해주는 문장들이 들어간다.

오류 주의

주석에서 */을 빠뜨리면 심각한 오류 가 발생한다. 또한 /와 *은 반드시 붙 인다.

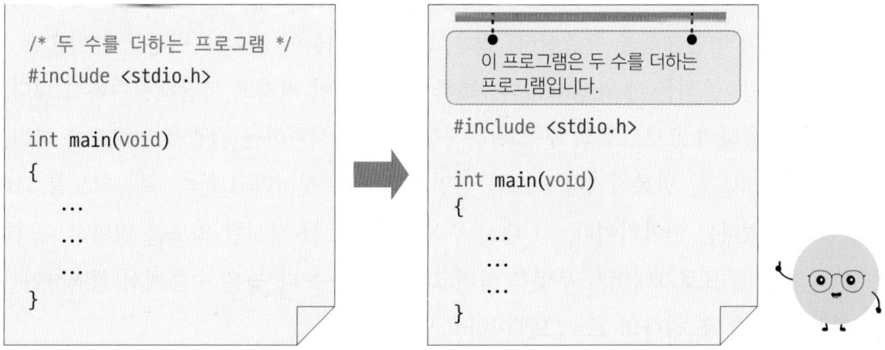

```
/* 두 수를 더하는 프로그램 */
#include <stdio.h>

int main(void)
{
    ...
    ...
    ...
}
```

```
이 프로그램은 두 수를 더하는
프로그램입니다.

#include <stdio.h>

int main(void)
{
    ...
    ...
    ...
}
```

그림 3-2
주석은 프로그램을 설명하는 문장이다. 프로그램의 수행에는 영향을 끼치지 않 는다.

주석을 붙이는 방법

주석은 한 줄 또는 여러 줄이 될 수 있다. 대개 작성자, 작성 목적, 작성 일자, 코드설명 등이 주석에 포함된다.

```
/* 한 줄로 된 주석*/

/* 여러
    줄로
    된 주석*/
```

현재의 C 프로그램에서는 더욱 편리한 새로운 타입의 주석을 사용할 수 있다. C++와 Java에서 채택한 이중 슬래시 //이다. 이중 슬래시는 현재 위치에서부터 줄의 끝까지가 주석이라는 것을 나타낸다. 비주얼·스튜디오를 비롯한 많은 컴파일러가 이중 슬래시를 C언어에서도 지원하고 있다.

```
// 이 줄은 전체가 주석이다.
int x;  // 여기서부터 줄의 끝까지가 주석이 된다.
```

주석을 붙일 때, 주석 안에 다른 주석이 들어가게 하면 안 된다. 아래와 같이 작성하는 것은 잘못된 것이다.

```
/* /* 이것은 잘못된 주석 방법입니다. */ */
```

주석의 중요성

주석은 있어도 되고 없어도 되는 것일까? 주석은 매우 중요하다. 나중에 프로그램을 수정하려고 할 때, 많은 시간이 흘렀다면, 만든 사람이라고 하더라도 내용을 잘 기억할 수 없는 경우도 많기 때문이다. 또 다른 사람이 프로그램을 보았을 때, 주석이 있다면 훨씬 쉽게 프로그램의 내용을 알 수 있을 것이다. 따라서 주석은 프로그램에 반드시 추가하는 편이 좋다. "주석이 없는 프로그램은 쓰레기나 다름없다", "열 개의 줄마다 하나의 주석을 넣어라"라는 말들은 모두 주석의 중요성을 강조한다. 많은 프로그래머들이 주석을 귀찮고 불필요한 것으로 여기고 있지만, 주석은 매우 중요하다. 특히 프로그램이 커지고 복잡해질수록 그렇다. 따라서 주석을 사용하여 프로그램의 구조와 동작을 모두 문서화하는 습관을 기르도록 하자. 특히 좋은 주석은 코드를 반복하거나 코드를 설명하지 않는 것이라고 한다. 즉, 코드를 그대로 설명할 필요는 없다는 이야기이다. 그 대신 주석에는 코드를 작성한 의도를 명확히 나타내는 편이 낫다. 주석은 프로그래머가 무엇을 하려고 하는지를 보다 높은 수준에서 설명하여야 한다. 그래서 주석을 '또 하나의 프로그램'이라고 말한다.

주석 스타일

주석을 붙이는데도 사람마다 스타일이 다르다. 전통적인 C의 주석 스타일은 다음과 같다.

```
/*
파일 이름: add.c
설명    : 두수를 더하는 프로그램
작성자 : 김철수
*/
```

오류 주의

컴파일러에 따라서는 이중 슬래시(//)를 사용할 수 없는 경우도 있다.

반면 어떤 사람들은 다음과 같이 주석의 왼쪽 모서리를 정렬시키는 것을 좋아한다. 이 방법의 장점은 어디가 주석인지를 쉽게 알 수 있다. 각자 자신만의 고유한 주석 스타일을 가지는 것도 좋다.

```
/*********************************
* 파일 이름: add.c
* 설명        : 두수를 더하는 프로그램
* 작성자    : 김철수
*********************************/
```

들여쓰기

참고사항

비주얼 스튜디오에는 자동적으로 들여쓰기를 해주는 기능이 있다. 소스에서 문장들을 선택한 후에 [편집]→[고급]→[선택 영역 서식]을 클릭하면 된다.

여기서 잠깐 들여쓰기(indentation)에 대하여 설명을 하고 지나가자. 들여쓰기는 소스 코드의 가독성을 높이기 위하여 같은 수준에 있는 문장들을 몇 자 안으로 들여쓰는 것이다. 들여쓰기를 잘하면 소스 보기가 아주 편해진다. 반면 들여쓰기를 하지 않으면 똑같이 실행되지만 읽기에 불편한 프로그램이 된다.

```
#include <stdio.h>
                                        빈줄을 넣어서 의미별로
                                        구별을 한다.
int main(void)
{
    int x;      // 첫 번째 정수를 저장할 변수
    int y;      // 두 번째 정수를 저장할 변수    프로그램의 의도를 주석으로
    int sum;    // 두 정수의 합을 저장하는 변수  설명한다.

    ...         같은 내용의 처리이면
                들여쓰기를 한다.
    return 0;
}
```

따라서 들여쓰기는 반드시 하여야 한다. 지금까지는 비교적 간단한 프로그램들이므로 들여쓰기를 하지 않아도 별문제 없이 읽을 수 있었으나 규모가 큰 프로그램의 경우, 들여쓰기

를 하지 않으면 읽기가 어려워진다. 주석과 들여쓰기를 잘하는 것도 프로그래밍 실력이다. 또 문장은 한 줄에 하나만 쓰는 것이 좋다. 한 줄에 여러 개의 문장도 쓸 수 있지만, 꼭 필요한 경우가 아니면 자제하는 것이 좋다. 또 문장과 문장 사이에 적절한 빈 줄을 두어서 의미적으로 구분하는 것도 프로그램을 이해하는데 도움이 된다.

들여쓰기의 중요성을 알아보기 위하여 예제 프로그램에서 주석과 들여쓰기를 제거하고 한 줄에 여러 개의 문장을 적어보았다. 이렇게 작성된 소스 파일도 컴파일은 된다. 하지만 주석과 줄 구분이 없어서 무슨 처리를 하고 있는 프로그램인지 알기가 힘들고 또한 들여쓰기가 안 되어 있어서 같은 수준에 있는 문장들을 구분하기 힘들다.

add1.c

```
1  #include <stdio.h>
2  int main(void) { int x;    int y;    int sum;
3  x = 100;   y = 200; sum = x + y;
4  printf("두수의 합: %d", sum); return 0; }
```

컴파일은 되지만 읽기가 힘들다.

중간점검

1 주석은 /* /* ...... */ */와 같이 중첩할 수 있을까?
2 주석은 한 줄 이상이 될 수 있는가?
3 주석에는 어떤 내용을 쓰면 좋은가?
4 주석은 프로그램의 동작에 어떤 영향을 끼치는가?

3.3 전처리기

```
#include <stdio.h>
```

위의 문장은 전처리기 지시어이다. 모든 전처리기 지시어는 # 기호로 시작하고 첫 번째 열부터 시작하는 것이 보통이다. # 기호와 include 사이에는 공백이 없어야 한다. 위의 문장은 헤더 파일 stdio.h를 소스 코드 안에 포함시키라는 의미의 문장이다.

헤더 파일(header file)이란, 코드의 일부분이 들어 있는 텍스트 파일로서 ".h"의 확장자를 가진다. stdio.h는 "standard input output"의 줄임말로 표준 입출력을 의미한다. 실제로 stdio.h에는 표준 입력과 표준 출력에 관한 라이브러리 함수들의 정의가 들어 있다. 표준 입력이란 키보드로부터의 입력을 의미하고 표준 출력이란 모니터로의 출력을 의미한다. 지금 우리가 분석하고 있는 예제의 소스 코드에는 printf() 함수를 이용하여 화면으로 출력하는 문장이 있다. 컴파일러는 printf() 함수에 대한 정의가 있어야만이 올바르게 컴파일 할 수 있다. printf() 함수의 정의는 stdio.h에 들어 있고 따라서 이 헤더 파일을 반드시 포함시켜야 한다.

참고사항

printf() 함수는 C언어가 제공하는 라이브러리 함수의 일종이다. 라이브러리 함수란 개발자들이 많이 사용하는 기능을 함수로 미리 구현해서 제공하는 것이다. 라이브러리는 링크 과정에서 오브젝트 파일과 결합되어서 실행 파일이 된다.

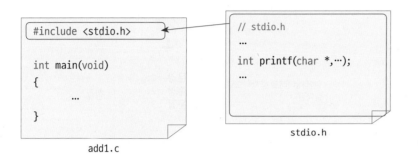

그림 3-3
헤더 파일이 #include 위치에 삽입된다.

---

1 printf()를 사용하기 위하여 포함시켜야 하는 헤더 파일은 무엇인가?
2 전처리기 #include의 의미는 무엇인가?

중간점검

3.4 함수

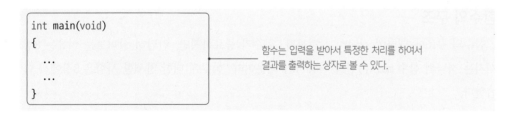

함수는 입력을 받아서 특정한 처리를 하여서 결과를 출력하는 상자로 볼 수 있다.

위의 문장은 함수 main()을 정의하는 문장이다. 함수 (function)는 특정 기능을 수행하는 처리 단계들을 괄호로 묶어서 이름을 붙인 것이다. 함수는 외부에서 보면 입력을 받아서 지시대로 처리하고 출력을 생성해내는 상자와 같다.

입력

함수

출력

함수 안에 들어있는 것

함수 안에는 무엇이 들어 있는가? 함수의 중괄호 안에는 작업의 세부 단계들이 나열되어 있으며 이러한 작업의 세부 단계를 문장(statement)라고 한다. C에서는 함수 안에만 문장들을 입력할 수 있다. 몇 가지의 예외가 있지만, 함수의 외부에 문장들을 입력하는 것은 오류이다. 문장은 프로그램을 이루는 가장 기본적인 단위가 된다. 문장이 모여서 함수가 되고 함수가 모여서 프로그램이 된다. 문장의 끝은 항상 세미콜론(;)으로 끝나게 된다. 함수 안의 문장들은 기본적으로 위에서 아래로 순차적으로 실행된다.

그림 3-4
함수에는 문장들이 들어있고, 문장들은 위에서 아래로 차례대로 실행된다.

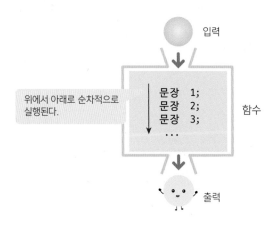

위에서 아래로 순차적으로 실행된다.

입력
문장 1;
문장 2;
문장 3;
...
함수
출력

참고사항

함수는 보통 왼쪽 중괄호와 오른쪽 중괄호를 같은 위치에 정렬한다. 이렇게 해야만이 함수의 본문이 어디서 시작하고 어디서 끝났는지를 쉽게 알 수 있다. 또한 중괄호 안에 들어가는 문장들은 들여쓰기를 하는 것이 보통이다. 들여쓰기를 해야만이 중괄호와 함수 몸체를 쉽게 구별할 수 있다.

하나의 프로그램은 여러 개의 함수를 가질 수 있지만 가장 중요한 함수는 `main()`이다. 이름에서도 알 수 있지 않은가? C 프로그램에서 가장 먼저 실행되는 함수가 바로 `main()`이다. 따라서 C 프로그램에는 반드시 `main()`이 존재하여야 한다. 다른 함수들은 직접적이나 간접적으로 `main()`으로부터 호출(call)된다. `main()` 함수의 이름은 반드시 소문자 `main()`이어야 한다. `Main()`, `MAIN()`이라고 작성하면 컴파일러가 인식하지 못한다. 또 `main()` 함수는 하나만 작성하여야 한다. 여러 개를 만들면 링크 오류가 발생한다.

함수의 구조

참고사항

한 줄에 여러 문장을 넣을 수도 있으나 읽기 쉽게 하기 위하여 한 줄에 하나의 문장만을 넣도록 하자.

함수의 구조에 대하여 간단히 살펴보자. 함수가 중요하지만, 간단히 살펴보는 이유는 8장까지는 하나의 함수 `main()`만을 사용하기 때문이다. 함수에 대한 자세한 사항은 8장에서 학습한다.

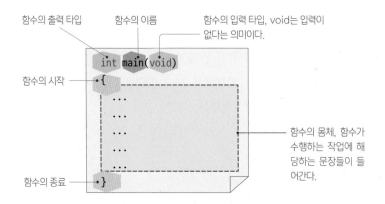

그림 3-5
함수의 구조

함수의 출력 타입　함수의 이름　함수의 입력 타입, void는 입력이 없다는 의미이다.

```
int main(void)
{
    ...
    ...
    ...
    ...
    ...
}
```

함수의 시작
함수의 종료
함수의 몸체, 함수가 수행하는 작업에 해당하는 문장들이 들어간다.

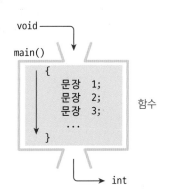

함수 정의의 첫 번째 행은 int main(void)로 함수 헤더(header)라고 불린다. 여기에는 함수의 출력 형태, 함수의 이름, 함수의 입력 형태를 차례대로 적어준다. 이 첫 번째 행에 세미콜론이 없음을 주의하라. 이 첫 번째 행은 문장이 아니기 때문에 세미콜론을 붙이지 않는다. int main(void)에서는 함수의 출력, 즉 함수가 반환하는 값의 형태가 int라고 정의되어 있다. C에서 int는 integer 즉 정수형을 나타낸다. 다음에 나오는 main은 함수의 이름이다. 보통 함수의 이름은 프로그래머가 마음대로 지을 수 있지만, main은 특수한 함수라서 우리가 이름을 변경할 수 없다. main 다음에 나오는 소괄호 ()가 함수라는 것을 나타낸다. 이 안에는 함수의 입력을 써주면 된다. main 함수의 입력은 void로 되어 있다. void는 비었다는 뜻으로 입력이 없음을 의미한다.

함수 헤더 다음 줄에는 왼쪽 중괄호 { 기호가 나온다. 왼쪽 중괄호 {와 오른쪽 중괄호 } 사이에는 함수가 수행하는 작업에 해당하는 문장들이 들어간다. 이것을 함수 몸체라고 한다.

return 문장

return은 함수를 종료시키면서 값을 반환하는 키워드이다. 값을 반환하기 위해서는 return 다음에 반환값을 써주면 된다. 만약 int main(void)처럼 int를 반환하는 것으로 정의하고서 값을 반환하는 않는다면 컴파일러가 경고 메시지를 발생시킨다. return 0;는 0을 반환한다.

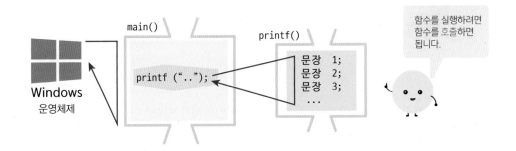

main()은 대개 운영체제가 호출하게 된다. 보통 main() 함수의 반환값은 쓰이지 않는 경우도 있으나, 유닉스나 도스에서는 프로그램이 성공적으로 수행이 되었는지 아니면 실패하였는지를 판단하기 위하여 반환값을 사용하기도 한다. 보통 0 값을 외부로 반환하는 것은 이 프로그램이 성공적으로 수행되었음을 의미한다. 반대로 1 값을 반환하는 것은 실패했다는 것을 의미한다.

---

1 모든 C 프로그램에 반드시 있어야 되는 함수는 무엇인가?
2 함수의 시작과 끝을 나타내는 기호는 무엇인가?
3 모든 문장은 어떤 기호로 끝나는가?

중간점검

3.5 변수

변수(variable)란 데이터를 저장할 목적으로 사용하는 메모리 공간이다. C언어에서는 다음과 같이 변수를 선언할 수 있다.

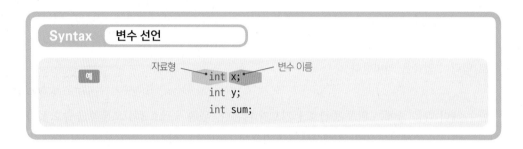

변수를 요리에 비유하여 이야기하면 그릇이라고 할 수 있다. 요리는 여러 가지 재료를 이용하여 만들어진다. 음식을 만들려면, 외부에서 음식 재료를 받아서 어딘가에 놓아야 한다. 이때 필요한 것이 그릇이다. 재료들을 일단은 그릇에 놓아야 다음에 사용할 수 있는 것이다. 프로그램에서도 어떤 처리를 하려면 먼저 입력 데이터 값들이 어딘가에 저장되어 있어야 한다. 이때 필요한 것이 변수이다. 변수는 데이터 값을 저장하는 역할을 한다.

그림 3-6
프로그램에서의 변수는 요리에서의 그릇과 같다. 그릇에 음식 재료들이 담기듯이 변수에는 데이터들이 저장된다.

변수는 데이터값을 저장하고 있는 상자로 생각하면 이해가 쉽다. 이 상자는 컴퓨터 안의 메인 메모리 안에 만들어진다. 앞으로는 변수를 상자로 그리기로 하자.

그림 3-7
변수와 상자

우리가 상자와 상자를 구분하기 위해서는 각각의 상자에 이름을 붙이듯이 각각의 변수들도 자신만의 이름을 가지고 있다. 우리는 이 이름을 사용하여 변수들을 구분한다.

그림 3-8
변수들은 자신만의 이름을 가지고 있다.

변수는 어떤 데이터를 저장하느냐에 따라 여러 가지 유형이 있다. 상자도 여러 가지 크기가 있는 것처럼 변수에도 담을 수 있는 데이터의 종류나 범위에 따라 여러 가지 유형(type)이 있다. 예를 들면 정수를 저장할 수 있는 변수도 있고 실수나 문자를 저장할 수 있는 변수도 있다. 작은 상자에 큰 물건을 넣을 수 없는 것처럼 변수도 상자보다 큰 값을 저장할 수는 없다.

자료형(data type)이란 변수가 저장할 데이터가 정수인지 실수인지, 아니면 또 다른 어떤 데이터인지를 지정하는 것이다. 자료형에는 정수형, 부동소수점형, 문자형이 있다. 정수형은 12나 -35같은 정수를 나타내는 자료형으로 정수의 범위에 따라 다시 short, int, long, long long으로 나누어진다. 부동소수점형은 소수점을 가지는 실수값을 나타내는 자료형으로 역시 실수의 범위에 따라 float, double, long double로 나누어진다. 문자형은 하나의 문자를 나타내는 자료형으로 char뿐이다.

참고사항

식별자
식별자의 길이는 특별한 제한이 없으므로 한 글자도 가능하며 아주 길게 할 수도 있다. 대개는 32글자 이내로 하는 것이 좋다. 그리고 sum과 같이 의미있는 이름을 사용하도록 하자.

그림 3-9
표준 자료형의 종류

변수는 사용하기 전에 선언되어야 한다!

C언어에서 변수를 사용하려면 먼저 변수를 선언하여야 한다. 변수 선언이란 컴파일러에게 지금부터 이러 이러한 변수를 사용하겠다고 미리 말을 해두는 것이다. 또 어떤 타입의 데이터가 그 변수에 저장되는지도 컴파일러에게 미리 알리는 것이다.

참고사항

C언어는 파이썬과는 다르게 엄격한 변수 선언을 강조한다. 사용하기 전에 반드시 어떤 타입의 변수인지를 선언하여야 한다.

그림 3-10
변수들은 사용되기 전에 미리 선언되어야 한다. 선언한다는 것은 컴파일러에게 미리 변수들을 소개하는 것과 같다.

C언어의 예전 버전에서는 변수 선언이 반드시 함수의 첫 부분에 있어야 했다. 하지만 최근 버전에서는 함수의 어떤 곳에서도 자유롭게 변수를 선언할 수 있다. 우리가 사용하는 비주얼 스튜디오 2022 버전에서는 어디서나 변수를 선언하여도 된다. 하지만 여전히 변수를 사용하기 전에 선언하여야 한다.

예제 프로그램 설명

예제 프로그램에서는 3개의 정수를 저장할 수 있는 변수가 필요하다. 이들 변수들을 x, y, sum이라는 이름으로 생성하였다. 이들 변수들은 모두 정수를 저장하면 되므로 int형으로 선언하였다.

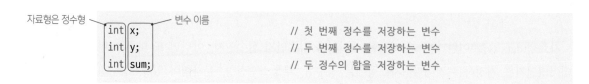

자료형은 정수형   변수 이름

```
int x;      // 첫 번째 정수를 저장하는 변수
int y;      // 두 번째 정수를 저장하는 변수
int sum;    // 두 정수의 합을 저장하는 변수
```

변수를 선언하는 것도 하나의 문장이므로 반드시 세미콜론으로 끝나야 한다. 변수는 선언되면 메모리 안에 공간이 확보되며 이 공간에 이름이 매긴다. 아직까지는 메모리 공간에 값은 저장되지 않았다. 즉 **그림 3-11**과 같은 상태이다.

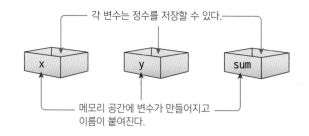

각 변수는 정수를 저장할 수 있다.

x   y   sum

메모리 공간에 변수가 만들어지고
이름이 붙여진다.

그림 3-11
변수를 선언하면 메모리 공간에 값들을 저장할 수 있는 상자가 만들어진다고 볼 수 있다.

만약 같은 자료형의 변수를 여러 개 선언할 때는 같은 줄에서 콤마로 구분하여 다음과 같이 선언할 수도 있다.

```
int x, y, sum;
```
———— 하나의 라인에서 여러 개의 변수를 선언

중간점검

1 int형 변수 i를 선언하는 문장을 작성하여보자.
2 double형 변수 f를 선언하는 문장을 작성하여보자.
3 변수 선언은 함수의 어떤 위치에서 하여야 하는가?

변수의 이름짓기

변수는 반드시 이름이 있어야 한다. 변수의 이름은 프로그래머가 마음대로 지을 수 있지만 몇 가지의 규칙을 지켜야 한다. 변수의 이름이나 함수의 이름은 모두 식별자의 일종이다. 식별자(identifier)란 변수 이름, 함수 이름 등에 사용되어서 다른 것들과 식별할 수 있게 해주는 것이다. "홍길동", "김철수" 등의 이름이 사람과 사람을 식별하듯이 식별자는 변수와 변수들을 식별하는 역할을 한다.

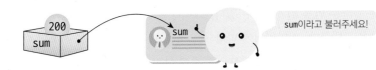

그림 3-12
식별자

식별자는 다음과 같은 규칙에 따라 만들어야 한다.

- 식별자는 영문자와 숫자, 밑줄 문자 _로 이루어진다.
- 식별자의 중간에 공백이 들어가면 안 된다.
- 식별자의 첫 글자는 반드시 영문자 또는 밑줄 기호 _이여야 한다. 식별자는 숫자로 시작할 수 없다.
- 대문자와 소문자는 구별된다. 따라서 변수 index와 Index, INDEX은 모두 서로 다른 변수이다.
- C언어의 키워드와 똑같은 식별자는 허용되지 않는다.

키워드(keyword)는 C언어에서 고유한 의미가 있는 특별한 단어이다. 키워드는 예약어(reserved words)라고도 한다. 키워드는 사용자가 다시 정의하거나 사용하는 것이 금지되어 있다. C언어에서는 다음과 같은 키워드가 있다.

참고사항

C언어는 간결한 언어여서 키워드가 많지 않다. 또 C언어는 예전 형태에서 많이 변경되지 않아서, 이점이 장점이 되기도 한다.

auto	double	int	struct
break	else	long	switch
case	enum	register	typedef
char	extern	return	union
const	float	short	unsigned
continue	for	signed	void
default	goto	sizeof	volatile
do	if	static	while

다음과 같은 것들은 유효한 식별자이다.

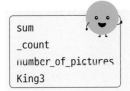

```
sum                    // 영문 알파벳 문자로 시작
_count                 // 밑줄 기호로 시작할 수 있다.
number_of_pictures     // 중간에 밑줄 문자를 넣을 수 있다.
King3                  // 맨 처음이 아니라면 숫자도 넣을 수 있다.
```

다음과 같은 것들은 유효하지 않은 식별자이다.

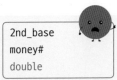

```
2nd_base     // 숫자로 시작할 수 없다.
money#       // #과 같은 기호는 사용할 수 없다.
double       // double은 C 언어의 키워드이다.
```

참고사항

프로그래머들에게는 변수 이름을 짓는 관례(convention)가 있으며 이를 따르는 것이 좋다.

변수의 이름은 원하는 만큼 길게 할 수 있다. 그러나 일반적으로 컴파일러는 처음 63개의 문자만을 사용하여 구별한다. 컴파일러에 따라서는 처음 31개의 문자만을 사용할 수 있는 경우도 있다. 따라서 변수의 이름을 필요 이상으로 길게 하지는 말아야 한다.

참고사항

비주얼 스튜디오에서는 한글도 식별자로 사용할 수 있다. 다음과 같은 프로그램이 가능하다. 유니코드이면 무엇이든지 식별자가 된다.

```c
#include <stdio.h>
int main(void)
{
        int 합계 = 0;
        printf("%d \n", 합계);
        return 0;
}
```

좋은 변수 이름

변수의 이름을 짓는 것은 상당히 중요한 작업 중의 하나이므로 신중해야 하고 시간을 투자해야 한다. 변수의 이름을 지을 때는 변수의 역할을 가장 잘 설명하는 이름을 지어야 한다. 좋은 변수 이름은 전체 프로그램을 읽기 쉽게 만든다. 하지만 반대로 즉흥적으로 지은 이름을 사용하게 되면 나중에 프로그램을 읽기가 아주 힘들어진다. 예를 들면 연도와 달, 일을 나타내는데 i, j, k라고 하는 것보다 year, month, date라고 하는 편이 이해하기 쉬울 것이다.

여러 단어로 되어 있는 변수 이름을 나타내는 데는 몇 가지의 방식이 존재한다. 먼저 가장 전통적인 방법은 bank_account처럼 중간에 밑줄 문자를 사용하는 것이다. 두 번째 방법은 BankAccount처럼 단어 첫 번째 글자를 대문자로 하는 것이다. 어떤 방식을 사용해도 상관없고 다만 일관성있게 사용하면 된다. 이 책에서는 전통적인 방법을 따라서, 밑줄 문자를 사용하여 단어들을 분리하였다.

중간점검

1 변수 이름을 만들 때 지켜야 하는 규칙은 무엇인가?
2 변수 이름의 첫 번째 글자로 허용되는 것은 무엇인가?
3 C에서 고유한 의미를 가지고 있는 단어들을 무엇이라고 하는가?

변수 초기화

변수가 선언되면 변수의 값은 아직 정의되지 않은 상태가 된다. 변수를 선언과 동시에 값을 넣는 방법은 변수 이름 뒤에 =을 붙이고 초기값을 적어 넣으면 된다. 이것을 변수의 초기화(initialization)라고 한다.

```
int x =    10;         ← 초기값
int y =    20;
int sum =  0;
```

변수를 선언과 동시에 초기화하는 것은 먼저 선언한 후에 값을 대입하는 것과 동일하다. 동일한 타입의 변수인 경우, 같은 줄에서 선언과 동시에 변수들을 초기화할 수 있다.

```
int width = 100, height = 200;
```

다음과 같이 초기화하는 것은 문법적으로는 오류가 아니지만 피하는 것이 좋다.

```
int width, height = 200;
```

위의 문장의 경우, width는 초기화되지 않고 height만 초기화된다. 잘못 생각하면 width와 height가 모두 200으로 초기화된다고 생각할 수 있다. 따라서 위와 같은 문장은 피하는 것이 좋다.

Q 만약 변수를 초기화시키지 않으면 어떤 값이 변수에 들어 있는가?

A 변수가 어디서 선언되느냐에 따라서 다르지만 일반적으로 초기화되지 않은 변수에는 쓰레기값이 들어가게 된다. 쓰레기값이란 아무 의미없는 값을 말한다.

3.6 수식과 연산

변수에 값 저장하기

앞에서는 단순히 변수만을 선언하였다. 즉 무언가를 저장할 수 있는 상자만을 만든 셈이다. 그렇다면 변수에 값을 저장하는 방법은 무엇일까? C에서는 = 연산자가 바로 변수에 값을 저장한다. 다음과 같이 변수에 값을 저장할 수 있다.

참고사항

대입 연산자는 할당 연산자 또는 배정 연산자라고도 한다.

```
x = 100;
```

= 연산자를 대입 연산자(assignment operator)라고 부른다. =의 좌변에는 항상 변수가 위치하고 우변에는 값이 위치한다. = 연산자는 우변의 값을 좌변의 변수에 저장한다.

그림 3-13
= 연산자는 변수에 값을 저장하는 연산자이다.

변수에는 = 기호를 이용하여 값을 저장할 수 있고 변수의 값은 몇 번이든지 변경이 가능하다.

```
int value;
value = 10;
value = 20;
```

변수에는 다른 변수의 값도 대입할 수도 있다.

```
int x = 10;
int y = 20;
y = x;              // y는 10이 된다.
```

산술 연산

컴퓨터는 기본적으로 계산을 하는 기계이다. 따라서 프로그램 안에서 산술 연산을 할 수 있다는 것은 아주 당연한 일이다. 산술 연산을 하려면 먼저 산술 연산을 수행하는 연산자들을 알아야 한다. 산술 연산자는 일반적으로 수학에서 사용하는 연산 기호와 유사하다. **표 3-1**에서 산술 연산자들을 요약하였다.

표 3-1
산술 연산자의 요약

연산	연산자	C 수식	수학에서의 기호
덧셈	+	x + y	$x + y$
뺄셈	-	x - y	$x - y$
곱셈	*	x * y	xy
나눗셈	/	x / y	x/y 또는 $\frac{x}{y}$ 또는 $x \div y$
나머지	%	x % y	$x \bmod y$

⚠ 오류 주의

주의해야 할 사항은 곱셈의 경우 반드시 *기호를 사용하여야 한다. 만약 수학에서처럼 x와 y를 곱하는 것을 xy로 쓰게 되면 컴파일러는 이것을 새로운 변수 이름 xy로 생각할 것이다.

사칙 연산자들은 이항 연산자라고 불리는데 두 개의 피연산자를 가지기 때문이다. 예제 프로그램 코드를 보면 다음과 같다.

```
sum = x + y;
```

변수 x에 들어있는 정수와 변수 y에 들어있는 정수를 더해서 변수 sum에 대입하였다. 여기서 +가 연산자이고 피연산자는 x와 y이다. 덧셈의 결과는 대입 연산자인 =을 통하여 변수 sum에 저장된다. = 기호는 앞에서 설명한 바와 같이 수학에서의 의미인 좌변과 우변이 같다는 의미가 아니라, 우변을 좌변에 대입하는 대입 연산자이다.

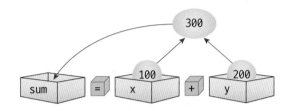

그림 3-14
산술 연산의 과정: 먼저 x과 y에서 값을 가져와서 덧셈연산이 수행되고 그 결과 값이 sum에 저장된다.

지금까지 설명한 내용을 그림을 통하여 정리하여보자. **그림 3-15**는 각 문장이 실행되었을 때, 컴퓨터 메모리 안에 어떤 변화가 생기는 지를 정리한 것이다.

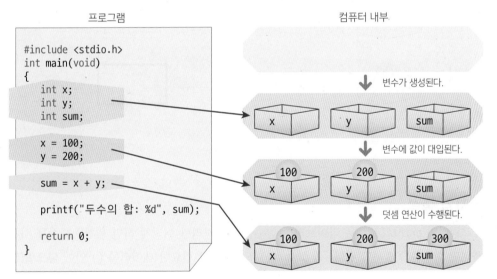

그림 3-15
변수 선언, 대입 연산, 산술 연산

1 함수의 중간에서 변수를 선언할 수 있는가?

2 int형 변수 x와 y를 한 줄에 선언하고 1과 0으로 각각 초기화하라.

3 변수 a와 변수 b의 곱을 변수 product에 저장하는 문장을 작성하여보자.

4 변수 a를 변수 b로 나눈 값을 변수 quotient에 저장하는 문장을 작성하여보자.

중간점검

3.7 printf()

C언어는 입력과 출력을 위하여 라이브러리 함수를 제공한다. 라이브러리 함수란 컴파일러가 프로그래머가 사용할 수 있도록 제공하는 함수들이다.

그림 3-16
라이브러리 함수는 컴파일러가 프로그래머한테 제공하는 함수들이다.

많은 함수들이 기본으로 제공되고 있는데 그중에서 printf()는 모니터에 출력을 하기 위한 표준 출력 함수이고, scanf()는 키보드에서의 입력을 위한 표준 입력 함수이다. 만약 입출력을 위한 라이브러리 함수가 제공되지 않는다면 프로그래머들은 입출력을 위한 코드를 직접 작성하여야 할 것이다. 이는 번거로운 일이고 아주 불편할 것이다. printf()와 scanf()을 사용하면 형식화된 입출력이 가능하다.

그림 3-17
표준 입력과 표준 출력

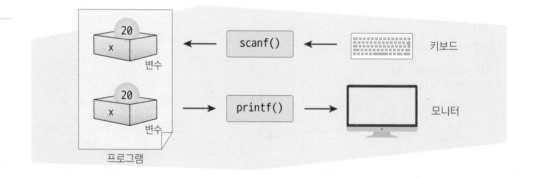

문자열 출력

그렇다면 printf() 같은 라이브러리 함수를 사용하려면 어떻게 하면 될까? 함수를 사용하려면 함수를 호출하면 된다. 즉 printf()를 적어주고 필요한 데이터를 () 안에 넣으면 된다. 예를 들어서 문자열 "Hello World!"을 화면에 출력하려면 다음과 같은 문장을 사용하면 된다.

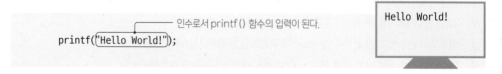

일반적으로 함수 호출 시에 함수에게 데이터를 넘겨주는 경우가 많다. 예를 들어 printf() 함수는 출력하는 함수이지만 데이터를 주지 않고 호출하면 도대체 무엇을 출력하라는 건지

알 수가 없을 것이다. 따라서 함수 호출 시에는 함수 이름을 적은 후에 괄호를 붙이고 괄호 안에 데이터를 나열하게 된다. 이런 식으로 함수에게 전달하는 데이터를 인수(argument)라고 한다. 인수는 함수를 호출하는 측이 함수에 제공하는 데이터가 된다. 위의 문장에서는 따옴표로 둘러싸인 문자열 "Hello World!"가 함수의 인수가 된다. printf() 함수는 이 문자열을 받아서 화면에 출력한다.

변수값 출력

printf()는 형식을 지정하여 변수의 값을 출력하는 기능도 가지고 있다. 만약 변수 sum이 가지고 있는 값을 printf() 함수를 이용하여 출력하려면 다음과 같이 하면 된다.

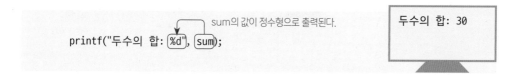

여기서 "%d"는 %d를 출력하라는 의미가 아니고 출력 형식을 지정한다. %d는 변수의 값을 10진 정수 형태로 출력하라는 것을 의미한다. 여기서는 변수 sum의 값이 %d의 위치에서 정수로 출력이 된다. "%d"를 형식 지정자라고 한다. 기본적인 형식 지정자는 다음과 같은 것들이 있다.

형식 지정자	의미	예	실행 결과
%d	10진 정수로 출력	printf("%d \n", 10);	10
%f	실수로 출력	printf("%f \n", 3.14);	3.14
%c	문자로 출력	printf("%c \n", 'a');	a
%s	문자열로 출력	printf("%s \n", "Hello");	Hello

표 3-2
형식 지정자의 종류

형식 지정자와 변수들은 1개 이상일 수 있고 중간에 문자열이 있을 수 있다. 이 경우에는 형식 지정자와 변수들이 다음과 같이 대응된다. 즉 형식 지정자의 자리에 변수의 값이 대치되어서 출력된다고 생각하면 된다.

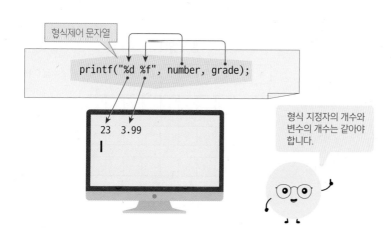

참고사항

C언어에서 하나의 문자를 표시할 때는 'a'와 같이 작은따옴표를 사용한다. 텍스트 문자열을 표시할 때는 "abc"와 같이 큰 따옴표를 사용한다. 4장에서 자세하게 살펴본다.

그림 3-18
printf()에서의 형식 제어 문자열

여기서 주의할 점은 형식과 변수의 자료형은 반드시 일치하여야 한다는 점이다. 예를 들어서 int형 변수를 "%f" 형식으로 출력하면 잘못된 값이 출력된다.

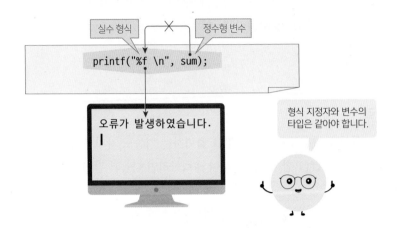

필드폭(width)과 정밀도(precision)

printf()를 사용하여 출력할 때, 데이터가 출력되는 필드의 크기를 지정할 수 있다. 필드폭은 %와 형식 지정자 사이에 들어간다. 예를 들면 **%10d**라고 하면 필드폭은 **10**문자 크기가 된다. 만약 필드폭이 출력되는 데이터보다 크면 데이터는 필드 안에서 오른쪽 정렬되어서 출력된다. 만약 데이터가 필드보다 크면 필드폭은 자동으로 넓어지게 된다.

출력 문장	출력 결과	설명
printf("%10d", 123);	⬚⬚⬚⬚⬚⬚⬚ 1 2 3	폭은 10, 우측정렬
printf("%-10d", 123);	1 2 3 ⬚⬚⬚⬚⬚⬚⬚	폭은 10, 좌측정렬

%f나 **%lf**를 사용하여 실수를 출력할 때, **%10.3**라고 하면 전체의 필드폭은 **10**이고 그중에서 소수점 이하 자릿수가 3이라는 의미가 된다. 필드폭을 지정하지 않고 **.3**이라고도 할 수 있다. 이 경우에는 소수점 이하 자리수만 지정하게 된다. 만약 정밀도를 지정하지 않으면 소수점 이하는 반올림되어서 6자리로 출력된다.

출력 문장	출력 결과	설명
printf("%f", 1.23456789);	1 . 2 3 4 5 6 8 ⬚⬚	소수점 이하 6자리
printf("%10.3f", 1.23456789);	⬚⬚⬚⬚⬚ 1 . 2 3 5	소수점 이하 3자리
printf("%-10.3f", 1.23456789);	1 . 2 3 5 ⬚⬚⬚⬚⬚	좌측 정렬
printf("%.3f", 1.23456789);	1 . 2 3 5 ⬚⬚⬚⬚⬚	소수점 이하 자리만 표시

중간점검

1 printf()에서 변수의 값을 실수 형태로 출력할 때 사용하는 형식 지정자는 무엇인가?
2 printf()를 사용하여서 정수형 변수 k의 값을 출력하는 문장을 작성하여보자.

 LAB 사칙 연산

변수 x와 y에 20과 10을 저장하고 x+y, x-y, x*y, x/y을 계산하여 변수에 저장하고 이들 변수를 화면에 출력하는 프로그램을 작성해보자.

```
두 수의 합: 30
두 수의 차: 10
두 수의 곱: 200
두 수의 몫: 2
```

```c
sum = x + y;        // 변수 sum에 (x+y)의 결과를 저장
diff = x - y;       // 변수 diff에 (x-y)의 결과를 저장
mul = x * y;        // 변수 mul에 (x*y)의 결과를 저장
div = x / y;        // 변수 div에 (x/y)의 결과를 저장
```

변수 sum, diff, mul, div를 선언하고 값을 저장해본다. 주석도 붙여보자.

Solution calulation.c

```c
1  // 정수 간의 가감승제를 계산하는 프로그램
2  #include <stdio.h>
3
4  int main(void)
5  {
6      int x;                      // 첫 번째 정수를 저장할 변수
7      int y;                      // 두 번째 정수를 저장할 변수
8      int sum, diff, mul, div;    // 두 정수 간의 연산의 결과를 저장하는 변수
9
10     x = 20;                     // 변수 x에 2을 저장
11     y = 10;                     // 변수 y에 10을 저장
12
13     sum = x + y;                // 변수 sum에 (x+y)의 결과를 저장
14     diff = x - y;               // 변수 diff에 (x-y)의 결과를 저장
15     mul = x * y;                // 변수 mul에 (x*y)의 결과를 저장
16     div = x / y;                // 변수 div에 (x/y)의 결과를 저장
17
18     printf("두수의 합: %d \n", sum);   // 변수 sum의 값을 화면에 출력
19     printf("두수의 차: %d \n", diff);  // 변수 diff의 값을 화면에 출력
20     printf("두수의 곱: %d \n", mul);   // 변수 mul의 값을 화면에 출력
21     printf("두수의 몫: %d \n", div);   // 변수 div의 값을 화면에 출력
22
23     return 0;
24 }
```

3.8   scanf()

scanf() 함수는 키보드로부터 입력된 데이터를 지정된 형식으로 변환하여 변수에 저장하는 라이브러리 함수이다. scanf() 함수의 사용 방법은 printf() 함수와 아주 유사하다. 예를 들어서 사용자로부터 정수를 입력받아서 변수 x에 저장하는 문장은 다음과 같다.

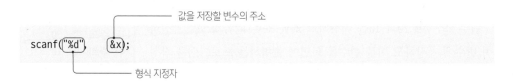

첫 번째 인수인 "%d"는 형식 지정자로서 정수형의 데이터를 입력받음을 의미한다. scanf()에서의 형식 지정자는 printf()에서의 형식 지정자와 그 의미가 같다. 두 번째 인수인 &x은 입력을 받을 변수의 주소를 나타낸다.

변수 이름 앞에 &(앰퍼샌드) 기호가 있음을 유의하여야 한다. 변수는 메모리에 생성되고 따라서 주소를 가지고 있다. 변수 이름 앞에 &를 붙이면 변수의 주소를 의미한다. 예를 들어서 &x라고 쓰면 이것은 변수 x의 주소이다. scanf()는 printf()와 달리 단순히 변수의 값을 받는 것이 아니라 변수의 주소를 받는다.

왜 변수의 주소가 필요한지는 차후에 자세하게 설명이 될 것이다. 일단 다음과 같이 이해하자. 우리가 인터넷에서 제품을 구입하고, 집으로 배달시키려면 쇼핑몰에 구매자의 주소를 알려주어야 하는 것과 비슷하다. scanf() 함수가 사용자로부터 값을 받은 다음, 이것을 변수에 저장하려면 변수의 주소가 있어야 한다.

그림 3-19
사용자로부터 데이터를 받아서 변수에 저장하기 위해서는 scanf()가 변수의 주소를 알아야 한다.

scanf()가 호출되면, 컴퓨터는 사용자가 숫자 입력을 마칠 때까지 기다리게 된다. 사용자가 정수를 입력하고 엔터키를 누르면 비로소 정수가 변수에 저장되어서 scanf() 호출이 끝나게 된다. 위의 프로그램에서는 두 개의 정수를 사용자로부터 받는데 거의 같은 동작을 되풀이한다. 정수가 저장되는 변수만 달라진다.

형식 지정자	의미	예
%d	10진 정수를 입력한다	scanf("%d", &i);
%f	float 형의 실수를 입력한다.	scanf("%f", &f);
%lf	double 형의 실수를 입력한다.	scanf("%lf", &d);
%c	하나의 문자를 입력한다.	scanf("%c", &ch);
%s	문자열을 입력한다.	char s[10]; scanf("%s", s);

아직 학습하지 않았음!
너무 신경쓰지 말것!

표 3-3
형식 지정자의 종류

scanf()의 형식 지정자는 대부분이 printf()와 같다. 예를 들어서 실수를 입력받으려면 형식 지정자로 %f를 사용해야 한다. 여기서 ratio는 float형의 변수로 선언되었다.

```
float ratio = 0.0;        float형의 실수로 받는다.
scanf("%f", &ratio);
```

하지만 double형을 입력받으려면 %lf를 사용해야 한다. double형의 실수는 float형의 실수보다 더 정밀하다. 여기서 scale은 double형의 변수로 선언되었다.

```
double scale = 0.0;        double형의 실수로 받는다.
scanf("%lf", &scale);
```

만약 한 번에 여러 개의 입력값을 한꺼번에 입력받으려면 다음과 같이 하면 된다. 여기서도 printf()와 마찬가지로 형식 지정자의 타입과 변수의 타입은 일치하여야 한다.

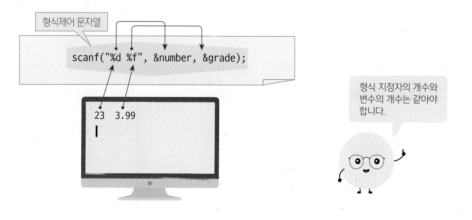

그림 3-20
scanf()의 동작

여기서 형식 지정자가 문자인 경우를 제외하면 scanf()는 모든 여백을 건너뛴다. 즉 숫자들 사이에 있는 스페이스나 탭, 줄바꿈은 무시한다.

비주얼 스튜디오 2022에서의 scanf_s() 함수

비주얼 스튜디오 2022에서 scanf() 함수를 사용하면 다음과 같은, 골치 아픈 오류가 발생한다.

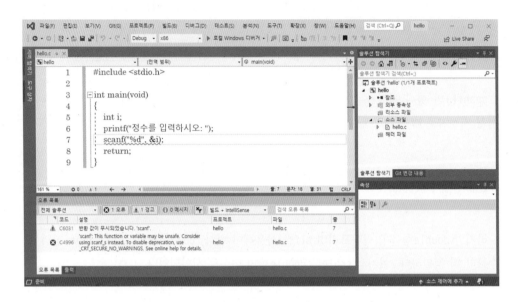

오류를 읽어보면 scanf()는 안전하지 않으니, scanf_s()를 대신 사용하라는 오류이다. 사실 scanf()는 약간은 위험한 함수이다. 변수의 주소를 받아서, 변수에 값을 저장하는 함수라서 잘못된 주소가 전달되면 엉뚱한 곳에 값을 저장할 수 있다. 하지만 C언어는 리눅스, 임베디드 프로그래밍에 주로 사용되는데, 그곳에서는 아직도 scanf() 함수가 사용되고 있다. scanf_s() 함수를 강요하는 곳은 비주얼 스튜디오 뿐이다. 따라서 이 문제에 대하여 고민한 결과, 다음과 같이 소스 코드의 맨 첫 부분에 **_CRT_SECURE_NO_WARNINGS**를 정의하고 scanf() 함수를 그대로 사용하기로 하였다.

참고사항

비주얼 스튜디오의 [프로젝트] 메뉴의 프로젝트 속성 페이지로 들어가서 [C/C++]→[일반]→[SDL검사]를 "아니요"로 설정하여도 된다.

참고사항

반드시 #define _CRT_SECURE_NO_WARNINGS 문장을 헤더 파일 stdio.h 문장 위에 두어야 한다.

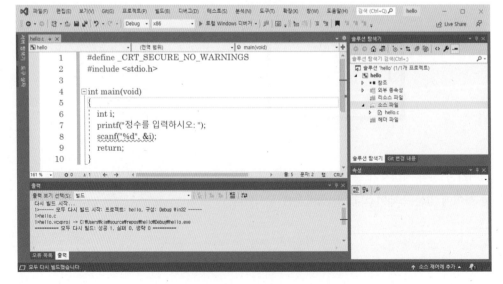

또 하나의 방법이 있다. [프로젝트]→[프로젝트 속성(P)]로 들어가서 [C/C++]→[일반]→[SDL검사]를 "아니요"로 설정하여도 된다. 각자 편리한 방법을 사용하면 된다.

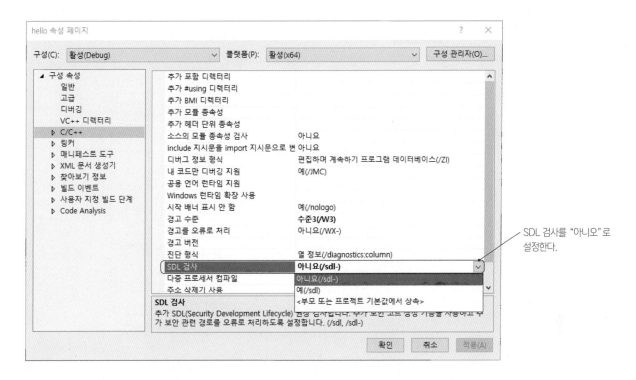

Q   printf(), scanf()는 라이브러리 함수이다. C 컴파일러는 많은 라이브러리 함수를 제공한다고 하였다. 그러면 프로그래머는 어떤 라이브러리 함수들이 제공되는지는 어떻게 알 수 있는가?

A   C에서 제공하는 라이브러리들은 대개는 표준화되어 있다. 따라서 이 책에서 사용하는 함수들은 어떤 C 컴파일러에서도 사용이 가능한 것들이다. 지원되는 라이브러리들의 목록은 컴파일러의 HELP 파일에서도 찾을 수 있고 이 책에서도 부록에서 제공한다. 라이브러리에서 제공하는 함수들은 최대한 활용하는 편이 좋다.

1   scanf()를 사용하여서 사용자로부터 실수값을 받아서 double형의 변수 value에 저장하는 문장을 작성하여보자.

중간점검

3.9   덧셈 프로그램 #2

이번에는 고정된 정수를 더하는 것이 아니라 사용자로부터 2개의 정수를 받아서 더한 결과를 출력하여보자.

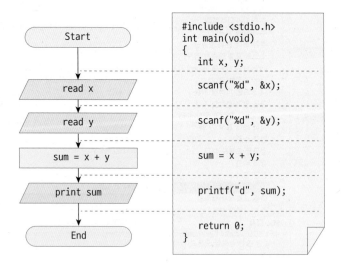

알고리즘을 순서도로 표시하여보자. 입력 단계에서 사용자로부터 2개의 정수를 받아서 각각 변수에 저장한다. 처리 단계에서는 2개의 정수를 서로 합하여 변수에 저장한다. 출력 단계에서는 변수에 저장된 합을 화면에 출력한다. 오른쪽에 순서도에 대응되는 코드를 표시하였다.

그림 3-21
예제 프로그램에 대한 순서도

사용자로부터 값을 입력받을 때는 앞에서 학습한 scanf() 함수를 사용해보자. 전체 소스는 다음과 같다.

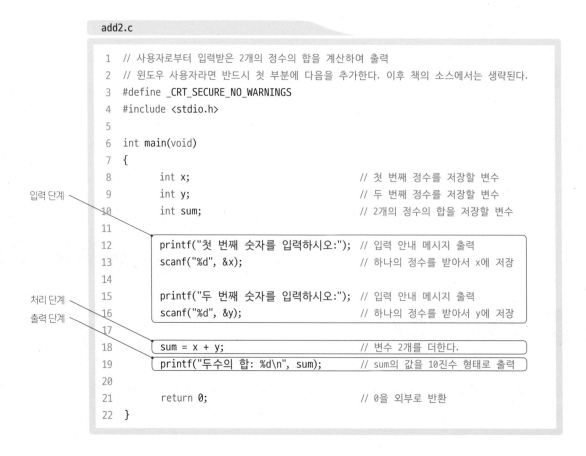

add2.c

```
1    // 사용자로부터 입력받은 2개의 정수의 합을 계산하여 출력
2    // 윈도우 사용자라면 반드시 첫 부분에 다음을 추가한다. 이후 책의 소스에서는 생략된다.
3    #define _CRT_SECURE_NO_WARNINGS
4    #include <stdio.h>
5
6    int main(void)
7    {
8        int x;                              // 첫 번째 정수를 저장할 변수
9        int y;                              // 두 번째 정수를 저장할 변수
10       int sum;                            // 2개의 정수의 합을 저장할 변수
11
12       printf("첫 번째 숫자를 입력하시오:");   // 입력 안내 메시지 출력
13       scanf("%d", &x);                    // 하나의 정수를 받아서 x에 저장
14
15       printf("두 번째 숫자를 입력하시오:");   // 입력 안내 메시지 출력
16       scanf("%d", &y);                    // 하나의 정수를 받아서 y에 저장
17
18       sum = x + y;                        // 변수 2개를 더한다.
19       printf("두수의 합: %d\n", sum);       // sum의 값을 10진수 형태로 출력
20
21       return 0;                           // 0을 외부로 반환
22   }
```

입력 단계
처리 단계
출력 단계

```
첫 번째 숫자를 입력하시오:10
두 번째 숫자를 입력하시오:20
두수의 합: 30
```

 LAB   원의 면적 구하기 프로그램

사용자로부터 원의 반지름을 입력받고 이 원의 면적을 구한 다음, 화면에 출력한다. 역시 입력 단계, 처리 단계, 출력 단계로 구성되어 있다. 원의 면적을 구하려면 실수형 계산을 하여야 한다. 따라서 float형 변수를 선언하여 사용하여보자.

```
반지름을 입력하시오: 5.0
원의 면적: 78.500000
```

💡 Solution   circle.c

```c
1  #define _CRT_SECURE_NO_WARNINGS
2  #include <stdio.h>
3
4  int main(void)
5  {
6      float radius; // 원의 반지름
7      float area;   // 면적
8
9      printf("반지름을 입력하시오: ");
10     scanf("%f", &radius);
11
12     area = 3.14 * radius * radius;
13
14     printf("원의 면적: %f\n", area);
15
16     return 0;
17 }
```

원의 반지름을 저장할 변수 선언
원의 면적을 저장할 변수 선언

사용자로부터 원의 반지름을 받아서 변수 radius에 저장, 여기서 실수 형식으로 입력받은 것에 주의하라. 형식 지정자 %f는 실수 형식을 나타낸다. scanf() 함수를 호출할 때는 변수의 이름 앞에 &을 적어주는 것을 잊지 말자.

원의 면적을 구한다. C에서 곱셈 연산자는 *이다. 3.14는 원주율 π를 나타낸다. 원의 면적을 구하는 공식은 πr^2이지만 C에서는 특별히 거듭 제곱을 구하는 연산자는 없다. 따라서 곱셈을 두 번 해주어야 한다.

원의 면적을 출력한다. 실수형 변수의 값을 출력하여야 하므로 형식 지정자로 %f가 사용되었다.

참고사항

비주얼 스튜디오 사용자라면 반드시 첫 부분에 #define _CRT_SECURE_NO_WARNINGS을 추가한다.

🔺 도전문제

원의 둘레를 계산하여 출력하도록 프로그램을 변경하여보자.

 LAB   환율계산 프로그램

공항에서 필요한 프로그램을 개발해보자. 사용자가 입력하는 원화를 달러화로 계산하여 출력하는 프로그램은 작성하여보자. 달러에 대한 원화환율(예를 들어 1달러는 1400.00원)은 실수형 변수에 저장하고 사용자로부터는 받는 원화는 정수 변수에 저장한다. 원화를 환율로 나누어서 사용자가 입력한 원화가 몇 달러에 해당하는지를 계산한다.

```
환율을 입력하시오: 1400
원화 금액을 입력하시오: 1000000
원화 1000000원은 714.285714달러입니다.
```

double형의 실수를 입출력할 때는 "**%lf**" 형식 지정자를 사용하는 것이 원칙이다.

```
printf("%lf", &area);
printf("%lf", &w);
```

하지만 출력할 때는 "**%f**"도 사용할 수 있다.

Solution   exchange_rate.c

```c
1  #define _CRT_SECURE_NO_WARNINGS
2  #include <stdio.h>
3
4  int main(void)
5  {
6      double rate;   // 원/달러 환율
7      double usd;    // 달러화
8      int krw;       // 원화
9
10     printf("환율을 입력하시오: ");        // 입력 안내 메시지
11     scanf("%lf", &rate);                  // 사용자로부터 환율입력
12
13     printf("원화 금액을 입력하시오: ");    // 입력 안내 메시지
14     scanf("%d", &krw);                    // 원화 금액 입력
15
16     usd = krw / rate;   // 달러화로 환산
17
18     printf("원화 %d원은 %lf달러입니다.\n", krw, usd);   // 계산 결과 출력
19
20     return 0;           // 함수 결과값 반환
21  }
```

double형 변수 선언

double형일 때는 %lf를 사용해야 한다.

참고사항

비주얼 스튜디오 사용자라면 반드시 첫 부분에 #define _CRT_SECURE_NO_ WARNINGS을 추가한다.

LAB   **평균 계산하기 프로그램**

사용자로부터 세 개의 **double**형의 실수를 입력받은 후, 합계와 평균값을 계산하여 화면에 출력하는 프로그램을 작성하라.

```
3개의 실수를 입력하시오:  10.2 21.5 32.9
합계=64.60
평균=21.53
```

Solution   **number.c**

```c
1  #define _CRT_SECURE_NO_WARNINGS
2  #include <stdio.h>
3
4  int main(void)
5  {
6          double num1, num2, num3;
7          double sum, avg;
8
9          printf("3개의 실수를 입력하시오:  ");
10         scanf("%lf %lf %lf", &num1, &num2, &num3);     // 3개의 실수 입력
11
12         sum = num1 + num2 + num3;
13         avg = sum / 3.0;
14
15         printf("합계=%.2lf\n", sum);        // 소수점 이하를 2자리로 표시
16         printf("평균=%.2lf\n", avg);
17
18         return 0;
19 }
```

참고사항

비주얼 스튜디오 사용자라면 반드시 첫 부분에 #define _CRT_SECURE_NO_WARNINGS을 추가한다.

참고사항

%.2lf 에서 .2는 소수점 이하 자리수를 2자리로 하라는 것을 의미한다.

Mini Project 사각형의 둘레와 면적

직사각형의 둘레와 면적을 구하는 프로그램을 작성하여보자. 직사각형의 가로와 세로를 각각 w와 h라고 하면 직사각형의 면적은 w*h가 되고 둘레는 2*(w+h)가 된다.

```
사각형의 넓이: 50.000000
사각형의 둘레: 30.000000
```

- 필요한 변수는 w, h, area, perimeter라고 하자.
- 변수의 자료형은 실수를 저장할 수 있는 double형으로 하자.
- area = w*h;
- perimeter = 2*(w+h);

참고사항

비주얼 스튜디오 사용자라면 반드시 첫 부분에 #define _CRT_SECURE_NO_ WARNINGS을 추가한다.

Solution rect_area.c

```c
1  #include <stdio.h>
2
3  int main(void)
4  {
5       double w, h, area, perimeter;
6
7       w = 10.0;
8       h = 5.0;
9       area = w*h;
10      perimeter = 2*(w+h);
11
12      printf("사각형의 넓이: %lf\n", area);
13      printf("사각형의 둘레: %lf\n", perimeter);
14      return 0;
15  }
```

도전문제

(1) 한 번의 printf() 호출로 변수 perimeter와 area의 값이 동시에 출력되도록 변경하라.

(2) w와 h 변수는 선언하면서 초기화 해보자.

(3) w와 h의 값을 사용자로부터 받도록 변경하여보자. %lf를 사용한다.

Summary

▶ 다음의 프로그램에 설명문을 추가하면서 학습한 내용을 정리하여보자.

빈칸을 채우면서 정리하여 봅시다.

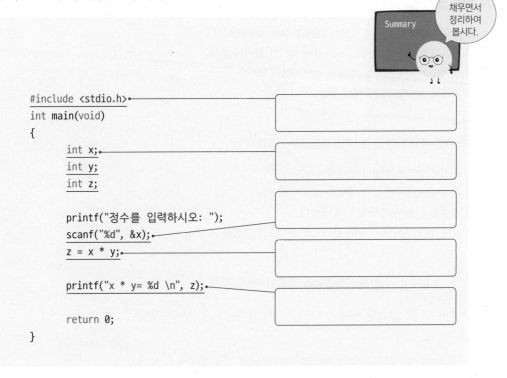

```c
#include <stdio.h>
int main(void)
{
        int x;
        int y;
        int z;

        printf("정수를 입력하시오: ");
        scanf("%d", &x);
        z = x * y;

        printf("x * y= %d \n", z);

        return 0;
}
```

▶ _____은 프로그램의 동작을 설명하는 글로서 프로그램의 가독성을 높이기 위한 것이다.

▶ _____란 같은 수준에 있는 문장들을 왼쪽에서 몇 자 안으로 들여보내는 것이다.

▶ 함수의 이름을 적어서 함수 안에 들어있는 문장들을 수행시키는 것을 _____(calling)이라고 한다.

▶ _____는 프로그램이 사용하는 데이터값을 저장하는 공간이다.

▶ _____은 "Hello"처럼 큰따옴표 안에 문자들을 나열한 것이다.

▶ _____은 줄바꿈을 나타내는 특수 문자이나.

▶ 형식 지정자 _____은 printf()에서 변수의 값을 10진수 형식으로 출력할 것을 지시한다.

▶ _____ 함수는 키보드에서 데이터를 받아서 변수에 저장하는 라이브러리 함수이다.

▶ scanf()를 사용해서 변수에 입력값을 저장할 때는 변수의 주소를 계산하는 연산자인 _____를 변수 앞에 붙여주어야 한다.

▶ 변수에 값을 넣는 연산을 _____연산이라고 한다.

Exercise

01 다음 중 C 프로그램에 대하여 잘못 설명한 것을 모두 고르시오.

① 프로그램에서 반드시 있어야 하는 함수는 main()이다.
② 하나의 프로그램 안에는 main()이 하나만 있어야 한다.
③ 적어도 하나의 변수는 반드시 선언하여야 한다.
④ 문장의 끝에는 ;을 붙여야 한다.

02 주석에 대하여 잘못 설명한 것을 모두 고르시오.

① 주석이 반드시 있어야 컴파일이 된다.
② 주석이 많아지면 실행 파일의 크기가 커진다.
③ 주석은 /*로 시작하여 */로 끝난다.
④ //은 현재 위치에서 줄의 끝까지를 주석으로 만든다.

03 다음 중 C에서 지원하는 자료형의 이름이 아닌 것은?

① char   ② long   ③ integer   ④ float

04 printf() 함수에서 정수형 변수를 출력하는데 사용되는 형식 지정자는?

① %int   ② %d   ③ %c   ④ %f

05 scanf() 함수에서 double형 변수를 입력하는데 사용되는 형식 지정자는?

① %c   ② %d   ③ %f   ④ %lf

06 다음 코드에 주석을 붙이시오. 아래 코드가 하는 일은 무엇인가?

```
#include <stdio.h>   //_____

int main(void)       //_____
{
        int x, y;    //_____

        scanf("%d %d", &x, &y);     //_____
        printf("덧셈: %d\n", x + y);   //_____
        printf("뺄셈: %d\n", x - y);   //_____
        printf("곱셈: %d\n", x * y);   //_____
        printf("나눗셈: %d\n", x / y); //_____
        return 0;                   //_____
}
```

07 다음 코드는 인치를 mm로 변환하는 프로그램이다. 빈칸을 채우고 주석을 추가하라.

```
#include _____
int main(void)
{
        float inch, mm;
        printf("인치 단위로 입력:");
        scanf("%f", _____);
        mm = inch * 25.4;
        printf("%f 인치= %f mm", inch, mm);
        return 0;
}
```

08 다음 소스 파일은 두 개의 정수를 받아서 곱셈을 하여서 출력한다. 오류를 찾아서 정정하시오.

```
/* 첫 번째 프로그램 /*          _____
#include stdio,h               _____

integer main(void)             _____
{                              _____
        int x                  _____
        int y                  _____
        int prod               _____
        scanf("%d", x);        _____
        scanf("%d", y);        _____
        prod = xy;             _____
        print(곱셈의 결과= %f, prod );   _____
        return 0;              _____
}
```

09 다음의 문장을 실행하였을 때, 화면에 출력되는 내용을 쓰시오. 변수 x는 10, y는 20이라고 가정
하자.

```
(a)    printf("It's never too late./n It never rains but it pours");
(b)    printf("%d", x);
(c)    printf("%d", x + y);
(d)    printf("%d + %d = %d", x, y, x + y);
(e)    printf("%d * %d = %d", x, y, x * y);
(f)    printf("*\n**\n***\n****\n");
```

Programming

실수 입출력

MEDIUM
★★☆

01 연봉을 한 푼도 쓰지 않고 몇 년 동안 모아야 10억이 될까? 연봉을 입력하고, 10억을 연봉으로 나누어서 출력해보자. 소수점 2자리까지만 출력한다.

```
연봉을 입력하시오(단위: 만원): 6000
10억을 모으는데 걸리는 시간(단위: 년): 16.67
```

실수 입출력

MEDIUM
★★☆

02 미국에서는 거리를 표시하는데 마일을 사용한다. 마일을 미터로 환산하는 프로그램을 만들어보자. 사용자로부터 마일단위로 거리를 입력 받아서 변수에 저장한다. 이 변수에 1609를 곱하여 미터로 변환한다. 미터로 변환된 값을 화면에 출력한다. 실수값을 사용한다.

```
마일을 입력하시오: 2
2.0 마일은 3218.00미터입니다.
```

HINT 실수형에는 float형과 double형이 있으며 각각 %f와 %lf 형식 지정자를 사용하여서 입력과 출력을 한다. meter = 1609.0 * mile;

실수 입출력

MEDIUM
★★☆

03 사용자로부터 삼각형의 높이와 밑변을 받아서 넓이를 계산하여 출력하는 프로그램을 작성하라. 단 모든 데이터는 실수로 입력되며 출력도 모두 실수형으로 하여야 한다.

```
삼각형의 밑변: 6
삼각형의 높이: 3
삼각형의 넓이: 9.00
```

HINT area = 0.5*height*base;

실수 입출력

MEDIUM
★★☆

04 섭씨 온도와 화씨 온도는 다음과 같은 수식을 만족한다. 사용자로부터 화씨 온도를 받아서 섭씨온도로 환산하여 출력하는 프로그램을 작성하시오. 온도는 실수형으로 처리한다.

$$C = \frac{5}{9}(F - 32)$$

```
화씨값을 입력하시오: 32
섭씨값은 0.00도 입니다.
```

HINT c = (5.0/9.0)*(f − 32.0); double형의 실수값을 입력받을 때는 %lf 형식 지정자를 사용한다.

05 다항식 $3x^2+7x+11$의 값을 계산하는 프로그램을 작성하라. x의 값은 실수로 사용자에게 입력받는다.

```
실수를  입력하시오: 2.0
다항식의  값은  37.00
```

HINT 제곱은 x*x와 같이 계산한다.

06 달의 중력은 지구의 약 17%라고 한다. 자신의 몸무게를 입력받아서 달에서의 몸무게를 계산하는 프로그램을 작성하여보라. double형으로 계산한다.

```
몸무게를  입력하시오(단위:  kg): 70
달에서의  몸무게는  11.90kg입니다.
```

HINT weight_on_moon = weight_on_earth * 0.17;

변수와 자료형

C언어에서는 정수형도 가지수가 상당히 많네요! 수학에서 정수는 한 가지 아닌가요?

C언어는 하드웨어 제어나 운영체제에 주로 사용되는 관계로 목적에 따라서 필요한 메모리만큼만 변수로 사용할 수 있도록 되어 있습니다. 세탁기 같은 임베디드 장치는 메모리도 작습니다. 따라서 아껴 써야 하지요!

Objectives

- 변수와 상수의 개념을 이해한다.
- C에서 사용가능한 변수의 종류를 알고 있다.
- 정수형 변수와 상수를 선언하고 사용할 수 있다.
- 부동소수점형 변수와 상수를 선언하고 사용할 수 있다.
- 기호 상수를 사용할 수 있다.
- 오버플로우와 언더플로우를 이해한다.

04 변수와 자료형

4.1 변수와 상수

변수란 무엇인가?

우리는 이미 3장에서 변수에 대하여 간단히 학습하였다. 컴퓨터 프로그램은 값을 저장하기 위하여 변수(variable)를 사용한다. 변수는 게임에서 점수를 저장하는 데 사용할 수 있고, 학교에서의 성적을 저장할 수도 있다. 프로그램에서는 변할 수 있는 값을 저장하는 메모리 공간이 필요한데 이것이 바로 변수이다.

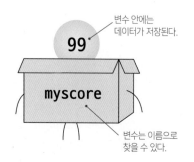

변수 안에는 데이터가 저장된다.

99

myscore

변수는 이름으로 찾을 수 있다.

> **참고사항**
>
> 수학에서도 변수를 사용한다. 수학과 프로그래밍에서의 변수는 어떻게 다를까?
> 수학에서의 변수는, 아직 정해지지 않은 임의의 값을 표현하기 위해 사용된 기호이다. 프로그래밍에서, 변수는 값을 저장하는 메모리 공간이다.

다음과 같은 수식에서 x, y, sum이 변수이다. 변수는 수치값이나 문자, 문자열, 메모리 주소 등을 나타낼 수 있다.

```
sum = x + y;
```

변수는 물리적으로 컴퓨터의 어디에 만들어지는 것일까? 변수는 메인 메모리(main memory)에 만들어진다. 우리는 프로그램 안에서 변수를 만들고 변수에 이름을 부여한 후에, 변수 이름을 사용하여서 메모리 공간을 사용하게 된다. 만약 변수를 사용하지 않으면 메모리의 주소를 가지고 데이터를 저장하여야 한다. "300번지에 정수 12를 저장하라"와 같이 주소를 이용하여 메모리를 사용하는 것은 가능한 방법이지만 인간에게는 상당히 불편한 방법이다. 변수라는 개념을 사용할 수 있어서, 특별한 경우를 제외하고는 우리는 메모리를 주소로 접근할 필요가 없다.

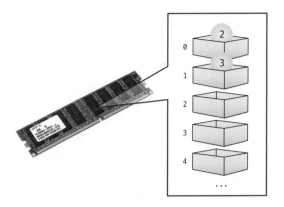

그림 4-1
메모리에서 각각의 바이트는 고유의 주소를 갖는다. 주소는 연속적으로 되어 있으며 0부터 시작하여 1, 2, 3…과 같이 순차적으로 증가한다. 변수는 메인 메모리 안에 만들어진다.

변수가 왜 필요한가?

변수는 프로그램에서 중요한 역할을 한다. 변수가 필요한 이유를 다음과 같이 정리할 수 있다.

▶ 사용자에게서 받는 데이터를 저장하는 장소이다. 변수가 없다면 사용자로부터 받은 데이터를 어디에 저장할 것인가? 예를 들어 학생들의 성적을 입력받은 후에 성적의 평균을 계산하는 출력하는 프로그램을 생각하여보자. 각 학생의 성적이 입력되면 프로그램의 어딘가에 저장해야만 뒤에 평균을 구할 수 있다. 따라서 프로그램에는 데이터가 저장되는 공간이 필요하게 된다.

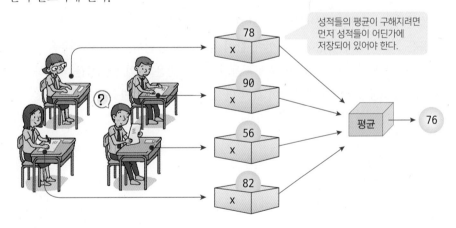

성적들의 평균이 구해지려면 먼저 성적들이 어딘가에 저장되어 있어야 한다.

▶ 프로그램 코드에 직접 값을 넣는 것보다 변수를 사용하는 것이 프로그램을 유연하게 만든다. 예를 들어 사각형의 면적을 계산하는 다음과 같은 코드를 비교해보자. 어느 코드가 더 유연한가?

변수를 사용하지 않는 코드	변수를 사용하는 코드

``// 크기가 100×200인 사각형의 면적
area = 100 * 200;```
	``// 크기가 width×height인 사각형의 면적
	width = 100;
	height = 200;
	area = width * height;```

왼쪽 코드는 크기가 100×200인 사각형에게만 적용할 수 있다. 오른쪽 코드는 변수 `width` 와 `height`의 값만 변경하면 어떤 사각형의 면적도 계산할 수 있다. 즉 동일한 코드를 여러 가지 데이터에 대하여 적용할 수 있다.

▶ **참고사항**

프로그램에서는 숫자, 하나의 문자, 문자열(여러 개의 문자가 모인 것)들이 모두 상수가 될 수 있다. 예를 들면 프로그램에서 나타나는 숫자 3.14는 상수이다. 문자 'A'와 문자열인 "Hello World!"도 상수이다. 프로그램에는 변수만 필요한 것이 아니다. 상수도 꼭 필요하다. 예를 들어서 변수들의 초기 값을 설정할 때도 상수가 필요하고 각종 산술적인 연산에서도 상수가 필요하다.

변수와 상수

프로그램에서 데이터를 저장하는 공간은 두 가지로 나눌 수 있다. 하나는 프로그램이 실행되는 동안에, 저장된 값이 언제든지 변경될 수 있는 공간이다. 이것이 앞에서 설명하였던 변수(variable)이다. 변수는 한 번 값이 저장되었어도 언제든지 다시 다른 값으로 변경이 가능하다. 반면에 프로그램에는 값이 한 번 정해지면 변경할 필요가 없는 데이터들도 있다. 이런 데이터들을 상수(constant)라고 한다. 상수는 프로그램이 실행되는 동안에 값이 변경되지 않는다. 아래 그림에서 보듯이 `radius = 12;`와 같은 문장에서 `radius`는 변수이고 12는 상수가 된다.

그림 4-2
변수와 상수

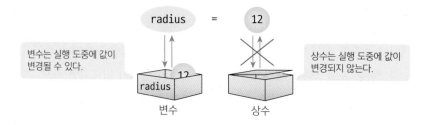

예를 들면 원의 면적을 계산하는 프로그램의 경우, 원주율 3.141592를 사용하게 되는데 이 원주율은 프로그램이 실행하는 동안에 값이 변경되지 않는다. 따라서 원주율 3.141592는 상수로 프로그램에 저장된다. 반면에 사용자로부터 받은 원의 반지름을 저장하고 있는 `radius`는 실행 도중에 사용자에 의하여 값이 변경될 수 있으므로 변수에 해당한다.

▶ **참고사항**

변수는 메모리에 저장됨을 우리는 알고 있다. 상수는 어디에 저장될까?

컴퓨터가 계산을 하기 위해서는 모든 데이터가 메모리에 존재하여야 한다. 따라서 상수도 메모리에 저장된다. 다만 변경이 불가능하다는 태그가 붙어 있을 뿐이다. 상수에도 자료형이 있다. 상수들도 변수와 마찬가지로 메모리에 저장되기 때문에 자료형이 있는 것이다.

```
원의 반지름: 10
원의 면적: 314.159200
```

circle_area.c

```c
1   /* 원의 면적을 계산하는 프로그램*/
2   #include <stdio.h>
3
4   int main(void)                    ——— 변수
5   {
6       double radius;        // 원의 반지름
7       double area;          // 원의 면적
8
9       printf("원의 반지름: ");
10      scanf("%lf", &radius);
11                                         ——— 상수
12      area = 3.141592 * radius * radius;
13      printf("원의 면적: %f \n", area);
14
15      return 0;
16  }
```

3.141592와 같은 상수에는 이름이 붙지 않는다. 이러한 상수를 리터럴 상수(literal constant)라고도 한다. 하지만 상수에도 이름을 붙일 수 있는 방법이 있다. 이것은 기호 상수 (symbolic constant)라고 불린다. 기호 상수는 뒤에 학습하기로 하자.

중간점검

1 변수와 상수는 어떻게 다른가?
2 변수가 실제로 만들어지는 공간은 컴퓨터 부품 중에서 어디인가?

4.2　자료형

자료형의 개념

프로그래밍에서 사용하는 데이터의 종류도 상당히 다양할 수 있다. 1과 같은 정수형 데이터도 있을 것이고 3.14와 같은 소수점을 가지는 부동소수점형(실수형) 데이터, 'a'와 같은 문자 데이터도 있다.

참고사항

부동소수점형
컴퓨터에서는 실수를 부동소수점 (floating point) 형태로 저장한다. 따라서 실수형을 부동소수점형이라고 부른다.

　　정수형　　　　　부동소수점형　　　　　문자형

문제는 데이터의 종류에 따라서 저장하는데 필요한 메모리 공간의 크기가 다르다는 점이다. 정수에 비하여 부동소수점형 데이터는 더 큰 공간을 필요로 한다. 따라서 데이터의 종류에 따라서 변수의 종류를 다르게 할 필요가 있다. 이것은 우리가 물건을 정리할 때 사용하는 상사의 종류와 크기가 다양해야 되는 것과 마찬가지이다. 만약 물건의 크기가 작은데도 큰 상자를 사용한다면 낭비가 될 것이고 물건의 크기보다 상자가 삭나면 물건이 들어가지 않을 것이다. C에서도 저장되는 데이터의 크기에 따라 메모리의 필요량이 달라지므로 다양한 종류의 자료형이 존재한다. 적절한 자료형을 사용해야만 메모리를 절약하면서 실행 속도를 빠르게 할 수 있다.

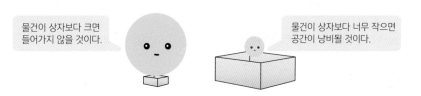

물건이 상자보다 크면 들어가지 않을 것이다.

물건이 상자보다 너무 작으면 공간이 낭비될 것이다.

그림 4-3
변수와 데이터의 관계는 상자와 물건의 관계와 유사하다.

참고사항

파이썬에서 변수는 어떤 자료형도 저장할 수 있지만 C에서는 정해진 타입만 저장이 가능하다. C는 자료형에 대하여 엄격한 언어이다.

데이터의 종류를 자료형(data type) 또는 데이터 타입이라고 한다. C에서는 변수가 일단 하나의 자료형으로 생성되면, 그 자료형의 데이터만 저장할 수 있다. 예를 들어 정수를 저장하기로 하고 생성된 변수는 정수만을 저장할 수 있다. 정수형 변수에 실수를 저장할 수는 없다.

자료형을 크게 나누면 정수형(integer type), 부동소수점형(floating-point type), 문자형 (character type)으로 나눌 수 있다. 정수형은 정수 타입의 데이터를 저장할 수 있다. short, int, long, long long 등이 정수형에 속한다. 부동소수점형은 실수 타입의 데이터를 저장할 수 있다. float, long, long double이 여기에 속한다. 문자형은 하나의 문자를 저장할 수 있다. char형이 여기에 속한다. 문자형은 정수형으로 분류하기도 한다. 문자가 작은 정수로 표현되기 때문이다.

그림 4-4
자료형의 종류

참고사항

부동소수점형을 실수형이라고도 한다.

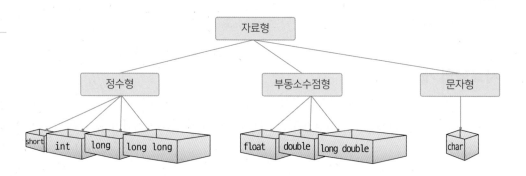

자료형의 크기

참고사항

sizeof()는 함수처럼 보이지만 실제로는 연산자이다.

자료형의 크기를 알아보려면 sizeof 연산자를 사용하면 된다. sizeof는 변수나 자료형의 크기를 바이트 단위로 반환하는 연산자이다.

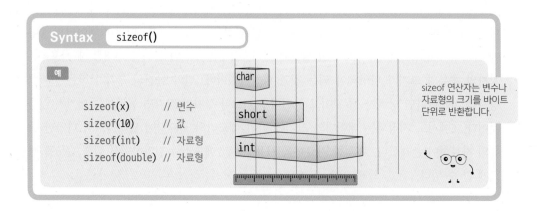

현재 자신이 실행하고 있는 컴퓨터에서 각 자료형의 크기를 출력해보자.

```
sizeof.c
1   #include <stdio.h>
2
3   int main(void)
4   {
5        int x;
6        printf("변수 x의        크기: %d\n", sizeof(x));      ──── 변수의 크기를 반환
7
8        printf("char형의        크기: %d\n", sizeof(char));
9        printf("int형의         크기: %d\n", sizeof(int));
10       printf("short형의       크기: %d\n", sizeof(short));
11       printf("long형의        크기: %d\n", sizeof(long));          자료형의 크기를 반환
12       printf("long long형의   크기: %d\n", sizeof(long long));
13       printf("float형의       크기: %d\n", sizeof(float));
14       printf("double형의      크기: %d\n", sizeof(double));
15
16       return 0;
17   }
```

```
변수 x의        크기: 4
char형의        크기: 1
int형의         크기: 4
short형의       크기: 2
long형의        크기: 4
long long형의 크기: 8
float형의       크기: 4
double형의      크기: 8
```

4.3 정수형

정수형은 가장 기본적인 데이터 타입으로 정수를 저장할 수 있다. 정수형에는 다음과 같은
종류가 있다.

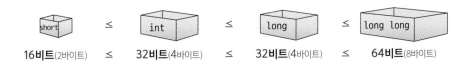

그림 4-5
정수형에는 short, int, long, long long
형이 있다.

수학에서의 정수는 …,-3, -2, -1, 0, 1, 2, 3,…와 같은 한 가지 종류만 존재하지만, C에
는 정수를 저장하는 비트의 개수에 따라 short, int, long으로 나누어진다. 또한 수학에서
의 정수는 무한대까지의 범위를 가질 수 있지만, 컴퓨터에서의 정수는 할당되는 비트의 개수
가 제한되기 때문에 한정된 범위만을 표현한다. 표 4-1에서 정수형에 해당하는 자료형들의
범위를 보였다.

참고사항

Q: 왜 C에서는 각 자료형들의 크기가
정확하게 정의되지 않는가?

A: 특히 int형은 CPU에 따라 달라진
다. 비록 C가 저수준 언어이기는
하지만 C는 자료형의 성확안 크기
는 구현 세부 사항이라는 입장을
가지고 있었다.

자료형		비트	범위
정수형	short	16비트	−32768~32767
	int	32비트	−2147483648~2147483647
	long		
	long long	64비트	−9,223,372,036,854,775,808 ~9,223,372,036,854,775,807

표 4-1
정수형

참고사항

만약 임베디드 시스템과 같이 저성능 CPU를 사용하는 장치에서는 int형과 long형의 크기가 다를 수 있다. 예를 들어서 int형은 16비트이고 long형은 32비트일 수 있다.

C에서는 왜 이렇게 많은 종류의 정수형이 있을까? 그것은 용도에 따라 프로그래머가 선택하여 사용할 수 있게 하려는 것이다. 만약 8비트만을 사용해서 정수를 나타낸다면 −128~127 사이의 정수만 표현이 가능하다. 비트수를 늘리면 정수의 범위는 확대시킬 수 있지만 메모리 공간을 더 많이 필요로 한다. 따라서 다양한 크기를 가지는 정수 자료형을 제공하여 각자 필요에 따라서 적당한 자료형을 선택하여 사용하자는 취지이다.

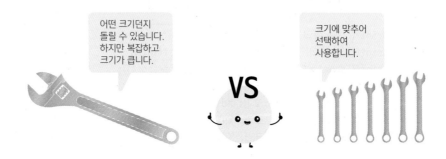

정수형 중에서 가장 기본이 되는 것은 int형이다. int형은 양의 정수, 0, 음의 정수를 표현할 수 있다. 그러면 int형이 나타낼 수 있는 정수의 범위는 어떻게 될까? 정수의 범위는 int형이 몇 비트로 표현되느냐에 따라 달라진다. int형의 크기는 CPU가 메모리에서 한 번에 읽어서 처리할 수 있는 비트의 크기(이것을 워드라고 한다)와 관련이 있다. 현재 대부분의 컴퓨터에서 int형은 32비트이다.

int형이 32비트인 경우, int형이 표현할 수 있는 정수의 범위는 어떻게 계산할 수 있을까? 32비트이면 2^{32}개의 정수를 표현할 수 있고, 이중에서 절반은 양수를, 또 다른 절반은 음수를 표현하는데 사용된다. 약 −21억에서 +21억 정도를 표현할 수 있다.

$$-2^{31}, \ldots, -2, -1, 0, 1, 2, \ldots, 2^{31}-1$$
$$(-2147483648 \sim +2147483647)$$

short형은 16비트로서 약 −3만2천에서 +3만2천 정도를 표현할 수 있다.

$$-2^{15}, \ldots, -2, -1, 0, 1, 2, \ldots, 2^{15}-1$$
$$(-32768 \sim +32767)$$

많은 시스템에서 int형과 long형은 같은 범위를 가진다. 비주얼 스튜디오에서도 long형은 int형과 같은 32비트로 표현된다. 64비트 정수를 사용하려면 long long형을 사용하면 된다.

참고사항

short형은 short int라고 쓸 수 있다. 마찬가지로 long형은 long int라고 쓸 수 있다.

그렇다면 다양한 정수형 중에서 어떤 정수형을 사용하여야 하는가? 만약 상당히 큰 값(21억 이상)들을 필요로 한다면 long long형을 사용하는 것이 좋다. 만약 메모리 공간을 줄여야 한다면 short형을 사용하는 편이 유리하다. 일반적인 경우에는 int형을 사용한다. 만약 음수를 사용하지 않는다면 unsigned형을 사용하는 편이 좋다.

간단한 예제로 정수형 변수들을 선언하여보고 정수값들을 대입하여보자.

integer.c

```c
1   /* 정수 자료형을 사용하는 프로그램*/
2   #include <stdio.h>
3
4   int main(void)
5   {
6       short year = 0;              ──── short 형 변수 선언
7       int sale = 0;                ──── int 형 변수 선언
8       long total_sale = 0;         ──── long 형 변수 선언
9       long long large_value;       ──── 64비트 정수형
10
11      year = 10;              // 약 3만2천을 넘지 않도록 주의
12      sale = 200000000;       // 약 21억을 넘지 않도록 주의
13      total_sale = year * sale;   // 약 21억을 넘지 않도록 주의
14
15      printf("total_sale = %d \n", total_sale);
16      return 0;
17  }
```

```
total_sale = 2000000000
```

unsigned 수식자

unsigned 키워드는 정수형 또는 char형 앞에 올 수 있다. unsigned는 음수가 아닌 값만을 나타낸다는 것을 의미한다. unsigned 키워드를 붙이면 부호를 나타내는 비트가 필요 없어서 표현할 수 있는 범위가 2배가 된다. **그림 4-6**은 char형과 unsigned char형을 비교한 것이다. char형은 문자를 나타내는 데 사용되지만, 작은 정수도 저장할 수 있다.

참고사항

signed 키워드도 있다. 이것은 부호 있는 정수라는 것을 강조할 때 사용된다. 보통은 생략된다. signed int는 int와 같다.

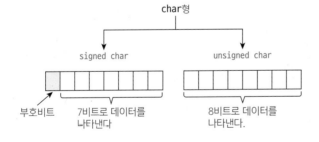

부호비트   7비트로 데이터를 나타낸다   8비트로 데이터를 나타낸다.

그림 4-6
char형에 unsigned를 붙이는 경우

unsigned를 붙이면 음수가 제외되므로 더 넓은 범위의 양수를 나타낼 수 있다. 예를 들어 int형 앞에 unsigned를 붙이면 unsigned int형이 되고 다음과 같은 범위를 표현할 수 있다.

$$0, 1, 2, ..., 2^{32} -1$$
$$(0 \sim +4294967295)$$

int형에 비하여 표현할 수 있는 양수의 범위가 2배로 된 것을 확인할 수 있다. 이것은 부호를 나타냈던 최상위 비트가 값을 나타내는 비트로 사용되기 때문이다.

그림 4-7
unsigned 수식자는 음수가 아닌 값만을 나타내고자 할 때 사용한다.

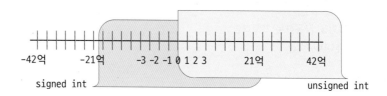

몇 가지의 예를 아래에 보였다.

```
unsigned int speed;              // 부호없는 int형
unsigned distance;              // unsigned int distance와 같은 의미이다.
unsigned short players;         // 부호없는 short형
```

printf()를 이용하여 unsigned형 변수를 출력할 경우에는 형식 지정자로 %u를 사용하여야 한다. %d를 사용하여도 값이 작을 때는 올바르게 출력하지만, 값이 커지면 음수로 출력된다. 따라서 반드시 unsigned의 경우에는 %u를 사용하도록 하자.

```
unsigned int sales  = 2800000000;    // 약 28억
printf("%u \n", sales);              // %d를 사용하면 음수로 출력된다
```

오버플로우

정수형 변수가 나타낼 수 있는 범위가 제한되어 있기 때문에, 조심해야 할 사항이 있다. 즉 정수형 변수를 이용하여 덧셈과 같은 산술 연산을 하는 경우, 산술 연산의 결과가 정수형이 나타낼 수 있는 범위를 넘어갈 수도 있다. 예를 들어서 다음과 같은 코드를 살펴보자.

참고사항

정수형의 한계를 알려주는 헤더파일이 존재한다. 헤더 파일 limits.h에는 INT_MIN과 INT_MAX는 int형의 상한치와 하한치를 나타낸다. unsigned short형의 상한치와 하한치는 USHRT_MAX, USHRT_MIN이라는 기호상수로 정의되어 있다. 기호상수는 다음 절에 설명한다.

overflow.c

```
1   #include <stdio.h>
2   #include <limits.h>
3
4   int main(void)
5   {
6       short s_money = SHRT_MAX;              // 최대값으로 초기화한다. 32767
7       unsigned short u_money = USHRT_MAX;    // 최대값으로 초기화한다. 65535
8
9       s_money = s_money + 1;
10      printf("s_money = %d\n", s_money);
11                                            오버플로우가 발생한다.
12      u_money = u_money + 1;
13      printf("u_money = %d\n", u_money);
14
15      return 0;
16  }
```

```
s_money = -32768
u_money = 0
```

short형의 변수에 최대값인 32767을 저장한 후에 1을 증가시키면 어떻게 될까? 이 경우에 는 32767에서 갑자기 -32768이 된다. unsigned short형의 변수인 경우에는 65535에서 0으 로 넘어간다. 이런 경우를 오버플로우(overflow)라고 하며 변수가 나타낼 수 있는 범위를 넘 는 숫자를 저장하려고 할 때 발생한다.

그림 4-8
오버플로우는 변수가 저장할 수 있는 범위를 넘어서는 수를 저장했을 경우에 발생한다.

한계를 벗어나면 자동차의 주행 거리계처럼 다시 처음으로 돌아가서 시작한다.

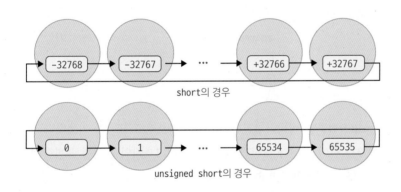

그림 4-9
1씩 증가하는 과정에서 오버플로우가 발생하면 수도계량기나 자동차의 주행거리계처럼 처음으로 되돌아간다. short형의 경우, 음수부터 시작하므로 음수로 되돌아간다. unsigned short의 경우 0부터 시작하므로 0으로 되돌아간다.

정수형에서 오버플로우가 발생하더라도 컴파일러는 아무런 경고를 하지 않는다. 오버플로 우가 발생하면 부정확한 결과가 계산될 것이다. 따라서 프로그래머가 스스로 오버플로우가 일어나지 않도록 주의하여야 한다.

참고사항

각 자료형의 최대값과 최소값은 limits.h에 정의되어 있다.

```
#define CHAR_MIN     (-128)
#define CHAR_MAX     127

#define SHRT_MIN     (-32768)            /* minimum (signed) short value */
#define SHRT_MAX     32767               /* maximum (signed) short value */
#define USHRT_MAX    0xffff              /* maximum unsigned short value */

#define INT_MIN      (-2147483647 - 1)   /* minimum (signed) int value */
#define INT_MAX      2147483647          /* maximum (signed) int value */
#define UINT_MAX     0xffffffff          /* maximum unsigned int value */
```

참고사항

숫자로 표시하는 상수를 리터럴 상수 (literal constant)라고 한다.

정수 상수

정수 상수는 12나 100과 같이 숫자로 표기한다. 정수 상수는 기본적으로 int형으로 간주된다. 그러나 만약 int형의 범위를 넘는 정수 상수는 컴파일러가 알아서 long형으로 취급한다. 만약 long형으로도 안되면 unsigned long형으로 변경될 수 있다. 컴파일러는 상수값을 처리할 때, 가능한 자료형 중에서 가장 낮은 자료형을 선택한다.

상수의 자료형을 프로그래머가 명시적으로 지정할 수도 있다. 123L처럼 정수 상수 뒤에 접미사로 L을 붙이면 123이라는 상수를 long형으로 간주한다. 예를 들어서 다음과 같은 문장이 가능하다.

```
                     ┌─────── long형의 정수 상수 123
sum = (123)L;
```

표 4-2
정수 상수

접미사	자료형	예
u 또는 U	unsigned int	123u 또는 123U
l 또는 L	long	123l 또는 123L
ul 또는 UL	unsigned long	123ul 또는 123UL

정수 상수는 10진법뿐만 아니라 8진법이나 16진법으로도 표기가 가능하다. 8진법으로 표기하려면 앞에 0을 붙이면 된다. 8진법 상수는 0에서 7까지의 숫자를 포함할 수 있다. 예를 들어, 10을 8진법으로 표기해보면 012가 된다.

$$012_8 = 1 \times 8^1 + 2 \times 8^0 = 10$$

16진법은 0부터 9까지의 숫자, A부터 F까지의 글자를 사용하여 나타낸다. 16진법으로 정수 상수를 표기하려면 앞에 0x를 붙이면 된다. 예를 들어서 10을 16진수로 나타내보면 0xa 또는 0xA가 된다.

$$0xA_{16} = 10 \times 16^0 = 10$$

16진법에서 알파벳의 대소문자는 구분하지 않는다. 즉 0xa와 0xA는 같다. 수를 나타내는 데 a나 b와 같은 문자를 사용하는 것이 처음에는 생소해보일 것이다. 하지만 하드웨어 관련하여 비트 조작을 할 때는 10진법보다 16진법이 훨씬 사용하기가 편리하다. 2진수와 16진수는 상당한 관련이 있다. 16진수의 하나의 자리수는 4비트에 해당한다. 따라서 32비트나 64비트 등의 이진수 데이터를 16진수로 표기하게 되면 알아보기가 쉽다. 여러분도 조금만 연습하면 16진수의 문자를 보고 해당하는 비트 패턴을 알 수 있다.

$$0xff0f(16진수) \longleftrightarrow 1111\ 1111\ 0000\ 1111(2진수)$$

```
int_const.c

1   #include <stdio.h>
2
3   int main(void)
4   {
5       int x = 10;
6       int y = 010;            8진수로서 10진수로 변환하면 8
7       int z = 0x10;           16진수로서 10진수로 변환하면 16
8
9       printf("x = %d\n", x);
10      printf("y = %d\n", y);
11      printf("z = %d\n", z);
12
13      return 0;
14  }
```

```
x = 10
y = 8
z = 16
```

10진수	8진수	16진수
0	00	0x0
1	01	0x1
2	02	0x2
3	03	0x3
4	04	0x4
5	05	0x5
6	06	0x6
7	07	0x7
8	010	0x8
9	011	0x9
10	012	0xa
11	013	0xb
12	014	0xc
13	015	0xd
14	016	0xe
15	017	0xf
16	020	0x10
17	021	0x11
18	022	0x12

기호 상수

　보통의 상수에는 변수와는 달리 이름이 없다. 그러나 상수에도 이름을 붙일 방법이 있다. 기호 상수(symbolic constant)는 상수를 기호로 표현한 것이다. 예를 들어서 환율을 기호 상수로 나타낼 수 있다. 달러에 환율을 곱하여 달러를 원화로 변경하는 아래의 두 문장은 같은 의미이며 EXCHANGE_RATE가 기호 상수이다.

```
         리터럴 상수        기호 상수

won = 1120 * dollar;              // (1) 실제의 값을 사용
won = EXCHANGE_RATE * dollar;     // (2) 기호상수 사용
```

　기호 상수는 실제 값을 그대로 쓰는 방법에 비하여 몇 가지의 장점을 지닌다. 첫 번째 장점은 기호 상수를 사용하면, 프로그램이 읽기 쉬워진다는 점이다. 문장 (1)에서는 1120이 무엇을 의미하는지 쉽게 알 수 없다. 그러나 문장 (2)에서는 1120이 환율이라는 것을 쉽게 알 수 있다.

　기호 상수의 두 번째 장점은 값을 변경하는 작업이 훨씬 쉬워진다는 점이다. 위의 예에서 환율이 1050으로 변경되었다고 가정하자. 만약 숫자를 사용했다면 프로그램에서 그 숫자가 사용된 모든 곳을 찾아서 값을 변경하여야 한다. 그러나 기호 상수를 사용했다면 기호 상수의 정의만 변경하면 된다.

그림 4-10
리터럴 상수와 기호 상수의 비교

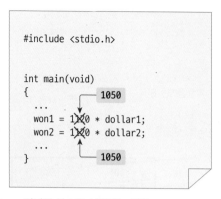

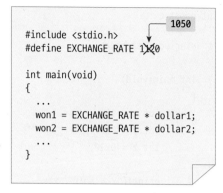

리터럴 상수를 사용하는 경우:
등장하는 모든 곳을 수정하여야 한다.

기호 상수를 사용하는 경우:
기호 상수가 정의된 곳만 수정하면 한다.

참고사항
전처리기는 #define이나 #include 와 같은 명령어들을 처리한다.

기호 상수를 선언하는 방법에는 다음과 같이 2가지가 있다.

① #define 문장 사용

참고사항
전처리기 문장 끝에는 ;를 붙이지 않는다. 즉 #define EXCHANGE_RATE 1120의 끝에 ;를 붙이면 오류이다.

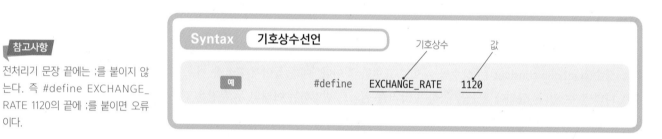

위의 문장의 의미는 EXCHANGE_RATE라는 기호를 1120으로 정의한다는 의미이다. #define 이 들어가는 문장은 보통 컴파일러가 동작하기 전에 전처리기(preprocessor)가 처리한다. 전처리기는 소스에서 EXCHANGE_RATE를 모두 찾아서 1120으로 바꾼다.

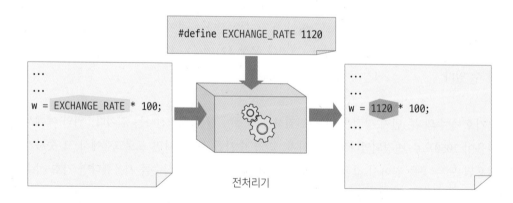

전처리기

일반적으로 기호 상수 이름은 다른 이름과의 구별을 위하여 대문자로 만든다. 이것은 꼭 그래야 하는 것은 아니고 소문자로 하여도 문제는 없다. 또한 이 문장은 세미콜론으로 끝나지 않음을 주의하라. 이것은 문장이 아니고 단순히 기호를 값으로 대체하라는 명령을 전처리기에 알려주는 역할만 하기 때문이다. 즉 전처리기 문장은 정식 문장이 아닌 것이다.

② const 키워드 사용

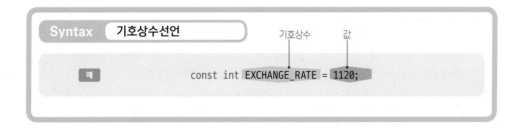

const를 변수 선언 앞에 붙이면 상수가 된다. 선언 시에 const가 붙여진 변수는 일단 초기화된 후에 그 값이 변경될 수 없다. 이 문장은 변수 선언과 같이 세미콜론으로 끝남을 주의하라.

 #define과 const 중에서 어떤 것이 좋을까?

일반적으로 const 키워드를 사용하여 상수를 만드는 편이 장점이 많다. 먼저 자료형도 지정할 수 있으므로 문법적인 여러 가지 검사도 가능하다. 또한 상수가 정의되는 범위를 변수와 같이 제한할 수 있다. 추가로 배열이나 구조체와 같은 복합 데이터 타입에서도 const는 사용할 수 있다.

sym_const.c

```
1   #include <stdio.h>
2   #define TAX_RATE  0.2                        #define을 이용한 기호상수 정의
3
4   int main(void)
5   {
6       const int MONTHS = 12;                   const를 이용한 기호상수 정의
7       int m_salary, y_salary;                  // 변수 선언
8
9       printf( "월급을 입력하시오: ");           // 입력 안내문
10      scanf("%d", &m_salary);
11                          기호 상수 사용
12      y_salary = MONTHS * m_salary;            // 순수입 계산
13      printf("연봉은 %d입니다.\n",  y_salary);
14      printf("세금은 %f입니다.\n",  y_salary*TAX_RATE);
15
16      return 0;
17  }
```

```
월급을 입력하시오: 100
연봉은 1200입니다.
세금은 240.000000입니다.
```

1   정수형에 속하는 자료형을 모두 열거하라.

2   숫자값을 직접 사용하는 것보다 기호 상수를 사용하는 것의 이점은 무엇인가?

3   왜 정수를 하나의 타입으로 하지 않고 int, short, long 등의 여러 가지 타입으로 복잡하게 분류하여 사용하는가?

4   부호가 없는 unsigned int형의 변수에 음수를 넣으면 어떤 일이 벌어지는가?

5   변수가 저장할 수 있는 한계를 넘어서는 값을 저장하면 어떻게 되는가? 구체적인 예로 short형의 변수에 32768을 저장하면 어떻게 되는가?

내부적인 정수 표현 방식

여기서는 정수가 컴퓨터 내부에서 어떻게 표현되는지를 설명하고자 한다. 초심자의 경우에는 이 부분을 건너뛰어도 좋다. 내연기관의 원리를 몰라도 우리는 자동차를 잘 운전할 수 있는 것처럼 정수의 내부 표현 방식을 몰라도 정수를 잘 사용할 수 있다. 다만 자동차가 고장 났을 경우에는 엔진이나 변속기에 대한 지식이 있으면 여러모로 유리하듯이 정수의 내부적인 표현도 알고 있으면 도움이 되는 경우가 종종 있다.

컴퓨터 안에서는 어떻게 정수를 나타낼까? 컴퓨터는 모든 것을 0과 1만을 사용하는 이진수로 표현한다. 따라서 정수도 0과 1의 조합으로 나타낼 것이다. 이진수의 하나의 자리수를 비트(bit)라고 한다. 비트는 ON과 OFF 상태를 가지는 스위치로 생각하면 된다. 하나의 비트로는 0과 1만 나타낼 수 있다. 두 개의 비트로는 0, 1, 2, 3을 나타낼 수 있다. 비트가 많아지면 어떤 정수도 나타낼 수 있다.

스위치가 하나 있으면   스위치가 둘 있으면

0,   1   00,   01,   10,   11

실제로 short형은 16개의 비트를 사용하여서 다음과 같은 표와 같이 정수를 표현한다.

비트 패턴	정수	비고
0000000000000000	0	
0000000000000001	1	
0000000000000010	2	
0000000000000011	3	양의 정수
0000000000000100	4	
0000000000000101	5	
...	...	

예를 들어서 0000000000001000(십진수로는 8)라는 이진수를 스위치로 표시하면 다음과 같다.

그림 4-11
컴퓨터에서 2진수는 전자 스위치로 표현된다.

10진수를 2진수로 변환하는 방법

① 주어진 수를 2로 나누어서 몫과 나머지를 기록한다.
② 몫이 0이 아니면 ①의 과정을 되풀이 한다.
③ 몫이 0이면 마지막 단계의 몫과 나머지들을 역순으로 기록하면 된다.
예를 들어서 25를 이진수로 바꾸면 오른쪽 그림과 같이 11001이 된다.

$$
\begin{array}{r|l}
2 & 25 \\
2 & 12 \text{ ----- } 1 \\
2 & 6 \text{ ----- } 0 \\
2 & 3 \text{ ----- } 0 \\
 & 1 \text{ ----- } 1
\end{array}
$$

2진수를 10진수로 변환하는 방법

2진수 1001이 있다고 하자. 이것을 10진수로 바꾸면 얼마가 되는가? 이것은 다음과 같은 식을 이용하여 쉽게 계산할 수 있다.

$$1001_2 = 1 \times 2^3 + 0 \times 2^2 + 0 \times 2^1 + 1 \times 2^0$$
$$= 8 + 0 + 0 + 1$$
$$= 9$$

따라서 양의 정수의 경우, 10진수를 2진수로만 바꾸어 메모리에 저장하면 된다. 따라서 문제는 없는 것처럼 보인다. 하지만 정수에는 양의 정수도 있고 음의 정수도 있다. 따라서 음의 정수를 어떻게 표현할 것인지를 결정하여야 한다. 보통은 최상위 비트를 부호 비트(sign bit)로 사용한다. 즉 맨 첫 번째 비트가 0이면 양의 정수를 의미하고, 최상위 비트가 1이면 음의 정수를 의미한다. **그림 4-12**은 정수가 8비트라 가정하고 +3을 표현한 것이다. 00000011은 부호비트가 0이고 나머지 비트들이 3을 나타내므로 +3이 된다.

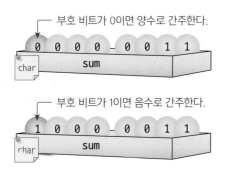

그림 4-12
정수를 이진수로 표현할 때 최상위 비트를 부호비트로 사용한다.

문제는 음수이다. 위의 그림의 10000011을 부호비트가 1이고 나머지 비트들이 3을 나타내므로 −3이라고 할 수 있을까? 그럴 수도 있을 거 같지만 이런 식으로 표현하게 되면 컴퓨터 내부에서 사용하기에 불편한 점이 많다. 예를 들어서 CPU 내부에서는 덧셈 회로를 이용하여서 뺄셈을 한다. 즉 3-3을 3+(−3)으로 변경하여서 연산을 실행한다. CPU의 복잡도를 줄이기 위하여 덧셈 회로만을 가지고 있는 것이다. 하지만 위의 표기법은 이것을 허용하지 않는다. 예를 들어서 위에서 나온 +3과 −3을 평범하게 더하게 되면 음수 −6으로 계산되어 이상한 결과가 나온다.

참고사항

unsigned int 형처럼 부호가 필요없는 자료형에서는 최상위 비트를 값을 저장하는 용도로 사용한다.

그림 4-13
부호비트가 1이면 음수라고 하였을 경우, 덧셈 연산을 이진수 덧셈처럼 하면 이상한 값이 생성된다.

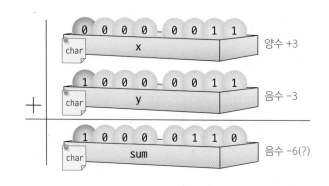

참고사항

1950년대 초창기 컴퓨터에서는 1의 보수도 음수 표현 방법으로 많이 사용되었다. 1의 보수는 무조건 비트를 반전시키는 것이다. 원래의 이진수와 1의 보수를 더해도 연산은 성립된다. 따라서 이것도 사용할 수 있는 방법이나 양의 0(00000000)과 음의 0(11111111)이 발생하는 문제점이 있어서 현재는 2의 보수로 통일되었다.

그렇다면 덧셈이나 뺄셈을 할 때 부호에 신경 쓰지 않고 무조건 이진수 덧셈만 하면 되는 편리한 음수 표현 방법이 있을까? 있다. 2의 보수(2's complement)가 그것이다.

2의 보수를 구하기 위해서는 먼저 이진수의 각 비트들을 반전시킨 후에(1을 0으로, 0을 1로), 1을 더한다. 예를 들어서 − 3을 2의 보수로 표현하여보자. 3은 이진수로 00000011이므로 비트를 반전하여서 11111100로 만든 후에 여기에 1을 더하여 11111101로 만들면 된다. 즉 − 3은 11111101으로 표시된다.

그림 4-14
2의 보수를 만드는 방법

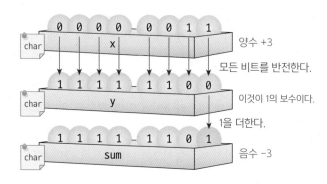

이런 방법으로 2의 보수를 만들어보면 표 4-3과 같이 되고 이것이 컴퓨터에서 음의 정수를 표현하는 기본적인 방법이다.

표 4-3
2의 보수로 표현된 정수

비트	부호없는 정수	부호있는 정수 (2의 보수)
000	0	0
001	1	1
010	2	2
011	3	3
100	4	−4
101	5	−3
110	6	−2
111	7	−1

(a) 3비트로 정수 표현

비트	부호없는 정수	부호있는 정수 (2의 보수)
0000 0000	0	0
0000 0001	1	1
0000 0010	2	2
0111 1110	126	126
0111 1111	127	127
1000 0000	128	−128
1000 0001	129	−127
1000 0010	130	−126
1111 1110	254	−2
1111 1111	255	−1

(b) 8비트로 정수 표현

2의 보수를 사용하면 부호 비트에 신경 쓸 필요 없이 어떤 부호든지 그냥 이진수 덧셈을 하면 된다. 아래 그림에서 8비트를 사용하여 2의 보수법으로 표현된 +3과 -3을 이진수 덧셈처럼 더하게 되면 0이 되고 최상위 비트에서의 올라오는 수를 무시하게 되면 정확히 0이 된다.

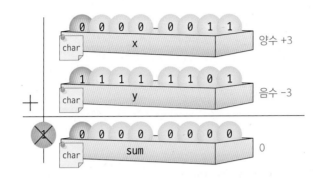

그림 4-15
음수가 2의 보수로 표현되면 부호에 상관없이 무조건 이진수 덧셈을 하고 최상위 비트에서 올라오는 수를 무시하면 된다.

V TIP

보수

보수(complement)란 거스름돈과 같은 개념이다. 우리가 10원을 내고 3원짜리 물건을 사는 경우에 거스름돈은 7원이 된다. 이 7원이 10의 보수가 된다. 이진수에서는 1의 보수라고 하면 각 비트를 1로 만들기 위해서 더해야 하는 값을 의미한다. 따라서 0000 0011의 1의 보수는 0000 0011를 1111 1111로 만들기 위한 값을 의미하고 즉 1111 1100이 된다.

C에서 어떤 변수의 값을 이진수 형태로 출력하는 기능이 있으면 좋을 것이다. 하지만 printf()에는 그 기능이 없다. 물론 그런 기능을 하는 함수를 사용자가 작성하여도 되지만 printf()에는 16진수로 출력할 수 있는 기능이 있다. 아래의 프로그램에서 본문에서 확인한 내용을 한번 16진수로 출력하여 확인하여보자.

two_compl.c

```
1   /* 2의 보수 프로그램*/
2   #include <stdio.h>
3
4   int main(void)
5   {
6       int x = 3;
7       int y = -3;
8       printf("x = %08X\n", x);
9       printf("y = %08X\n", y);
10      printf("x+y = %08X\n", x+y);
11
12      return 0;
13  }
```

-3이 2의 보수 형태로 표현되는지를 살펴보자.
8자리의 16진수로 출력하라는 형식 지정자

음수는 2의 보수 형태로 출력된다.

참고사항

printf()의 형식 지정자가 %08X이면 8자리의 16진수로 출력하라는 의미이다. 대문자 X는 모든 문자를 대문자로 출력하라는 의미이다. 앞의 0은 앞자리 0도 출력하라는 의미이다.

```
x = 00000003
y = FFFFFFFD
x+y = 00000000
```

프로그램 설명

10 변수 y를 8자리의 16진수로 출력하고 앞에 0을 채운다. 여기서는 y가 int형이므로 32비트가 되고 따라서 8자리의 16진수로 출력되었다. 16진수 FFFFFFFD는 이진수 1111 1111 1111 1111 1111 1111 1111 1101에 해당한다.

1   음수의 표현 방법으로 2의 보수를 사용하는 이유는 무엇인가?
2   이진수 01000011의 1의 보수를 구해보자.
3   이진수 01000011의 2의 보수를 구해보자.

4.4   부동 소수점형

컴퓨터에서 실수를 나타내는 방법

수학에서의 실수는 3.14와 같이 소수점을 가진 수이다. 실수는 매우 큰 수나 매우 작은 수를 다루는 과학이나 공학 분야의 응용 프로그램을 작성할 때는 없어서는 안 될 중요한 요소이다.

컴퓨터에서는 3.14과 같은 실수가 내부적으로 어떻게 표현될까? 우선 상식적으로 생각할 수 있는 방법부터 먼저 살펴보자. 먼저 가장 쉽게 생각할 수 있는 방식은 소수점 위치를 고정시키고 정수부를 위하여 일정 비트를 할당하고 소수부를 위하여 일정 비트를 할당하는 방식이다. 예를 들어 32비트를 사용하여 실수를 표현한다면 16비트는 소수점 이상을, 나머지 16비트는 소수점 이하를 표현하는 방식이다. 이런 방식을 고정 소수점(fixed point) 방식이라고 한다. 예를 들어서 실수 3.14은 다음과 같이 표현될 것이다. 즉 정수 부분 3은 상위 16비트에 저장되고 소수 부분 0.14은 하위 16비트에 저장된다.

그림 4-16
간단한 실수 표현방법

0 0 0 0 0 0 0 0 0 0 0 0 0 0 1 1	0 0 0 0 0 0 0 0 0 0 0 0 1 1 1 0
정수부	실수부

과학적 표기법이란 과학자들과 수학자들이 아주 큰 수와 아주 작은 수를 편리하게 쓰기 위하여 고안한 표기법이다. 표준적인 과학적 표기법은 실수를 와 같은 형태로 표현하는 것이다. 여기서 b는 지수, a는 가수라고 한다. 정규 형태에서는 $1 \leq a \leq 10$이어야 한다.

위의 방법은 간단하고 알기 쉽다는 장점이 있지만, 문제는 과학과 공학에서 필요한 아주 큰 수를 표현할 수 없다는 것이다. 위의 방식으로 표현할 수 있는 최고로 큰 수는 32767.65535일 것이다. 상위 16비트는 부호있는 정수이어야 하므로 최고로 큰 수는 $2^{15}-1$이고 하위 16비트는 부호가 없어도 되므로 $2^{16}-1$이 나타낼 수 있는 최대수가 된다.

문제는 과학이나 공학에서는 훨씬 더 큰 수도 많이 등장한다는 것이다. 예를 들면 지구와 태양 사이의 거리는 약 149,598,000km이다. 그렇다면 같은 수의 비트를 사용해서 더 넓은 범위의 실수를 표현할 수는 없을까? 그래서 등장한 방식이 부동 소수점(floating point) 방식이다. 부동 소수점이란 소수점의 위치가 떠서 움직인다는 뜻이다(움직이지 않는다는 뜻이 아니다!!). 소수점의 위치를 움직임으로써 한정된 비트로 정밀도를 보다 높게 표현할 수 있다. 즉 고정 소수점 방식에 비해 아주 큰 범위의 실수를 표현할 수 있다. 부동 소수점 방식은 실수를 가수와 지수 부분으로 나누어서 표현하는 것이다. 가수 부분은 실수의 정밀도를 나타내고, 지수 부분은 실수값의 범위를 결정한다. 과학적 표기법과도 유사한 방법이다.

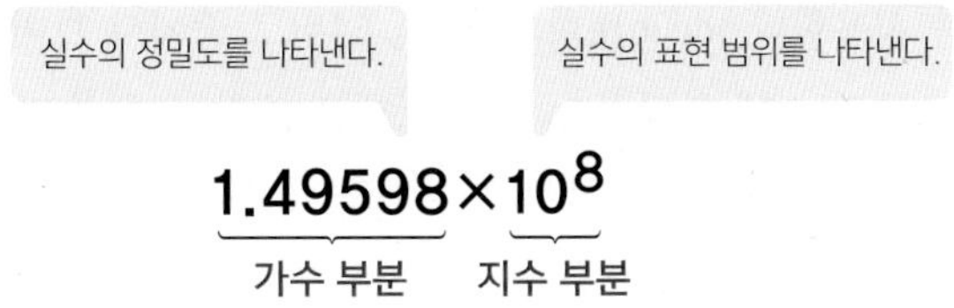

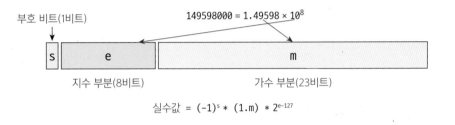

그림 4-17
부동 소수점은 실수를 가수와 지수로 나누어서 표현한다.

가수와 지수에는 정해진 수의 비트가 할당된다.

그림 4-18
부동소수점의 컴퓨터 내부 표현: 각 시스템마다 구체적인 비트 할당 및 위치는 약간씩 다를 수 있다.

이렇게 가수와 지수를 따로따로 표현하게 되면 표현할 수 있는 실수의 범위가 대폭 늘어난다. 예를 들어 32비트를 **그림 4-18**과 같이 나누어서 표현하게 되면 가수 부분은 10진수로 6자리까지 표현이 가능하고, 지수는 $10^{-38} \sim 10^{+38}$까지 표현이 가능하다. 따라서 이전의 고정 소수점 방식에 비하면 범위가 대폭 늘어난 것을 알 수 있다. 다만 부동 소수점 방식은 고정 소수점 방식에 비해 계산 속도가 느리기 때문에, 부동 소수점 계산 장치가 CPU에 별도로 포함되어 있는 경우가 많다.

참고사항

한동안 아주 다양한 부동소수점 방법이 사용되었지만 1985년부터는 IEEE 754로 표준이 제안되었다. 1990년대부터는 IEEE 표준을 따라서 부동소수점 방법이 표준화되었다.

실수형의 경우, 값의 정밀도도 값의 범위 못지않게 중요하다. 정밀도는 소수점 몇째 자리까지 오차 없이, 표현이 가능한가에 대한 문제이다. 정밀도는 유효 숫자(즉 오차가 없는 숫자)의 개수로 나타낸다. 정밀도는 가수 부분에 몇 비트가 할당되느냐에 따라 결정된다.

부동소수점 자료형

C에서는 float, double, long double의 3가지 자료형으로 실수를 나타낸다.

그림 4-19
실수 자료형의 종류

참고사항

부동소수점형의 한계를 알려주는 헤더 파일이 존재한다. 헤더 파일 float.h에 있는 FLT_MIN과 FLT_MAX는 float로 나타낼 수 있는 가장 작은 값과 가장 큰 값을 의미한다. 비슷하게 double형에 대해서도 DBL_MIN과 DBL_MAX가 정의되어 있다.

float 타입은 가장 작고 빠른 표현 방식으로 32비트로 표현된다. 32비트 중에서 8비트를 지수에 할당하고 나머지 24비트를 가수에 할당한다. float형은 유효 숫자 6자리까지 나타낼 수 있다. 예를 들어 float형은 실수 0.12345678에서 처음의 6개의 자리수(0.123456)만 정확하게 나타낼 수 있다. float형이 나타낼 수 있는 지수의 범위는 대략 10^{-38}부터 10^{38}까지이다.

double은 64비트를 사용한다. double형의 경우, 64비트 중에서 11비트 정도를 지수에 할당하고 나머지 53비트를 가수에 할당한다. double형은 대략 유효 숫자 16자리를 나타낼 수 있다. double형이 나타낼 수 있는 지수의 범위는 대략 10^{-308}부터 10^{308}까지이다. PC에서 long double형은 double과 같다.

표 4-4
부동소수점 자료형

자료형	명칭	크기	범위
float	단일정밀도(single-precision) 부동소수점	32비트	$\pm 1.17549 \times 10^{-38} \sim \pm 3.40282 \times 10^{+38}$
double long double	두배정밀도(double-precision) 부동소수점	64비트	$\pm 2.22507 \times 10^{-308} \sim \pm 1.79769 \times 10^{+308}$

참고사항

double형의 실수를 출력할 때는 "%lf" 또는 "%f"을 사용할 수 있다. 하지만 입력받을 때는 반드시 "%lf"를 사용하여야 한다.

실수를 출력하는 형식 지정자

실수를 출력하는 기본적인 형식 지정자는 %f이다. 여기서 한 가지 주의할 점은 실수 출력시 기본적으로 소수점 6자리까지만 출력된다. 따라서 출력하고자 하는 실수가 소수점 6자리를 넘으면 반올림된다.

```
printf("%f", 0.123456789);          // 0.123457 출력
```

실수에서 소수점 이하 자리수를 제한하려면 %10.3f와 같이 적어주어야 한다. %10.3f는 전체 10자리 중에서 소수점 이하를 3자리로 하라는 것을 의미한다. 실수를 1.2345e10과 같은 지수 표기법으로 출력하려면 %e나 %E를 사용한다. %e와 %E는 지수 부분을 나타내는 문자가 소문자 e인지 대문자 E인지만 달라진다. %g는 실수를 출력할 때 만약 소수점 이하 6자리 안에서 표현이 가능하면 %f 방식을 사용하고 그렇지 많으면 %e 방식을 사용하게 된다.

```
printf("%e", 0.123456789);          // 1.234568e-001 출력
```

다음의 예제는 부동 소수점 자료형의 크기를 sizeof를 이용하여 출력하고 유효 숫자 개념을 알아보기 위하여 실수 상수를 float형 변수와 double형 변수에 각각 대입하여 본다.

예제

floating.c

```
1    // 부동 소수점 자료형의 크기 계산
2    #include <stdio.h>
3
4    int main(void)
5    {
6            float x = 1.234567890123456789;
7            double y = 1.234567890123456789;
8
9            printf("float의 크기=%d\n", sizeof(float));
10           printf("double의 크기=%d\n", sizeof(double));
11
12           printf("x = %30.25f\n",x);
13           printf("y = %30.25f\n",y);
14           return 0;
15   }
```

float형의 변수인 x의 경우, 소수점 이하 8자리부터는 이상한 값이 출력되는 것을 알 수 있다. 이는 float형의 경우, 유효 숫자가 대략 처음 6자리이기 때문이다.

```
float의 크기=4
double의 크기=8
x =       1.2345678806304931640625000
y =       1.2345678901234566904321355
```

double형의 경우는 소수점 이하 16자리까지는 비교적 정확하게 표현됨을 알 수 있다. 기억해야할 점은 부동 소수점형의 변수들은 유효 숫자의 제한이 있기 때문에 정수처럼 실수를 완벽하게 표현하지는 못한다는 점이다. 부동 소수점형은 오차가 있을 수 있다.

부동소수점 상수

부동소수점 상수는 기본적으로는 소수점을 이용하여 표현한다. 예를 들어 3.14처럼 표기하면 부동 소수점 상수가 된다. 부동소수점 상수는 기본적으로 double형으로 저장된다. 만약 4-바이트 크기의 float형 상수를 만들려면 실수 상수 끝에 f나 F를 붙여주면 된다.

```
3.141592              // double형 상수(64비트)
3.141592F             // float형 상수(32비트)
```

부동소수점 상수는 지수 표기법으로도 표현이 가능하다. 즉 12345.6은 12345.6×10^4로 표기가 가능하고 이것을 C에서는 1.23456e4로 표기한다. 지수 부분은 E나 e를 사용하여 표시한다.

표 4-5
부동소수점 상수의 표기법 비교

실수	지수 표기법	의미
123.45	1.2345e2	1.2345×10^2
12345.0	1.2345e4	1.2345×10^4
0.000023	2.3e-5	2.3×10^{-5}
2,000,000,000	2.0e9	2.0×10^9

> **참고사항**
>
> 부동소수점 상수를 쓸 때 소수부와 지수부 사이에 공백을 넣으면 안 된다. 예를 들어
> `1.23 E30`
> 라고 하면 잘못된 표현이다.

다음은 유효한 부동소수점 상수의 예이다.

```
1.23456
2.                    // 소수점만 붙여도 된다.
.28                   // 정수부가 없어도 된다.
2e+10                 // +나 -기호를 지수부에 붙일 수 있다.
9.26E3                // 9.26×10³
0.67e-9               // 0.67×10⁻⁹
```

> **참고사항**
>
> 2는 정수 상수이고 2.0은 부동소수점 상수가 된다.

여기서 주의할 점은 상수 2. 은 정수가 아니고 2.0의 부동소수점 상수로 취급된다. 이러한 표기법을 사용하는 이유는 때에 따라서 정수 2가 아니고 부동소수점 상수 2.0을 가지고 계산을 하여야 하는 경우도 있기 때문이다. 프로그램에서는 정수 연산과 부동소수점 연산을 구분한다. 만약 소수점이 없으면 정수 연산으로 취급된다.

오버플로우와 언더플로우

오버플로우(overflow)는 변수에 대입된 수가 너무 커서 변수가 저장할 수 없는 상황을 의미한다. float형 변수는 약 1×10^{38}을 넘는 수는 저장하지 못한다. 이보다 큰 값을 대입하면 오버플로우가 발생할 것이다. 다음 코드에서는 float형 변수에 1×10^{39}를 대입하였다.

```
x = inf
```

```c
#include <stdio.h>
int main(void)
{
    float x = 1e39;           ── 오버플로우가 발생한다.
    printf("x = %e\n",x);
    return 0;
}
```

컴파일러는 오버플로우가 발생되면 inf로 표시한다. 부동소수점의 경우, 오버플로우가 발생하면 컴파일러는 해당 변수에 무한대를 의미하는 특별한 값을 대입하고 printf()는 이 값을 inf라고 출력한다. 따라서 부동소수점 수를 출력하는 경우에 위와 같은 출력이 나온다면 이것은 오버플로우를 의미한다고 알아두면 되겠다.

언더플로우(underflow)는 오버플로우와 반대의 상황이다. 부동소수점 수가 너무 작아서 표현하기가 힘든 상황이 언더플로우이다. 예를 들어서 최대 정밀도를 가지면서 가장 작은 float형 부동소수점 변수를 가정하자. float형은 1.23456×10^{-38} 부근이 최대 정밀도를 가지면서 비교적 작은 수가 된다. 만약 float형 변수에 저장해야 되는 값이 1.23456×10^{-46}이라면 어떻게 될까? 이때는 그냥 0이 되버린다. 즉 언더플로우가 발생한 것이다. 이것을 다음의 프로그램으로 살펴보자.

underflow.c

```
1   #include <stdio.h>
2
3   int main(void)
4   {
5       float x = 1.23456e-38;
6       float y = 1.23456e-40;
7       float z = 1.23456e-46;        ── 언더플로우가 발생한다.
8
9       printf("x = %e\n",x);
10      printf("y = %e\n",y);
11      printf("z = %e\n",z);
12      return 0;
13  }
```

```
x = 1.234560e-038
y = 1.234558e-040
z = 0.000000e+000
```

실행 결과를 보면 변수 x의 값은 유효 숫자 6자리 정도로 정확하게 저장되었지만 변수 y는 언더플로우가 일어나서 가수부가 부정확하게 되었음을 알 수 있다. 컴파일러는 가수부의 값들을 작게 하여 어떻게든 맞추려고 노력하다가 도저히 맞추지 못할 정도로 작게 되면, 포기하고 그냥 0으로 만든다. 변수 z의 출력 결과에서 그것을 확인할 수 있다.

참고사항

1994년에 인텔의 펜티엄 CPU의 부동소수점 유닛에서 하드웨어 버그가 발생하여 고정밀 숫자의 특정 쌍을 나눌 때 잘못된 결과를 반환하였다. 이러한 오류는 대부분의 사용 사례에서 거의 발생하지 않지만, 인텔은 큰 비판을 받고, 이 CPU를 리콜하기 위해 4억 7,500만 달러를 사용하였다.

부동소수점형은 부정확할 수도 있다!

다음의 코드를 실행해보자.

```
#include <stdio.h>

int main(void)
{
    float value = 0.1;
    printf("%.20f \n", value);   // %.20f는 소수점 이하를 20자리로 출력하라는 의미이다.
    return 0;
}
```

```
0.10000000149011611938
```

0.1의 값이 정확하게 출력되지 않는다. 이유는 무엇일까? 이진법으로는 정확하게 나타낼 수 없는 값들이 있기 때문이다. 0.1도 그 중의 하나이다. 십진법으로 예를 들어보자. 십진법에서는 1/3을 정확하게 나타낼 수 없다(0.3333...이 무한히 반복된다). 이진법에서는 0.1이 그렇다. 십진법에서는 0.1로 정확하게 표현되지만, 이진법에는 아무리 노력해도 0.1을 정확하게 표현하는 것이 불가능하다. 물론 중간에서 반올림하면 얼마든지 실용적으로는 사용이 가능하다.

부동소수형을 사용할 경우 주의할 점

정수 산술 연산과는 달리 부동 소수점 연산은 정확하지가 않는 경우가 많다. 부동소수점 방법은 적은 수의 비트를 가지고 넓은 범위의 실수를 표현하기 위한 방법이라 오차가 존재할 수 있다. 따라서 부동소수점 수를 사용할 때는 항상 오차가 발생할 수 있음을 염두에 두어야 한다. 하지만 이러한 오차는 모든 컴퓨터에 공통적인 것이고, 실수를 표현하는 비트가 많아질수록 이러한 오차는 작아진다. 따라서 오차를 줄이려면 float보다는 double형을 사용하여야 한다. 또한 이러한 오차는 대부분 큰 문제를 일으키지 않는다. 오차가 발생하는 한 가지 경우만 살펴보자. double형의 변수를 선언하고 여기에 계산식 $(1 \times 10^{20} + 5.0) - 1 \times 10^{20}$의 결과값을 저장하여보자. 상식적으로는 5.0이 나와야 할 것 같지만 놀랍게도 0.0이 출력된다.

floating_error.c

```
1   #include <stdio.h>
2
3   int main(void)
4   {
5       double x;
6
7       x = (1.0e20 + 5.0)-1.0e20;
8       printf("%f \n",x);
9       return 0;
10  }
```

부동소수점 연산에서는 오차가 발생한다.
5.0이 아니라 0으로 계산된다.

0.000000

이러한 결과가 나오는 원인은 float형이나 double형 모두 이러한 정밀한 계산을 하기에 충분한 자리수가 확보하지 않았기 때문이다. 1.0e20은 뒤에 0이 20개나 붙는 큰 수이다. 여기에 5를 더하면 100000000000000000005가 된다. 이 숫자를 정확하게 기억시키려면 유효숫자가 적어도 20개는 있어야 한다. 아무리 double형이라고 하더라도 이만큼의 유효 숫자는 가지고 있을 수 없다. 앞에서도 언급했지만 약 16자리 정도이다. 따라서 double형에서도 이 숫자는 정확하게 저장하기가 불가능하다. 따라서 100000000000000000005가 그냥 1.0e20으로 저장되는 것이다. 따라서 연산의 결과는 0.0이 된다. 만약 1.0e20 대신에 1.0e10를 사용하였으면 정확한 결과를 얻을 수 있다.

실수 x와 실수 y가 같은지를 비교할 때도 신경을 써야 한다. x와 y가 정확하게 값이 일치하는 경우는 거의 없다. 따라서 (x-y)의 절대값이 어느 범위 안에 들면 x와 y가 같다고 판정하여야 한다. 6장 조건문에서 다시 설명한다.

중간점검

1   float형과 double형의 크기는?
2   부동소수점 상수인 1.0×10^{25}를 지수 형식으로 표기하여보자.
3   부동소수점형에서 오차가 발생하는 근본적인 이유는 무엇인가?

4.5   문자형

문자와 아스키 코드

문자(character)는 한글이나 영어에서의 하나의 글자, 숫자, 기호 등을 의미한다. 문자는 컴퓨터한테는 그다지 중요한 것이 아니지만 사람한테는 아주 중요하다. 인간에게는 거의 모든 정보가 문자를 통하여 전달되기 때문이다. 컴퓨터는 문자를 어떻게 표현할까? 컴퓨터는 모든 것을 숫자로 표현한다는 것을 우리는 알고 있다. 문자도 역시 숫자로 표현한다. 한 가지 예를 들면 'A'는 숫자 65로, 'B'는 66로 표현한다. 따라서 문자를 넣어두는 변수의 값이 65이면 그냥 'A'가 저장되어 있는 것으로 생각하면 된다.

> **참고사항**
>
> 확장 아스키 코드는 간단히 '확장 문자'라고 부른다.

C에서 문자는 숫자로 표현됩니다.

> **그림 4-20**
> C에서 문자는 숫자로 표현된다.

그런데 한 가지 문제가 있다. 다른 사람들은 'A'를 1로, 'B'를 2로 표현할 수도 있을 것이다. 이렇게 되면 그 사람들과는 문자 데이터를 서로 교환할 수 없다. 따라서 모든 사람들 사이에 문자 데이터를 서로 교환할 수 있으려면 어떤 공통적인 표준 규격이 있어야 한다.

다행히도 아스키(ASCII: American Standard Code for Information Interchange)라고 불리는 규격이 존재한다. 이 규격은 1967년에 만들어진 것으로 영어의 알파벳에 기초를 둔 문자 인코딩 방법이다. 아스키코드에는 33개의 제어 문자와 95개의 인쇄가 가능한 문자가 정

> **참고사항**
>
> 문자에 대한 다른 규격도 존재한다. IBM의 컴퓨터들은 EBCDIC이라는 코드 체계를 사용한다. 최근에는 전세계의 문자를 모두 표현하기 위하여 유니코드가 많이 사용된다. 유니코드는 현재 96,000여 개의 문자를 지원한다. 유니코드는 문자를 나타내는데 2바이트를 사용한다.

의되어 있다. 아스키코드는 0에서 127까지의 숫자를 이용하여 문자를 표현한다. 따라서 아스키코드만을 표현하려면 7비트만 있어도 된다. 하지만 char형은 8비트이기 때문에 아스키코드를 표현하고도 절반의 공간이 남는다. 이 128부터 255까지는 확장 아스키코드들이 차지한다. 즉 그래픽 문자라든지 독일어에서만 사용되는 문자들이 정의되어 있다.

참고사항

ASCII(American Standard Code for Information Interchange):
'아스키'라고 발음되며 영어 알파벳에 기초를 둔 글자 인코딩 방식이다. 아스키 코드는 컴퓨터, 통신 장비 등에서 텍스트를 표현한다. 아스키 코드는 1963년 처음 만들어졌고 1967년에 표준으로 공표되었다. 1986년에 마지막으로 업데이트되었다.

제어 문자 코드는 0부터 31까지를 차지한다. 아스키 코드에서 인쇄 가능한 코드는 스페이스 문자부터 시작한다. 스페이스(space) 문자는 32로 표현된다. 느낌표 문자(!)의 코드는 33이다. 이런 식으로 1씩 증가하면서 위의 표에 있는 문자들을 차례대로 표현한다. 'A'의 코드는 65이고 'B'는 66이다. 'a'는 97이고 'b'는 98이다. 자세한 것은 **그림 4-21**을 참조하라. 여기서 주의할 점은 '1'의 값은 1이 아니다. '1'은 글자 1에 대한 아스키 코드값이므로 49이다. 그리고 아스키 코드값은 알파벳 순서대로 정의되어 있음을 유의하라. 이것들은 단어들을 사전 순서대로 정렬하는데 자주 이용된다.

Dec	Hex	문자	Dec	Hex	문자	Dec	Hex	문자	Dec	Hex	문자	Dec	Hex	문자	Dec	Hex	문자	Dec	Hex	문자
0	0	NULL	20	14	DC4	40	28	(	60	3C	<	80	50	P	100	64	d	120	78	x
1	1	SOH	21	15	NAK	41	29	)	61	3D	=	81	51	Q	101	65	e	121	79	y
2	2	STX	22	16	SYN	42	2A	*	62	3E	>	82	52	R	102	66	f	122	7A	z
3	3	ETX	23	17	ETB	43	2B	+	63	3F	?	83	53	S	103	67	g	123	7B	{
4	4	EOL	24	18	CAN	44	2C	,	64	40	@	84	54	T	104	68	h	124	7C	¦
5	5	ENQ	25	19	EM	45	2D	-	65	41	A	85	55	U	105	69	i	125	7D	}
6	6	ACK	26	1A	SUB	46	2E	.	66	42	B	86	56	V	106	6A	j	126	7E	~
7	7	BEL	27	1B	ESC	47	2F	/	67	43	C	87	57	W	107	6B	k	127	7F	DEL
8	8	BS	28	1C	FS	48	30	0	68	44	D	88	58	X	108	6C	l			
9	9	HT	29	1D	GS	49	31	1	69	45	E	89	59	Y	109	6D	m			
10	A	LF	30	1E	RS	50	32	2	70	46	F	90	5A	Z	110	6E	n			
11	B	VT	31	1F	US	51	33	3	71	47	G	91	5B	[	111	6F	o			
12	C	FF	32	20	space	52	34	4	72	48	H	92	5C	\	112	70	p			
13	D	CR	33	21	!	53	35	5	73	49	I	93	5D	]	113	71	q			
14	E	SO	34	22	"	54	36	6	74	4A	J	94	5E	^	114	72	r			
15	F	SI	35	23	#	55	37	7	75	4B	K	95	5F	_	115	73	s			
16	10	DLE	36	24	$	56	38	8	76	4C	L	96	60	`	116	74	t			
17	11	DC1	37	25	%	57	39	9	77	4D	M	97	61	a	117	75	u			
18	12	DC2	38	26	&	58	3A	:	78	4E	N	98	62	b	118	76	v			
19	13	DC3	39	27	'	59	3B	;	79	4F	O	99	63	c	119	77	w			

그림 4-21 아스키 코드표

문자 변수와 문자 상수

문자가 정수로 표현되므로 정수를 저장할 수 있는 자료형은 문자도 저장할 수 있다. 아스키 코드가 0에서 127까지의 숫자만을 이용하므로 8비트로 충분히 표현이 가능하다(8비트이면 2^8=256개의 문자까지 저장이 가능하다.). 따라서 char형이 문자를 저장하는데 주로 사용된다. char형은 8비트 정수를 저장할 수 있다. 또 상황에 따라서는 int형도 문자를 저장하는데 사용된다. 프로그램에서 문자를 저장하려면 다음과 같이 char형의 변수를 선언하면 된다.

```
char code;
```

만약 변수 code에 문자 A를 저장하려면 어떻게 해야 할까? 문자는 아스키코드로 표현되므로 아스키 코드값인 65를 대입하면 될 것이다.

```
code = 65;
```

하지만 각 문자의 아스키 코드값을 외우는 것은 만만한 일이 아니다. 더 편리한 방법이 있다. C에서는 작은따옴표(' ')를 사용하여 'A'와 같이 나타내면 문자 A의 아스키코드를 의미한다. 따라서 위의 코드는 아래의 코드와 완전히 동일하다.

```
code = 'A';
```

작은따옴표로 감싸진 문자를 문자 상수(character constant)라고 한다. 컴파일러는 작은따옴표로 감싸진 문자 상수를 만나면 이것을 아스키코드로 변환한다. 실제로 문자형 변수인 code를 십진수 형식으로 출력하여 보면 65가 출력됨을 확인할 수 있다.

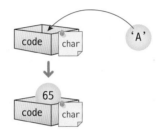

그림 4-22
문자형의 변수에 문자 상수를 대입하면 아스키 코드가 저장된다.

아래 프로그램에서는 문자 변수를 두 개 선언하였고 하나는 문자 상수로 초기화를 시키고 또 하나는 아스키 코드를 직접 사용하여 초기화하였다. 2개의 변수를 문자 형식 지정자인 %c로 출력하여 보면 완전히 동일함을 알 수 있다. 형식 지정자 %c는 문자로 출력하겠다는 것을 의미한다.

char_var.c

```
1   // 문자 변수와 문자 상수
2   #include <stdio.h>
3
4   int main(void)
5   {
6       char code1 = 'A';           // 문자 상수로 초기화
7       char code2 = 65;            // 아스키 코드로 초기화
8
9       printf("code1 = %c\n", code1);
10      printf("code2 = %c\n", code2);
11      return 0;
12  }
```

참고사항

만약 다음과 같이 하면 문자 상수가 아니라 변수로 취급된다.
char code2 = A;
컴파일러는 A를 변수 이름으로 생각한다. 따라서 작은 따옴표를 빠뜨리지 않도록 주의하자.

참고사항

char형이 내부적으로는 정수를 저장하기 때문에 기술적으로 보면 정수형이라고 말할 수도 있다. 그러나 이 책에서는 char형 이름에 char라는 명칭이 붙은 것처럼 문자를 저장하기 위하여 만들어졌기 때문에 문자형으로 소개하였다.

참고사항

아스키 코드를 직접 사용하지 않고 문자 상수를 이용하는 이유는 인간은 숫자를 잘 기억하지 못하기 때문이다.

참고사항

1과 '1'의 차이점은 무엇일까? 1은 정수이지만 '1'은 문자 1을 나타내는 아스키 코드 값 49에 해당한다.

```
code1 = A
code2 = A
```

Q 문자가 정수로 표현된다면 char형의 변수가 문자를 저장하는지, 정수를 저장하는지를 어떻게 구별하는가?

 A char형의 변수에 저장된 값을 문자로 해석하면 문자라고 간주된다. 예를 들어서 화면에 출력할 때 %c 를 사용하여서 출력하면 변수에 들어 있는 값을 아스키 코드로 해석한다. 반면에 %d를 사용하면 문자 가 아니고 정수로 해석한다.

 TIP

한글 표현 방법

한글은 8비트로는 표현할 수 없다. 글자의 개수가 영문자에 비하여 많기 때문이다. 컴퓨터에서 한글을 표현하는 방식은 크게 2가지 방법이 있다. 첫 번째는 이는 각 글자마다 하나의 코드를 부여하는 것이다. 예를 들어서 '가'에는 0xb0a1이라는 코드를 부여하는 것이다. 한글에서 표현 가능한 글자의 개수는 11172개이고 따라서 이들 글자에 코드를 부여하려면 8비트(2^8=256)로는 부족하고, 16비트(2^{16}=65536)가 되어야 가능하다. 이것을 완성형이라고 한다. 대표적인 코드 체계가 유니코드(unicode)이다. 유니코드(unicode)는 전세계의 모든 문자를 컴퓨터에서 일관되게 표현하고 다룰 수 있도록 설계된 산업 표준이다. 유니코드 협회(unicode consortium)가 제정하며, 현재 최신판은 유니코드 10.0이다. 이 표준에는 문자 집합, 문자 인코딩, 문자 정보 데이터베이스, 문자들을 다루기 위한 알고리즘 등이 포함된다. 또 하나의 방법은 똑같이 16비트를 사용하는 방법이지만 글자의 초성, 중성, 종성에 각각 5비트씩을 할당하고, 가장 앞의 비트는 영숫자와 한글을 구분 짓는 기호로 하는 방법이다. 즉 맨 처음 비트가 1이면 한글, 0이면 영숫자로 판단하는 것이다. 이런 식으로 한글을 표현하는 방법을 조합형이라고 한다.

제어 문자

아스키 코드표에는 제어 문자들도 함께 정의되어 있다. 제어 문자들은 인쇄될 수가 없고 주로 제어 목적으로 이용되는 문자들이다. 예를 들면 화면에 새로운 줄을 만드는 줄바꿈 문자와 화면에 탭을 나타내는 문자, 벨소리를 내는 문자, 백스페이스 문자 등이 제어 문자에 포함된다. 그렇다면 이들 제어 문자들도 작은따옴표를 붙여서 문자 상수를 만들 수 있을까? 제어 문자들은 출력할 수 없기 때문에 불가능하다.

제어 문자들을 프로그램 안에서 표현하는 몇 가지의 방법이 존재한다. 가장 간단한 방법은 그냥 해당 아스키코드 값을 직접 사용하는 것이다. 예를 들면 컴퓨터에서 경고음을 발생시키는 제어 문자는 아스키코드값이 7이다. 따라서 컴퓨터에서 "삐"하는 경고음이 나게 하려면 다음과 같이 하면 된다.

```
char beep = 7;
printf("%c", beep);
```

printf("%c",7);

beep=

참고사항

이러한 표기 방법은 이스케이프 시퀀스이라고 부르는 이유는 역슬래시(\)가 다음에 오는 문자의 의미를 본래의 의미에서 탈출하도록 하기 때문이다. \ 다음에 오는 문자는 원래의 의미인 글자가 아닌 특별한 명령을 의미한다.

이 방법은 가장 쉬운 방법이지만 아스키코드값을 전부 암기하여야 한다. 더 쉬운 방법은 없을까? 또 한 가지 방법은 특수 문자열(escape sequence)을 이용해서 표현하는 방법이다. 특수 문자열은 역슬래시(\)와 의미를 나타내는 한 글자를 붙여서 기술된다.

우리가 지금까지 사용하여 왔던 \n 문자가 바로 특수 문자열이다. \n 문자는 화면에서 다음 줄의 시작 위치로 커서를 보내는 줄바꿈 문자이다. 이 문자는 \와 줄바꿈(newline)을 뜻하는 n을 붙여서 \n와 같이 나타낸다. 수평탭의 경우 \와 탭(tab)을 나타내는 t를 붙여서 \t와 같이 나타낸다. 경고음을 나게 하는 제어 문자는 \a로 나타낸다. 다음 표에서 특수 문자열로 표기된 제어 문자들을 정리하였다.

제어 문자	이름	의미
\0	널문자	
\a	경고(bell)	"삐"하는 경고음 발생.
\b	백스페이스(backspace)	커서를 현재의 위치에서 한 글자 뒤로 옮긴다.
\t	수평탭(horizontal tab)	커서의 위치를 현재 라인에서 설정된 다음 탭 위치로 옮긴다.
\n	줄바꿈(newline)	커서를 다음 라인의 시작 위치로 옮긴다.
\v	수직탭(vertical tab)	설정되어 있는 다음 수직 탭 위치로 커서를 이동.
\f	폼피드(form feed)	주로 프린터에서 강제적으로 다음 페이지로 넘길 때 사용된다.
\r	캐리지 리턴(carriage return)	커서를 현재 라인의 시작 위치로 옮긴다.
\"	큰따옴표	원래의 큰따옴표 자체.
\'	작은따옴표	원래의 작은따옴표 자체.
\\	역슬래시(back slash)	원래의 역슬래시 자체.

표 4-6
특수 문자열

특수 문자열을 사용하여 프로그램에서 경고음을 내려면 다음과 한다.

```
char beep = '\a';            printf("\a");
printf("%c", beep);
```

특수 문자열은 큰따옴표 문자를 화면에 나타내는 데도 사용된다. 원래 큰따옴표는 문자열(문자들이 모인 것)을 표시하는 역할을 한다. 그러나 만약 큰따옴표를 화면에 나타내야 할 경우가 있다면 어떻게 하여야 할까? 이때 특수 문자열이 사용된다. 특수한 기능을 가진 문자 앞에 역슬래시 \를 위치시키면 문자의 특수한 의미가 사라지는 효과가 있다. 하나의 예로 다음과 같이 콘솔에 큰따옴표를 출력하려면

```
"나만의 할리우드" UCC 열풍
```

문자열 안의 " 앞에 역슬래시를 붙이면 된다.

```
printf(" \"나만의 할리우드\" UCC 열풍 ");
```

다음과 같이 역슬래시를 화면에 나타낼 때도

> \는 제어 문자를 표시할 때 사용한다.

역슬래시를 사용한다.

> printf(" \\는 제어 문자를 표시할 때 사용한다. ");

다음의 예제는 특수 문자열들을 포함한 문자열을 출력한다. 간단하게 로그인 화면을 만들어보았다. 사실 아이디나 패스워드는 문자열로 받아야 하지만 아직 문자 배열을 학습하지 않았으므로 정수로 받아보자.

escape.c

```
1   #include <stdio.h>
2   int main(void)
3   {
4       int id, pass;
5
6       printf("아이디와 패스워드를 4개의 숫자로 입력하세요:\n");
7       printf("id: ____\b\b\b\b");
8       scanf("%d", &id);
9       printf("pass: ____\b\b\b\b");
10      scanf("%d", &pass);
11      printf("\a입력된 아이디는 \"%d\"이고 패스워드는 \"%d\"입니다.\n", id, pass);
12      return 0;
13  }
```

\b는 화면의 커서를 뒤로 움직이는 제어 문자이다.

" 문자를 화면에 표시하려면 반드시 \"라고 하여야 한다.
그냥 "라고 하면 문자열의 시작이나 끝으로 간주한다.

경고음을 발생한다.

아이디와 패스워드를 4개의 숫자로 입력하세요:
id: ____

아이디와 패스워드를 4개의 숫자로 입력하세요:
id: 1234
pass: 5678
입력된 아이디는 "1234"이고 패스워드는 "5678"입니다.

정수형으로서의 char형

char형은 사실은 8비트의 정수를 저장하는 자료형이다. 따라서 문자뿐만 아니라 작은 정수값도 저장할 수 있다.

자료형			설명	바이트수	범위
문자형	부호있음	char	문자 및 정수	1	-128 ~ 127
	부호없음	unsigned char	문자 및 부호없는 정수	1	0 ~ 255

표 4-7
정수형으로 char형

char형 변수에 아스키 코드를 대입한 상태에서도 정수처럼 여러 가지 연산을 할 수 있다.
다음의 코드를 보자.

char.c

```
1  #include <stdio.h>
2  int main(void)
3  {
4      char code = 'A';
5
6      printf("%d %d %d \n", code, code+1, code+2);    // 65 66 67이 출력된다.
7      printf("%c %c %c \n", code, code+1, code+2);    // A B C가 출력된다.
8      return 0;
9  }
```

```
65 66 67
A B C
```

위의 코드에서 보면 변수 code에 'A'의 아스키 코드를 대입하고 code와 code+1, code+2한
값을 출력하였다. 정수로도 출력이 가능하고 문자 형태로도 출력이 가능함을 알 수 있다. 즉
변수 code에 65가 들어 있는 상태에서 이것을 정수로 해석하여 사용할 수도 있고 아니면 이
것을 아스키 코드로 간주하여 문자로 사용할 수도 있다.

중간점검

1　컴퓨터에서는 문자를 어떻게 나타내는가?
2　C에서 문자를 가장 잘 표현할 수 있는 자료형은 무엇인가?
3　경고음이 발생하는 문장을 작성하여보자.

 **LAB** 변수의 초기값

변수를 사용할 때 가장 주의할 점은 초기화되지 않은 값을 사용하는 것이다. 우리는 잘못된 프로그램을 살펴보고 간단한 디버깅을 하여보자. 사용자가 입력하는 3개의 정수의 합을 계산하여보자. 아래 코드를 실행하면 오류가 발생한다. 올바르게 수정하여보자.

sum_error.c

```
1   #include <stdio.h>
2   int main(void)
3   {
4       int x, y, z, sum;
5       printf("3개의 정수를 입력하세요 (x, y, z): ");
6       scanf("%d %d %d", &x, &y, &z);
7       sum += x;
8       sum += y;
9       sum += z;
10      printf("3개 정수의 합은 %d\n", sum);
11      return 0;
12  }
```

> Microsoft Visual C++ Runtime Library
>
> ⊗ Debug Error!
>
> Program: ...n₩documents₩visual studio 2017₩Projects₩hello₩Debug₩hello.exe
> Module: ...n₩documents₩visual studio 2017₩Projects₩hello₩Debug₩hello.exe
> File:
>
> Run-Time Check Failure #3 - The variable 'sum' is being used without being initialized.
>
> (Press Retry to debug the application)
>
> [중단(A)] [다시 시도(R)] [무시(I)]

Solution **sum_error.c**

```
1   #include <stdio.h>
2   int main(void)
3   {
4       int x, y, z, sum;
5
6       sum = 0;
7       printf("3개의 정수를 입력하세요 (x, y, z): ");
8       scanf("%d %d %d", &x, &y, &z);
9       sum += x;
10      sum += y;
11      sum += z;
12      printf("3개 정수의 합은 %d\n", sum);
13      return 0;
14  }
```

```
3개의 정수를 입력하세요 (x, y, z): 10 20 30
3개 정수의 합은 60
```

Mini Project   태양빛 도달 시간 계산

태양에서 오는 빛이 몇 분 만에 지구에 도착하는지를 컴퓨터로 계산해보고자 한다. 여러분들도 다 알다시피 빛의 속도는 1초에 30만 km를 이동한다. 또 태양과 지구 사이의 거리는 약 1억 4960만 km이다.

```
빛의 속도는 300000.000000km/s
태양과 지구와의 거리 149600000.000000km
도달 시간은 498.666667초
```

- 문제를 해결하기 위해서는 먼저 필요한 변수를 생성하여야 한다. 여기서는 빛의 속도, 태양과 지구 사이의 거리, 도달 시간을 나타내는 변수가 필요하다.
- 변수의 자료형은 모두 부동소수점형이어야 한다. 왜냐하면 매우 큰 수들이기 때문이다.
- 빛이 도달하는 시간은 (도달 시간 = 거리/ (빛의 속도))으로 계산할 수 있다.
- 실수형을 printf()로 출력할 때는 %f나 %lf를 사용한다.

Solution sun_light.c

```c
1  #include <stdio.h>
2  int main(void)
3  {
4      double light_speed = 300000;      // 빛의 속도를 저장하는 변수(300000km/sec)
5      double distance = 149600000;      // 태양과 지구 사이 거리를 저장하는 변수
6                                        // 149600000km로 초기화한다.
7      double time;                      // 시간을 나타내는 변수
8      time = distance / light_speed;    // 거리를 빛의 속도로 나눈다.
9
10     printf("빛의 속도는 %lfkm/s \n", light_speed);
11     printf("태양과 지구와의 거리 %lfkm \n", distance);
12     printf("도달 시간은 %lf초\n", time);   // 시간을 출력한다.
13     return 0;
14 }
```

도전문제

위의 프로그램의 출력은 약 498초로 나온다. 이것을 8분과 같이 분단위로 출력하려면 어떻게 하면 될까? 실수를 정수 변수에 저장하면 소수점 이하는 사라진다. 추가적인 변수를 사용하여도 좋다.

Q&A

Q 왜 C언어에는 정수를 나타내는 타입이 그렇게 많은가? 도대체 어떤 타입의 정수를 사용하여야 하는가?

A 정수를 나타내는 타입이 많은 이유는 각 타입이 차지하는 메모리 공간의 크기가 다르기 때문이다. 때때로 메모리 공간이 충분하지 않은 경우도 있기 때문이다. 가전 제품에 들어가는 프로그램의 경우, 1 바이트도 절약해야 하는 경우가 종종 있다. 만약 큰 범위의 정수가 필요하면 당연히 long을 사용하여야 한다. 만약 메모리 공간이 협소한 경우에는 short을 사용한다. 그 외의 경우에는 int를 사용하는 것이 좋다.

Q 변수를 선언하고 초기화하지 않으면 어떤 값이 들어있는가?

A 변수의 종류에 따라 달라진다. 하지만 지금까지 우리가 학습한 변수의 종류는 오직 하나로 main() 함수 안에 선언하는 변수이다. 이러한 변수의 경우(지역 변수라고 한다), 알 수 없는 값이 들어 있다. 흔히 쓰레기값(garbage value)이 들어 있다고 표현한다. 따라서 반드시 초기화를 시켜서 사용하여야 한다.

Q 실수를 정수 변수에 대입하면 어떻게 되는가?

A 컴파일 오류나 실행 오류가 발생하지는 않는다. 대신에 경고가 발생한다. 일반적으로 실수를 정수 변수에 대입하면 소수점 이하 부분이 사라진다. 즉 정수 부분만 남는다. 예를 들어서 3.56을 정수 변수에 대입하면 .56은 사라지고 정수 부분인 3만이 변수에 저장된다.

Q 32비트 상수를 16비트 변수에 넣으면 어떻게 되는가?

A 역시 컴파일 오류나 실행 오류가 발생하지는 않는다. 대신에 경고가 발생한다. 32비트 중에서 상위 16비트는 사라지게 되고 하위 16비트만 남는다. 예를 들어서 다음과 같이 실행된다.

```
short i = 0xbc614e;
printf("%x\n", i);              //   614e 출력
```

Q 실수값을 반올림하는 가장 쉬운 방법은?

A 가장 쉬운 방법은 다음과 같이 변수에 0.5를 더한 후에 정수형으로 형변환하는 것이다.

```
round_x = (int) (x + 0.5);
```

Summary

▶ 다음의 프로그램에 설명문을 추가하면서 학습한 내용을 정리하여보자.

```
1    #include <stdio.h>
2    #define PI 3.14

4    int main(void)
5    {
6          int number=100L;
7          double radius=1.0e-10;
8          char ch='z';
9          ...
10   }
```

▶ 프로그램에서 값이 변경될 수 있는 데이터 저장 장소를 _____라고 하고, 일단 값이 결정되면 더이상 변경되지 않는 데이터 저장 장소를 _____라고 한다.

▶ C에서 고유한 의미를 가지고 있는 단어들을 _____라고 한다.

▶ 정수형에 속하는 자료형은 _____, _____, _____가 있다.

▶ 부동 소수점형에 속하는 자료형은 _____, _____ 가 있다.

▶ 변수가 나타낼 수 있는 값의 범위를 넘어선 경우를 _____라고 한다.

▶ 값이 너무 작아서 변수가 나타낼 수 없는 경우를 _____라고 한다.

▶ 십진수 10을 프로그램에서 16진수로 표현하여 보면 _____가 된다.

▶ 십진수 10을 프로그램에서 8진수로 표현하여 보면 _____가 된다.

▶ 컴퓨터 내부에서 음수는 _____로 표현된다.

▶ 숫자값을 직접 사용하는 것보다 기호 상수를 사용하는 것의 이점은 _____이다.

▶ C에서 문자를 나타내기 위해 사용하는 코드를 _____라고 한다.

▶ 하드웨어 제어를 목적으로 사용되는 특수 문자를 _____라고 한다.

▶ 다음의 이스케이프 시퀀스가 의미하는 것을 쓰시오.

이스케이프 시퀀스	의미
\t	
\a	
\n	
\\	
\"	
\'	

Exercise

01 다음의 식별자 중에서 잘못된 것은?

① _number   ② sales_expectation
③ 1st_number   ④ logical

02 다음 자료형을 최대값이 작은 것부터 나열하시오.

float, char, unsigned, unsigned char, double, int, long, short

03 다음 중 C에서 지원하는 자료형의 이름이 아닌 것은?

① char   ② long   ③ byte   ④ float

04 다음 중 정수 상수의 표기가 잘못된 것을 모두 고르시오.

① 0xfe   ② 0a2   ③ 010   ④ 20L   ⑤ 10,000

05 다음 중 부동소수점 상수의 표기가 잘못된 것을 모두 고르시오.

① 3.2e+10   ② 1.6E−20   ③ 3exp8   ④ .00002   ⑤ 1.23F

06 다음 중 문자 상수의 표기가 잘못된 것을 모두 고르시오.

① 'c'   ② '₩010'   ③ "a"   ④ '/z'

07 다음의 정수 상수 중에서 하나의 상수만 값이 다르다. 값이 다른 상수는?

① 10   ② 0xA   ③ 012   ④ 010

08 다음의 상수의 자료형을 적으시오.

(a) 12 _____   (b) 16.23_____
(c) 16.23f_____   (d) 0x12_____
(e) 'A'_____

09 다음 변수 이름이 올바른지 아니면 잘못되었는지를 지적하고 그 이유를 써라.

(a) base3_____   (b) employee#_____
(c) 3rd_player_____   (e) money%_____

10 다음의 상수를 지수표기법으로 변환하시오. 가수 부분이 **0**보다 크고 **10**보다 작게 하라.

(a) 3.141592_____ (b) 716.532_____

11 다음 **10**진수를 8비트의 2의 보수와 16진수로 변환하라.

10진수	2의 보수	16진수
15		
−9		

12 부동소수점형에 대한 설명 중 잘못된 것을 모두 고르시오.

① 일반적으로 정수 계산보다 빠르다.
② 정수 산술 연산과는 달리 오차가 발생할 수 있다.
③ 정수 연산과는 달리 오버플로우는 발생하지 않는다.
④ 정수보다 훨씬 큰 범위의 숫자를 표현할 수 있다.
⑤ float는 48비트로 실수를 표현한다.

13 다음의 변수를 선언하는 문장 중에서 틀린 것을 모두 고르시오.

① int x, y;   ② int x = 10, short y = 6;   ③ int x = 10, y = 20;
④ signed int x;   ⑤ unsigned long int x;   ⑥ unsigned short double x;

14 다음의 상수를 printf()를 이용해서 출력하는 경우의 올바른 형식 지정자를 쓰시오.

(a) printf("_____", 1.3e20);   (b) printf("_____", 0xfe);
(c) printf("_____", '\t');   (d) printf("_____", 10.0f);

15 float f = 1.234; 문장을 컴파일하면 경고 메시지가 발생하는 이유는 무엇인가?

16 다음의 코드에서 잘못된 부분을 모두 지적하고 올바르게 수정하시오.

```c
#include <stdio.h>
int main(void)
{
        int x, y = 0;                   // x와 y를 모두 0으로 초기화
        char grade = "A";               // 문자 A의 아스키 코드를 grade에 대입
        double rate = e10;              // rate에 1×10^10을 대입
        short double profit = 75.0;     // 실수형 변수 profit에 75.0을 대입
        int salary = 2,000,000;         // salary에 2,000,000을 대입
        return 0;
}
```

Programming

실수 입출력

MEDIUM
★★☆

01 사용자로부터 하나의 실수를 입력받아서 소수점 표기 방법과 지수 표기 방법으로 동시에 출력하는 프로그램을 작성하라.

```
실수를 입력하시오: 123.567
실수형식으로는 123.567000입니다
지수형식으로는 1.235670e+02입니다
```

HINT 실수 형식은 %f을 사용하고 지수 형식은 %e를 사용하여 출력한다.

**다양한 진법
입출력**

MEDIUM
★★☆

02 사용자로부터 정수를 16진수로 입력받아서 8진수, 10진수, 16진수 형태로 출력하는 프로그램을 작성하시오.

```
16진수 정수를 입력하시오: ff
8진수로는 0377입니다
10진수로는 255입니다
16진수로는 0xff입니다
```

HINT 16진수 정수로 입력받으려면 scanf("%x", &data);와 같이 한다. 16진수를 0x를 붙여서 출력하려면 printf("%#x", data)와 같이 한다.

변수 값 교환

MEDIUM
★★☆

03 int형의 변수 x와 y의 값을 서로 교환하는 프로그램을 작성하여보자. 별도의 변수가 필요하면 정의하여서 사용한다. 변수 x와 y는 10, 20의 값으로 초기화하라.

```
x=10 y=20
x=20 y=10
```

HINT 또 하나의 변수 tmp가 필요하다. 우유와 주스가 든 컵의 내용물을 서로 교환하려면 제3의 컵이 필요한 것과 마찬가지이다.

**실수 입출력,
실수 계산**

MEDIUM
★★☆

04 상자의 부피를 구하는 프로그램을 작성하여보자. 부피는 길이*너비*높이로 계산된다. 길이, 너비, 높이는 모두 double형의 실수로 입력받아보자.

```
상자의 가로 세로 높이를 한번에 입력: 30 30 30
상자의 부피는 27000.000000입니다.
```

HINT scanf("%lf %lf %lf", &w, &h, &d); 와 같이 하면 3개의 값을 한 문장으로 받을 수 있다.

05 우리나라에서 많이 사용되는 면적의 단위인 평을 제곱미터로 환산하는 프로그램을 작성하시오. 여기서 1평은 $3.3m^2$이다. 변수들의 자료형은 어떤 것을 선택하는 것이 좋은가? 기호 상수를 이용하여 1평당 제곱미터를 나타내어라.

평을 입력하세요: 31
102.479800평방미터입니다.

실수 입출력,
실수 계산

MEDIUM
★★☆

HINT 기호 상수는 const double SQMETER_PER_PYEONG=3.3058;와 같이 정의할 수 있다. #define SQMETER_PER_PYEONG 3.3058을 사용하여도 된다.

06 다음과 같은 수식의 값을 계산하여 화면에 출력하는 프로그램을 작성하시오. 지수 표기법을 사용하여 변수들을 초기화한다.

$$3.32 \times 10^{-3} + 9.76 \times 10^{-8}$$

0.003320

지수 표기법

MEDIUM
★★☆

HINT 3.32×10^{-3}은 3.32e-3으로 표기하면 된다.

07 물리학에서 운동에너지는 $E = mv^2/2.0$으로 계산된다. 사용자로부터 질량(m)과 속도(v)를 받아서 운동에너지(E)를 계산하는 프로그램을 작성하여보자. 모든 변수는 **double**형을 사용하라.

질량(kg): 100
속도(m/s): 200
운동에너지(J): 2000000.000000

실수 계산

MEDIUM
★★☆

HINT kenergy = 0.5*mass*speed*speed; 와 같이 계산한다.

08 사용자가 아스키 코드값을 입력하면 그 아스키 코드값에 해당하는 문자를 출력하는 프로그램을 작성하라.

아스키 코느값을 입력히시오: 80
문자:P입니다.

문자 입출력

MEDIUM
★★☆

HINT 문자를 출력하려면 형식 지정자 %c를 사용한다. 정수를 받아서 (char)로 형변환하여 %c로 출력한다.

09 'a'+1, 'a'+2, 'a'+3을 문자 형식(%c)으로 출력하는 프로그램을 작성하시오. 이 프로그램에서 알 수 있는 것은 무엇인가?

```
b c d
```

HINT 아스키 코드는 문자순서대로 나열되어 있다.

10 경보음이 울린 후에 다음과 같은 메시지를 출력하고 다시 경보음이 울리는 프로그램을 작성하여보자.

```
화재가  발생하였습니다.
```

HINT 경보음은 특수 문자열 '\a'로 발생할 수 있다.

11 다음과 같이 화면에 출력하는 프로그램을 작성하시오.

```
"ASCII code", 'A', 'B', 'C'
₩t ₩a ₩n
```

HINT 화면에 따옴표 "을 출력하려면 \"와 같이 한다. \을 출력하려면 \\와 같이 한다. 한글 글꼴에서는 "\"가 "₩"로 표시된다.

12 정수형 변수에 대하여 실습하여보자.

```
    int i = 255;
    printf("%d \n", i);
```

(1) i의 값을 형식 지정자 %o, %x를 사용하여 8진수, 16진수로도 출력하여보라.

(2) i을 −1로 초기화한 후에 %x를 사용하여 출력해보자. 어떤 값이 출력되는가? 2의 보수인지를 확인하자. −2, −3도 확인해보자.

수식과 연산자

연산자가 무척 많네요! 다 알아야 하나요?

네, C언어는 연산자로 많은 작업을 합니다. 그리고 C언어의 연산자는 프로그래밍 언어의 표준이나 마찬가지입니다. 거의 모든 언어가 C언어의 연산자를 따라서 사용합니다.

Objectives

- 수식과 연산자의 개념을 이해한다.
- 대입, 산술, 증감, 관계, 논리 연산자를 사용할 수 있고 결과값을 이해할 수 있다.
- 연산자의 우선순위와 결합 법칙을 이해한다.

05 수식과 연산자

5.1 수식과 연산자

컴퓨터(computer)는 기본적으로 계산하는 기계이다. 최초의 컴퓨터도 포탄의 궤적을 계산할 목적으로 제작되었다. 컴퓨터에서 계산은 지금도 아주 중요하다. 기상대에서 날씨를 예측할 때는 슈퍼컴퓨터를 사용하여서 계산을 한다.

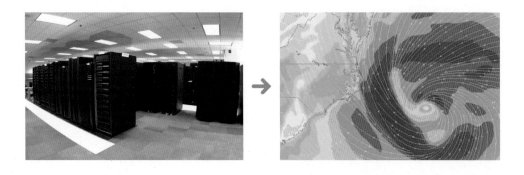

이번 장에서는 C언어에서 제공하는 각종 연산자에 대하여 살펴본다. C는 풍부한 연산자를 제공한다. 덧셈, 뺄셈, 곱셈, 나눗셈 같은 산술 연산이 포함된다. 하지만 컴퓨터는 산술 연산만을 수행하는 것은 아니다. 값을 비교하는 관계 연산자, 논리적인 판단을 할 수 있는 논리 연산자 등도 포함되어 있다. C언어의 연산자들은 거의 업계 표준이다. 자바, C++, 파이썬, 자바 스크립트 등의 최신 언어들이 C언어의 연산자를 거의 그대로 사용한다. 여러분들이 이번 장의 내용을 충실히 학습한다면 다른 언어의 연산자도 학습한 것이나 마찬가지이다.

수식이란?

프로그램에서 계산을 하기 위해서는 수학에서 사용하는 것과 유사한 형태의 수식을 사용한다. 다음은 전형적인 수식의 예이다.

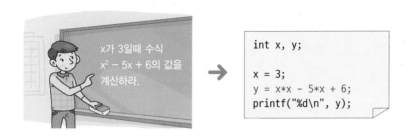

수식(expression)이란 피연산자들과 연산자의 조합이라고 할 수 있다. 연산자(operator)는 어떤 연산을 나타내는 기호를 의미한다. 피연산자(operand)는 연산의 대상이 되는 것이다. 수식 (5 * 8)에서 5와 8는 피연산자이고 *는 연산자이다.

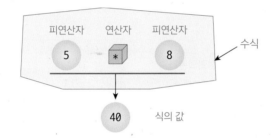

그림 5-1
연산자와 피연산자

가장 간단한 수식은 하나의 상수나 변수로만 이루어질 수 있다. 예를 들면 5와 같은 상수나 radius와 같은 변수도 하나의 수식이다. 복합 수식은 단순한 수식들이 연산자로 연결된 것이다. 예를 들면 수식 (5 * 8)는 5와 8이라는 단순 수식들이 곱셈 연산자로 연결되어 있다.

모든 수식은 값을 갖는다. 단순 수식의 경우, 수식의 값은 상수나 변수의 값이 된다. 예를 들어서 5도 하나의 수식이고 이 수식의 값은 5이다. 복합 수식의 값은 연산 결과가 된다. 예를 들어 수식 5 * 8의 값은 40이다.

연산자의 분류

연산자의 분류	연산자	의미
대입	=	오른쪽을 왼쪽에 대입
산술	+ - * / %	사칙연산과 나머지 연산
부호	+ -	양수와 음수 표시
증감	++ --	증가, 감소 연산

표 5-1
연산자의 분류

연산자의 분류	연산자	의미
관계	> < == != >= <=	오른쪽과 왼쪽을 비교
논리	&& || !	논리적인 AND, OR
조건	?	조건에 따라 선택
콤마	,	피연산자들을 순차적으로 실행
비트 연산자	& | ^ ~ << >>	비트별 AND, OR, XOR, 이동, 반전
sizeof 연산자	sizeof	자료형이나 변수의 크기를 바이트 단위로 반환
형변환	(type)	변수나 상수의 자료형을 변환
포인터 연산자	* & []	주소계산, 포인터가 가리키는 곳의 내용 추출
구조체 연산자	. ->	구조체의 멤버 참조

참고사항

C에는 거듭 제곱 연산자는 없다. 하지만 제곱의 경우 변수를 두 번 곱하면 된다. 즉 x^2은 x*x로 표현하면 된다. 세제곱 이상의 경우에는 pow()라는 라이브러리 함수를 사용하면 된다.

연산자는 기능에 따라 **표 5-1**과 같이 분류할 수 있다. 또한 피연산자의 수에 따라서 단항, 이항, 삼항 연산자로 나누어진다. C는 상당히 많은 종류의 연산자를 제공하는 데 이런 풍부한 연산자 지원이 C의 큰 장점이기도 하다. 제공하는 연산자가 많다는 것은 그만큼 데이터를 가공할 수 있는 능력이 탁월하다는 뜻이며 이런 연산자들을 자유자재로 사용할 수 있으면 복잡한 연산을 간단하게 처리할 수 있다.

중간점검

1 수식(expression)이란 어떻게 정의되는가?
2 상수 10도 수식이라고 할 수 있는가?
3 아래의 수식에서 피연산자와 연산자를 구분하여보라.
    y = 10 + 20;
4 연산자를 단항 연산자, 이항 연산자, 삼항 연산자로 나누는 기준은 무엇인가?

5.2 **산술 연산자**

산술 연산자

산술 연산자는 기본적인 산술 연산인 덧셈, 뺄셈, 곱셈, 나눗셈, 나머지 연산을 실행하는 연산자이다. 우리는 이미 산술 연산자에 대해서는 앞에서 학습하였다. 여기서는 간단히 살펴보고 지나가자. **표 5-2**에 산술 연산자들을 정리하였다.

표 5-2
산술 연산자의 종류

연산자	기호	사용예	결과값
덧셈	+	7 + 4	11
뺄셈	−	7 − 4	3
곱셈	*	7 * 4	28

| 나눗셈 | / | 7 / 4 | 1 |
| 나머지 | % | 7 % 4 | 3 |

수학에서 자주 나오는 수식들을 산술 연산자를 이용하여 표기하여 보면 다음과 같다.

$y=mx+b$ -->   y = m*x + b;
$y=ax^2+bx+c$ -->   y = a*x*x + b*x + c;
$m=\dfrac{x+y+z}{3}$ -->   m = (x+y+z)/3;

정수와 정수 간의 사칙 연산을 살펴보면 다음과 같다.

arithmetic.c

```
1  #include <stdio.h>
2
3  int main(void)
4  {
5      int x, y, result;
6
7      printf("정수 2개를 입력하시오: ");
8      scanf("%d %d", &x, &y);
9
10     result = x + y;
11     printf("%d + %d = %d\n", x, y, result);
12
13     result = x - y;      // 뺄셈 연산
14     printf("%d - %d = %d\n", x, y, result);
15
16     result = x * y;      // 곱셈 연산
17     printf("%d * %d = %d\n", x, y, result);
18
19     result = x / y;      // 나눗셈 연산
20     printf("%d / %d = %d\n", x, y, result);
21
22     result = x % y;      // 나머지 연산
23     printf("%d %% %d = %d\n", x, y, result); // %을 출력하려면 %%하여야 한다.
24     return 0;
25  }
```

두개의 정수를 scanf()를 호출하여서 한 번에 입력받을 수 있다. 이때에는 형식 지정자 %d를 두 번 써주면 된다.

덧셈 연산을 하여서 결과를 result에 대입

정수를 정수로 나누면 계산 결과에서 소수점 이하는 버려진다. 즉 7을 4로 나눈 몫인 1이 result에 대입된다.

7을 4로 나눈 나머지 3이 result에 대입된다.

```
정수 2개를 입력하시오: 7 4
7 + 4 = 11
7 - 4 = 3
7 * 4 = 28
7 / 4 = 1
7 % 4 = 3
```

여기서 나눗셈 연산에 대하여 주의하여야 한다. 사람한테 7/4를 계산해보라고 하면 답이 1.75라고 한다. 하지만 컴퓨터에서는 정수 계산과 실수 계산은 서로 다른 하드웨어를 사용한다. 정수 연산은 정수 계산 하드웨어를 사용하기 때문에 결과도 반드시 정수로 나오게 된다. 즉 정수끼리 나눗셈을 하면, 소수점 이하는 버려지고 정수 부분만 남는다(내림 연산). 예를 들어서 7를 4로 나누면 1.75가 아니라 1이 되고 소수점 이하는 버려진다.

그림 5-2
나눗셈 연산

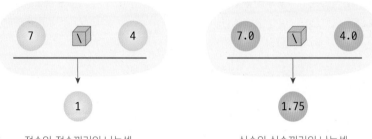

정수와 정수끼리의 나눗셈   실수와 실수끼리의 나눗셈

그러나 만약 피연산자 중에서 하나가 실수이면, 실수 계산 하드웨어를 사용하여 계산을 하기 때문에 나눗셈 연산의 결과도 실수가 된다. 즉 7.0을 4.0으로 나누면 1.75가 된다. 다음 프로그램에서 확인하여보자.

arithmetic1.c

```
1   int main()
2   {
3       double x, y, result;
4
5       printf("실수 2개를 입력하시오: ");
6       scanf("%lf %lf", &x, &y);
7       result = x + y;        // 덧셈 연산을 하여서 결과를 result에 대입
8       printf("%f + %f = %f\n", x, y, result);
9          ...
10      result = x / y;
11      printf("%f / %f = %f\n", x, y, result);
12
13      return 0;
14  }
```

double 형 값을 입력받는 경우에는 반드시 형식 지정자로 %lf를 사용하여야 한다.

실수 덧셈 연산을 한다.

```
실수 2개를 입력하시오: 7.0 4.0
7.000000 + 4.000000 = 11.000000
7.000000 - 4.000000 = 3.000000
7.000000 * 4.000000 = 28.000000
7.000000 / 4.000000 = 1.750000
```

나머지 연산자

나머지 연산자 %는 생각보다 많이 사용되는 중요한 연산자이다. x%y는 x를 y로 나누어서 남은 나머지를 반환한다. 예를 들어 10%3은 1이다. 10을 3으로 나누면 몫은 3이고 나머지는 1이 된다. 나머지 연산자를 이용하면 짝수와 홀수를 쉽게 구분할 수 있다. 즉 어떤 수 x를 2로 나누어서 나머지가 0이면 짝수이다. 또 3의 배수나 4의 배수도 쉽게 판별할 수 있다. 예제로 초단위의 시간을 받아서 몇 분 몇 초인지를 계산하여보자. 즉 1000초가 몇 분 몇 초에 해당하는지를 계산할 수 있다.

modulo.c

```
1   // 나머지 연산자 프로그램
2   #include <stdio.h>
3   #define SEC_PER_MINUTE 60      // 1분은 60초
4
5   int main(void)
6   {
7       int input, minute, second;
8
9       printf("초를 입력하시요: ");
10      scanf("%d", &input);
11
12      minute = input / SEC_PER_MINUTE;
13      second = input % SEC_PER_MINUTE;
14
15      printf("%d초는 %d분 %d초입니다. \n", input, minute, second);
16      return 0;
17  }
```

#define문을 이용하여 SEC_PER_MINUTE라는 기호상수를 정의한다.

초단위의 시간이 몇 분에 해당하는 지를 알기위하여 초단위의 입력 시간을 SEC_PER_MINUTE로 나눈다.

먼저 입력값에서 분에 해당하는 것들을 제거하고 남은 나머지를 알아야 한다. 따라서 입력받은 시간을 SEC_PER_MINUTE로 나누어서 나온 나머지가 초에 해당한다.

```
초를 입력하시요: 1000
1000초는 16분 40초 입니다.
```

부호 연산자

부호 연산자는 변수나 상수의 부호를 나타내거나 변경하는 연산자이다. 예를 들어서 어떤 값 앞에 마이너스 기호인 -를 붙이면 그 값의 부호가 음수로 변경된다.

```
x = -10;
y = -x;          // 변수 y의 값은 10이 된다.
```

이러한 부호 연산자는 하나의 피연산자만 있으면 되므로 단항 연산자(unary operator)이다. 반면 +와 -는 덧셈과 뺄셈을 나타내는 이항 연산자(binary operator)로도 사용된다.

증감 연산자

증감 연산자는 ++기호나 --기호를 사용하여 변수의 값을 1만큼 증가시키거나 감소시키는

연산자이다. 증감 연산자는 단항 연산자로서 하나의 피연산자만을 가진다. ++x는 변수 x의
값을 1만큼 증가시킨다. --x 연산자는 변수 x의 값을 1만큼 감소시킨다.

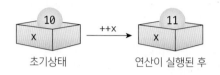

```
++x;        // x = x + 1;과 같은 의미
--x;        // x = x - 1;과 같은 의미
```

증감 연산자는 피연산자의 앞이나 뒤에 올 수 있다. 만약 변수 x를 증가시킬 목적으로만
증감 연산자를 사용한다면 x++나 ++x는 동일하다. 그러나 증감 연산자를 적용한 후에 그 연
산의 값을 사용할 목적이라면 두 가지를 구분하여야 한다. ++x는 x의 값을 먼저 증가시키고
증가된 x의 값을 수식에 사용한다. x++는 x의 이전 값을 수식에 사용한 후에 x의 값을 증가
시키게 된다.

예를 들어보자. 현재 x의 값이 10이라고 하자. 아래의 수식에서 y에는 증가된 x의 값이 대
입된다. 즉 먼저 증가하고 나중에 대입한다.

```
y = ++x;    // 증가된 값이 y에 대입된다. y의 값은 11이 된다.
```

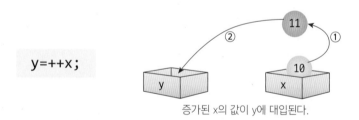

증가된 x의 값이 y에 대입된다.

반면에 아래의 수식에서는 현재 x의 값이 y에 대입된 후에 x의 값이 증가된다. x의 초기값
은 10이라고 하면 y에는 10이 대입된다.

```
y = x++;    // x의 이전 값이 y에 대입되고 이후에 증가된다. y의 값은 10이 된다.
```

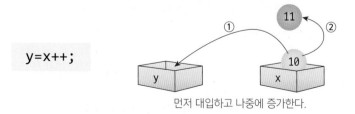

먼저 대입하고 나중에 증가한다.

이것을 표로 정리하면 다음과 같다.

증감 연산자	차이점
++x	수식의 값은 증가된 x값이다.
x++	수식의 값은 증가되지 않은 원래의 x값이다.
--x	수식의 값은 감소된 x값이다.
x--	수식의 값은 감소되지 않은 원래의 x값이다.

표 5-3
증감 연산자의 종류

증감 연산자 x++가 포함된 수식에서 괄호가 있다고 하더라도 x값의 증가는 수식의 계산이 완전히 종료된 후에 이루어진다.

```
y = (1 + x++) + 10;     // 괄호가 있어도 x값의 증가는 맨 나중에 실행된다.
```

증감 연산자는 변수에만 사용이 가능하다. 상수나 수식에는 적용이 불가능하다. 다음과 같은 수식은 모두 컴파일 오류에 해당한다.

```
x = 10++;               // 상수에 적용할 수 없다.
y = (x+1)++;            // 수식에 적용할 수 없다.
```

간단하게 ++x와 x++의 차이점을 예제로 살펴보자. --x와 x--도 증가가 아닌 감소라는 것만 다르고 나머지는 동일하다.

❗오류 주의

y = x++ + x++ + x++;와 같이 하나의 문장에서 증감 연산자를 여러 번 사용하면 컴파일러마다 다른 결과가 도출될 수 있다. 피하는 것이 좋다.

incdec.c

```
1   #include <stdio.h>
2   int main(void)
3   {
4       int x=10, y=10;
5
6       printf("x=%d\n", x);
7       printf("++x의 값=%d\n", ++x);
8       printf("x=%d\n\n", x);
9
10      printf("y=%d\n", y);
11      printf("y++의 값=%d\n", y++);
12      printf("y=%d\n", y);
13
14      return 0;
15  }
```

먼저 증가하고 증가된 값이 수식에 사용된다.

현재 값을 먼저 수식에 사용하고 나중에 증가된다.

```
x=10
++x의 값=11
x=11

y=10
y++의 값=10
y=11
```

1 증감 연산자 x++를 풀어쓰면 어떻게 되는가?
2 x++와 ++x의 차이점은 무엇인가?
3 int x=10; printf("%d \n", (1+x++)+2);의 출력은?

 LAB   거스름돈 계산하기

편의점에서 물건을 구입하고 만 원을 냈을 때, 거스름돈의 액수와 점원이 지급해야할 거스름돈을 계산하는 프로그램을 작성해보자.

1. 사용자로부터 물건값을 입력받는다. 물건값은 100원 단위로 떨어진다고 가정한다.
2. 투입한 금액을 입력한다.
3. 점원이 내어주어야 할 천 원권, 오백 원짜리 동전, 백 원짜리 동전 개수를 출력한다.

```
물건 값을 입력하시오: 8600
투입한 금액을 입력하시오: 10000

거스름돈은 다음과 같습니다.
천원권: 1장
오백원 동전: 0개
백원 동전: 4개
```

나머지 연산자인 %와 나눗셈 연산자인 /을 사용하여 본다.

Solution   change.c

```c
1 #include <stdio.h>
2 int main(void)
3 {
4     int money, change;
5     int price, c5000, c1000, c500, c100;
6
7     printf("물건 값을 입력하시오: ");
8     scanf("%d", &price);              // 물건 값을 입력받는다.
9
10    printf("투입한 금액을 입력하시오: ");
11    scanf("%d", &money);              // 물건 값을 입력받는다.
12    change = money - price;           // 거스름돈을 change에 저장
```

```
13
14      c1000 = change / 1000;      // 남은 잔돈에서 1000원권의 개수를 계산한다.
15      change = change % 1000;     // 나머지 연산자를 사용하여 남은 잔돈을 계산한다.
16
17      c500 = change / 500;        // 남은 잔돈에서 500원 동전의 개수를 계산한다.
18      change = change % 500;      // 나머지 연산자를 사용하여 남은 잔돈을 계산한다.
19
20      c100 = change / 100;        // 남은 잔돈에서 100원 동전의 개수를 계산한다.
21      change = change % 100;      // 나머지 연산자를 사용하여 남은 잔돈을 계산한다.
22
23      printf("거스름돈은 다음과 같습니다.\n천원권: %d장\n", c1000);
24      printf("오백원 동전: %d개\n", c500);
25      printf("백원 동전: %d개\n", c100);
26      return 0;
27 }
```

5.3 대입 연산자

우리는 이미 대입 연산자를 많이 사용하였다. 대입 연산자(assignment operator)는 수식의
값을 계산하여 변수에 저장하는 연산자이다. 등호의 왼쪽은 반드시 변수이어야 하고 등호의
오른쪽은 어떠한 수식이라도 가능하다.

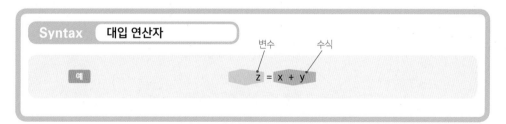

참고사항

대입 연산자는 책에 따라서 할당 연산
자, 또는 배정 연산자라고도 한다.

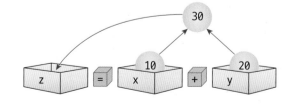

그림 5-3
대입 연산자를 사용한 z=x+y; 문장의
결과

입문자가 혼동을 많이 하는 부분이 등호(=)이다. 등호는 수학에서는 같다는 의미이지만 C

에서는 저장한다는 의미로 사용된다. 따라서 다음과 같은 문장은 올바르지 않다. 등호의 왼편이 상수이며, 상수에는 값을 저장할 수 없기 때문이다.

대입 연산자의 왼쪽에 올 수 있는 값을 lvalue(left value)라고 한다. 대입 연산자의 오른쪽에 올 수 있는 값을 rvalue라고 한다. lvalue는 항상 변수이어야 한다.

```
100 = x + y;          // 등호의 왼편이 변수가 아니기 때문에 잘못된 수식!!
```

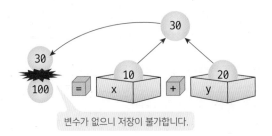

변수가 없으니 저장이 불가합니다.

마찬가지로 수식에도 값을 저장할 수 없다. 수식도 변수가 아니기 때문이다.

```
x + y = 100;          // 등호의 왼편이 변수가 아니기 때문에 잘못된 수식!!
```

또한 다음의 문장은 수학적으로 보면 아주 잘못된 문장이다. x는 절대 x+1과 같을 수 없다. 그러나 C에서는 가능한 문장이다.

```
x = x + 1;            // 변수 x의 값이 하나 증가된다.
```

위 문장의 의미는 변수 x의 값에 1을 더하여 그 값을 다시 변수 x에 대입하라는 것이다. 사실 위 문장은 프로그램에서 아주 많이 사용된다.

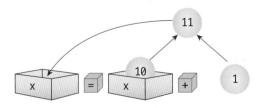

앞에서 모든 수식은 값을 갖는다고 하였다. 대입 연산자도 연산자이므로 대입 연산자가 들어 있는 수식은 값을 갖는다. 대입 연산자의 값은 왼쪽 변수에 대입된 값이 된다.

덧셈연산의 결과값은 9

$$x = 2 + 7;$$

대입연산의 결과값은 3(현재는 사용되지 않음)

물론 보통의 경우에는 그 결과값을 사용하지 않지만 사용할 수도 있다. 다음의 문장도 가능하다. 아래의 수식에서 x는 9가 되고 x = 2 + 7 수식의 값이 9가 되어 y에는 19가 할당된다.

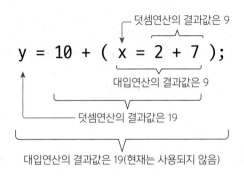

또한 이것을 이용하여 여러 변수에다가 같은 값을 대입하는 문장을 다음과 같이 작성할 수 있다. 여기서는 먼저 x = 3이 수행되고 그 결과값인 3이 다시 y에 대입된다.

y = x = 3;

assignment.c

```
1    // 대입 연산자 프로그램
2    #include <stdio.h>
3
4    int main(void)
5    {
6        int x, y;
7
8        x = 1;
9        printf("수식 x+1의 값은 %d\n", x+1);
10       printf("수식 y=x+1의 값은 %d\n", y=x+1);
11       printf("수식 y=10+(x=2+7)의 값은 %d\n", y=10+(x=2+7));
12       printf("수식 y=x=3의 값은 %d\n", y=x=3);
13
14       return 0;
15   }
```

수식 y=x+1의 결과값을 출력. 대입 연산자의 결과값은 왼쪽 변수에 대입된 값이 된다. 현재 x의 값이 1이므로 y에는 2가 대입되고 이것이 전체 수식의 결과값이 된다.

수식 y=10+(x=2+7)의 결과값을 출력. 먼저 x=2+7이 수행되어서 결과값이 9가 되고 이것과 10이 더해져서 y에는 19가 대입된다. 이것이 전체 수식의 결과값이 된다.

수식 y=x=3의 결과값을 출력. 먼저 x=3이 수행되어서 결과값이 3이 되고 이것이 y에 대입되어서 전체 수식의 결과값이 3이 된다.

```
수식 x+1의 값은 2
수식 y=x+1의 값은 2
수식 y=10+(x=2+7)의 값은 19
수식 y=x=3의 값은 3
```

복합 대입 연산자

복합 대입 연산자란 +=처럼 대입 연산자와 산술 연산자를 합쳐 놓은 연산자이다. x += y의 의미는 x = x + y와 같다. 복합 대입 연산자는 소스를 간결하게 만들 수 있다. 표 5-4 는 가능한 복합 대입 연산자들을 보여주고 있다.

복합 대입 연산자	의미
x += y	x = x + y
x -= y	x = x - y
x *= y	x = x * y
x /= y	x = x / y
x %= y	x = x % y
x &= y	x = x & y
x |= y	x = x | y
x ^= y	x = x ^ y
x >>= y	x = x >> y
x <<= y	x = x << y

표 5-4 복합 대입 연산자

복합 대입 연산자는 오른쪽에 있는 식을 먼저 계산하여 그 결과를 왼쪽에 있는 변수의 현재 값에 지정된 산술 연산을 한 후에 대입한다. 다음은 몇 가지의 예이다.

```
x += 1;             // x = x + 1;
x *= y + 1;         // x = x * (y + 1);
x %= x + y;         // x = x % (x + y);
```

오류 주의

x *= y + 1 에서 먼저 y + 1이 계산된다는 것에 유의하자. x = x * y + 1이 아니다. 먼저 y + 1이 계산된 다음에 x의 값과 곱셈이 수행된다. x = x * (y + 1)과 같다.

오류 주의

x += 1을 x =+ 1이라고 쓰면 완전히 다른 개념이 된다. x =+ 1은 x = +1과 같은 의미로 해석된다. 즉 x에 1을 대입한다.

abbr.c

```
1   // 복합 대입 연산자 프로그램
2   #include <stdio.h>
3
4   int main(void)
5   {
6           int x = 10, y = 10, z = 33;
7
8           x += 1;
9           y *= 2;
10          z %= 10 + 20;
11
12          printf("x = %d    y = %d    z = %d \n", x, y, z);
13          return 0;
14  }
```

복합 대입 연산자 +=를 사용하여 연산을 수행한다. x = x + 1과 같다.

복합 대입 연산자 *=를 사용하여 연산을 수행한다. y = y * 2과 같다.

복합 대입 연산자 %=를 사용하여 연산을 수행한다. z = z % (10 + 20)과 같다. z = z % 30과 같다. 복합 대입 연산자의 우선순위는 대입 연산자와 같다.

```
x = 11    y = 20    z = 3
```

다음과 같은 수식은 오류이다. 왜 그럴까?

```
++x = 10;    // 등호의 왼쪽은 항상 변수이어야 한다.
x + 1 = 20;  // 등호의 왼쪽은 항상 변수이어야 한다.
x =* y;      // =* 이 아니라 *= 이다.
```

1 대입 연산자에서 lvalue가 될 수 있는 것은 무엇인가?
2 등호(=)가 수학에서의 의미와 다른 점은 무엇인가?
3 복합 대입 연산자 x *= y의 의미를 설명하라.
4 10%6이 계산되는 과정을 설명하라.
5 나눗셈 연산인 10/6의 값은 얼마인가?
6 x += y와 x =+ y의 차이점은 무엇인가?

중간점검

5.4 관계 연산자

관계 연산자(relational operator)는 두 개의 피연산자를 비교하는데 사용된다. 예를 들면 "x가 y보다 작은가?"를 따지는데 사용된다. 관계 연산자의 결과는 참(true) 아니면 거짓(false)으로 계산된다. C에서는 표 5-5와 같은 6가지의 관계 연산자를 사용한다.

연산	의미
x == y	x와 y가 같은가?
x != y	x와 y가 다른가?
x > y	x가 y보다 큰가?
x < y	x가 y보다 작은가?
x >= y	x가 y보다 크거나 같은가?
x <= y	x가 y보다 작거나 같은가?

표 5-5
관계 연산자

그림 5-4
관계연산자는 피연산자들의 값을 비교하여 참과 거짓을 반환한다.

관계 수식은 참(true)이나 거짓(false)이라는 값을 생성한다. C에서 참과 거짓은 1과 0으로 표시되기 때문에 1과 0이 수식의 값으로 생성된다. x > y라는 관계식을 예로 들어보자. x가 y보다 크면 이 수식은 참을 의미하는 1을 생성한다. x가 y보다 작으면 이 수식은 거짓을 의미하는 0을 생성한다. 관계 연산자를 사용한 예는 다음과 같다.

```
1 == 1        // 참(1)
1 != 2        // 참(1)
2 > 1         // 참(1)
x >= y        // x가 y보다 크거나 같으면 참(1) 그렇지 않으면 거짓(0)
```

사용자로부터 두 개의 정수를 받아서 관계 연산자를 적용하고 그 결과를 출력하여보자.

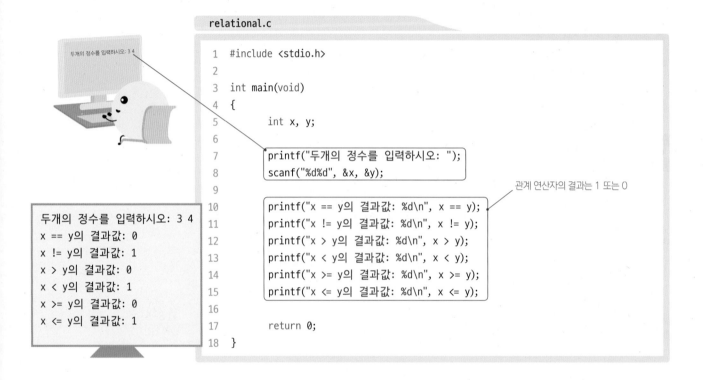

relational.c

```
1   #include <stdio.h>
2
3   int main(void)
4   {
5       int x, y;
6
7       printf("두개의 정수를 입력하시오: ");
8       scanf("%d%d", &x, &y);
9
10      printf("x == y의 결과값: %d\n", x == y);
11      printf("x != y의 결과값: %d\n", x != y);
12      printf("x > y의 결과값: %d\n", x > y);
13      printf("x < y의 결과값: %d\n", x < y);
14      printf("x >= y의 결과값: %d\n", x >= y);
15      printf("x <= y의 결과값: %d\n", x <= y);
16
17      return 0;
18  }
```

관계 연산자의 결과는 1 또는 0

```
두개의 정수를 입력하시오: 3 4
x == y의 결과값: 0
x != y의 결과값: 1
x > y의 결과값: 0
x < y의 결과값: 1
x >= y의 결과값: 0
x <= y의 결과값: 1
```

관계 연산자 사용시 주의점

① 많이 저지르는 실수 중의 하나는 (x == y) 대신에 (x = y)를 사용하는 것이다. 등호 연산자 =은 관계 연산자가 아니라 대입 연산자이다. x = y에서는 x에 y의 값이 저장되고 x == y에서는 x와 y의 값이 비교된다.

```
x = y;        // y의 값을 x에 대입한다. 수식의 값은 x의 값이다.
x == y;       // x와 y가 같으면 1, 다르면 0이 수식의 값이 된다.
```

② 수학에서처럼 다음과 같이 수식을 만들면 전혀 예상하지 못한 결과가 생성된다.

```
2 < x < 5
```

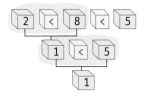

언뜻 보기에 위의 수식은 x가 2보다 크고 5보다 작을 때만 참이라고 생각된다. 하지만 아니다. 예를 들어서 x의 값이 8이라고 하더라도 위의 식은 참이 된다. 이유를 따져보자. 위의 식은 왼쪽에서부터 오른쪽으로 연산이 진행된다. 따라서 위의 식은 (2 < x) < 5와 같이 계산되고 만약 x가 8라면 (2 < 8) < 5와 같이 된다. (2 < 8)은 참이므로 최종적으로 1 < 5로 되고 수식의 값은 참이 된다.

x가 2보다 크고 5보다 작다는 것을 올바르게 검사하는 방법은 다음과 같다.

```
(2 < x) && (x < 5)
```

&& 연산자는 다음 절에서 배우는 논리 연산자로서 논리적인 AND를 의미한다. 즉 왼쪽과 오른쪽이 동시에 참이어야 만이 전체 수식 값이 참이 된다.

실수를 비교할 때

실수를 == 연산자로 비교하는 경우는 예상치 못한 결과가 발생할 수 있다. 우리는 4장에서 실수를 컴퓨터의 한정된 개수의 비트를 가지고 표현할 경우, 정밀도 오차가 발생할 수 있음을 알았다. 실수를 비교할 때 == 연산자만을 사용하면 잘못될 수 있다. 다음 코드를 실행해 보자.

fcompare.c

```c
1  #include <stdio.h>
2  #include <math.h>
3
4  int main(void)
5  {
6      double a, b;
7      a = (0.3 * 3) + 0.1;
8      b = 1;
9      printf("a==b의 결과: %d \n", a == b);
10     printf("fabs(a-b)<0.0001의 결과: %d \n", fabs(a - b) < 0.0001);
11     return 0;
12 }
```

> **참고사항**
>
> fabs()는 math.h 헤더 파일에 정의되어 있다. 따라서 이 파일을 포함시켜야 한다.

```
a==b의 결과: 0
fabs(a-b)<0.0001의 결과: 1
```

(0.3 * 3) + 0.1의 결과값이 1.0이지만 미소한 정밀도 오차로 인하여 == 연산자로 1.0과 비교하면 거짓(0)이라고 나온다. 실수값을 올바르게 비교하려면 (fabs(x-y)) < 0.0001)와

같이 비교를 해야 한다. 여기서 fabs()는 실수값의 절대값을 구하는 함수이다. 즉 x와 y의 차이를 계산하고, 차이가 작으면 같다고 간주하는 것이다. 소수점 3자리로 반올림한 후에 비교하여도 좋다. 0.0001은 절대적인 숫자가 아니다. 다른 사람들은 1e-9를 사용하기도 한다.

참고사항

관계연산자들은 두 글자로 된 것들이 많다. 이것들은 모두 붙여서 사용해야 한다. 또한 >=를 =>로 잘못 쓰지 않도록 유의해야 한다. 다음은 모두 잘못된 예이다.

```
x =< y        // 순서가 바뀌었다.
x < = y       // 중간에 공백이 있으면 안 된다.
x << y        // 이것은 관계 연산자가 아니고 비트 이동 연산자이다.
```

참고사항

관계 연산자의 오류를 막기 위하여 변수와 상수를 비교할 때 상수를 먼저 적기도 한다. 즉 변수 x와 1을 비교하려면 (x == 1)로 하지 않고 (1 == x)로 하는 것이다. 이 경우에는 ==을 =으로 잘못 쓰게 되면 (1 = x)와 같이 되어서 컴파일 오류가 발생한다.

중간점검

1   관계 수식의 결과로 생성될 수 있는 값은 무엇인가?
2   (3 >= 2) + 5의 값은?
3   부동소수점수 2개를 비교할 때는 어떻게 하는 것이 좋은가?

5.5 논리 연산자

　　논리 연산자(logical operator)는 여러 개의 조건을 조합하여 참인지 거짓인지를 따질 때 사용한다. 예를 들어 "비가 오지 않고 휴일이면 테니스를 친다"라는 문장에는 "비가 오지 않는다"라는 조건과 "휴일이다"라는 조건이 동시에 만족이 되면 테니스를 친다는 의미가 포함되어 있다. C에는 조건들을 다양하게 묶을 수 있는 연산자들이 준비되어 있다.

표 5-6
논리 연산자

연산	의미
x && y	AND 연산, x와 y가 모두 참이면 참, 그렇지 않으면 거짓
x || y	OR 연산, x나 y중에서 하나만 참이면 참, 모두 거짓이면 거짓
!x	NOT 연산, x가 참이면 거짓, x가 거짓이면 참

마차 >=1 && 시종 >=4
...

그림 5-5
논리 연산자는 조건을 묶을 수 있다.

논리 연산의 결과도 1(참)과 0(거짓)으로 생성된다.

x	y	x && y	x || y
참	참	참	참
참	거짓	거짓	참
거짓	참	거짓	참
거짓	거짓	거짓	거짓

AND와 OR 연산자

AND 연산자인 **&&**은 두 개의 피연산자가 모두 참일 때만 연산 결과가 참이 된다. 예를 들어서 어떤 회사에서 신입 사원을 채용하는데 나이가 30살 이하이고 토익 성적이 700점 이상이라는 조건을 걸었다고 가정하자.

$$\underset{참(1)}{(\underset{27}{(age)} <= 30)} \&\& \underset{참(1)}{(\underset{800}{(toeic)} >= 700)}$$

참(1)

위의 수식에서 age가 30이하이고 toeic이 700이상인 경우에만 참이 된다. 예를 들어서 age가 27이고 toeic이 800인 경우에는 참이 된다. 만약 조건 중에서 하나라도 거짓이면 전체 수식의 값은 거짓이 된다.

OR 연산자인 **||**은 하나의 피연산자만 참이면 연산 결과가 참이 된다. 신입 사원을 채용하는 조건이 변경되어서 나이가 30살 이하이거나 토익 성적이 700점 이상이면 된다고 하자. 이런 경우에는 age가 27이고 toeic이 699인 경우에도 참이 된다.

$$\underset{참(1)}{(\underset{27}{(age)} <= 30)} \mathbin{||} \underset{거짓(0)}{(\underset{699}{(toeic)} >= 700)}$$

참(1)

논리 연산자들은 여러 개가 동시에 사용될 수 있다. 예를 들면 "x는 1, 2, 3중의 하나인가" 라는 질문은 다음과 같이 작성할 수 있다.

```
(x == 1) || (x == 2) || (x == 3)
```

"x가 60이상 100미만이다."라는 조건을 논리 연산자를 이용하여 만들어보면 다음과 같다.

```
(x >= 60) && (x < 100)
```

NOT 연산자

NOT 연산자 !는 피연산자의 값이 참이면 연산의 결과값을 거짓으로 만들고, 피연산자의 값이 거짓이면 연산의 결과값을 참으로 만든다.

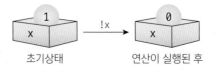

초기상태   연산이 실행된 후

몇 가지의 예를 들어보면 다음과 같다.

```
!0              // 결과값은 1
!(x + y)        // 수식 (x+y)의 값이 0이면 1, 그렇지 않으면 0
```

NOT 연산자를 1의 값에 대해서만 0으로 만드는 것이 아니라 0이 아닌 값에 적용하면 0으로 만든다는 것에 유의해야 한다. 즉 다음과 같은 경우에도 모두 0이 된다.

```
!100            // 100도 참으로 취급한다.
!-3             // 음수도 참으로 취급한다.
```

또한 NOT 연산자는 논리적인 NOT과는 약간의 차이가 있다. 논리적인 NOT의 경우에는 NOT을 두 번 적용시키면, 원래의 상태로 되지만 연산자 NOT은 두 번 적용시켜도 원래의 상태가 되지 않는 경우도 있다.

```
!!3             // 이 수식의 값은 1이 된다.
```

!!3은 !(!3)으로 생각할 수 있고 !3은 앞에서 설명했듯이 0이다. 따라서 주어진 수식은 !0과 같고 결과적으로 1이 된다.

참과 거짓

관계 수식이나 논리 수식이 거짓으로 계산되면 0을 생성하고 참으로 계산되면 1을 생성한다. 하지만 피연산자의 경우에는 0이면 거짓이고 0이 아닌 값은 무조건 참으로 간주한다.

따라서 NOT 연산자의 경우와 같이 !100 하면 100의 값을 참으로 간주하여 여기에 NOT을 적용하여 0값이 생성되는 것이다. 따라서 수식의 결과로는 항상 0 아니면 1만 생성되지만 피연산자로서 참과 거짓을 분류할 때는 0이면 거짓이고 나머지는 모두 참으로 간주한다.

 음수는 참으로 간주되는가 아니면 거짓으로 간주될까?

 C에서는 0이 아니면 무조건 참으로 간주된다. 따라서 음수도 참으로 간주된다.

사용자로부터 정수를 받아서 논리 연산을 한 후에 결과를 출력하는 프로그램을 작성해보면 다음과 같다.

예제

logic.cpp

```
1   #include <stdio.h>
2
3   int main(void)
4   {
5       int x, y;
6
7       printf("정수 2개를 입력하시오: ");
8       scanf("%d %d", &x, &y);
9
10      printf("%d && %d의 결과값: %d\n", x, y, x && y);
11      printf("%d || %d의 결과값: %d\n", x, y, x || y);
12      printf("!%d의 결과값: %d\n", x, !x);
13
14      return 0;
15  }
```

0이 아닌 정수는 참으로 간주되고 0은 거짓으로 간주된다. 여러 가지 정수를 입력하여서 연산의 결과를 보도록 하자.

── AND 연산
── OR 연산
NOT 연산

```
정수 2개를 입력하시오: 1 0
1 && 0의 결과값: 0
1 || 0의 결과값: 1
!1의 결과값: 0
```

단축 계산

논리 연산자를 포함한 수식을 작성할 때 주의해야 할 점이 있다. && 연산자의 경우, 여러 개의 피연산자 중에서 처음 피연산자의 값이 거짓(0)이면 다른 피연산자들은 계산되지 않는다. 왜냐하면 첫 번째 피연산자의 값이 거짓(0)이면 나머지 피연산자들을 계산하지 않아도 전체 수식의 값은 거짓(0)이기 때문이다. 예를 들어 다음과 같은 수식에서는 첫 번째 피연산자인 (2 > 3)이 거짓이기 때문에 두 번째 피연산자 (++x < 5)는 계산되지 않는다.

(2 > 3) && ((++x < 5)) ———————— 실행되지 않는다.

따라서 두 번째 피연산자에 있는 증가 연산자는 실행되지 않는다. 이것은 수식의 계산을 빠르게 하기 위하여 컴파일러에서 사용하는 기법이다. 따라서 위와 같은 예에서 증가 연산자가 항상 실행될 거라고 믿어서는 안 된다.

이것은 || 연산자에서도 마찬가지이다. || 연산자의 경우는 첫 번째 피연산자의 값이 참(1)이면 나머지 피연산자들을 계산하지 않는다. 왜냐하면 전체의 수식은 이미 값이 참(1)이기 때문이다.

(3 > 2) || ((++x < 5)) ———————— 실행되지 않는다.

이것을 단축 계산(short circuit evaluation)이라고 한다. 단축 계산이란 모든 피연산자들을 계산하지 않고 전체 수식의 값을 얻는 기법이다. 따라서 논리 연산에서 모든 피연산자가 계산되지 않을 수도 있다는 것을 명심하여야 한다.

중간점검

1 다음의 조건에 해당하는 논리 연산식을 만들어 보시오. 변수는 적절하게 선언되어 있다고 가정한다.
"나이는 25살 이상, 연봉은 3500만원 이상"
2 상수 10은 참인가 거짓인가?
3 수식 !3의 값은?
4 단축 계산의 예를 들어보라.

LAB 윤년 판단

　달력은 기본적으로 지구가 태양을 공전하는 시간을 기준으로 작성된다. 하지만 실제로 측정하여 보니 지구가 태양을 완전히 한 바퀴 도는데 걸리는 시간은 365일보다 1/4 만큼 더 걸린다. 따라서 매 4년마다 하루 정도 오차가 생기는 셈이다. 이것을 조정하기 위하여 윤년이 생겼다. 입력된 연도가 윤년인지 아닌지를 판단하는 조건을 만들어보자. 윤년은 다음의 조건을 만족해야 한다.

- 4로 나누어떨어지는 연도 중에서 **100**으로 나누어떨어지는 연도만 제외한다.
- **400**으로 나누어떨어지는 연도는 무조건 윤년이다.

연도를 입력하시오: 2012
윤년여부 = 1

Hint 사용자로부터 연도를 받아서 윤년을 판단하는 프로그램을 작성하여보자. 앞의 윤년 조건을 자세히 분석하여 보면 다음과 같은 조건 중에서 하나가 성립하여야 한다.

- 4로 나누어지면서 동시에 100으로는 나누어떨어지지 않는 연도
- 400으로 나누어떨어지는 연도

따라서 이것을 수식으로 표현하면 다음과 같다.

```
( (year % 4 == 0 ) && (year % 100 != 0) ) || (year % 400 == 0)
```

괄호는 없어도 되지만 괄호가 있으면 읽기가 수월해진다.

Solution leapyear.cpp

```
1  // 윤년 프로그램
2  #include <stdio.h>
3
4  int main(void)
5  {
6      int year, result;
7
8      printf("연도를 입력하시오: ");
9      scanf("%d", &year);
10
11     result = ((year % 4 == 0) && (year % 100 != 0)) || (year % 400 == 0);
12     printf("윤년 여부 = %d \n", result);
13
14     return 0;
15 }
```

수식의 결과가 1이면 윤년이고 0이면 평년이다..

연도가 4로 나누어 떨어진다.　　100으로 나누어 떨어지는 연도는 제외한다.　　400으로 나누어 떨어지는 연도는 윤년이다.

도전문제

사용자로부터 연도를 받아서 짝수해이면 1을 출력하고 홀수해이면 0을 출력하는 프로그램을 작성해보자. if-else를 사용하지 않고 수식으로만 할 수 있는가?

5.6 조건 연산자

조건 연산자는 유일하게 3개의 피연산자를 가지는 삼항 연산자이다. 간단한 예를 들어서 조건 연산자를 설명하여보자.

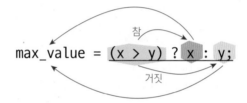

참고사항

max_value = (x > y) ? x : y에서 괄호는 없어도 되지만 가독성을 위하여 가급적이면 괄호를 붙이도록 하자.

위의 식에서 조건 (x > y)가 참이면 x가 수식의 결과값이 된다. 따라서 x가 max_value로 대입된다. 조건 (x > y) 가 거짓이면 y가 수식의 결과값이 된다. 따라서 y가 max_value로 대입된다.

조건 연산자는 아주 간결하게 표현할 수 있어서 상당히 많이 애용된다. 조건 연산자를 이용한 대표적인 이용사례를 모아보면 다음과 같다.

```
absolute_value = (x > 0) ? x: -x;      // 절대값 계산
max_value = (x > y) ? x: y;            // 최대값 계산
min_value = (x < y) ? x: y;            // 최소값 계산
```

조건 연산자에는 printf()와 같은 문장도 넣을 수 있다. 예를 들어서 나이가 20세 이상이면 성인이라고 출력하고 20세 미만이면 청소년이라고 출력하는 문장을 작성하여 보면 다음과 같다.

```
(age >= 20) ? printf("성인\n"): printf("청소년\n");
```

```
condition.c
1    // 조건 연산자 프로그램
2    #include <stdio.h>
3
4    int main(void)
5    {
6        int x,y;
7
8        printf("정수 2개: ");
9        scanf("%d %d", &x, &y);
10
11       printf("큰 수=%d \n", (x > y) ? x : y);
12       printf("작은 수=%d \n", (x < y) ? x : y);
13       return 0;
14   }
```

조건 연산자를 이용하여 큰 수를 찾는다. x > y 가 참이면 x가 수식의 결과값이 되고 거짓이면 y가 수식의 결과값이 된다. 따라서 두 수중에서 큰 수를 찾을 수 있다.

조건 연산자를 이용하여 작은 수를 찾는다. x < y 가 참이면 x가 수식의 결과값이 되고 거짓이면 y가 수식의 결과값이 된다. 따라서 두 수중에서 작은 수를 찾을 수 있다.

정수 2개: 2 3
큰수=3
작은수=2

1　조건 연산자를 이용하여서 변수 x에 저장된 숫자가 짝수인지 홀수를 구분하여 출력하는 문장을 작성하여보자.

중간점검

5.7　콤마 연산자

C언어에는 콤마 연산자도 있다. 콤마 연산자는 2개의 수식을 한 줄에서 순차적으로 실행하고자 할 때 사용한다. 각각의 수식은 순차적으로 실행된다. 예를 들어서 x++, y++; 에서는 x가 먼저 증가되고, 이어서 y가 증가된다.

먼저 계산된다.　나중에 계산된다.

x++, y++;

콤마 연산자의 결과값은 맨 오른쪽 수식의 값이다.

x = (2+3, 5-3);

2+3과 5-3이 콤마 연산자로 연결되고 2+3이 먼저 계산된 다음, 5-3이 계산된다. 수식 (2+3, 5-3)의 결과값은 5-3의 결과값이 되고 결국 2가 된다. 따라서 x에는 2가 저장된다.

콤마 연산자는 모든 연산자 중에서 가장 우선순위가 낮다. 따라서 x = 2+3, 5-3; 와 같이 작성하게 되면 x = 2+3을 먼저 수행한 후에 5-3이 수행된다. 따라서 콤마 연산자를 사용할 경우에는 x = (2+3, 5-3);와 같이 괄호를 사용하여야 한다. 콤마 연산자는 한정된 공간에 여러 개의 문장을 넣을 때 사용된다. 후에 학습하게 되는 반복문이나 조건문에서 요긴하게 사용할 수 있다. 콤마 연산자를 이용한 다음과 같은 문장도 가능하다.

```
printf("Thank"), printf(" you!\n");
x = 2, y = 3, z = 4;
```

5.8 비트 연산자

컴퓨터에서 모든 데이터는 결국은 비트로 표현된다. 비트(bit)는 컴퓨터에서 정보를 저장하는 가장 작은 단위이다. 하나의 비트(bit)는 0과 1 값만을 가질 수 있다. 우리가 많이 사용하는 int형 변수 안에는 비트가 32개나 들어 있다.

int 변수는 32비트로 되어 있다.

비트 연산자는 비트 단위로 연산을 수행하고 다음과 같은 것들이 있다.

표 5-7
비트 연산자

연산자	연산자의 의미	예
&	비트 AND	두 개의 피연산자의 해당 비트가 모두 1이면 1, 아니면 0
|	비트 OR	두 개의 피연산자의 해당 비트중 하나만 1이면 1, 아니면 0
^	비트 XOR	두 개의 피연산자의 해당 비트의 값이 같으면 0, 아니면 1
<<	왼쪽으로 이동	지정된 개수만큼 모든 비트를 왼쪽으로 이동한다.
>>	오른쪽으로 이동	지정된 개수만큼 모든 비트를 오른쪽으로 이동한다.
~	비트 NOT	0은 1로 만들고 1은 0으로 만든다.

비트 단위 연산자는 정수 타입의 피연산자에만 적용할 수 있다. 정수 타입에는 char, short, int, long 등이 있다. 지금부터 각각의 비트 연산자를 자세히 살펴보자.

비트 AND

비트 AND 연산자는 비트 단위로 AND 연산을 수행한다. 즉 피연산자가 모두 1인 경우에만 1을 반환한다.

```
0 AND 0 = 0
1 AND 0 = 0
0 AND 1 = 0
1 AND 1 = 1
```

비트 AND 연산의 특징을 살펴보자. 어떤 비트값과 0을 AND 연산을 하면 결과는 항상 0이 된다. 또 어떤 비트값을 1과 AND 연산을 하면 항상 결과는 원래의 비트값이 된다.

```
x AND 0 = 0
x AND 1 = x
```

만약 int형에 대하여 비트 AND 연산을 한다면 int형 변수 안의 모든 비트에 대하여 위의 연산을 한다. 다음의 예를 보라.

```
         변수1 00000000  00000000  00000000  00001001  (9)
         변수2 00000000  00000000  00000000  00001010  (10)
----------------------------------------------------------------
(변수1 AND 변수2) 00000000  00000000  00000000  00001000  (8)
```

비트 OR

비트 OR 연산자는 비트 단위로 OR 연산을 수행한다. 비트 OR 연산은 피연산자 중에서 하나라도 1인 경우에 1을 반환한다.

```
0 OR 0 = 0
1 OR 0 = 1
0 OR 1 = 1
1 OR 1 = 1
```

어떤 비트값과 0을 OR 연산을 하면 결과는 원래의 비트값이 된다. 또 어떤 비트값을 1과 OR 연산을 하면 항상 결과는 1이 된다.

```
x OR 0 = x
x OR 1 = 1
```

만약 int형에 대하여 비트 OR 연산을 한다면 int형 변수 안의 모든 비트에 대하여 위의 연산을 한다. 다음의 예를 보라.

변수1	00000000	00000000	00000000	00001001	(9)
변수2	00000000	00000000	00000000	00001010	(10)
(변수1 OR 변수2)	00000000	00000000	00000000	00001011	(11)

비트 XOR

비트 XOR 연산자는 비트 단위로 XOR 연산을 수행한다. 비트 XOR 연산은 2개의 피연산자가 같으면 0이고, 다르면 1을 반환한다.

0 XOR 0 = 0
1 XOR 0 = 1
0 XOR 1 = 1
1 XOR 1 = 0

어떤 비트값과 0을 XOR 연산을 하면 결과는 원래의 비트값이 된다. 또 어떤 비트값을 1과 XOR 연산을 하면 반전된 비트값이 된다.

x XOR 0 = x
x XOR 1 = ~x

참고사항

비트 XOR 연산은 아주 독특하다. 특정 비트값에 XOR 연산을 두 번 적용하면 원래의 비트값이 복원된다. 이것을 이용하여서 암호화와 복호화를 할 수 있다.

만약 int형에 대하여 비트 XOR 연산을 한다면 같은 위치의 비트에 대하여 위의 연산을 한다. 다음의 예를 보라.

변수1	00000000	00000000	00000000	00001001	(9)
변수2	00000000	00000000	00000000	00001010	(10)
(변수1 XOR 변수2)	00000000	00000000	00000000	00000011	(3)

비트 NOT

비트 NOT 연산은 피연산자가 0이면 1로, 1이면 0으로 만드는 연산이다.

NOT 0 = 1
NOT 1 = 0

만약 int형에 대하여 비트 NOT 연산을 한다면 같은 위치의 비트에 대하여 위의 연산을 한다. 다음의 예를 보라.

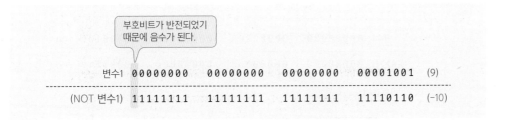

비트 이동 연산자(<<, >>)

비트 이동(shift) 연산자는 지정된 숫자만큼 전체 비트를 이동한다. 이동할 수 있는 방향이 왼쪽과 오른쪽이 있으므로 두 개의 연산자 <<과 >>이 필요하다.

연산자	기호	설명
왼쪽 비트 이동	<<	x << y x의 비트들을 y 칸만큼 왼쪽으로 이동
오른쪽 비트 이동	>>	x >> y x의 비트들을 y 칸만큼 오른쪽으로 이동

먼저 왼쪽 비트 이동 연산자인 <<는 지정된 횟수만큼 전체 비트 패턴을 왼쪽으로 이동한다. 이때 왼쪽으로 이동되어서 변수의 경계를 벗어나는 비트들은 없어지게 되고 오른쪽에 발생하는 빈 공간은 0으로 채워지게 된다. 예를 들어서 4<<1를 생각하여보자.

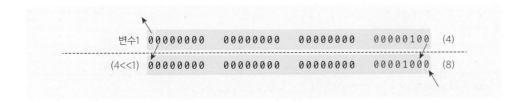

비트들을 왼쪽으로 한번 이동할 때마다 값은 두 배가 된다. 따라서 예전부터 비트 연산을 이용하여 빠르게 2배로 만드는 방법들을 사용하여 왔다.

오른쪽 비트 이동 연산자인 >>는 지정된 횟수만큼 비트들을 오른쪽으로 이동한다. 이때 오른쪽으로 이동되어서 변수의 경계를 벗어나는 비트들은 없어지게 되고 왼쪽에 발생하는 빈 곳은 부호 비트로 채워지게 된다. 여기서 주의할 점은 왼쪽의 빈 곳은 무작정 0으로 채우면 안 되고 부호 비트로 채워야 한다는 점이다. 양수면 부호 비트가 0이므로 0으로 채우면 되고 음수라면 부호 비트가 1이므로 1로 채워야 한다. 만약 부호 비트로 채우지 않으면 이동 연산이 끝난 뒤에 음수가 양수로 변할 수도 있기 때문이다.

4>>1와 같이 양수를 비트 이동하는 경우를 살펴보자. 비트들을 오른쪽으로 한번 이동할 때마다 값은 1/2 배가 된다.

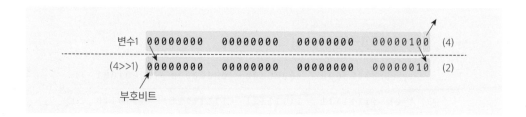

변수1 00000000 00000000 00000000 00000100 (4)

(4>>1) 00000000 00000000 00000000 00000010 (2)

부호비트

 예제

위에서 설명한 내용을 실제 코드로 확인해보자.

참고사항

10진수	8진수
0	0000
1	0001
2	0010
3	0011
4	0100
5	0101
6	0110
7	0111
8	1000
9	1001
A	1010
B	1011
C	1100
D	1101
E	1110
F	1111

bit_op.c

```
1   #include <stdio.h>
2
3   int main(void)
4   {
5       printf("AND : %08X\n", 0x9 & 0xA);
6       printf("OR : %08X\n", 0x9 | 0xA);
7       printf("XOR : %08X\n", 0x9 ^ 0xA);
8       printf("NOT : %08X\n", ~0x9);
9       printf("<< : %08X\n", 0x4 << 1);
10      printf(">> : %08X\n", 0x4 >> 1);
11
12      return 0;
13  }
```

정수 변수 x와 y에 대하여 비트 연산들을 적용하였다. 계산 결과는 16진수로 출력하였다. 비트 연산의 결과를 비트로 출력해볼 수 있으면 좋을 것이다. 하지만 printf()에는 비트단위로 출력하여 주는 변환 지시자는 없다. 대신에 많은 사람들이 16진수로 출력한다. 한 개의 16진수는 4비트에 해당한다. 따라서 8개의 16진수로 출력하면 32비트를 전부 알 수 있다. 하나의 16진수가 어떤 비트 패턴에 해당하는 지만 잘 알고 있으면 된다. 이것은 여러분이 몇 번만 사용해보면 쉽게 익숙해질 것이다.

```
AND : 00000008
OR : 0000000B
XOR : 00000003
NOT : FFFFFFF6
<< : 00000008
>> : 00000002
```

예제

정수 32를 비트 연산으로 2의 보수로 만들어서, 음수 −32가 되는지 출력해보자. 2의 보수로 만들려면 먼저 모든 비트를 반전시키고 1을 더해야 한다.

bit_op2.c

```
 1  #include <stdio.h>
 2
 3  int main(void)
 4  {
 5      int a = 32;
 6      a = ~a;                    // NOT 연산자로 1의 보수로 만든다.
 7      a = a + 0x01;              // 1을 더한다.
 8      printf("a= %d \n", a);
 9      return 0;
10  }
```

a= −32

중간점검

1 비트를 지정된 숫자만큼 왼쪽으로 이동시키는 연산자는 _____이다.

2 비트의 값을 0에서 1로, 1에서 0으로 바꾸는데 사용하는 연산자는 _____이다.

3 변수 x의 값을 2배로 하려면 ____쪽으로 비트를 이동시키면 된다.

4 변수 x의 값을 1/2배로 하려면 ____쪽으로 비트를 이동시키면 된다.

LAB   십진수를 이진수로 출력하기

C언어에는 정수를 이진수로 출력하는 함수가 없다. 우리가 한번 만들어 보자. 반복문은 아직 안 배웠으므로 여러 개의 문장으로 만들어보자. 비트 연산자를 이용하여 128보다 작은 십진수를 이진수 형식으로 화면에 출력해보자.

```
십진수: 32
이진수. 00100000
```

🔑 어떻게 이진수로 출력할 수 있을까? 다음과 같이 십진수의 각각의 비트를 조사한다.
Hint 1. 처음에는 가장 높은 비트와 1을 비트 AND 연산하여서 0이면 0을 화면에 출력하고 1이면 1을 화면에 출력한다.

0	0	1	0	0	0	0	0

1

2. 다음 비트와 1을 비트 AND 연산하여서 0이면 0을 화면에 출력하고 1이면 1을 화면에 출력한다.

0	0	1	0	0	0	0	0
	1						

3. 위의 코드를 하위 비트까지 반복하면 된다.

...

우리는 아직 반복문을 학습하지 않았으므로 동일한 문장을 복사하여 사용하자. 삼항 연산자를 사용하여 본다.

```c
((num & mask) == 0) ? printf("0") : printf("1");
```

Solution to_binary.c

```c
#include<stdio.h>

int main(void)
{
    unsigned int num;
    printf("십진수: ");
    scanf("%u", &num);

    unsigned int mask = 1 << 7;   // mask = 10000000
    printf("이진수: ");

    ((num & mask) == 0) ? printf("0") : printf("1");
    mask = mask >> 1;       // 오른쪽으로 1비트 이동한다.
    ((num & mask) == 0) ? printf("0") : printf("1");
    mask = mask >> 1;       // 오른쪽으로 1비트 이동한다.
    ((num & mask) == 0) ? printf("0") : printf("1");
    mask = mask >> 1;       // 오른쪽으로 1비트 이동한다.
    ((num & mask) == 0) ? printf("0") : printf("1");
    mask = mask >> 1;
    ((num & mask) == 0) ? printf("0") : printf("1");
    mask = mask >> 1;
    ((num & mask) == 0) ? printf("0") : printf("1");
    mask = mask >> 1;
    ((num & mask) == 0) ? printf("0") : printf("1");
    mask = mask >> 1;
    ((num & mask) == 0) ? printf("0") : printf("1");
    printf("\n");

    return 0;
}
```

LAB　XOR를 이용한 암호화

암호화에는 많은 기법이 존재한다. 그 중에 하나가 비트 단위 XOR를 이용하는 방법이다. XOR 연산의 특징은 결과값만을 가지고 인수를 추측할 수 없다는 점이다. 예를 들어, A XOR B 연산의 결과값이 1이라면, A가 1인지, B가 1인지를 쉽게 알 수 없다. 또한 0을 반환할 때도 마찬가지이다. 하지만 A나 B 중 하나를 알고 있다면 원래값을 쉽게 알 수 있다. 이것을 이용하여 간단한 암호를 생성할 수 있다.

하나의 문자를 암호화하기 위해서는 x=x^key;하면 된다. 암호화된 문자를 복호화할 때도 x= x^key;하면 된다.

```
원래의 문자=a
암화화된 문자=?
복원된 문자=a
```

앞에서 설명한 내용을 프로그램으로 작성해보면 다음과 같다.

Solution　xor_enc.c

```c
1  #include <stdio.h>
2  int main(void)
3  {
4      char data = 'a';
5      char key = 0xff;
6      char encrpted_data, orig_data;
7
8      printf("원래의 문자=%c\n", orig_data);
9
10     encrpted_data = data ^ key;
11     printf("암호화된 문자=%c \n", encrpted_data);
12
13     orig_data = encrpted_data ^ key;
14     printf("복원된 문자=%c\n", orig_data);
15
16     return 0;
17 }
```

5.9 형변환

형변환(type conversion)이란 실행 중에 자료형을 변경하는 것이다. 예를 들어서 부동소수
점형을 정수형으로 바꾸어서 수식에서 사용할 수 있다. 형변환을 잘못하면 데이터의 일부가
사라질 수도 있기 때문에 주의하여야 한다.

형변환은 크게 2가지로 나눌 수 있다. 하나는 자동적인 형변환으로 컴파일러에 의하여 자
동으로 수행되는 것이고 또 하나는 프로그래머가 명시적으로 데이터의 형을 변환하는 것이
다. 먼저 자동적으로 형이 변환되는 3가지의 경우를 살펴보고 마지막으로 명시적인 형변환
에 대하여 살펴보자.

그림 5-6
형변환의 종류

대입 연산시 자동적인 형변환

대입 연산 시에 형변환이 자동으로 발생할 수 있다. 대입 연산자의 오른쪽에 있는 값은 왼
쪽에 있는 변수의 자료형으로 자동적으로 변환된다. 예를 들어서 다음과 같은 수식을 고려해
보자. 여기서 f가 double형일 경우에는 10이 double형으로 변환된 후에 변수 f로 대입된다.
이러한 변환은 올림 변환(promotion)이라고 한다. 올림 변환은 전혀 문제가 없다.

```
double f;
f = 10;                      // f에 10.0이 저장된다.
```

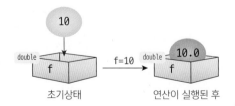

초기상태   연산이 실행된 후

대입 연산 시에서는 반대의 경우도 발생할 수 있다. 즉 낮은 등급의 자료형으로 변환되는 내림 변환(demotion)이 발생할 수도 있다. 일반적으로 문제가 되는 경우는 바로 이 내림 변환이다. 내림 변환이 발생하면 데이터의 손실이 발생할 수 있다. 만약 부동소수점수가 정수형 변수로 대입되면 소수점 이하는 버려지게 된다. 예를 들어서 **3.14**가 정수형 변수에 대입되면 3으로 변환되어 저장된다.

```
int i;
i = 3.14;                    // i에는 3이 저장된다.
```

따라서 가능하다면 내림 변환이 일어나지 않도록 주의하여야 한다. 일반적으로 컴파일러에서는 내림 변환이 발생하는 경우에 경고 메시지를 출력한다.

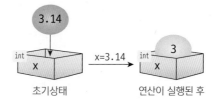

정수형끼리도 내림변환이 이루어질 수 있다. 즉 int형을 char형에 대입하면 내림 변환이 발생한다. int형은 4바이트이지만 char형은 1바이트이다. 따라서 int형이 char형에 대입되면 하위 1바이트를 제외한 상위 3바이트는 버려지게 된다.

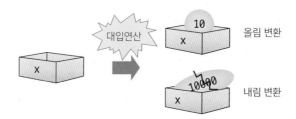

그림 5-7
올림 변환은 별 문제가 없으나 내림 변환은 데이터의 손실이 발생한다.

convert1.c

```
1   // 형변환 예제 프로그램
2   #include <stdio.h>
3
4   int main(void)
5   {
6       char c;
7       int i;
8       float f;
9
10      c = 10000;
11      i = 1.23456 + 10;
12      f = 10 + 20;
13      printf("c = %d, i = %d, f = %f \n", c, i, f);
14
15      return 0;
16  }
```

내림 변환으로 int → char로 된다. 일부의 값이 잘리게 된다.

내림 변환으로 double → int로 된다 소수점 이하가 사라진다. i는 11이 된다.

올림 변환으로 int → float로 된다. 정수가 실수가 된다. f는 30.0이 된다.

```
c = 16, i = 11, f = 30.000000
```

```
1>c:\...\convert1.c(10) : warning C4305: '=' : 'int'에서 'char'(으)로 잘립니다.
1>c:\...\convert1.c(11) : warning C4244: '=' : 'double'에서 'int'(으)로 변환하면서 데이터가
손실될 수 있습니다.
```

정수 연산시의 자동적인 형변환

정수형 연산에서의 자동적인 형변환에 대하여 생각하여보자. 만약 다음의 수식에서 x와 y가 int형 변수라면, 수식의 결과도 당연히 int형일 것이다.

```
x + y
```

참고사항

자료형을 혼합하여서 수식을 만들면 컴파일러는 이들 자료형을 통일시키려고 노력한다. 연산을 하기 전에 피연산자들의 자료형이 통일되어야 하는 이유는 정수끼리의 덧셈과 부동소수점수끼리의 덧셈은 아주 다른 전자 회로를 사용하기 때문이다.

만약 x와 y가 char형이라면 어떻게 될까? 이 경우에도 x + y의 결과가 char형이 아니고 int형이 된다. 이것은 왜냐하면 컴파일러가 char형이나 short형이 수식에 등장하면 이것을 자동으로 int형으로 승격시키기 때문이다. 이것은 CPU가 정수형 연산을 여러 가지 형태로 수행하지 않고 하나로 통일하여 실행하기 때문이다.

그림 5-8
자동적인 int형으로의 변환

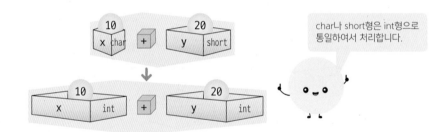

char나 short형은 int형으로 통일하여서 처리합니다.

참고사항

정수형 산술 연산을 int형으로 처리하는 이유
int형은 가장 자연스럽게 CPU가 처리할 수 있는 크기이다. 따라서 CPU 안의 모든 레지스터의 크기와 int형의 크기는 같다. 레지스터(register)는 CPU가 사용하는 가장 빠른 내부기억장소이다. 보통은 이 레지스터를 이용하여 산술 연산을 하게 된다. 따라서 char형이라고 하더라도 일단은 부호 비트를 확장하여 레지스터로 갖다 놓은 뒤에 레지스터끼리 산술 연산을 하게 된다.

수식연산 시의 자동적인 형변환

원칙적으로 수식의 피연산자로는 동일한 자료형만을 사용하여야 한다. 즉 정수들은 정수들끼리 연산을 하여야 한다. 부동소수점수는 부동소수점수들끼리 연산을 하여야 한다. 그러나 때에 따라서는 서로 다른 자료형이 같은 수식에서 혼합되어서 사용되는 경우가 발생한다. 예를 들어서 정수와 부동소수점수가 함께 더해지는 경우도 발생한다.

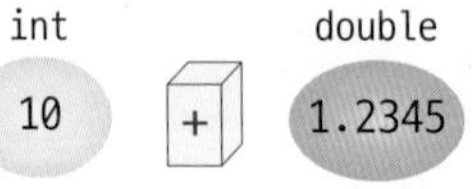

그림 5-9
형변환은 피연산자들의 자료형이 일치하지 않을 때 자동으로 수행된다.

int   double
10 + 1.2345

하나의 수식에서 서로 다른 자료형이 사용되면 모든 자료형은 그중에서 가장 높은 등급의 자료형으로 자동적으로 변환된다. 그 이유는 데이터의 손실을 막기 위해서이다. 만약 낮은 등급으로 변환한다면 그 과정에서 데이터의 손실이 있을 수 있기 때문이다. 자료형을 낮은 등급에서 부터 높은 등급 순으로 나열하면 int, unsigned int, long, unsigned long, float, double 순이 된다. 여기에 char와 short가 없는 이유는 이미 int형으로 변환되었기 때문이다. 예를 들어서 아래와 같은 int형과 double형으로 이루어진 수식이 있다면 모든 피연산자들은 double형으로 변환된다. 만약 double형을 int형으로 변환하였다면 소수부의 손실이 발생했을 것이다.

        10 + 1.2345

위 수식의 계산과정에서 10이 double형 10.0으로 변환된 후에 10.0 + 1.2345가 실행되고 결과는 double형 11.2345가 된다.

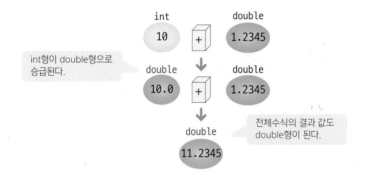

그림 5-10
모든 피연산자들의 자료형이 가장 큰 자료형을 승급된다.

명시적인 형변환

지금까지의 형변환은 모두 자동적으로 이루어졌다. 그러나 때에 따라서는 개발자가 명시적으로 자료형을 변환하여야 하는 경우도 있다. 이런 경우에 사용하는 연산자가 형변환(type cast) 연산자이다. 형변환 연산자는 영어 그대로 캐스트 연산자라고도 한다. 원하는 자료형을 괄호 안에 넣고 상수나 변수 앞에 적어주면 된다.

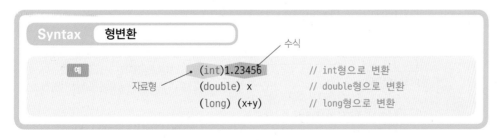

참고사항

주의해야 할 점은 변수 자체가 변화하는 것은 아니다. 단지 변수의 값만 잠시 그 형을 바꾸어서 수식에서 사용하는 것뿐이다. 변수의 형이 변화되는 것은 절대 아니다. 즉 (double)x라고 하면 변수 x의 형이 double형으로 변화되는 것은 아니다. x의 값이 double 형으로 변환되어서 수식 계산에 사용된다는 의미이다.

예를 들어서 1.23456을 정수형으로 변환하고 싶으면 (int)1.23456이라고 하면 된다. (int)1.23456의 값은 정수 1이 된다.

그림 5-11
형변환 연산자는 상수나 변수의 값을 특정한 형으로 변환하는 역할을 한다.

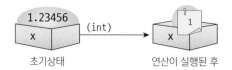

초기상태   연산이 실행된 후

반대로 int형의 1을 double형의 1.0으로 변환하고 싶으면 (double)1하면 된다. 변수 앞에도 사용할 수 있다.

```
f = (double)i;                    // 변수 i의 값이 double형으로 변환된다.
```

수식 앞에도 형변환 연산자를 사용할 수 있다.

```
f = (double)(x + y);              // 수식의 값이 double형으로 변환된다.
```

경우에 따라서는 자동 형변환과 명시적인 형변환의 결과가 다른 경우도 있다. 다음의 소스를 주의 깊게 분석하여보자.

typecast.c

```
1   #include <stdio.h>
2   int main(void)
3   {
4       int i;
5       double f;
6
7       f = 5 / 4;
8       printf("%f\n", f);
9
10      f = (double)5 / 4;
11      printf("%f\n", f);
12
13      f = 5.0 / 4;
14      printf("%f\n", f);
15
16      f = (double)5 / (double)4;
17      printf("%f\n", f);
18
19      i = 1.3 + 1.8;
20      printf("%d\n", i);
21
22      i = (int)1.3 + (int)1.8;
23      printf("%d\n", i);
24      return 0;
25  }
```

5 / 4는 피연산자가 정수이므로 정수 연산으로 계산되어서 1이 된다. 이것이 double형 변수로 대입되므로 올림 변환이 발생하여 1.0이 f에 저장된다.

(double)5 / 4에서는 먼저 형변환 연산자가 우선순위가 높기 때문에 먼저 실행되어서 5.0/4가 된다.

5.0 / 4는 피연산자중 하나가 double형이므로 4도 double형으로 자동 형변환되고 5.0 / 4.0 으로 계산

5.0/4.0과 같다.

수식 1.3 + 1.8은 두 개의 피연산자가 모두 부동소수점수이므로 수식의 결과도 부동소수점형인 3.1이 된다. 3.1이 정수형 변수 i로 대입되면 내림 변환이 발생하여 3이 i에 저장된다.

수식 (int)1.3 + (int)1.8에서는 1.3과 1.8이 모두 1로 변환되므로 변수 i에는 1 + 1하여 2가 저장된다.

```
1.000000
1.250000
1.250000
1.250000
3
2
```

위의 예제에서 알 수 있듯이 자동 형변환과 명시적인 형변환의 결과는 다를 수 있고 프로그래머는 주어진 상황에서 어느 쪽이 더 적절한지를 판단하여 형변환 연산자를 사용하여야 한다.

중간점검

1 내림 변환과 올림 변환을 설명하라.
2 int형 변수 x를 double형으로 형변환하는 문장을 써보라.
3 하나의 수식에 정수와 부동소수점수가 섞여 있으면 어떻게 되는가?

5.10 연산자의 우선순위와 결합 규칙

연산자의 우선순위

만약 아래와 같이 하나의 수식이 2개 이상의 연산자를 가지고 있는 경우에는 어떤 연산자가 먼저 수행될 것인가? 예를 들면 다음과 같은 문장에서 가장 먼저 수행되는 연산은 무엇인가?

```
x + y * z
```

우리는 수학에서 배웠듯이 곱셈과 나눗셈이 덧셈과 뺄셈보다 먼저 수행되어야 한다. 우선순위(precedence)는 많은 연산들 중에서 어떤 연산을 먼저 수행할지를 결정하는 규칙이다. 각 연산자들은 서열이 매겨져 있다. 즉 곱셈과 나눗셈은 덧셈이나 뺄셈보다 우선순위가 높다. 산술 연산자들의 우선순위를 높은 것부터 나열하면 **그림 5-12**와 같다.

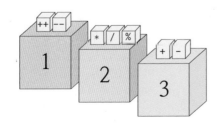

그림 5-12
증감 > 곱셈, 나눗셈, 나머지 > 덧셈, 뺄셈 순의 우선순위를 가진다.

만약 사용자가 이러한 우선순위대로 연산을 하지 않고 다른 순서로 하고 싶은 경우는 어떻게 하면 되는가? 수학에서도 배웠듯이 이 경우에는 괄호를 사용하면 된다.

$$x + \underbrace{\underbrace{y * z}_{①}}_{②} \qquad \underbrace{\underbrace{(x + y)}_{①} * z}_{②}$$

C에서 사용되는 모든 연산자에 대한 우선순위를 **표 5-8**에 정리하였다.

참고사항

우선순위를 기억할 수 없는 경우에는 정신적인 안정을 위하여 괄호를 사용하라. 또 하나의 수식을 지나치게 복잡하게 하면 가독성을 위하여 좋지 않다. 이 경우에는 수식을 나누는 것이 좋다.

표 5-8
연산자 우선순위

우선순위	연산자	설명	결합성
1	++ --	후위 증감 연산자	→(좌에서 우)
	()	함수 호출	
	[]	배열 인덱스 연산자	
	.	구조체 멤버 접근	
	->	구조체 포인터 접근	
	(type){list}	복합 리터럴(C99 규격)	
2	++ --	전위 증감 연산자	←(우에서 좌)
	+ -	양수, 음수 부호	
	! ~	논리적인 부정, 비트 NOT	
	(type)	형변환	
	*	간접 참조 연산자	
	&	주소 추출 연산자	
	sizeof	크기 계산 연산자	
	_Alignof	정렬 요구 연산자 (C11 규격)	
3	* / %	곱셈, 나눗셈, 나머지	→(좌에서 우)
4	+ -	덧셈, 뺄셈	
5	<< >>	비트 이동 연산자	
6	< <=	관계 연산자	
	> >=	관계 연산자	
7	== !=	관계 연산자	
8	&	비트 AND	
9	^	비트 XOR	
10	¦	비트 OR	
11	&&	논리 AND 연산자	
12	¦¦	논리 OR 연산자	
13	?:	삼항 조건 연산자	
14	=	대입 연산자	←(우에서 좌)
	+= -=	복합 대입 연산자	
	*= /= %=	복합 대입 연산자	
	<<= >>=	복합 대입 연산자	
	&= ^= ¦=	복합 대입 연산자	
15	,	콤마 연산자	→(좌에서 우)

위의 표에서 같은 칸에 있는 연산자들의 우선순위는 같다. 우선순위를 모두 암기하기는 상당히 어렵다. 우선순위에 대한 기본적인 지침은 다음과 같다.

● 연산자들의 기능에 따른 분류에 따라서 우선순위를 정리해보면 대략 다음과 같다.

콤마 < 대입 < 논리 < 관계 < 산술 < 단항

- 괄호 연산자 ()는 가장 우선순위가 높다. 따라서 프로그래머가 가장 먼저 계산해야할 부분이 있으면 괄호로 둘러싸면 된다.

- 모든 단항 연산자들은 이항 연산자들보다 우선순위가 높다. 예를 들어서 ++ 연산자는 + 연산자보다 우선순위가 높다.

- 콤마 연산자를 제외하고는 대입 연산자가 가장 우선순위가 낮다. 하지만 콤마 연산자보다는 높다. 따라서 아래의 수식은 대입 연산자부터 실행된다.

```
x = 2 + 3 , 2 - 3;                  // (x = 2 + 3), (2 - 3)과 같다.
```

- 연산자들의 우선순위가 생각나지 않으면 위험을 무릅쓰지 말고 정신적인 안정을 위해서라도 괄호를 이용하여 우선순위를 정확하게 지정해준다. 즉 다음과 같이 ==과 &&의 우선순위가 생각나지 않으면 괄호를 사용해서 먼저 계산돼야 하는 것을 묶어준다.

```
( x <= 10 ) && ( y >= 20 )
```

- 관계 연산자나 논리 연산자는 산술 연산자보다 우선순위가 낮다. 즉 다음과 같은 수식은 마음 놓고 사용하여도 된다.

```
x + 2 == y + 3                      // (x + 2) == (y + 3)와 같다.
```

- 관계 연산자는 논리 연산자보다 우선순위가 높다. 따라서 다음과 같은 문장은 안심하고 사용하라.

```
x > y && z > y                      // (x > y) && (z > y)와 같다.
```

- 논리 연산자 중에서 && 연산자가 || 연산자보다 우선순위가 높다는 것에 유의하여야 한다.

```
x < 5 || x > 10 && x > 0            // x < 5 || (x > 10 && x > 0)와 같다
```

● 가능하다면 불명확한 수식은 피하는 것이 좋다. 다음의 수식은 불명확한 수식이다.

```
x = x++;          // x의 값은 얼마인가? 비주얼 스튜디오에서는 컴파일 오류이다.
```

연산자의 결합 규칙

가끔 연산자들의 계산 순서가 상당히 혼돈스러운 경우도 있다. 다음의 수식의 경우, x * y와 w * y 가 + 연산보다 먼저 수행된다는 것은 명확하다.

x * y + w * y

하지만 x * y와 w * y중에서 어떤 것이 먼저 계산될지는 불명확하다. 컴파일러에 따라서 계산 순서는 달라질 수 있다.

혹시 이런 경우에는 곱셈 연산자들은 결합 규칙에 의하여 왼쪽에서부터 계산되지 않을까라고 생각할 수도 있지만 결합 규칙은 피연산자를 공유하는 연산자들에게만 적용된다. 즉 3 * 4 * 5와 같은 경우에만 결합 규칙에 적용된다.

만약 아래의 수식과 같이 동일한 우선순위를 가지는 연산들이 여러 개가 있으면 어떤 것을 먼저 수행하여야 하는가? 즉 x*y를 먼저 수행하는가 아니면 y*z를 먼저 수행하는가?

```
x * y * z
```

이것도 연산자마다 달라진다. 산술 연산자의 경우에는 왼쪽에서 오른쪽으로 연산이 수행된다. 즉 x*y가 먼저 수행된다. 이것이 연산자의 결합 규칙(association)이다. 결합 규칙이란 동일한 우선순위의 연산이 있는 경우에 무엇을 먼저 수행하느냐에 대한 규칙이다.

$$x * y * z \qquad\qquad x = y = z$$

결합방향(좌 → 우)   결합방향(우 → 좌)

결합 규칙에는 왼쪽 우선 결합 규칙과 오른쪽 우선 결합 규칙이 있다. 왼쪽 우선 결합 규칙(left-to-right)란 같은 우선순위를 가지는 연산자들을 왼쪽에서 오른쪽으로 수행하는 것을 말한다. 왼쪽 우선 결합 규칙을 따르는 연산자들은 문장에서 나타나는 순서대로 실행된다. 산술 연산자와 같은 대부분의 이항 연산자들은 왼쪽 우선 결합 규칙에 따른다.

오른쪽 우선 결합 규칙(right-to-left)란 반대로 오른쪽의 연산자부터 먼저 수행하는 것을 말한다. 대부분의 단항 연산자들과 대입 연산자는 오른쪽 우선 결합 규칙을 따른다.

왼쪽 우선 결합 규칙은 앞에서 살펴봤으므로 오른쪽 우선 결합 규칙을 살펴보자. 다음의 수식은 어떻게 계산될까?

$$x = y = z = 5;$$

대입 연산자는 오른쪽 우선 결합 규칙을 따르므로 가장 오른쪽에 위치한 z = 5가 먼저 수행되고 차례대로 y = z, z = y가 수행된다.

단항 연산자들은 대부분 오른쪽 우선이다. 예를 들어서 다음과 같은 수식을 살펴보자.

$$y = - \text{++} \text{--}x;$$

여기서는 -(부호) 연산자와 ++, -- 연산자는 모두 단항 연산자로서 오른쪽 우선 결합 규칙을 따른다. 따라서 --x가 가장 먼저 수행되고 ++, - 연산자가 차례대로 수행된다. 마지막으로 대입 연산자가 수행된다.

변수의 형을 변환하는 형변환 연산자도 단항 연산자로서 오른쪽 우선 결합 규칙에 따른다.

$$f=(\text{float})(\text{long})\ i;$$

위의 문장에서 변수 i의 값은 먼저 long으로 변환된 다음에 float로 변환되어 변수 f에 대입된다.

예제#1

아래와 같은 복잡한 문장에서는 어떤 연산이 먼저 수행될까? 아래의 문장에서 원문자는 연산자들이 수행되는 순서를 의미한다.

$$y = a \% b / c + d * (e - f);$$

괄호안의 연산은 가장 우선순위가 높다. 따라서 가장 먼저 수행된다. 다음에는 곱셈, 뺄셈, 나머지 연산자들은 우선순위가 같으므로 왼쪽에서부터 차례대로 수행된다. 덧셈은 그 다음에 수행되며 대입 연산자는 가장 우선순위가 낮으므로 마지막에 수행된다.

예제#2   다음 프로그램의 결과를 보기 전에 수식의 값을 예측하여보자.

prec.cpp

```c
1   #include <stdio.h>
2
3   int main(void)
4   {
5       int x=0, y=0;
6       int result;
7
8       result = 2 > 3 || 6 > 7;
9       printf("%d\n", result);
10
11      result = 2 || 3 && 3 > 2;
12      printf("%d\n", result);
13
14      result = x = y = 1;
15      printf("%d\n", result);
16
17      result = - ++x + y--;
18      printf("%d\n", result);
19
20      return 0;
21  }
```

관계 연산자가 논리 연산자보다 우선순위가 높으므로 먼저 계산된다. 2 > 3도 거짓이고 6 > 7도 거짓이므로 전체 수식도 거짓이 된다. 따라서 연산의 최종 결과값은 0이 된다.

관계연산자가 논리연산자보다 우선순위가 높으므로 3 > 2가 먼저 계산되어서 값이 참(1)이 된다. 다음에는 && 연산자가 || 연산자보다 우선순위가 높으므로 먼저 계산되어서 3 && 1이 되어서 계산값이 1이 된다. 최종적으로 2 || 1이 계산되고 최종 결과값은 1이 된다.

대입연산자는 결합방향이 오른쪽에서 왼쪽이다. 따라서 제일 먼저 y = 1이 수행되어서 x = 1이 된다. 다시 x = 1이 먼저 수행되고 result = x이 맨 나중에 수행된다. 전체 수식의 값은 1이 된다.

- (부호) 연산자와 ++연산자는 우선순위는 같다. 따라서 결합 규칙에 의하여 연산이 진행된다. 결합 방향은 오른쪽에서 왼쪽이 된다. 따라서 먼저 ++연산이 x에 적용되고 다음에 부호 연산자 -가 적용된다. 그리고 후위 -- 연산자는 우선순위는 제일 높지만 수식을 계산하고 나서 수행된다. 따라서 -2 + 1이 되어서 전체 수식의 결과값은 -1이 된다.

```
0
1
1
-1
```

 중간점검

1   연산자 중에서 가장 우선순위가 낮은 연산자는 무엇인가?

2   논리 연산자인 &&과 || 중에서 우선순위가 더 높은 연산자는 무엇인가?

3   단항 연산자와 이항 연산자 중에서 어떤 연산자가 더 우선순위가 높은가?

4   관계 연산자와 산술 연산자 중에서 어떤 연산자가 더 우선순위가 높은가?

LAB   화씨 온도를 섭씨로 바꾸기

화씨 온도는 미국과 과거 영어권 국가에서 사용된다. 섭씨 온도는 우리나라와 유럽 등지에서 사용된다. 화씨 온도를 섭씨 온도로 바꾸는 프로그램을 작성하여보자. 변환식은 다음과 같다.

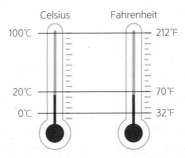

$$섭씨온도 = \frac{5}{9}(화씨온도 - 32)$$

여기서 약간 주의할 점이 있다. 다음 프로그램을 직접 입력하여서 실행하여보자.

```c
1  #include <stdio.h>
2  int main(void)
3  {
4      double f_temp;
5      double c_temp;
6
7      printf("화씨온도를 입력하시오: ");
8      scanf("%lf", &f_temp);
9      c_temp = 5 / 9 * (f_temp - 32);
10     printf("섭씨온도는 %f입니다 \n", c_temp);
11
12     return 0;
13 }
```

```
화씨온도를 입력하시오: 100
섭씨온도는 0.000000입니다.
```

어떤 값을 입력하더라도 항상 0.0이 나오는 것을 알 수 있다. 그 원인은 과연 무엇일까?

Solution

비주얼 스튜디오의 디버거를 사용하여서 문장을 하나씩 실행하여보자. 디버거를 사용하는 것은 아주 쉬운데 F10 키를 누를 때마다 한 문장이 실행된다. 실행하면서 변수 위에 마우스를 놓아서 변수의 값을 관찰하여보자.

```
#include <stdio.h>
int main(void)
{
    double f_temp;
    double c_temp;

    printf("화씨온도를 입력하시오: ");
    scanf("%lf", &f_temp);
    c_temp = 5 / 9 * (f_temp - 32);
    printf    c_temp  0.00000000000000000  temp);

    return 0;
}
```

c_temp가 항상 0인 것을 알 수 있다. 원인은 무엇인가? 원인은 바로 수식의 계산에 있다. 우선순위에 의하여 5/9가 먼저 실행된다. 5와 9가 모두 정수이므로 연산의 실행 결과는 항상 0이 된다. 따라서 전체 수식의 값이 항상 0이 되는 것이다.

어떻게 수정하면 될까? 수식을 다음과 같이 변경하면 된다.

```
c_temp = 5.0 / 9.0 * (f_temp - 32);
```

이번에는 5.0/9.0은 피연산자가 모두 실수이므로 나눗셈 결과도 실수가 되어서 올바르게 계산된다.

 도전문제

위에서 제시한 방법 외에 다른 방법은 없을까?

(1) ((double)5 /(double)9) * (f_temp - 32); 가 되는지 확인하여보자.

(2) ((double)5 /9) * (f_temp - 32); 가 되는지 확인하여보자.

Q&A

Q 단순히 변수의 값을 증가하려면 i++을 쓰는 것이 좋은가? 아니면 ++i를 써야 하는가?

A 단순히 변수의 값을 증가시키는 목적으로만 사용한다면 둘 사이의 차이점은 없다.

Q 다음의 수식은 어떻게 해석되는가?

```
x---y;
```

A 컴파일러는 가능한 최대 크기로 토큰을 만든다는 원칙에 입각하여서 다음과 같이 해석한다.

```
x-- -y;                        // x- --y와 같이 해석하지 않는다.
```

Q 다음과 같은 코드는 25를 출력하는가? 아니면 30을 출력하는가?

```
int i = 5;
printf("%d\n", i++ * i++);
```

A ++가 변수의 뒤에 붙으면 이전 값이 연산에 사용되어서 5*5=25로 계산된다. 하지만 증감 연산자가 하나의 수식 안에서 동일한 변수에 여러 번 사용되게 되면 순서 문제가 발생할 수 있다. 위와 같이 애매모호한 수식은 사용하지 않는 것이 좋다.

Q 비트 XOR 연산자를 이용하여서 추가 변수 없이 변수의 값을 교환할 수 있다는데 사실인가?

A x ^ y 는 y ^ x와 같다. 또 x ^ x은 0이 된다. 다음과 같은 코드를 실행하면 x의 값과 y의 값이 교환된다.

```
int x=10, y=20;
x = x ^ y;
y = x ^ y;            // y는 x ^ y ^ y = x ^ 0 = x가 된다.
x = x ^ y;            // x는 x ^ y ^ x = y ^ x ^ x = y ^ 0 = y가 된다.
printf("%d %d", x, y);    // 20 10이 출력된다.
```

Q 다음과 같은 코드는 왜 안되는지?
```
(( x < y ) ? x : y) = 100;
```

A 대입 연산자의 왼쪽은 항상 변수처럼 값을 저장할 수 있어야 한다(lvalue라고 한다). 조건 연산자인 ?:도 다른 연산자들과 마찬가지로 값을 생성하게 되고 이것은 변수가 아니기 때문에 대입할 수 없다. 즉 ((x < y) ? x : y) 수식의 값은 만약 x가 y보다 작으면 x의 값이고 반대의 경우에는 y의 값이다. x나 y가 아니라 x와 y의 값인 것이다.

Summary

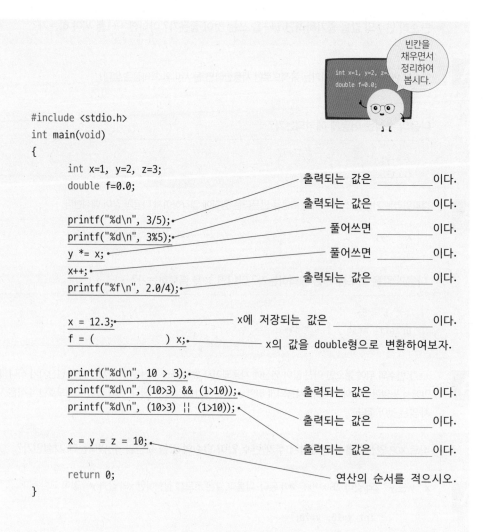

빈칸을
채우면서
정리하여
봅시다.

```
int x=1, y=2, z=
double f=0.0;
```

```
#include <stdio.h>
int main(void)
{
        int x=1, y=2, z=3;
        double f=0.0;

        printf("%d\n", 3/5);
        printf("%d\n", 3%5);
        y *= x;
        x++;
        printf("%f\n", 2.0/4);

        x = 12.3;
        f = (              ) x;

        printf("%d\n", 10 > 3);
        printf("%d\n", (10>3) && (1>10));
        printf("%d\n", (10>3) || (1>10));

        x = y = z = 10;

        return 0;
}
```

출력되는 값은 _____ 이다.

출력되는 값은 _____ 이다.

풀어쓰면 _____ 이다.

풀어쓰면 _____ 이다.

출력되는 값은 _____ 이다.

x에 저장되는 값은 _____ 이다.

x의 값을 double형으로 변환하여보자.

출력되는 값은 _____ 이다.

출력되는 값은 _____ 이다.

출력되는 값은 _____ 이다.

연산의 순서를 적으시오.

Exercise

01 다음 중 우선순위가 가장 높은 연산자는?

① 대입 연산자　　② 증감 연산자　　③ 산술 연산자　　④ 콤마 연산자

02 수식에서 어떤 연산자들이 먼저 계산되는지를 결정하는 것을 무엇이라고 하는가?

① 피연산자　　② 결과값　　③ 우선순위　　④ 연산의 부작용

03 두 개의 피연산자가 모두 참인 경우에만 참이 되는 논리 연산자는?

① &&　　② ||　　③ !　　④ >　　⑤ <

04 다음 중 올바른 대입식이 아닌 것은?

① x = 10 + k　　② 5 = x + y　　③ z %= 20　　④ x = y = z = 2

05 다음 수식의 값을 적으시오.

(a) 1.0 + 1.0 / 2.0　　　　　　　　　　(b) 1.0 + 1 / 2
(c) 1.0 + 1.0 / 2　　　　　　　　　　(d) 1.0 + (double)1 / 2

06 다음 중에서 조건 연산자를 올바르게 사용한 것은?

① a > b ? a; b;　　　　　　　　　　② a > b ? c = 30;
③ max = a > b ? a : b;　　　　　　　④ (a > b) ? (a : b)

07 다음 프로그램의 출력은?

```
int i=-3, j=2, k=0, m;
m = ++i && ++j && ++k;
printf("%d, %d, %d, %d\n", i, j, k, m);
```

08 다음 프로그램의 출력이 1이 아니고 0이 나오는 원인은 무엇일까?

```
float a = 0.7;
printf("%d \n", a == 0.7);
```

09 다음 프로그램의 출력은?

```
int x=4, y, z;
y = --x;
z = x--;
printf("%d, %d, %d\n", x, y, z);
```

10 다음 수식의 결과는 무엇인가? 단 x는 16비트 정수이고 초기값은 0x1111이라고 가정한다.

(a) x & ~x　　　　(b) x | ~x　　　　(c) x ^ ~x　　　　(d) x ^ 0xffff

11 아래의 수식이 계산되는 순서를 올바르게 나타낸 것은?

　z = x + y * z / 8 % 2 - 3

① * / % + - =　　　　　　　　② = * / % + -
③ / * % - + =　　　　　　　　④ * % / - + =

12 다음 프로그램의 출력은?

```
#include <stdio.h>
int main(void)
{
    printf("%x\n", 0x20<<2);
    return 0;
}
```

13 다음 프로그램의 출력은?

```
#include <stdio.h>
int main(void)
{
    int a=100, b=200, c;
    c = (a == 100 || b > 200);
    printf("%d\n", c);
    return 0;
}
```

14 다음의 조건에 해당하는 논리 연산식을 만들어 보시오. 필요한 변수는 적절하게 선언하시오.

(a) 무주택 기간 3년 이상이고 가구주의 연령이 40세 이상이고 가족의 수가 3명 이상이어야 한다.
(b) 놀이 기구를 타려면 나이는 6세 이상이고, 키는 150㎝ 이상이어야 한다.
(c) 평균 학점 3.0 이상이어야 한다. 또 토플 점수 300점 이상이거나 토익 700점 이상이어야 한다.

Programming

01 사용자로부터 2개의 정수를 입력받아서 첫 번째 정수를 두 번째 정수로 나누었을 때 얻게 되는 몫과 나머지를 출력하는 프로그램을 작성하시오.

> 정수 2개를 입력하시오: 10 3
>
> 몫: 3
> 나머지 1

HINT 나머지를 계산하려면 % 연산자를 사용한다.

나머지 연산자
———
MEDIUM
★★☆

02 2개의 double 형의 실수를 읽어서 합, 차, 곱, 몫을 구하는 프로그램을 작성하라.

> 실수를 입력하시오: 2.0 3.0
> 5.00 -1.00 6.00 0.67

HINT double형의 실수를 입력받을 때는 형식 지정자로 "%lf"를 사용하는 것을 잊지 말자. 출력할 때는 "%.2f"를 사용한다.

실수 계산, 실수
출력
———
MEDIUM
★★☆

03 3개의 정수값을 입력받아서, 3개의 정수값 중에서 최대값을 출력하는 프로그램을 작성하라.

> 정수 3개를 입력하시오: 2 3 4
> 최대값은 4입니다.

HINT 조건 연산자 ?: 을 2번 사용하는 방법을 연구해보자.

조건 연산자
———
MEDIUM
★★☆

04 cm로 표현된 키를 입력하여 피트와 인치로 변환하는 프로그램을 작성하시오. 1피트는 12인치이고 1인치는 2.54cm이다.

> 키를 입력하시오(cm): 163
> 163cm는 5피트 4.17인치입니다.

HINT 소수점 2번째 자리에서 반올림하려면 형식 지정자 %.2f를 사용하여 출력한다.

나머지 연산자
———
MEDIUM
★★☆

05 100보다 작은 정수를 입력받아서 이것을 십의 지리, 일의 자리로 분리하여 출력하는 프로그램을 작성하시오. 즉 사용자가 정수 23을 입력하면 2, 3을 차례로 출력하면 된다.

> 정수를 입력하시오: 23
>
> 십의 자리: 2
> 일의 자리: 3

HINT 나눗셈(/)과 나머지 연산(%)을 사용하면 된다.

나머지 연산자
———
HARD
★★★

부동소수점 비교

MEDIUM
★★☆

06 (1.0-0.9)==0.1의 값은 당연히 1이어야 한다. 하지만 0이 출력된다. 출력값이 1이 나오도록 코드를 작성해보자. 부동소수점수를 비교할 때는 어떻게 하여야 하는가?

```
(1.0-0.9)==0.1 은 1 입니다.
```

HINT fabs(x, y) < 0.000001를 사용해본다. 기억나지 않으면 본문을 참조한다.

비트 이동 연산자

MEDIUM
★★☆

07 정수에 비트 연산자 <<를 한 번 적용하면 2를 곱한 값을 얻을 수 있다. 또 정수에 비트 연산자 >>를 한 번 적용하면 2로 나눈 값을 얻을 수 있다. 사용자로부터 정수 x, y를 입력받아서 x<<y의 값을 출력하는 프로그램을 작성하여보자.

```
정수를 입력하시오: 10
2를 곱하고 싶은 횟수: 3

10<<3의 값: 80
```

실수 계산

HARD
★★★

08 구의 표면적과 체적을 구하는 프로그램을 작성하라. 구의 반지름은 실수로 입력된다. 아래의 공식을 사용하라. 파이값은 기호 상수를 사용하여 정의하라.

$$A = 4\pi r^2$$
$$A = \frac{4}{3}\pi r^3$$

```
구의 반지름을 입력하시오: 10.0
표면적은 1256.64입니다.
체적은 4188.79입니다.
```

HINT 소수점 2번째 자리에서 반올림하려면 형식 지정자 %.2f를 사용하여 출력한다.

실수 계산

MEDIUM
★★☆

09 그리스 최초의 수학자이자 천문학자인 탈레스(Thaies)는 지팡이 하나로 피라미드의 높이를 재었다고 한다. 탈레스는 지팡이를 똑바로 땅에 세우고 지팡이를 움직여서 지팡이의 그림자와 피라미드의 그림자를 일치시켰다. 삼각형 ABC와 삼각형 ADE는 닮은꼴이므로 다음의 수식이 성립한다.

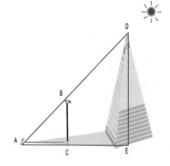

$$AC : AE = BC : DE$$

따라서 AC와 AE, BC를 안다면 DE를 계산할 수 있다. AC와 AE, BC를 입력하여서 DE를 구하는 프로그램을 작성하라. 입력되는 수치는 모두 실수로 한다.

```
지팡이의 높이를 입력하시오: 100
지팡이 그림자의 길이를 입력하시오: 20
피라미드까지의 거리를 입력하시오: 1000
피라미드의 높이는 5000.00입니다.
```

10 조건 연산자 ?만을 이용하여 2차원 공간의 x 좌표와 y 좌표를 입력받아서 그 좌표가 속하는 사분면을 출력하는 프로그램을 작성하시오. (x>0 && y>0)? printf("1사분면"): printf(" ");와 같은 문장을 사용하여 작성해본다.

조건 연산자
MEDIUM
★★☆

좌표의 부호	사분면
x > 0, y > 0	1사분면
x < 0, y > 0	2사분면
x < 0, y < 0	3사분면
x > 0, y < 0	4사분면

```
x 좌표를 입력하시오: 10
y 좌표를 입력하시오: 10

1사분면입니다.
```

11 약 2200년 전에 그리스의 에라토스테네스는 최초로 지구의 크기를 측정하였다. 일단 지구를 구형으로 가정하고 또 태양 광선은 지구의 어느 곳에서나 평행하게 비친다고 가정하였다. 또 원호의 길이는 중심각에 비례한다는 원리를 사용하였다. 하지날 정오에 시에네에서 햇빛이 수직으로 비칠 때, 알렉산드리아에서는 막대와 그림자가 이루는 각도가 7.2°로 측정되었다. 또 시에네에서 알렉산드리아까지의 거리는 약 900km로 측정되었다. 이것을 이용하여서 지구의 반지름을 계산하여보자.

실수 연산
HARD
★★★

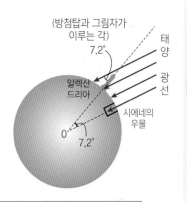

```
거리를 입력하시오: 900
각도를 입력하시오: 7.2
지구의 반지름은 7156.61입니다.
```

HINT 7.2도가 900km라면 360도라면 얼마나 될까?

12 비트 이동 연산을 이용하여 문자 4개를 받아서 하나의 unsigned int형의 변수 안에 저장하는 프로그램을 작성하라. 첫 번째 문자는 비트 0부터 비트 7까지에 저장되고 두 번째 문자는 비트 8부터 비트 15까지 세 번째 문자는 비트 16에서 비트 23까지, 네 번째 문자는 비트 24부터 비트 31까지에 저장된다. 결과로 생성되는 정수값은 16진수로 출력하도록 한다. 비트 이동 연산과 비트 OR 연산을 사용하라.

비트 이동 연산
HARD
★★★

```
첫 번째 문자를 입력하시오: a
두 번째 문자를 입력하시오: b
세 번째 문자를 입력하시오: c
네 번째 문자를 입력하시오: d
결과값: 64636261
```

HINT 비트 이동 연산자 <<를 이용한다.

조건문

조건문은 조건에 따라서 어떤 문장을 실행할 지 결정하는 건가요?

네, 조건문이 있어서 프로그램이 스마트하게 동작할 수 있는 것입니다.

Objectives

- 가능한 여러 가지 동작 중에서 하나를 선택하는 if..else 문의 사용법을 익힌다.
- 중첩 if..else 문의 사용법을 익힌다.
- 선택할 수 있는 동작이 많은 경우에 사용되는 switch 문의 사용법을 학습한다.
- 반복문의 흐름을 제어하는 break, continue, goto 등의 사용법을 학습한다.

06 조건문

6.1 제어문

우리 인생은 선택의 연속이라고 한다. 당장 다음 식사 때 어떤 메뉴를 선택할지 고민되지 않는가?

프로그램도 선택 구조를 많이 사용한다. 만약 프로그램에 선택 구조가 없다면 프로그램은 항상 똑같은 동작만을 되풀이할 것이다. 프로그램이 항상 똑같은 동작만 한다면 현실에서는 별로 쓸모가 없을 것이다. 이것은 마치 날씨를 무시하고 항상 똑같은 옷만 입는 사람과 비슷하다. 물론 간단한 문제는 이것으로도 해결할 수 있지만, 복잡하고 다양한 문제들은 해결할 수 없다. 예를 들어서 자율 주행 자동차가 신호등이나 전방 장애물에 따라서 동작을 다르게 하지 않는다면 큰일이 날 것이다.

현실 세계의 복잡한 문제를 해결하려면 조건에 따라서 실행을 다르게 하거나, 정해진 회수만큼 작업을 반복할 수 있어야 한다. 문장들의 실행순서를 제어하는 문장을 제어문(control statement)이라고 한다. 제어문은 조건문과 반복문으로 나누어진다.

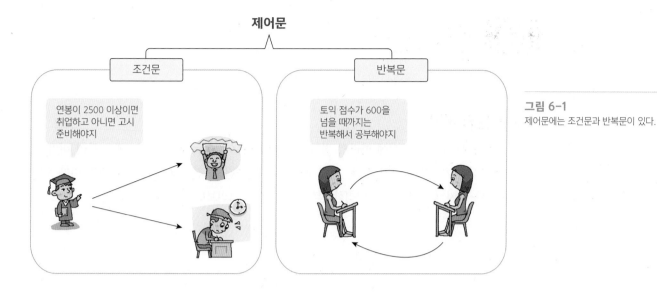

그림 6-1
제어문에는 조건문과 반복문이 있다.

3가지의 제어 구조

우리가 프로그램을 작성할 때, 사용할 수 있는 3가지의 기본적인 제어 구조가 있다.

- 순차 구조(sequence) – 명령들이 순차적으로 실행되는 구조이다.
- 선택 구조(selection) – 둘 중의 하나의 명령을 선택하여 실행되는 구조이다.
- 반복 구조(iteration) – 동일한 명령이 반복되면서 실행되는 구조이다.

아래 그림은 순차 구조, 선택 구조, 반복 구조를 순서도(flowchart)로 나타낸 것이다.

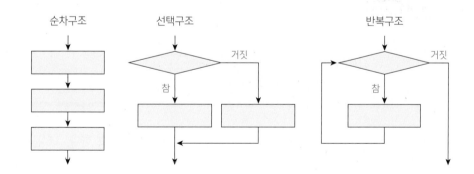

이것들은 레고의 기본 블록과 유사하다. 레고의 거의 모든 작품은 기본 블록 몇 가지만을 이용하여 만들어진다. 프로그램도 마찬가지이다. 어떠한 프로그램이라도 3가지의 기본 블록만 있으면 만들 수 있다. 프로그램은 이들 기본적인 구조를 서로 연결하여서 작성된다. 이번 장에서는 주로 선택 구조에 집중하여 학습하자.

6.2　if 문

if 문의 개념

일상생활에서도 조건에 따라서 결정을 내려야 하는 경우는 많이 있다. 예를 들어 비가 오면 우산을 가지고 간다고 하자. 먼저 비가 오는지(조건)를 검사하여야 한다. 만약 비가 오면 우산을 가지고 간다(결정). 이러한 상황을 흐름도로 그려보면 **그림 6-2**과 같다.

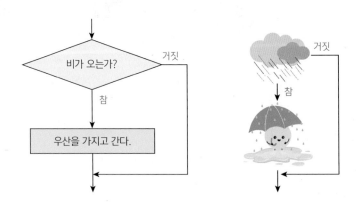

그림 6-2
조건에 따라 결정을 내리는 예

프로그램에서도 조건에 따라 프로그램의 흐름을 바꿔야 하는 경우가 있다. 이런 경우에 사용할 수 있는 문장이 if 문이다. if 문은 영어 단어 if가 의미하는 것처럼 "만약 ~하면 ~한다"라고 해석하면 된다. if 문의 형식은 다음과 같다.

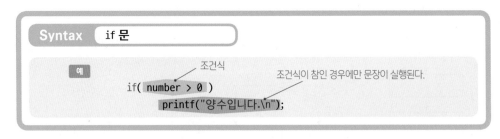

```
Syntax      if 문

예                        조건식              조건식이 참인 경우에만 문장이 실행된다.
          if( number > 0 )
              printf("양수입니다.\n");
```

if 문에서는 조건을 수식으로 표현하고, 그 수식을 바로 '조건식'이라고 한다. if 문은 주어진 조건식을 계산하여 그 결과값이 참이면 문장을 실행한다. 조건식이 거짓으로 계산되면 문장은 실행되지 않는다.

그림 6-3
if 문의 흐름도

　구체적인 예를 들어보자. 온도가 0도 미만이면 영하라는 메시지를 화면에 출력하는 코드를 만들어보면 다음과 같다.

```
if (temperature < 0)
    printf("현재 영하입니다.\n");
```

　변수 temperature의 값이 0보다 작으면 수식 "temperature < 0"이 참이 되고 따라서 printf 문장이 실행된다. 만약 변수 temperature의 값이 0보다 작지 않으면 수식 "termerature < 0"이 거짓이 되고 따라서 printf 문장이 실행되지 않는다.

　일반적으로 조건식에는 연산의 결과값이 참이나 거짓으로 생성되는 수식이 사용된다. 따라서 조건식은 일반적으로 관계 수식이나 논리 수식이 된다. 조건식의 예를 들어보면 다음과 같다.

　　　　　　　　　　score가 60이상이면

```
( score >= 60 )      // 관계식
( score >= 60 && score < 70 ) // 논리식
```

　　　　　　　　　　　　　　score가 60이상이고 70미만이면

　일반적인 경우에는 위와 같은 관계식이나 논리식이 사용되지만 엄밀하게 말하자면 어떤 수식이든지 사용이 가능하다. 수식의 값이 0이면 무조건 거짓으로 간주되고 수식의 값이 0이 아니면 참으로 간주된다.

　다음은 모두 if 문을 올바르게 사용한 예이다.

```
if( sales > 2000 )
    bonus = 200;
```

```
if( height >= 130 && age >= 10 )
    printf("놀이기구를 탈 수 있습니다.\n");
```

참고사항

다음과 같이 if 문의 조건식의 뒤에 세미콜론을 찍으면 절대 안 된다.

　　　if(조건식);
　　　　문장;

if 문은 조건식과 문장이 합쳐서 하나의 문장이 된다.

예제#1

키보드에서 입력받은 정수가 양수인지를 말해주는 프로그램을 작성하여보자. 사용자로부터 입력받은 수를 if 문을 이용하여 검사하면 된다.

if1.c

```
1   #include <stdio.h>
2
3   int main(void)
4   {
5       int number;
6
7       printf("정수를 입력하시오:");
8       scanf("%d", &number);
9
10      if( number > 0 )
11          printf("양수입니다.\n");
12
13      printf("입력된 값은 %d입니다.\n", number);
14      return 0;
15  }
```

number가 0보다 크면 printf 문장이 실행된다.

if 문이 실행된 후에 항상 실행된다.

정수를 입력하시오:25
양수입니다.
입력된 값은 25입니다.

프로그램 설명

여기서 한 가지 짚고 넘어 갈 것은 if 문이 실행된 다음에는 어떤 문장이 실행되느냐이다. if 문이 끝나면 조건이 참이든 거짓이든 상관없이 if 문 다음에 있는 문장이 실행된다.

```
if ( number > 0 )
        printf("양수입니다.\n");      // 조건이 참일 때만 실행

printf("입력된 값 %d입니다.\n", number);  // 항상 실행
```

위의 예에서 첫 번째 printf 문은 number가 0보다 크면 출력된다. 두 번째 printf 문은 항상 실행된다.

예제#2

키보드에서 입력받은 정수의 절대값을 구해보자. 절대값을 구하는 가장 간단한 방법은 정수가 0보다 작은 경우, -부호 연산자를 적용시켜서 부호를 반전시키는 것이다. 따라서 if 문을 사용할 수 있다.

if2.c

```
1   // if 문을 사용하여 절대값을 구하는 프로그램
2   #include <stdio.h>
3
4   int main(void)
5   {
6       int number;
7
8       printf("정수를 입력하시오:");
9       scanf("%d", &number);
10
11      if( number < 0 )
12          number = -number;
13
14      printf("절대값은 %d입니다.\n", number);
15      return 0;
16  }
```

number가 0보다 작으면 number의 부호를 반전한다.

```
정수를 입력하시오:-5
절대값은 5입니다.
```

복합문(블록)

만약 조건이 참인 경우에 여러 개의 문장이 실행되어야 한다면 어떻게 하여야 하는가? 즉 예를 들어서 성적이 90점 이상이면 합격과 동시에 장학금도 받을 수 있다고 출력하려면 어떻게 해야 할까? 이런 경우에는 다음과 같이 중괄호를 이용하여 문장들을 묶어서 한꺼번에 실행시킬 수 있다.

```
if( score >= 90 )
{
    printf("합격입니다.\n");
    printf("장학금도 받을 수 있습니다.\n");
}
```

복합문으로 하나의 문장처럼 취급된다.

참고사항

복합문은 if 문에서만 사용할 수 있는 것은 아니다. 어디서나 사용하여도 된다.
```
{
  x = 10;
  y = 20;
}
```

이 경우 만약 score의 값이 90보다 크거나 같으면 중괄호에 싸인 두 개의 문장이 실행된다. 이러한 문장 그룹핑을 복합문(compound statement)이라고 한다. 복합문은 블록(block)이라고도 하며 단일문이 들어갈 수 있는 곳이면 어디나 단일문 대신 넣을 수 있다.

초보자가 저지르기 쉬운 하나의 실수가 다음과 같이 들여쓰기를 하면 score가 90보다 크거나 같을 때 두 개의 문장이 실행될 거라고 믿는 것이다(C는 파이썬과 다르다).

```
if( score >= 90 )
        printf("합격입니다.\n");
        printf("장학금도 받을 수 있습니다.\n");
```

그러나 컴파일러는 첫 번째 printf 문장만 조건에 따라서 실행하고 두 번째 printf 문장은 조건에 상관없이 무조건 실행하게 된다. 즉 다음과 같은 코드와 실행 결과는 동일하다.

```
if( score >= 90 )
        printf("합격입니다.\n");
printf("장학금도 받을 수 있습니다.\n");
```

따라서 조건에 따라 두 개의 문장을 묶어서 실행하는 경우라면 반드시 중괄호로 묶어서 블록으로 만들어야 한다는 것을 기억하자.

참과 거짓

C에서는 참과 거짓은 "0이 아닌가"와 "0인가"로 결정된다. 따라서 다음과 같이 간략화한 조건식도 많이 사용된다.

표준적인 방법	간략한 표기법

if(x != 0)
    printf("x가 0이 아닙니다."
	if(x)
	    intf("x가 0이 아닙니다.\n");

if(x == 0)
    printf("x가 0입니다.\n");
	if(!x)
	    printf("x가 0입니다.\n");

⚠️ 오류 주의

다음과 같이 if 문장의 조건식 뒤에 세미콜른을 찍으면 안 된다. if 문장은 조건식과 문장이 합쳐서 하나의 문장을 이룬다. 아래와 같이 작성하면 if 문은 if(x > 0);로 끝나고 printf 문장은 조건에 관계없이 실행된다.

```
if( x > 0 );
        printf("양수입니다.\n");
```

⚠️ 오류 주의

아주 많이 하는 오류가 두 값을 비교할 때 == 연산자를 사용하지 않고 = 연산자를 사용하는 것이다. 이 경우에는 비교가 되지 않고 값이 단순히 변수에 대입된다. 대입된 값에 따라서 참과 거짓이 결정된다.

```
if( x = 0 )
        printf("x가 0이다.");
```

이 경우에는 x에 0이 대입되어서 항상 거짓이 된다. x == 0으로 작성하여야 한다. 이러한 오류를 방지하기 위하여 어떤 사람들은 0 == x와 같이 적는다. 만약 0 = x가 되면 문법 오류가 발생한다.

⚠️ 오류 주의

다음과 같이 적으면 문법 오류가 된다. 파이썬에서는 이와 같은 문장이 적법하지만 C에서는 조건식 주위에 소괄호가 있어야 한다.

```
if x > 0
        printf("x가 0보다 크다.");
```

참고사항

실수와 실수를 비교할 때는 다음과 같은 문장을 사용하는 것은 문제가 될 수 있다.

```
if  (result == expectedResult) { ... }
```

위의 비교는 참이 되기 힘들다. 왜냐하면 0.2와 같은 단순한 값은 정확하게 표현되지만 복잡한 값은 정확하게 표현되지 않기 때문이다. 따라서 부동소수점 수 2개가 같은 지를 판별하려면 다음과 같이 오차를 감안하여서 비교하여야 한다. 즉 2개의 숫자가 오차 이내로 아주 근접하면 같은 것으로 판정하는 방법이다.

```
if  (fabs(result - expectedResult) < 0.00001) { ... }
```

오차가 무시할 만 하면
같은 것으로 인정

fabs() 함수는 실수의 절대값을 계산하여서 반환한다.

중간점검

1 중괄호로 묶은 여러 개의 문장을 무엇이라고 하는가?
2 C에서 참과 거짓은 어떤 정수로 표시되는가?
3 if 문안의 조건식으로 많이 사용되는 수식의 종류는 무엇인가?
4 if 문이 끝나면 어떤 문장이 실행되는가?
5 조건에 따라서 실행되어야 하는 문장이 두개 이상이면 어떻게 하여야 하는가?

6.3 if-else 문

if 문에서는 조건이 참일 경우에만 처리를 하였지만, 조건이 거짓인 경우에도 처리를 해야 하는 경우도 많다. 예를 들어 온도가 25도 이상이면 가벼운 옷차림을 하고 그렇지 않으면 두꺼운 옷차림을 선택한다고 하자. 이런 경우에 사용할 수 있는 문장이 if-else 문이다. 이것을 흐름도로 그리면 **그림 6-4**과 같다.

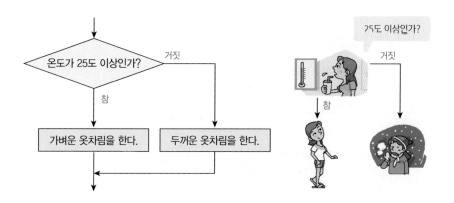

그림 6-4
조건에 따라 서로 나른 결정을 니리는 예

if-else 문은 주어진 조건식을 계산하여 결과값이 참이면 if 이후의 문장을 실행한다. 조건식이 거짓으로 계산되면 else 이후의 문장을 실행한다.

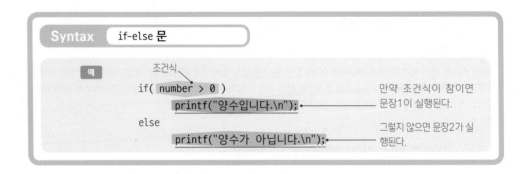

if-else에서 조건이 참일 때 실행되는 문장을 then 절(then clause)이라고 한다. 그리고 조건이 참이 아닐 때 실행되는 문장을 else 절(else clause)이라고 한다.

그림 6-5
if-else 문의 실행순서: 파란색은 조건이 참인 경우, 빨간색은 조건식이 거짓인 경우.

만약 점수가 60점 이상이면 합격이고 60점 미만이면 불합격을 출력하고자 한다면 다음과 같이 코드를 작성하면 된다.

```
if ( score >= 60 )
      printf("합격입니다.\n");
else
      printf("불합격입니다.\n");
```

여기서도 마찬가지로 단일문 대신에 복합문이 올 수도 있다. 즉 문장1이나 문장2는 복합문이 될 수 있다.

```
if ( score >= 60 )
{
    printf("합격입니다.\n");
    printf("장학금도 받을 수 있습니다.\n");          복합문
}
else
{
    printf("불합격입니다.\n");
    printf("다시 도전하세요.\n");
}
```

조건문과 조건 연산자

if-else 문은 4장에서 학습하였던 조건 연산자를 사용하여 표현할 수도 있다.

```
(score >= 60 ) ? printf("합격입니다.\n") : printf("불합격입니다.\n");
```

많은 경우, 조건 연산자는 대입 연산자와 같이 사용된다. 근무 연수가 30년이 넘으면 보너스가 500만원이고 그렇지 않으면 300만원이라고 하면 다음과 같은 문장이 가능하다.

```
bonus = (( years > 30 ) ? 500 : 300 );
```

간단한 문장은 조건 연산자를 사용하는 것이 더 간결할 수 있다. 하지만 복잡한 문장들은 if-else를 사용하는 것이 바람직하다.

스타일

if-else 문은 보통 다음의 2가지 중의 하나의 스타일을 이용하는 것이 좋다. 이 책에서는 주로 첫 번째 방법을 사용하지만 지면이 부족할 때는 두 번째 방법도 사용하였다.

복합문은 들여쓰기를 하는 편이 읽기가
쉬워진다.

```
if( expression )
{
        statement11;
        statement12;
        ...
}
else
{
        statement21;
        statement22;
        ...
}
```

공간의 절약을 위하여 이런 형태로
작성하기도 한다.

```
if( expression ){
        statement11;
        statement12;
        ...
}
else {
        statement21;
        statement22;
        ...
}
```

참고사항

스타일이란 프로그래머들이 관습적으로 따르는 규칙을 말하며 인터넷에서 "코딩 스타일", "coding style" 등의 키워드로 찾을 수 있다.

키보드에서 입력받은 정수가 홀수인지 짝수인지를 말해주는 프로그램을 작성하여보자. 홀수와 짝수는 어떻게 구별할 수 있는가? 홀수는 2로 나누었을 때 나머지가 1이다. 짝수는 2로 나누었을 때 나머지가 0이다. 따라서 나머지 연산자 %를 이용하여 구별할 수 있다.

예제#1

if_else1.c

```
1    // if 문을 사용하여 홀수와 짝수를 구별하는 프로그램
2    #include <stdio.h>
3
4    int main(void)
5    {
6        int number;
7
8        printf("정수를 입력하시오:");
9        scanf("%d", &number);
10
11       if( number % 2 == 0 )
12           printf("입력된 정수는 짝수입니다.\n");
13       else
14           printf("입력된 정수는 홀수입니다.\n");
15
16       return 0;
17   }
```

number % 2 == 0는 (number % 2) == 0과 같이 계산되며 2로 나눈 나머지가 0이면 참이 된다.

if 문을 사용하여 number를 2로 나눈 나머지가 0이면 짝수라는 메시지를 출력

2로 나눈 나머지가 0이 아니면 홀수라는 메시지를 출력

정수를 입력하시오: 23
입력된 정수는 홀수입니다.

참고사항

짝수와 홀수를 구분할 때, if 문을 2개를 사용하는 방법과 if-else 문을 사용하는 방법 중에서 어떤 것이 더 효율적일까?

2개의 if 문을 사용하는 방법	if-else 문을 사용하는 방법

if (number % 2 == 0)　　// ①
　　printf("짝수\n");
if (number % 2 == 1)　　// ②
　　printf("홀수\n");
	if (number % 2 == 0)　　// ①
	　　printf("짝수\n");
	else
	　　printf("홀수\n");

모든 값에 대하여 항상 문장 ①과 문장 ②가 실행되어야 하므로 비효율적이다.	입력 값에 대하여 문장 ①만 실행되므로 효율적이다.

참고사항

여기서 논리 연산자는 산술 연산자보다 우선 순위가 낮다는 것을 기억하라. 따라서 괄호를 사용할 필요는 없다. 하지만 만약 생각이 나지 않을 경우에는 정신적인 안정을 위하여 괄호를 사용하라.

복잡한 조건식 사용

지금까지는 비교적 간단한 수식을 조건으로 이용하였다. 응용에 따라서는 보다 복잡한 수식이 필요한 경우가 종종 있다. 복잡한 수식은 4장에서 학습한 대로 관계 연산자와 논리 연산자를 조합하여 만들 수 있다. 하나의 예로 성적이 80점 이상이고 90점 미만이면 B학점이라고 하자. 이것을 if 문을 이용하여 작성하면 다음과 같다.

```
if( score >= 80 && score < 90 )
    grade = 'B';
```

여기서는 2개의 관계 수식인 "score >= 80"과 "score < 90"이 논리곱 연산자인 &&을 사용해서 연결되었다. 이 문장의 의미는 score가 80 이상이고 90 미만이면 grade라는 변수에 문자 'B'를 대입하라는 것이다.

또 다른 예를 살펴보자. 스페이스나 탭, 줄바꿈 문자들의 개수를 세는 코드를 작성하여 보면 다음과 같다.

```
if( ch == ' ' ¦¦ ch == '\n' ¦¦ ch == '\t' )
    white_space++;
```

여기서는 변수 ch가 스페이스이거나 줄바꿈 문자인 '\n', 수평탭 문자인 '\t'와 같으면 white_space라는 변수를 증가시킨다. 여기서는 관계 수식을 논리적인 OR 연산자인 ¦¦를 사용하여 연결하였다. 논리 연산자보다 관계 연산자가 우선 순위가 높기 때문에 관계 연산자들이 먼저 계산된 후에 논리 연산자가 계산된다. 3개의 논리 연산자들은 왼쪽에서부터 오른쪽으로 계산된다.

예제#2

사용자로부터 두 개의 정수를 입력받아서 정수 간의 나눗셈을 실행한다. 나눗셈을 하기 전에 분모가 0인지를 if 문을 이용하여 검사한다.

if_else2.c

```
1   // 나눗셈을 하기 전에 분모가 0인지를 if-else 문을 이용하여 검사
2   #include <stdio.h>
3
4   int main(void)
5   {
6       int n, d, result;
7
8       printf("분자와 분모를 입력하시오: ");
9       scanf("%d %d", &n, &d);
10
11      if( d == 0 )
12      {
13          printf("0으로 나눌 수는 없습니다.\n");
14      }
15      else
16      {
17          result = n / d;
18          printf("결과는 %d입니다.\n", result);
19      }
20
21      return 0;
22  }
```

— 분모가 0이면 오류 처리

— 분모가 0이 아니면 나눗셈을 한다. 복합문이다.

참고사항

음수는 참으로 간주될까? 아니면 거짓으로 간주될까? C에서는 0이면 거짓이고 0이 아니면 무조건 참이다. 따라서 음수도 참이 된다.

분자와 분모를 입력하시오: 5 4
결과는 1입니다.

분자와 분모를 입력하시오: 5 0
0으로 나눌 수는 없습니다.

예제#3

앞에서 등장하였던 윤년인지 아닌지를 판단하는 프로그램을 if 문을 사용하여 다시 작성하여보자. 윤년의 조건은 4장에서 조건식으로 작성한 바가 있다.

참고사항

윤년의 조건은 다음과 같다.

* 연도가 4로 나누어 떨어지면서 100으로 나누어 떨어지지 않은 연도

* 400으로 나누어 떨어지는 연도

여기서 관계 연산자가 논리 연산자보다 우선 순위가 높다는 것을 유의하라.

연도를 입력하시오: 2012
2012년은 윤년입니다.

leap_year.c

```
1   // 윤년 판단 프로그램
2   #include <stdio.h>
3
4   int main(void)
5   {
6       int year;
7
8       printf("연도를 입력하시오: ");
9       scanf("%d", &year);
10
11      if((year % 4 == 0 && year % 100 != 0) || year % 400 == 0)
12          printf("%d년은 윤년입니다.\n", year);
13      else
14          printf("%d년은 윤년이 아닙니다.\n", year);
15
16      return 0;
17  }
```

if 문으로 윤년을 판단하는 조건식을 계산하여 결과 값이 참이면 윤년이라고 출력한다. 그렇지 않으면 윤년이 아니라고 출력한다. 조건식에서 관계 연산자가 논리 연산자보다 먼저 계산되므로 괄호를 사용하지 않았다.

참고사항

if 문의 조건식으로 NOT 연산자를 사용할 수 있다. 하지만 인간은 NOT 연산자를 사용한 음의 논리보다 양의 논리를 더 쉽게 이해한다. 따라서 NOT 연산자가 있으면 드모르간의 법칙을 이용하여서 양의 논리로 변경시켜 주는 것이 좋다.

```
if( !( x && y ) )  -> if( !x || !y ) { ... }
if( !( x || y ) )  -> if( !x && !y ) { ... }
```

중간점검

1 변수 n의 값이 100보다 크거나 같으면 "large", 100보다 작으면 "small"을 출력하는 if-else 문을 작성하라.

6.4 다중 if 문

중첩 if 문

if 문도 하나의 문장이다. 즉 if(조건식) 문장;까지가 하나의 문장이 된다. 따라서 if 문 안에 다른 if 문이 들어갈 수도 있다.

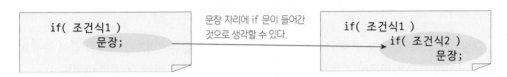

if(조건식1)   문장 자리에 if 문이 들어간   if(조건식1)
    문장;   것으로 생각할 수 있다.   if(조건식2)
              문장;

그림 6-6
중첩 if 문

참고사항

이렇게 되면 if 문이 중첩된 모양이 되므로, 이런 모양의 if 문을 중첩된 (nested) if 문이라고 부른다.

간단한 예를 들어보자. 80점 이상인 학생 중에서 성적이 90점 이상이면 A학점이라고 출력하는 문장을 작성하여보자. 먼저 80점 이상인지를 검사하고, 80점 이상인 학생들중에서 다시 90점 이상인지를 검사하면 된다.

```
if( score >= 80 )
    if( score >= 90 )                          하나의 문장으로 취급된다.
        printf("A학점입니다.\n");
```

만약 score가 80점 이상이면 중첩된 if 문이 실행된다. 중첩된 if 문에서 score가 90이상이면 "A학점입니다."라는 문장을 출력한다.

똑같은 원리로 if-else 문도 if 문 안에 들어 갈수 있다.

참고사항

else 절이 어떤 if 문에 매칭되는지를 따지는 것을 dangling else 문제라고 부른다.

```
if( score >= 80 )
    if( score >= 90 )
        printf("A학점입니다.\n");              하나의 문장으로 취급된다.
    else
        printf("B학점입니다.\n");
```

그렇지만 여기서는 해석상의 약간의 문제가 발생한다. 우리는 else 절이 두 번째 if와 매치되었다고 생각한다. 하지만 컴파일러의 관점에서 보자. 위의 코드를 들여쓰기만 조금 수정하여 다음과 같이 다시 쓸 수 있다.

```
if( score >= 80 )
    if( score >= 90 )
        printf("A학점입니다.\n");
else
    printf("B학점입니다.\n");
```

이번에는 else 절이 첫 번째 if와 매치되는 것처럼 보인다. 도대체 어떤 것이 옳은 해석일까? 해석상의 혼동이 발생할 수 있다. 이것을 방지하기 위하여 하나의 규칙이 존재한다. else 절은 무조건 가장 가까운 if와 매치된다는 것이다.

그림 6-7
중첩 if 문에서의 else 절의 매칭 문제

else절은 가장 가까운 if절과 매치된다.

```
if(score >= 80)
    if() score >= 90)
        printf("A학점입니다\n");

    else

    printf("B학점입니다\n");
```

그렇다면 else 절을 첫 번째 if 절에 연관시키는 방법은 없는 것일까? 아래와 같이 중괄호를 이용하여 블록을 만들어 주면 이번에는 확실히 else 절이 첫 번째 if 절과 매치된다.

```
if( score >= 80 )
{
    if( score >= 90 )
        printf("A학점입니다.\n");
}
else
    printf("A학점이나 B학점은 아닙니다.\n");
```

if-else 문 안에는 얼마든지 다른 if-else 문이 중첩되어 들어갈 수 있다. 그러나 너무 많이 중첩되면 읽기가 아주 어려워지므로 주의하여야 한다.

연속적인 if 문

종종 우리는 조건에 따라서 다중으로 분기되는 결정을 내려야 하는 경우가 있다. 이것을 그림으로 그리면 다음과 같다. 우리가 자동차를 운전하고 있다고 가정하자. 교차로들이 연속해서 나타날 수도 있다. 우리는 연속되는 교차로에서 조건을 검사하여 결정을 내려야 한다. 이것을 연속적인 if 문이라고 한다.

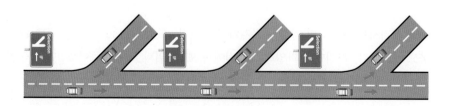

예를 들어서 성적이 90 이상이면 A 학점, 80 이상이고 90 미만이면 B 학점, 70 이상이고 80 미만이면 C 학점으로 출력하는 프로그램을 생각해보자. 이 경우 가장 자연스러운 방법은 if 문 다음에 else if 문을 연속적으로 사용하는 것이다. 만일 이 중 하나의 조건식이 참이면 관련된 문장이나 블록이 수행되고 더 이상의 비교는 이루어지지 않는다.

Syntax   연속적인 if 문

문법

```
if( 조건식1 )
        문장1;
else if( 조건식2 )
        문장2;
else if( 조건식3 )
        문장3;
else
        문장4;
```

만약 조건식1이 참이면 문장1이 실행된다.
그렇지 않고 조건식2가 참이면 문장2가 실행된다.
그렇지 않고 조건식3이 참이면 문장3이 실행된다.
그렇지 않으면 문장4가 실행된다.

학생들의 성적을 받아서 학점을 출력하는 프로그램을 작성하여 실행하여보자.

예제# 1

grade.c

```
1   // 성적을 받아서 학점을 결정하는 프로그램
2   #include <stdio.h>
3
4   int main(void)
5   {
6       int score;
7
8       printf("성적을 입력하시오: ");
9       scanf("%d", &score);
10
11      if (score >= 90)                    score가 90 이상인 경우
12          printf("학점 A\n");
13      else if (score >= 80)               score가 80이상 90미만인 경우
14          printf("학점 B\n");
15      else if (score >= 70)               score가 70 이상, 80미만인 경우
16          printf("학점 C\n");
17      else if (score >= 60)               score가 60 이상, 70미만인 경우
18          printf("학점 D\n");
19      else                                score가 60미만인 경우
20          printf("학점 F\n");
21
22      return 0;
23  }
```

참고사항

B학점으로 판단하는 조건을
else if(score >= 80 && score
< 90) 과 같이 할 필요는 없다. 이미
앞의 if 문에서 검사하였기 때문이다.

성적을 입력하시오: 88
학점 B

예제#2

키보드에서 문자를 받아서 문자들을 대문자(A-Z), 소문자(a-z), 숫자(0-9), 그 외의 문자들로 구분하여보자. 먼저 문자를 받아들이는 함수로는 getchar()를 사용하자. 문자를 받아서 아스키 코드값을 검사해보면된다. 문자의 값이 'A'보다 크거나 같고 'Z'보다 작거나 같으면 대문자이다. 또 문자의 값이 'a'보다 크거나같고 'z'보다 작거나 같으면 소문자이다. 만약 문자의 값이 '0'보다 크거나 같고 '9'보다 작거나 같으면 숫자이다. 만약 대문자도 아니고 소문자도 아니고 숫자도 아닌 문자는 모두 그 외의 문자로 취급해버리자.

charclass.c

```
1   // 문자들을 분류하는 프로그램
2   #include <stdio.h>
3
4   int main(void)
5   {
6       char ch;
7
8       printf("문자를 입력하시오: ");
9       ch = getchar();
10
11      if( ch >= 'A' && ch <= 'Z' )
12          printf("%c는 대문자입니다.\n", ch);
13      else if( ch >= 'a' && ch <= 'z' )
14          printf("%c는 소문자입니다.\n", ch);
15      else if( ch >= '0' && ch <= '9' )
16          printf("%c는 숫자입니다.\n", ch);
17      else
18          printf("%c는 기타문자입니다.\n", ch);
19
20      return 0;
21  }
```

사용자로부터 하나의 문자를 입력받아서 변수 ch에 저장한다.

if 문을 사용하여 ch가 'A'보다 크거나 같고 'Z'보다 작거나 같으면 대문자라고 출력한다.

else if 문을 사용하여 ch가 'a'보다 크거나 같고 'z'보다 작거나 같으면 소문자라고 출력한다.

else if 문을 사용하여 ch가 '0'보다 크거나 같고 '9'보다 작거나 같으면 숫자라고 출력한다.

else 문을 사용하여 앞의 조건을 모두 만족하지 않으면 기타 문자라고 출력한다.

문자를 입력하시오: c
c는 소문자입니다.

 중간점검

1 n의 값이 각각 -1, 0, 5인 경우에 다음의 코드에 의하여 생성되는 출력은 무엇인가?

```
if( n == 0 )
        printf("A");
else if( n > 3 )
        printf("B");
else
        printf("C");
```

2 컵의 사이즈를 받아서 100ml 미만은 small, 100ml 이상 ~ 200ml 미만은 medium, 200ml 이상은 large라고 출력하는 연속적인 if-else 문을 작성하시오.

LAB 이차 방정식

이차 방정식은 추억의 방정식일 것이다. 중고등학교에서 아마 심혈을 기울여서 학습한 내용일 것이다 선택 구조를 이용하여서 이차방정식 $ax^2+bx+c=0$의 근을 계산하는 프로그램을 작성하여보자.

① 사용자에게 이차 방정식의 계수 a, b, c를 입력하도록 한다.

② 만약 a가 0이면 근은 -c/b이다.

③ 만약 판별식 (b^2-4ac)가 음수이면 실근은 존재하지 않는다.

④ 위의 조건에 해당되지 않으면 다음과 같은 공식을 이용하여 실근을 구한다.

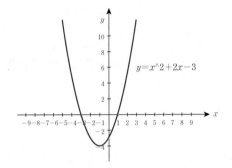

$$x = \frac{-b \pm \sqrt{b^2 - 4ac}}{2a}$$

```
계수 a, 계수 b, 계수 c를 차례대로 입력하시오: 1 2 -8
방정식의 근은 2.00입니다.
방정식의 근은 -4.00입니다.
```

이번에는 의사 코드를 사용하여 알고리즘을 작성하여보자.

```
사용자로부터 a, b, c를 읽는다.
if a == 0
        일차 방정식의 근을 구한다.
        실근을 출력한다.
else
        판별식을 계산한다.
        if 판별식 >= 0
            근의 공식을 이용하여 실근을 구한다.
            실근을 출력한다.
        else
            실근은 없다는 메시지 출력
```

자 구현 시에 문제가 되는 점은 루트값을 구하는 것이다. 이것은 sqrt()라고 하는 라이브러리 함수를 호출하면 된다. 예를 들어서 4.0의 루트를 구하려면 sqrt(4.0)하면 된다. sqrt()에는 항상 double형의 값을 주어야 한다. 반환값도 double형이다.

Solution quad_eq.c

```c
1  #include <stdio.h>
2  #include <math.h>
3  int main(void)
4  {
5      double a, b, c, dis;
6
7
8      printf("계수 a, 계수 b, 계수 c를 차례대로 입력하시오: ");
9      scanf("%lf %lf %lf", &a, &b, &c);
10
11     if (a == 0)                         ── a가 0이면 일차방정식이 된다.
12         printf("방정식의 근은 %.2f입니다.", -c / b);
13     else
14     {
15         dis = b*b - 4.0*a*c;
16         if (dis >= 0)                   ── 판별식이 0 이상이면 실근 2개를 출력한다.
17         {
18             printf("방정식의 근은 %.2f입니다.\n", (-b + sqrt(dis)) / (2.0*a));
19             printf("방정식의 근은 %.2f입니다.\n", (-b - sqrt(dis)) / (2.0*a));
20         }
21         else
22             printf("실근이 존재하지 않습니다\n");
23     }                                          sqrt()는 제곱근을 계산하는
24     return 0;                                  라이브러리 함수이다.
25  }
```

 도전문제

만약 판별식이 0이면 근이 하나이다. 판별식이 0인 경우를 따로 체크하여서 근이 −b/(2a)라고 출력하는 문장을 추가해보자.

LAB 산술 계산기

간단한 산술 계산기를 만들어보자. 물론 그래픽 버전이 아닌 텍스트 버전의 계산기이다. 시시할 수도 있지만 우리만의 기능이 있으면 더 편리할 수도 있다.

```
수식을 입력하시오(예: 2 + 5) >> 10 * 2
10 * 2 = 20
```

연산자와 2개의 피연산자를 받아서 +, −, *, /, % 연산을 할 수 있는 프로그램을 제작하여보자. 먼저 scanf() 함수를 이용하여 피연산자 2개를 받은 후에 연산의 종류를 문자로 입력받는다. 연산의 종류에 따라 피연산자를 가지고 연산을 수행하고 연산의 결과를 출력한다.

scanf() 함수를 이용하여 피연산자와 연산자를 읽어 들일 때, 특이한 점은 3개의 값을 한 번에 읽어 들인다는 점이다. 이것은 1 + 2와 같은 수식을 한 번에 읽기 위해서이다. scanf()의 형식 지정자에 있는 %d와 %c 사이의 공백 문자는 피연산자와 연산자 사이에 공백 문자를 허용하는 의미가 있다. 만약 "%d%c%d"라고 하면 피연산자와 연산자 사이의 공백을 허용하지 않겠다는 의미가 된다. 이것은 중요한데 왜냐하면 scanf()는 %c라고 지정하면 다음 문자가 공백 문자라고 하더라도 하나의 문자로 간주하여 읽기 때문이다.

Solution calc1.c

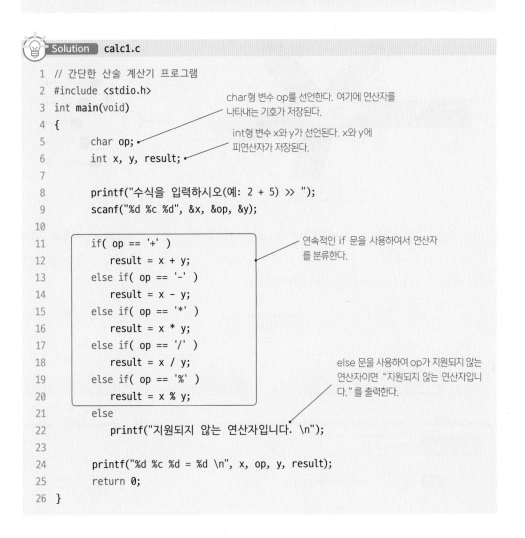

```c
1  // 간단한 산술 계산기 프로그램
2  #include <stdio.h>
3  int main(void)
4  {
5      char op;          // char형 변수 op를 선언한다. 여기에 연산자를 나타내는 기호가 저장된다.
6      int x, y, result; // int형 변수 x와 y가 선언된다. x와 y에 피연산자가 저장된다.
7
8      printf("수식을 입력하시오(예: 2 + 5) >> ");
9      scanf("%d %c %d", &x, &op, &y);
10
11     if( op == '+' )              // 연속적인 if 문을 사용하여 연산자를 분류한다.
12         result = x + y;
13     else if( op == '-' )
14         result = x - y;
15     else if( op == '*' )
16         result = x * y;
17     else if( op == '/' )
18         result = x / y;
19     else if( op == '%' )
20         result = x % y;
21     else                         // else 문을 사용하여 op가 지원되지 않는 연산자이면 "지원되지 않는 연산자입니다."를 출력한다.
22         printf("지원되지 않는 연산자입니다. \n");
23
24     printf("%d %c %d = %d \n", x, op, y, result);
25     return 0;
26 }
```

도전문제

위의 프로그램은 단순히 산술 연산자만을 처리한다. 비트 연산자(&, |, ^)을 추가하여보자. 비트 연산자인 경우에는 16진수로 입력값과 결과값을 출력하여보자.

6.5 switch 문

우리는 일상생활에서 삼거리나 오거리도 심심치 않게 본다. 삼거리나 오거리에서는 신호등에 따라 여러 개의 길 중에서 하나의 길로 갈 수 있다. 프로그램에서도 조건에 따라 실행할 수 있는 경로가 여러 개 있는 경우도 있다. C언어에서는 제어식의 값에 따라서 여러 경로 중에서 하나를 선택할 수 있는 제어 구조인 switch 문이 제공된다.

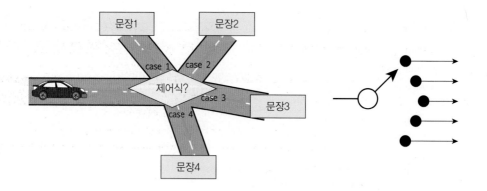

예를 들어서 제어식의 값이 c1이면 문장1을 수행하고 제어식의 값이 c2이면 문장2, 제어식의 값이 c3이면 문장3을 수행한다고 가정하자. 그리고 일치되는 값이 없으면 문장d를 수행한다. 이런 경우에 switch 문을 사용하면 좋다.

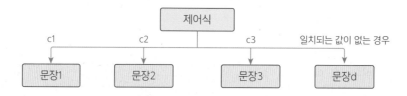

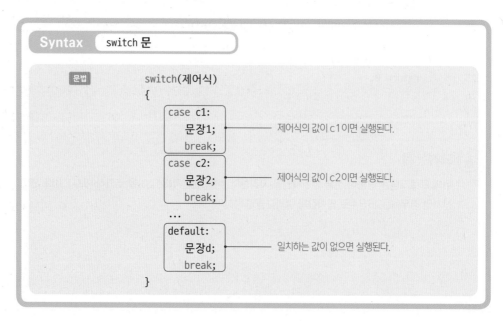

switch에서는 제어식(control expression)을 계산하여 그 값을 각 case절의 c1, c2, ... 등과 비교한다. 여기서 c1, c2, ...은 정수이어야 한다. 제어식의 값과 일치되는 case 절의 문장들이 실행된다. 만약 일치되는 case 절이 없다면, default 절이 실행된다.

간단한 예를 가지고 좀 더 자세히 설명하여보자. 아프리카의 어떤 부족은 둘까지만 셀 수 있다고 한다. 다음 코드는 사용자가 값을 입력하면 화면에 "하나", "둘"과 같이 출력하는 코드이다. switch 문을 사용하여서 값들을 분리하여 처리하였다. 만약 사용자가 1을 입력하였다면 다음과 같은 순서를 거쳐서 실행된다.

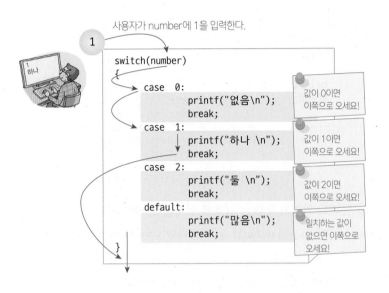

break 문

여기서 주의해야 할 점이 있다. 만약 break 문이 없으면, 일치하는 case 절 안의 문장들을 실행한 다음, 계속해서 다음 case절의 문장들을 실행하게 된다. 따라서 break 문을 생략하면 중대한 오류가 발생할 수 있다. 따라서 모든 case 문은 일반적으로는 break 문으로 끝내야 한다. 만약 case 1에 break 문이 없다면 어떻게 될까?

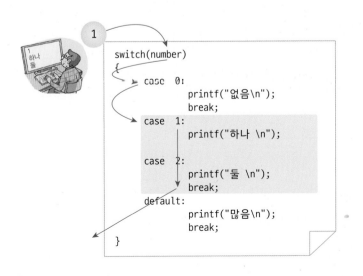

이러한 특징을 유용하게 사용하는 예로는 다음과 같은 프로그램을 들 수 있다. case 2와 case 3의 경우, 의도적으로 break 문을 생략하여 같은 처리를 수행하도록 한 것이다.

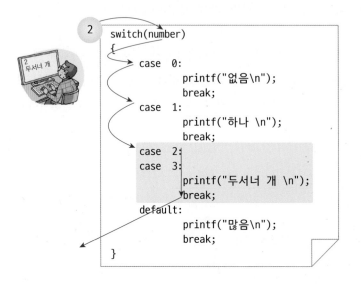

default 문

참고사항

default는 생략될 수 있다. 또 어떤 위치에 써주어도 상관이 없다. 즉 default가 맨 처음에 있어도 된다.

default 문은 어떤 case 문과도 일치되지 않는 경우에 실행된다. default 문은 생략될 수도 있다. 만약 일치하는 case 문이 없는데 default 문도 없다면 아무 것도 실행되지 않는다. 따라서 미처 예상하지 못했던 값을 알아내기 위하여 가급적 default 문을 포함시키는 것이 좋다. 우리의 예제 코드에서 사용자가 5를 입력하면 다음과 같이 진행된다.

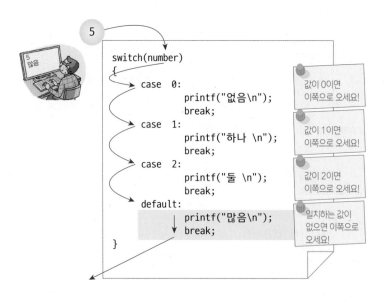

switch 문과 if-else 문

switch 문은 연속적인 if-else 문으로 바꿀 수 있다. 앞의 코드도 다음과 같이 연속적인 if-else 구조를 사용하여 다시 작성할 수 있다.

```
switch(number)
{
    case  0:
            printf("없음\n");
            break;
    case  1:
            printf("하나 \n");
            break;
    case  2:
            printf("둘 \n");
            break;
    default:
            printf("많음\n");
            break;
}
```

```
if( number == 0 )
                printf("없음\n");
else if( number == 1 )
                printf("하나\n");
else if( number == 2 )
                printf("둘\n");
else
                printf("많음\n");
```

둘 중에서 어떤 것을 사용해도 상관없는 경우가 많지만, 선택해야 하는 경우의 수가 많아지면(대략 5개 이상) switch 문을 사용하는 것이 간결해 보인다.

주의할 점

① switch 문에서 제어식의 값은 반드시 정수값으로 계산되어야 한다는 점이다. 만약 수식의 값이 정수로 나오지 않으면 switch 문을 쓸 수 없다. 또 상수이어야 한다. 따라서 case 절에 실수나 변수, 수식, 문자열을 사용하는 것은 컴파일 오류이다. 문자는 사용할 수 있을까? 하나의 문자는 아스키코드로 표현되고 아스키코드는 정수이므로, 사용이 가능하다. 하지만 문자열은 사용할 수 없다.

```
switch(number)
{
    case x:                                 // 변수는 사용할 수 없다.
        printf("x와 일치합니다. \n");
        break;
    case (x+2):                             // 변수가 들어간 수식은 사용할 수 없다.
        printf("수식과 일치합니다. \n");
        break;
    case 0.001:                             // 실수는 사용할 수 없다.
        printf("실수\n");
        break,
    case 'a':                               // OK, 문자는 사용할 수 있다.
        printf("문자\n");
        break;
    case "001":                             // 문자열은 사용할 수 없다.
        printf("문자열\n");
        break;
}
```

참고사항

문자열을 비교하려면 strcmp() 함수를 사용하여야 한다. 자세한 내용은 Q & A 페이지를 참조하라.

② 정수의 범위에 대해서는 switch를 지정할 수는 없다. case 절은 하나의 정수값만 가질 수 있다. 정수 범위를 지정하고 싶으면, 범위 안의 모든 정수를 전부 case 절로 나열하여야 한다. 예를 들어서 100점에서 90점 사이의 점수에 대하여 switch 문을 사용하여서 A 학점이라고 출력하고 싶다면 다음과 같이 할 수도 있으나 아주 번거롭다. 이런 경우에는 if-else 문을 사용하는 것이 좋다.

```
switch (score) {
  case 100:
  case 99:
  case 98:
    ...
  case 90:
        printf("A학점입니다.\n");
        break;
    ...
}
```

→

```
if( score >= 90 && score <= 100 )
        printf("A학점입니다.\n");
```

정수의 범위도 표현할 수 있으나 번거롭다.

하지만 정수 나눗셈을 이용하여 다음과 같이 switch 문을 사용할 수도 있다.

```
int iscore;
...
iscore = score/10;      // 정수 나눗셈의 경우, 소수점 이하는 없어진다.
switch (iscore) {
    case 10:
    case 9:   grade ='A'; break;      // 90-100은 A 학점
    case 8:   grade ='B'; break;      // 80-89은 B 학점
    case 7:   grade ='C'; break;      // 70-79은 C 학점
    case 6:   grade ='D'; break;      // 60-69은 D 학점
    default:  grade ='F'; break;      // 59점 이하는 F 학점
}
```

 Q switch 문과 if/else 체인 중에서 어떤 것이 더 효율적인가?

A 차이는 미소하다. 하지만 switch 문은 간략한 점프 테이블로 효율적으로 구현이 가능하도록 설계되었다. 따라서 대부분의 경우 switch를 사용하는 것이 좋다. 코드가 간결하고 아마 약간은 효율적이다.

 예제#1 각 달의 일수를 출력하는 프로그램을 작성하여보자. 즉 달이 주어지면 그 달의 일수를 출력한다. 여러 가지 방법으로 작성할 수 있겠으나 여기서는 switch 문을 사용하여보자. 대부분의 달이 31일 또는 30일인 점을 고려하여 break를 생략하는 기법을 사용하여보자.

```
달을 입력하시오: 3
3월의 일수는 31입니다.
```

days_in_month.c

```c
1   // 달의 일수를 계산하는 프로그램
2   #include <stdio.h>
3
4   int main(void)
5   {
6       int month, days;
7
8       printf("달을 입력하시오: ");
9       scanf("%d", &month);
10
11      switch(month) {
12          case 2:
13              days = 28;
14              break;
15          case 4:
16          case 6:
17          case 9:
18          case 11:
19              days = 30;
20              break;
21          default:
22              days = 31;
23              break;
24      }
25      printf("%d월의 일수는 %d입니다.\n", month, days);
26      return 0;
27  }
```

case 4, case 6, case 9, case 11, days = 30; ──── 의도적으로 break문을 생략하였다.

default, days = 31; ──── 1, 3, 5, 7, 8, 10, 12월을 처리한다.

중간점검

1   case 절에서 break 문을 생략하면 어떻게 되는가?

2   변수 fruit의 값이 각각 1, 2, 5일 때, 다음의 코드의 출력을 쓰시오.

```c
switch(fruit)
{
    case 1:   printf("사과 \n");
              break;
    case 2:   printf("배 \n");
    case 3:   printf("바나나 \n");
              break;
    default:  printf("과일 \n");
              break;
}
```

LAB 산술 계산기(switch 버전)

앞의 산술 계산기 예제를 switch 문을 이용하여 다시 작성하여보자. +, -, *, /, % 연산을 할 수 있으면 된다. scanf() 함수를 이용하여 정수 2개와 연산자를 입력받은 후에 입력된 연산자에 따라 지정된 연산을 수행하고 연산의 결과를 출력한다.

```
수식을 입력하시오(예: 2 + 5) >> 10 * 2
10 * 2 = 20
```

Solution calc1.c

```
1   // 간단한 산술 계산기 프로그램
2   #include <stdio.h>
3   int main(void)
4   {
5       char op;
6       int x, y, result;
7
8       printf("수식을 입력하시오(예: 2 + 5) >> ");
9       scanf("%d %c %d", &x, &op, &y);
10
11      switch(op)
12      {
13          case '+':
14              result = x + y;
15              break;
16          case '-':
17              result = x - y;
18              break;
19          case '*':
20              result = x * y;
21              break;
22          case '/':
23              result = x / y;
24              break;
25          case '%':
26              result = x % y;
27              break;
28          default:
29              printf("지원되지 않는 연산자입니다. \n");
30              break;
31      }
32      printf("%d %c %d = %d \n", x, op, y, result);
33      return 0;
34  }
```

char형 변수 op를 선언한다. 여기에 연산자를 나타내는 기호가 저장된다.

int형 변수 x와 y가 선언된다. x와 y에 피연산자가 저장된다.

switch 문을 사용하여서 연산자를 분류한다.

지원되지 않는 연산자 문자를 default 문으로 처리한다.

도전문제

위의 프로그램은 단순히 산술 연산자만을 처리한다. 비트 연산자(&, |, ^)을 추가하여보자. 비트 연산자인 경우에는 16진수로 입력값과 결과값을 출력하여보자.

6.6 goto 문

goto 문은 가장 역사가 오래된 명령문이다. goto 문은 조건없이 어떤 위치로 점프하게 만드는 문이다. C는 원래 어셈블리 언어의 대체로 디자인되었기 때문에 goto를 포함시키는 것이 필요했다. goto 문장은 아주 빠르게 실행된다. 제일 먼저 개발되었던 프로그래밍 언어였던 포트란은 goto 문을 광범위하게 사

용하였다. 하지만 goto 문은 프로그램 해독과 유지보수에 결정적인 어려움을 제공한 장본인이기도 하다. 따라서 goto 문은 C에서 지원은 되지만 사용이 장려되지는 않는다. 소프트웨어 공학 전문가들은 될 수 있는대로 goto 문을 사용하지 말라고 권고한다.

goto 문의 사용이 권장되지 않는 이유는 프로그램을 아주 복잡하게 하기 때문이다. goto 문은 무조건 갑자기 프로그램의 실행을 점프하게 만든다. 따라서 프로그램을 읽는 사람은 왜 점프하는지를 알 수가 없다. 물론 주석이 있으면 어느 정도 알 수 있겠지만 주석도 항상 존재하는 것은 아니다. 반면에 우리가 학습하였던 if 문에는 조건이 반드시 존재한다. if 문에서는 어떤 조건에 의하여 프로그램의 흐름이 달라지는지를 쉽게 알 수 있다.

먼저 goto를 사용하는 방법을 먼저 학습하고 왜 goto 문이 필요 없는지를 살펴보자. goto 문은 원하는 위치로 조건 없이 점프하게 하는 기능을 가진다. goto 문은 goto와 레이블의 두 부분으로 구성된다. 레이블은 점프를 원하는 위치에 이름을 붙인 것이다. 식별자를 만들 때 적용했던 규칙들을 이용하여 레이블을 만들고 원하는 위치에 적은 후에 콜론을 붙이면 된다. 레이블이 붙어 있는 위치로 점프하려면 다음과 같이 goto 다음에 레이블 이름을 적어주고 세미콜론을 붙이면 된다. goto 문은 함수 안에서만 점프할 수 있다. 함수 사이의 점프는 불가능하다.

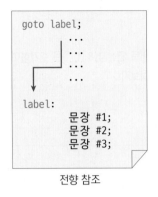 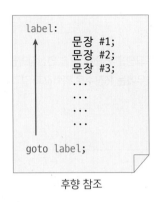

전향 참조　　　　　　　　　후향 참조

예제# 1

우선 goto를 사용하는 반복시키는 예제를 살펴보자. 구구단 중에서 3단만을 출력하였다. 먼저 3 * 1 = 3을 력하고 i를 증가시킨 후에 다시 똑같은 코드를 반복하기 위하여 goto 문을 사용하여 loop 레이블이 정의되어 있는 프로그램의 첫 부분으로 점프하였다. 증가된 i값이 10이 되면 반복을 종료하기 위하여 goto 문을 사용하여 end 레이블로 점프하였다.

goto.c

```c
1    // 구구단출력프로그램
2    #include <stdio.h>
3
4    int main(void)
5    {
6        int i = 1;                                    loop라는 이름의 레이블을 현 위치에 정의한다.
7
8    loop:
9        printf("%d * %d = %d \n", 3, i, 3 * i);
10       i++;
11       if( i == 10 ) goto end;
12       goto loop;
13
14   end:
15       return 0;
16   }
```

레이블 loop 로 점프 한다.

i가 10이 되면 레이블 end로 점프한다.

```
3 * 1 = 3
3 * 2 = 6
3 * 3 = 9
3 * 4 = 12
3 * 5 = 15
3 * 6 = 18
3 * 7 = 21
3 * 8 = 24
3 * 9 = 27
```

goto 문이 필요 없는 이유

동일한 처리를 반복시키는 문제는 7장에서 학습하게 될 while이나 for를 사용하여 아주 쉽게 구현할 수 있다. while이나 for를 사용하는 편이 훨씬 알기 쉽고 간결하다. 다음 장에서 학습하기로 하자.

하지만 가끔은 goto 문이 유용한 경우가 있다. 특히 중첩된 반복문에서 외부로 빠져 나가려고 할 때에는 goto 문으로 한 번에 나가는 것이 가장 효율적이다.

Mini Project　　소득세 계산기 만들기

다음과 같이 자신의 과세 표준을 입력하면 소득세가 계산되는 프로그램을 작성해보자.

> 과세　표준: 35000000
>
> 소득세율: 15%
> (공제전)소득세: 5250000
> 누진공제액: 1080000
> 산출세액: 4170000

소득세는 오른쪽과 같은 표를 이용하여 계산된다. 과세 표준은 산출 세액을 계산할 금액이다. 이 금액에 세율을 곱하고 여기서 누진 공제액을 빼면 실제로 난부할 소득세액이 계산된다. 예를 들어서 과세 표준이 35000000이라면 다음과 같이 계산된다.

과세표준	세율	누진공제
0	6%	0
12,000,000	15%	1,080,000
46,000,000	24%	5,220,000
88,000,000	35%	14,900,000
150,000,000	38%	19,400,000
300,000,000	40%	25,400,000
500,000,000	42%	35,400,000
1,000,000,000	45%	65,400,000

산출세액 = 과세표준 * 세율 − 누진공제액 = 35000000 * 15% −1080000 = 4170000

조건식을 사용하여서 각 과세 표준 구간을 분리하여서 소득세를 계산한다.

Summary

▶ 문장의 실행 순서를 바꾸는 2가지 종류의 제어문은 _____과 _____이다.

▶ if-else 문의 구조를 주석으로 설명하여 보시오.

```
if( 조건식 )
    문장1;        //_____
else
    문장2;        //_____
```

▶ 조건에 따라서 실행되어야 하는 문장이 두 개 이상이면 이들 문장을 중괄호로 묶는다. 이것을 _____이라고 한다.

▶ switch 문의 구조를 주석으로 설명하여 보시오.

```
switch(조건식) {
    case c1:       //_____
        문장 1;
        break;     //_____
    case c2:       //_____
        문장 2;
        break;     //_____
    ...
    default :      //_____
        문장 3;
        break;
    ...
}
```

Exercise

01 수식 !(1 + 1 >= 2)의 결과값은 얼마인가?

① 0   ② 1   ③ 2   ④ 3

02 수식 (10 > 20) && (20 > 10)의 결과값은 얼마인가?

① 0   ② 1   ③ true   ④ false

03 조건 "x가 0 또는 1이면"을 올바르게 구현한 것을 모두 고르시오.

① if(x==0 && x==1)   ② if(x==0 || x==1)
③ if(!(x!=0 && y!=1))   ④ if(x==0 | x==1)

04 다음의 작업을 수행하는 문장을 작성하라.

(a) 속도가 60km/h 이상이고 100km/h 이하이면 "정상 속도"라고 출력한다.
(b) x와 y 중에서 큰 값을 max에 저장하고 작은 값을 min에 저장한다.
(c) op가 1이면 "one"을 출력하고 op가 2이면 "two", op가 3이면 "three"를 출력한다.

05 switch 문은 if-else 문으로 변경하고 if-else 문은 switch 문으로 변경하시오.

(a)
```
if( x == -1 )
        num--;
else if( x == 1 )
        num++;
else
        num = 0;
```

(b)
```
switch(code) {
        case 'X' :
                x++;   break;
        case 'Y':
                y++;   break;
        default:
                x=y=0; break;
}
```

06 다음의 2개의 if 문을 논리 연산자를 사용하여 하나의 if 문으로 나시 작성하시오.

(a)
```
if( x > 10 )
        if( x < 20 )
            printf("%d\n", x);
```

(b)
```
if( x < 10 )
        printf("%d\n", x);
if( x > 20 )
        printf("%d\n", x);
```

07 다음 프로그램의 출력을 쓰시오

(a)
```c
x = 0;
switch(x) {
        case 0 :
            printf("0\n");
        case 1:
            printf("1\n");
            break;
}
```

(b)
```c
// 들여쓰기를 하지 않았음!
if (1 > 2)
if (3 < 4)
printf("A\n");
else
    printf("B\n");
printf("C\n");
```

08 다음 문장의 오류를 찾아서 모두 수정하라. 오류가 없을 수도 있고 2개 이상의 오류가 있을 수도 있다. 문법적인 오류뿐만 아니라 논리적인 오류도 지적하라.

(a)
```c
if( age > 18 );
        printf("성인\n");
else
        printf("청소년\n");
```

(b)
```c
if( 0 <= age <= 18 )
        printf("청소년\n");
```

(c)
```c
if( x = 0 )
        printf("x는 0이다.\n");
```

(d)
```c
if( speed > 120 )
        printf("벌금 6만원\n");
else (speed > 150)
        printf("벌금 9만원\n");
else
        printf("OK\n");
```

(e)
```c
if( score > 90 )
        printf("장학금\n");
        printf("우등\n");
else
        printf("좀더 노력하세요\n");
```

(f)
```c
if( x > 0 )
if( y > 0 )
        printf("x와 y는 모두 양수\n");
else
        printf("x가 양수가 아님.\n");
```

(g)
```c
if( age > 0 | age <= 18 )
        printf("청소년\n");
```

(h)
```c
switch(animal) {
        case "tiger":
            ...
}
```

Programming

01 사용자로부터 2개의 정수를 받아서 첫 번째 정수가 두 번째 정수로 나누어 떨어지는 지를 검사하는 프로그램을 작성하라. 즉 약수인지를 검사한다.

```
정수를 입력하시오: 32
정수를 입력하시오: 8
약수입니다.
```

if 선택 구조

MEDIUM
★★☆

HINT (x % y)의 결과가 0이면 y가 x의 약수이다.

02 사용자로부터 3개의 정수를 읽어 들인 후에 **if-else** 문을 사용하여 가장 작은 값을 결정하는 프로그램을 작성하라.

```
정수 3개를 입력하시오: 30 20 10
제일 작은 정수는 10입니다.
```

if-else 선택 구조

MEDIUM
★★☆

HINT 변수 x, y, z에 3개의 정수가 저장되어 있다면 먼저 x와 y를 비교하여 작은 값을 찾고, 이 값과 z를 비교하면 된다. 3개의 정수를 한 번에 받으려면 scanf("%d %d %d", &x, &y, &z); 사용한다.

03 컴퓨터와 가위, 바위, 보 게임을 하는 프로그램을 작성하라. 컴퓨터는 사용자에게 알리지 않고 가위, 바위, 보 중에서 임의로 하나를 선택한다. 사용자는 프로그램의 입력 안내 메시지에 따라서, 3개 중에서 하나를 선택하게 된다. 사용자의 선택이 끝나면 컴퓨터는 누가 무엇을 선택하였고 누가 이겼는지, 비겼는지를 알려준다.

```
(1:가위 2:바위 3:보) 중에서 하나를 선택하시오:   1
컴퓨터는 보를 선택하였습니다.

사용자가 이겼습니다.
```

if-else 선택 구조

HARD
★★★

HINT 사용자의 선택과 컴퓨터의 선택을 연속적인 if-else로 비교한다. (rand()%3+1)으로 1부터 3사이의 난수를 발생하여서 컴퓨터의 선택으로 한다.

04 놀이 공원에서 롤러코스터에 타려면 키가 **140cm** 이상이고 나이가 **10**살 이상이어야 한다고 가정하자. 사용자에게 키와 나이를 질문한 후에 "타도 좋습니다" 또는 "죄송합니다"를 출력하는 프로그램을 작성하여보자.

```
키를 입력하시오(cm): 145
나이를 입력하시오: 11

타도 좋습니다.
```

논리 연산자와
선택 구조

MEDIUM
★★☆

HINT if(height > 140 && age >= 10)처럼 논리 연산자 &&로 조건을 연결한다.

05 사용자로부터 몇 월인지를 정수로 입력받아서 Jan와 같은 영어단어로 출력하는 프로그램을 작성하라.

> 월 번호를 입력하시오: 10
> Oct

HINT switch 문을 사용하여서 월번호에 따라, 적절한 영어 단어를 출력한다. break; 문을 빠뜨리지 않도록 조심한다.

06 키보드에서 하나의 문자를 읽어서 모음과 자음을 구분하는 프로그램을 작성하여보자. 단 switch 문을 사용한다.

> 문자를 입력하시오: o
> 모음입니다.

HINT 하나의 문자를 읽을 때는 getchar() 함수를 호출한다. 자음은 많으므로 default문을 이용하자.

07 사용자로부터 키를 입력받아서 표준 체중을 계산한 후에 사용자의 체중과 비교하여 저체중인지, 표준인지, 과체중인지를 판단하는 프로그램을 작성하라. 표준 체중 계산식은 다음을 사용하라.

$$\text{표준 체중} = (\text{키} - 100) \times 0.9$$

> 체중과 키를 입력하시오: 180 80
> 과체중입니다.

HINT 계산 결과를 if-else 문을 사용하여서 사용자의 체중과 비교한다.

08 놀이 공원의 자유이용권의 가격을 계산하는 프로그램을 작성하여보자. 입장료는 다음과 같은 조건으로 결정된다. 현재 시간과 사용자의 나이를 입력받아서 지불하여야 하는 요금을 화면에 출력한다.

구분	대인	소인 (3~12세/65세 이상)
자유이용권(오후 5시 이전)	34,000	25,000
야간이용권(오후 5시 이후)	10,000	

> 현재 시간과 나이를 입력하시오(시간 나이): 18 33
> 요금은 10000원 입니다.

HINT 시간은 24시간 단위를 이용한다. 즉 18이면 오후 6시라고 생각한다. 중첩된 if-else 문을 사용한다. 먼저 시간을 검사하고 나중에 나이를 검사한다.

09 다음과 같이 정의되는 함수의 함수값을 계산하여보자. 사용자로부터 x값을 입력받아서 함수값을 계산하여 화면에 출력한다. x는 실수이다.

if-else 선택 구조

MEDIUM
★★☆

$$f(x) = \begin{cases} x^2 - 9x + 2 & x \le 0 \\ 7x + 2 & x > 0 \end{cases}$$

```
x의 값을 입력하시오: 3.0
f(x)의 값은 23.00 입니다.
```

HINT 자료형은 실수형을 사용한다. x의 3제곱은 x*x*x 수식으로 계산한다.

10 (x, y) 좌표를 입력받아서 좌표가 속하는 사분면을 화면에 출력하는 프로그램을 작성하시오.

연속적인
if-else 선택 구조

MEDIUM
★★☆

```
x, y좌표를 입력하시오: 10 20
1사분면입니다.
```

HINT if (x > 0 && y > 0)와 같이 조건을 AND 연산자로 연결한다.

11 사용자로부터 하나의 문자를 입력받아서 문자가 'R'이나 'r'이면 "Rectangle"이라고 출력한다. 'T'이거나 't'이면 "Triangle", 'C'이거나 'c'이면 "Circle"이라고 출력하는 프로그램을 작성한다. 그 외의 문자가 들어오면 "Unknown"이라고 출력한다.

if-else 선택 구조

MEDIUM
★★☆

```
문자를 입력하시오: C
Circle
```

HINT 문자를 입력받을 때는 getchar()를 사용한다.

12 2자리 숫자로 이루어진 복권이 있다. 사용자가 가지고 있는 복권 번호가 2자리 모두 일치하면 100만 원을 받는다. 2자리 중에서 하나만 일치하면 50만 원을 받는다. 하나도 일치하지 않으면 상금은 없다. 복권 당첨 번호는 난수로 생성하고 사용자의 입력에 따라서 상금이 얼마인지를 출력하는 프로그램을 작성하라.

```
복권 번호를 입력하시오(0에서 99사이): 87
낭첨번호는 29입니다.
상금은 없습니다.
```

HINT 각 자리수는 / 연산자와 % 연산자로 계산할 수 있다.
```
digit1 = solution / 10
digit2 = solution % 10
```

반복문

컴퓨터의 진정한 파워는 일련의 처리를 반복할 수 있다는 사실에서 나옵니다. 반복은 프로그래밍의 핵심적인 기법입니다. 이번 장에서는 반복의 개념과 C에서 제공하는 반복 구조에 대하여 학습합니다. 반복의 이해를 높이기 위하여 반복을 사용하는 다양한 예제를 살펴볼 것입니다.

컴퓨터는 반복에 자신 있겠죠?

Objectives

- 프로그램 안의 문장들을 반복적으로 실행하기 위한 while 구조와 for 구조를 학습한다.
- do-while 문의 구조를 이해하고 코드 작성에 적용할 수 있다.
- 반복문의 흐름을 제어하는 break, continue, goto 등의 사용법을 학습한다.
- 무한 반복을 이해하고 사용할 수 있다.
- 중첩된 반복 구조를 이해하고 응용할 수 있다.

07 반복문

7.1 반복의 개념

인간은 똑같은 작업을 반복하는 것을 싫어한다. 인간은 항상 새롭고 흥미로운 것들을 좋아한다. 어떤 것을 의미 없이 반복하는 것은 지루한 일이다.

또 가져 오라고?

인간은 반복을 싫어하지만 프로그램에서는 반복적인 작업들이 반드시 필요하다. 반복(iteration)은 같은 처리 과정을 여러 번 되풀이하는 것이다. 학생들의 평균 성적을 계산하는 작업을 생각하여보자. 학생 수가 30명이면 학생의 성적을 합하는 연산을 30번 반복해야 할 것이다. 만약 학생 수가 10,000명이라면 10,000번을 반복하여야 한다. 이와 같이 어떤 대상에 대하여 같은 처리 과정을 반복하는 것은 프로그래밍에 있어서 자주 발생한다.

그림 7-1
반복은 같은 처리 과정을 반복하는 것이다.

왜 반복이 중요한가?

반복은 어떤 단계를 반복하게 하는 것으로 반복 구조를 사용하면 프로그램이 간결하게 된다. 예를 들어서 동일한 작업을 반복하기 위하여 똑같은 문장을 복사하여 붙여넣기 하는 것보다 반복 구조를 사용하는 편이 프로그램을 간결하게 만든다. 또 프로그래밍에 필요한 시간도 단축할 수 있다. 예를 들어서 화면에 "Hello World!"를 5번 출력한다고 하자. 반복 구조를 사용하지 않는다면 다음과 같이 동일한 문장을 복사하여 붙여넣기 하여야 한다.

```
printf("Hello World! \n")
printf("Hello World! \n")
printf("Hello World! \n")
printf("Hello World! \n")
printf("Hello World! \n")
```

반복 구조 중의 하나인 for 루프를 사용한다면 다음과 같이 간단하게 작성할 수 있다.

```
for( i=0; i<5; i++ )
    printf("Hello World! \n")
```

반복 구조는 다음 그림과 같이 프로그램이 진행되면서 어떤 조건이 만족될 때까지 루프를 돈다고 생각하면 된다.

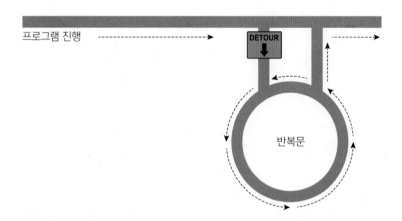

C에서 지원하는 반복문에는 크게 나누어 while과 for가 있다. while은 조건이 만족되면 반복을 계속하는 구조이다. while은 미리 반복 횟수를 알 수 없고 조건에 따라서 반복하는 경우에 사용한다. for은 정해진 횟수만큼 반복하는 경우에 사용된다.

while 루프

for 루프

그림 7-2
반복문의 2가지 유형

1 프로그램에 반복 구조가 필요한 이유는 무엇인가?

2 반복문에는 _____문, _____문이 있다

NOTE

프로그래밍에서 반복은 흔히 루프(loop)라고 한다. 왜냐하면 프로그램이 반복할 때 이전 단
계로 되돌아가는데 이것이 동그라미를 그리는 것처럼 보이기 때문이다.

7.2 while 문

while 문은 주어진 조건이 만족되는 동안 문장들을 반복 실행하는 문장 구조이다.

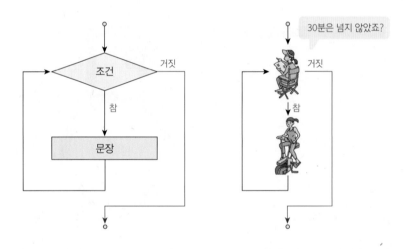

그림 7-3
while 문의 흐름도

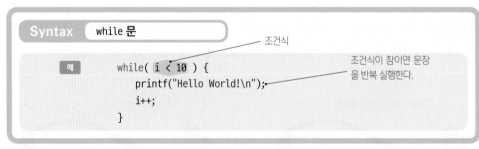

while 문은 조건식의 값이 참인 동안에는 주어진 문장을 반복 실행한다. 조건식의 값이 거
짓이 되면 반복을 중단한다. 조건식은 참, 거짓으로 계산될 수 있는 수식으로 값이 0이면 거
짓으로 간주되고, 그렇지 않으면 참으로 간주된다. 일반적으로 조건식은 관계 연산자나 논리
연산자를 사용한 수식이지만 정수를 생성하는 어떤 수식도 사용할 수 있다. 만약 처음부터

조건식의 값이 거짓이면 문장은 한 번도 실행되지 않는다.

반복되는 문장은 단일문이거나 복합문이 될 수 있다. 만약 반복 실행하는 문장이 하나가 아니고 여러 개이면 중괄호를 이용하여 문장들을 감싸서 복합문(블록)으로 만들어 주어야 한다.

앞에서 언급하였던 "Hello World!"를 5번 출력하는 프로그램을 while 문을 이용해서 작성해보면 다음과 같이 된다.

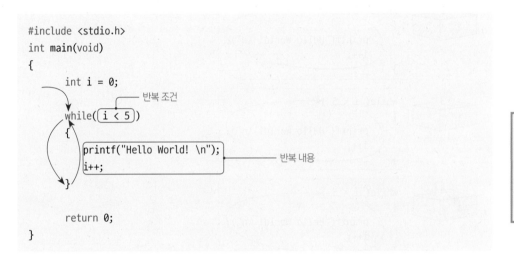

while 문 안에는 반복을 계속하게 하는 조건과 반복되는 내용이 들어가게 된다. 위의 코드에서 반복 조건에 해당하는 것은 수식 "i < 5"이다. 반복되는 내용은 중괄호 사이에 들어 있다. 여기서 반복되는 내용이 단일 문장이 아니고 블록이므로 중괄호가 있어야 한다.

반복 조건은 "i < 5" 수식이 참이 되는 것이다. 수식 "i < 5"이 참이 되려면 변수 i의 값이 5보다 작아야 한다. i의 초기값은 0이고 i는 한번 반복될 때마다 1씩 증가된다. 따라서 i는 0->1->2->3->4->5와 같이 증가하게 되고 i가 5가 되면 수식 "i < 5"은 거짓이 되어 반복이 종료된다. 반복 조건은 while 문에 처음으로 진입할 때 검사되고 한 번씩 반복할 때마다 반복을 계속할 것인지를 결정하기 위하여 검사된다.

그림 7-4
while 문의 실행 과정

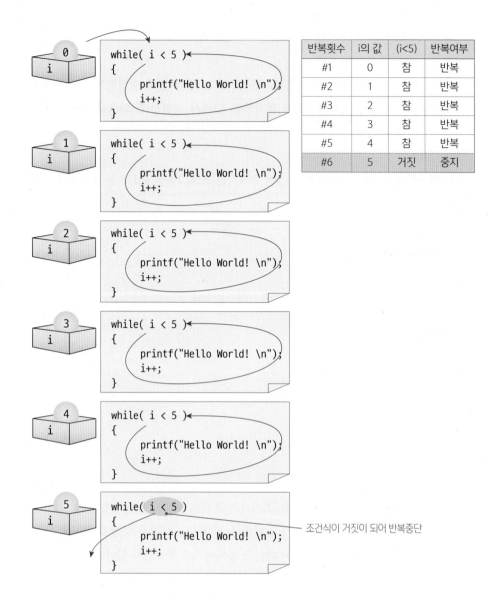

반복횟수	i의 값	(i<5)	반복여부
#1	0	참	반복
#2	1	참	반복
#3	2	참	반복
#4	3	참	반복
#5	4	참	반복
#6	5	거짓	중지

조건식이 거짓이 되어 반복중단

　여기서 반복이 어떻게 종료되었는지도 중요하다. 변수 i가 0으로 초기화된 후에 한 번 반복을 할 때마다 1씩 증가해서 결국 5가 되면 반복을 중단하게 된다. 만약 i를 증가시키는 문장 i++;가 없다면 반복은 무한히 계속될 것이다. 이러한 현상을 무한 루프(infinite loop)라고 한다. 이러한 무한 루프는 피해야 할 오류로, 반복문을 사용할 때에는 반드시 반복이 종료되는지를 확인하여야 한다.

예제#1

사용자로부터 출력하고 싶은 단을 받아서 구구단을 출력하여보자. 구구단은 9줄만 출력하면 되므로 9번 반복시키면 될 것이다.

gugu.c

```
1  // while 문을 이용한 구구단 출력 프로그램
2  #include <stdio.h>
3
4  int main(void)
5  {
6      int n;
7      int i = 1;
8
9      printf("출력하고 싶은 단: ");
10     scanf("%d", &n);
11     while (i <= 9)
12     {
13         printf("%d*%d = %d \n", n, i, n*i);
14         i++;
15     }
16
17     return 0;
18 }
```

여기서의 루프 제어 변수는 i이다. i의 초기값이 0이 아니고 1인 것에 유의하라. 구구단은 1부터 곱해야 하기 때문에 0이 아니고 1로 초기화를 하였다.

여기서는 먼저 사용자로부터 출력하고 싶은 구구단의 단수를 받아서 변수 n에 저장한다.

9보다 작거나 같을 때까지 반복하도록 하였다.

```
출력하고 싶은 단: 9
9*1 = 9
9*2 = 18
9*3 = 27
9*4 = 36
9*5 = 45
9*6 = 54
9*7 = 63
9*8 = 72
9*9 = 81
```

예제#2

반복 구조를 이용하여 1부터 10까지의 숫자들의 제곱표를 출력하여보자. 여기서 %5d는 정수를 5자리의 필드 안에 십진수 형태로 출력하는 것을 의미한다.

square.c

```
1  // while 문을 이용한 제곱값 출력 프로그램
2  #include <stdio.h>
3
4  int main(void)
5  {
6      int n;
7
8      printf("====================\n");
9      printf("   n        n의 제곱 \n");
10     printf("====================\n");
11
12     n = 1;
13     while (n <= 10)
14     {
15         printf("%5d     %5d\n", n, n*n);
16         n++;
17     }
18
19     return 0;
20 }
```

n이 10 이하이면 반복한다.

```
====================
n            n의 제곱
====================
1            1
2            4
3            9
4            16
5            25
6            36
7            49
8            64
9            81
10           100
```

예제#3

앞의 예제는 반복의 횟수가 고정되어 있었다. 만약 사용자로부터 값을 받아서 이것을 반복의 횟수로 하면 훨씬 더 융통성 있는 프로그램을 만들 수 있다. 첫 번째 예제로 사용자로부터 정수 n을 입력받아서 1부터 n 까지의 합을 구하는 고전적인 문제를 프로그래밍하여보자.

```
1 + 2 + 3 + .... + n
```

만약 n이 10이라면 다음과 같이 하나의 수식으로도 계산할 수 있을 것이다.

```
sum = 1 + 2 + 3 + 4 + 5 + 6 + 7 + 8 + 9 + 10;
```

하지만 n은 사용자가 입력하는 값이므로 무엇이 될지 예측할 수 없다. 따라서 위와 같이 하나의 수식으로 작성하는 것은 불가능하다. 이럴 때 자주 사용되는 기법이 하나의 변수 sum 을 정의해놓고 여기에 정수를 계속 누적하는 방법이다. 즉 sum의 초기값은 0으로 하고 여기 에 1, 2, 3, ..., n까지를 차례대로 더하는 것이다. 이것은 마치 저금통에 1부터 n개의 동전 을 넣는 것과 같다.

그림 7-5
누적 변수의 사용

① 빈 통을 준비한다.

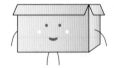

② 통에 1부터 n까지를 넣는다.

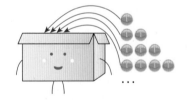

③ 통에 들어있는 동전의 개수를 출력한다.

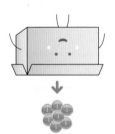

따라서 변수 i를 1씩 증가하고 i를 sum에 더하면 된다. 여기서 반복을 계속하는 조건이 i <= n 인 것에 유의하라. 1부터 n까지 더해서야 하기 때문이다. 소스 코드에서 복합 대입 연 산자 +=가 사용되었다. sum += i;는 sum = sum+i;와 같다. 또한 i++;는 i = i+1;과 같다.

sum.c

```
1   #include <stdio.h>
2
3   int main(void)
4   {
5       int i, n, sum;                    // 변수 선언
6
7       printf("정수를 입력하시오: ");      // 입력 안내 메시지 출력
8       scanf("%d", &n);                  // 정수값 입력
9
10      i = 1;
11      sum = 0;                          ─── 변수 초기화
12
13      while(i <= n)
14      {
15          sum += i;      // sum = sum + i;와 같다.
16          i++;           // i = i + 1과 같다.
17      }
18
19      printf("1부터 %d까지의 합은 %d입니다\n", n, sum);
20      return 0;
21  }
```

i를 1씩 증가시키면서 sum에 누적한다.

```
정수를 입력하시오: 3
1부터 3까지의 합은 6입니다
```

예제#4

예제 3을 약간 변화하여서 n 이하의 모든 짝수의 합만을 구하려면 어떻게 변경하여야 할까? 짝수의 합을 출력하려면 짝수들만을 sum에 더해야 한다. 눈치 빠른 독자들은 이미 알아차렸겠지만, i를 0으로 초기화한 후에 i에 2를 더해나가면서 sum에 누적하면 된다.

sum2.c

```
1   ...
2       i = 0;
3       sum = 0;
4
5       while(i <= n)
6       {
7           sum += i;
8           i = i + 2;     // i += 2;로 하여도 된다.
9       }
10
11      printf("1부터 %d까지의 합은 %d입니다\n", n, sum);
12      return 0;
13  }
```

1부터 n까지의 짝수들의 합을 구하려면 i를 2씩 증가시킨다.

```
정수를 입력하시오: 10
1부터 10까지의 합은 30입니다
```

예제#5

이번에는 사용자가 입력하는 5개의 값을 합하여 그 결과를 출력하여보자. 이번 예제에서는 scanf() 함수가 while 반복문 안으로 들어가게 된다.

sum1.c

```
1   // while 문을 이용한 합계 프로그램
2   #include <stdio.h>
3
4   int main(void)
5   {
6       int i, n, sum;
7
8       i = 0;                    // 변수 초기화
9       sum = 0;                  // 변수 초기화
10      while (i < 5)
11      {
12          printf("값을 입력하시오: ");
13          scanf("%d", &n);
14          sum = sum + n;        // sum += n;과 같다.
15          i++;
16      }
17      printf("합계는 %d입니다.\n", sum);
18
19      return 0;
20  }
```

5번 반복하면서 사용자가 입력하는 값을 sum에 누적한다.

```
값을 입력하시오: 10
값을 입력하시오: 20
값을 입력하시오: 30
값을 입력하시오: 40
값을 입력하시오: 50
합계는 150입니다.
```

if 문과 while 문의 비교

앞장에서 설명하였던 if 문과 이번 장에서 설명하고 있는 while 문을 비교하여보자. if 문은 조건이 만족되면 단 한 번만 실행한다. 반면에 while 루프는 조건이 만족되면 여러 번 반복 실행한다. 따라서 조건에 따라 딱 한 번만 실행하기를 원하면 if 문을 사용하면 되고 한 번 이상 실행시키려면 while 루프를 사용하면 된다. 그림 7-6은 if 문과 while 문을 비교하였다.

그림 7-6
if 문과 while 문의 비교

```
if( 조건 )
{
    ...
    ...
}
```
조건이 만족되면
한 번만 실행된다.

```
while( 조건 )
{
    ...
    ...
}
```
조건이 만족되면
여러 번 반복 실행된다.

while 루프 작성시 주의할 점

① 아래의 코드를 살펴보자. 과연 아래의 코드를 수행하면 어떤 일이 발생할까?

```
int i = 0;
while(i < 3)
        printf("반복중입니다\n"):
        i++;
```
while 루프에 포함되지 않아서 반복실행되지 않는다.
들여쓰기를 한다고 해서 루프 안에 있는 것은 아니다.

```
반복중입니다
반복중입니다
...
```

오른쪽의 실행 결과에서도 알 수 있지만 printf 문을 무한히 반복하게 된다. 왜 이런 일이 발생하였을까? 얼핏 보면 변수 i를 변경시키는 문장도 while 루프에 포함된 것처럼 보인다. 하지만 사실은 i++ 문장은 while 루프 안에 있지 않다. 들여쓰기는 하였지만 printf 문과 i++ 문장을 중괄호로 묶지 않았다. 따라서 printf 문만이 루프에 포함되고 i++ 문장은 루프에 포함되지 않은 것이다. 따라서 반복 도중에 i의 값은 절대 변하지 않는다. 결과적으로 프로그램은 무한 루프 상태에 빠지게 된다. 항상 기억할 점은 C언어에서 들여쓰기는 사람을 위한 것이지 컴파일러를 위한 것은 아니라는 점이다(파이썬하고는 다르다!). i++를 루프 안에 포함시키려면 다음과 같이 중괄호를 이용해서 묶어 주어야 한다.

```
int i = 0;
while(i < 3) {
        printf("반복중입니다\n"):
        i++;
}
```
중괄호를 이용해서 묶어준다.

② 반복 조건식에 != 나 ==을 사용하는 것은 상당히 위험할 수 있다. != 나 ==을 사용하는 경우, 실수로 무한 루프를 만들 수도 있기 때문이다. 예를 들어서 다음 코드를 살펴보자.

```
int i = 0;
while(i != 9)
        i += 2;
```
while (i < 9)가 더 바람직하다.

위의 코드는 i가 결코 9가 될 수 없어서 무한히 반복하게 된다. != 나 == 보다는 <=나 >=을 사용하는 것이 바람직하다.

참과 거짓

while 문의 조건식에서는 0이 아닌 모든 값들은 전부 참이고 0은 거짓으로 간주된다. 다음의 코드를 살펴보자.

```
#include <stdio.h>
int main(void)
{
    int i = 3;

    while (i)                    ——— while( i != 0 )와 같다.
    {
        printf("%d은 참입니다.\n", i);
        i--;
    }
    printf("%d은 거짓입니다.\n", i);
}
```

```
3은 참입니다.
2은 참입니다.
1은 참입니다.
0은 거짓입니다.
```

위의 실행 결과에서 보듯이 1, 2, 3은 모두 참으로 인식되고 0만 거짓으로 인식된다. 즉 0 만 거짓이고 다른 값들은 모두 참으로 인식되는 것이다. 정리하여 보면 관계 수식이나 논리 수식의 결과값은 참이면 1, 거짓이면 0이지만 if 문이나 while 문의 조건 수식에서는 0만 거짓이고 다른 값은 모두 참으로 인식한다는 의미이다.

따라서 보통은 while 문을 다음과 같이 쓰기도 한다. 물론 왼편의 형식이 훨씬 그 의미가 명확하지만 관습적으로 오른쪽처럼 많이 사용한다.

```
while(i != 0)
{
...
}
```
→
```
while( i )
{
...
}
```

C가 참에 대해서는 관대하기 때문에 문제도 많이 발생하는데 대표적인 문제가 반복 조건을 나타내는 수식에서 ==대신에 =을 사용하는 경우이다. ==을 =으로 잘못 작성하였을 경우에도 컴파일러는 오류를 잡아내지 못한다. 다음과 같이 i == 2로 해야 할 곳을 i = 2로 하면 무한 루프가 된다. 따라서 ==을 =으로 잘못 쓰지 않도록 주의하자.

```
while(i = 2)          ——— 수식의 값이 2이므로 항상
{                          참이 되어서 무한 루프
    ...
}
```

오류 주의

만약 while의 조건식 끝에 세미콜론(;)을 쓰면 NULL 문장만 반복된다. 세미콜론만 존재하는 문장을 NULL 문장이라고 한다.

```
while (i<10) ;        ——— 하나의 문장으로 취급되어서 이것만 반복된다.
    i++;             ——— 반복되지 않는다.
```

1 if 문과 while 문을 비교하여 보라. 조건식이 같다면 어떻게 동작하는가?

2 while 루프를 이용하여 무한 루프를 만들어 보라.

3 다음 코드의 출력을 쓰시오.

```c
int n = 10;
while (n > 0) {
    printf("%d\n", n);
    n = n - 3;
}
```

7.3 반복 루프에서 보초값 사용하기

반복 루프를 사용하여 사용자가 입력하는 정수의 합을 계산한다고 가정하자. 만약 입력될 데이터의 정확한 개수가 미리 알려지지 않거나 데이터가 너무 많아서 개수를 알기가 어려운 경우에는 어떻게 하는 것이 좋을까? 이런 경우에는 데이터의 끝에다 끝을 알리는 특수한 데이터를 놓으면 된다. 프로그램에서는 이 특수한 데이터가 나타나면 데이터의 입력을 중단하면 된다. 데이터의 끝을 알리는데 사용되는 데이터 값을 센티널(sentinel) 또는 보초값이라고 한다. 센티널은 일반적인 데이터값에서는 절대 등장할 수 없는 값으로 선택하는 것이 좋다. 예를 들어서 성적을 입력받아 성적의 평균을 구하는 프로그램이면, 음수나 100보다 큰 값을 센티널로 선택하는 것이 좋을 것이다.

사용자로부터 임의의 개수의 성적을 받아서 평균을 계산한 후에 출력하는 프로그램을 작성하여보자. 센티널로는 음수의 값을 사용하자. 즉 음수가 입력되면 반복을 중단한다.

여기가 데이터의 끝이군 ….

센티널

우리는 6장에서 선택 구조를 배웠다. 이번 장에서는 반복 구조를 학습하고 있다. 선택 구조와 반복 구조를 사용할 수 있으면 상당히 복잡한 수준의 프로그램을 작성할 수 있다. 드디어 알고리즘을 생각할 시기가 된 것이다. 지금까지는 알고리즘을 생각할 필요가 없는 순차 구조만을 사용하였지만 여기에 선택 구조, 반복 구조가 들어가게 되면 알고리즘을 고려하여야 한다. 성적의 평균을 구하는 문제에 대한 알고리즘을 작성하여보자.

알고리즘을 만드는 가장 기초적인 방법은 1장에서 설명하였던 대로 문제를 한 번에 해결하려고 하지 말고 더 작은 크기의 단계들로 분해하는 것이다.

• 성적의 평균을 구한다		① 필요한 변수들을 초기화한다. ② 성적을 입력받아서 합계를 구하고 성적의 개수를 센다. ③ 평균을 계산하고 화면에 출력한다.

여기서는 순차 구조만을 사용하고 있다. 각 단계는 적혀있는 순서대로 수행될 것이다. 아직도 각 단계들이 프로그램으로 변환할 정도로는 자세하지 않으므로 더 작은 단계로 분해하여야 한다. 먼저 첫 번째 단계인 "필요한 변수들을 초기화한다"를 보다 상세하게 분해하여보자. 먼저 필요한 변수들을 구체적으로 생각해보자. 먼저 정수들을 입력받을 변수 grade, 성적들의 합계를 저장할 변수 sum, 평균값을 저장할 변수 average, 성적의 개수를 저장할 변수 n 등이 필요하다. 여기서 초기화를 해야할 변수는 sum과 n, grade 뿐이다. 왜냐하면 average는 계산값으로 대치되기 때문이다.

① 필요한 변수들을 초기화한다.		• sum을 0으로 초기화한다. • n을 0으로 초기화한다. • grade를 0으로 초기화한다.

다시 두 번째 단계인 "성적을 입력받아서 합계를 구하고 개수를 센다"를 보다 상세하게 분해하여보자. 여기서 정수의 끝은 음수 형태의 센티널로 표시되어 있다. 반복 구조를 사용하여야 한다. while 루프를 사용하고 성적의 값이 0 이상이면 사용자로부터 성적을 읽어서 sum에 계속 더해나가면 된다. 또한 루프의 끝에서 n의 값을 하나 증가하여야 한다. 음수가 입력되면 반복이 종료될 것이다.

② 성적을 입력받아서 합계를 구하고 성적의 개수를 센다.		• while (grade가 0 이상이면)
		  • 사용자로부터 성적을 읽어서 grade에 저장한다.
		  • sum에 이 점수를 누적한다.
		  • n을 하나 증가한다.

세 번째 단계를 보다 상세하게 설계하여보자. 평균을 계산하려면 sum을 n으로 나누면 된다. 마지막으로 평균값을 화면에 출력한다.

③ 평균을 계산하고 화면에 출력한다.

- sum을 n으로 나누어서 average에 저장한다.
- average를 화면에 출력한다.

자 이제는 프로그램으로 변환할 정도로 상세하게 되었다. 더 이상 상세하게 분해하는 것은 의미가 없다. 왜냐하면 의사 코드의 문장을 프로그래밍 언어의 문장으로 일대일 변환할 수 있기 때문이다.

average.c

```c
1  // while 문을 이용한 성적 평균 구하기 프로그램
2  #include <stdio.h>
3
4  int main(void)
5  {
6      int grade, n;
7      double sum, average;
8
9      // 필요한 변수들을 초기화한다.
10     n = 0;
11     sum = 0;
12     grade = 0;
13
14     printf("종료하려면 음수를 입력하시오\n");
15
16     // 성적을 입력받아서 합계를 구하고 학생 수를 센다.
17     while (grade >= 0)
18     {
19         printf("성적을 입력하시오: ");
20         scanf("%d", &grade);
21
22         sum += grade;
23         n++;
24     }
25
26     sum = sum - grade;
27     n--;
28     // 평균을 계산하고 화면에 출력한다.
29     average = sum / n;
30     printf("성적의 평균은 %f입니다.\n", average);
31
32     return 0;
33 }
```

— grade가 0 이상이면 반복

여기서 주의할 점은 센티널 값도 합계에 포함된다는 점이다. 따라서 반복 루프가 끝나면 센티널 값을 합계와 개수에서 제거하여야 한다.

```
종료하려면 음수를 입력하시오
성적을 입력하시오: 10
성적을 입력하시오: 20
성적을 입력하시오: 30
성적을 입력하시오: 40
성적을 입력하시오: 50
성적을 입력하시오: -1
성적의 평균은 30.000000입니다.
```

LAB   최대 공약수 찾기

이번 실습에서는 while 루프를 이용하여 두 개의 정수의 최대 공약수를 구해보자. 최대 공약수란 두 정수의 공통 약수 중에서 가장 큰 수를 의미한다. 예를 들어서 8과 12의 최대 공약수는 4가 된다. 왜냐하면 4는 8의 약수이면서 12의 약수이고 공통 약수 중에서 가장 크기 때문이다.

```
두 개의 정수를 입력하시오(큰수, 작은수): 25 10
최대공약수는 5입니다.
```

Hint

최대 공약수를 구하려면 아무래도 정교한 수학적인 알고리즘이 필요하다. 최대 공약수를 구하는 알고리즘은 기원전 300년 전에 이미 유클리드에 의하여 개발되었다. 따라서 여기서는 그 알고리즘을 구현하는 데만 초점을 맞추어보자.

① 두 수 가운데 큰 수를 x, 작은 수를 y라 한다.
② y가 0이면 최대 공약수는 x와 같고 알고리즘을 종료한다.
③ r ← x % y
④ x ← y   알고리즘에
⑤ y ← r   반복 존재!!
⑥ 단계 ②로 되돌아간다.

위의 의사 코드에서 변수에 값을 대입하는 연산을 ←로 표기하였다. 의사 코드에서는 화살표가 대입 연산을 나타낸다. 위의 알고리즘의 원리에 대해서는 신경 쓰지 말자. 중요한 것은 위의 알고리즘을 프로그램으로 변환하는 것이다. 알고리즘을 자세히 살펴보면 반복 구조가 있음을 알 수 있다. 반복 횟수가 결정되어 있지 않으므로 while 루프를 사용하도록 하자. y가 0이 아니면 단계 ③, ④, ⑤를 반복하면 된다.

참고사항

여기서 주의할 점은 두 개의 정수 중에서 큰 수가 반드시 x에 저장되어야 한다는 점이다. 물론 프로그램에서 검사하여 변수 x와 변수 y의 값을 바꿀 수도 있다.

Solution   gcd.c

```c
1  // while 문을 이용한 최대 공약수 구하기 프로그램
2  #include <stdio.h>
3
4  int main(void)
5  {
```

```
 6        int x, y, r;
 7
 8        printf("두 개의 정수를 입력하시오(큰수, 작은수): ");
 9        scanf("%d%d", &x, &y);
10
11        while (y != 0)
12        {
13            r = x % y;
14            x = y;
15            y = r;
16        }
17        printf("최대 공약수는 %d입니다.\n", x);
18
19        return 0;
20  }
```

사용자로부터 정수들이 입력되어 x와 y로 저장된 다음에, 최대 공약수를 계산하는 while 루프로 들어간다. while 루프가 종료되면 x의 값은 최대 공약수가 되고 이 값이 화면에 출력된다.

 LAB   반감기

최근에 핵발전소 사고가 발생하여 방사능 오염이 문제가 된 바 있다. 방사능 원소는 반감기, 즉 원소의 수가 절반으로 줄어드는 기간이 길어서 문제가 된다. 반감기는 지수함수적인 붕괴를 나타낸다. 즉 반감기가 흘러가면 원래 있는 양의 1/2로 변경되기 때문이다. 방사능 원소의 반감기 는 고고학에서는 중요하게 이용된다. 만약 암석의 나이를 알고자 할 때 방사능 물질과 그 물질이 붕괴되면서 만들어진 물질의 존재비율을 알면 반감기를 이용해 암석의 나이를 알아낼 수 있다. 여기서는 사용자로부터 반감기를 받아서, 방사능 물질이 1/10 이하로 줄어들 때까지 걸리는 시간을 계산하여보자. 로그 함수를 사용하지 말고 반복 구조만을 사용하여 해결해 보자.

```
반감기를 입력하시오(년): 10
10년 후에 남은 양=50.000000
20년 후에 남은 양=25.000000
30년 후에 남은 양=12.500000
40년 후에 남은 양=6.250000
1/10 이하로 되기까지 걸린 시간=40년
```

Hint

while 반복문을 사용하여서 반복이 계속되는 조건을 (물질의 양 > 초기물질의 양*0.1)로 주면 된다. 한 번 반복이 될 때마다 한 번의 반감기가 지나갔다고 가정한다. 따라서 한 번 반복이 될 때마다, 시간에 반감기를 더해주고 물질의 양은 1/2로 줄어든다.

```
사용자로부터 반감기를 입력받는다.
while(물질의 양 > 초기 물질의 양*0.1)
        반감기만큼 시간을 더한다.
        물질의 양은 1/2로 줄어든다.
        현재 물질의 양을 출력한다.
10% 이하로 되기까지 걸린 시간을 출력한다.
```

Solution   halflife.c

```c
1  #include <stdio.h>
2  int main(void)
3  {
4       int halflife;
5       double initial;
6       double current;
7       int years=0;
8
9       printf("반감기를 입력하시오(년): ");
10      scanf("%d", &halflife);
11
12      initial = 100.0;
13      current = initial;
14      while( current > initial/10.0 )
15      {
16          years += halflife;
17          current = current / 2.0;
18          printf("%d년 후에 남은 양=%f\n", years, current);
19      }
20      printf("1/10 이하로 되기까지 걸린 시간=%d년\n", years);
21      return 0;
22  }
```

도전문제

(1) 위와 비슷한 문제를 하나 더 작성해보자. 세균이 1시간마다 4배씩 증가한다고 가정하자. 이 세균 10마리를 배양하면 7시간 후의 세균의 수는 얼마나 될까? 역시 지수 함수나 로그 함수를 이용하지 말고 반복 구조만을 사용하여서 해결하여보자.

(2) A4지를 50번 접는다면 두께가 얼마나 될까? 종이를 한번 접을 때마다 두께가 2배씩 늘어난다. A4지 한 장의 두께는 1mm로 가정한다. 역시 지수 함수나 로그 함수를 이용하지 말고 반복 구조만을 사용하여서 해결하여보자.

7.4 do...while 문

do...while 문은 while 문과 비슷하나 반복 조건을 루프의 처음이 아니라 루프의 끝에서 검사한다는 것이 다르다.

참고사항

while 문에서는 조건이 거짓이면 전혀 반복이 실행되지 않는다.

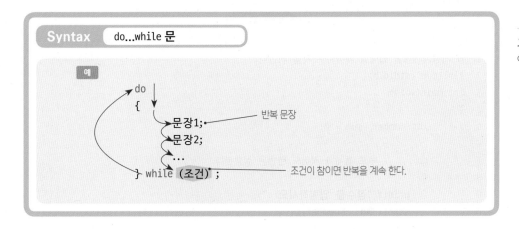

그림 7-7
do...while 문의 구조

조건식은 참, 거짓을 가릴 수 있는 수식이면 되고 문장은 단일문 또는 복합문일 수 있다. do...while 문에서는 조건이 만족되지 않아도 루프 안의 문장이 한번은 실행된다. 이후에 조건을 검사하여서 참이면 반복이 계속된다.

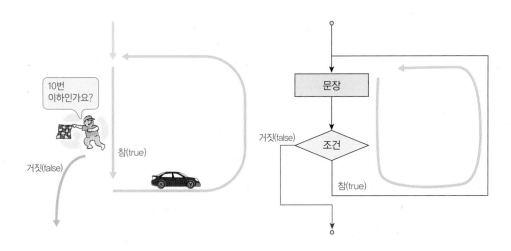

그림 7-8
do...while 문의 흐름도

예제#1 do...while 문을 이용하여 사용자가 0을 입력할 때까지 입력된 숫자들을 더하는 프로그램을 작성해보자.

참고사항

do..while 문에서 while( ) 다음에 있는 세미콜론에 주의하여야 한다. while 루프와는 달리 반드시 세미콜론이 있어야 한다.

```
정수를 입력하시오: 10
정수를 입력하시오: 20
정수를 입력하시오: 30
정수를 입력하시오: 0
숫자들의 합 = 60
```

```c
1   // 사용자가 0을 입력할 때까지 숫자를 더한다.
2   #include <stdio.h>
3   int main(void)
4   {
5       int number, sum = 0;
6
7       do      // 루프 몸체가 적어도 한번은 실행된다.
8       {
9           printf("정수를 입력하시오: ");
10          scanf("%d", &number);
11          sum += number;
12      } while (number != 0);
13
14      printf("숫자들의 합 = %d \n", sum);
15      return 0;
16  }
```

주의할 점

do...while 문이 while 문과 다른 점은 do...while 문에서는 반복 문장이 적어도 한번은 실행된다는 점이다. 다음의 코드에서는 i값이 10000이라고 할지라도 무조건 루프가 실행되어 i값이 화면에 출력된다. 일단 루프를 실행한 다음에 반복 조건 수식을 검사하기 때문이다. 따라서 do...while 문은 반복 문장이 적어도 한번은 실행되어야 하는 경우에 사용하는 것이 가장 바람직하다.

```
i = 1000
```

```c
int i = 10000;

do
{
    printf("i = %d\n", i);
    i++;
} while( i < 3 );
```

반복 조건이 맞지 않지만 일단 한 번은 실행된다.

예제#2

do..while 문은 입력을 처리하는 부분에서 많이 사용된다. 입력을 처리하기 위해서는 일단 외부로부터 입력을 하나 받아야 한다. 따라서 do..while을 이용하여 입력을 받은 후에 이것을 처리하면 보다 간결한 프로그래밍이 가능하다.

menu.c

```c
1   // do..while 문을 이용한 메뉴
2   #include <stdio.h>
3
4   int main(void)
5   {
6       int i = 0;
7       do
8       {
9           printf("1---새로만들기\n");
10          printf("2---파일열기\n");
11          printf("3---파일닫기\n");
12          printf("하나를 선택하시오: ");
13          scanf("%d", &i);
14      } while(i < 1 || i > 3);
15
16      printf("선택된 메뉴=%d \n",i);
17      return 0;
18  }
```

사용자가 적절한 선택을 할 때까지 메뉴를 화면에 출력하는 것을 반복한다. 사용자로부터 유효한 입력을 받기 전에 적어도 한번은 메뉴를 나타내야 하기 때문에 do...while 문이 사용되었다. 입력된 값이 1보다 작거나 3보다 크면 메뉴를 다시 표시하여 사용자가 적합한 메뉴 값을 선택하도록 반복한다.

```
1---새로만들기
2---파일열기
3---파일닫기
하나를 선택하시요.
1
선택된 메뉴=1
```

중간점검

1   다음 코드의 출력을 쓰시오.

```c
int n = 0;
do {
    printf("%d\n", n);
    n = n + 1;
} while( n < 3 );
```

LAB   숫자 추측 게임

이 예제는 프로그램이 가지고 있는 정수를 사용자가 알아맞히는 게임이다. 사용자가 답을 제시하면 프로그램은 자신이 저장한 정수와 비교하여 제시된 정수가 더 높은지 낮은지 만을 알려준다. 정수의 범위를 한정하면 최대 7번이면 누구나 알아맞힐 수 있다. 정수의 범위를 1부터 1,000,000까지 확대하더라도 최대 20번이면 맞출 수 있다. 왜 그럴까? 이진 탐색의 원리 때문이다. 정렬되어 있는 숫자 중에서 중간값과 한 번씩 비교할 때마다 탐색의 범위는 1/2로 줄어든다. 예를 들어서 1부터 100사이에서 50과 비교하여서 50보다 작다는 답변을 들었다면, 다음 탐색 범위는 1부터 50이 된다. 그렇지만 물론 게임이기 때문에 운도 따른다. 게임이 끝나면 몇 번 만에 맞추었는지도 함께 출력하자.

```
정답을 추측하시오: 50
LOW
정답을 추측하시오: 75
HIGH
정답을 추측하시오: 60
축하합니다. 시도횟수=3
```

 프로그램은 반복 루프를 사용하여 사용자가 정확하게 정수를 알아맞힐 때까지 반복한다. 반복 루프 중에서

Hint do-while 루프가 적당한데 그 이유는 일단 사용자로부터 숫자를 입력받아야 하기 때문이다. 정답은 난수로 생성한다. 난수는 rand()로 생성할 수 있다. 난수를 생성하기 전에 난수 발생기의 시드를 srand()로 설정하여야 한다.

```
do
    사용자로부터 숫자를 guess로 입력받는다.
    시도횟수를 증가한다.
    if( guess < answer )
        숫자가 낮다고 출력한다.
    if( guess > answer )
        숫자가 높다고 출력한다.
while(guess != answer);
    "축하합니다"와 시도횟수를 출력한다.
```

Solution   **game.c**

```c
1  #include <stdio.h>
2  #include <stdlib.h>
3
4  int main(void)
5  {
6      srand((unsigned)time(NULL));   // 난수 발생기 시드 설정
7
8      int answer = rand()%100+1;     // 정답을 난수로 발생한다.
9      int guess;
10     int tries = 0;
11     // 반복 구조
12     do {
13         printf("정답을 추측하여 보시오: ");
14         scanf("%d", &guess);
15         tries++;
16
17         if (guess > answer)  // 사용자가 입력한 정수가 정답보다 높으면
18             printf("HIGH \n");
19         if (guess < answer)  // 사용자가 입력한 정수가 정답보다 낮으면
20             printf("LOW \n");
21     } while (guess !=answer);
22
23     printf("축하합니다. 시도횟수=%d\n", tries);
24     return 0;
25 }
```

난수를 발생할 때는 시드를 변경하는 것이 좋다. 시드를 변경하지 않으면 동일한 난수들이 생성된다. 시드는 현재 시각으로 하는 것이 일반적이다. time(NULL)을 호출하면 현재 시각이 넘어온다.

if 문을 사용하여 guess가 answer보다 작은지 큰지를 검사하여 적당한 메시지를 출력한다. do...while 루프의 마지막 조건 검사 부분에서 guess가 answer와 같은지를 검사한다. 만약 guess가 answer와 같으면 반복을 중단한다.

3개의 변수가 선언되어서 사용된다. 변수 answer는 정답을 저장하고 있다. 정답은 난수로 선택되었다. 변수 guess에는 사용자가 입력한 정수가 저장된다. 만약 answer와 guess가 일치하면 반복이 종료된다. tries는 사용자의 시도 횟수를 기록한다.

반복 루프는 do...while 루프를 이용하여 구현되었다. 먼저 사용자로부터 정수를 받아야 하기 때문이다. 정수를 scanf()를 통하여 받은 후에, 이것을 answer에 저장된 정수와 비교한다. if 문을 사용하여 guess가 answer보다 작은지 큰지를 검사하여 적당한 메시지를 출력한다. do...while 루프의 마지막 조건 검사 부분에서 guess가 answer와 같은지를 검사한다. 만약 guess가 answer와 같으면 반복을 중단하고 시도 횟수를 출력한 다음에 종료한다.

도전문제

이번에는 반대로 사용자가 선택한 숫자를 컴퓨터가 알아 맞추도록 위의 프로그램을 변형하여보라. 어떻게 구현하는 것이 최선인가?

7.5   for 문

for 문은 정해진 횟수만큼 반복할 때 사용하는 반복 구조이다. for 루프(loop)라고도 한다. for 문은 반복 구조 중에서 가장 많이 사용되는데 장점이 많기 때문이다.

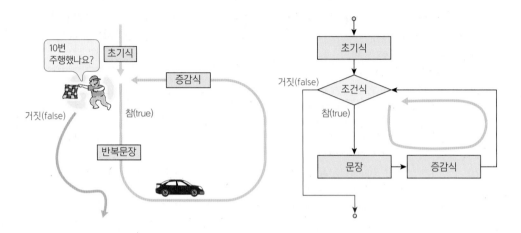

for 문은 초기식(initialization), 조건식(expression), 증감식(increment)의 3부분으로 구성된다. 이들 3부분은 세미콜론으로 분리되어 있다.

그림 7-9
for 문의 구조

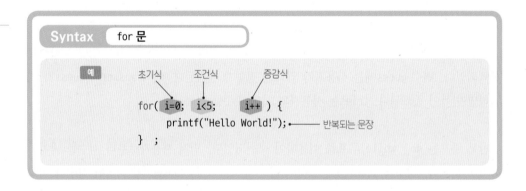

for 문에서 초기식은 가장 먼저 실행되고 딱 한 번만 실행된다. 이어서 조건식이 검사된다. 조건식이 참이면 루프가 실행된다. 루프의 실행이 끝나면 증감식이 실행된다. 이어서 다시 조건식이 검사된다. 한 번이라도 조건식이 거짓이면 바로 for 문을 벗어나게 된다.

그림 7-10
for 문의 실행순서

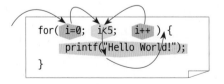

이 세 개의 문장이 하는 역할을 좀 더 자세히 알아보자.

● 초기식

  초기식은 반복 루프를 시작하기 전에 한 번만 실행된다. 주로 변수값을 초기화하는 용도로 사용된다. 위의 예에서는 변수 i의 값을 0으로 초기화하였다. C99 버전부터는 여기서 int i=0; 과 같이 제어 변수를 선언할 수도 있다.

● 조건식

  반복의 조건을 검사하는 수식이다. 이 수식의 값이 거짓이 되면 반복이 중단된다. 이 수식은 반복을 하기 전에 계산한다. 따라서 만약 조건식의 값이 거짓이면 한 번도 반복이 일어나지 않는다. 위의 예제에서는 "i<5"가 여기에 해당한다. i의 값이 5보다 작으면 반복이 계속된다. 만약 i의 값이 증가되어서 5가 되면 "i<5"가 거짓이 되고 따라서 반복은 종료된다.

● 증감식

  한 번의 루프 실행이 끝나면 증감식이 실행된다. 위의 예제에서는 i++;가 여기에 해당하고 변수 i의 값을 증가시키는 역할을 한다. 어떤 문장이라도 여기에 놓을 수 있다.

"Hello World!"라는 문자열을 화면에 5번 출력하는 프로그램을 for 문을 사용하여 작성해보자.   **예제#1**

```
1   // "Hello World!" 5번 출력하기
2   #include <stdio.h>
3
4   int main(void)
5   {
6       int i;
7       for(i = 0; i < 5; i++)              // i는 0부터 4까지 증가
8           printf("Hello World! \n");
9
10      return 0;
11  }
```

```
Hello World!
Hello World!
Hello World!
Hello World!
Hello World!
```

  C99 버전부터는 변수를 for 루프의 초기식에서 정의할 수 있다. 즉 다음과 같은 문장이 가능하다.

```
    for(int i = 0; i < 5; i++)              // i는 0부터 4까지 증가
        printf("Hello World! \n");
```

  선언된 변수 i는 for 루프 내부에서만 사용할 수 있다.

for 문의 실행 순서

for 문의 정확한 이해는 C언어에서 아주 중요하다. 따라서 "Hello World!"를 화면에 5번 출력하는 예제를 그림을 통하여 완벽하게 이해하도록 하자.

그림 7-11
for 문의 실행 과정

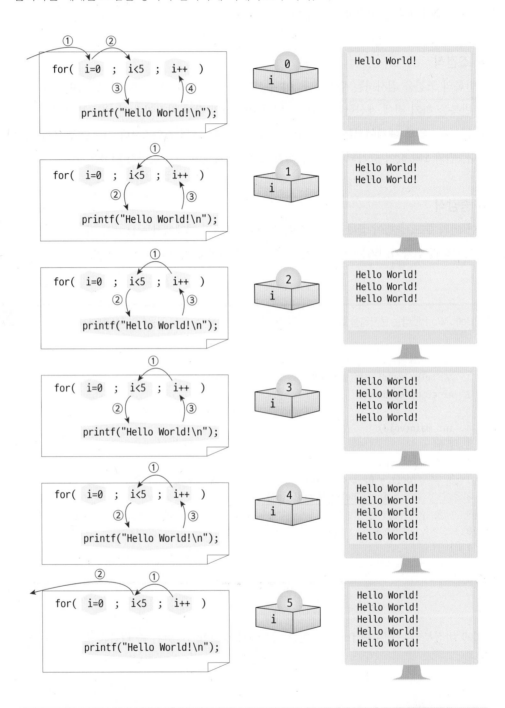

TIP

while 문에서 제어 변수를 증가하는 것을 잊으면 무한 루프가 된다. 반면에 for 문에서는 변수를 초기화하는 부분, 증가시키는 부분이 따로 있어서 보다 안전하다.

예제#2

1부터 10까지의 정수를 더하여 합계를 구하는 프로그램을 작성해보자.

sum_for.c

```
1    //  반복을 이용한 정수합 프로그램
2    #include <stdio.h>
3
4    int main(void)
5    {
6        int sum=0;
7
8        for(int i = 1; i <= 10; i++)    // i는 1부터 10까지 증가
9            sum += i;                   // sum = sum + i;와 같음
10
11       printf("1부터 10까지의 정수의 합= %d\n", sum);
12
13       return 0;
14   }
```

sum은 정수들의
합을 저장한다.

i가 1부터 10과 같을 때까지 반복된다. i가 11이 되면
반복 루프는 종료된다. 반복 루프 안에서는 sum에 i의 값
이 더해진다.

for 문이 끝나면 실행된다. 화면에 sum의
값이 출력된다.

1부터 10까지의 정수의 합= 55

프로그램 설명

이 프로그램에서는 두 개의 정수 변수가 필요하다. sum은 정수들의 합을 저장한다. i는 for 문에서 필요한 변수로 for 문이 정해진 횟수만큼 실행할 수 있도록 지금까지의 실행 횟수를 저장하고 있는 변수가 된다.

for 문에서 첫 번째 단계인 초기화 문장은 i = 1이다. 즉 변수 i의 초기값을 1로 만드는 것이다. for 문의 두 번째 단계는 i <= 10이다. 이것은 변수 i가 10보다 작거나 같은지를 검사한다. i는 1로 초기화되어 있으므로 조건은 참이 되고 sum += i; 문장이 실행되어 sum에 1이 더해진다. 다시 증감 문장인 i++가 실행되고 i의 값은 2가 된다. 다시 조건 i <= 10이 검사되고 참이므로 다시 sum += i; 문장이 실행되어 sum에 2가 더해진다.

for 문은 조건식이 거짓이 될 때까지 계속 실행되고 i가 11이 되면 조건식이 거짓이 된다. 조건식이 거짓이 되면 for 문이 끝나게 되고 for 문 아래에 있는 printf 문이 실행되어서 화면에 sum의 값이 출력된다.

예제#3

이번 예제에서는 for 루프를 이용하여 일정 범위의 정수에 대하여 세제곱값을 구하여보자. 즉 1의 세제곱부터 시작해서 사용자가 입력하는 수의 세제곱까지를 나열하는 프로그램을 작성하여보자.

cubing.c

```c
1  // 반복을 이용한 세제곱값구하기
2  #include <stdio.h>
3
4  int main(void)
5  {
6      int n;
7
8      printf("정수를 입력하시요:");
9      scanf("%d", &n);
10
11     printf("====================\n");
12     printf("   i      i의 세제곱\n");
13     printf("====================\n");
14     for(int i = 1;i <= n; i++)
15         printf("%5d      %5d\n", i, i*i*i);
16
17     return 0;
18 }
```

for 루프를 이용하여 변수 i를 1부터 n까지 1씩 증가시키면서 printf() 함수를 이용하여 화면에 출력을 한다. %5d는 정수를 십진수 형태로 출력하고 출력 필드의 폭은 5글자라는 것을 의미한다.

```
정수를 입력하시요:5
====================
i          i의 세제곱
====================
1          1
2          8
3          27
4          64
5          125
```

예제#4

화면에 * 글자를 이용하여 다음과 같은 네모를 그려보자. 만약 for 루프를 사용하지 않는다면 각 줄마다 printf()를 호출하여야 할 것이다.

draw_box.c

```c
1  // 반복을 이용한 네모 그리기
2  #include <stdio.h>
3
4  int main(void)
5  {
6      printf("*********\n");
7      for(int i = 0;i < 5; i++)
8          printf("*       *\n");
9
10     printf("*********\n");
11
12     return 0;
13 }
```

i가 0부터 4까지 5번 반복한다. i가 5가 되면 반복이 중지된다.

```
*********
*       *
*       *
*       *
*       *
*       *
*********
```

이번 예제에서는 팩토리얼 값을 계산하여보자. 팩토리얼이란 다음과 같이 정의된다.

$$n! = 1 \times 2 \times 3 \times ... \times n$$

정수를 입력하시오: 10
10!은 3628800입니다.

factorial.c

```
1    // 반복을 이용한 팩토리얼 구하기
2    #include <stdio.h>
3
4    int main(void)
5    {
6        long fact=1;
7        int i, n;
8        printf("정수를 입력하시오: ");
9        scanf("%d", &n);
10
11       for(i = 1;i <= n; i++)
12           fact = fact * i;
13
16       printf("%d!은 %d입니다.\n", n, fact);
17
18       return 0;
19   }
```

변수 fact를 long형으로 정의한다. 팩토리얼의 값은 생각보다 아주 커질 수 있다. 여기서 fact의 초기값은 반드시 1이어야 한다. 0이면 안 된다. 왜냐하면 팩토리얼은 정수를 전부 곱해서 계산하는 것이므로 초기값이 0이면 결과는 0이 되어 버린다. 따라서 반드시 1로 초기화를 시켜야 한다.

사용자로부터 정수를 하나 입력받는다. 입력받은 정수는 변수 n에 저장된다.

for 루프를 사용하여 fact에 i의 값을 곱한 결과값을 다시 fact에 저장한다. i의 초기값도 0이 아닌 1이어야 한다. n까지 곱해져야 하므로 for 루프가 끝나는 값도 n이 된다.

프로그램 설명

n이 5라고 하면 다음과 같이 반복이 진행된다.

	i의 값	i<=5	반복여부	fact의 값
1번째 반복	1	1<=5(참)	반복	1*1
2번째 반복	2	2<=5(참)	반복	1*1*2
3번째 반복	3	3<=5(참)	반복	1*1*2*3
4번째 반복	4	4<=5(참)	반복	1*1*2*3*4
5번째 반복	5	5<=5(참)	반복	1*1*2*3*4*5
6번째 반복	6	6<=5(거짓)	중단	

while 루프와 for 루프의 관계

while 루프는 루프가 몇 번이나 수행될지 모르는 환경에서 사용할 수 있다. 그러나 미리 반복 횟수를 아는 경우에도 사용할 수 있다. 따라서 for 루프는 while 루프로도 변환이 가능하다.

그림 7-12
for 반복 구조와 while 반복 구조의 비교

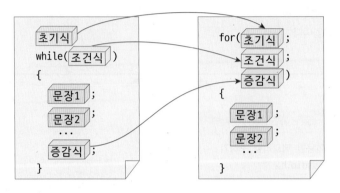

팩토리얼을 계산하는 예제의 for 루프를 while 루프로 변환하여보자.

참고사항

while 루프를 사용하여 프로그램 하는 경우에도 역시 루프 제어 변수를 초기화하는 문장, 루프 제어 변수를 어떤 값과 비교하여 반복 조건을 검사하는 문장, 루프 제어 변수를 증가시키는 문장들이 필요하다.

```c
// 반복을 이용한 팩토리얼 구하기
#include <stdio.h>

int main(void)
{
    long fact = 1;
    int i, n;

    printf("정수를 입력하시오: ");
    scanf("%d", &n);

    i = 0;
    while (i <= n)
    {
        fact = fact * i;
        i++;
    }

    printf("%d!은 %d입니다.\n", n, fact);

    return 0;
}
```

── for 루프를 while 루프로 변경한다.

TIP

3가지의 반복문 for, while, do...while 중에서 어떤 것을 사용해야 하는가?
부분적으로는 개인적인 취향의 문제이다. 일반적인 선택 기준은 루프의 반복 횟수를 아는 경우에는 for 루프가 while 루프에 비하여 약간 더 편리하다고 할 수 있다. 즉 루프 제어 변수를 증가하는 것을 잊어버린다거나 하는 일이 while 루프에 비하여 덜 발생한다. 만약 조건만 존재하고 정확한 반복 횟수는 모르는 경우에는 while 구조가 좋다. 만약 반드시 한번은 수행되어야 하는 문장들이 있다면 do...while 구조가 제격이다.
또한 while과 for는 반복하기 전에 조건을 검사하는 구조이고 do...while은 먼저 실행한 후에 반복 조건을 검사한다. 특별한 경우가 아닌 일반적인 경우에는 반복을 하기 전에 조건 검사를 하는 것이 좋다. 뭐든지 실행하기 전에 면밀하게 사전 조사를 하는 것이 좋은 것과 마찬가지이다.

증감 수식의 형태

① for 문에서의 증감식은 주로 증가식이 많이 사용된다. 앞에서 i++와 같이 변수를 증가시키는 것이다.

```
for ( i = 0; i < 10; i++ )
    printf("Hello World!\n");
```
증가식을 사용한다. i값이 0에서 9까지 변경되면서, 10번 반복한다.

위의 증가 수식은 i=i+1과 같이 작성하여도 마찬가지 결과이다. 즉 이것은 i++를 풀어 쓴 것이므로 동일한 효과를 가진다. 만약 i++대신에 ++i를 사용하면 어떻게 될까? i++와 ++i의 차이점은 수식의 값이 이전의 값이냐 증가된 값이냐이다. 여기서는 i값을 이용하여 연산을 하지 않는다. 따라서 먼저 ++i나 i++나 별 차이가 없다.

② 주로 증가 수식이 많이 이용되지만 때에 따라서는 감소식도 사용된다.

```
for ( i = 10; i > 0; i-- )
    printf("Hello World!\n");
```
감소식을 사용한다. i값이 10에서 1까지 변경되면서, 10번 반복한다.

③ 다음과 같이 증가나 감소시킬 때 1이 아닌 다른 값을 사용할 수도 있다. 아래와 같은 경우, printf() 함수는 i가 0, 2, 4, 6, 8일 때만 호출되어서 화면에는 5개의 Hello World!가 출력되게 된다.

```
for ( i = 0; i < 10; i += 2 )
    printf("Hello World!\n");
```
제어변수가 2씩 증가한다. i값이 0->2->4->6->8과 같이 증가되면서, 5번 반복한다.

④ 증감식에서 변수를 곱셈을 사용하여 증감시킬 수도 있다.

```
for ( i = 1; i < 10; i *= 2 )
    printf("Hello World!\n");
```
제어변수가 2배씩 증가한다. i값이 1->2->4->8과 같이 증가되면서, 4번 반복한다.

이 경우, "Hello World!"가 4번만 출력된다. 변수 i가 1->2->4->8->16으로 증가되기 때문이다. i 가 16이 되면 이미 10보다 작지 않으므로 수식 i < 10 이 거짓이 되어서 반복이 종료된다. 여기서 아주 주의할 점은 초기화 문장을 i = 0로 하면 무한히 반복하게 된다. i값의 초기값이 0이면 2를 곱해도 계속 0이기 때문이다. 즉 0->0->0->0..이 되므로 무한히 반복하게 된다.

⑤ 사실상 증감식은 어떤 형태든지 사용할 수 있다. 다음과 같은 복잡한 수식을 증감식으로 사용할 수 있다.

```
for( i = 0; i < 100; i = (i * i) + 2 )
    printf("Hello World!\n");
```
제어변수가 수식의 값만큼 증가한다. i값이 0->2->6->38과 같이 변경되면서, 4번 반복한다.

다양한 for 루프

① 앞에서 for 문은 3부분으로 구성된다고 했는데 3부분 중에서 어떤 부분은 비어 있을 수도 있다. 때로는 이들 3부분이 전부 비어 있는 for 루프도 사용된다. 이 경우에는 초기화는 물론 반복 조건 검사나 증감 수식도 없으므로 루프가 무한히 반복된다. 즉 무한히 반복되는 루프를 만들려면 다음과 같이 하면 된다.

```
for( ; ; )
{
        printf("Hello World!\n");
}
```
무한 반복 루프가 된다.

이 경우 화면에 Hello World!가 무한히 출력된다. PC의 경우 이것을 중단시키려면 Ctrl-C를 눌러야 한다.

② 초기화 수식에서는 콤마 연산자를 사용하여 2개 이상의 변수를 초기화시킬 수도 있다.

```
for (i = 0, sum = 0; i < 100; i++ )
```
콤마 연산자를 사용하면 여러 변수를 초기화할 수 있다.

이 경우, i = 0이 먼저 수행되고 그 후에 sum = 0이 수행된다.

③ 초기화 자리에 변수 초기화가 아닌 다른 문장도 들어갈 수 있다. 예를 들어 printf()가 초기화 자리에 들어갈 수도 있다.

```
for (printf("반복시작"), i = 0; i < 100; i++ )
```
초기식 안에서 콤마 연산자로 어떤 문장도 실행시킬 수 있다.

④ 조건 검사에는 참, 거짓을 판별할 수 있는 수식이면 어떤 것이던지 가능하다. 논리 연산자를 이용하여 여러 가지 조건을 결합할 수도 있다.

```
for (i = 0; i < 100 && sum < 2000; i++ )
```
어떤 복잡한 수식도 조건식이
될 수 있다.

참고사항

NULL 문장

while 문이나 for 문에서 만약 반복처리할 내용이 없다면 NULL 문장(NULL statement)을 사용하는 것도 가능하다.

```
for(i=0; i<10; i++)
    ;
```
NULL 문장으로, 처리할 작업이
없이 세미콜론만 존재하는 문장

중간점검

1 다음 코드의 출력을 쓰시오.

```
for(i = 1; i < 5; i++)
    printf("%d ", 2 * i);
```

2 다음 코드의 출력을 쓰시오.

```
for(i = 10; i > 0; i = i - 2)
    printf("Student%d\n", i);
```

7.6 중첩 반복문

놀이공원에는 스릴감을 극대화하기 위하여 루프 안에 작
은 루프들을 만들어 놓는다. 프로그램에서도 반복 루프 안에
다시 반복 루프가 있을 수 있다.

반복문은 중첩하여 사용될 수 있다. 즉 반복문 안에 다른
반복문이 포함될 수 있다. 이러한 형태를 중첩 반복문(nested loop)이라고 한다. 외부에 위
치하는 반복문을 외부 반복문(outer loop)이라고 하고 안쪽의 반복문을 내부 반복문(inner
loop)라고 한다. 내부 반복문은 외부 반복문이 한 번 반복할 때마다 새롭게 실행된다.

그림 7-13
중첩 반복문은 반복 루프 안에 또 다른
반복 루프가 들어있는 것이다.

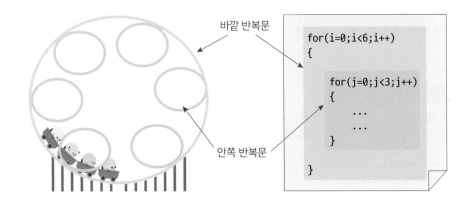

중첩 반복문에서 가장 주의할 점은 각각의 반복문을 제어하는 변수가 달라야 한다는 점이다. 그림 7-13에서도 외부 반복문을 제어하는 변수는 i이고 내부 반복문을 제어하는 변수는 j로 서로 다르다. 만약 같은 변수가 사용되면 논리적인 오류가 발생할 가능성이 높다.

 예제# 1

중첩 반복문은 실제 프로그래밍에서 자주 등장한다. 예를 들어서 사각형과 비슷한 데이터를 처리하는데 유용하다. 다음 예제는 *기호를 사각형 모양으로 출력한다. 여기서는 반복문으로 for 루프를 사용하여보자. 주의할 점은 외부의 for 루프가 반복시키는 문장이 2개 이상이기 때문에 반드시 이들을 중괄호로 묶어서 블록으로 만들어 주어야 한다. 그렇지 않으면 외부 for 문의 바로 아래에 위치한 문장만 반복될 것이다.

nested_loop1.c

```c
1   // 중첩 for 문을 이용하여 *기호를 사각형 모양으로 출력하는 프로그램
2   #include <stdio.h>
3
4   int main(void)
5   {
6       int x, y;
7
8       for(y = 0;y < 5; y++)          // 외부 반복문
9       {
10          for(x = 0;x < 10; x++)      // 내부 반복문
11              printf("*");
12          printf("\n");               // 내부 반복문이 종료될 때마다 실행
13      }
14
15      return 0;
16  }
```

```
**********
**********
**********
**********
**********
```

프로그램 설명

위의 프로그램을 실행하면 50개의 *가 화면에 5 x 10의 정사각형 모양으로 출력된다. *를 출력하는 문장의 외부에는 두 개의 for 루프가 중첩되어 있다. 외부의 for 루프는 변수 y를 0에서 4까지 증가시키면서 내부의 for 루프를 실행시킨다. 내부의 for 루프는 변수 x를 0에서 9까지 증가시키면서 print() 메소드를 호출한다. 내부 for 루프가 한번 실행될 때마다 화면에는 한 줄의 *가 그려진다. 내부 for 루프가 한 번씩 종료될 때마다 줄바꿈 문자가 화면에 출력되어 다음 줄로 넘어가게 된다.

예제#2

앞의 예제를 조금 변경시켜서 다음과 같이 출력되도록 하여보자. 실행 결과를 자세히 분석하여 보면 y번째 줄에서 y개의 *를 출력하는 것을 알 수 있다. 따라서 바깥 반복 제어 변수인 y의 값을 안쪽 반복 횟수로 사용하면 된다. 그리고 y는 1부터 시작해야 한다.

nested_loop2.c

```
1   #include <stdio.h>
2
3   int main(void)
4   {
5       int x, y;
6
7       for(y = 1; y <= 5; y++)          외부 반복문
8       {
9           for(x = 0; x < y; x++)        내부 반복문, y번 반복된다.
10              printf("*");
11
12          printf("\n");                // 내부 반복문이 종료될 때마다 실행
13      }
14
15      return 0;
16  }
```

```
*
**
***
****
*****
```

중간점검

1 다음 코드의 출력을 쓰시오.

```
for(i = 0; i < 3; i++)
    for(j = 0; j < 3; j++)
        printf("%d 곱하기 %d은 %d\n", i, j, i*j);
```

 LAB   **직각 삼각형 찾기**

피타고라스의 정리는 직각 삼각형에서 직각을 낀 두 변의 길이를 **a**, **b**라고 하고, 빗변의 길이를 **c**라고 하면 $a^2+b^2=c^2$ 의 수식이 성립한다는 것이다. 각 변의 길이가 100보다 작은 삼각형 중에서 피타고라스의 정리가 성립하는 직각 삼각형은 몇 개나 있을까? 이 문제를 수학적인 분석적인 방법으로 풀려면 상당히 어려워 보인다. 하지만 컴퓨터는 모든 수를 나열해놓고 한 번씩 피타고라스의 수식을 계산해 볼 수 있다. 항상 컴퓨터가 잘하는 방법으로 문제를 해결하도록 해보자.

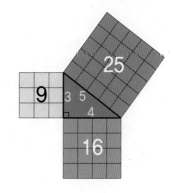

```
3 4 5
4 3 5
5 12 13
6 8 10
...
```

Hint

3중 반복문을 이용하여 피타고라스의 정리를 만족하는 3개의 정수를 찾도록 한다. 첫 번째 반복 루프는 a를 1
에서 100까지 반복시킨다. 두 번째 반복 루프는 b를 1부터 100까지 세 번째 반복 루프는 c를 1부터 100까지
반복시킨다. 중첩 반복문의 가장 안쪽에서 피타고라스의 수식을 검사하여 수식이 만족되면 화면에 a, b, c를
출력하면 된다.

```
for(a=1;a<=100;a++)
      for(b=1;b<=100;b++)
          for(c=1;c<=100;c++)
              if( a*a + b*b == c*c )
                  a와 b와 c를 화면에 출력한다.
```

Solution

```
1  #include <stdio.h>
2  int main(void)
3  {
4        int a, b, c;
5        for(a=1; a<=100; a++) {
6            for(b=1; b<=100; b++) {
7                for(c=1; c<=100; c++)    {
8                    if( (a*a+b*b)==c*c )
9                        printf("%d %d %d\n", a, b, c);
10               }
11           }
12       }
13       return 0;
14 }
```

도전문제

(1) 위의 문제의 실행 결과를 자세히 보면 (3, 4, 5), (4, 3, 5)와 같이 동일한 삼각형이 되풀이하여 출
    력되는 것을 알 수 있다. (3, 4, 5)와 같은 삼각형이 한 번만 출력되게 하려면, 소스의 어떤 부분
    을 수정하여야 할까?

(2) 위와 비슷한 문제를 하나 더 작성해보자. 라스베가스와 같은 도박장에 가면
    주사위 게임이 있다. 주사위 2개를 던졌을 때, 합이 6이 되는 경우를 전부
    출력하여보자. 예를 들어서 (1, 5), (2, 4),...와 같이 출력되면 된다. 또 주사
    위 3개를 사용하여서 합이 10이 되는 경우를 전부 출력하여보자.

7.7 무한 루프와 break, continue

조건 제어 루프에서 가끔은 프로그램이 무한히 반복하는 일이 발생한다. 이것은 무한 루프 (infinite loop)로 알려져 있다. 무한 반복이 발생하면 프로그램은 빠져 나올 수 없기 때문에 문제가 된다. 하지만 가끔은 무한 루프가 사용되는데 예를 들면 신호등 제어 프로그램은 무한 반복하여야 하기 때문이다. 무한 반복 루프는 다음과 같은 형태를 가진다.

> **Syntax** 무한 루프 문
>
> ```
> Syntax    while (1) {
>               if (조건)
>                   break;     # 반복을 중단한다.
>               if (조건)
>                   continue; # 다음 반복을 시작한다.
>           }
> ```

while 루프의 조건에 1가 있다. 따라서 조건이 항상 참이므로 무한히 반복된다. 하지만 무한 루프라고 하더라도 어떤 조건이 성립하면 무한 루프를 빠져나와야 하는 경우도 많다. 이런 경우는 if 문장을 사용하여서 루프를 빠져나오게 된다. break 문장은 while 루프나 for 루프를 강제적으로 빠져 나올 때 사용하는 문장이다.

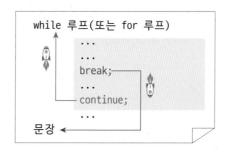

무한 루프는 실제 코딩에서 상당히 많이 사용된다. 특히 반복을 빠져나가는 조건이 까다로운 경우에 많이 사용된다. 예를 들어서 사용자가 입력한 수가 3의 배수이거나 음수인 경우에 while 루프를 빠져나가야 한다고 하자. 이때는 아래 그림의 왼쪽과 같이 while 루프의 조건문을 만드는 것보다, 오른쪽처럼 무한 루프를 만들고 그 안에서 루프를 벗어나는 조건을 검사하는 편이 이해하기 쉽다.

> **참고사항**
>
> 무한루프도 실제 응용에서 많이 사용된다. 겁내지 말고 사용하도록 하자. 중간에 조건만 잘 검사하여서 빠져나기면 된다.

```
while((x % 3 != 0) && (x >= 0)) {
    ...
    ...
    ...
}
```

→

```
while (1) {
    if (x%3 == 0) break;
    if (x<0) break;
    ...
}
```

continue 명령문은 강제적으로 반복 루프의 처음으로 돌아가게 한다.

break 문

break 문은 반복 루프를 벗어나기 위하여 사용한다. 반복 루프 안에서 break 문이 실행되면 반복 루프를 빠져 나오게 된다.

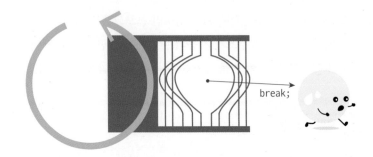

그림 7-14
break 문은 반복 루프를 벗어나기 위한 문장이다.

예를 들어서 100만 원으로 재테크를 시작한 사람이 1년에 복리로 30%의 수익을 얻는다면 몇 년 만에 원금의 10배가 넘는지를 계산하여보자. 이런 경우에는 무한 반복 구조를 사용하고 조건이 만족되었을 때 break 문이 실행되도록 하면 좋다.

```c
1  #include <stdio.h>
2  #define SEED_MONEY 1000000
3  int main(void)
4  {
5      int year=0, money=SEED_MONEY;          무한루프
6
7      while(1)
8      {
9          year++;                            원금의 10배가 되면
10         money = money * (1+0.30);
11         if( money > 10*SEED_MONEY )
12             break;
13     }
14     printf("%d년\n", year);
15     return 0;        원금의 10배가 되면 break 문이
16  }                   실행되면 반복 루프를 탈출한다.
```

9년

break 문은 원하는 만큼 얼마든지 둘 수 있다. 그러나 break 문을 너무 많이 사용하게 되면 코드가 난해해진다. 따라서 특수하게 반복 루프를 중단할 경우에만 break 문을 사용하는 것이 좋다. 한 가지 주의할 점은 중첩 반복 루프에서 break 문을 사용하게 되면 내부의 반복문에만 영향을 끼치게 된다는 점이다.

예제#1

여기서는 무한 루프를 만들어서 사용자로부터 입력받은 실수의 제곱근을 구하여 출력하는 프로그램을 작성하여보자. 허수는 생각하지 않는다고 하면 제곱근은 양의 실수에 대해서만 계산할 수 있으므로 만약 입력된 값이 음수이면 무한 루프를 종료하도록 하자. 무한 루프를 종료하는데 break 문을 사용한다.

square_root.c

```
1    // break를 이용하여 무한루프를 탈출한다.
2    #include <stdio.h>
3    #include <math.h>
4
5    int main(void)
6    {
7        double v;
8
9        while(1)
10       {
11           printf("실수값을 입력하시오: ");
12           scanf("%lf", &v);
13
14           if( v < 0.0 )
15               break;
16
17           printf("%f의 제곱근은 %f입니다.\n", v, sqrt(v));
18       }
19
20       return 0;
21   }
```

1은 항상 참이므로 while(1)은 무한 루프가 된다.

만약 변수 v가 0.0보다 작으면 제곱근을 구할 수 없으므로 break 문을 실행해서 루프를 빠져 나간다.

sqrt( ) 함수를 호출하여 제곱근을 계산한다. sqrt()는 double 형 실수를 받아서 제곱근을 계산하는 라이브러리 함수이다.

```
실수값을 입력하시오: 9.0
9.000000의 제곱근은 3.000000입니다.
실수값을 입력하시오: 25.0
25.000000의 제곱근은 5.000000입니다.
실수값을 입력하시오: -1
```

goto 문의 사용

goto 문은 앞장에서 등장한 바 있다. 많은 문제점 때문에 가능하면 사용하지 말아야 되는 문장이다. 하지만 goto 문이 효과적으로 사용될 수 있는 한 가지 경우가 바로 중첩 반복 루프이다. 중첩 루프 안에서 어떤 문제가 발생했을 경우, goto를 이용하면 단번에 외부로 빠져 나올 수 있다. break의 경우에는 하나의 루프만을 벗어 날 수 있다. 다음의 코드를 참조하라.

goto.c

```
1    #include <stdio.h>
2
3    int main(void)
4    {
5        int x, y;
6
7        for(y = 1; y < 10000; y++)    // 중첩 루프
8        {
```

```
 9                   for(x = 1; x < 10; x++)
10                   {
11                       if( _kbhit() )    // 키가 눌려지면 OUT으로 점프
12                           goto OUT;
13                       printf("*");
14                   }
15                   printf("\n");
16               }
17   OUT:
18           return 0;
19   }
```

키보드가 눌려지면 1을 반환한다.

중첩루프를 단번에 빠져나갈 수 있다.

```
**********
**********
**********
**********
******
```

위의 코드에는 중첩 루프가 존재한다. 외부 루프는 y가 1에서 시작하여 y가 9999에 도달하면 끝난다. 내부 루프는 x가 1부터 시작하여 9에 도달하면 끝난다. 루프 안에서는 화면에 *을 출력한다. 반복 도중에 사용자가 키를 누르면 반복을 종료하도록 하여보자. 키를 눌렀는지를 알기 위하여 _kbhit() 함수를 사용할 수 있다. 이 함수가 1을 반환하면 사용자가 키보드의 어떤 키를 누른 것이므로 goto 문을 사용하여 OUT이라는 레이블로 점프하였다. 만약 goto 대신에 break를 사용했다면 내부 루프에서 외부 루프로만 빠져 나갈 수 있다.

continue 문

continue 문은 현재 실행하고 있는 반복 과정의 나머지를 생략하고 다음 반복을 시작하게 만든다. 예를 들어서 0부터 10까지의 정수 중에서 3의 배수만 제외하고 출력하는 예제를 가지고 설명하여보자. 0부터 10까지의 정수를 하나씩 조사하다가 현재 정수가 3의 배수이면 나머지 코드를 생략하고 다음 반복을 시작하고, 그렇지 않으면 정수를 화면에 출력한다.

```
#include <stdio.h>
int main(void)
{
    int i;

    for( i=0 ; i<10 ; i++ )
    {
        if( i%3 == 0 )
            continue;
        printf("%d ", i);
    }
    return 0;
}
```

continue 문을 만나면 다음 반복을 즉시 시작한다.

```
1 2 4 5 7 8
```

위의 실행 결과에서도 알 수 있지만 i가 3의 배수이면 continue 문이 실행되어서 for 루프의 증감식으로 가고 i가 증가된 후에, 조건식으로 가서 반복 조건을 검사하게 된다. 반복

조건이 여전히 참이면 다음 반복이 시작된다.

while 루프에서도 continue를 사용할 수 있다. 이 경우에는 바로 조건식으로 가서 반복 조건을 검사한 후에 다음 반복이 시작된다. 반복 루프에 따라서 continue 문의 동작은 약간의 차이가 나는데 다음 그림을 참고하라.

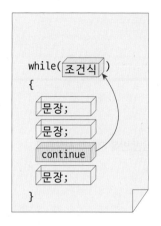 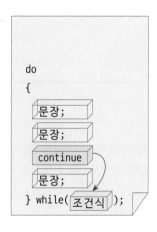 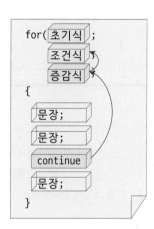

그림 7-15
continue 문의 동작

 예제#2

사용자로부터 알파벳 소문자를 받아서 대문자로 바꾸는 다음의 프로그램을 살펴보자. 만약 사용자로부터 받은 문자가 소문자가 아니면 사용자로부터 다시 문자를 입력받는다. 이때 continue 문이 사용된다. 만약 사용자가 대문자 Q를 입력하면 반복을 종료한다. break 문을 사용하여 반복이 종료되도록 하였다.

to_upper.c

```
1    // 소문자를 대문자로 변경한다.
2    #include <stdio.h>
3
4    int main(void)
5    {
6        char letter;
7
8        while(1)                              소문자가 아니면 즉시
9        {                                     다음 반복을 시작한다.
10           printf("소문자를 입력하시오: ");
11           scanf(" %c", &letter);  // 공백 문자 제외
12
13           if( letter == 'Q' )       대문자 'Q'가
14               break;                입력되면 반복
15           if( letter < 'a' || letter > 'z' )   을 종료한다.
16               continue;
17
18           letter -= 32;        // 소문자 -> 대문자
19           printf("변환된 대문자는 %c입니다.\n", letter);
20       }
21
22       return 0;
23   }
```

```
소문자를 입력하시오: a
변환된 대문자는 A입니다.
소문자를 입력하시오: b
변환된 대문자는 B입니다.
소문자를 입력하시오: c
변환된 대문자는 C입니다.
소문자를 입력하시오: Q
```

참고사항

반복문에서 어떤 조건이 만족되면 return; 문장을 사용할 수도 있다. return 은 함수를 호출한 곳으로 되돌아가는 문장으로 main() 함수 안에서 호출되면 프로그램이 종료된다.

```
while(1)
{
    ...
    if( value < 0 )
        return 0;
}
```

중간점검

1 _____ 문이 반복문에서 실행되면 현재의 반복을 중단하고 다음번 반복 처리가 시작된다.

2 _____ 문이 반복문에서 실행되면 반복문을 빠져 나온다.

3 다음 코드의 출력을 쓰시오.

```
int i;
for(i = 1; i < 10; i++) {
    if( i % 3 == 0 ) break;
    printf("%d ", i);
}
```

4 3번 문제에서 break를 continue로 변경하면 어떻게 되는가?

 LAB   파이 구하기

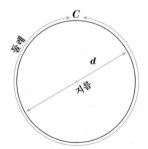

파이(π)는 원에서 원주와 반지름의 비율을 나타내는 상수이다. 파이를 계산하는 것은 무척 시간이 많이 걸리는 작업으로 주로 수퍼 컴퓨터의 성능을 시험하는 용도로 사용된다. 지금은 컴퓨터의 도움으로 10조 개의 자리수까지 계산할 수 있다. 파이를 계산하는 가장 고전적인 방법은 Gregory-Leibniz 무한 수열을 이용하는 것이다.

$$\pi = \frac{4}{1} - \frac{4}{3} + \frac{4}{5} - \frac{4}{7} + \frac{4}{9} - \frac{4}{11} + \cdots$$

위의 수열은 간단하기 하지만 수렴은 상당히 늦다고 알려져 있다. 약 70자리까지는 계산할 수 있다. 사용자가 입력한 반복 횟수까지 위의 무한 수열을 계산하는 프로그램을 작성하여 보라.

```
반복횟수: 1000000
파이값 = 3.141592
```

파이 계산 프로그램을 사용자로부터 반복 횟수를 입력받는다. while 루프나 for 루프를 이용하여서 반복 횟
Hint 수만큼 반복시키면 된다.

```
사용자로부터 반복횟수 loop_count를 입력받는다.
분자 = 4.0;
분모 = 1.0;
sum = 0.0;
while(loop_count > 0)
        sum = sum + 분자 / 분모;
        분자 = -1.0* 분자;
        분모 = 분모 + 2.0;
        --loop_count;
sum을 출력한다.
```

Solution

```c
1  #include <stdio.h>
2
3  int main(void) {
4
5      double divisor, divident, sum;
6      int loop_count;
7
8      divisor = 1.0;
9      divident = 4.0;
10     sum = 0.0;
11     printf("반복횟수:");
12     scanf("%d", &loop_count);
13
14     while(loop count > 0) {
15         sum = sum + divident / divisor;
16         divident = -1.0 * divident;
17         divisor = divisor + 2;
18         loop_count--;
19     }
20     printf("파이값 = %f\n", sum);
21     return 0;
22 }
```

도전문제

위의 프로그램은 파이를 약 70자리까지 계산할 수 있다. 다음과 같은 수식을 사용하면 약 300자리까지 계산할 수 있는 것으로 알려져 있다.

$$\pi = 3 + \frac{4}{2 \times 3 \times 4} - \frac{4}{4 \times 5 \times 6} + \frac{4}{6 \times 7 \times 8} - \frac{4}{8 \times 9 \times 10} + \cdots$$

이 수열을 반복 루프를 사용하여서 계산하는 프로그램을 작성하고 테스트하라.

 LAB   복리 이자 계산

재테크 중에서 중요한 법칙 중의 하나가 바로 복리이다. 복리는 우리가 알다시피 이자 계산 방법의 하나로서 일정 기간마다 이자를 원금에 더해 이것을 새로운 원금으로 계산하는 방법이다. 이율이 같아도 기간이 길수록 복리 이자 쪽이 단리보다 커진다. 복리계산식은 다음과 같다.

원리합계 = 원금×(1+이율)^{기간}

복리의 힘은 대단하다. 하나의 일화로 한 일꾼이 1달 동안의 노동의 댓가를 쌀 한톨로 시작하여서 매일 두 배씩 늘려받겠다고 하였다. 주인은 대수롭지 않게 생각하여서 흔쾌히 승낙하였지만 한달 후에는 쌀 256가마를 지급하여야 했다. 또 맨하탄을 단 24달러에 판 인디언이 그 돈을 연 8%의 채권에 투자하였다면 현재 30억 달러를 넘는다고 한다. 여기서는 사용자로부터 이자율, 기간, 원금을 받아서 복리로 매년 증가되는 원리금을 계산하고 출력하여보자.

```
원금: 1000000
이율(%): 5
기간(년): 10
==================
연도      원리금
==================
1         1050000.0
2         1102500.0
3         1157625.0
4         1215506.2
5         1276281.6
6         1340095.6
7         1407100.4
8         1477455.4
9         1551328.2
10        1628894.6
```

Hint 사실 이 예제는 너무 간단한 예제이다. 앞의 이율 계산식을 반복하여 계산하면 된다. 화면에 %을 출력할 때 %%로 하여야 한다. double 형의 값을 scanf()로 받을 때는 반드시 형식 지정자로 %lf를 사용하여야 한다.

Solution compound_interest.c

```c
1  #include <stdio.h>
2  int main(void)
3  {
4      int i, years;
5      double total, rate, investment;
6
7      printf("원금: ");
8      scanf("%lf", &investment);
9      printf("이율(%%): ");
10     scanf("%lf", &rate);
11     printf("기간(년): ");
12     scanf("%d", &years);
13
14     printf("=================\n");
15     printf("연도 원리금\n");
16     printf("=================\n");
17     total = investment;
18     rate /= 100.0;
19     for(i = 0; i < years; i++)
20     {
21         total = total * ( 1 + rate );  // 새로운 원리금 계산
22         printf("%2d   %10.1f\n", i+1, total);
23     }
24     return 0;
25 }
```

 LAB   자동으로 수학문제 생성하기

초등학생용 수학 문제 10개를 자동으로 출제하는 프로그램을 작성해보자.

```
3 + 7 = 10
맞았습니다.
9 + 3 = 12
맞았습니다.
8 + 3 =
```

난수를 생성하려면 rand() 함수를 사용할 수 있다. 다음 코드를 참조하라.

```
#include <stdlib.h>

int main(void)
{
    srand((unsigned)time(NULL));
    for(int i=0;i<10;i++)
        printf("%d \n", rand());
}
```

Solution mathprob.c

```
1  #include <stdio.h>
2  #include <stdlib.h>
3  #include <time.h>
4
5  int main(void)
6  {
7      int x, y, answer, i;
8      srand((unsigned)time(NULL));
9
10     for (i = 0; i < 10; i++) {
11         x = rand() % 10;
12         y = rand() % 10;
13         printf("%d + %d = ", x, y);
14         scanf("%d", &answer);
15         if (x + y == answer)
16             printf("맞았습니다.\n");
17         else
18             printf("틀렸습니다.\n");
19     }
20     return 0;
21 }
```

도전문제

덧셈문제 뿐만 아니라 뺄셈, 곱셈, 나눗셈 문제도 자동 생성하고 싶으면 어떻게 수정하여야 하는가?

LAB 도박사의 확률

어떤 사람이 50달러를 가지고 라스베가스에서 슬롯 머신 게임을 한다고 하자. 한 번의 게임에 1달러를 건다고 가정하자. 게임에 지면 1달러를 잃고, 이기면 2달러를 받을 수 있다. 게임에서 돈을 딸 확률은 0.5라고 가정하자(현실과는 많이 다르다.). 이 사람이 라스베가스에 가면, 가진 돈을 다 잃거나 목표

금액인 250달러에 도달할 때까지 게임을 계속한다. 게임의 확률은 절반이지만 게임을 진행하다 보면 확률 분포의 극단까지도 갈 수 있다. 이 사람이 라스베가스에 100번을 갔다면 몇 번이나 250달러를 따서 돌아올 수 있을까?

```
초기 금액 $50
목표 금액 $250
100번 중에서 18번 성공
```

🔑 **Hint** 슬롯 머신 게임은 어떻게 시뮬레이션할 수 있을까? 우리는 rand()를 사용하여 난수를 발생할 수 있다. ((double)rand()/RAND_MAX)의 값이 0.5보다 작으면 이긴 것으로 하고, 크면 진 것으로 하자. RAND_MAX는 난수의 최대값으로 stdlib.h에 정의되어 있다.

 Solution gambler.c

```c
1  #include <stdio.h>
2  #include <stdlib.h>
3
4  int main(void)
5  {
6      int initial_money = 50;
7      int goal = 250;
8      int i;
9      int wins = 0;
10
11     srand((unsigned)time(NULL));
12     for (i = 0; i < 100; i++) {
13         int cash = initial_money;
14         while (cash > 0 && cash < goal) {
15             if ((double)rand()/RAND_MAX < 0.5) cash++;
16             else                    cash--;
17         }
18         if (cash == goal) wins++;
19     }
20
```

```
21          printf("초기 금액 $%d \n", initial_money);
22          printf("목표 금액 $%d \n", goal);
23          printf("100번 중에서 %d번 성공\n", wins);
24          return  0;
25  }
```

 도전문제

1. 돈을 딸 확률을 0.1에서 0.5 사이로 변경시키면서 실행 결과가 어떻게 달라지는지를 관찰해보자.

2. 도박사의 돈이 어떻게 변경되는지 while 루프 중간에 printf() 문장을 넣어서 관찰해보자.

Q&A

Q 무한 루프란 무엇이며 과연 쓸모는 있는지?

 무한 루프는 무한히 반복하는 루프이다. while 문이나 for 문을 이용하여서 작성할 수 있다. 무한 루프는 네트워크 프로그램이나 서버, 운영 체제 등에서 사용된다. 무한 루프의 예로 에어컨 온도 제어 시스템을 간단하게 구현하여보자. 온도가 올라가면 에어컨을 가동하고 온도가 내려가면 에어컨을 정지한다. 이 반복 루프는 무한히 반복되어야 할 것이다.

```
while(1)                              // for( ; ; )라고 하여도 된다.
{
    temp = get_temp();
    if( temp > 25 )
        turnon_aircond();
    else
        turnoff_aircond();
}
```

Q 반복문은 몇 단계나 중첩될 수 있는가?

 얼마든지 중첩할 수 있다. 즉 for 루프 안에 얼마든지 또 다른 for 루프를 넣을 수 있다. 또한 while 루프 안에 for 루프를 넣는 것도 가능하다. 반대로 for 루프 안에 while 루프를 넣을 수 있다. 다만 반복문이 너무 중첩되면 소스를 이해하기가 상당히 어려워진다. 필요한 만큼만 사용하여야 한다.

Q 실수의 경우, 반복 조건을 작성할 때 유의해야 한다는데...

실수의 경우, 오차 때문에 문제가 될 수 있다. 예를 들어서 다음의 코드를 살펴보자.

```
float x = 0.1;
while (x != 1.1) {
    printf("x = %f\n", x);
    x = x + 0.1;
}
```

비주얼 스튜디오에서 위의 코드를 실행시키면 우리가 예상한 10번의 반복이 아니고 무한히 반복된다. 그 이유는 반복 루프를 종료시키는 조건인 (x != 1.1) 이 약간의 문제를 가지고 있기 때문이다. 대부분의 컴퓨터에서 1.1이라는 실수값을 정확하게 표현할 수 없다. 따라서 실수를 비교할 때는 (x != 1.1)보다는 (x < 1.1)와 같이 작성하는 것이 안전하다. (fabs(x-1.1)<0.00001)과 같은 수식을 사용하여서 실수값이 어떤 범위 안에 들면 종료시키는 것도 좋은 방법이다.

Exercise

01 각 문장에 대하여 참, 거짓을 판단하고, 만약 거짓이면 올바르게 수정하라.

(a) 조건식의 값이 1일 때만 참으로 간주된다.

(b) 반복 루프가 중첩되어 있는 경우, break는 하나의 반복 루프만 벗어날 수 있다.

(c) do...while 문에서 조건식의 값이 거짓이면 한 번도 수행되지 않는다.

(d) for 문에서 초기식, 조건식, 증감식이 전부 비어 있으면 안 된다.

(e) for 문 안에 다른 for 문이 들어갈 수 있다.

02 다음은 무한 반복을 구현한 소스이다. 올바르게 구현된 것을 모두 고르시오.

① while(1) { }　　② for(1) { }　　③ for(; 1 ;) { }　　④ for(; ; ;) { }

03 다음의 프로그램을 실행시키면 "Hello World!"는 몇 번이나 출력되는가?

```c
#include <stdio.h>
int main(void)
{
        int x;
        for (x = 0; x < 10; x++) {
                if (x > 5) continue;
                if (x > 8) break;
                printf("Hello World! \n");
        }
        return 0;
}
```

04 다음의 프로그램에서 생성되는 출력 결과는 무엇인가?

(a)
```c
int i = 0;
while( i < 10 ) {
        printf("%d\n", i);
        i += 3;
}
```

(b)
```c
int i = 0;
do {
  printf("%d\n", i);
  i += 3;
} while( i < 10 );
```

(c)
```c
int i;
for( i = 0; i < 10; i += 2 ) {
        printf("%d\n", i);
}
```

(d)
```c
int i;
for( i = 10; i >= 0; i-- ) {
        printf("%d\n", i);
}
```

(e)
```c
int x, y;
for( x = 0; x < 3; x++ )
        for( y = 2; y >= 0; y-- )
            printf("*");
```

(f)
```c
int i = 0x10;
for (; i; i >>= 1)
        printf("Hello");
```

05 동일한 결과를 생성하도록 for 루프는 while 루프로, while 루프는 for 루프로 변환하라.

(a)
```
int i;
for( i = 10; i >= 0; i-- ) {
        printf("%d\n", i);
}
```

(b)
```
int i = 10;
while( i >= 0 ) {
        printf("%d\n", i);
        i -= 3;
}
```

06 다음의 코드가 실행을 완료하였을 변수 i의 최종값은 얼마인가?

(a)
```
for(i = 2; i < 10; i += 3)
    ;
```
┗ NULL 문장이다: 처리할 내용이 없을 때 적어준다.

(b)
```
int i = 0;
do {
        i++;
} while(i < 10);
```

07 다음의 코드에서 잘못된 점이 있으면 지적하고 올바르게 수정하라. 논리적인 오류도 포함된다.

(a)
```
int i = 0;
while( i < 10 ) {
        printf("i의 값\n", i);
}
```

(b)
```
int i = 0;
while( i++ < 10 )  ;
{
        printf("i의 값\n", i);
}
```

(c)
```
int i;
for( i = 0; i < 10; i-- )
        printf("i = %d\n", i);
```

(d)
```
float x;
for(x = 0.1; x != 1.0; x += 0.1)
        printf("%f\n", i);
```

(e)
```
int  i;
for(      ; i < 10;  i++)
        printf("i = %d\n", i);
```

08 다음과 같은 코드에서 break 문을 사용하지 않고 동일한 결과를 내도록 수정하여보자.

```
int i;
for(i = 0; i < 10; i++) {
        if(i == 5)
            break;
        printf("%d\n", i);
}
```

09 다음의 수학식을 계산하는 코드를 작성해보자.

(a) $\displaystyle\sum_{i=1}^{30} (i^2+1)$

(b) $\displaystyle\sum_{i=10}^{30}\sum_{j=0}^{5} (i*j)$

Programming

01

가끔은 일정한 시간 동안 아무 일도 하지 않으면서 시간을 지연시킬 목적으로 반복문을 사용하기도 한다. 주방 타이머를 작성해보자. 사용자에게서 하나의 수를 입력받아서 변수에 저장한다. 반복문을 사용하여 이 변수의 값을 1초에 1씩 감소시키면서 이 변수의 값이 0이 될 때까지 반복한다. 반복이 끝나면 벨소리를 낸다.

```
카운터의 초기값을 입력하시오(단위: 초): 10
10 9 8 7 6 5 4 3 2 1
```

HINT for 루프를 사용한다. 벨소리는 \a를 콘솔로 출력하면 된다. 1초 동안 프로그램을 잠재우려면 Sleep(1000);을 호출한다.

02

1부터 100 사이의 모든 3의 배수의 합을 계산하여 출력하는 프로그램을 반복 구조를 사용하여 작성하라.

```
1부터 100 사이의 모든 3의 배수의 합은 1683입니다.
```

HINT 3의 배수의 합은 i%3 == 0 의 조건으로 검사할 수 있다.

03

사용자가 입력한 정수 3개의 합을 계산하여 출력한다. 다만 사용자가 음수를 입력하면 이것은 합계에서 제외된다.

```
숫자를 입력하시오: 10
숫자를 입력하시오: 20
숫자를 입력하시오: -60
숫자를 입력하시오: 30

합계는 60입니다.
```

04 사용자가 입력한 정수의 모든 약수를 화면에 출력하는 프로그램을 작성하라.

```
정수를 입력하시오: 60
약수: 1 2 3 4 5 6 10 12 15 20 30 60
```

HINT 약수는 % 연산자로 알 수 있다.

05

실수의 거듭 제곱값을 계산하는 프로그램을 작성하여보자. 사용자로부터 하나의 실수 r과 거듭 제곱 횟수를 나타내는 정수 n을 입력받아서 r^n을 구하여 화면에 출력한다.

```
실수의 값을 입력하시오: 2
거듭 제곱 횟수를 입력하시오: 10
결과값은 1024.000000
```

HINT i를 1부터 n까지 증가시키면서 result에 r을 곱해준다. result의 초기값은 1.0이어야 한다.

06 $1^2+2^2+3^2+...+n^2$의 값을 계산하여 출력하여보자.

```
n의 값을 입력하시오: 10
계산값은 385입니다.
```

HINT i를 1부터 n까지 증가시키면서 result에 i*i를 더한다. result의 초기값은 0이어야 한다.

07 반복 루프를 사용하여 다음과 같은 패턴을 출력하는 프로그램을 작성하라.

```
      *
     **
    ***
   ****
  *****
 ******
*******
```

HINT 중첩 반복 구조를 사용한다.

08 중첩 반복문을 사용하여서 다음과 같이 출력하는 프로그램을 작성하여보자.

```
정수를 입력하시오: 5
1
1 2
1 2 3
1 2 3 4
1 2 3 4 5
```

09 사용자가 입력한 두 숫자의 최소공배수(LCM)를 계산하는 프로그램을 작성한다. 두 정수의 최소공배수는 가장 적은 공배수이다. 예를 들어, 72와 120의 LCM은 360이다.

```
정수 2개를 입력하시오: 72 120

최소공배수는 360입니다.
```

10 2와 100 사이에 있는 모든 소수(prime number)를 찾는 프로그램을 작성하라. 정수가 소수가 되려면 1과 자기 자신만을 약수로 가져야 한다.

```
2 3 5 7 11 13 17 19 23 29 31 37 41 43 47 53 59 61 67 71 73 79 83 89 97
```

HINT 소수의 약수는 1과 자기 자신뿐이다. 따라서 1부터 자기 자신 사이에 약수가 하나라도 있다면 소수가 아니다.

11 자동차의 연료 탱크 프로그램을 시뮬레이션하여보자. 초기값이 100리터이고, 연료 탱크의 최대 용량은 500리터이다. 사용자가 주행을 하면 연료가 줄어든다. 반복문을 사용하여서 사용자로부터 충전 또는 사용한 연료를 입력받아서 연료 탱크에 남아 있는 연료가 20리터 미만이면 경고를 출력한다.

```
현재 연료량: 100
연료 충전은 +, 소모는 -로 입력해주세요: +200

현재 연료량: 300
연료 충전은 +, 소모는 -로 입력해주세요: -290

현재 연료량: 10
(경고) 연료가 20리터 미만입니다.
연료 충전은 +, 소모는 -로 입력해주세요:
```

12 컴퓨터는 막대 그래프를 그리는 데도 사용된다. 사용자로부터 1부터 50사이의 숫자를 입력받아서 숫자만큼의 별표를 출력하는 프로그램을 작성하라. 음수가 입력되면 종료한다. 막대는 세로로 그려지게 된다.

```
막대의 높이(종료: -1): 10
**********
막대의 높이(종료: -1): 20
********************
막대의 높이(종료: -1):
```

HINT 입력받은 막대의 높이만큼 반복하면서 '*'을 출력하면 된다. 중첩 반복 구조를 사용한다.

13 (1+2+3+...+n)가 10000을 넘지 않으면서 가장 큰 값과 그 때의 n의 값을 구하라.

```
1부터 140까지의 합이 9870입니다.
```

HINT 무한 루프를 실행하면서 sum에 i의 값을 더한다. 반복할 때마다 i는 1씩 증가된다. sum이 10000을 넘으면 sum에서 i를 빼고 i를 감소시킨 후에 break를 실행한다.

14 피보나치 수열은 다음과 같이 정의되는 수열이다.

$$f_0 = 0$$
$$f_1 = 1$$
$$f_{i+1} = f_i + f_{i-1} \qquad \text{for } i = 1, 2, ...$$

피보나치 수열에서는 앞의 2개의 원소를 합하여 뒤의 원소를 만든다. 피보나치 수열은 컴퓨터에서도 탐색 문제 등에 사용되기도 한다. 피보나치 수열을 생성하여 출력하는 프로그램을 작성하여보자.

```
몇번째 항까지 구할까요? 10
0, 1, 1, 2, 3, 5, 8, 13, 21, 34, 55,
```

HINT 3개의 변수 a=0, b=1, c를 사용하여서 c=a+b; a=b; b=c;을 반복한다.

15 서로 다른 n개에서 r개를 택하여 일렬로 나열하는 방법의 수를 순열(permutation)이라 하고, $_nP_r$로 표시한다. 순열은 다음과 같은 식을 이용하여 구할 수 있다. 순열을 구하는 프로그램을 작성하라. n과 r은 사용자가 입력할 수 있도록 하라.

$$_nP_r = n(n-1)(n-2) \dots (n-r-1)$$

```
n의 값:  10
r의 값:  3
순열의 값은 720입니다.
```

반복 구조에서
반복 횟수 지정

HARD
★★★

HINT for(i=n; i>=(n-r-1); i--) 스타일의 반복문을 사용하는 것이 편리하다. 부등호의 방향에 주의하라.

16 사용자가 입력한 특정한 정수의 자리수를 반대로 출력하는 프로그램을 작성하라. 예를 들어서 사용자가 정수 1206을 입력하였다면 6021이 출력되어야 한다. do...while 문을 사용하여보라.

```
정수를 입력하시오: 1206
6021
```

반복 루프와
수치 연산

HARD
★★★

HINT 1의 자리수는 n % 10으로 구할 수 있다. 10의 자리수는 먼저 n을 10으로 나눈 후에 n % 10 하면 된다. 100의 자리수는 n을 100으로 나눈 후에 n % 10 하면 된다. 한번 반복할 때마다 하나의 자리수가 구해지도록 하라.

17 앞장에서 간단한 정수 계산기를 만들어본 적이 있다. 이 계산기 프로그램에 메뉴를 추가하도록 한다. 다음과 같은 메뉴를 화면에 출력하고 사용자가 메뉴 중에서 하나를 선택할 때까지 반복을 계속한다. 만약 사용자가 A, S, M, D, Q가 아닌 다른 문자를 입력하면 "연산을 선택하시오:" 메시지를 계속해서 출력한다. 하나의 메뉴가 선택되면 해당되는 연산을 실행하고 다시 메뉴를 선택할 수 있도록 하라.

```
*****************
A---- Add
S---- Subtract
M---- Multiply
D---- Divide
Q---- Quit
*****************
연산을 선택하시오:A
두수를 공백으로 분리하여 입력하시오: 10 20
30
```

do-while 반복문

HARD
★★★

HINT 연산을 나타내는 문자는 scanf(" %c", &op)를 이용하여 입력받도록 하라. 무한 루프를 사용하고 'Q'가 입력되면 break; 문을 실행하여서 반복 루프를 빠져나간다.

18 사용자로부터 n을 입력받아서 조화 수열의 합을 표시하는 프로그램을 C로 작성해보자. 조화 수열은 각 항의 역수가 등차 수열을 이루는 수열로서 각 항은 점차 작아져서 0에 한없이 가까워지지만, 그 역수의 합은 무한대가 된다고 알려져 있다. 사실일까? 컴퓨터로 천만개까지 계산해보자.

$$1 + \frac{1}{2} + \frac{1}{3} + \frac{1}{4} + \frac{1}{5} + \dots = \infty$$

```
항의 개수: 10000000
수열의 합=16.695311
```

반복 구조

MEDIUM
★★☆

반복 구조와
난수 발생

HARD
★★★

19 몬테카를로 시뮬레이션을 이용하여 파이의 값을 계산하여보자. 몬테
카를로 시뮬레이션은 난수를 이용하여 수학적인 문제나 물리학적인
문제를 해결하는 기법이다. 아래와 같이 사각형과 원을 그리고 난수를
생성하여서 그림 위에 찍는다(프로그램에서 실제로 그림을 그리는 것
은 아니다). 원의 반지름은 1이라고 하자. 그러면 원의 면적은 π이고
사각형의 면적은 4이다. 따라서 점이 원 내부에 찍힐 확률은 (원의 면
적)/(사각형의 면적)=π/4가 된다. 따라서 점을 1,000,000개 정도 찍
으면 우리는 파이의 값을 꽤 정확하게 추정할 수 있다.

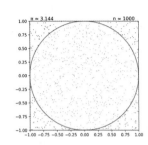

```
반복 횟수: 1000000
파이 = 3.143064
```

반복 구조와
난수 발생

HARD
★★★

20 NIM 게임을 구현하여보자. 스틱들의 뭉치를 가정한다.
사용자와 컴퓨터는 번갈아서 스틱 뭉치에서 0개에서 3개
사이로 스틱을 가져갈 수 있다. 마지막 스틱을 가져가는
사람이 지는 게임이다. 스틱의 초기 개수는 12개라고 하
자. NIM 게임에서는 전략이 있으나 여기서는 전략은 전혀
고려하지 않는다. 컴퓨터는 무조건 0부터 3 사이의 난수
를 발생시켜서 스틱을 가져간다. 발생된 난수가 현재 스틱 개수보다 크면 스틱 개수로 제한한다.

```
현재 스틱의 개수: 12
몇개의 스틱을 가져가시겠습니까? : 2
컴퓨터는 2개의 스틱을 가져갔습니다.

현재 스틱의 개수: 8
몇개의 스틱을 가져가시겠습니까? : 3
컴퓨터는 1개의 스틱을 가져갔습니다.
```

반복 구조와 이진
탐색 알고리즘

HARD
★★★

21 우리는 앞에서 컴퓨터가 숨기고 있는 숫자를 사람이 맞히는 프로그램을 살펴보았다. 이번에는 반대로
하여보자. 사용자가 숨기고 있는 숫자를 컴퓨터가 알아맞히는 프로그램을 작성해보자. 게임 도중에
사용자는 숫자를 변경하면 안 된다.

```
컴퓨터가 당신이 생각하는 숫자를 알아맞히는 게임입니다.
하나의 숫자를 생각하세요.
컴퓨터가 제시한 숫자보다 정답이 높으면 1, 낮으면 -1라고 하세요.
컴퓨터가 숫자를 맞히면 0라고 하세요.

숫자가 50 인가요? -1
숫자가 25 인가요? 1
숫자가 37 인가요? 1
숫자가 42 인가요? 0
```

함수

지금까지는 비교적 간단한 문제들을 다루었죠? 따라서 하나의 함수만으로도 충분하였습니다. 그러나 좀 더 복잡하고 규모가 큰 문제들은 여러 개의 함수로 작성되어야 합니다. 먼저 주어진 문제를 분석한 후에 전체 문제를 보다 단순하고 이해하기 쉬운 모듈(module)로 나누어서 독립적으로 작성하여야 하죠.

함수를 반드시 사용해야 하나요? 저는 지금까지 함수를 쓰지 않아도 프로그램을 잘 짜 왔는데요?

Objectives

- 함수의 개념, 함수의 장점을 이해한다.
- 함수를 작성할 수 있고 함수를 호출할 수 있다.
- 함수와 함수 사이에서 정보를 전달하고 받는 메카니즘을 이해한다.

08 함수

8.1 함수란?

함수(function)는 특정 작업을 수행하는 명령어들의 모음에 이름을 붙인 것이다. 함수는 입력을 받아서 특정한 작업을 수행하여서 결과를 반환하는 블랙박스(상자)와 같다. 각각의 함수에는 이름이 붙어 있으며, 우리는 함수를 호출하여서 작업을 시킬 수 있다. 함수는 작업에 필요한 데이터를 전달받을 수 있으며, 작업이 완료된 후에는 작업의 결과를 호출자에게 반환한다. 예를 들어서 아래 그림의 max() 함수는 외부로부터 정수 x, y를 받아서 둘 중에서 큰 수를 반환한다.

그림 8-1
함수는 이름으로 호출되며 입력과 출력을 가진다.

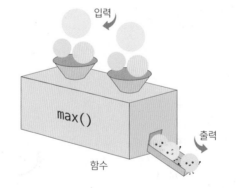

함수가 필요한 이유

"청소"나 "세탁"처럼 일상생활에서도 되풀이되는 작업이 있듯이 프로그램에서도 되풀이되는 작업이 있다. 예를 들어서 30개의 *을 출력하는 작업이 필요하다고 하자. 이 작업은 다음과 같은 코드로 작성할 수 있다.

```
for(int i=0; i<30; i++)
    printf("*");
```

이러한 코드가 프로그램 안의 여러 곳에서 사용된다고 하자.

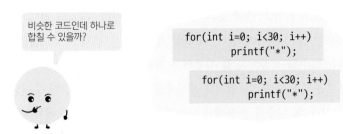

위의 그림을 보면 2개의 코드 조각은 아주 유사하다. 이 2개의 코드 조각을 합쳐서 하나로 만들면 코드의 길이가 거의 절반으로 줄어들 것이다. 이러한 경우에 사용할 수 있는 도구가 함수이다. 함수를 이용하면 우리가 여러 번 반복해야 하는 처리 단계를 하나로 모아서 필요할 때 언제든지 호출하여 사용할 수 있다.

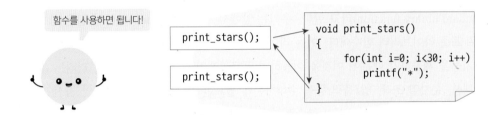

함수는 특정한 작업을 수행하기 위한 명령어들의 모음이다. 우리가 함수를 호출하면 컴퓨터는 호출된 함수 안의 명령어들을 수행하고 결과를 반환한다. 함수의 특징을 정리하여 보면 다음과 같다.

* 함수는 서로 구별되는 이름을 가지고 있다.
* 함수는 특정한 작업을 수행한다.
* 함수는 입력을 받을 수 있고 결과를 반환할 수 있다.

함수의 중요성

함수(function)는 프로그램을 구성하는 기본적인 구성 요소라고 할 수 있다. 하나의 프로그램은 여러 개의 함수가 모여서 이루어진다. 어린이들이 가지고 노는 레고 장난감을 상상해보자. 레고에는 기본 블록들이 있고 이것들을 조립하게 되면 하나의 작품이 완성된다. 프로그램에서 함수는 레고의 블록과 같은 역할을 한다. 각 함수는 레고의 블록처럼 다른 함수들과 연결되어서 하나의 프로그램을 구성한다.

프로그램

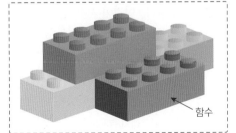

함수

그림 8-2
함수는 프로그램을 구성하는 빌딩 블록이라고 생각할 수 있다.

흔히 입문자들은 main() 함수 안에 모든 것을 집어넣기 쉽다. 하지만 코드가 하나의 덩어리로 구성되어 있으면 많은 단점이 있다. 노련한 개발자들은 전체 프로그램을 많은 함수로 분리하여 작성한다. 함수를 적절하게 잘 사용하는 것은 C 프로그래밍에서 아주 중요하다. 함수는 한번 만들어지면 다른 프로그램에서도 재사용될 수 있으며 가독성이 증대되고, 유지 관리도 쉬워진다. 우리가 왜 함수를 사용해야 하는지는 이번 장의 끝부분에서 다시 한번 살펴보자.

함수의 종류

함수는 누가 작성할까? 함수는 C언어에서 미리 작성하여서 제공하기도 하고, 프로그래머가 직접 작성할 수 있다. C언어에 내장되어 지원되는 함수들을 표준 라이브러리 함수(standard library function)라고 한다. 우리는 앞에서 사용하였던 printf()와 같은 함수들이 바로 표준 라이브러리 함수이다. 이들 라이브러리 함수들은 프로그래머가 필요로 하는 다양한 기능을 제공하기 때문에 이것을 이용하면 프로그래밍이 쉬워진다. 라이브러리는 수학적인 계산, 문자열 조작, 입/출력 등을 수행하는데 필요한 함수를 제공한다. 만약 자신이 필요로 하는 기능이 이미 라이브러리 함수로 제공되는데도 불구하고 이것을 다시 새로 작성하는 것은 의미가 없다. 되도록 라이브러리 함수를 이용하는 편이 개발 기간을 단축시킨다

하지만 자신만의 함수가 필요한 경우도 있는데, 이러한 경우에는 개발자가 직접 만들어서 사용하여야 한다. 이것이 사용자 정의 함수(user-defined function)이다. 이 장에서는 우리가 직접 함수를 작성하여 사용해볼 것이다.

중간점검

1. 함수가 필요한 이유는 무엇인가?
2. 함수와 프로그램의 관계는?
3. 컴파일러에서 지원되는 함수를 _____함수라고 한다.

8.2 함수 정의

지금부터는 사용자 정의 함수를 어떻게 작성하는지를 살펴보자. 함수 안에는 함수의 이름, 입력, 출력, 작업에 필요한 문장들이 정의되어야 한다.

Syntax   함수 정의

예

```
        반환형  함수 이름  매개 변수(현재는 없다)
        void print_stars()
        {
            for(int i=0; i<30; i++)        ──── 함수 몸체
                    printf("*");
        }
```

참고사항

void는 속이 비었다는 의미로서 반환 값이 없음을 나타낸다. 함수의 입력이 없다는 표시로도 사용이 가능하다.

반환형과 함수 이름, 매개 변수(위의 함수에는 없다)를 합쳐서 함수 헤더라고 한다. 중괄호로 둘러싸인 부분은 함수 몸체로서 작업에 필요한 문장들이 들어간다. 하나씩 자세하게 살펴보자.

반환형

반환형은 함수가 처리를 종료한 후에 호출한 곳으로 반환하는 데이터의 유형을 말한다. 위의 print_stars()는 반환하는 값이 없으므로 void가 적혀져 있다. 다음 절에서 상세히 살펴보자.

함수 이름

함수 이름은 식별자에 대한 규칙만 따른다면 어떤 이름이라도 가능하다. 다만 소스 코드를 읽기 쉽게 하려면 함수의 기능을 암시하는 이름을 부여하는 것이 좋다. 함수의 목적을 설명하는 동사 또는 동사+명사를 사용하면 좋다. 다음은 함수 이름의 예이다. 밑줄 기호(_)도 사용할 수 있다.

참고사항

하나의 C 프로그램 안에는 동일한 이름의 함수가 여러 개 있을 수 없다. 반드시 다른 이름을 사용하여야 한다.

```
                    함수 이름
int     square()              // 정수를 제곱하는 함수
double  compute_average()     // 평균을 구하는 함수
void    set_cursor_type()     // 커서의 타입을 설정하는 함수
```

함수 몸체

함수 몸체에는 함수가 수행하는 작업에 필요한 문장들이 들어간다. 여기에서 실제적인 작업이 이루어진다. 예를 들어서 print_stars() 함수에서는 for 문장을 이용하여 화면에 '*' 기호를 30개 출력하는 문장이 함수 몸체에 해당한다. 함수 몸체에 포함될 수 있는 문장에는 아무런 제한이 없다. 함수 내에서 변수도 정의하여 사용할 수 있으며 모든 제어 구조들도 사용할 수 있다. 함수 몸체 안에서 다른 함수들을 호출하는 것도 가능하다. 함수의 몸체에 포함되는 문장들은 들여쓰기를 하는 것이 좋다.

 TIP

> **함수의 길이에는 제한이 있을까?**
> C에서는 함수의 길이에 아무런 제한을 두지 않는다. 이것은 여러분들이 하나의 함수 안에 많은 문장을 넣을 수도 있음을 의미한다. 그러나 함수의 길이가 지나치게 길어지면 좋지 않다. 기본적으로 하나의 함수는 하나의 작업만을 수행하여야 한다. 만약 함수의 길이가 지나치게 길어진다면 하나 이상의 작업을 하고 있다고 봐야 한다. 따라서 이때는 함수를 몇 개의 함수로 분할하는 편이 낫다. 그렇다면 어느 정도의 길이가 적당할까? 물론 절대적인 기준은 없지만 30행을 넘지 않도록 하는 것이 좋다.

함수 호출

우리가 함수를 정의하는 목적은 함수를 사용하기 위해서이다. 그렇다면 함수를 사용하려면 어떻게 하여야 하는가? 함수를 호출(call)하여야 한다. 함수 호출(function call)이란 print_stars()와 같이 함수의 이름을 써주는 것이다. 함수 안의 문장들은 호출되기 전까지는 전혀 실행되지 않는다. 함수를 호출하게 되면 현재 실행하고 있는 코드는 잠시 중단되고, 호출된 함수로 이동하여서 함수 몸체 안의 문장들이 순차적으로 실행된다. 호출된 함수의 실행이 끝나면 호출한 위치로 되돌아가서 잠시 중단되었던 코드가 실행을 재개한다. 이것은 일상생활에서 다른 사람에게 일을 부탁하고 그 일이 끝날 때까지 대기하는 것과 비슷하다. 부탁했던 일이 끝나서 결과가 나오면 다시 이전의 작업으로 돌아가는 것과 같다.

예를 들어서 화면에 30개의 *을 출력하기 위하여 print_stars()을 호출한다고 하면 다음과 같은 순서로 프로그램이 실행된다.

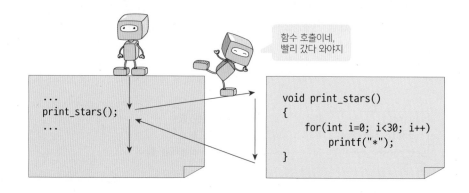

함수는 일단 작성되면 몇 번이라도 호출할 수 있다. 이것이 사실 함수의 가장 큰 장점이다. 예를 들어서 줄을 그리는 작업이 2번 필요하다면 다음과 같이 print_stars() 함수를 2번 호출하면 되는 것이다.

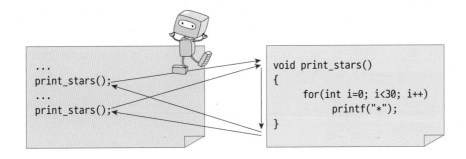

완성된 예제

print_stars() 함수를 2번 호출하여서 다음과 같이 출력하는 프로그램을 작성해보자.

```
******************************
Hello World!
******************************
```

func_exam1.c

```
1    #include <stdio.h>
2
3    void print_stars()
4    {
5        for (int i = 0; i < 30; i++)          ── 함수 정의
6            printf("*");
7    }
8    int main(void)
9    {
10       print_stars();
11       printf("\nHello World!\n");            ── 함수 호출
12       print_stars();
13       return 0;
14   }
```

8.3 매개 변수와 반환값

print_stars() 함수는 외부로부터 아무것도 받지 않고 아무것도 반환하지 않는다. 하지만 일반적인 함수를 외부로부터 값들을 전달받고 처리 결과를 외부로 반환한다. 이렇게 하기 위해서는 함수를 정의할 때, 매개 변수와 반환값을 지정하여야 한다. 전달받은 2개의 정수 중에서 큰 값을 반환하는 함수 max()를 정의하면 다음과 같다.

그림 8-3
함수의 구조

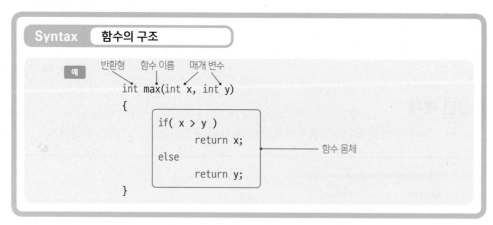

오류 주의

타입이 같은 두 개의 매개 변수를 선언할 때 변수를 정의하듯이 하면 오류가 발생한다. 즉 double 형의 두 개의 매개 변수 x, y를 선언할 때 double x, y라고 하면 x는 double 타입으로 선언되지만, y는 타입이 없는 것으로 간주되어 int형으로 된다.

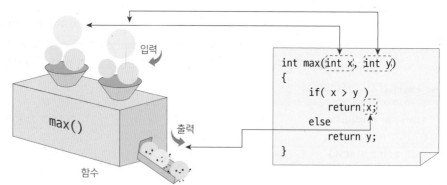

인수와 매개 변수

인수와 매개 변수는 함수 호출 시에 데이터를 주고받기 위하여 필요하다. 인수(argument)는 호출 프로그램에 의하여 함수에 실제로 전달되는 값이다. 매개 변수(parameter)는 이 값을 전달받아 몸체에 전달하는 변수이다. 함수가 호출될 때마다 인수는 함수의 매개 변수로 전달된다.

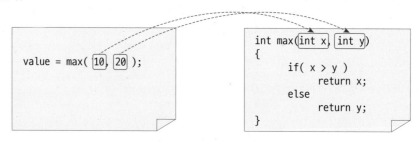

함수를 정의할 때는 각 매개 변수에 대하여 자료형과 이름을 지정하여야 한다. 예를 들어 max() 함수의 경우, 첫 번째 매개 변수는 int형으로서 이름은 x이다. 두 번째 매개 변수도 int형으로서 이름은 y가 된다. 만약 매개 변수가 없는 경우에는 print_stars(void)와 같이 매개변수 위치에 void를 써주거나 print_stars()와 같이 아무 것도 적지 않으면 된다.

함수가 호출될 때, 인수의 개수와 매개 변수의 개수는 정확히 일치하여야 한다. 즉 매개 변수가 두 개이면 인수도 두 개를 전달하여야 한다. 매개 변수의 개수와 인수의 개수가 일치하지 않으면 오류가 발생하게 된다.

```
max(10);                    // max() 함수를 호출할 때는 인수가 두 개이어야 한다.
max();                      // max() 함수를 호출할 때는 인수가 두 개이어야 한다.
```

인수와 매개 변수의 타입은 서로 일치하여야 한다. 예를 들어서 다음과 같이 int형으로 정의된 매개 변수에게 double형의 데이터를 전달하면 경고가 발생하고 소수점 이하 데이터가 잘리게 된다.

```
max(0.1, 0.2);              // max()의 인수의 형은 정수이어야 한다.
```

반환값

반환값(return value)은 함수가 반환하는 값이다. 함수는 자신을 호출한 곳으로 작업의 결과 값을 반환할 수 있다. return 문장 다음에 수식을 써주면 수식의 값이 반환된다. 예를 들어서 return x;하면 변수 x의 값이 반환된다. 인수는 여러 개가 있을 수 있으나 반환값은 하나만 가능하다. 함수로부터 반환된 값은 변수에 저장할 수 있다.

참고사항

함수가 여러 개의 반환값을 전달하기 위해서는 "포인터" 또는 "구조체"의 개념을 사용해야 한다. 이것은 뒤에 설명한다.

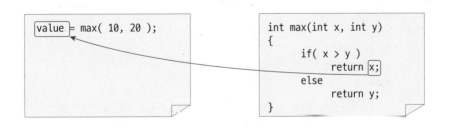

```
value = max( 10, 20 );

int max(int x, int y)
{
    if( x > y )
        return x;
    else
        return y;
}
```

반환형은 char, int, long, double 등이 될 수 있다. 만약 값을 반환하지 않는다면 void라고 표시한다. 만약 반환형을 명시하지 않으면 int형을 가정한다. 그러나 특별한 경우가 아니면 반환형을 생략하면 안 된다. 반환형이 int일지라도 항상 반환값의 형을 명시하는 것이 좋다. 또한 반환값이 있는 함수에서 값을 반환하지 않으면 예측 불가능한 값이 전달될 수 있다. 또 반대로 반환값이 void로 지정된 함수에서 값을 반환하면 문법적인 오류가 발생한다.

참고사항

반환되는 값이 없으면 함수 이름 앞에 void를 붙여야 한다.

값을 반환할 때는 C언어에서 유효한 수식을 사용하면 된다. 반환값의 형은 함수를 정의할 때 기술하였던 반환값의 형과 일치하여야 한다. 즉 max() 함수의 경우, 반환값이 정수로 선언되었으므로 반드시 정수값을 반환하여야 한다. 만약 반환되는 값이 없다면 어떻게 해야 하는가? 이 경우에는 return 키워드 다음에 아무것도 써주지 않으면 된다.

```
return;
```

또 한 가지 방법은 아예 return 문장을 사용하지 않는 것이다. 이 경우, 함수 안에 들어 있는 문장이 전부 실행되고 종료를 나타내는 중괄호 }를 만나게 되면 함수는 값을 반환하지 않고 종료한다.

중간점검

1 함수의 반환형이 없는 경우에는 어떻게 표시하는가?
2 수식 (x+y+z)의 값을 반환하는 문장을 작성하여보자.
3 double형 변수 f를 매개 변수로 가지고 double형의 값을 반환하는 fabs() 함수 헤더를 정의하여보자.

완성된 예제

위에서 작성한 max() 함수를 호출하여서 사용자가 입력한 값 중에서 더 큰 값을 찾아보자.

```
정수 2개를 입력하시오: 10 20
더 큰 값은 20입니다.
```

find_max.c

```c
1   #include <stdio.h>
2
3   int max(int x, int y)
4   {
5       if (x > y)
6           return x;
7       else
8           return y;
9   }
10
11  int main(void)
12  {
13      int x, y, larger;
14
15      printf("정수 2개를 입력하시오: ");
16      scanf("%d %d", &x, &y);
17
18      larger = max(x, y);
```

```
19        printf("더 큰 값은 %d입니다. \n", larger);
20        return 0;
21  }
```

 LAB   생일 축하 함수

매개 변수와 반환값이 없는 함수도 무척 많다. 생일 축하 메시지를 출력하는 함수 happy Birthday()를 작성해보자. 함수를 호출하면 다음과 같은 메시지를 출력한다.

생일축하 합니다!
생일축하 합니다!
사랑하는 친구의 생일축하 합니다!

참고사항

반환되는 값이 없으면 함수
이름 앞에 void를 붙여야
한다.

Solution   func_exam2.c

```
1  #include <stdio.h>
2
3  void happyBirthday()
4  {
5        printf("생일축하 합니다! \n");
6        printf("생일축하 합니다! \n");
7        printf("사랑하는 친구의 ");
8        printf("생일축하 합니다! \n");
9  }
10
11  int main(void)
12  {
13        happyBirthday();
14        return 0;
15  }
```

도전문제

happyBirthday() 함수가 나이를 매개변수로 받아서 "...사랑하는 친구의 23번째 생일 ..."과 같이 출력하도록 하라. 즉 happyBirthday() 함수가 int형의 매개 변수 age를 갖도록 수정한다.

LAB　　정수를 입력받는 get_integer() 함수

이제까지 우리는 scanf()라는 함수를 사용하여서 정수를 입력받아왔다. scanf()는 결코 사용하기 쉽지 않은 함수이다. 입력 안내 메시지를 출력하고 정수를 입력받아서 우리에게 반환해주는 함수 get_integer()를 작성해보자.

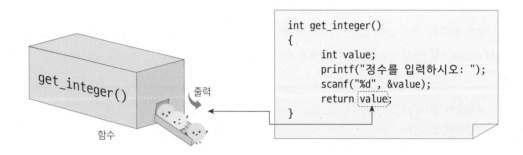

get_integer()는 다음과 같이 작성할 수 있다. 매개 변수는 없고 반환값은 정수형이다.

Solution　get_interger.c

```
1  int get_integer()
2  {
3       int value;
4       printf("정수를 입력하시오: ");
5       scanf("%d", &value);
6       return value;
7  }
```

 LAB　　정수의 합을 계산하는 add() 함수

두 개의 정수를 받아서 합을 계산하는 함수를 만들어보자. 함수 이름부터 결정하여야 한다. 함수가 하는 기능이, 정수를 합하는 것이므로 add라고 하자. 다음에는 함수의 반환값과 매개 변수를 결정하여야 한다. add() 함수는 외부에서 두 개의 정수를 받아야 한다. 매개 변수는 x와 y라고 하자. 함수의 반환값은 int형이 된다. 지금까지 결정한 것을 그리면 다음과 같다.

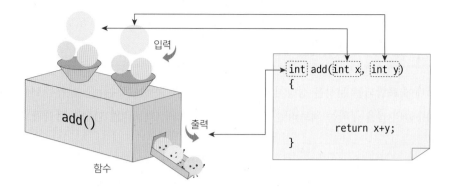

이제 함수를 정의할 수 있다. 반환형을 먼저 쓰고 함수 이름, 매개 변수 순으로 쓰면 된다. 함수 몸체는 중괄호를 먼저 적고 그 안에 문장들을 넣으면 된다. 어떤 문장을 넣어야 할까? 매개 변수 x와 y를 합하여 반환하면 된다. 값을 반환하려면 return을 적어주고 반환하려는 수식을 적어주면 된다.

앞에서 작성한 get_integer()까지 사용하여서 사용자로부터 받은 정수의 합을 계산하여 출력하자.

```
정수를 입력하시오: 10
정수를 입력하시오: 20
두수의 합은 30입니다.
```

Solution   add.c

```c
1  #include <stdio.h>
2
3  int get_integer()
4  {
5        int value;
6        printf("정수를 입력하시오: ");
7        scanf("%d", &value);
8        return value;
9  }
10
11 int add(int x, int y)
12 {
13       return x + y;
14 }
15
16 int main(void)
17 {
18       int x = get_integer();
19       int y = get_integer();
20
21       int sum = add(x, y);
22       printf("두수의 합은 %d입니다. \n", sum);
23       return 0;
24 }
```

LAB   팩토리얼 계산 함수

함수 내에 포함되는 문장은 상당히 복잡할 수 있다. 이번에는 정수 n을 받아서 1에서 n까지의 정수들의 곱을 구하는 팩토리얼 함수를 작성하여보자. 팩토리얼 함수는 다음과 같이 정의된다.

$$n! = n*(n-1)*(n-2)* \ldots *1$$

팩토리얼을 계산하려면 변수 result를 1로 초기화한 후에 i를 1부터 n까지 반복하면서 result에 곱하면 된다.

```
알고 싶은 팩토리얼의 값은? 12
12!의 값은 479001600입니다.
```

Solution   factorial.c

```c
1  #include <stdio.h>
2
3  int factorial(int n)
4  {
5      int i, result = 1;
6
7      for (i = 1; i <= n; i++)
8          result *= i;                    // result = result * i
9      return result;
10 }
11
12 int main(void)
13 {
14     int n;
15     printf("알고 싶은 팩토리얼의 값은? ");
16     scanf("%d", &n);
17     printf("%d!의 값은 %d입니다. \n", n, factorial(n));
18     return 0;
19 }
```

 중간점검

1 인수와 매개 변수는 어떤 관계가 있는가?
2 반환값이 double형으로 정의된 함수에서 정수를 반환하면 어떤 일이 발생할까?

LAB   온도 변환 프로그램

섭씨 온도를 화씨 온도로, 또 그 반대로 변환하는 프로그램을 작성하여보자.

```
===========================
'c' 섭씨온도에서 화씨온도로 변환
'f' 화씨온도에서 섭씨온도로 변환
'q' 종료
===========================
메뉴에서 선택하세요: f
화씨온도: 100
섭씨온도: 37.777778

===========================
'c' 섭씨온도에서 화씨온도로 변환
'f' 화씨온도에서 섭씨온도로 변환
'q' 종료
===========================
메뉴에서 선택하세요:
```

Solution temperature.c

```c
1  #include <stdio.h>
2
3  void printMenu()
4  {
5          printf("===========================\n");
6          printf(" 'c' 섭씨온도에서 화씨온도로 변환\n");
7          printf(" 'f' 화씨온도에서 섭씨온도로 변환\n");
8          printf(" 'q' 종료\n");
9          printf("===========================\n");
10 }
11
12 double C2F(double c_temp)
13 {
14         return 9.0 / 5.0 * c_temp + 32;
15 }
16
17 double F2C(double f_temp)
18 {
19         return (f_temp - 32.0) * 5.0 / 9.0;
20 }
21
22 int main(void)
23 {
24         char choice;
25         double temp;
```

328 쉽게 풀어쓴 C언어 Express

```
26
27          while (1) {
28                  printMenu();
29                  printf("메뉴에서 선택하세요: ");
30                  choice = getchar();
31                  if (choice == 'q') break;
32                  else if (choice == 'c') {
33                          printf("섭씨온도: ");
34                          scanf("%lf", &temp);
35                          printf("화씨온도: %lf \n\n", C2F(temp));
36                  }
37                  else if (choice == 'f') {
38                          printf("화씨온도: ");
39                          scanf("%lf", &temp);
40                          printf("섭씨온도: %lf \n\n", F2C(temp));
41                  }
42                  getchar();       // 엔터키 문자를 삭제하기 위하여 필요!
43          }
44          return 0;
45  }
```

 LAB   조합 계산하기

조합(combination)이란 n개 중에서 순서 없이 r개를 택할 수 있는 방법의 수이다. 예를 들어서 서로 다른 3개 중에서 2개를 선택하는 방법은 3가지가 있다. 즉 3개의 물건 A, B, C가 있는 경우, 이 중에서 2개를 선택하는 방법은 (A, B), (B, C), (A, C) 등의 3가지의 방법이 있다. 이것이 조합이다. 일반적으로 n개에서 r개를 선택하는 조합은 다음과 같이 계산할 수 있다.

$$C(n,r) = \frac{r!}{(n-r)!r!}$$

```
정수를 입력하시오: 10
정수를 입력하시오: 3
C(10, 3) = 120
```

🔑 **Hint** 조합을 계산하는 수식을 보면 팩토리얼을 사용하고 있다. 따라서 앞에서 작성하였던 팩토리얼 함수를 사용하여보자. 조합을 계산하는 함수는 combination()이라고 하자. 팩토리얼은 앞에서 factorial()이라는 이름으로 구현한 바 있다. 그 팩토리얼 함수를 combination()에서 호출하여 사용하도록 하자. 즉 사용자 정의 함수에서 다른 사용자 정의 함수를 호출하여 사용하는 것이다. 복잡한 프로그램에서는 함수가 함수를 호출하고 이 함수가 다른 함수를 호출하는 아주 복잡한 계층 구조가 형성된다.

Solution combination.c

```c
1  // 수학적인 조합 값을 구하는 예제
2  #include <stdio.h>
3
4  // 팩토리얼 값을 반환
5  int factorial(int n)
6  {
7      int i, result = 1;
8
9      for (i = 1; i <= n; i++)
10         result *= i;              // result = result * i
11     return result;
12 }
13 // 팩토리얼 값을 이용하여서 조합값을 계산
14 int combination(int n, int r)
15 {
16     return (factorial(n)/(factorial(r) * factorial(n-r)));
17 }
18 // 사용자로부터 값을 입력받아서 반환
19 int get_integer(void)
20 {
21     int n;
22
23     printf("정수를 입력하시오: ");
24     scanf("%d", &n);
25
26     return n;
27 }
28
29 int main(void)
30 {
31     int a, b;
32
33     a = get_integer();
34     b = get_integer();
35
36     printf("C(%d, %d) = %d \n", a, b, combination(a, b));
37     return 0;
38 }
```

factorial() 함수를 정의한다. 팩토리얼은 반복 구조를 사용하여 1부터 n까지의 값을 result라는 변수에 곱한다. result의 초기값은 반드시 1이어야 한다.

get_integer() 함수를 정의한다.

get_integer()를 2번 호출하여 사용자로부터 정수를 입력받는다.

combination()을 호출하여 a개에서 b개를 선택하는 경우의 수를 구한다. combination() 함수가 반환하는 값을 printf()를 이용하여 화면에 출력한다.

LAB   소수 찾기

수학 분야 중에서 정수론(number theory)에서는 정수의 성질을 연구 대상으로 한다. 정수론에서 중요한 문제 중의 하나가 주어진 숫자가 소수(prime)인지를 결정하는 것이다. 양의 정수 n이 소수가 되려면 1과 자기 자신만을 약수로 가져야 한다. 예를 들어서 17은 1과 17만이 약수이므로 소수이다. 현재의 암호는 소인수 분해를 기본으

1	2	3	4	5	6	7	8	9	10
11	12	13	14	15	16	17	18	19	20
21	22	23	24	25	26	27	28	29	30
31	32	33	34	35	36	37	38	39	40
41	42	43	44	45	46	47	48	49	50
51	52	53	54	55	56	57	58	59	60
61	62	63	64	65	66	67	68	69	70
71	72	73	74	75	76	77	78	79	80
81	82	83	84	85	86	87	88	89	90
91	92	93	94	95	96	97	98	99	100

로 한다. 간단한 수는 소인수 분해하기 쉽다(소인수 분해는 어떤 수를 소수들의 곱으로 표시하는 것이다). 하지만 수십조보다 더 큰 수를 소인수분해하기는 정말 어렵다. 소인수분해했을 때만 암호가 풀리게 한다면 암호를 찾기가 아주 어렵게 될 것이다. 암호화에서는 소인수분해를 사용한다. 여기서는 소수를 판별하는 함수 is_prime()을 작성하여 사용하여보자.

```
정수를 입력하시오: 12229
12229은 소수가 아닙니다.
```

 Hint 얼핏 생각하면 소수를 판별하는 것은 아주 어려울 것처럼 생각된다. 하지만 컴퓨터가 잘하는 방식으로 소수를 구하는 알고리즘을 생각하면 의외로 간단할 수도 있다. 여기서는 소수의 정의를 직접 이용하여보자. 소수는 1과 자기 자신만을 약수로 가진다. 따라서 1과 자기 자신을 제외하고 2부터 n-1사이에 하나라도 약수가 있다면 소수가 아니다. 따라서 2부터 n-1까지 하나씩 증가시키면서 n을 나누어보는 것이다. 만약 하나라도 나누어 떨어지면 약수가 있는 것이므로 소수가 아니다. 2부터 n-1사이에 약수가 없다면 소수일 것이다. 나누어 떨어지는 것은 어떻게 검사하는가? 바로 나머지 연산자 %를 사용하면 된다.

```
사용자로부터 정수를 입력받아서 변수 n에 저장한다.
for( i=2; i<n ; i++ )
    n을 i로 나누어서 나머지가 0인지 본다.
    나머지가 0이면 약수가 있는 것이므로 소수가 아니다.
반복이 정상적으로 종료되고 약수가 없다면 소수이다.
```

Solution find_prime.c

```c
1  #include <stdio.h>
2
3  int get_integer(void)
4  {
5      int n;
6
7      printf("정수를 입력하시오: ");
8      scanf("%d", &n);
9      return n;
10 }
11 int is_prime(int n)
12 {
13     int i;
14
15     for (i = 2; i < n; i++) {          ── 약수가 하나라도 있으면 소수가
16         if (n%i == 0)                      아니므로 즉시 0을 반환한다.
17             return 0;
18     }
19     return 1;                ── 반복을 마쳤는데도 아직 리턴하지 않았
20                                  다면 약수가 없는 것이므로 소수이다.
21 }
22 int main(void)
23 {
24     int n;
25     n = get_integer();
26
27     if (is_prime(n) == 1)
28         printf("%d은 소수입니다.\n", n);
29     else
30         printf("%d은 소수가 아닙니다.\n", n);
31     return 0;
32 }
```

🔺 도전문제

1부터 사용자가 입력한 숫자 사이의 모든 소수를 찾도록 위의 프로그램을 변경하여보자.

8.4 함수 원형

이제까지 우리는 항상 함수를 정의한 후에 함수를 사용하였다. 함수를 정의하기 전에 사용할 수 있을까? 섭씨온도를 화씨온도로 변환하는 함수 c_to_f()를 먼저 사용하고 나중에 정의해보자.

```c
1  #include <stdio.h>
2
3  int main(void)
4  {
5      printf("섭씨 %lf도는 화씨 %lf입니다.  \n", 36.0, c_to_f(36.0));
6      return 0;
7  }
8
9  double c_to_f(double c_temp)
10 {
11     return 9.0 / 5.0 * c_temp + 32;
12 }
```

위의 코드를 컴파일하면 다음과 같은 오류가 발생한다.

위의 오류 메시지를 해석해보면 c_to_f()가 정의되지 않아서 컴파일러는 c_to_f()가 int형을 반환하는 것으로 간주하였는데, 나중에 보니까 c_to_f()의 반환형이 double형이라는 이야기이다. 따라서 반환형이 달라서 오류가 발생하였다는 이야기가 된다.

일반적으로 함수를 사용할 때는 미리 컴파일러에게 함수에 대한 정보를 알려야 한다. 따라서 함수를 먼저 정의하고 나중에 사용하는 것이 원칙이지만, 사정상 이렇게 하지 못하는 경우도 있다. 따라서 다른 방법이 필요하다. 이런 경우에는 함수 원형(function prototype)을 정의해주면 된다. 함수 원형은 함수의 이름, 매개변수, 반환형을 컴파일러에게 미리 알려주는 것이다. 함수 원형은 함수 헤더에 세미콜론(;)만을 추가한 것과 똑같다. 다만 함수 원형에서는 매개 변수의 이름은 적지 않아도 된다. 매개 변수의 자료형만 적으면 된다. 예를 들면 다음과 같다.

```
double c_to_f(double); •
int get_integer(void);
```
매개 변수의 이름은 생략하여도 된다.
반드시 끝에 ;을 붙여야 한다.

위의 코드를 함수 원형을 이용하여 다시 작성해보면 다음과 같다.

형식지정자 %.1f은 소수점 이하를 한 자리로 출력하라는 의미이다.

prototype.c

```
1   #include <stdio.h>
2   double c_to_f(double c_temp);              // 함수 원형
3
4   int main(void)
5   {
6       printf("섭씨 %.1f도는 화씨 %.1f도입니다.   \n", 36.0, c_to_f(36.0));
7       return 0;
8   }
9
10  double c_to_f(double c_temp)
11  {
12      return 9.0 / 5.0 * c_temp + 32;
13  }
```

c_to_f() 함수가 double형을 받고 double형을 반환한다고, 고마워!

섭씨 36.0도는 화씨 96.8도입니다.

함수 원형은 왜 필요한 것일까? 함수 원형은 컴파일러에게 미리 함수에 대한 정보를 주어서 함수의 호출의 적정성 검사, 반환형 검사 등을 하게 하기 위한 것이다. 만약 함수 원형이 없다면 컴파일러는 함수 c_to_f()가 어떤 매개 변수를 가지는 함수인지, 반환형은 무엇인지를 전혀 알 수가 없다. 따라서 컴파일러가 하여야 할 중요한 검사를 할 수가 없게 된다. 함수 원형이 미리 주어진다면 함수 정의를 만나기 전에도 함수 호출시, 인수의 유형과 개수가 정확한지, 반환값도 정확하게 사용하고 있는지를 검사할 수 있다. 만약 유형이 일치하지 않는 것이 발견되면 오류 메시지를 출력할 수 있다.

함수 원형을 사용하지 않는 방법

함수 원형이란 근본적으로 컴파일러에게 함수에 대한 정보를 주기 위하여 만들어진 것이다. 따라서 사용하려는 함수의 정의가 먼저 등장한다면 구태여 함수 원형을 표시할 필요가 없다. 하지만 그렇게 하지 못하는 경우도 있다. 다음 예제를 참조하라.

prototype1.c

```
1    #include <stdio.h>
2
3    double sub1(double d)
4    {
5            sub2(100.0);
6    }
7
8    double sub2(double d)
9    {
10           sub1(20.0);
11   }
12
13   int main(void)
14   {
15           return 0;
16   }
```

코드	설명	프로젝트	파일	줄	Suppre
⚠ C4013	'sub2'이(가) 정의되지 않았습니다. extern은 int형을 반환하는 것으로 간주합니다.	ConsoleApplication3	test.c	5	
❌ C2371	'sub2': 재정의. 기본 형식이 다릅니다.	ConsoleApplication3	test.c	8	

위의 코드에는 sub1()과 sub2()가 있다. sub1()에서 sub2()를 호출하고 동시에 sub2()에서도 sub1()을 호출한다. 따라서 이러한 경우에는 함수의 위치를 아무리 바꾸어도 함수 원형 없이는 컴파일이 불가능하다. 따라서 함수 원형을 사용하지 않는 방법은 비교적 단순한 프로그램에서만 가능한 방식으로, 표준적인 방법이 아니다. 따라서 항상 함수 원형을 사용하는 것이 좋다.

함수 원형과 헤더 파일

함수 원형들이 많이 정의되는 곳이 바로 헤더 파일이다. 우리는 printf()라는 함수를 사용하면서 항상 stdio.h라는 헤더 파일을 포함시킨 바 있다. stdio.h에는 printf() 함수에 대한 원형이 정의되어 있다. 간단한 경우에는 소스 파일의 시작 부분에 기술하지만, 함수의 개수가 많으면 함수 원형을 헤더 파일에 저장하고 이 헤더 파일을 소스 파일에 포함시키는 것이 일반적이다. 컴파일러에서 제공되는 헤더 파일만 사용할 수 있는 것은 아니다. 프로그래머도 얼마든지 헤더 파일을 만들 수 있다. 텍스트 에디터로 파일을 편집하고 확장자만 .h로 해주면 된다. 그리고 소스 파일에서 include를 이용하여 불러들이면 된다.

참고사항

링크 오류

소스 파일을 컴파일하여서 실행 파일을 만들다 보면 링크 오류가 발생하는 경우가 있다. 링크 오류는 컴파일러가 함수를 찾지 못했을 때 발생한다. 즉 프로그래머가 정의되지 않은 함수를 사용하였을 때 링크 오류가 발생한다. 링크오류가 발생하면 함수의 이름이 오류 메시지로 표시된다. 따라서 오류 메시지를 보고 함수가 확실히 정의되었는지를 확인하여야 한다.

> 1>c:\users\chun\documents\visual studio 2010\projects\hello\hello\hello.c(4):
> warning C4013: 'sub'이(가) 정의되지 않았습니다. extern은 int형을 반환하는 것으로 간주합니다. ——————— 링크 오류
> 1>hello.obj : error LNK2001: _sub 외부 기호를 확인할 수 없습니다.
> 1>C:\Users\chun\documents\visual studio 2010\Projects\hello\Debug\hello.exe :
> fatal error LNK1120: 1개의 확인할 수 없는 외부 참조입니다.
> ========== 빌드: 성공 0, 실패 1, 최신 0, 생략 0 ==========

중간점검

1 함수 정의의 첫 번째 줄에는 어떤 정보들이 포함되는가? 이것을 무엇이라고 부르는가?

2 함수가 반환할 수 있는 값의 개수는?

3 함수가 값을 반환하지 않는다면 반환형은 어떻게 정의되어야 하는가?

4 함수 정의와 함수 원형의 차이점은 무엇인가?

5 함수 원형에 반드시 필요한 것은 아니지만 대개 매개 변수들의 이름을 추가하는 이유는 무엇인가?

6 다음과 같은 함수 원형을 보고 우리가 알 수 있는 정보는 어떤 것들인가?

    double pow(double, double);

8.5 표준 라이브러리 함수(난수)

함수에는 사용자 정의 함수와 라이브러리 함수로 나누어진다고 말한 바 있다. 지금까지 사용자 정의 함수를 어떻게 작성하는지를 학습하였다. 지금부터는 라이브러리 함수에 대하여 살펴보자. 표준 라이브러리 함수는 C언어에 내장되어 제공되는 함수로서 많은 분야에 걸쳐서 상당한 개수의 함수들을 제공한다. C언어가 많이 사용되고 강력한 이유는 라이브러리 지원이 잘되어 있기 때문이기도 하다.

* 표준 입출력
* 수학 연산
* 문자열 처리
* 시간 처리
* 오류 처리
* 데이터 검색과 정렬

참고사항

엄밀하게 이야기하자면, 라이브러리는 컴파일러만 제공하는 것은 아니다. 제3의 기업체나 단체에서도 제공할 수 있다. 컴파일러에서 제공하는 라이브러리 함수는 표준 라이브러리로 불린다.

라이브러리 함수를 사용하려면 먼저 함수 원형을 포함시켜야 한다. 일반적으로 라이브러리 함수의 원형을 개별적으로 포함하는 것이 아니라 원형이 들어 있는 헤더 파일을 포함시키면 된다. 예를 들어서 sqrt() 함수를 사용하기 위해서는 math.h 헤더 파일을 포함시켜야 한다. 여기에서는 많은 라이브러리 함수 중에서 많이 사용되는 것을 중심으로 살펴보기로 하자.

난수 함수

난수(random number)는 규칙성이 없이 임의로 생성되는 수이다. 난수는 프로그래밍에서 아주 중요하게 사용된다. 특히 난수는 암호학이나 시뮬레이션, 게임 등에서 필수적이다. 우리가 인터넷 뱅킹시 사용하는 OTP도 난수를 사용한다.

C언어에서 난수를 발생하는 함수는 rand()이다. rand()는 의사 난수(pseudo random number)를 생성하는 함수이다. 의사 난수란 정말 다음에 뭐가 나올지 모르는 진짜 난수가 아니라 초기값에 따라서 나오는 순서가 어느 정도 결정된 난수를 말한다. rand()의 원형은 stdlib.h에 정의되어 있다. rand()는 0부터 RAND_MAX까지의 정수를 생성한다. RAND_MAX는 rand()가 생성할 수 있는 최대 난수로 비주얼 스튜디오에서는 0x7fff(32767)으로 정의되어 있다.

하나의 예제로 로또 번호를 생성하는 프로그램을 작성하여보자. 로또 번호는 1부터 45까지의 숫자 6개로 이루어진다.

lotto1.c

```
1   #include <stdio.h>
2   #include <stdlib.h>          ── rand()의 원형 정의
3
4   int main(void)
5   {
6       for(int i = 0; i < 6; i++)
7           printf("%d ", rand());
8       printf("\n");
9       return 0;                 ── 호출할 때마다 난수가 생성된다.
10  }
```

```
41 18467 6334 26500 19169 15724
```

위의 실행 결과를 보면 난수는 0에서 32767 사이의 정수로 생성되는 것을 알 수 있다. 만약 로또 번호처럼 생성되는 수의 범위를 1에서 45번 사이로 제한하려면 어떻게 해야 할까? C 언어에서는 나머지 연산자를 이용하면 아주 쉽게 할 수 있다. rand()의 반환값을 45으로 나누어서 나머지만 취하면 된다.

```
printf("%d ", rand()%45);
```

45로 나눈 나머지는 절대 45를 넘을 수 없다는 사실을 이용하는 것이다. 따라서 0~44까지의 값이 생성된다. 그러나 로또의 번호는 1번부터 45번까지이다. 난수의 범위를 1~45까지로 변경하려면 어떻게 해야 할까? 단순히 1을 더해주면 된다.

```
printf("%d ", 1+(rand()%45));
```

```
42 18 35 41 45 20
```

앞에서 로또 번호를 생성하는 데는 성공하였다. 하지만 아주 치명적인 문제가 있다. 위의 프로그램을 실행하면 항상 같은 번호가 생성된다. 따라서 난수라고 주장하기도 곤란하다. 프로그램을 실행할 때마다 다른 난수가 생성되게 하려면 어떻게 해야 할까? 매번 난수를 다르게 생성하려면 시드(seed)라는 개념을 사용한다. 시드란 "씨앗"이라는 의미로서 난수 생성시에 씨앗값이 된다. 시드값이 달라지면 이후 생성되는 모든 난수값이 달라진다. 어떠한 값도 시드값이 될 수 있으나 많이 사용하는 값은 예측이 불가능하면서 상황에 따라 변경되는 값이다. 어떠한 값이 가장 좋은 후보일까? 많은 사람들이 사용하는 값은 현재 시각이다. 왜냐하면 프로그램이 실행되는 시간은 다를 가능성이 많기 때문이다.

현재 시각은 어떻게 얻을까? 표준 라이브러리에서는 보통 time()을 사용한다. time()을 호출하면 1970년 1월 1일로부터 현재까지 경과된 시간을 초단위로 반환한다. 이것을 srand()라는 함수를 이용하여서 시드값으로 설정하면 된다.

```c
srand( (unsigned)time( NULL ) );
```

lotto2.c

```c
1   // 난수 생성 프로그램
2   #include <stdlib.h>
3   #include <stdio.h>
4   #include <time.h>                        ──── rand()의 원형 정의
5
6   #define MAX 45
7
8   int main( void )
9   {
10      int i;
11
12      srand( (unsigned)time( NULL ) );
13
14      for( i = 0; i < 6; i++ )
15          printf("%d ", 1+rand()%MAX );
16      printf("\n");
17      return 0;
18  }
```

srand()는 난수 발생기의 시드(seed)를 설정한다. 시드는 난수 발생기에서 다음 난수를 계산하기 위하여 사용하는 변수이다. 시드가 달라지면 전체 난수 수열이 변경된다.

시드를 설정하는 가장 일반적인 방법은 현재의 시각을 시드로 사용하는 것이다. 현재 시각은 실행할 때마다 달라지기 때문이다.

```
9 23 25 9 44 16
```

참고사항

위의 프로그램에서는 동일한 숫자가 2번 나올 수 있다. 이것을 방지하려면 뒤에서 학습하는 배열을 사용하여야 한다.

참고사항

일반적으로 [a, b] 구간의 난수를 발생하려면 다음과 같은 수식을 사용한다.

```c
printf("%d ", a+(rand()%(b-a+1)));
```

LAB   동전던지기 게임

난수는 특히 게임 프로그래밍에서 자주 이용된다. 하나의 예로 동전 던지기 게임을 구현하여보자. 동전을 100번 던져서 앞면이 나오는 횟수와 뒷면이 나오는 횟수를 출력한다. main() 함수는 tossing()이라는 함수를 호출한다. tossing()은 동전을 던져서, 앞면이면 1을, 뒷면이면 0을 반환한다. 컴퓨터로 동전 던지기 게임을 시뮬레이션하려면 난수가 필요하다. 동전의 앞면과 뒷면이 나오는 확률은 거의 반반이어야 할 것이다.

```
동전의 앞면: 53
동전의 뒷면: 47
```

▶ 난수를 발생시켜서 짝수이면 앞면으로, 홀수이면 뒷면으로 생각해도 된다.

▶ 0부터 1 사이의 난수를 발생시켜서 0.5보다 작으면 앞면, 0.5 이상이면 뒷면으로 생각하여도 된다.

▶ coin_toss()라는 함수를 작성하여 사용한다. 함수 원형은 다음과 같다.

```
        int coin_toss( void );
```

Solution coin_toss.c

```c
1  #include <stdlib.h>
2  #include <stdio.h>
3  #include <time.h>
4
5  int coin_toss( void );
6  int main( void )
7  {
8      int toss;
9      int heads = 0;
10     int tails = 0;
11     srand((unsigned)time(NULL));
12
13     for( toss = 0; toss < 100; toss++ ){
14         if(coin_toss() == 1)
15             heads++;
16         else
17             tails++;
18     }
```

srand()는 난수 발생기의 시드(seed)를 설정한다. 가장 일반적인 방법은 현재의 시각을 시드로 사용하는 것이다.

```
19        printf( "동전의 앞면: %d \n", heads );
20        printf( "동전의 뒷면: %d \n", tails );
21        return 0;
22   }
23   int coin_toss( void )
24   {
25        int head = rand() % 2;
26        return head;
27   }
```

rand()를 이용하여서 난수를 발생시킨다. 난수의 범위를 % 연산자를 사용하여서 0 또는 1로 제한하였다.

 도전문제

컴퓨터와 사람이 대결하는 가위, 바위, 보 게임을 작성해보자. 컴퓨터는 난수를 발생시켜서 가위, 바위, 보 중에서 하나를 선택한다.

LAB   자동차 경주 프로그램

난수는 컴퓨터 프로그래밍에서 아주 자주 이용된다. 예를 들어서 게임 프로그램에서 몬스터가 등장하는 위치나 시간이 바로 난수에 의하여 결정된다. 난수를 이용하여서 자동차 게임을 작성하여보자. 자동차가 1초에 달리는 거리가 난수에 의하여 결정된다. 주행한 거리를 *로 화면에 표시하면 된다. 1초마다 주행하도록 하자.

```
CAR #1:*****************************
CAR #2:*********************
```

Hint

여기서는 disp_car(int car_number, int distance)를 작성하여서 호출하자. disp_car()는 자동차가 지금까지 주행한 거리를 받아서 거리에 비례하는 *표를 출력한다.

```
난수 발생기를 초기화한다.
for( i=0; i<주행시간; i++)
    화면을 지운다.
    난수를 발생하여서 자동차1의 주행거리에 누적한다.
    난수를 발생하여서 자동차2의 주행거리에 누적한다.
    disp_car()를 호출하여서 자동차1을 화면에 *표로 그린다.
    disp_car()를 호출하여서 자동차2을 화면에 *표로 그린다.
```

Solution   racing_game.c

```c
1  #include <stdlib.h>
2  #include <stdio.h>
3  #include <windows.h>
4  #include <time.h>
5
6  void disp_car(int car_number, int distance)
7  {
8      int i;
9
10     printf("CAR #%d:", car_number);
11     for( i = 0; i < distance/10; i++ )
12         printf("*");
13     printf("\n");
14 }
15
16 int main(void)
17 {
18     int i;
19     int car1_dist=0, car2_dist=0;
20
21     srand( (unsigned)time( NULL ) );
22
23     for( i = 0; i < 20; i++ ) {
24         system("cls");
25         car1_dist += rand() % 100;
26         car2_dist += rand() % 100;
27         disp_car(1, car1_dist);
28         disp_car(2, car2_dist);
29         Sleep(1000);
30     }
31     return 0;
32 }
```

자동차가 주행한 거리만큼 *표를 화면에 표시한다. 반복 구조를 사용한다. 함수가 반환하는 값은 없다.

srand()는 난수 발생기의 시드(seed)를 설정한다. 가장 일반적인 방법은 현재의 시각을 시드로 사용하는 것이다.

화면을 지운다.

rand()를 이용하여서 난수를 발생한다. 난수의 범위는 %연산자를 사용하여서 0에서 99로 제한하였다.

1000밀리초 동안 잠재운다.

참고사항

Sleep(1000);은 1초 동안 실행을 지연시킨다. windows.h 헤더 파일을 포함하여야 한다.

도전문제

자동차를 3개로 늘려보자.

8.6 표준 라이브러리 함수(수학 함수)

이번 장에서는 수치 계산을 하는 라이브러리 함수에 대하여 살펴본다. 이들 라이브러리 함수를 사용하면 복잡한 산술 연산을 할 수 있다. 만약 여러분이 삼각 함수나 로그 함수 같은 수치 연산이 필요 없다면, 이 절을 건너뛰어도 된다. 수학 함수들에 대한 원형은 헤더파일 math.h에 있다. 수학 함수는 일반적으로 double형의 매개 변수와 반환값을 가진다.

분류	함수	설명
삼각함수	double sin(double x)	사인값 계산
	double cos(double x)	코사인값 계산
	double tan(double x)	탄젠트값 계산
역삼각함수	double acos(double x)	역코사인값 계산 결과값 범위 $[0, \pi]$
	double asin(double x)	역사인값 계산 결과값 범위 $[-\pi/2, \pi]$
	double atan(double x)	역탄젠트값 계산 결과값 범위 $[-\pi/2, \pi]$
쌍곡선함수	double cosh(double x)	쌍곡선 코사인
	double sinh(double x)	쌍곡선 사인
	double tanh(double x)	쌍곡선 탄젠트
지수함수	double exp(double x)	e^x
	double log(double x)	$\log_e x$
	double log10(double x)	$\log_{10} x$
기타함수	double ceil(double x)	x보다 작지 않은 가장 작은 정수
	double floor(double x)	x보다 크지 않은 가장 큰 정수
	double fabs(double x)	실수 x의 절대값
	int abs(int x)	정수 x의 절대값
	double pow(double x, double y)	x^y
	double sqrt(double x)	$\sqrt{x}$

floor()와 ceil() 함수

첫 번째로 학습할 함수는 floor()와 ceil() 함수이다. floor()와 ceil() 함수는 각각 바닥과 천장 함수라고도 한다. 그들은 실수를 아래 정수 값으로 '밀어 내리거나', 다음 정수 값으로 '밀어서 올린다'.

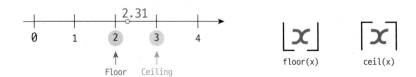

예를 들어서 실수값 **1.6**에 `floor()`와 `ceil()`를 적용하면 다음과 같다.

```
#include <stdio.h>
#include <math.h>                      // 이것을 반드시 포함하여야 한다.

int main(void) {
    double result, value = 1.6;

    result = floor(value);             // result는 1.0이다.
    printf("%lf ", result);
    result = ceil(value);              // result는 2.0이다.
    printf("%lf ", result);
    return 0;
}
```

```
1.0
2.0
```

fabs() 함수

`fabs()`는 실수를 받아서 절대값을 반환한다. `fabs()`는 아마 "`float absolute`"의 약자일 것이다. '절대값'은 우리가 수학 시간에 학습하여 잘 알고 있다. 절대값은 양수, 음수에 관계없이 그 수의 크기이다. 아래의 2개의 문장은 모두 **12.000000**을 출력한다.

```
printf("12.0의 절대값은 %f\n", fabs(12.0));
printf("-12.0의 절대값은 %f\n", fabs(-12.0));
```

절대값은 나이, 무게, 거리의 차이를 계산하는 데 유용한다. 예를 들어, 두 사람의 나이 차이를 구하려면 `fabs()`을 사용하는 것이 편리하다.

```
printf("24살과 32살의 나이 차이는 %f입니다. \n", fabs(24.0-32.0));
```

음수의 제곱근은 계산할 수 없는데 이때 fabs() 함수가 도움이 된다. 이 함수를 이용하면 제곱근을 계산하기 전에 음수를 양수로 변경할 수 있다. 예를 들어서 −25.0의 제곱근을 구하고 싶으면 다음과 같이 한다.
```
    value = sqrt(fabs(-25.0));
```

pow()와 sqrt() 함수

pow() 함수는 제곱값을 계산하고 sqrt() 함수는 값의 제곱근을 반환한다. pow()는 "power"의 약자이고 sqrt()는 "square root(제곱근)"의 약자이다. 다음의 코드는 10의 3승을 계산하고 16의 제곱근을 구한다.

```
10의 3승은 1000.0
16의 제곱근은 4.0
```

```
printf("10의 3승은 %.1f\n", pow(10.0, 3.0));
printf("16의 제곱근은 %.1f\n", sqrt(16));
```

cos(double x), sin(double x), tan(double x)

이 함수들은 삼각 함수의 값을 계산한다. 각도는 라디안으로 표시된다. 1 라디안은 $180/\pi$ 이다. 아래의 예제 프로그램은 $\pi/2$ 각도의 삼각 함수 값을 계산한다.

sin.c

```c
1   // 삼각 함수 라이브러리
2   #include <math.h>
3   #include <stdio.h>
4
5   int main( void )
6   {
7       double pi = 3.1415926535;
8       double x, y;
9
10      x = pi / 2;
19      y = sin( x );
20      printf( "sin( %f ) = %f\n", x, y );
21      y = cos( x );
22      printf( "cos( %f ) = %f\n", x, y );
23      return 0;
24  }
```

```
sin( 1.570796 ) = 1.000000
cos( 1.570796 ) = 0.000000
```

TIP

라디안이 아닌 도 단위를 사용하려면 다음과 같이 변환하면 된다.

degrees = (radians/3.141592)*180.0;

중간점검

1 90도에서의 싸인값을 계산하는 문장을 작성하여보라.

2 rand() % 10 이 계산하는 값의 범위는?

라이브러리 함수(기타 함수)

많이 사용되는 유틸리티 함수에 대하여 간단히 살펴보자.

함수	설명
exit()	exit()를 호출하면, 실행 중인 프로그램을 종료시킨다.
system("...")	system()은 운영 체제의 명령 프롬프트에게 명령어를 전달하여서 실행시키는 함수이다. 예를 들어서 DOS 명령어인 DIR이나 COPY, TYPE, CLS, DEL, MKDIR와 같은 명령어들을 실행시킬 수 있다.
time(NULL)	현재 시각을 반환한다. 1970년 1월 1일부터 흘러온 초를 반환한다.

system.c

```
1   #include <stdlib.h>
2   #include <stdio.h>
3
4   int main( void )
5   {
6       system("dir");              ──────── dir 명령어를 실행한다.
7       printf("아무 키나 치세요\n");
8       _getch();                   ──────── 하나의 문자를 받는 함수
9       system("cls");
10
11      return 0;
12  }
```

```
C 드라이브의 볼륨에는 이름이 없습니다.
볼륨 일련 번호: C870-52ED

C:\Users\kim\source\repos\hello\hello 디렉터리
2022-10-16  오전 08:41    <DIR>          .
2022-10-16  오전 08:41    <DIR>          ..
2022-10-16  오전 08:41              160 hello.c
2022-10-16  오전 07:25            6,618 hello.vcxproj
...
```

LAB 시간 맞추기 게임

사용자에게 정확한 시간을 예측하게 하는 게임을 만들어보자. 사용자에게 **10초**가 지나면 엔터키를 누르라고 한 후에, 정확한 시간과 얼마나 차이가 나는지를 출력한다.

10초가 되면 엔터키를 누르세요

종료되었습니다.
경과된 시간은 6 초입니다.

참고사항

time() 함수는 1970년부터 흘러온 초를 반환한다.

💡 **Solution** time.c

```
1  #include <stdio.h>
2  #include <time.h>
3
4  int main(void)
5  {
6      time_t start, end;              // time_t는 unsigned long과 동일하다.
7      start = time(NULL);
8      printf("10초가 되면 엔터키를 누르세요\n");
9      while (1) {
10         if (getchar())
11             break;
12     }
13     printf("종료되었습니다.\n");
14     end = time(NULL);
15     printf("경과된 시간은 %ld 초입니다. \n", end - start);
16     return 0;
17 }
```

🏁 **도전문제**

시간 오차에 따라 점수를 부여해보자. 예를 들어서 오차가 1초 이내이면 100점, 오차가 2초 이내이면 90점을 부여하는 식이다.

 LAB 나무 높이 측정

각도기와 삼각 함수를 이용하면 나무의 높이를 측정할 수 있다. 다음 그림을 참조하여서 나무의 높이를 측정하는 프로그램을 작성하여보자.

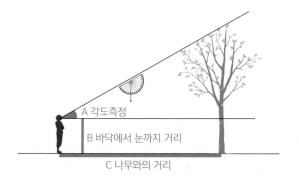

A 각도측정
B 바닥에서 눈까지 거리
C 나무와의 거리

나무의 높이는 H = B + tan(A)*C가 된다.

나무까지의 거리(단위: 미터): 4.2
측정자의 키(단위: 미터): 1.8
각도(단위: 도)
나무의 높이(단위: 미터): 9.699047

Solution **tree_height.c**

```c
1  #include <math.h>
2  #include <stdio.h>
3
4
5  int main(void)
6  {
7      double height, distance, tree_height, degrees, radians;
8
9      printf("나무까지의 거리(단위: 미터): ");
10     scanf("%lf", &distance);
11
12     printf("측정자의 키(단위: 미터): ");
13     scanf("%lf", &height);
14
15     printf("각도(단위: 도): ");
16     scanf("%lf", &degrees);
17
18     radians = degrees * (3.141592 / 180.0);
19
20     tree_height = tan(radians)*distance + height;
21     printf("나무의 높이(단위: 미터): %lf \n", tree_height);
22
23     return 0;
24 }
```

🔺 도전문제

"도(degree)" 단위의 각도를 받아서 "라디안(radian)" 단위의 각도로 변환하는 함수 degree_to_
radian() 작성하여 위의 프로그램을 다시 작성해보자.

LAB 삼각함수 그리기

우리는 삼각함수를 계산하는 라이브러리 함수를 학습하였다. 이것을 이용하여서 싸인함수 그래프를 90도 회전하여서 그려보자. 그래프는 문자로 그려진다. 구체적으로 10도부터 170도까지 싸인값을 막대로 화면에 그려보자.

```
**********
****************************
****************************************
********************************************************
************************************************************
******************************************************
********************************************
****************************
**********
```

> **TIP**
> 모든 수학 함수는 double형의 인수를 받는다. sin()함수에도 double형의 실수를 전달하여야 한다.

Solution

```c
1  #include <stdio.h>
2  #include <math.h>
3  #define PI 3.141592
4
5  double rad(double degree)
6  {
7          return PI * degree / 180.0;
8  }
9
10 void drawbar(int height)
11 {
12         for (int i = 0; i < height; i++)
13                 printf("*");
14         printf("\n");
15 }
16
17 int main(void)
18 {
19         int degree, x, y;
20         for (degree = 10; degree <= 170; degree += 20) {
21            // 싸인값은 -1.0에서 1.0이므로 정수로 반올림하여서 증폭한다.
22                 y = (int)(60 * sin(rad((double)degree)) + 0.5);
23                 drawbar(y);
24         }
25         return 0;
26 }
```

8.7 함수를 사용하는 이유

소스 코드의 중복성을 없애준다

많은 이유가 있을 수 있겠지만 가장 중요한 이유는 소스 코드의 중복을 막기 위해서이다. 한번 만들어진 함수는 여러 번 호출하여 사용할 수 있기 때문에 소스 코드를 중복시킬 필요가 없다. 따라서 소스 코드의 양을 줄일 수 있다. 프로그램에서 중복되는 부분을 함수로 만들면 다른 여러 곳에서 그 함수를 호출하여 똑같은 작업을 시킬 수 있다. 즉 작성된 함수는 여러 번 호출이 가능함으로 중복을 최소화하여 프로그램을 간결하게 만들 수 있다.

한 번 제작된 함수는 다른 프로그램을 제작할 때도 사용이 가능하다

하나의 프로그램에서 만들어진 함수는 다른 프로그램에도 재사용이 가능하다. 즉 소스 코드를 그대로 옮기기만 하면 사용할 수 있다. 한번 작성된 함수는 다른 프로그램을 만들 때도 그대로 이용할 수 있다. 텍스트 에디터로 복사/붙여넣기하면 된다. 하나의 프로그램에서 잘 동작하는 함수는 이미 디버깅이 되어 있기 때문에 다른 프로그램을 작성할 때도 유용하게 사용할 수 있는 것이다.

복잡한 문제를 단순한 부분으로 분해할 수 있다

아주 중요한 또 한 가지의 이유는 딱 한 번만 실행되는 작업이라고 할지라도 함수를 사용하게 되면 개발 과정이 쉬워지고 보다 체계적이 되면서 유지보수도 쉬워진다는 것이다. 일반적인 상용 프로그램은 우리가 지금까지 작성해온 프로그램들보다 훨씬 크고 복잡하다. 이러한 대규모의 프로그램을 개발하고 유지보수하기 위해서는 전체 프로그램이 하나의 덩어리로 되어 있는 것보다 작은 부분들로 나누어져 있는 것이 더 관리하기가 쉽다. 이것이 첫 부분에서 설명하였던 모듈(module)의 개념이다. 회사 전체가 하나로 되어 있지 않고 영업팀, 연구개발팀, 총무팀 등으로 나누어져 있어야 만이 관리하기가 쉬운 것과 같은 원리이다.

구체적인 예로 숫자들의 리스트를 읽어서 크기순으로 정렬해서 화면에 출력하는 프로그램을 작성한다고 생각하여보자. 모든 작업을 다음과 같이 main() 안에서 할 수도 있다.

```c
int main(void)
{
        // 숫자들의 리스트를 키보드에서 읽어들이는 코드
        ....
        // 숫자들을 크기순으로 정렬하는 코드
        ....
        // 정렬된 숫자들의 리스트를 화면에 출력하는 코드
        ...
}
```

물론 이렇게 한다고 하여 프로그램 실행이 잘못되는 것은 아니다. 다만 이 방법은 좋은 방법은 아니라는 것이다. 전체 작업을 작은 작업들로 분해하는 것이 더 좋은 방법이다. main() 함수 안에서 모든 작업을 다하는 것보다는, 작은 작업들을 수행하는 함수들을 호출하는 것이 좋다. 이런 방식으로 다시 작성하여 보면 다음과 같다. 이 방법을 사용하면 소스 코드는 약간 길어지지만 앞의 방법보다 훨씬 더 잘 정리되어 있다.

```c
int main(void)
{                                    코드를 함수로 포장하면 이해하기 쉬워진다.
        ...                          소스의 가독성이 좋아진다.
        read_list();                 // 숫자들의 리스트를 키보드에서 읽어 들이는 함수
        sort_list();                 // 숫자들의 리스트를 크기순으로 정렬하는 함수
        print_list();                // 숫자들의 리스트를 화면에 출력하는 함수
        ...
}
```

위의 소스에서 3개의 함수 read_list(), sort_list(), print_list()는 프로그래머가 구체적으로 구현하여야 할 것이다. 구체적인 함수의 구현은 생략하기로 하자.

각 함수들은 특징적인 한 가지 작업(기능)만을 맡아야 한다. 하나의 함수가 여러 가지 작업을 하면 안 된다. 다른 것과 구별되는 한가지의 작업만을 하여야 한다. 만약 함수 안에서 여러 작업들이 섞여 있다면 각각을 다른 함수들로 분리하여야 한다. 이런 식으로 함수를 사용하게 되면 문자들을 작업별로 분류할 수 있어서 소스 코드의 가독성이 높아진다. 또한 함수 이름만 보아도 어떤 작업인지를 대략 알 수가 있어서 소스 코드를 다른 사람이 읽기가 쉬워진다.

참고사항

프로그램을 작성할 필요성이 발생한 경우, 바로 컴퓨터 앞에서 앉아서 키보드로 타이핑을 시작하는 것은 좋은 습관은 아니다. 타이핑을 시작하기 전에 먼저 프로그램이 무엇을 해야 하는지를 숙고하여야 한다. 좋은 전략 중의 하나는 이 전체 목적을 더 작은 작업들로 분리하는 것이다. 항상 전체 목적도 잊으면 안 되고 또한 이 목적을 성취하기 위하여 각 부분들이 어떻게 결합될 것인지도 생각하여야 한다. 설계가 끝나면 최종적으로 컴퓨터 앞에 앉아서 문제를 코딩하기 시작한다. 절대로 하나의 큰 문제로 접근하지 말라. 이들 작은 조각들을 독립적으로 작성하여야 한다.

Mini Project   공학용 계산기 프로그램 작성

이번 장에서 학습한 함수들을 이용하여 싸인값이나 코싸인값을 계산할 수 있는 공학용 계산기를 만들어보자. 아직 구현 안 된 기능은 도전 문제에서 추가해보자.

```
1.팩토리얼
2.싸인
3.로그(base 10)
4.제곱근
5.순열(nPr)
6.조합(nCr)
7.종료
선택해주세요: 1
정수를 입력하시오: 10
결과 = 3628800
```

Solution eng_calculator.c

```c
1  #include <stdio.h>
2  #include <math.h>
3
4  int menu(void)
5  {
6        int n;
7        printf("1.팩토리얼\n");
8        printf("2.싸인\n");
9        printf("3.로그(base 10)\n");
10       printf("4.제곱근\n");
11       printf("5.순열(nPr)\n");
12       printf("6.조합(nCr)\n");
13       printf("7.종료\n");
14       printf("선택해주세요: ");
15       scanf("%d", &n);
16       return n;
17 }
18
19 void factorial()
20 {
21       long long n, result=1, i;
22       printf("정수를 입력하시오: ");
23       scanf("%lld", &n);
24       for (i = 1; i <= n; i++)
25             result = result * i;
26       printf("결과 = %lld\n\n", result);
27 }
```

```c
28  void sine()
29  {
30          double a, result;
31          printf("각도를 입력하시오: ");
32          scanf("%lf", &a);
33          result = sin(a);
34          printf("결과 = %lf\n\n", result);
35  }
36
37  void logBase10()
38  {
39          double a, result;
40          printf("실수값을 입력하시오: ");
41          scanf("%lf", &a);
42          if (a <= 0.0)
43                  printf("오류\n");
44          else        {
45                  result = log10(a);
46                  printf("결과 = %lf\n\n", result);
47          }
48  }
49
50
51  int main(void)
52  {
53          while (1) {
54                  switch (menu()) {
55                  case 1:
56                          factorial();
57                          break;
58                  case 2:
59                          sine();
60                          break;
61                  case 3:
62                          logBase10();
63                          break;
64                  case 7:
65                          printf("종료합니다.\n");
66                          return 0;
67                  default:
68                          printf("잘못된 선택입니다.\n");
69                          break;
70                  }
71          }
72  }
```

🔬 도전문제

아직 구현되지 않은 제곱근, 순열, 조합 계산 등을 구현해보자. 기타 공학자에게 필요한 기능을 추가해보자.

Advanced Topic

모듈이란?

만약 워드나 한글과 같은 커다란 프로그램의 모든 코드가 하나의 함수 안에 들어 있다고 가정해보라. 흔히 대형 프로그램의 코드는 수만 라인이 넘는다. 이것이 하나의 함수 안에 들어 있다면 코드를 작성한 사람도 시간이 지나면 이해하거나 디버깅하기가 어려울 것이다. 그렇다면 어떻게 하여야 하는가? 정답은 작은 조각으로 분리하는 것이다. 복잡하고 큰 자동차가 작은 부품들로 분리되는 것과 마찬가지이다. 소프트웨어에서는 이 작은 조각을 모듈(module)이라고 한다. 모듈은 언어에 따라서 함수, 프로시저, 메소드 등으로 다르게 불린다. 프로그램을 모듈로 구성하는 방법을 모듈화라고 한다.

좋은 모듈화와 나쁜 모듈화

TV와 같은 가전 제품의 경우, 고장이 나면 일반적으로 특정한 칩이나 부품만을 교환하면 된다. 소프트웨어도 그런 식으로 설계되어야 한다. 모듈 내에서는 최대의 상호 작용이 있어야 하고 모듈 사이에는 최소의 상호 작용만 존재하여야 한다. 만약 모듈과 모듈 사이의 연결이 복잡하다면 모듈화가 잘못된 것이다. 다음의 두 가지 그림을 비교하여보자.

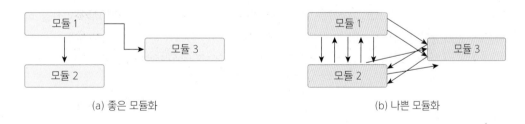

(a) 좋은 모듈화   (b) 나쁜 모듈화

좋은 모듈화는 더 이해하기가 쉬우며 유비 보수나 확장, 업그레이드하기가 쉬워진다. (a)의 경우에 만약 모듈2를 교체하려고 하면 하나의 연결만을 고려하면 되므로 쉬워진다. 하지만 (b)의 경우, 모듈 사이의 복잡한 연결 때문에 어렵다. 따라서 모듈 내부에서는 최대의 연관성을 가져야 하고 모듈과 모듈 사이에서는 최소의 연관성을 가져야 한다. 이것을 모듈 내부의 응집도와 모듈 사이의 결합도로 설명하기도 한다. 보다 자세한 것은 소프트웨어 공학 시간에 학습하게 될 것이다.

모듈을 작성하는 방법

프로그래머들한테 가장 어려운 것은 도대체 "어떤 코드들을 모아서 모듈을 만들어야 하는가"이다. 먼저 전혀 관련이 없는 문장들을 모아서 모듈을 작성한다면 가장 나쁜 예가 된다. 이러한 모듈들은 재사용성이 전혀 없기 때문에 차라리 모듈로 만들지 않는 것이 더 낫다. 다음으로 시간적이나 절차적으로 연관된 문장들을 모아서 모듈을 작성할 수 있다. 예를 들어서 초기화를 담당하는 init()와 같은 함수이다. 이러한 모듈은 꼭 필요한 경우가 있다. 하지만 재사용이 어렵다. 가장 좋은 것은 하나의 작업을 담당하는 문장들을 모아서 모듈을 작성하는 것이다. 예를 들면 printf(), write_to_printer(), sqrt()와 같은 모듈이다. 이 경우, 하나의 작업을 위한 처리는 하나의 모듈(함수) 안에 있어야 하고 여러 군데로 흩어지면 안 된다.

왜 기능적인 응집력을 가지는 모듈이 좋은가?

① 하나의 모듈 안에서 복잡한 작업을 하는 것보다는 한 가지 작업만을 수행하는 것이 오류를 줄일 수 있다.
② 하나의 기능을 수행하도록 설계되고 잘 테스트된 모듈들만 있으면 소프트웨어를 쉽게 작성할 수 있다. 모듈들은 재사용될 수 있어서 차기 프로그램의 개발을 빠르게 한다. 우리가 지금까지 printf() 함수를 얼마나 잘 사용하였는지를 생각하여보자.
③ 하나의 분리된 작업을 하나의 모듈이 담당함으로써 유지 보수성을 높일 수 있다. 예를 들어서 만약 프린터로 출력하는 부분에서 오류가 발생하였다면 write_to_printer() 만을 검사하면 된다. 모듈을 변경할 때도 모듈과 모듈이 기능적으로 분리되어 있다면 다른 모듈에 미치는 영향이 상대적으로 적다.

사실 소프트웨어 공학에서 이야기하는 가장 좋은 모듈은 정보적 응집력을 가지는 것이라고 이야기한다. 정보적 응집력이란 하나의 데이터를 공유하는 많은 작업들을 모듈 안에 하나로 묶은 것이다. 이것은 바로 객체 지향에서 이야기하는 객체의 개념이 된다. C를 사용하여 프로그램할 때도 관련된 데이터와 연산들을 하나로 묶어서 프로그램하는 것이 중요하다. 객체지향 언어처럼 데이터와 연산을 하나로 묶는 도구가 없다고 할지라도 말이다.

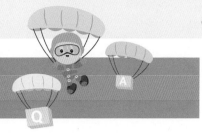

Q&A

Q main() 함수가 반드시 프로그램의 처음에 나와야 하는가?

A 전혀 그럴 필요가 없다. main()이 맨 처음으로 실행되는 함수이지만 소스 파일에서의 위치는 아무런 상관이 없다.

Q 함수가 하나 이상의 값을 반환하게 하려면 어떻게 하여야 하는가?

A 3가지의 방법이 존재한다. 이것들은 모두 아직 학습하지 않은 것이다. 첫 번째는 매개 변수로 포인터를 사용하는 방법이다. 두 번째는 구조체를 반환하는 방법이다. 세 번째는 전역 변수를 사용하는 방법이다. 앞으로 차근차근 학습하기로 하자.

Q 다음과 같은 프로그램이 다음과 같은 오류를 발생하는 이유는 무엇인가?

A
```c
int main(void)
{
        sub();
        return 0;
}
void sub()
{
}
```

전체 솔루션	▾	❌ 1 오류	⚠ 1 경고	ⓘ 0 메시지	▾▾	빌드 + IntelliSense	▾		검색 오류 목록	🔎 ▾
↘ 코드	설명						프로젝트	파일	줄	Suppress
⚠ C4013	'sub'이(가) 정의되지 않았습니다. extern은 int형을 반환하는 것으로 간주합니다.						ConsoleApplication3	test.c	6	
❌ C2371	'sub': 재정의. 기본 형식이 다릅니다.						ConsoleApplication3	test.c	9	

이런 종류의 컴파일 오류는 상당히 많이 등장한다. 따라서 원인을 잘 이해하여야 한다. 먼저 sub() 함수의 원형이 정의되지 않았다. 따라서 첫 번째 경고가 발생하게 된다. 두 번째 오류가 발생한 이유는 원형이 없기 때문에 컴파일러는 sub() 함수가 int 값을 반환한다고 가정하였으나 뒤에 등장한 sub() 함수는 void 반환형을 가지기 때문에 반환형이 맞지 않는다는 의미이다.

Summary

빈칸을 채우면서 정리하여 봅시다.

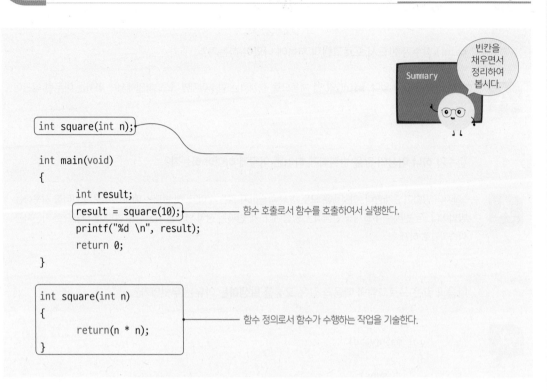

```
int square(int n);

int main(void)
{
    int result;
    result = square(10);     ── 함수 호출로서 함수를 호출하여서 실행한다.
    printf("%d \n", result);
    return 0;
}

int square(int n)
{
    return(n * n);           ── 함수 정의로서 함수가 수행하는 작업을 기술한다.
}
```

▶ square() 함수 앞에 적어주는 int는 square() 함수가 _____형의 데이터를 반환한다는 의미이다.

▶ square() 함수를 호출할 때 전달하는 데이터를 _____이라고 한다.

▶ square() 함수에서 외부에서 전달되는 데이터를 받는 변수를 _____라고 한다.

▶ 함수를 크게 분류하면 프로그래머가 작성하는 _____함수와 컴파일러에서 지원되는 _____함수로 나눌 수 있다.

▶ 함수 몸체는 _____기호로 시작하고 _____기호로 종료한다.

▶ 함수가 반환할 수 있는 값의 개수는 _____이다.

▶ 함수가 값을 반환하지 않는다면 반환형은 _____로 정의되어야 한다.

Exercise

01 함수에 대한 설명 중 잘못된 것은?

① 함수를 정의하기 전에 반드시 함수 원형 정의가 있어야 한다.
② 함수의 매개 변수는 전혀 없을 수도 있다.
③ 함수는 값을 반환하지 않을 수도 있다.
④ 함수 안에 문장이 하나도 없을 수도 있다.

02 다음 함수 원형 정의 중에서 int형을 반환하는 함수는?

① void func(int);   ② double func(int, int);
③ int func(double x);   ④ void func(void);

03 다음의 함수 원형 정의 중에서 잘못된 것은?

① int func(int x, y);   ② void func(x, y);
③ char func(double);   ④ void func(void, void);

04 `int func(int);`의 원형을 가지는 함수의 호출로 옳은 것은?

① func(10);   ② int func(10);
③ func(int);   ④ func();

05 다음 라이브러리 함수 호출의 반환값을 쓰시오.

(a) fabs(−1.72)   (b) floor(1.72)   (c) ceil(1.72)

06 다음 수식의 반환값의 범위는?

(a) rand()%10   (b) rand()%5 + 2

07 다음의 수학식을 계산하는 문장을 작성해보자.

(a) $y = \log_{10} x + e^x$
(b) $y = \sin(x) + \sqrt{x^2 - 2a} + 2^{10}$

08 다음과 같은 기술에 부합하는 함수 원형을 작성하시오.

(a) int형 매개 변수 n을 받아서 아무것도 반환하지 않는 print_error() 함수

(b) double형 매개 변수 x, y를 받아서 double 형을 반환하는 larger_of() 함수

(c) 어떠한 매개 변수도 갖지 않고 아무것도 반환하지 않는 side_effect() 함수

09 왼쪽 박스의 함수 원형 정의에 적합한 return 문을 오른쪽 박스에서 찾아서 서로 연결하시오.

- int f(void);
- void g(int, int);
- double h(double, int);

- return;
- return 1.0;
- return 10 + 20;

10 다음은 1부터 10까지의 합을 계산하는 프로그램이다. 프로그램의 빈칸을 채우시오.

```
#include <stdio.h>

_____        // 함수 f()의 원형 정의

int main(void)
{
    _____    // f()를 인수 10으로 호출
    return 0;
}

int f(int n)
{
    int i, result = 0;

    for(i = 1;i <= n; i++)
        result += i;
    _____    // 변수 result의 값을 반환
}
```

11 다음의 함수 원형 정의가 올바른지를 결정하고 만약 잘못된 점이 있다면 이유를 설명하고 바르게 수정하시오.

(a) double f(double x, y);

(b) (int) f(double x, double y);

(c) int f((int)x, (int)y);

(d) float get_area(radius, pi);

12 다음의 프로그램에서 붉은 색으로 표시된 부분을 함수로 작성하여 프로그램을 수정하시오. 함수는 인수와 반환값을 갖도록 설계하시오.

```c
#include <stdio.h>

int main(void)
{
        int i, n, sum = 0;

        printf("정수를 입력하시오: ");
        scanf("%d", &n);

        for(i = 0;i <= n; i++)          ──── 이 부분을 함수로 작성
                sum += i;

        printf("0부터 %d까지의 합은%d입니다.\n", n, sum);
        return 0;
}
```

13 다음 코드에서 잘못된 곳(컴파일 오류 및 경고)을 지적하라. 논리적인 오류도 지적하라.

(a)
```c
int half_of(int x);
{
        return x / 2;
}
```

(b)
```c
void print_message(void);

int main(void)
{
        print_message(3);
}
```

(c)
```c
double half_of(int);

int main(void)
{
        printf("%f", half_of(10.0));
        return 0;
}
double half_of(double x)
{
        return x / 2.0;
}
```

(d)
```c
int sum(int x, int y)
{
        sum = x+y;
}
```

(e)
```c
void sum(vnid)
{
        int x=1, y=2, z=3;
        return x + y + z;
}
```

Programming

함수 작성 연습

MEDIUM
★★☆

01 다음과 같은 간단한 기능을 하는 함수들을 작성하고, 사용자로부터 임의의 값을 입력받은 후에 작성한 함수들을 테스트하여보자.

(a) 주어진 정수가 짝수이면 1을 반환하고 홀수이면 0을 반환하는 함수 int even(int n)
(b) 주어진 정수의 절대값을 구하는 함수 int absolute(int n)
(c) 주어진 정수가 음수이면 −1을, 양수이면 1을 0이면 0을 반환하는 함수 int sign(int n)

```
정수를 입력하시오: 12
even()의 결과: 1
absolute()의 결과: 12
sign()의 결과: 1
```

HINT 함수 원형을 먼저 정의한 후에 함수를 정의하도록 하자. 함수들을 구현할 때, 조건 연산자 ?:를 사용하여도 된다.

함수 작성 연습

MEDIUM
★★☆

02 두 개의 정수 n, m을 입력받아서 n이 m의 배수이면 1을 반환하고 그렇지 않으면 0을 반환하는 함수 is_multiple(int n, int m)를 작성하고 테스트하여보자.

```
첫 번째 정수를 입력하시오: 30
두 번째 정수를 입력하시오: 5
30은 5의 배수입니다.
```

HINT 만약 n이 m의 배수이면 (n % m)이 0임을 이용하라.

인수 전달 연습

MEDIUM
★★☆

03 두 개의 실수 중에서 더 큰 수를 반환하는 함수 get_bigger()를 다음과 같이 작성하고 이것을 이용해서 사용자로부터 받은 실수 두 개 중에서 더 큰 수를 출력하는 프로그램을 작성하여본다.

```
실수를 입력하시오: 1.5 2.5
큰 수는 2.5입니다.
```

HINT get_bigger(double a, double b)를 작성한다.

인수 전달 연습

MEDIUM
★★☆

04 전달된 문자가 알파벳 문자인지 아닌지를 검사하는 함수 check_alpha(char c)를 작성하고 이것을 호출하여서 사용자가 입력한 문자가 알파벳('a'에서 'z'까지)인지를 판단하여 출력하는 프로그램을 작성하라.

```
문자를 입력하시오: k
k는 알파벳 문자입니다.
```

HINT 문자를 입력받을 때는 ch = getchar()를 사용해도 좋다. scanf(" %c", &ch);를 사용해도 된다.

05 원의 면적을 구하는 함수 cal_area(double radius)를 작성하고 함수를 호출하여 원의 면적을 출력하는 전체 프로그램을 완성하라. 원의 면적은 πr^2으로 계산할 수 있다.

인수 전달 연습

MEDIUM
★★☆

> 원의 반지름을 입력하시오: 10.0
> 원의 면적은 314.16입니다.

HINT 원주율은 기호 상수로 표현하여보자. 함수 원형도 정의한다.

06 함수 is_leap(int year) 함수로 작성하고 이 함수를 사용하여서 사용자가 입력한 연도가 윤년인지를 출력하는 프로그램을 작성하라.

함수 작성 연습

MEDIUM
★★☆

> 연도를 입력하시오: 2012
> 2012년은 윤년입니다.

HINT 윤년은 4의 배수이지만 100의 배수는 제외하고 400의 배수는 무조건 추가하면 구할 수 있다. 윤년이면 366이고 평년이면 365일이 된다.

07 실수를 정수로 변환하면 소수점 이하는 잘려서 없어지게 된다. 예를 들어서 **6.999**를 정수로 변환하면 6이 된다. 실수에 **0.5**을 더하여 소수점 이하를 버리는 반올림 연산을 수행하는 함수 round(double f)를 작성하고 테스트하라. 단 f는 양수라고 가정하라.

인수 전달 연습

MEDIUM
★★☆

> 실수를 입력하시오: 3.141592
> 반올림한 값은 3입니다.

HINT 반올림시키는 가장 간단한 방법은 (int)(f+0.5)이다.

08 월급에 붙는 소득세를 계산하는 함수 get_tax(int income)를 작성하고 테스트하여보자. 소득 중 1000만 원까지는 8%를 적용하고 1000만 원이 넘는 소득은 10%를 과세한다고 하자. 소득 중에서 1000만 원을 넘는 부분만 10%가 적용된다. 사용자로부터 소득을 받아서 세금을 계산하는 프로그램을 작성하라.

함수 작성 연습

MEDIUM
★★☆

> 소득을 입력하시오(만원): 2500
> 소득세는 230만원입니다.

HINT 소득이 1000만 원 초과이면 소득 중에서 1000만 원 미만은 8%를 적용하고 1000만 원이 넘는 부분만 10%를 적용한다.

09 각도를 받아서 사인값을 반환하는 함수 sin_degree(double degree)를 작성하고 이 함수를 호출하여서 0도부터 180도까지, 10도 단위로 사인값을 출력하여보자.

라이브러리 함수
연습

MEDIUM
★★☆

> sin(0.000000)의 값은 0.000000
> sin(10.000000)의 값은 0.173648
> sin(20.000000)의 값은 0.342020
> sin(30.000000)의 값은 0.500000
> ...

HINT 라이브러리 함수 sin()은 라디안으로 각도를 입력받는다. 따라서 라디안을 각도로 변환하여야 한다. 변환식은 (π*각도)/180.0이다. 또 sin() 함수를 이용하려면 <math.h>가 필요하다.

10 난수(random number)는 컴퓨터를 이용한 문제 해결에서 많이 사용된다. 특히 수학적인 분석이 너무 복잡한 경우에 시뮬레이션을 사용하면 많은 가상적인 실험을 할 수 있다. 10에서 90까지의 정수를 무작위로 반환하는 함수 randint()를 작성하고 10번 호출하여보자.

```
84 40 35 60 45 84 40 77 37 11
```

HINT 범위 [a, b]의 난수를 발생시키려면 a+rand()%(b-a+1)을 사용해보자.

11 사용자와 컴퓨터가 주사위 게임을 한다고 하자. 주사위를 각 3번씩 굴려서 주사위 점수를 합한다. 합친 점수가 높은 쪽이 이긴다고 하자.

```
사용자 주사위=(3, 5, 5)=13
컴퓨터 주사위=(1, 4, 1)=6
사용자 승리
```

HINT 주사위는 1부터 6까지의 수를 생성한다. 따라서 1+rand()%6으로 생성 가능하다.

12 양의 십진수를 받아서 가장 상위 자리수를 반환하는 함수 get_first_digit(int n)를 작성하라. 예를 들어서 1099999이라면 1을 반환하여야 한다.

```
정수를 입력하시오: 1099999
가장 상위 자리수는 1입니다.
```

HINT 반복 루프 안에서 10으로 나누어서 몫이 0이 될 때까지 반복한다.

13 두 점 사이의 거리를 계산하는 함수를 작성하여보자. 2차원 공간에서 두 점 (x_1, y_1)와 (x_2, y_2) 사이의 거리를 계산하는 get_distance(double x1, double y1, double x2, double y2)를 작성하시오. 다음과 같은 두 점 사이의 거리를 계산하는 공식을 사용하라. 제곱근은 sqrt() 라이브러리 함수를 사용하라.

$$d = \sqrt{(x_1 - x_2)^2 + (y_1 - y_2)^2}$$

```
첫 번째 점의 좌표를 입력하시오: 1 1
첫 번째 점의 좌표를 입력하시오: 10 10
두 점 사이의 거리는 12.727922입니다.
```

HINT sqrt() 함수를 이용하려면 <math.h>가 필요하다. 또 모든 수학 함수는 float가 아닌 double 형의 값을 받는 다는 점에 유의한다.

14 어떤 정수가 소수 2개의 합으로 표시될 수 있는지를 검사하는 프로그램을 작성해보자. 이 문제는 함수를 사용하지 않으면 구현하기가 상당히 어렵다. 컴퓨터는 반복을 굉장히 쉽게 한다는 것을 이용한다. 정수라면 반복 횟수가 제한되기 때문에 모든 경우의 수를 다 검사할 수 있다. 본문에서 작성한 is_prime() 함수를 사용한다.

함수 호출 연습

HARD
★★★

```
양의 정수를 입력하시오: 33
33 = 2 + 31
33 = 31 + 2
```

HINT　소수를 계산하는 알고리즘은 앞장에서 많이 다룬 바 있다. 2부터 자기 자신 사이에 약수가 하나라도 있으면 소수가 아니다.

15 오일러의 수 e는 자연 로그의 밑수로 사용된다. 이 값은 다음과 같은 식에 의하여 근사치를 구할 수 있다. 본문에 있는 팩토리얼 값을 계산하는 함수 factorial()을 호출하여서 오일러의 수를 계산하는 프로그램을 작성하라.

함수 작성 연습

HARD
★★★

$$e = 1 + \frac{1}{1!} + \frac{1}{2!} + \frac{1}{3!} + \cdots + \frac{1}{n!}$$

```
어디까지 계산할까요: 30
오일러의 수는 2.718282입니다.
```

HINT　주의할 점은 팩토리얼 값은 매우 커질 수 있다는 점이다. 따라서 팩토리얼을 구한 후에 double 형으로 변환하는 것도 좋겠다. 또 팩토리얼 함수 안에서 result 변수의 자료형을 64비트 정수형인 long long으로 하는 것도 좋다.

16 은행에 설치되어 있는 ATM 장치를 프로그램으로 구현해보자. 가능하다면 소스의 많은 부분을 함수로 구현해본다.

함수 작성 연습

HARD
★★★

```
********** Welcome to Express ATM **********
<1> 잔액
<2> 입금
<3> 출금
<4> 종료
메뉴를 선택하시오: 2
입금 금액을 입력하시오: 10000
잔고는 10000원입니다.
...
```

HINT　메뉴를 화면에 표시하는 함수도 만들어서 사용해보자.

변수 범위와 순환 호출

아주 밀접한 관계가 있습니다. 변수가 함수 내부에서 선언되면 지역 변수가 되고 함수의 외부에서 정의되면 전역 변수가 됩니다.

함수와 변수도 서로 관련이 있나요?

Objectives

- 변수가 선언되는 위치에 따라 변수의 범위, 생존 시간, 연결 등이 어떻게 달라지는지를 이해한다.
- 저장 유형 지정자에 따라 변수의 속성이 어떻게 변경되는지를 학습한다.
- 자기 자신을 호출하는 순환 호출의 개념과 응용 예를 살펴본다.

09 변수 범위와 순환 호출

9.1 변수의 속성

함수와 변수는 상당한 관련성이 있다. 변수가 함수의 내부에 선언되느냐 외부에 선언되느냐에 따라 엄청난 차이가 있다. 이제까지는 변수를 항상 함수의 내부에 선언하였다. 이러한 변수는 함수 안에서만 사용이 가능하다. 변수는 기본적으로 이름, 타입, 크기, 값 등을 기본 속성으로 갖지만, 범위, 생존 시간, 연결 속성도 함께 가지고 있다. 변수는 선언하는 위치나 여러 가지 저장 유형 지정자(storage class specifier)를 사용하여 이들 속성들을 변경할 수 있다.

1. 범위: 블록
2. 생존시간: 현재의 함수 호출
3. 연결: 없음

그림 9-1
변수의 범위, 생존 시간, 연결

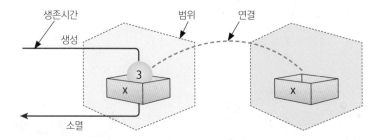

- 범위(scope): 변수가 사용 가능한 범위를 말한다. 일부분에서만 사용이 가능한 변수가 있는가 하면, 프로그램 전체에서 참조할 수 있는 변수도 있다. 범위는 가시성(visibility)라고도 한다. 범위는 주로 변수가 정의되는 위치에 따라서 결정된다. 변수가 블록 안에 정의되어 있으면 해당 블록으로 범위가 제한된다. 반면에 변수가 함수 외부에서 정의되면 소스 파일 전체에서 이 변수를 사용할 수 있다.

- 생존 시간(lifetime): 변수가 메모리상에 얼마나 오랫동안 존재하는지를 뜻한다. 변수는 선언되는 위치에 따라 잠깐 생존하였다가 없어지기도 한다. 우리는 지금까지는 선언된 변수가 항상 생존해 있는 것처럼 느꼈지만, 사실은 일정 시간만 생존하고 없어지는 변수들이 많다.

- 연결(linkage): 서로 다른 범위에 있는 변수들을 연결하는데 사용되는 속성이다. 예를 들어서 우리는 서로 다른 소스 파일에 존재하는 변수들을 연결하여 사용할 수 있다.

지역 변수와 전역 변수

변수는 선언되는 위치에 의하여 전역 변수와 지역 변수로 나눌 수 있다.

- 지역 변수(local variable): 함수 또는 블록 안에서 정의되는 변수. 지역 변수는 해당 함수나 블록 안에서만 사용이 가능하다.
- 전역 변수(global variable): 함수의 외부에서 선언되는 변수. 전역 변수는 소스 파일의 어느 곳에서도 사용이 가능하다.

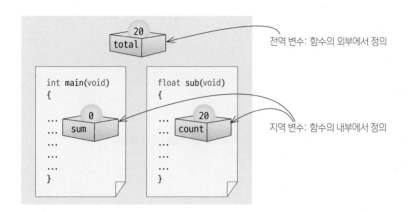

그림 9-2
전역 변수와 지역 변수

지금부터 지역 변수와 전역 변수에 대하여 좀 더 자세히 살펴보자. 일단 우리에게 친근한 지역 변수부터 이야기하자.

9.2 지역 변수

지역 변수(local variable)는 블록 안에 선언되는 변수이다. 블록(block)이란 중괄호로 둘러 싸인 영역이다. 함수의 몸체도 블록이고, 중괄호를 둘러싸인 while 루프 내부도 블록이다.

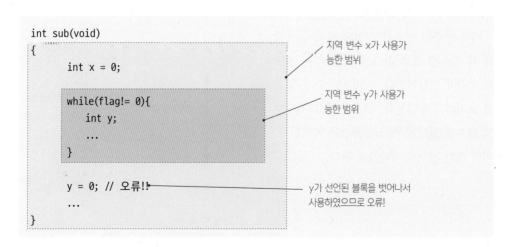

지역 변수는 변수가 선언된 블록 안에서만 접근과 사용이 가능하다. 위의 코드에서 변수 x 는 sub() 함수 안에서만 사용이 가능하다. 또 변수 y는 while 루프 안에서만 사용이 가능하다. while 루프를 벗어나서 y를 사용할 수는 없다.

지역 변수의 선언 위치

예전 버전의 C 언어에서는 블록의 맨 첫 부분에서 지역 변수가 정의되어야 했다. 하지만 최근 C 언어에서는 블록의 어디서든지 변수를 선언할 수 있다. 실제로, 변수는 사용하는 위 치와 가까운 곳에서 선언하는 것이 좋다고 한다.

```
while(1) {
    ...
    ...
    int sum = 0;        ← 블록의 중간에서도 얼마든지 지역 변수
    ...                    를 선언할 수 있다.
}
```

이름이 같은 지역변수

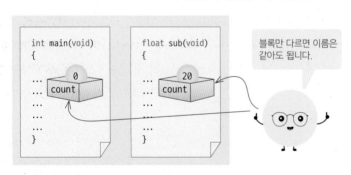

블록만 다르면 이름은 같아도 됩니다.

지역 변수는 특정 지역 안에서만 유효하다. 따라서 다른 지역 안에 동일한 이름의 변수가 있어도 컴파일 오류가 아니다. 예를 들어서 아래 그림에서는 main() 안에 변수 count가 선언되어 있고 sub()에도 똑같은 이름의 변수 count가 선언되어 있다. 하지만 동일한 이름의 변수가 존재해도 변수가 선언되어 있는 지역이 다르므로 아무런 문제가 없다.

그림 9-3 지역 변수의 이름

지역 변수의 생존 시간

지역 변수는 변수가 선언된 블록이 시작할 때 시스템 스택(stack)이라 불리는 메모리 공간에 만들어진다. 지역 변수는 자동으로 초기화되지 않는다. 블록이 종료되면 지역 변수에 할당된 메모리 공간은 반환된다. 이때 지역 변수도 사라지게 된다.

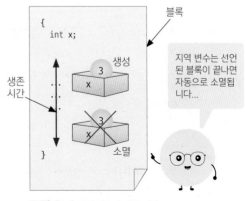

그림 9-4 지역 변수의 생존 시간

예제

지역 변수의 생존 기간

간단한 예제를 가지고 지역 변수를 이해하여보자.

local_var.c

```c
1   #include <stdio.h>
2
3   int main(void)
4   {
5       int i;
6
7       for(i = 0;i < 5; i++)
8       {
9           int temp = 1;
10          printf("temp = %d\n", temp);
11          temp++;
12      }
13      return 0;
14  }
```

temp는 블록 안에 선언되었으므로 지역 변수이다. 블록이 시작될 때, 생성되고 블록이 끝나면 소멸된다.

```
temp = 1
temp = 1
temp = 1
temp = 1
temp = 1
```

위의 예제를 살펴보자. 여기서 주의할 점은 for 루프를 위한 중괄호도 블록에 속한다는 점이다. temp는 블록 내부에서 선언되었으므로 지역 변수이다. 지역 변수는 블록이 시작될 때 생성된다. 따라서 temp의 값을 출력하면 1일 것이다. 11번째 줄에서 temp를 하나 증가시켜서 temp의 값이 2가 되었지만 블록이 끝나게 됨으로 해서 기존의 temp는 사라진다. 다음의 반복을 위하여 블록의 처음으로 돌아오면 새로운 temp가 생성되어 다시 1로 초기화된다. 따라서 반복을 아무리 하여도 temp의 값은 계속 1이 된다. temp의 값이 증가되지 않는 것이다.

지역 변수의 초기값

지역 변수의 초기 값을 정해주지 않았다면 아무 의미 없는 값이 들어가 있다. 보통 이러한 값을 쓰레기 값(garbage value)이라고 한다. 만약 비주얼 스튜디오에서 지역 변수 temp를 초기화시키지 않고 값을 출력하면 다음과 같은 오류가 발생한다.

참고사항

비주얼 스튜디오에서는 오류가 발생하지만 다른 컴파일러에서는 오류가 발생하지 않을 수 있다. 지역 변수의 초기값은 항상 조심하여야 한다.

```c
#include <stdio.h>

int main(void)
{
    int temp;

    printf("temp = %d\n", temp);
    return 0;
}
```

지역 변수가 초기화되지 않았다.

```
Microsoft Visual C++ Runtime Library

❌  Debug Error!

    Program:
    ...17\Projects\ConsoleApplication3\Debug\ConsoleApplication3.exe
    Module:
    ...17\Projects\ConsoleApplication3\Debug\ConsoleApplication3.exe
    File:

    Run-Time Check Failure #3 - T

    (Press Retry to debug the application)

              [ 중단(A) ]   [ 다시 시도(R) ]   [ 무시(I) ]
```

함수의 매개 변수

함수의 헤더 부분에 정의된 매개 변수도 일종의 지역 변수이다. 즉 지역 변수가 지니는 모든 특징을 가지고 있다. 지역 변수와 다른 점은 함수 호출시의 인수 값으로 초기화되어 있다는 점이다.

```c
void inc(int counter)
{
        counter++;
}
```

매개 변수도 지역 변수의 일종이다.

여기에서 counter가 매개 변수이고 동시에 지역 변수이다. counter는 함수가 시작되면 생성되고 함수가 종료되면 소멸된다. 또한 함수 내부에서는 지역 변수처럼 사용할 수가 있다. 따라서 위에서처럼 counter의 값을 증가할 수 있다. 한 가지 주의할 점은 매개 변수를 변경한다고 해서 인수의 값이 변경되지는 않는다는 점이다. 다음의 프로그램을 참조하여보자.

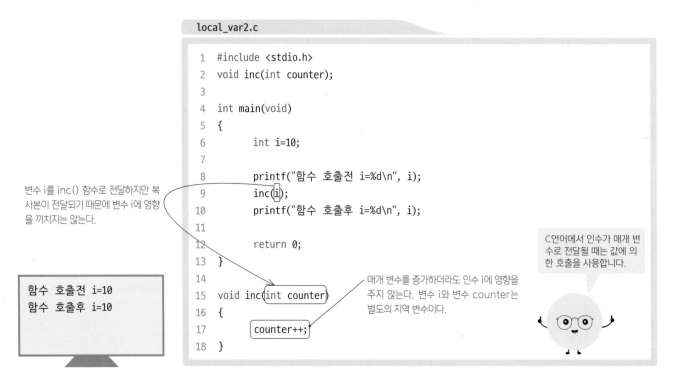

local_var2.c

```c
1   #include <stdio.h>
2   void inc(int counter);
3
4   int main(void)
5   {
6           int i=10;
7
8           printf("함수 호출전 i=%d\n", i);
9           inc(i);
10          printf("함수 호출후 i=%d\n", i);
11
12          return 0;
13  }
14
15  void inc(int counter)
16  {
17          counter++;
18  }
```

변수 i를 inc() 함수로 전달하지만 복사본이 전달되기 때문에 변수 i에 영향을 끼치지는 않는다.

매개 변수를 증가하더라도 인수 i에 영향을 주지 않는다. 변수 i와 변수 counter는 별도의 지역 변수이다.

C언어에서 인수가 매개 변수로 전달될 때는 값에 의한 호출을 사용합니다.

```
함수 호출전 i=10
함수 호출후 i=10
```

위의 프로그램에서 main() 안의 i의 값은 함수 호출로 인하여 변경되지 않는다. inc()에서 매개 변수 counter를 변화시키지만 main() 안의 i와 inc()의 counter는 완전히 다른 별도의 지역 변수이기 때문이다. 함수 호출 시에는 변수 i의 값이 변수 counter로 복사될 뿐이다. 이것을 "값에 의한 호출(call by value)"이라고 한다. 함수를 호출할 때 인수의 값이 매개 변수로 복사된다는 의미이다. C에서는 이것 말고도 "참조에 의한 호출(call by reference)"도 있다. "참조에 의한 호출"은 포인터를 학습할 때 자세히 다루어 보자.

9.3 전역 변수

전역 변수(global variable)는 함수 외부에서 선언되는 변수이다. 전역 변수는 지금까지는 사용한 적이 없을 것이다. 지역 변수의 범위가 함수나 블록으로 제한되는 반면, 전역 변수의 범위는 소스 파일 전체이다. 즉 전역 변수는 파일 안의 모든 함수에서 접근이 가능하고 사용이 가능한 변수이다. 다음의 프로그램에서 변수 A와 B는 함수 외부에 선언된 전역 변수이기 때문에 add(), main()에서 모두 사용할 수 있다.

global.c

```
1   #include<stdio.h>
2
3   int A;          함수의 외부에 선언된 변수이기 때문에 전역 변수이다.
4   int B;
5
6   int add()
7   {
8           return A + B;
9   }
10
11  int main(void)
12  {
13          int answer;      지역 변수
14
15          A = 5;
16          B = 7;
17          answer = add();
18          printf("%d + %d = %d\n", A, B, answer);
19          return 0;
20  }
```

```
5 + 7 = 12
```

전역 변수의 초기 값과 생존기간

프로그래머가 전역 변수를 초기화하지 않으면 컴파일러에 의하여 자동으로 0으로 초기화된다. 그렇다면 전역 변수의 생존 기간은 어떻게 되는가? 전역 변수는 프로그램 시작과 동시에 생성되어 프로그램이 종료되기 전까지 메모리에 존재한다. 따라서 프로그램 시작과 동시에 접근이 가능하며 종료되기 전까지 전체 영역에서 접근이 가능하다.

```
#include <stdio.h>

int counter;          전역 변수는 자동으로
                      0으로 초기화된다.

int main(void)
{
    printf("counter=%d\n", counter);
    return 0;
}
```

counter=0

전역 변수의 사용

```
#include <stdio.h>

int x;
void sub();

int main(void)
{
    for(x=0; x<10; x++)
        sub();
}

void sub()
{
    for(x=0; x<10; x++)
        printf("*");
}
```

전역 변수는 상당히 편리할 것처럼 생각되지만 전문가들은 사용을 권하지 않는다. 그 이유는 어디서나 접근이 가능하다는 장점이 단점이 될 수 있기 때문이다. 프로그램이 복잡해지다 보면 전역 변수를 어디서 변경하고 있는지를 잘 모르는 경우가 허다하다. 또한 전역 변수를 사용하여 데이터 교환을 하다보면 함수와 함수들이 서로 얽히고설키게 된다. 따라서 하나의 함수 또는 하나의 전역 변수를 변경하려면 많은 다른 부분들도 같이 변경해야 하는 경우가 흔하게 발생한다. 따라서 전역 변수로 데이터 교환을 하기 보다는 잘 정의된 인터페이스를 통하여 함수와 함수 간에 데이터를 교환하는 편이 낫다. 이처럼 전역 변수들로 인하여 코드가 꼬이는 현상을 스파게티 코드(spaghetti code)라고 한다. 마치 스파게티처럼 복잡하게 꼬여 있다는 의미이다.

8장에서 함수를 사용하게 되면 모듈화 프로그래밍이 가능하다고 말한 바 있다. 모듈화 프로그래밍은 프로그램을 특정 작업을 수행하는 독립된 모듈로 분리하는 것이었다. 모듈화 프로그래밍에서 각각의 모듈들은 독립적이어야 한다. 독립적이란 의미는 모듈, 즉 함수는 자신의 작업에 필요한 데이터와 코드를 모두 포함하여야 한다는 뜻이다. 그러나 전역 변수를 사용하게 되면 모듈 밖의 데이터를 사용하는 것이므로 각 모듈의 독립성을 위반하게 된다. 따라서 모듈화 프로그래밍의 취지를 살리려면 전역 변수는 사용하지 않는 편이 좋다.

그러나 상황에 따라서는 약간의 전역 변수를 두는 편이 효율성을 위하여 좋을 수 있다. 보통의 기준은 다음과 같다.

* 거의 모든 함수에서 사용하는 공통적인 데이터는 전역 변수로 할 수 있다.
* 하나의 함수만 사용하는 데이터는 전역 변수로 하지 말고 함수의 인수로 전달한다.

같은 이름의 전역 변수와 지역 변수

만약 전역 변수와 이름이 같은 지역 변수를 선언하면 어떻게 될까? 만약 전역 변수와 지역 변수가 이름이 같다면 지역 변수가 전역 변수보다 우선시된다. 이것을 지역 변수가 전역 변수를 가린다고 한다. 아래의 예제에서 살펴보기로 하자.

예제에서는 동일한 이름 sum을 가지는 전역 변수와 지역 변수가 선언되었다. main()에서 sum의 값을 출력한다. 그렇다면 main()에서 사용하는 sum은 전역 변수 sum일까? 아니면 지역 변수 sum일까? 전역 변수와 지역 변수가 같은 이름을 사용하고 있는 경우, 지역 변수가 전역 변수에 비해 우선권을 가지기 때문에 지역 변수 sum의 값이 출력된다.

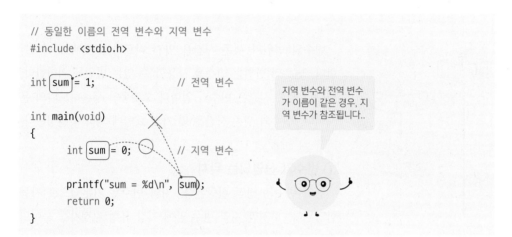

만약 전역 변수가 사용되었으면 결과는 1이 되었을 것이다.

중간점검

1 변수의 범위는 대개 무엇으로 결정되는가?

2 변수의 범위에는 몇 가지의 종류가 있는가?

3 파일 범위를 가지는 변수를 무엇이라고 하는가?

4 블록 범위를 가지는 변수를 무엇이라고 하는가?

5 지역 변수를 블록의 중간에서 정의할 수 있는가?

6 똑같은 이름의 지역 변수가 서로 다른 함수 안에 정의될 수 있는가?

7 지역 변수가 선언된 블록이 종료되면 지역 변수는 어떻게 되는가?

8 지역 변수의 초기값은 얼마인가?

9 함수의 매개 변수도 지역 변수인가?

10 전역 변수는 어디에 선언되는가?

11 전역 변수의 생존 기간과 초기값은?

12 똑같은 이름의 전역 변수와 지역 변수가 동시에 존재하면 어떻게 되는가?

9.4 생존 시간

생존 시간이란 변수가 생존하는 시간을 의미한다. 생존 시간에 따라서 변수를 분류하면, 정적 할당과 자동 할당으로 나눌 수 있다.

- 정적 할당(static allocation): 프로그램이 실행되는 동안에는 계속하여서 변수에 저장 공간이 할당되어 있는 방법이다.
- 자동 할당(automatic allocation): 블록이 시작되면서 변수에 저장 공간이 할당되고 블록이 종료되면 저장 공간이 회수되는 방법이다.

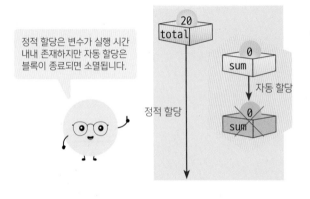

정적 할당은 변수가 실행 시간 내내 존재하지만 자동 할당은 블록이 종료되면 소멸됩니다.

변수의 범위와 생존 시간은 약간 다르다는 것에 유의해야 한다. 변수의 범위는 변수를 사용할 수 있는 범위를 의미한다. 변수의 생존 시간은 변수가 얼마나 오랫동안 생존하느냐의 문제이다. 변수의 생존 시간은 몇 가지 요인에 의하여 결정된다.

① 변수가 선언되는 위치

전역 변수는 정적 할당된다. 지역 변수는 기본적으로 자동 할당된다. 하지만 지역 변수 앞에 저장 유형 지정자를 붙이면 정적 할당으로도 변경할 수 있다.

② 저장 유형 지정자(storage class specifier)

변수를 선언할 때 앞에 저장 유형을 지정하는 수식어를 붙일 수 있다. 저장 유형 지정자에는 auto, register, static, extern 등이 있다. 이들 수식어들을 붙이면 변수의 저장 유형을 프로그래머가 어느 정도 지정할 수 있다. 저장 유형 지정자는 변수나 함수를 선언할 때에 어디에 저장되는 지를 지정한다. 만약 저장 유형 지정자가 생략되면 변수가 선언되는 위치에 따라서 변수의 저장 유형이 자동으로 결정된다. 이들 저장 유형 지정자를 사용하여 변수의 저장 공간 할당 방법을 변경하는 것을 살펴보도록 하자.

auto 지정자

함수나 블록 내에 선언되는 지역 변수는 기본적으로 자동 할당이 된다. 이러한 지역 변수를 자동 변수(automatic variable)이라고도 한다. "자동"이라고 하는 이유는 변수를 선언한 위치에서 생성되고 블록을 벗어나게 되며 자동으로 소멸되기 때문이다. 자동 변수는 자신이 선언된 블록에서 사용이 끝나면 자동으로 메모리에서 제거되므로 생각하기 간편하고, 메모리를 효율적으로 사용하게 된다. 자동 변수로 선언하려면 원칙적으로 auto라는 키워드를 붙여야 한다. 하지만 함수나 블록 안에 선언된 변수에는 auto가 생략되어도 모두 자동 변수로 취급된다. 예제에서 sum과 i는 모두 자동 변수이다.

```
int main(void)
{                              ─── 자동 변수: 자동으로 소멸된다.
    auto int sum = 0;
    int i = 0;                 ─── auto가 생략되어도 자동 변수이다.
    ...
    ...
}
```

static 지정자

그렇다면 지역 변수처럼 블록에서만 사용되지만, 블록을 벗어나도 자동으로 제거되지 않는 변수가 있을까? 이런 경우에는 지역 변수를 정적 변수(static variable)로 만들면 된다. 정적 변수는 키워드 static을 앞에 붙여서 만든다.

```
static int scount = 0;
```

정적 변수는 지역 변수와 전역 변수에 모두 붙일 수 있다. 그 의미는 약간 다르다. 여기서는 지역 변수에 static을 붙이는 경우만 살펴보자. 연결(linkage)을 설명하는 곳에서 전역 변수에 static을 붙이는 경우를 살펴볼 것이다. 정적 변수의 생성과 제거는 자동 변수와는 대조된다. 정적 변수는 전역 변수와 같이 프로그램이 시작할 때 메모리에 생성되고 프로그램이 실행을 종료하면 메모리에서 제거된다. 다음의 예제에서 살펴보자.

static.c

```
1   #include <stdio.h>
2
3   void sub() {                    정적변수로 선언되었다. sub() 함수가
4       static int scount = 0;      종료되어도 자동으로 소멸되지 않는다.
5       int acount = 0;
6       printf("scount = %d\t", scount);
7       printf("acount = %d\n", acount);
8       scount++;                   이전 값이 유지되면서 증가된다.
9       acount++;
10  }                              지역변수로 선언되었다. sub() 함수가
11                                 종료되면 자동으로 소멸된다.
12  int main(void) {
13      sub();
14      sub();
15      sub();
16      return 0;
17  }
```

```
scount = 0   account = 0
scount = 1   account = 0
scount = 2   account = 0
```

sub()에서는 정적 지역 변수 scount를 선언하고 sub()가 호출될 때마다 이 변수를 증가시킨다. scount는 함수 호출 횟수를 기록하기 위한 용도로 선언되었다. 정적 지역 변수는 자동 지역 변수와는 달리 함수의 호출이 끝났어도 소멸되지 않는다. 따라서 이전 값을 유지할 수 있다. 정적 지역 변수는 호출 때마다 1씩 증가함을 알 수 있다. 따라서 우리는 sub()가 몇 번이나 호출되었는지를 scount 변수를 이용하여 알 수 있다.

정적 변수는 초기값을 지정하지 않아도 자동으로 0으로 초기화된다. 또 정적 변수의 초기화는 딱 한 번만 수행된다. 정적 변수는 한번 초기화되면 실행 도중에는 더는 초기화되지 않음에 유의해야 한다. 위의 코드에서 정적 변수 scount도 딱 한 번만 0으로 초기화된다. 반면에 지역 변수인 acount는 함수가 호출될 때마다 0으로 초기화된다.

register 지정자

register 지정자는 변수를 레지스터 변수(register variable)로 만든다. 레지스터 변수는 데이터를 메모리에 저장하는 것이 아니라 레지스터에 저장한다. 레지스터란 CPU 안에 들어 있는 아주 빠른 메모리이다. CPU의 일부분이기 때문에 데이터를 읽고 쓰는 속도가 아주 빠르다. 레지스터 변수를 생성하려면 다음과 같이 register 저장 유형 지정자를 변수 선언 앞에 붙여주면 된다. 레지스터 변수는 지역 변수만 가능하다. 블록이 시작되면서 레지스터 변수는 레지스터에 할당되고 블록이 끝나면서 레지스터에서 제거된다.

```
                              ─── 변수 i는 레지스터에 저장된다.
register int i;
for(i = 0;i < 100; i++)
        sum += i;
```

레지스터는 CPU 안에 들어 있는 저장공간입니다.

레지스터는 CPU에 따라 다르지만 일반적으로 개수가 제한되어 있다. 컴파일러는 최대한 많은 변수들을 레지스터에 할당하려고 노력하지만, 이것이 가능하지 않는 경우에는 레지스터 선언이 무시될 수 있다. 레지스터 변 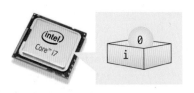 수는 적절히 사용되면 프로그램의 실행 속도를 빠르게 한다. 특히 루프를 제어하는 변수는 레지스터로 하면 많은 성능의 향상을 가져올 수 있다. 그러나 레지스터 변수의 사용에 대하여 너무 고민할 필요는 없는데 그 이유는 최근의 컴파일러는 비약적으로 향상된 최적화 과정을 통하여 이미 CPU의 레지스터를 적절하게 사용하고 있기 때문이다.

또 레지스터 변수에는 주소를 추출하는 연산자 &을 적용하면 컴파일 오류가 발생한다(아직 학습하지 않았다). 레지스터는 주소가 없기 때문이다.

```
register int i;
p = &i;                         // 컴파일 오류!
```

volatile 지정자

volatile 지정자는 하드웨어가 수시로 변수의 값을 변경하는 경우에 사용된다. 변수가 volatile로 지정되면 문장을 실행할 때마다 변수의 새로운 값을 메모리에서 읽어야 한다. 코드에서는 전혀 변경되지 않는 것처럼 보이지만 하드웨어 장치가 불시에 변경할 수 있기 때문이다. 따라서 컴파일러가 한 번만 읽어서 CPU 안의 레지스터에 저장해놓고 사용하면 안 되는 것이다.

참고사항

스레드도 불시에 변수의 값을 변경할 수 있다. 이때도 volatile 키워드를 사용할 수 있다. volatile로 지정하면 컴파일러는 최적화를 중지하게 된다.

```
volatile int io_port;           // 하드웨어와 연결된 변수

void wait(void) {
    io_port = 0;

    while (io_port != 255)
        ;
}
```

이 코드는 io_port 변수에 0을 저장한 후에 255가 될 때까지 반복한다. 컴파일러가 보기에는 io_port 변수의 값이 전혀 변경되지 않는다고 생각할 수 있다. 하지만 io_port 변수가 하드웨어와 연결된 변수인 경우에는 하드웨어 장치가 언제든지 이 변수를 255로 변경할 수 있는 것이다. 따라서 위와 같이 변수 선언 앞에 volatile을 붙여서 실행할 때마다 메모리를 새로 읽으라고 말해주어야 한다.

중간점검

1 저장 유형 지정자에는 어떤 것들이 있는가?
2 지역 변수를 정적 변수로 만들려면 어떤 지정자를 붙여야 하는가?
3 변수를 CPU 내부의 레지스터에 저장시키는 지정자는?
4 컴파일러에게 변수가 외부에 선언되어 있다고 알리는 지정자는?
5 static 지정자를 변수 앞에 붙이면 무엇을 의미하는가?

LAB   은행 계좌 구현하기

돈만 생기면 저금하는 사람을 가정하자. 이 사람을 위한 함수 save(int amount)를 작성하여보자. 이 함수는 저금할 금액을 인수로 받으며 save(100)과 같이 호출된다. save()는 정적 변수를 사용하여 현재까지 저축된 총액을 기억하고 있으며 한번 호출될 때마다 총 저축액을 다음과 같이 화면에 출력한다. 만약 amount가 음수이면 출금이라고 생각한다.

```
==============================
입금      출금      잔고
==============================
10000              10000
50000              60000
          10000    50000
30000              80000
```

 Hint   이 문제는 정적 지역 변수를 사용하여 보는 문제이다. 정적 지역 변수는 함수 안에 존재하면서 이전 값을 그대로 유지하고 있다. save()라는 함수 안에 balance라는 정적 지역 변수를 생성하고 여기에 저축액을 저장하면 쉽게 해결된다.

```c
void save(int amount)
{
        static long balance=0;
        balance += amount;
        printf("잔고는 %d입니다.\n", balance);
}
```

Solution   saving.c

```c
1  #include <stdio.h>
2
3  // amount가 양수이면 입금이고 음수이면 출금으로 생각한다.
4  void save(int amount)
5  {
6          static long balance = 0;
7
8          if( amount >= 0)
9              printf("%d \t\t", amount);
10         else
11             printf("\t %d \t", -amount);
12
```

```
13          balance += amount;
14          printf("%d \n", balance);
15  }
16
17  int main(void) {
18          printf("============================\n");
19          printf("입금 \t출금\t 잔고\n");
20          printf("============================\n");
21          save(10000);
22          save(50000);
23          save(-10000);
24          save(30000);
25          printf("============================\n");
26          return 0;
27  }
```

 도전문제

정적 변수 balance를 전역 변수로 변경하여 프로그램을 다시 작성해보자.

 LAB   한 번만 초기화하기

정적 변수는 한 번만 초기화하고 싶은 경우에도 사용된다. 예를 들어서 네트워크 장치를 관리하는 시스템이라고 하자. 네트워크 장치는 처음에 한 번만 초기화되어야 한다. 일단 초기화가 되면 차후에 또 초기화하면 안 된다고 하자. 정적 변수를 사용하여서 초기화 여부를 기억하도록 하자.

```
hw_init():  네트워크 장치를 초기화합니다.
hw_init():  이미 초기화되었으므로 초기화하지 않습니다.
hw_init():  이미 초기화되었으므로 초기화하지 않습니다.
```

이 프로그램은 정적 지역 변수에 시도 횟수를 저장한다. 정적 지역 변수는 지역 변수지만 소멸되지 않고 남아 있다. 따라서 함수 호출이 종료되더라도 값이 없어지지 않고 그대로 유지된다. 사용자가 초기화를 하면 이 정적 지역 변수를 1로 설정한다.

Solution inited.c

```c
1  #include <stdio.h>
2  #include <stdlib.h>
3
4  void hw_init();
5
6  int main(void)
7  {
8       init();
9       init();
10      init();
11      return 0;
12 }
13
14 void hw_init()
15 {
16      static int inited = 0;
17      if( inited == 0 ){
18          printf("hw_init(): 네트워크 장치를 초기화합니다. \n");
19          inited = 1;
20      }
21      else {
22          printf("hw_init(): 이미 초기화되었으므로 초기화하지 않습니다. \n");
23      }
24 }
```

도전문제

(1) 위의 프로그램은 정적 지역 변수를 사용한다. 전역 변수를 사용할 수도 있다. 전역 변수를 사용하도록 위의 프로그램을 변경하여보자.

9.5   연결

연결(linkage)이란 다른 범위에 속하는 변수들을 서로 연결하는 것을 의미한다. C에서 각 변수는 무연결, 내부 연결, 외부 연결 중의 하나에 속하게 된다. 지역 변수는 연결을 가지지 않는다. 오직 전역 변수들만이 연결을 가질 수 있다.

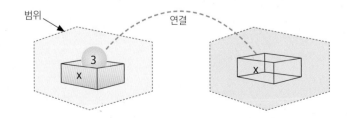

- 무연결(no linkage): 지역 변수로서 외부와 연결을 가지지 않는다.
- 외부 연결(external linkage): 전역 변수로서 여러 개의 소스 파일에 걸쳐서 사용된다.
- 내부 연결(internal linkage): 전역 변수로서 하나의 소스 파일에서만 사용이 가능하다.

외부 연결

변수의 연결 문제는 특히 하나의 프로그램이 여러 개의 소스 파일로 이루어져 있는 경우에 더 중요하다. 일반적으로 하나의 프로그램은 여러 개의 소스 파일로 이루어질 수 있다. 전역 변수를 사용하는 것은 좋지 않다고 이야기를 한 바가 있지만, 상황에 따라서는 하나의 전역 변수를 여러 개의 소스 파일에 걸쳐서 공유해야 되는 경우도 발생한다. 이런 경우에 보통은 하나의 파일에서 전역 변수를 선언하고 다른 파일에서는 extern 지정자를 사용하여 이 변수를 참조하게 된다. 이런 경우, 변수를 사용하는 것은 모든 파일에서 할 수 있지만, 변수를 초기화하는 것은 변수가 정의된 파일에서만 가능하다.

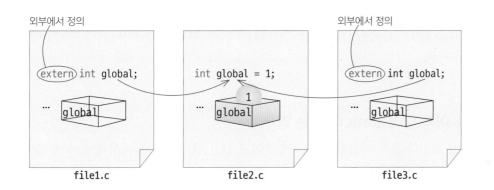

그림 9-6
extern을 이용하면 여러 소스 파일에서 변수를 공유할 수 있다.

만약 extern 키워드를 사용하지 않으면 전역 변수가 외부 연결 가능하다고 해도 다른 소스 파일에서 참조할 수 없음에 유의하여야 한다. extern을 붙여야 만이 컴파일러가 변수의 타입을 알 수 있기 때문에, 컴파일이 가능하다. 따라서 전역 변수를 모든 소스 파일에서 공유하려면 보통 extern 파일 선언을 하나의 헤더 파일에 두고 이 헤더 파일을 모든 소스 파일에서 포함시키게 된다.

내부 연결

전역 변수 앞에 static이 붙으면 내부 연결이 된다. 즉 하나의 소스 파일 안에서만, 사용이 가능하다. 전역 변수 앞에 static이 붙지 않으면 다른 소스 파일에서도 이 전역 변수를 사용할 수 있다.

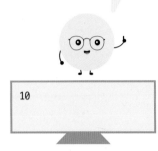

all_files는 외부 파일에서 사용 가능합니다. this_file은 선언된 파일에서만 사용가능합니다.

```
                                  linkage1.c
#include <stdio.h>

int all_files;
static int this_file;
extern void sub();

int main(void)
{
        sub();
        printf("%d\n", all_files);
        return 0;
}
```

```
                                  linkage2.c
extern int all_files;

// extern int this_file;

void sub(void)
{
        all_files = 10;
}
```

linkage1.c에서는 변수 all_files는 전역 변수로 선언되었다. 기본적으로 전역 변수는 외부 연결이 된다. 따라서 linkage2.c에서는 extern 키워드를 사용하여서 all_files 변수를 참조할 수 있다. 다만 linkage2.c에서는 extern 지정자를 사용하여 all_files가 외부에서 정의된 변수임을 컴파일러에게 알려야 한다.

반면에 변수 this_file은 static으로 정의되었다. 따라서 내부 연결이 되고 linkage1.c에서만 사용이 가능하다. linkage2.c에서 extern으로 선언하여도 this_file 변수는 사용이 불가능하다.

참고사항

extern으로 변수를 정의하면 저장 공간이 할당되지 않는다. 다만 외부에서 선언된 변수를 사용한다는 의미이다.

int var;이라고 하면 이것은 변수 선언과 동시에 변수를 정의하는 것이다. extern int var;이라고 하면 이것은 변수를 선언만 하는 것이다.

함수 이름 앞에 static이 붙는 경우

사실 변수나 함수 이름은 모두 식별자이고 같이 취급된다. 따라서 함수 이름 앞에도 static을 붙일 수 있고 그 의미도 변수와 비슷하다. 만약 특정한 소스 파일에 있는 함수 이름 앞에 static이 붙어 있는 경우, 이 함수는 그 소스 파일 안에서만 사용이 가능하다. 즉 내부 연결이 되는 것이다. 이러한 함수를 정적 함수라고 한다. 함수 이름 앞에 static이 없으면 변수와 마찬가지로 다른 소스 파일에서 extern으로 선언하여 사용할 수 있다.

f2()은 외부 파일에서 사용가능하다. f1()은 선언된 파일에서만 사용가능하다.

f2()가 호출되었습니다.

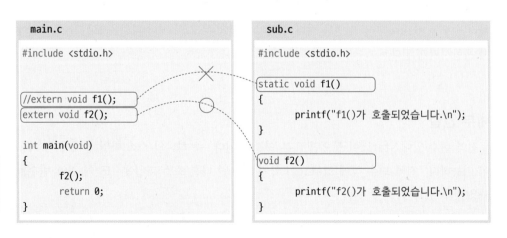

```
                  main.c
#include <stdio.h>

//extern void f1();
extern void f2();

int main(void)
{
        f2();
        return 0;
}
```

```
                  sub.c
#include <stdio.h>

static void f1()
{
        printf("f1()가 호출되었습니다.\n");
}

void f2()
{
        printf("f2()가 호출되었습니다.\n");
}
```

위의 코드에서 f1()는 앞에 static이 붙어 있으므로 sub.c 파일 안에서만 사용이 가능하다. f1()은 main.c 파일에서 사용할 수 없다. 반면에 f2() 앞에는 static이 붙어 있지 않으므로 main.c에서도 사용이 가능하다. 정적 함수는 특정 파일 안에서만 사용하는 함수를 정의하고자 할 때 편리하게 사용할 수 있다.

블록에서 extern을 이용한 전역 변수 참조

extern은 블록에서 전역 변수에 접근할 때도 사용된다.

```c
#include <stdio.h>
int x = 50;

int main(void)
{
        int x = 100;
        {
                extern int x;
                printf("x= %d\n", x);
        }
        return 0;
}
```

```
x= 50
```

위의 코드에서 변수 x는 전역 변수로도 선언되고 지역 변수로도 선언되었다. 블록 안에서는 지역 변수가 우선 사용된다. 하지만 변수 앞에 extern을 붙여서 선언하면 외부의 전역 변수를 사용할 수 있다. 위 프로그램의 출력은 50이 된다.

9.6 어떤 저장 유형을 사용하여 하는가?

C에서 사용 가능한 변수의 저장 유형을 요약하여 보면 다음과 같다.

저장 유형	키워드	정의되는 위치	범위	생존 시간
자동	auto	함수 내부	지역	임시
레지스터	register	함수 내부	지역	임시
정적 지역	static	함수 내부	지역	영구
전역	없음	함수 외부	모든 소스 파일	영구
정적 전역	static	함수 외부	하나의 소스 파일	영구
외부 참조	extern	함수 외부	모든 소스 파일	영구

표 9-1
C에서의 변수의 저장 유형

그렇다면 프로그램을 작성할 때 어떤 저장 유형을 가지는 변수를 사용하여야 할까?

- 일반적으로는 자동 저장 유형을 사용하는 것이 좋다. 자동 저장 유형은 말 그대로 자동으로 생성되었다가 소멸하므로, 사용하기 편하고 메모리를 효율적으로 사용하게 해준다. 또한 자동 저장 유형을 사용하는 경우, 함수나 블록을 다른 함수나 블록에 대하여 독립적으로 만들 수 있다. 프로그램의 각 부분을 독립적으로 설계한다는 것은 아주 중요하다. 독립적으로 설계되어야 만이 디버깅이나 유지 보수할 때 쉽다.
- 자동 저장 유형 중에서 자주 사용되는 변수는 레지스터 유형으로 하는 것이 좋다.
- 만약 지역 변수가 함수 호출이 끝나도 그 값을 유지해야 할 필요가 있다면 정적으로 선언한다.
- 만약 많은 함수에서 공유되어야 하는 변수라면 전역 변수로 한다. 만약 많은 소스 파일에서 공유되어야 할 변수라면 외부 연결 전역 변수로 만든다.

나만 사용하고 다른 사람은 사용하지 못하는 전역 변수를 만들 수 있는가?

하나로 소스 파일로 한정시키려면 static을 붙인다. 동일한 소스 파일 안에서 나만 사용하는 것은 불가능하다. 하지만 비슷한 효과를 내기 위한 방법은 있다. 한 가지는 밑줄 문자(_)를 사용하여 전역 변수의 이름을 만드는 것이다.(예를 들어서 _index) 이 경우 다른 프로그래머들은 이런 식으로 변수를 작성하지는 않기 때문에 비슷한 효과를 낼 수 있다.

 LAB   난수 발생기 작성(Linear Congruential Generator)

8장에서 난수를 발생하는 라이브러리 함수를 사용해보았다. 우리가 직접 난수 발생 함수를 작성할 수도 있다. 많은 방법이 있지만 다음과 같은 식이 가장 많이 사용된다.

$$r_{n+1} = (a \cdot r_n + b) \bmod M$$

여기서 a, b, M은 미리 정해진 값이다. 변수 r의 초기값은 17로 하자. 이 식을 이용하면 0에서 M-1까지의 난수를 생성할 수 있다. 다음과 같은 함수를 작성하여 사용해보자.

- 0에서 M-1 사이의 난수를 생성하는 random_i()
- 0.0에서 1.0 사이의 난수를 생성하는 random_f()

프로그램을 main.c와 random.c의 2개의 파일로 구성하여보자. 비주얼 스튜디오에서는 "소스 파일" 폴더 아래에 main.c와 random.c를 추가하면 된다. random.c에서는 위의 2개의 함수를 구현한다. main.c에서는 random_i() 함수를 호출하여 정수 난수 10개를 생성한다. random.c에서 변수 a, b, M은 모두 전역 변수로 선언하고 main.c에서 extern으로 변수 M을 연결하여서 M의 값을 32727로 변경하여보자.

```
19 85 58 63 17 67 6 7 12 42
```

난수 함수를 살펴보면 이전에 만들어졌던 난수를 이용하여 새로운 난수를 생성함을 알 수 있다. 따라서 함수 호출이 종료되더라도 이전에 만들어졌던 난수를 어딘가에 저장하고 있어야 한다. 이전의 난수를 저장하는 변수 seed를 선언하고 함수 호출이 종료되더라도 이전 값을 유지해보자.

Solution random.c

```
1  #define SEED 17
2  int MULT= 25173;              전역 변수
3  int INC=  13849;
4  int MOD=  65536;
5
6  static unsigned int seed = SEED;    // 난수 생성 시드값     정적 전역 변수
7
8  // 정수 난수 생성 함수
9  unsigned random_i(void)
10 {
11      seed = (MULT*seed + INC) % MOD;   // 난수의 시드값 설정
12      return seed;
13 }
14 // 실수 난수 생성 함수
15 double random_f(void)
16 {
17      seed = (MULT*seed + INC) % MOD;   // 난수의 시드값 설정
18      return seed / (double) MOD;       // 0.0에서 1.0 사이로 제한
19 }
```

seed는 random.c 파일에서만 사용할 수 있다.

Solution main.c

```
1  #include <stdio.h>
2
3  extern unsigned random_i(void);
4  extern double random_f(void);
5
6  extern int MOD;              연결된 전역 변수
7
8  int main(void)
9  {
10     int i;
11
12     MOD = 32767;
13     for (i = 0; i < 10; i++)
14         printf("%d ", random_i());
15     printf("\n");
16     return 0;
17 }
```

9.7   가변 매개 변수 함수

원칙적으로 함수의 매개 변수의 개수는 고정되어 있다. 하지만 경우에 따라서는 매개 변수의 개수가 호출할 때마다 달라지는 기능도 있으면 좋을 것이다. 대표적인 예가 printf()와 같은 함수이다. printf()의 매개 변수의 개수는 가변적이다. C언어에는 매개 변수의 개수를 변경되는 함수를 정의할 수 있다. 아주 간단하게 살펴보자.

stdarg.c

```
1   #include <stdio.h>
2   #include <stdarg.h>
3
4   int sum( int, ... );
5   int main( void )
6   {
7           int answer = sum( 4, 4, 3, 2, 1 );       인수의 개수
8           printf( "합은 %d입니다.\n", answer );
9
10          return( 0 );
11  }
12
13  int sum( int num, ... )                          가변 매개 변수 표시
14  {
15          int answer = 0;
16          va_list argptr;
17
18          va_start( argptr, num );                 가변 매개 변수 기능 시작
19          for( ; num > 0; num-- )
20              answer += va_arg( argptr, int );     인수 추출
21
22          va_end( argptr );
23          return( answer );
24  }
```

가변 매개 변수는 매개 변수의 개수를 마음대로 할 수 있는 기법입니다.

합은 10입니다.

① 가변 매개 변수 함수의 원형은 ...을 이용하여서 선언한다.

② 함수 안에서는 먼저 va_start()를 호출하여서 가변 매개 변수 기능을 시작한다. 가변 매개 변수 함수의 첫 번째 인수는 매개 변수의 개수를 나타낸다. 코드에서 num이 바로 매개 변수의 개수이다.

③ va_arg()를 호출할 때마다 인수들이 하나씩 반환된다. va_arg()를 호출할 때는 va_list 타입의 변수와 인수의 타입을 전달한다. va_arg()가 반환하는 값이 인수가 된다.

④ 인수의 개수만큼 va_arg()를 호출한다.

⑤ va_end(va_list)를 호출하여서 가변 매개 변수 기능을 종료한다.

9.8 순환 호출

함수는 자기 자신을 호출할 수도 있다. 이것을 순환(recursion)라고 부른다. 순환은 함수가 자기 자신을 호출하여 문제를 해결하는 프로그래밍 기법이다. 이것은 처음에는 상당히 이상하게 보이지만 사실 순환은 가장 흥미롭고 또 효과적인 프로그래밍 기법 중의 하나이다. 순환은 많은 문제들을 해결하는데 독특한 개념적인 프레임 워크를 제공한다. 예를 들어 정수의 팩토리얼은 다음과 같이 정의된다.

$$n! = \begin{cases} 1 & n=0 \\ n*(n-1)! & n \geq 1 \end{cases}$$

즉 위의 정의에서 팩토리얼 $n!$을 정의하는데 다시 팩토리얼 $(n-1)!$이 사용되었다. 이러한 정의를 순환적이라 한다. 위의 정의에 따라 $n!$을 구하는 함수 factorial(n)을 제작하여보자. $n!$을 계산하려면 먼저 $(n-1)!$을 구하여 여기에 n을 곱하여 주면 $n!$ 값을 계산할 수 있다. 그러면 $(n-1)!$은 어떻게 계산할 것인가? 현재 작성하고 있는 함수가 $n!$ 값을 계산하는 함수이므로 함수의 인수를 $(n-1)!$로 변경하여 호출하여 주면 구할 수 있을 것이다.

factorial.c

```c
1  #include <stdio.h>
2  int factorial(int n)
3  {
4      printf("factorial(%d)\n", n);
5
6      if (n <= 1) return 1;
7      else return n * factorial(n - 1);
8  }
9
10 int main(void)
11 {
12     int n;
13     printf("정수를 입력하시오:  ");
14     scanf("%d", &n);
15     printf("%d!은 %d입니다.  \n", n, factorial(n));
16     return(0);
17 }
```

```
정수를 입력하시오:5
factorial(5)
factorial(4)
factorial(3)
factorial(2)
factorial(1)
5!은 120입니다.
```

위의 프로그램은 팩토리얼의 순환적인 정의에 따라 이것을 C언어로 옮긴 것이다. 과연 위의 프로그램이 오류 없이 동작할 것인가? 순환을 사용해보지 않은 사람들에게는 놀라운 일이겠지만 위의 프로그램은 문제없이 동작한다.

그림 9-7
factorial(3)에서의 순환호출

만약 우리가 factorial(5)이라고 호출하였을 경우에 위의 프로그램에서 함수가 호출되는 순서를 자세히 살펴보자. factorial(5)이 호출되면 매개 변수 n이 5가 된다. if 문에서 n이 1보다 작거나 같지 않으므로 return 1은 수행되지 않는다. 따라서 n * factorial(n - 1)이 수행된다. 현재 n의 값이 5이므로 5 * factorial(4)이 수행되고 따라서 factorial(4)이 호출된다.

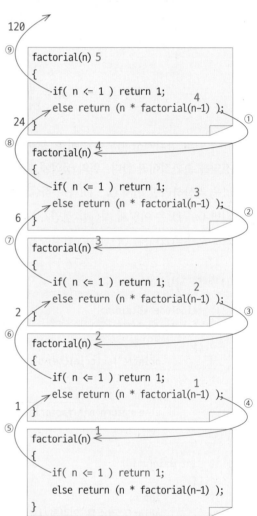

그림 9-8
factorial(5)에서의 순환호출의 순서: 원 숫자는 함수 호출과 복귀의 순서를 나타낸다.

factorial(4)이 호출되면 다시 위와 같은 과정을 거쳐서 factorial(3), factorial(2), factorial(1)이 차례대로 호출된다. factorial(1)이 호출되면 if 문에서 n이 1보다 같으므로 조건이 참이 되고 따라서 return 문이 수행되어서 더 이상 순환 호출을 하지 않는다. **그림 9-8**에서 factorial(5)을 호출하였을 경우의 순환 호출의 순서를 보여준다.

순환 함수의 구조

순환 알고리즘은 **그림 9-9**와 같이 자기 자신을 순환적으로 호출하는 부분과 순환 호출을 멈추는 부분으로 구성되어 있다. 만약 순환 호출을 멈추는 부분이 없다면 시스템 스택을 다 사용할 때까지 순환적으로 호출되다가 결국 에러를 내면서 멈출 것이다.

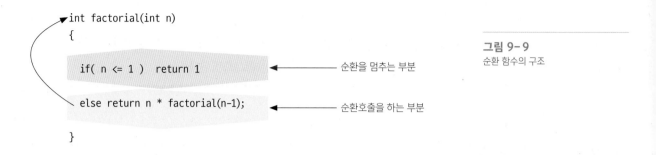

그림 9-9
순환 함수의 구조

예제

2진수 형식으로 출력하기

C에는 정수를 2진수로 출력하는 기능이 없다. 이 기능을 순환 호출을 이용하여 구현하여보자.

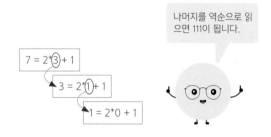

나머지를 역순으로 읽으면 111이 됩니다.

그림 9-10
진수를 2진수로 변환하기

위의 알고리즘을 보면 2로 나누어서 몫이 0이 될 때까지 나머지를 기록했다가 이 나머지를 역순으로 출력하면 된다. 따라서 순환 호출을 이용하여 10진수를 계속 2로 나누고 이 작업을 몫이 0이 될 때까지 반복하면서 작업이 끝나면 나머지를 화면에 출력하면 된다.

print_binary.c

```
1   // 2진수 형식으로 출력
2   #include <stdio.h>
3   void print_binary(int x);
4
5   int main(void)
6   {
7        print_binary(9);
8        printf("\n");
9        return 0;
10  }
11  void print_binary(int x)
12  {
13       if( x > 0 )
14       {
15            print_binary(x / 2);     // 순환 호출
16            printf("%d", x % 2);     // 나머지를 출력
17       }
18  }
```

1001

여기서 주의할 점은 몫이 0이면 더 이상 순환 호출을 하지 않는다는 것과 나머지가 역순으로 출력되어야 하기 때문에 순환 호출이 끝난 후에 출력하여야 한다. 순환 호출이 시작되기 전에 출력하면 이진수의 각 자리수가 반대로 출력된다.

 예제

최대 공약수 구하기

최대 공약수를 구하는 방법으로 유클리드의 호제법이라는 방법이 있다. 이것이 역사상 첫 번째 알고리즘이라고 한다. 이 방법은 x와 y의 최대 공약수는 y와 (x % y)의 최대 공약수와 같으며 x와 0의 최대 공약수는 x라는 것이다. 단 여기서 x는 y보다 커야 한다. 이 방법을 이용하여 두 수의 최대 공약수를 구하는 함수 int gcd(int x, int y)를 순환 호출을 이용하여 구현하여보자.

```
gcd(x, y) = gcd(y, x % y)
gcd(x, 0) = x
```

gcd.c

```c
1   // 최대 공약수 구하기
2   #include <stdio.h>
3
4   int gcd(int x, int y);
5
6   int main(void)
7   {
8       printf("%d\n", gcd(30, 20));
9   }
10
11  // x는 y보다 커야 한다.
12  int gcd(int x, int y)
13  {
14      if( y == 0 )
15          return x;
16      else
17          return gcd(y, x % y);
18  }
```

10

Mini Project   하노이 탑

순환의 파워를 가장 극명하게 보여주는 예제가 바로 하노이 탑(The Tower of Hanoi)문제이다. 문제는 막대 A에 쌓여있는 원판 3개를 막대 C로 옮기는 것이다. 단 다음의 조건을 지켜야 한다.

그림 9-11
3개의 원판을 가지는 하노이의 탑 문제

- 한 번에 하나의 원판만 이동할 수 있다
- 맨 위에 있는 원판만 이동할 수 있다
- 크기가 작은 원판 위에 큰 원판이 쌓일 수 없다.
- 중간의 막대를 임시적으로 이용할 수 있으나 앞의 조건들을 지켜야 한다.

만약 일반적으로 n개의 원판이 있는 경우를 해결하려면 상당히 복잡해진다. 이 문제는 순환적으로 생각하면 쉽게 해결할 수 있다. 순환에서는 순환가 일어날수록 문제의 크기가 작아져야 한다. 여기서의 문제의 크기는 이동하여야 하는 디스크의 개수가 된다. 다음과 같이 문제를 나누어 생각하여보자. 즉 n개의 원판이 A에 쌓여있는 경우, 먼저 위에 쌓여 있는 n-1개의 원판을 B로 옮긴 다음, 제일 밑에 있는 원판을 C로 옮긴다. 그리고 나서 B에 있던 n-1개의 원판을 C로 옮긴다. 자 이제 문제는 B에 쌓여있던 n-1개의 원판을 어떻게 C로 옮기느냐이다.

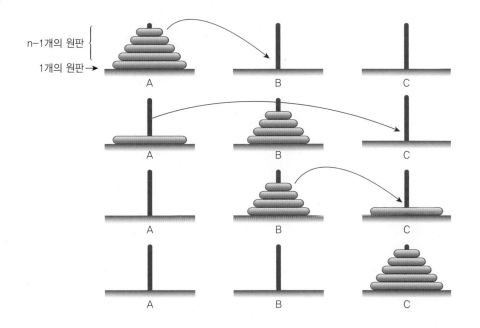

그림 9-12
n개의 원판을 가지는 하노이의 탑 문제의 해답

여기서 순환 호출이 이용된다.

```c
// 막대 from에 쌓여있는 n개의 원판을 막대 tmp를 사용하여 막대 to로 옮긴다.
void hanoi_tower(int n, char from, char tmp, char to) {
    if (n == 1)  {
        printf("원판 1을 %c에서 %c으로 옮긴다.\n",from,to);
    }
    else {
        // ① from의 맨 밑의 원판을 제외한 나머지 원판들을 tmp로 옮긴다.
        hanoi_tower(n-1, from, to, tmp);

        // ② from에 있는 한 개의 원판을 to로 옮긴다.
        printf("원판 %d을 %c에서 %c으로 옮긴다.\n",n, from, to);

        // ③ tmp의 원판들을 to로 옮긴다.
        hanoi_tower(n-1, tmp, from, to);
    }
}
```

위의 코드 중에서 ②은 1개의 원판을 이동하는 것이므로 매우 쉽고, 문제는 n-1개의 원판을 이동하여야 하는 ①과 ③을 어떻게 해결하느냐 이다. 그러나 자세히 살펴보면 ①과 ③은 막대의 위치만 달라졌을 뿐 원래 문제의 축소된 형태라는 것을 발견할 수 있다. 즉 ①은 to를 사용하여 from에서 tmp로 n-1개의 원판을 이동하는 문제이고 ③은 from을 사용하여 tmp에서 to로 n-1개의 원판을 이동하는 문제이다. 따라서 순환 호출을 사용할 수 있어서 위와 같이 작성할 수 있다. 전체 프로그램을 완성해보자. 출력은 어떻게 생성되는가?

Advanced Topic

스텁 기법

앞에서 살펴본 바와 같이 복잡한 프로그램을 개발하려면 의사 코드나 구조도를 사용하여 기본적인 작업들을 나열하여야 한다. 만약 기본적인 작업들이 아직도 쉽게 이해되지 않고 쉽게 구현하기가 힘들면 다시 이것을 더 작고 취급이 용이한 작업들로 분할하는 것이다. 이렇게 작업들이 분할되면 다음 작업은 각각의 작업들을 함수로 코딩하면 된다. 이때 먼저 함수를 모두 구현하지 않고 함수의 입력과 출력 부분만을 코딩하여 실지로 돌아가는 프로그램을 구축하여 실행시켜서 함수 간의 데이터 전달이 문제없이 잘 되는지를 검증할 수 있다. 이때 함수의 외부 인터페이스만을 구현한 것을 스텁(stub)이라고 한다. 만약 아무런 문제가 없으면 함수를 개별적으로 구현하여 스텁들을 구현된 함수로 대체하여서 프로그램을 완성하게 된다. 만약 구현해야 하는 함수의 양이 많으면 여러 프로그래머들이 나누어서 코딩할 수도 있다.

아주 간단한 예를 들어보자. 만약 PC의 온도를 측정하여 섭씨 50도 이상이면 경고를 출력하는 프로그램을 작성하여보자. PC의 온도를 어떻게 측정할 것인지는 아직 결정되지 않았다. 이때에도 스텁을 사용하면 나머지 부분들을 개발하고 디버깅할 수 있다.

```c
#include <stdio.h>
#include <stdlib.h>
#include <time.h>

int get_pc_temp()
{
    printf("get_pc_temp()가 호출되었습니다.\n");
    return rand()%100;
}
int main(void)
{
    int temperature;
    srand((unsigned)time(NULL));
    temperature = get_pc_temp();
    if (temperature >= 50)
        printf("과열되었습니다\n");
    return 0;
}
```

실제로는 get_pc_temp()는 PC 하드웨어로부터 온도를 읽어야 한다. 하지만 아직 코드가 준비되지 않았기 때문에 임시로 난수를 반환한다. 이 스텁 함수를 사용하면 프로그램의 다른 부분들이 맞게 동작되는지를 검사할 수 있다.

Summary

```
int global;                                    _____ 변수로서 어디서나 사용가능
extern int out;
int main(void)                                 외부 파일에 정의된 변수
{
    int local;
    static int s;                              _____ 변수로서 함수 안에서만 사용가능

    local = recursive(10);
    return 0;                                  _____ 변수로서 함수가 끝나도 없어지지 않는다.
}

int recursive(int n)
{
    if( n <= 0 ) return 0;                     순환 호출로서 자기 자신을 호출한다.
    return( n*recursive(n-1));
}
```

▶ 변수가 가지고 있는 속성은 _____, _____, _____이다.

▶ 지역 변수는 _____ 안에 정의되는 변수이다.

▶ 지역 변수가 선언된 블록이 종료되면 지역 변수는 _____된다.

▶ 지역 변수의 초기값은 _____값이다.

▶ 함수의 매개 변수도 _____변수의 일종이다.

▶ 전역 변수는 _____의 외부에 선언되는 변수이다.

▶ 전역 변수의 초기값은 _____이다.

▶ 똑같은 이름의 전역 변수와 지역 변수가 있다면 _____ 변수가 우선한다.

▶ 지역 변수를 정적 변수로 만들려면 _____지정자를 앞에 붙인다.

▶ 변수를 CPU 내부의 레지스터에 저장시키는 지정자는 _____이다.

▶ 컴파일러에게 변수가 외부에 선언되어 있다고 알리는 지정자는 _____이다.

▶ 함수가 자기 자신을 호출하는 것을 _____호출이라고 한다.

▶ 지역 변수를 프로그램이 실행되는 동안 계속 유지되는 변수로 만드는 키워드는 _____이다.

Exercise

01 다음의 소스 안에 적합한 변수를 선언하여 보라.

```
#include <stdio.h>
void f(void);

int main(void)
{
        ...
}
void f(void)
{
        ...
}
```

(a) 함수 f() 안에서만 사용하는 int형 변수 number
(b) 모든 함수에서 사용하는 double형 변수 radio
(c) 함수 f() 안에서 사용되고 CPU 레지스터에 저장되어야 하는 변수 index
(d) 모든 함수에서 사용되고 다른 소스 파일에서 정의된 변수 counter
(e) 함수 main()에서 사용되고 이전의 값이 유지되는 변수 setting

02 다음 프로그램에 등장하는 변수들의 범위, 생존 기간, 연결을 설명하시오.

```
#include <stdio.h>

int a;
static int b;
extern int c;

int main(void)
{
        int d;
        register int e;
        static int f;
        {
            int g;
        }
        return 0;
}
```

03 다음 프로그램의 출력을 쓰고, 이유를 설명하라.

(a)
```c
#include <stdio.h>
void f(void);

int i;
int main(void)
{
        for(i = 0;i < 3; i++)
           f();
        return 0;
}
void f(void)
{
        for(i = 0;i < 5; i++)
           printf("#");
}
```

(b)
```c
#include <stdio.h>
void f(int);
int n = 10;
int main(void)
{
        f(n);
        printf("n=%d\n", n);
        return 0;
}
void f(int n)
{
        n = 20;
}
```

(c)
```c
#include <stdio.h>
void f(void);
int x = 1;

int main(void)
{
        int x = 2;
        {
           int x = 3;
           printf("%d\n", x);
        }
        printf("%d\n", x);
        return 0;
}
```

(d)
```c
#include <stdio.h>
void f(void);

int main(void)
{
        f();
        f();
        return 0;
}
void f(void)
{
        static int count = 0;
        printf("%d\n", count++);
}
```

04 다음 소스에 오류가 있는지를 먼저 판단하고 오류가 있다면 오류를 지적하시오. 논리적인 오류도 포함된다.

(a)
```c
#include <stdio.h>

register auto int x = 20;

int main(void)
{
        printf("%d\n", x);
        return 0;
}
```

(b)
```c
int recursive(int n)
{
        if( n == 1 ) return 0;
        return n * recursive(n);
}
```

05 다음 함수를 주석과 같이 호출하는 경우에 화면에 출력되는 내용과 함수의 반환값을 구하라.

(a)
```
// sum(5)로 호출
int sum(int n)
{
    printf("%d\n", n);
    if( n < 1) return 1;
    else return( n + sum(n-1) );
}
```

(b)
```
// recursive(5)로 호출
int recursive(int n)
{
    printf("%d\n", n);
    if( n < 1) return 2;
    else return( 2 * recursive(n-1) + 1 );
}
```

06 다음의 순환적인 프로그램을 반복 구조를 사용한 비순환적 프로그램으로 바꾸시오.

```
int recursive(int n)
{
    if( n == 0 ) return 1;
    else return (n + recursive(n-1));
}
```

Programming

전역 변수와 정적
지역 변수

MEDIUM
★★☆

01 덧셈, 뺄셈, 곱셈, 나눗셈을 지원하는 계산기 프로그램을 작성하여보자. 이번에는 각 연산들이 몇 번 씩 계산되었는지를 기억하게 하자. 각 연산을 지원하는 함수들은 자신이 호출된 횟수를 화면에 출력한다.

```
연산을 입력하시오: 1+2
덧셈은 총 1번 실행되었습니다.
연산의 결과: 3
...
```

① 정적 지역 변수를 사용하여 프로그램을 작성하라.
② 전역 변수를 사용하여 프로그램을 작성하라.

HINT 정적 지역 변수는 static int count;와 같이 선언한다.

정적 지역 변수

MEDIUM
★★☆

02 주사위를 던져서 각각의 면이 몇 번 나왔는지를 출력하는 프로그램을 작성하라. 주사위의 면은 난수를 이용하여 생성한다. 주사위를 던지는 함수 get_dice_face()를 만들고 이 함수 안에서 각각의 면이 나올 때마다 그 횟수를 정적 지역 변수를 이용하여 기억하게 하라. get_dice_face() 호출 횟수가 100이 되면 각 면의 횟수를 출력한다.

```
1->14
2->9
3->18
4->20
5->20
6->19
```

HINT 주사위 면은 0에서 5까지의 정수로 표현할 수 있고 0부터 5까지의 난수는 rand() % 6으로 생성할 수 있다.

정적 지역 변수

MEDIUM
★★☆

03 로그인 시에 아이디를 검사하는 함수 int check()를 작성해서 테스트하라. check()가 한번 호출될 때마다 비밀번호를 질문하고 일치 여부를 0과 1으로 반환한다. 비밀번호는 숫자 1234로 고정되어 있다고 가정한다. check()가 3번 이상 호출되고 아이디가 일치하지 않으면 check()는 "로그인 시도 횟수 초과" 메시지를 출력한다. check() 함수 안에 정적 지역 변수를 선언하여 사용해보자.

```
비밀번호: 1000
비밀번호: 1001
비밀번호: 1002
로그인 시도 횟수 초과
```

HINT 정적 지역 변수에 시도 횟수를 저장한다. 사용자가 로그인을 할 때마다 이 정적 지역 변수를 1만큼 증가시킨다.

04 본문에서 설명한 바와 같이 정적 변수는 초기화를 딱 한번만 수행하는 경우에도 사용된다. 난수를 생성하여 반환하는 함수 get_random()을 작성하여 테스트하라. get_random()이 처음으로 호출되는 경우에는 srand()를 호출하여서 난수의 시드를 초기화하고 그렇지 않으면 단순히 rand()를 호출하여 난수를 반환한다.

정적 지역 변수

MEDIUM
★★☆

```
초기화 실행
26620
7505
21618
```

HINT 정적 지역 변수 inited를 작성하여 사용해본다. 본문의 LAB 문제를 참조한다.

05 math.c 파일 안에 전역 변수 pi를 선언한다. pi는 3.14로 초기화된다. main.c에서는 extern 키워드를 사용하여 math.c에 정의된 pi의 값을 출력하는 프로그램을 작성해보자.

extern 키워드

MEDIUM
★★☆

```
pi = 3.14
```

06 1부터 n까지의 합 (1+2+3+...+n)을 계산하는 문제를 순환기법을 이용하여 작성해보자.

순환 호출

MEDIUM
★★☆

```
정수를 입력하시오: 10
1부터 10까지의 합=55
```

HINT sum(3)은 3+sum(2)로 바꿀 수 있다.

07 순환기법을 이용하여 지수값을 계산하는 함수 power(int base, int power_raised)를 작성하고 테스트해보자. power(2, 3)가 호출되면 2^3을 계산하여 반환한다.

순환 호출

MEDIUM
★★☆

```
밑수: 2
지수: 10
2^10 = 1024
```

HINT power(b, p)가 호출되면 이것을 b*power(b, p-1)로 바꾸어서 호출한다.

08 순환 호출을 이용하여 정수의 각 자리수를 출력하는 함수 show_digit(int x)를 작성하고 테스트하라, 즉 점수가 1234이면 화면에 1 2 3 4와 같이 출력한다. 함수는 일의 자리를 출력하고 나머지 부분을 대상으로 다시 같은 함수를 순환 호출한다. 예를 들어서 1234의 4를 출력하고 나머지 123을 가지고 다시 같은 함수를 순환 호출한다. 1234를 10으로 나누면 123이 되고 4는 1234를 10으로 나눈 나머지이다.

순환 호출

MEDIUM
★★☆

```
정수를 입력하시오: 1234
1 2 3 4
```

HINT 정수 x를 10으로 나눈 값을 가지고 show_digit(x/10);와 같이 다시 순환호출하면 된다.

09 사용자로부터 여러 개의 문자를 받아서 역순으로 출력하는 프로그램을 작성해보자. 순환 호출을 이용해본다.

```
문장을 입력하시오: i like programming
역순 문장: gnimmargorp ekil i
```

HINT reverse() 함수 안에서 scanf("%c", &c)를 호출하여 문자를 입력받는다. 문자가 '\n'이 아니면 바로 출력하지 않고 reverse() 함수를 순환 호출한 후에 해당 문자를 출력한다.

10 다음과 같은 수식의 값을 계산하는 순환적인 프로그램을 작성하시오.

$$1/1+1/2+1/3+ \ldots +1/n$$

```
2.928968
```

HINT 위 수열의 값을 계산하는 식은 return 1.0/n + recursive(n-1);이다.

11 순환 호출을 이용하여 피보나치 수열을 계산해 보자. 피보나치 수열이란 다음과 같이 정의되는 수열이다.

$$fib(n) = \begin{cases} 0 & n=0 \\ 1 & n=1 \\ fib(n-2)+fib(n-1) & otherwise \end{cases}$$

즉 일반적인 경우, 앞의 두 개의 숫자를 더해서 뒤의 숫자를 만들면 된다.

```
fib(0) = 0
fib(1) = 1
...
```

12 우리는 8장에서 ATM을 구현해본 적이 있다. 여기서는 전역 변수를 사용하여서 소스를 변경해보자. 현재 계좌의 잔고는 전역 변수로 해보자(전역 변수도 사용해봐야 한다). 메뉴를 표시하는 코드도 별도의 함수로 독립시킨다.

```
***************Welcome to Express ATM***************
(1) 잔고 확인
(2) 입금
(3) 출금
(4) 종료
하나를 선택하시오: 1
입금 금액: 10000
새로운 잔고는 20000입니다.
```

배열

급하게 정수형 변수 100개를 만들어야 되요.
방법이 없나요?

배열을 사용하세요. 개별 변수 100개를 만드는 것보다
훨씬 쉬워요. int a[100]; 하면 되니까요.

Objectives

- 왜 배열이 필요한지를 이해한다.
- 배열을 선언하고 초기화하는 방법을 학습한다.
- 인덱스의 개념과 인덱스를 이용하여 배열의 요소를 참조하는 방법을 학습한다.
- 반복 구조를 이용하여서 배열 요소들에 대하여 동일한 처리를 반복 적용하는 방법을 학습한다.
- 다차원 배열의 개념과 선언방법을 이해하고 설명할 수 있다.
- 정렬과 탐색 알고리즘을 살펴본다.

10 배열

10.1 배열이란?

지금까지 학습하였던 변수는 오직 하나의 값만을 저장할 수 있었다. 하지만 복잡한 응용 프로그램에서는 많은 값을 한 곳에 저장할 수 있는 저장 장소가 필요하다. 배열은 이런 목적으로 만들어진 자료형이다. 배열을 사용하면 한 번에 여러 개의 변수를 생성할 수 있다. 예를 들어서 10개의 정수를 저장할 수 있는 배열은 다음과 같이 선언한다. 다음 문장에서 s는 배열의 이름이고, 10은 배열의 크기이다.

```
int s[10];
```

변수 선언이 단독 주택이라면 배열은 아파트라고 할 수 있다. 단독 주택에는 한 가구만 살지만 아파트에는 여러 가구가 동시에 거주할 수 있다. 배열에는 여러 개의 변수가 들어 있다. 배열의 이름은 아파트 이름으로 생각할 수 있고 배열의 크기는 아파트 단지의 크기라고 할 수 있다.

주택(변수)

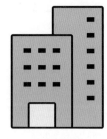
아파트(배열)

왜 배열이 필요한가?

먼저 왜 배열이 필요한지에 대하여 살펴보자. 예를 들어서 학생이 10명이 있고 이들의 성적의 평균을 계산한다고 가정하자. 평균을 계산하려면 먼저 각 학생들의 성적을 읽어서 어딘가에 저장하여야 한다. 데이터를 저장할 수 있는 곳은 변수이다. 학생이 10명이므로 10개의 변수가 필요하다.

```
int s0, s1, s2, s3, s4, s5, s6, s7, s8, s9;
```

만약 학생이 30명이라면 어떻게 해야 할까? 위의 방법대로라면 30개의 정수 변수를 선언하여야 한다. 만약 100명이라면, 아니 10000명이라면 어떻게 할 것인가? 이런 식으로 변수를 일일이 선언하다가는 프로그래머의 생활이 아주 힘들어질 것이다. 따라서 다른 방법이 필요하다. 보다 손쉽게 대량의 데이터를 저장할 수 있는 공간을 만들 수 있어야 하고 이들 데이터들을 손쉽게 처리할 수 있는 방법이 필요하다. 그래서 탄생하게 된 것이 배열(array)이다. 배열을 사용하면 같은 종류의 대량의 데이터를 효율적이고 간편하게 처리할 수 있다.

배열(array)은 동일한 타입의 데이터가 여러 개 저장되어 있는 데이터 저장 장소이다. 배열 안에 들어있는 각각의 데이터들은 정수로 되어 있는 번호에 의하여 접근(access)된다. 즉 배열 이름에 번호를 붙여서 각각의 데이터들을 접근한다. 예를 들어서 10개의 정수 데이터를 저장할 수 있는 배열을 선언하면 다음과 같다.

```
int s[10];
```

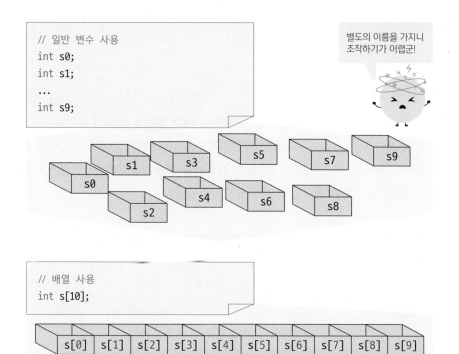

그림 10-1
변수를 사용하는 방법과 배열을 사용하는 방법의 비교

배열을 구성하는 각각의 항목을 배열 요소(array element) 또는 배열 원소라고 한다. 배열 요소에는 번호가 붙어 있는데 이것을 인덱스(index) 또는 첨자(subscript)라고 부른다. 배열 이름을 쓰고 괄호 [] 안에 번호를 표시하면 배열 요소가 된다. 예를 들어서 배열의 이름이 s 라면 배열 요소는 s[0], s[1], s[2], s[3], ... 로 표시된다. 만약 배열을 아파트라고 생각한 다면 인덱스는 아파트의 호번호에 해당한다. 즉 "한국아파트의 123호"라면 "한국아파트"가 배열의 이름이고 "123"이 인덱스라고 할 수 있다.

배열의 특징

▶ 배열은 메모리의 연속적인 공간에 저장된다. 예를 들어서 앞에서의 배열 요소 s[0]과 s[1] 은 실제 메모리 상에서도 서로 붙어 있다.

▶ 배열의 가장 큰 장점은 서로 관련된 데이터를 차례로 접근하여서 처리할 수 있다는 점이 다. 만약 관련된 데이터들이 서로 다른 이름을 사용하고 있다면 이들 이름을 일일이 기억 해야 할 것이다. 그러나 하나의 이름을 공유하고 단지 번호만 다를 뿐이라면 아주 쉽게 기 억할 수 있고 편리하게 사용할 수 있다. 배열은 근본적으로 데이터들에게 하나하나 이름 을 붙이지 않고 전체 집단에 하나의 이름을 부여한 다음, 각각의 데이터에 숫자로 된 번호 를 붙여서 접근하는 방법이다. 이것을 쉽게 이해하려면 다음과 같이 생각해보자. 택배 사 원이 10명에게 택배를 전달해야 한다고 하자. 만약 10명이 동일한 아파트에 거주하고 있 는 경우와 10명이 모두 단독 주택에 거주하고 있는 경우, 어떤 경우가 더 쉽겠는가?

배열의 선언

배열을 사용하려면 먼저 배열을 선언하여야 한다. 배열 선언을 통하여 컴파일러에게 요소 의 개수가 몇 개이고 각 요소의 자료형이 무엇인지를 알려야 한다. 배열을 선언하는 것은 변 수를 선언하는 것과 유사하다. 먼저 요소들의 자료형을 지정한다. 이어서 배열의 이름을 적 어주고 대괄호를 붙인 후에 배열의 크기를 적어주면 된다.

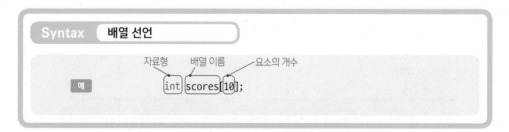

⚠️ 오류 주의

C에서 배열 요소 번호는 항상 혼동하 기 쉬운 부분이다. C에서는 항상 배열 요소의 번호가 0부터 시작함을 명심 하여야 한다.

위의 문장은 크기가 10인 정수형 배열 scores를 선언한 것이다. 배열 이름은 s이고 크기는 10이다. 각 요소들에는 0부터 시작하는 번호가 매겨져 있다. 첫 번째 요소의 번호는 0이고 두 번째 요소는 1, 마지막 요소의 번호는 9가 된다. 우리는 번호를 사용하여 배열의 요소에 접근한다.

각 상자에는 int형 정수를 저장할 수 있다.

| scores[0] | scores[1] | scores[2] | scores[3] | scores[4] | scores[5] | scores[6] | scores[7] | scores[8] | scores[9] |

0번째 배열 요소   9번째 배열 요소

그림 10-2
배열의 크기가 10이면 배열 요소는 0에서 9까지이다.

배열 선언의 예를 더 들어보자. 배열은 일반 변수들과 함께 선언될 수도 있다. 또 여러 개의 배열을 하나의 줄에서 동시에 선언할 수도 있다.

```
float cost[12];          // 12개의 float형 값을 가지는 배열 cost
char name[50];           // 50개의 char형 값을 가지는 배열 name
char src[10], dst[10];   // 문자형 배열 src와 dst를 동시에 선언
int index, days[7];      // 일반 변수 index와 배열 days를 동시에 선언
```

경고

배열의 크기를 나타낼 때는 항상 상수를 사용하여야 한다. 변수를 배열의 크기로 사용하면 컴파일 오류가 된다. 또한 배열의 크기를 음수나 0, 실수로 하면 모두 컴파일 오류이다.

```
int scores[size];    // 배열의 크기를 변수로 할 수 없음!
int scores[-2];      // 배열의 크기가 음수이면 안 됨
int scores[6.7];     // 배열의 크기가 실수이면 안 됨
```

TIP

보통 배열을 선언할 때는 배열의 크기를 #define 지시자로 만들어진 기호 상수로 지정한다. 예를 들면 다음과 같다.

```
#define SIZE 10
int scores[SIZE];
```

기호 상수로 배열의 크기를 지정하게 되면 배열의 크기를 변경하기가 쉬워진다. 즉 프로그램의 다른 부분을 수정하지 않고 단지 기호 상수의 정의만 바꾸면 된다.

배열 요소 접근

배열을 어떻게 생성하는지를 살펴보았다. 그렇다면 배열 요소들은 어떤 식으로 접근해야 하는가? 앞에서도 설명하였지만, 배열 요소들은 인덱스라고 불리는 번호를 사용하여서 접근된다. 예를 들어서 scores 배열에서 인덱스가 5인 요소에 접근하려면 scores[5]와 같이 적어주면 된다.

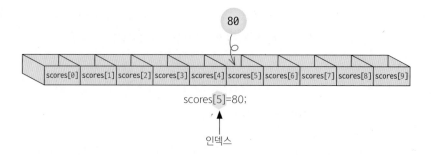

그림 10-3
배열의 5번째 요소에 80을 대입하는 문장

scores[5]=80;

↑
인덱스

만약 크기가 n인 배열에서 배열 요소의 번호를 1부터 n까지 사용하고 싶으면 배열을 선언할 때 크기를 n+1로 하면 된다.

유효한 인덱스의 범위는 0에서 (배열 크기 - 1)까지이다. 크기가 10인 scores라는 배열에서 첫 번째 배열 요소는 scores[0]이다. 두 번째 배열 요소는 scores[1]이다. 마지막 배열 요소는 scores[9]가 된다. 배열 요소는 변수와 100% 동일하다. 배열 요소에 값을 저장할 수 있고 배열 요소에 저장된 값을 꺼낼 수도 있다.

```
scores[0] = 80;          ——— 0번째 요소에 80을 저장
scores[1] = scores[0];   ——— 0번째 요소의 값을 1번째 요소로 복사
```

인덱스는 위의 예처럼 정수 상수가 될 수 있다. 그러나 많은 경우, 변수나 수식 등도 인덱스로 사용된다.

```
                                                    ——— i번째 요소에 10을 저장
(i+2)번째 요소에     scores[i] = 10;        // i는 정수 변수
20을 저장          scores[i+2] = 20;      // 수식이 인덱스가 된다.
(index[3])번째 요소에  scores[index[3]] = 30;  // index[]는 정수 배열
30을 저장
```

예제# 1

배열을 선언하고 배열 요소에 값을 대입하는 기초적인 예제부터 살펴보자. 배열 요소를 차례대로 처리할 때 유용하게 사용되는 것이 for 반복문이다.

배열에서 for 반복문을 사용할 때는 for(int i=0;i < 5; i++)와 같이 for 문 안에서 제어변수를 선언하는 것이 편리하다.

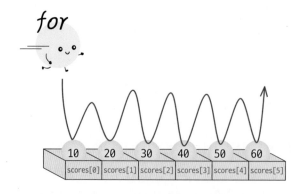

score1.c

```
1   #include <stdio.h>
2
3   int main(void)
4   {
5        int i;
6        int scores[5];
7
8        scores[0] = 10;
9        scores[1] = 20;
10       scores[2] = 30;
11       scores[3] = 40;
12       scores[4] = 50;
13
14
15       for(i=0; i < 5; i++)
16           printf("scores[%d]=%d\n",i, scores[i]);
17       return 0;
18   }
```

각 학생들의 성적을 저장할 크기가 5인 배열을 선언한다.

배열 요소에 값을 대입한다.

배열의 요소를 반복문을 이용하여서 화면에 출력한다. 다음과 같이 5개의 문장을 사용하는 것보다 훨씬 효율적이다.

```
printf("scores[0]=%d\n", scores[0]);
printf("scores[1]=%d\n", scores[1]);
printf("scores[2]=%d\n", scores[2]);
printf("scores[3]=%d\n", scores[3]);
printf("scores[4]=%d\n", scores[4]);
```

또한 인덱스로 변수를 사용할 수 있다는 점에 유의하자.

```
scores[0]=10
scores[1]=20
scores[2]=30
scores[3]=40
scores[4]=50
```

배열과 반복문

배열의 가장 큰 장점은 반복문을 사용하여서 배열의 요소를 간편하게 처리할 수 있다는 점이다. 예를 들어서 크기가 5인 배열 scores[]의 모든 요소 값을 0으로 만드는 문장을 작성하여보자. 반복문을 사용하지 않는다면 왼쪽과 같이 작성하여야 한다. 하지만 반복문을 사용하게 되면, 배열의 요소수에 관계없이 오른쪽과 같은 2줄의 문장만 있으면 된다.

```
scores[0] = 0;
scores[1] = 0;
scores[2] = 0;
scores[3] = 0;
scores[4] = 0;
```

배열 요소의 개수만큼 되풀이 하여야 한다. 동일한 코드가 반복되어서 소스의 크기가 커진다.

```
#define SIZE 5
...
for(i=0 ; i<SIZE ; i++)
        scores[i] = 0;
```

배열의 크기가 변경되면 SIZE의 정의만 변경하면 된다.

반복문을 작성할 때 for(i=0; i<=(SIZE-1); i++)과 같이 반복하여도 된다. 하지만 관례적으로 for(i=0; i<SIZE; i++)와 같은 문장을 많이 사용한다. 더 간편하기 때문이다.

예제#2

배열을 정의하고 반복 구조를 사용하여 배열 요소의 값들을 난수로 초기화하고 출력하는 예제이다.

scores2.c

```c
1  #include <stdio.h>
2  #include <stdlib.h>
3  #include <time.h>
4  #define SIZE 5
5
6  int main(void)
7  {
8      int i;
9      int scores[SIZE];
10
11     srand((unsigned)time(NULL));
12     for(i = 0; i < SIZE; i++)
13         scores[i] = rand() % 100;
14
15     for(i = 0; i < SIZE; i++)
16         printf("scores[%d]=%d\n", i, scores[i]);
17     return 0;
18 }
```

배열의 크기를 나타내는 기호 상수 SIZE를 정의한다.

배열 선언

반복문을 이용하여서 배열 요소에 난수를 채운다. 0부터 99까지의 난수를 생성하기 위하여 난수를 100으로 나눈 나머지 값으로 하였다.

```
scores[0]=41
scores[1]=67
scores[2]=34
scores[3]=0
scores[4]=69
```

예제#3

학생 5명의 성적 평균을 구하는 프로그램을 배열을 이용하여서 작성해보자. 배열을 사용하지 않고 5개의 변수를 사용했다면 얼마나 힘들었을지를 상상하여보자. 사용자로부터 값을 받아서 배열을 저장하고 다시 출력하는 예제이다. scanf()를 사용할 때는 변수와 마찬가지로 배열 요소에 & 연산자를 사용하여서 배열 요소의 주소를 보내주어야 한다.

scores4.c

성적의 합계를 저장할 변수 sum을 선언한다. sum에는 성적들이 계속 더해지므로 초기값은 0이어야 한다.

for 루프를 반복하면서 사용자로부터 학생들의 성적을 입력받는다. 안내 메시지를 출력하고 한 학생의 성적을 입력받은 뒤 다시 안내 메시지가 출력된다. scanf() 함수 호출시에 성적을 받아서 배열의 요소에 저장한다. scores[i]는 배열 scores의 i번째 요소이다. 배열의 요소도 하나의 변수이므로 배열의 요소에 &연산자를 붙여서 &scores[i]가 되었다. &연산자는 주소 연산자로서 변수의 주소를 계산한다. scanf()가 변수에 값을 저장하려면 변수의 주소가 필요하다.

```c
1  #include <stdio.h>
2  #define STUDENTS 5
3
4  int main(void)
5  {
6      int scores[STUDENTS];
7      int i, sum = 0;
8      double average;
9
10     for(i = 0; i < STUDENTS; i++) {
11         printf("학생들의 성적을 입력하시오: ");
12         scanf("%d", &scores[i]);
13     }
14
```

기호 상수를 사용하여 학생들의 수를 나타내었다. 차후에 학생들의 수를 변경하려면 이 기호 상수의 정의만 변경하면 된다.

각 학생들의 성적을 저장할 크기가 5인 정수형 배열을 선언한다.

```
15      for(i = 0; i < STUDENTS; i++)
16          sum += scores[i];
17
18      average = (double)sum / STUDENTS;
19      printf("성적 평균= %.2f\n", average);
20
21      return 0;
22  }
```

for 루프를 반복하면서 성적들을 전부 합하여 성적들의 합계를 구한다. 한 번의 반복마다 i번째 학생의 성적인 scores[i]가 sum에 더해진다.

sum을 값을 5로 나누어서 성적의 평균을 구하여 출력한다. 평균을 소수점까지 구하려면 부동 소수점형으로 형변환한 후에 연산을 하여야 한다.

```
학생들의 성적을 입력하시오: 10
학생들의 성적을 입력하시오: 20
학생들의 성적을 입력하시오: 30
학생들의 성적을 입력하시오: 40
학생들의 성적을 입력하시오: 50
성적 평균 = 30.00
```

인덱스의 범위

배열을 사용할 때 아주 조심하여야 하는 부분이 인덱스의 범위이다. 인덱스가 배열의 크기를 벗어나게 되면 프로그램에 치명적인 오류를 발생시킨다. 컴파일러는 프로그래머가 유효 범위 안에 있는 인덱스를 사용하고 있는지를 확인하여 주지 않는다. C에서는 프로그래머가 인덱스가 범위를 벗어나지 않았는지를 확인하고 책임을 져야 한다. 예를 들어서 다음의 배열 선언이 있다고 하자.

```
int scores[5];
```
사용할 수 있는 인덱스의 범위는 0에서 4까지이다.

위의 배열에서 사용할 수 있는 인덱스의 범위는 0에서 4까지이다. 만약 이 범위를 넘어서는 인덱스를 사용하면 어떻게 되는가?

```
printf("%d", scores[5]);
```
인덱스 5는 적합한 범위가 아니다!

위의 문장은 컴파일 오류가 아니다. 따라서 컴파일도 되고 실행도 된다. 그러나 배열 scores[]는 크기가 5이므로 인덱스는 0에서 4 사이의 수이어야 한다. 인덱스가 5이면 잘못된 메모리 위치에 접근하고 있는 것이다. 따라서 scores[5]의 값을 출력하면 전혀 의미 없는 쓰레기 값이 출력될 것이다. 그러나 컴퓨터 시스템이 정지하거나 프로그램이 중단되지는 않는다.

더욱 치명적인 것은 다음 문장과 같이 잘못된 인덱스를 사용하여 메모리에 값을 저장한 경우이다.

```
scores[5] = 60;
```
인덱스 5는 적합한 범위가 아니다! 엉뚱한 메모리 위치에 60이 저장된다.

이 경우에는 최악의 경우, 컴퓨터 시스템 자체가 중단될 수 있다. 왜냐하면 배열 범위를 벗어나는 인덱스를 사용하면 엉뚱한 메모리의 값을 변경하는 결과를 가져오기 때문이다. 이 것도 역시 컴퓨터 시스템과 컴파일러에 따라 다른 결과가 생성될 수 있다.

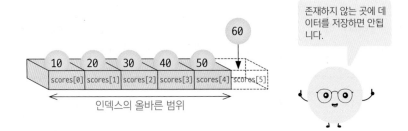

그림 10-4
잘못된 인덱스

존재하지 않는 곳에 데이터를 저장하면 안됩니다.

인덱스의 올바른 범위

중간점검

1   독립적인 여러 개의 변수 대신에 배열을 사용하는 이유는 무엇인가?
2   n개의 요소를 가지는 배열의 경우, 첫 번째 요소의 번호는 무엇인가?
3   n개의 요소를 가지는 배열의 경우, 마지막 요소의 번호는 무엇인가?
4   배열 요소의 번호 혹은 위치를 무엇이라고 하는가?
5   배열의 크기보다 더 큰 인덱스를 사용하면 어떻게 되는가?
6   배열의 크기를 나타낼 때 변수를 사용할 수 있는가?

10.2 배열의 초기화

우리는 변수를 어떻게 초기화하는지는 잘 알고 있다. 그렇다면 배열은 어떻게 초기화를 할까? 배열은 여러 개의 변수가 모인 것이다. 따라서 초기값도 하나가 아니고 여러 개가 필요하다. 배열을 초기화하려면 초기값들을 콤마로 분리하여 중괄호 { }로 감싼 후에, 배열을 선언할 때 대입해주면 된다.

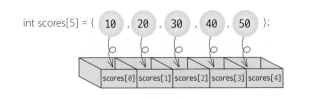

그림 10-5
기본적인 배열의 초기화

원소들의 초기값을 콤마로 분리하여 중괄호 안에 나열합니다.

위의 문장에서는 첫 번째 요소 scores[0]는 10으로 초기화되며 scores[1]의 초기값은 20

이다. 나머지 요소들도 차례로 값이 대입된다. 만약 초기값의 개수가 배열 요소의 개수보다 많은 경우에는 컴파일 오류가 된다.

모든 배열 요소에 초기값을 부여하는 것이 원칙이다. 그러나 만약 초기값의 개수가 요소들의 개수보다 적은 경우에는 앞에 있는 요소들만 초기화된다. 그렇다면 나머지 배열 요소들은 어떻게 되는가? 나머지 배열 요소들은 모두 0으로 초기화된다. 예를 들어서 scores 배열이 다음과 같이 선언되었다면, scores[0], scores[1], scores[2]는 10, 20, 30으로 초기화되지만 초기값이 주어지지 않은 scores[3], scores[4]는 0으로 초기화된다.

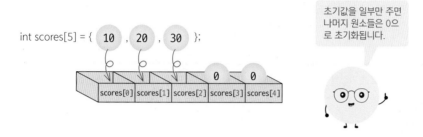

그림 **10-6**
일부만 초기값이 주어진 경우

이러한 성질을 이용하여 배열의 모든 요소를 0으로 초기화하려면 다음과 같은 문장을 사용한다.

```
int scores[5] = { 0 };
```
첫 번째 요소가 0이고 나머지 요소들도 0으로 초기화된다.

초기화만 하고 배열의 크기를 비워놓으면 컴파일러가 자동으로 초기값들의 개수만큼의 배열 크기를 잡는다. 아래의 그림에서는 초기값이 5개이므로 크기가 5인 scores 배열이 만들어진다.

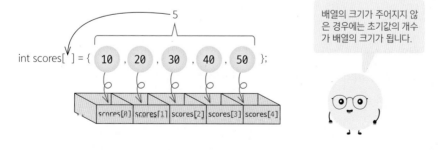

그림 **10-7**
배열의 크기가 주어지지 않은 경우는 초기값의 개수가 배열의 크기가 된다.

만약 초기값이 주어지지 않았고 지역 변수로 선언된 배열이라면, 일반적인 지역 변수와 마찬가지로 아무 의미없는 쓰레기값이 들어가게 된다.

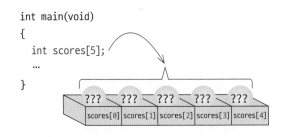

그림 10-8
초기화시키지 않으면 쓰레기값이 들어
간다.

배열을 지역변수로 선언하면
초기화되지 않은 배열은 쓰레
기값을 가지게 됩니다.

경고

배열의 모든 요소를 10으로 초기화하려고 다음과 같이 작성하면 오류이다.

```
int scores[10] = { 10 };
```

이 때는 첫 번째 요소만 10이 되고 나머지 요소는 전부 0이 된다.

 예제#1

배열을 정의하고 초기값을 이용하여 배열 요소의 값들을 초기화한 후에 배열 요소들을 화면에 출력한다.

scores5.c

```
1  #include <stdio.h>
2  #define SIZE 5
3  int main(void)
4  {
5      int i;
6      int scores[SIZE] = { 31, 63, 62, 87, 14 };   // 배열의 초기화
7
8      for(i = 0; i < SIZE; i++)
9          printf("scores[%d] = %d\n", i, scores[i]);
10
11     return 0;
12 }
```

```
scores[0] = 31
scores[1] = 63
scores[2] = 62
scores[3] = 87
scores[4] = 14
```

만약 배열 요소의 개수가 초기값보다 많은 경우는 초기값이 주어지지 않은 요소들은 0으로 초기화된다. 만약 위의 프로그램에서 초기화 문장을 다음과 같이 수정하면 다음과 같은 실행 결과가 생성된다.

```
int scores[5] = { 31, 63 };
...
```

```
scores[0] = 31
scores[1] = 63
scores[2] = 0
scores[3] = 0
scores[4] = 0
```

그런데 만약 초기값이 전혀 주어지지 않았으면 어떻게 될까? 이때는 일반 변수와 마찬가지로 지역 변수인 경우에는 전혀 의미없는 쓰레기 값이 들어 있다.

```
int scores[5];
...
```

```
scores[0] = -858993460
scores[1] = -858993460
scores[2] = -858993460
scores[3] = -858993460
scores[4] = -858993460
```

참고사항

배열에서 초기화할 때를 제외하고는 중괄호로 값을 묶어서 대입할 수 없다. 즉 다음과 같이 사용하면 오류가 된다. 배열에 값을 저장하려면 반드시 각 배열 요소에 값을 대입하여야 한다.

```
#define SIZE 3
int main(void)
{
    int scores[SIZE];
    scores = { 6, 7, 8 }; // 컴파일 오류!!
}
```

배열 요소의 개수를 계산하는 방법

참고사항

sizeof()로 배열의 크기를 계산하는 방법은 배열이 정의된 함수 안에서만 가능하다. 함수가 달라지면 이 방법은 불가능하다.

배열에 들어있는 자료를 처리하려면 항상 배열의 처음부터 끝까지 반복하여야 하는 경우가 많다. 따라서 배열의 크기는 꼭 알아야 하는 정보이다. 지금까지는 항상 배열 요소의 개수를 상수로 표현하였다. 즉 SIZE와 같은 기호 상수를 이용하여 배열의 크기를 표현하였다. 만약 배열의 크기를 명시적으로 지정하지 않고 주어진 초기값의 개수로 결정하는 경우에는 초기값의 개수를 매번 세어보아야 한다. 초기값의 개수가 많아지게 되면 정확한 개수를 센다는 것이 어려울 수 있다.

몇 개인가요?

```
int scores[] = { 6, 3, 2, 1, 3, 4, 5, 7, 1, 0, 9, 3, 5, 1, 8, 1, 2, 3, 9, 3, 8 };
```

배열 안에 들어 있는 요소의 개수를 자동적으로 계산하는 방법이 있다. 바로 sizeof 연산자를 사용하는 것이다. 우리가 알다시피 sizeof 연산자는 자료형이나 변수의 크기를 바이트 단위로 계산하는 연산자이다. sizeof 연산자를 이용하여 배열 전체의 크기를 구하고 이것을 배열 요소의 크기로 나누게 되면 배열 요소가 몇 개나 있는지 쉽게 계산할 수 있다.

```
int size = sizeof(scores) / sizeof(scores[0]);
```

sizeof(scores)는 전체 배열의 크기이고 sizeof(scores[0])는 배열 요소의 크기이다.

따라서 전체 배열의 크기를 요소의 크기로 나누어주면 배열의 크기를 얻을 수 있다.

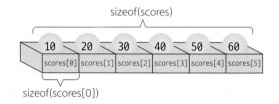

그림 10-9
배열의 크기는 sizeof(scores)/size of(scores[0])로 구할 수 있다.

배열의 복사

하나의 배열을 다른 배열로 복사하면 어떻게 하면 될까? 일단 아래 그림에서 왼쪽과 같이 b = a; 와 같은 문장을 사용하여 하나의 배열을 다른 배열로 대입하는 것은 잘못된 방법이다.

하나의 배열을 다른 배열로 복사하기 위해서는 각각의 요소를 복사해주어야 한다. 즉 배열 a를 배열 b로 복사하려면 반복 루프를 사용하여 요소의 개수만큼 반복하면서 각각의 요소들을 복사해주어야 한다.

① 잘못된 방법	② 올바른 방법

`int a[SIZE] = {1, 2, 3, 4, 5};`
`int b[SIZE];`
 	
`b = a;`
	`int i;`
	`int a[SIZE] = {1, 2, 3, 4, 5};`
	`int b[SIZE];`
	
	`for(i = 0; i < SIZE; i++)`
	`    b[i] = a[i];`

배열의 이름을 다른 배열에 대입한다고 해서 배열이 복사되지 않는다. C언어에서 배열의 이름은 배열의 시작을 가리킨다.

하나의 배열을 다른 배열로 복사하려면 위 그림의 오른쪽처럼 반복 구조를 사용하여서 배열의 요소를 하나씩 복사해주어야 한다.

배열의 비교

참고사항

배열의 이름은 배열을 가리키는 포인터로 생각할 수 있어서 그렇다. 이것은 포인터를 학습할 때 다시 살펴본다.

하나의 배열 전체를 다른 배열 전체와 비교할 수 있을까? 즉 배열 a와 배열 b를 비교하려면 어떻게 하여야 하는가? 배열 이름만 가지고 비교하는 것은 올바른 결과를 생성하지 않는다.

②에서 a[i]가 b[i]와 같지 않으면 for 루프는 중단된다. 따라서 for 루프가 중단되지 않고 종료하였다는 것은 모든 배열 요소가 일치함을 의미한다.

① 잘못된 방법	② 올바른 방법

`int a[SIZE] = { 1, 2, 3, 4, 5 };`
`int b[SIZE] = { 1, 2, 3, 4, 5 };`
 	
`if( a == b )`
`    printf("같습니다.\n");`
`else`
`    printf("다릅니다\n");`
	`int a[SIZE] = { 1, 2, 3, 4, 5 };`
	`int b[SIZE] = { 1, 2, 3, 4, 5 };`
	
	`for(i = 0; i < SIZE ; i++) {`
	`    if ( a[i] != b[i] ) {`
	`        printf("다릅니다.\n");`
	`        break;`
	`    }`
	`}`

배열의 이름은 배열이 저장된 메모리의 주소와 같다. 따라서 사실은 ①의 if문은 배열의 내용을 비교하는 것이 아니라 각각의 배열이 저장된 메모리의 주소를 비교하는 것이다. 따라서 주소는 서로 다를 수밖에 없고 배열 요소들의 값이 일치해도 항상 같지 않다는 메시지가 출력된다.

1 배열 a[6]의 요소를 1, 2, 3, 4, 5, 6으로 초기화하는 문장을 작성하라.

2 배열의 초기화에서 초기값이 개수가 배열 요소의 개수보다 적은 경우에는 어떻게 되는가? 또 반대로 많은 경우에는 어떻게 되는가?

3 배열의 크기를 주지 않고 초기값의 개수로 배열의 크기를 결정할 수 있는가?

4 배열 a, b를 if(a==b)와 같이 비교할 수 있는가?

5 배열 a에 배열 b를 a=b;와 같이 대입할 수 있는가?

LAB 주사위 던지기

1913년에 몬테카를로 카지노의 룰렛 게임에서는 연속하여 구슬이 20번이나 검정색으로 떨어졌다고 한다. 도박사들은 다음에는 틀림없이 구슬이 빨강색으로 떨어질 것으로 예상하고 돈을 걸었지만 구슬은 추가로 6번이나 더 검정색으로 떨어졌다고 한다. 도박꾼들은 수백만 프랑을 잃었다. 주사위나 룰렛 게임에서 하나의

사건은 이전 사건과 독립적이다. 이전에 20번이나 검정색으로 떨어졌다고 다음에는 틀림없이 빨강색으로 떨어지는 것은 아니다. 연속하여 26번이나 검정색이 나올 확률은 1368만분의 1정도로 매우 드문 경우였다.

이 실습에서는 주사위를 던져서 각 숫자들이 나오는 횟수를 출력하여보자. 주사위를 던지는 동작은 난수 발생기가 대신한다. 즉 난수 발생 함수인 rand()를 호출하여 반환되는 값을 6으로 나눈 나머지가 주사위의 숫자를 나타낸다. 주사위를 10000번 던져서 각 숫자들이 나오는 횟수를 계산하여 화면에 출력해보자.

```
int face;
face = rand() % 6;
```

확률 이론에 의하면 주사위를 굴려서 나오는 숫자들은 거의 동일한 횟수로 나와야 한다.

```
===================
숫자     빈도
===================
  1      1657
  2      1679
  3      1656
  4      1694
  5      1652
  6      1662
```

참고사항

난수 발생기의 시드를 설정하려면 srand((unsigned) time(NULL)); 문장을 main() 함수 첫 부분에 추가한다.

Solution dice.c

```c
1  #include <stdio.h>
2  #include <stdlib.h>
3
4  #define SIZE 6
5
6  int main(void)
7  {
8      int freq[SIZE] = { 0 };
9      int i;
10
11     for(i = 0; i < 10000; i++)
12         ++freq[ rand() % 6 ];
13
14     printf("===================\n");
15     printf("숫자      빈도\n");
16     printf("===================\n");
17
18     for(i = 0; i < SIZE; i++)
19         printf("%3d      %3d \n", i+1, freq[i]);
20
21     return 0;
22 }
```

모든 요소가 0으로 초기화된다.

주사위를 10000번 던진다. 난수의 값을 6으로 나눈 나머지를 주사위의 숫자로 간주하고 해당 숫자의 빈도를 하나 증가시킨다.

각 배열 요소는 해당 주사위 면이 나온 횟수를 저장한다.

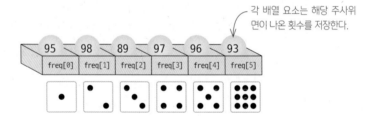

도전문제

위의 프로그램에서는 배열을 사용하였다. 만약 개별 변수만을 사용할 수 있다면 어떻게 작성해야 하는가? 얼마나 불편한지 한번 시도해보자.

 LAB   극장 예약 시스템

배열을 이용하여 간단한 극장 예약 시스템을 작성하여보자. 아주 작은 극장이라서 좌석이 10개밖에 안 된다. 사용자가 예약을 시작하면 먼저 좌석 배치표를 보여준다. 예약이 끝난 좌석은 1로, 예약이 안 된 좌석은 0으로 나타낸다.

```
좌석을 예약하시겠습니까?(y 또는n)  y
--------------------------------
 1  2  3  4  5  6  7  8  9  10
--------------------------------
 0  0  0  0  0  0  0  0  0  0
몇 번째 좌석을 예약하시겠습니까 1
예약되었습니다.
좌석을 예약하시겠습니까?(y 또는n)  y
--------------------------------
 1  2  3  4  5  6  7  8  9  10
--------------------------------
 1  0  0  0  0  0  0  0  0  0
몇 번째 좌석을 예약하시겠습니까 1
이미 예약된 자리입니다.
좌석을 예약하시겠습니까?(y 또는n)
```

Hint 먼저 의사 코드를 작성하여보자. 배열은 이런 종류의 애플리케이션에 적합하다. 좌석 예약 여부는 1차원 배열 seats[]에 저장하면 된다. seats[i]가 1이면 i번째 좌석이 예약된 것이고 0이면 예약되지 않은 것이다. 처음에는 모든 좌석이 예약되지 않았으므로 0으로 초기화하여야 한다. 좌석이 예약되면 seats[i]의 값을 1로 변경하면 된다. 사용자가 예약 번호를 올바르게 입력하였는지도 반드시 체크하여야 한다. 즉 좌석 번호는 1부터 10 사이어야 하므로 1보다 작거나 10보다 큰 번호를 입력하였으면 잘못된 것이다.

```
while(1)
        사용자로부터 예약 여부(y 또는 n)를 입력받는다.
    if 입력 == 'y'
        현재의 좌석 배치표 seats[]를 출력한다.
        좌석 번호 i를 사용자로부터 입력받는다.
        if 좌석 번호가 올바르면
            seats[i]=1
        else
            에러 메시지를 출력한다.
    else
        종료한다.
```

Solution

```
1  #include <stdio.h>
2  #define SIZE 10
3
4  int main(void)
5  {
6      char ans1;
7      int ans2, i;
8      int seats[SIZE] = {0};
9
```

배열의 크기는 기호 상수로 정의하는 것이 편리하다. 차후에 배열의 크기를 변경할 때 편리하다.

예약 여부를 나타내는 1차원 배열을 선언하고 0으로 초기화한다.

```
10          while(1)  {
11              printf("좌석을 예약하시겠습니까?(y 또는n) ");
12              scanf(" %c",&ans1);
13
14              if(ans1 == 'n')
15                  break;
16              printf("------------------------------\n");
17              printf("  1  2  3  4  5  6  7  8  9  10\n");
18              printf("------------------------------\n");
19
20              for(i = 0; i < SIZE; i++)
21                  printf("  %d",seats[i]);
22              printf("\n");
23
24              printf("몇 번째 좌석을 예약하시겠습니까?");
25              scanf("%d", &ans2);
26              if(seats[ans2-1] == 0) { // 예약되지 않았으면
27                  seats[ans2-1] = 1;
28                  printf("예약되었습니다.\n");
29              }
30              else                       // 이미 예약되었으면
31                  printf("이미 예약된 자리입니다.\n");
32          }
33          return 0;
34  }
```

공백 문자는 제외하고 일반 문자만을 입력받는다.

도전문제

위의 프로그램에서는 한 명만 예약할 수 있다. 하지만 극장에 혼자서 가는 경우는 드물다. 따라서 한 번에 2명을 예약할 수 있도록 위의 프로그램을 변경하여보자.

 LAB   최소값 찾기

우리는 인터넷에서 스마트폰과 같은 상품을 살 때, 가격 비교 사이트를 통하여 가장 싼 곳을 검색한다. 인터넷 쇼핑몰 10곳에 판매되는 스마트폰의 가격을 조사하여서 배열에 저장하였다고 하자. 배열에 저장된 가격 중에서 가장 낮은 가격을 찾아보자. 이러한 종류의 문제는 자주 등장하는 문제로서 일반적으로 배열에 들어 있는 정수 중에서 최소값을 찾는 문제와 같 다. 물론 최대값을 찾는 문제도 거의 유사한 구조를 가진다. 상품의 가격을 하나하나 입력하려면 아주 귀찮다. 따라서 0부터 100까지의 난수를 발생시켜서 이것을 스마트폰의 가격이라고 가정하자.

```
--------------------------------------
1   2   3   4   5   6   7   8   9   10
--------------------------------------
9   15  31  97  88  80  68  39  44  48

최소값은 9입니다.
```

먼저 의사 코드를 작성하여보자. 스마트폰의 가격은 1차원 배열 prices[]에 저장하면 된다. 최소값을 구할 때는 일단 배열의 첫 번째 요소를 최소값으로 가정한다. 배열의 두 번째 요소부터 마지막 요소까지 이 최소값과 비교한다. 만약 배열의 요소가 현재의 최소값보다 작다면 이것을 새로운 최소값으로 변경하면 된다.

```
배열 prices[]의 요소를 난수로 초기화한다.
일단 첫 번째 요소를 최소값 minimum이라고 가정한다.
for(i=1; i<배열의 크기; i++)
    if ( prices[i] < minimum )
        minimum = prices[i]

반복이 종료되면 minimum에 최소값이 저장된다.
```

Solution minimum.c

```c
1  #include <stdio.h>
2  #include <stdio.h>
3  #include <stdlib.h>
4  #include <time.h>
5  #define SIZE 10
6
7  int main(void)
8  {
9      int prices[SIZE] = { 0 };
10     int i, minimum;
11
12     printf("--------------------------------------\n");
13     printf("1   2   3   4   5   6   7   8   9   10\n");
14     printf("--------------------------------------\n");
15     srand( (unsigned)time( NULL ) );
16     for(i = 0; i < SIZE; i++){                        배열을 난수로 초기화한다.
17         prices[i] = (rand()%100)+1;
18         printf("%-3d ",prices[i]);            %-3d는 3자리의 필드에 왼쪽 정
19     }                                          렬하여 출력하는 것을 의미한다.
20     printf("\n\n");
21                                          첫 번째 배열 요소를 최소값으로 가정
22     minimum = prices[0];
23
```

```
24          for(i = 1; i < SIZE; i++) {
25              if( prices[i] < minimum )
26                  minimum = prices[i];
27          }
28          printf("최소값은 %d입니다.\n", minimum);
29          return 0;
30  }
```

> 현재의 최소값보다 배열 요소가 작으면,
> 배열 요소를 최소값으로 복사한다.

🔺 도전문제

위의 프로그램에서는 최소값을 계산하였다. 이번에는 배열의 요소 중에서 최대값을 찾도록 변경하여보자. 변수 이름도 적절하게 변경하라.

10.3 배열과 함수

배열도 함수로 전달할 수 있을까? 배열을 함수로 전달할 수 있으면 많은 작업들을 함수로 작성하여 편리하게 사용할 수 있다. 예를 들어서 배열에 들어 있는 값의 평균을 계산하는 함수를 작성해놓으면 평균이 필요할 때마다 이 함수를 호출하면 된다.

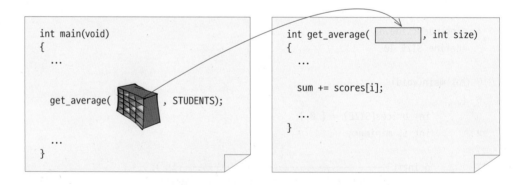

배열도 함수로 전달할 수 있다. 하지만 변수를 전달할 때와는 다르다. 우리는 함수 호출 시에 "값에 의한 호출"이 이루어진다는 것을 알고 있다. "값에 의한 호출"이란 함수를 호출할 때 인수의 값이 매개 변수로 복사되는 것을 의미한다. 그러나 배열의 경우에는 단순한 "값에 의한 호출"이 아니다. 배열이 인수인 경우에는 배열의 주소가 매개 변수를 통하여 전달된다. 여기에 대한 설명은 포인터를 학습해야만 완전해진다. 지금으로는 그냥 배열의 경우에는 배열 원본이 전달된다고만 알아두자.

간단한 예를 들어보자. 학생들의 성적을 저장하고 있는 정수 배열을 만들고 평균을 계산하는 함수를 작성하여 호출해보자.

```c
#include <stdio.h>
#define STUDENTS 5

int get_average(int scores[], int size); // ①

int main(void)
{
    int scores[STUDENTS] = { 1, 2, 3, 4, 5 };
    int avg;

    avg = get_average(scores, STUDENTS);
    printf("평균은 %d입니다.\n", avg);

    return 0;
}
// 배열에 들어 있는 값들의 평균을 계산하는 함수
int get_average(int scores[], int size)       // ②
{
    int i;
    int sum = 0;

    for(i = 0; i < size; i++)
        sum += scores[i];

    return sum / size;
}
```

원형을 정의한다. 배열을 받는 매개 변수는 크기를 적어주지 않아도 된다. 물론 적어주어도 된다.

원본 배열이 전달된다.

반복하면서 배열의 모든 요소들의 합을 계산한다.

참고사항

get_average(int scores[STUDENTS], int size){ ... } 라고 정의하여도 된다.

평균은 3입니다.

먼저 함수가 배열을 매개 변수로 받기 위해서는 위의 문장 ①, ②와 같이 원형 선언과 함수 정의를 하여야 한다. 먼저 첫 번째 매개 변수 int scores[]가 배열을 나타낸다. 매개 변수로 배열을 선언하는 경우에는 배열의 크기를 지정하지 않아도 된다. 왜냐하면 매개 변수를 선언할 때, 실제로 배열이 생성되는 것이 아니기 때문이다. 우리는 매개 변수 scores를 통하여 원본 배열 scores를 참조한다. 따라서 정확한 크기는 필요하지 않다. 물론 크기를 지정하여도 문제는 없다. get_average()가 호출되면, 인수로 전달되는 scores 배열과 매개 변수 scores 배열은 같아진다.

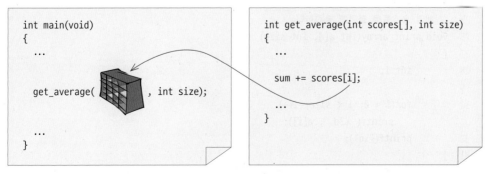

그림 10-10
배열 매개 변수

배열 매개 변수의 경우, 원본이 직접 참조됩니다.

두 번째 매개 변수 int size는 배열의 크기를 받는 매개 변수이다. 호출된 함수에서는 scores가 배열이라는 것만 알 수 있고 배열의 크기는 모른다. 배열의 크기 정보가 있어야만 이 배열의 올바르게 데이터를 처리할 수 있다. 따라서 일반적으로 배열의 크기를 별도의 매개 변수로 전달받는다. 물론 배열의 크기가 항상 일정하다면 그럴 필요가 없을 것이다.

원본 배열의 변경

배열은 매개 변수를 통하여 원본을 참조하는 것이기 때문에 항상 조심을 하여야 한다. 만약 함수 안에서 매개 변수를 통하여 배열 요소를 변경한다면 이것은 원본 배열을 변경시키는 결과를 가져온다. 하나의 예로 1차원 배열을 조작하는 다음과 같은 함수를 작성하고 사용하여보자.

modify.c

```
1    #include <stdio.h>
2    #define SIZE 7
3
4    void modify_array(int a[], int size);
5    void print_array(int a[], int size);
6
7    int main(void)
8    {
9        int list[SIZE] = { 1, 2, 3, 4, 5, 6, 7 } ;
10
11       print_array(list, SIZE);              배열을 함수로 전달한다.
12       modify_array(list, SIZE);    // 배열은 원본이 전달된다.
13       print_array(list, SIZE);
14
15       return 0;
16   }
17   // a[]를 변경하면 원본이 변경된다.
18   void modify_array(int a[], int size)      modify_array()는 배열을 인수로 받
19   {                                          아서 배열 내의 모든 요소를 하나 증가시
20       int i;                                 킨다. 배열은 원본이 전달되므로, 호출된
21                                              함수가 배열의 요소를 수정하면 원본 배열
22       for(i = 0; i < size; i++)              의 내용도 동시에 수정된다.
23           ++a[i];
24   }
25   // 배열 요소들을 화면에 출력한다.
26   void print_array(int a[], int size)
27   {
28       int i;
29
30       for(i = 0; i < size; i++)
31           printf("%3d ", a[i]);
32       printf("\n");
33   }
```

```
1 2 3 4 5 6 7
2 3 4 5 6 7 8
```

modify_array()는 배열 a[]를 받아서 배열 요소를 하나 증가시킨다. 배열은 원본이 전달되므로, 호출된 함수가 배열의 요소를 수정하면 원본 배열의 내용도 동시에 수정된다.

배열이 아니고 배열 요소를 함수에 전달하면 복사본이 전달된다. 배열은 원본이 전달되지만 배열 요소는 복사본이 전달되므로 착각하면 안 된다.

```
int main(void)
{
        ...
        square_element(list[2]);
}                           복사본 전달
void square_element(int e)
{
        e = e * e;
}
```

원본 배열의 변경을 금지하는 방법

배열이 함수의 매개 변수로 전달되는 경우, 함수 안에서 배열 요소들의 값을 변경할 수 있다. 가끔은 프로그래밍 실수로 인하여, 의도하지 않았는데도, 배열 요소의 값이 변경되는 경우가 발생한다. 이것을 방지하기 위하여 const 지정자를 사용할 수 있다.

const 지정자를 배열 매개 변수 앞에 붙이면 그 배열은 변경이 불가능해진다. 따라서 배열의 내용을 변경하지 않는 함수의 경우에는 const를 붙이는 것이 권장된다. 예를 들어서 print_array()와 같이 단순히 배열 요소를 출력하는 함수는 배열을 변경할 필요가 없다. 따라서 함수를 정의할 때 다음과 같이 const를 사용하는 것이 안전하다.

```
void print_array(const int a[], int size)
{
                            함수 안에서 a[]는 변경할 수 없다.
        ...
        a[0] = 100;    // 컴파일 오류!
}
```

1   배열을 함수로 전달하면 원본이 전달되는가? 아니면 복사본이 전달되는가?

2   함수가 전달받는 배열을 변경하지 못 하게 하려면 어떻게 하여야 하는가?

중간점검

정렬(sorting)은 물건을 크기순으로 오름차순(ascending order)이나 내림차순(descending order)으로 나열하는 것을 의미한다. 예를 들어 책들은 제목순이나 저자순, 또는 발간연도순으로 정렬이 가능하다. 사람도 이름, 나이, 키 등을 이용하여 정렬할 수 있다. 물건뿐만 아니라 어떤 형태의 것도, 비교만 가능하면 정렬할 수 있다.

그림 10-11
정렬의 예

정렬은 컴퓨터 공학 분야에서 가장 기본적이고 중요한 알고리즘 중의 하나로 일상생활에서 많이 사용된다. 여러분은 스프레드시트에서 정렬 기능을 이용하여 데이터를 정렬해본 적이 있을 것이다. 또한 인터넷 가격 비교 사이트에서 제품을 가격순으로 나열해 본 적이 있을 것이다. 이러한 것들은 모두 정렬 알고리즘을 사용하고 있다. 또한 정렬은 자료 탐색에 있어서 필수적이다. 예를 들면 사전에서 우리가 단어를 쉽게 찾을 수 있는 것은 사전 안의 단어들이 알파벳순으로 정렬되어 있기 때문이다. 만약 사전이 알파벳순으로 정렬되어 있지 않다면 특정 단어를 찾는 것은 거의 불가능할 것이다. 이는 컴퓨터도 마찬가지다. 비록 컴퓨터가 사람보다 속도는 더 빠르지만 정렬되어 있지 않은 자료에서는 탐색의 효율성이 크게 떨어진다.

선택 정렬

그림 10-12
선택 정렬의 원리

왼쪽 배열	오른쪽 배열	설명
( )	(5,3,8,1,2,7)	초기상태
(1)	(5,3,8,2,7)	1선택
(1,2)	(5,3,8,7)	2선택
(1,2,3)	(5,8,7)	3선택
(1,2,3,5)	(8,7)	5선택
(1,2,3,5,7)	(8)	7선택
(1,2,3,5,7,8)	( )	8선택

선택 정렬(selection sort)은 비교적 이해하기가 쉬운 정렬 방법이다. 먼저 왼쪽 배열과 오

른쪽 배열, 두 개의 배열이 있다고 가정하자. **그림 10-12**와 같이 초기 상태에서 왼쪽 배열은 비어 있고, 정렬되어야 할 숫자들은 모두 오른쪽 배열에 들어있다. 선택 정렬은 오른쪽 배열에서 가장 작은 숫자를 선택하여 왼쪽 배열로 이동하는 작업을 되풀이한다. 선택 정렬은 오른쪽 배열이 공백 상태가 될 때까지 이 과정을 되풀이하는 정렬 기법이다.

위의 방법을 구현하기 위해서는 입력 배열과는 별도로 똑같은 크기의 배열이 하나 더 필요하다. 메모리를 절약하기 위하여 입력 배열 외에 추가적인 공간을 사용하지 않는 선택 정렬 알고리즘을 생각해보자. 일단 하나의 배열만 사용한다. 배열에서 최소값을 찾아서 배열의 첫 번째 자리로 이동시킨다. 문제는 첫 번째 자리에 있었던 값을 어떻게 처리하느냐인데 최소값이 있었던 자리가 비어 있는 것을 이용하면 된다. 바로 최소값이 있었던 자리로 첫 번째 자리에 있었던 값을 이동시킨다.

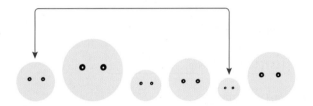

그림 10-13
맨 앞의 원소와 최소값을 교환하면 하나의 배열만 사용하여도 된다.

즉 **그림 10-14**와 같이 배열에서 최소값을 탐색한 다음, 이 최소값을 배열의 첫 번째 원소와 교환한다. 다음에는 첫 번째 원소를 제외한 나머지 원소들 중에서 가장 작은 값을 선택하고 이를 두 번째 원소와 교환한다. 이 절차를 (숫자 개수-1)만큼 되풀이하면 추가적인 배열을 사용하지 않고서도 전체 숫자들이 정렬된다.

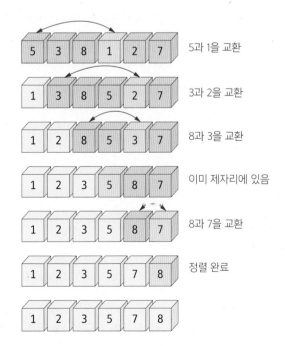

그림 10-14
선택 정렬의 과정

selection_sort.c

```
1   #include <stdio.h>
2   #define SIZE 10
3
4   int main(void)
5   {
6       int list[SIZE] = { 3, 2, 9, 7, 1, 4, 8, 0, 6, 5 };
7
8       int i, j, temp, least;
9
10      for(i = 0; i < SIZE-1; i++)
11      {
12          least = i;
13
14          for(j = i + 1; j < SIZE; j++)
15              if(list[j] < list[least])
16                  least = j;
17          temp = list[i];
18          list[i] = list[least];
19          list[least] = temp;
20      }
21      for(i = 0;i < SIZE; i++)
22          printf("%d ", list[i]);
23      printf("\n");
24      return 0;
25  }
```

외부 for 루프로서 아직 정렬되지 않은 숫자들 중에서 최소값을 선택해서 정렬되지 않은 숫자들 중 맨 앞에 위치한 숫자와 교환하는 반복 루프이다. n−1번 반복된다.

i번째 원소부터 시작하여 배열의 맨 마지막 원소 중에서 최소값을 찾아야 한다. 일단은 i번째 원소를 최소값이라고 가정한다.

내부 for 루프로서 (i+1)번째 원소부터 배열의 마지막 원소 중에서 최소값을 찾는다. 현재의 최소값과 비교하여 더 작은 정수가 발견되면 그 정수가 들어 있는 인덱스를 least에 저장한다.

`0 1 2 3 4 5 6 7 8 9`

여기서 주의 깊게 보아야 하는 코드는 list[i]와 list[least]를 서로 교환하는 부분이다. i번째 원소와 least 위치의 원소를 교환하려면 여분의 변수 temp가 필요하다. 먼저 temp에다가 list[i]의 값을 저장하고 list[least]를 list[i]에 복사한다. 만약 temp 변수에 list[i]의 값을 저장하지 않으면 list[least]를 list[i]로 복사하는 과정에서 list[i]의 값이 없어지게 된다. 다음과 같이 작성하지 않도록 주의하여야 한다.

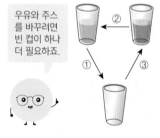
우유와 주스를 바꾸려면 빈 컵이 하나 더 필요하죠.

```
list[i] = list[least];   // list[i]의 기존값은 파괴된다!
list[least] = list[i];
```

10.5 탐색

사람들은 항상 무엇인가를 찾아 헤맨다. 예를 들면 출근할 때 입을 옷을 찾는다거나 서랍 속의 서류를 찾기도 한다. 컴퓨터에서도 마찬가지이다. 탐색(search)은 컴퓨터가 가장 많이 하는 작업 중의 하나이다. 단순하게 여러분이 하루에 인터넷에서 필요한 자료들을 얼마나 많이 탐색하는지를 생각하면 된다. 탐색은 많은 시간이 요구되는 작업이므로 효율적으로 수행하는 것은 매우 중요하다.

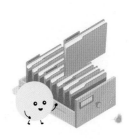

탐색 문제를 간단하게 하기 위하여, 정수들이 배열에 저장되어 있고 여기에서 특정한 정수를 찾는다고 가정한다. 우리가 찾는 특정한 정수를 탐색키(serach key)라고 하자. 이번 절에서는 두 가지의 탐색 방법, 즉 순차 탐색과 이진 탐색을 살펴본다.

순차 탐색

순차 탐색(sequential search)은 탐색 방법 중에서 가장 간단하고 직접적인 탐색 방법이다. 순차 탐색은 배열의 요소를 순서대로 하나씩 꺼내서 탐색키와 비교하여 원하는 값을 찾아가는 방법이다. 순차 탐색은 일치하는 항목을 찾을 때까지 비교를 계속한다. 순차 탐색은 첫 번째 요소에서 성공할 수도 있고 마지막 요소까지 가야 되는 경우도 있다. 평균적으로는 절반 정도의 배열 요소와 비교하여야 할 것이다.

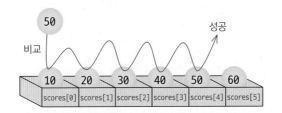

그림 10-15
순차 탐색은 배열에 저장된 데이터와 순차적으로 비교하여 탐색하는 방법이다.

seq_search.c

```
1   #include <stdio.h>
2   #define SIZE 10
3
4   int main(void)
5   {
6       int key, i;
7       int list[SIZE] = { 1, 2, 3, 4, 5, 6, 7, 8, 9 };
8
9       printf("탐색할 값을 입력하시오:");
10      scanf("%d", &key);            사용자로부터 탐색
11                                    할 값을 입력받는다
12      for(i = 0; i < SIZE; i++)
13          if(list[i] == key)
14              printf("탐색 성공 인덱스= %d\n", i);
15
16      printf("탐색 종료\n");         for 루프를 이용하여 list[i]와 key를 비교하는 연산을 배
17      return 0;                      열의 크기만큼 반복한다. 만약 list[i]와 key가 같으면 탐
18  }                                  색은 성공되고 키값이 발견된 요소의 인덱스를 출력한다.
```

탐색할 값을 입력하시오:7
탐색 성공 인덱스 = 6
탐색 종료

이진 탐색

앞에서 학습한 선형 탐색은 상당히 시간이 오래 걸리는 탐색 방법이다. 만약 배열의 크기가 크다면 문제가 된다. 이진 탐색(binary search)은 아주 속도가 빠른 탐색 기법이다. 대신에 탐색하려는 배열이 미리 정렬이 되어 있어야 한다.

이진 탐색은 배열의 중앙에 있는 값을 탐색키와 비교한다. 만약 일치하면 탐색키를 찾은 것이므로 성공이다. 만약 탐색키가 중앙값보다 작으면 우리가 찾고자 하는 값은 배열의 전반부에 있을 것이다. 따라서 배열의 후반부는 탐색의 범위에서 제외할 수 있다. 반대로 만약 탐색키가 중앙값보다 크면 우리가 찾고자 하는 값은 배열의 후반부에 있을 것이다. 따라서 배열의 전반부는 탐색의 범위에서 제외할 수 있다. 이러한 기법을 남아 있는 숫자들에 대하여 반복적으로 적용한다. 이진 탐색에서는 한 번 비교할 때마다 탐색의 범위가 절반으로 줄어든다.

그림 10-16
이진 탐색의 예

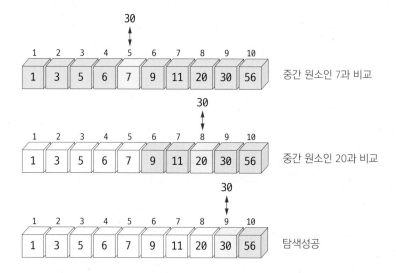

1024개의 원소를 가지는 배열을 탐색하는데 얼마만큼의 비교가 필요할까? 한 번 비교를 할 때마다 탐색 범위가 절반씩 줄어든다. 첫 번째 비교를 하면 범위가 512로 줄어들고 이후로 비교를 할 때마다 범위가 256, 128, 64, 32, 16, 8, 4, 2, 1이 된다. 범위가 1이 되면 이미 탐색이 성공하던지 실패할 것이다. 이것은 최악의 경우를 가정한 것이다. 중간에 만약 일치하는 원소가 있으면 탐색이 종료된다. 따라서 2^{10} = 1024이므로 최대 10번의 비교만 있으면 된다. 만약 배열의 원소가 2^{30}(약 10억 개)라고 하더라도 이진 탐색은 30번만 비교하면 어떤 원소라도 찾을 수 있다. 반면에 순차 탐색은 평균 약 5억 번의 비교가 필요하다.

> **참고사항**
>
> 실생활에서의 이진 탐색의 예를 들어보자. 두 사람이 서로 상대방이 생각하고 있는 숫자를 맞추는 게임을 생각하자. 예를 들어 1에서 100만까지의 숫자를 하나 생각하라. 상대방은 하나의 숫자를 추측하여 말하고 다른 상대방은 그 숫자가 맞는지 아니면 큰지, 작은지 만을 알려준다. 이러한 게임에서 몇 번 만에 상대방이 생각하는 숫자를 맞출 수 있을까? 정답은 20번이다. 만약 숫자의 범위가 더 작다면 훨씬 적은 횟수만으로 맞출 수 있다. 이러한 방법이 이진 탐색이다.

이진 탐색에서는 비교가 이루어질 때마다 탐색 범위가 급격하게 줄어든다. 즉 찾고자 하는 항목이 속해있지 않은 부분은 전혀 고려할 필요가 없기 때문이다. 이러한 방법을 반복적으로 사용하는 방법이 이진 탐색이다. 이진 탐색을 적용하려면 탐색하기 전에 배열이 반드시 정렬되어 있어야 한다. 따라서 이진 탐색은 데이터의 삽입이나 삭제가 빈번할 시에는 적합하지 않고, 주로 고정된 데이터에 대한 탐색에 적합하다.

binary_search.c

```c
1   #include <stdio.h>
2   #define SIZE 16
3   int binary_search(int list[], int n, int key);
4
5   int main(void)
6   {
7       int key;
8       int grade[SIZE] = { 2,6,11,13,18,20,22,27,29,30,34,38,41,42,45,47 };
9
10      printf("탐색할 값을 입력하시오:");
11      scanf("%d", &key);
12      printf("탐색 결과= %d\n", binary_search(grade, SIZE, key));
13
14      return 0;
15  }
16
17  int binary_search(int list[], int n, int key)
18  {
19      int low, high, middle;
20
21      low = 0;
22      high = n-1;
23
24      while( low <= high ){                    // 아직 숫자들이 남아있으면
25          printf("[%d %d]\n", low, high);      // 하한과 상한을 출력한다.
26          middle = (low + high)/2;             // 중간 위치를 계산한다.
27          if( key == list[middle] )            // 일치하면 탐색 성공
28              return middle;
29          else if( key > list[middle] )        // 중간 원소보다 크다면
30              low = middle + 1;                // 새로운 값으로 low 설정
31          else
32              high = middle - 1;               // 새로운 값으로 high 설정
33      }
34      return -1;
35  }
```

이진 탐색을 함수로 작성한다. binary_search()는 배열을 매개 변수로 받는다.

배열 list[]에서 key를 찾아서 위치를 반환하는 함수이다. n은 배열의 크기이다.

현재 탐색 범위는 [low, high]이다.

```
탐색할 값을 입력하시오:34
[0 15]
[8 15]
[8 10]
[10 10]
탐색 결과= 10
```

아래의 프로그램이 어떻게 동작하는지 구체적인 예를 통하여 살펴보자.

그림 10-17
이진탐색의 구체적인 예: 34를 탐색
한다.

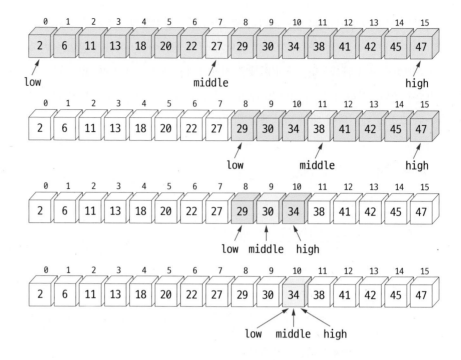

탐색의 대상이 되는 배열이 **그림 10-17**과 같다고 하고 탐색키가 34일 때, 맨 처음에는 low=0이고 high=15이므로 (low+high)/2에 의해 인덱스 middle을 7로 결정한다. 인덱스 7에 있는 값이 27이므로 오른쪽 부분 배열을 탐색하게 된다. 이때 high는 변화가 없지만, low는 8이 되어 오른쪽 배열만을 탐색하게 된다. 다시 결정한 인덱스 middle은 11이 되고, 인덱스 11이 가리키는 키 값이 38로 34보다 크기 때문에 왼쪽 부분 배열을 탐색하게 된다. 이때, low는 그대로 8이 되고 high는 10이 된다. 따라서 인덱스 middle은 9가 되고 인덱스 9가 가리키는 값 30은 34보다 작기 때문에 다시 오른쪽 부분 배열을 탐색하게 된다. 이 경우 low와 high 모두 10이므로 인덱스 middle은 10이 되고, 인덱스 10이 가리키는 값이 34이므로 탐색에 성공하여 인덱스 10을 반환한다.

10.6 2차원 배열

이제까지 우리가 학습한 배열은 여러 개의 정보를 선형적(1차원적)으로 저장한다. 그러나 데이터 자체가 2차원인 경우도 많다. 예를 들어서 디지털 이미지나 보드 게임은 근본적으로 2차원이다. 예를 들어서 다음과 같은 이미지를 숫자로 저장하려면 2차원 형태로 데이터를 저장하는 것이 편리하다.

255	120	120	0
255	80	120	120
255	0	120	80
255	120	120	80

학생들의 성적 기록표도 2차원 데이터라 할 수 있다.

학번	중간고사(30%)	기말고사(40%)	기말과제(20%)	퀴즈점수(10%)	결석횟수(감점)
1	87	98	80	76	3
2	99	89	90	90	0
3	65	68	50	49	0

2차원 배열에서는 요소들이 2차원적으로 배열되어 있다. 만약 크기가 3×5인 2차원 배열을 선언하여 저장해보면 다음과 같다.

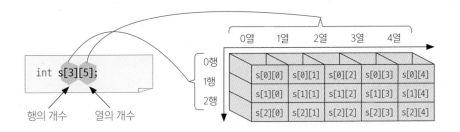

그림 10-18
2차원 배열의 구조

2개의 대괄호를 이용하여 2차원 배열을 선언할 수 있다. 첫 번째 대괄호 안에는 행(row)의 개수, 두 번째 대괄호 안에는 열(column)의 개수를 적는다. 배열 s는 3개의 행으로 이루어졌고 각 행에는 5개의 요소가 있다고 할 수 있다.

2차원 배열에서 요소 참조

2차원 배열에서 하나의 요소를 참조하려면 2개의 인덱스가 필요하다. 예를 들어서 2차원 배열 s의 첫 번째 요소는 s[0][0]와 같이 참조한다. 두 번째 요소는 s[0][1]이 된다. 일반적으로 s[i][j]는 배열 s의 i번째 행과 j번째 열에 있는 요소이다. 여기서 첫 번째 인덱스를 행번호라고 하고 두 번째 인덱스를 열번호라고 한다. 위의 배열은 s[0][0], s[0][1], s[0][2], ... , s[2][3], s[2][4]까지의 모두 15개의 요소를 가진다. 2차원 배열에서도 인덱스는 0부터 시작함을 유념하여야 한다.

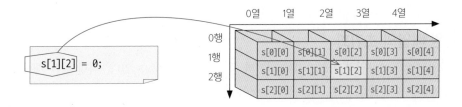

2차원 배열 전체를 초기화하려면 변수 i를 0에서 (행의 수-1)까지 변경시키고 변수 j를 0에서 (열의 수-1)까지 변경시키면서 s[i][j]에 값을 저장하면 된다.

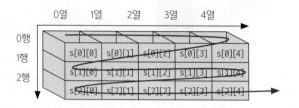

 예제# 1

3×5 크기의 정수형 2차원 배열 s[]을 정의하고 이 배열 요소에 0에서 99사이의 난수를 저장했다가 다시 출력하는 프로그램을 작성하여보자.

two_dim_array.c

```c
1  #include <stdio.h>
2  #include <stdlib.h>
3  #include <time.h>
4  #define ROWS 3
5  #define COLS 5
6
7  int main(void)
8  {
9      int s[ROWS][COLS];   // 2차원 배열 선언
10     int i, j;      // 2개의 인덱스 변수
11
12     srand((unsigned)time(NULL));   // 난수 생성기 초기화
13
14     for (i = 0; i < ROWS; i++)
15        for (j = 0; j < COLS; j++)
16           s[i][j] = rand() % 100; // i행, j열에 난수를 저장한다.
17
18     for (i = 0; i < ROWS; i++) {
19        for (j = 0; j < COLS; j++)
20           printf("%02d ", s[i][j]);
21        printf("\n");
22     }
23     return 0;
24  }
```

```
61 10 53 60 54
90 45 73 00 90
80 82 93 45 67
```

2차원 배열의 초기화

2차원 배열도 1차원과 마찬가지로 선언과 동시에 초기화할 수 있다. 다만 같은 행에 속하는 초기값들을 중괄호 { }로 따로 묶어주어야 한다.

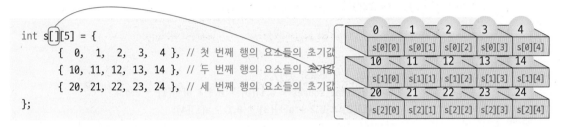

```
int s[3][5] = {
    { 0, 1, 2, 3, 4 }, // 첫 번째 행의 요소들의 초기값
    { 10, 11, 12, 13, 14 }, // 두 번째 행의 요소들의 초기값
    { 20, 21, 22, 23, 24 } // 세 번째 행의 요소들의 초기값
};
```

만약 선언과 동시에 초기화하는 경우, 행의 개수는 지정하지 않을 수 있다. 이 경우 컴파일러가 자동으로 행의 개수를 결정한다. 반면 열의 개수는 반드시 지정하여야 한다.

```
int s[][5] = {
    { 0, 1, 2, 3, 4 }, // 첫 번째 행의 요소들의 초기값
    { 10, 11, 12, 13, 14 }, // 두 번째 행의 요소들의 초기값
    { 20, 21, 22, 23, 24 }, // 세 번째 행의 요소들의 초기값
};
```

초기값들을 나열할 때, 중괄호를 하나만 사용해도 된다. 이때는 컴파일러가 열의 개수에 따라서 초기값을 자동으로 분류한다.

```
int s[][5] = {
    0, 1, 2, 3, 4, 10, 11, 12, 13, 14, 20, 21, 22, 23, 24
};
```

1차원 배열과 마찬가지로 배열의 크기보다 초기값이 적게 주어진다면 나머지 요소들은 모두 0이 된다. 초기값이 전혀 지정되지 않은 경우에는 어떻게 될까? 배열도 일반 변수와 같은 규칙을 따른다. 즉 배열이 전역 변수로 선언되어 있는 경우에는 컴파일러가 요소들의 값을 0으로 초기화한다. 하지만 배열이 지역 변수로 선언되어 있는 경우에는 쓰레기 값이 들어가게 된다. 따라서 이 경우에는 반드시 초기화를 시켜 주어야 한다.

예제#2

학생들의 성적 기록표를 2차원 배열에 저장하고 각 학생의 최종 성적을 계산해보자.

학번	중간고사(30%)	기말고사(40%)	기말과제(20%)	퀴즈점수(10%)	결석횟수(감점)
1	87	98	80	76	3
2	99	89	90	90	0
3	65	68	50	49	0

```
two_dim2.c
1  #include <stdio.h>
2  #define ROWS 3
3  #define COLS 5
4
5  int main(void) {
6      int a[ROWS][COLS] = {    { 87, 98, 80, 76, 3 },
7                               { 99, 89, 90, 90, 0 },
8                               { 65, 68, 50, 49, 0 }
9      };
10
11     int i;
12
13     for (i = 0; i < ROWS; i++) {
14         double final_scores = a[i][0] * 0.3 + a[i][1] * 0.4 +
15             a[i][2] * 0.2 + a[i][3] * 0.1 - a[i][4];
16         printf("학생 #%i의 최종성적=%10.2f \n",i+1,  final_scores);
17     }
18     return 0;
19 }
```

```
학생 #1의 최종성적= 85.90
학생 #2의 최종성적= 92.30
학생 #3의 최종성적= 61.60
```

예제#3

행렬(matrix)은 자연과학에서 많은 문제를 해결하는데 사용된다.

$$A = \begin{bmatrix} 2 & 3 & 0 \\ 8 & 9 & 1 \\ 7 & 0 & 5 \end{bmatrix} \qquad B = \begin{bmatrix} 1 & 0 & 0 \\ 1 & 0 & 0 \\ 1 & 0 & 0 \end{bmatrix}$$

행렬을 어떻게 표현할 것인지를 생각해보자. 일반적으로 행렬을 표현하는 자연스러운 방법은 2차원 배열을 사용하는 것이다. 이 예제에서는 두 개의 행렬을 더하는 프로그램을 작성하여보자.

```
matrix.c
1  #include <stdio.h>
2  #define ROWS 3
3  #define COLS 3
4
5  int main(void)
6  {
7      int A[ROWS][COLS] = {    { 2,3,0 },
8                               { 8,9,1 },
9                               { 7,0,5 } };
10     int B[ROWS][COLS] = {    { 1,0,0 },
11                              { 1,0,0 },
12                              { 1,0,0 } };
13     int C[ROWS][COLS];
14     int r,c;
15
```

크기가 ROWS × COLS인 2차원 정수 배열 A[][], B[][], C[][]를 선언하였다. A[][]와 B[][]는 초기값이 주어져 있다.

행렬 요소들의 인덱스로 사용될 변수 r과 c를 선언한다. 행렬에서는 보통 행(row), 열(column)이라는 용어를 사용한다. r과 c는 이것들의 약자이다. .

```
16        // 두개의 행렬을 더한다.
17        for(r = 0;r < ROWS; r++)
18           for(c = 0;c < COLS; c++)
19              C[r][c] = A[r][c] + B[r][c];
20
21        // 행렬을 출력한다.
22        for(r = 0;r < ROWS; r++) {
23           for(c = 0;c < COLS; c++)
24              printf("%d ", C[r][c]);
25           printf("\n");
26        }
27
28        return 0;
29     }
```

중첩 for 루프를 이용하여 행렬 A의 각 요소들과 행렬의 B의 각 요소들을 서로 더하여 행렬 C에 대입한다.

중첩 for 루프를 이용하여 행렬 C의 각 요소들의 값을 화면에 출력한다. 26번째 라인은 내부 for 루프가 끝난 후에 화면에 줄바꿈 문자를 출력하기 위한 것이다.

```
3 3 0
9 9 1
8 0 5
```

2차원 배열을 함수로 전달하기

2차원 배열도 1차원 배열과 마찬가지로 함수에 인수로 전달할 수 있다. 2차원 배열도 원본이 전달된다. 함수를 사용하여 2차원 배열의 요소들의 합을 구하는 예제를 살펴보자. 어떤 회사의 3년간의 매출 정보를 2차원 배열로 받아서 전체 총 매출을 계산하는 프로그램을 작성해보자. 2차원 배열을 함수로 전달할 때도 배열의 크기도 전달하는 것이 좋다. 하지만 예제에서는 2차원 배열의 크기를 미리 알고 있다고 가정하고 배열의 크기는 따로 전달하지 않았다.

sales.c

```
1   #include  <stdio.h>
2   #define   YEARS 3
3   #define   PRODUCTS 5
4
5   int sum(int scores[YEARS][PRODUCTS]);
6
7   int main(void)
8   {
9       int sales[YEARS][PRODUCTS] = { {1, 2, 3}, {4, 5, 6}, {7, 8, 9} };
10      int total_sale;
11
12      total_sale = sum(sales);
13      printf("총매출은 %d입니다.\n", total_sale);
14
15      return 0;
16  }
17
18  int sum(int scores[YEARS][PRODUCTS])
```

YEARS는 생략하여도 된다.

원본 전달

```
19   {
20         int y, p;
21         int total = 0;
22
23         for(y = 0; y < YEARS; y++)
24              for(p = 0; p < PRODUCTS; p++)
25                   total += scores[y][p];
26
27         return total;
28   }
```

총 매출은 45입니다.

모든 것은 1차원 배열과 비슷하다. 함수에서 2차원 배열을 받을 때 행의 크기는 적지 않아도 된다. 그러나 열의 개수는 반드시 적어야 한다. 물론 전부 적어주어도 된다.

```
int sum(int scores[][PRODUCTS])
{
     ...
}
```

중간점검

1   다차원 배열 int a[3][2][10]에는 몇 개의 요소가 존재하는가?
2   다차원 배열 int a[3][2][10]의 모든 요소를 0으로 초기화하는 문장을 작성하시오.

참고사항

C에서는 2차원 배열, 3차원 배열 등 일반적으로 n차원의 배열이 가능하다. 사실 C에서 가질 수 있는 차원의 수에는 아무런 제한이 없다.

```
    int s[3][3][5];    // 3차원 배열
```

그러나 다차원이 되면 필요한 메모리의 양이 급격하게 늘어나게 되므로 주의하여야 한다. 보통 특별한 경우를 제외하고는 3차원 이상의 다차원 배열은 피하는 것이 좋다. 예를 들어서 100개의 정수를 저장할 수 있는 1차원 배열은 하나의 정수가 4바이트이므로 400바이트면 되지만 100 x 100 크기의 2차원 배열은 40000바이트를 필요로 하고 100 x 100 x 100 크기의 3차원 배열은 4000000바이트를 필요로 한다. 따라서 필요이상으로 차원을 늘리지 않도록 주의하여야 한다.

LAB   영상 처리

영상 처리(image processing)이란 카메라를 통해서 입력받은 디지털 영상을 컴퓨터를 이용해서 처리하는 분야이다. 최근 화두가 되고 있는 자율 주행 자동차에서도 영상 처리를 사용하여서 차선을 감지한다. 디지털 영상은 픽셀들의 2차원 배열이라 할 수 있다. 우리는 8×16 크기의 흑백 영상만을 생각하자. 각 픽셀은 검정색(0)이거나 흰색(1)이 될 수 있다.

```
int image[8][16] = {
    { 1,1,1,1,1,1,1,1,1,1,1,1,1,1,1,1 },
    { 1,1,1,1,0,1,1,1,1,1,1,1,1,1,1,1 },
    { 1,1,1,0,0,1,1,1,1,1,1,1,1,1,1,1 },
    { 1,1,1,0,0,0,1,1,0,0,1,1,1,1,1,1 },
    { 1,1,0,0,0,0,0,0,0,0,1,1,1,1,1,1 },
    { 1,0,0,0,0,0,0,0,0,0,0,0,1,1,1,1 },
    { 1,0,0,0,0,0,0,0,0,0,0,0,0,1,1,1 },
    { 1,1,1,1,1,1,1,1,1,1,1,1,1,1,1,1 } };
```

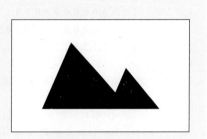

이 실습에서는 2차원 배열에 흑백 영상을 저장하고 이 배열을 받아서 영상의 색상을 반전하는 함수 inverse()를 작성해보자. inverse() 함수에서는 흰색을 검정색으로 바꾸고, 검정색은 흰색으로 변경한다.

```
void inverse(img[8][16]){
    ...
}
```

```
변환전 이미지
----------------
    *
---- -----------
    **
---  -----------
   ***  **
---  --- --  ------
  ********
--         ------
 **********
-          ------
  **********中中
-            ---
----------------
```

```
변환후 이미지
****************
**** ***********
***  -
***  ***********
***    --
***    ** ******
**       ---- ** --
**  ---------  ******
*            ****
* -----------
*              ***
* -------------
****************
```

Solution

```c
1  #include <stdio.h>
2  #define ROWS 8
3  #define COLS 16
4
5  int image[ROWS][COLS] = {
6          { 1,1,1,1,1,1,1,1,1,1,1,1,1,1,1,1 },
7          { 1,1,1,1,0,1,1,1,1,1,1,1,1,1,1,1 },
8          { 1,1,1,0,0,1,1,1,1,1,1,1,1,1,1,1 },
9          { 1,1,1,0,0,0,1,1,0,0,1,1,1,1,1,1 },
10         { 1,1,0,0,0,0,0,0,0,0,0,1,1,1,1,1 },
11         { 1,0,0,0,0,0,0,0,0,0,0,0,1,1,1,1 },
12         { 1,0,0,0,0,0,0,0,0,0,0,0,0,1,1,1 },
13         { 1,1,1,1,1,1,1,1,1,1,1,1,1,1,1,1 } };
14
15 void display(int image[ROWS][COLS])
16 {
17         for (int r = 0; r < ROWS; r++) {
18             for (int c = 0; c < COLS; c++) {
19                 if (image[r][c] == 0) printf("*");
20                 else printf("_");
21             }
22             printf("\n");
23         }
24 }
25 void inverse(int img[ROWS][COLS])
26 {
27         for (int r = 0; r < ROWS; r++) {
28             for (int c = 0; c < COLS; c++) {
29                 if (img[r][c] == 0) img[r][c] = 1;
30                 else img[r][c] = 0;
31             }
32         }
33 }
34
35 int main(void)
36 {
37         printf("변환전 이미지\n");
38         display(image);
39         inverse(image);
40         printf("\n\n변환후 이미지\n");
41         display(image);
42         return 0;
43 }
```

Mini Project   TIC-TAC-TOE 게임

  tic-tac-toe 게임을 구현하여보자. tic-tac-toe 게임은 2
명의 경기자가 오른쪽과 같은 보드를 이용하여서 번갈아가며
0와 X를 놓는 게임이다. 같은 글자가 가로, 세로, 혹은 대각
선 상에 놓이면 이기게 된다. 물론 최근의 게임들과 비교하면
아주 고전적인 게임이지만 2차원 배열에 대하여 많은 것을 학
습하게 될 것이다. 이 프로그램에서는 사람과 사람이 대결하
고 컴퓨터는 보드만을 제공한다. 하지만 컴퓨터와 사람이 대결하는 프로그램도 "도전 문제"
로 시도하여보자. 한 경기자씩 보드의 좌표를 입력한다.

```
(x, y) 좌표: 1 1
---|---|---
   |   |
---|---|---
   | X |
---|---|---
   |   |
---|---|---
(x, y) 좌표:
```

```
(x, y) 좌표: 0 0
---|---|---
 0 |   |
---|---|---
   | X |
---|---|---
   |   |
---|---|---
(x, y) 좌표:
```

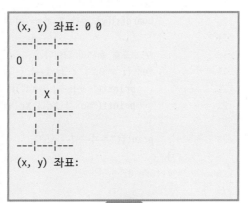
Hint 보드 게임에서는 보드를 자료 구조로 표현하여야 한다. 우리는 board[][] 라는 2차원 배열을 이용하도록 하
자. 의사 코드는 다음과 같다.

```
보드를 초기화한다.
while(1)
        보드를 화면에 출력한다.
        사용자로부터 좌표 x, y를 받는다.
        if( 현재 경기자가 'X'이면 )
            board[x][y] = 'X'
        else
            board[x][y] = '0'
```

Solution tic_tac_toe.c

```c
1   #include <stdio.h>
2
3   int main(void)
4   {
5       char board[3][3];      // 문자 2차원 배열 선언
6       int x, y, k, i;
7
8       // 보드를 초기화한다.
9       for (x = 0; x < 3; x++)
10          for (y = 0; y < 3; y++) board[x][y] = ' ';
11
12      // 사용자로부터 위치를 받아서 보드에 표시한다.
13      for (k = 0; k < 9; k++) {
14          printf("(x, y) 좌표: ");
15          scanf(" %d %d", &x, &y);
16          board[x][y] = (k % 2 == 0) ? 'X' : 'O';   // 현재의 순번에 따라 'X', 'O'중 선택
17
18          // 보드를 화면에 그린다.
19          for (i = 0; i < 3; i++) {
20              printf("---|---|---\n");
21              printf("%c | %c | %c \n", board[i][0], board[i][1], board[i][2]);
22          }
23          printf("---|---|---\n");
24      }
25      return 0;
26  }
```

🔺 도전문제

(1) 위의 코드를 실행하면 상대방이 놓은 곳에 다시 놓을 수 있다. 이것을 방지하는 코드를 추가하라.

(2) 보드를 분석하여서 게임이 종료되었는지를 검사하는 함수를 추가하라.

(3) 컴퓨터가 자동으로 다음 수를 결정하도록 프로그램을 변경하라. 가장 간단한 알고리즘을 사용한다. 예를 들면 비어 있는 첫 번째 좌표에 놓는다.

(4) 위의 코드를 함수들로 분리하여보자. 예를 들어서 보드를 화면에 출력하는 display_board() 함수를 정의해서 사용해보자.

Summary

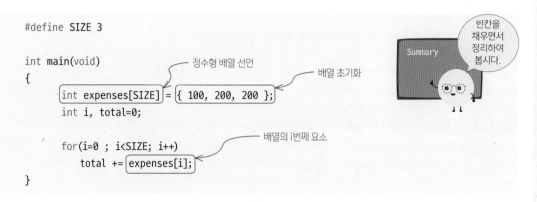

```
#define SIZE 3

int main(void)
{                                    정수형 배열 선언          배열 초기화
    int expenses[SIZE] = { 100, 200, 200 };
    int i, total=0;
                                        배열의 i번째 요소
    for(i=0 ; i<SIZE; i++)
        total += expenses[i];
}
```

빈칸을 채우면서 정리하여 봅시다.

▶ 배열 요소에 붙여져 있는 번호를 _____라고 한다.

▶ 배열 a의 i번째 요소는 _____와 같이 참조한다.

▶ int a[10];과 같이 선언된 배열에서 사용할 수 있는 인덱스의 값은 _____에서 _____까지이다.

▶ 정수형 배열 a[6]을 선언하고 1, 2, 3, 4, 5, 6으로 초기화하는 문장은 _____과 같다.

▶ 배열의 크기를 주지 않고 초기값(1, 2, 3, 4, 5, 6)의 개수로 배열의 크기를 결정하려면 _____와 같이 선언한다.

▶ 배열 a의 크기를 자동적으로 계산하려면 수식 (_____)/(_____)을 사용한다.

▶ 초기값의 개수가 배열 요소의 개수보다 적은 경우에는 나머지 요소들은 _____값으로 초기화 된다.

▶ int a[3][5][2]와 같이 정의된 배열에서 요소의 총개수는 _____이다.

▶ 배열을 함수의 인수로 보내면 _____이 전달된다. (원본 또는 복사본 중에서 고른다)

▶ 배열을 함수의 인수로 전달할 때 원본 배열의 변경을 금지하고 싶으면 _____을 매개 변수 앞에 붙인다.

▶ 하나의 배열을 다른 배열로 통째로 대입하거나 비교할 수 있는가? 즉 배열 a[ ]와 배열 b[ ]가 있을 때 다음과 같은 문장이 가능한가?

```
    int a[10], b[10];

    a = b;
    if( a == b )
        printf("같음");
```

Exercise

01 배열이 10개의 요소를 가진다면 첫 번째 요소의 인덱스는?

① -1   ② 0   ③ 1   ④ 0 또는 1

02 다음 중 잘못 초기화된 배열을 모두 선택하시오.

① int a[] = { 1, 2, 3, 4, 5};   ② int a[10] = { 1, 2, 3, 4, 5};

③ int a[10] = { x, y, z };// x, y, z는 변수   ④ int a[2] = { 0, 0 };

03 다음 중 잘못 선언된 배열을 모두 선택하시오.

① int a[200+1];   ② int a[MAX]; // MAX는 기호상수

③ int a[v]; // v는 정수변수   ④ int a[100.25];

04 `int a[100] = { 10 };` 으로 선언된 배열에서 `a[99]`의 초기값은 무엇인가?

① 0   ② 알 수 없다.

③ 전역 변수이면 0, 지역 변수이면 알 수 없다.   ④ 10

05 `int a[2][2] = { 1, 2, 3, 4 }`에서 `a[1][1]`의 값은?

① 1   ② 2   ③ 3   ④ 4

06 다음 프로그램은 {0, 1, 2, 3}이 저장된 배열 a의 내용을 배열 b로 복사하는 프로그램이다. 잘못된 부분을 모두 수정해보자.

```
#define MAX_SIZE 3
int main(void)
{
        int a[MAX_SIZE] = { 0, 1, 2, 3 };
        int b[3.0];

        for(i=0;i<=MAX_SIZE; i++)
            b[i]=a[i];

        return 0;
}
```

07 다음은 3명의 학생들의 성적을 입력받아서 평균을 구하는 프로그램의 일부이다.

```
float scores1, scores2, scores3;
float average;

printf("3명의 성적을 입력하시오: ");
scanf("%f %f %f", &scores1, &scores2, &scores3);

average = (scores1 + scores2 + scores3)/3;
```

(a) 위의 프로그램을 배열을 사용하도록 수정하라.

(b) 사용자로부터 값을 입력받지 않고 배열의 초기값을 10.0, 20.0, 30.0으로 주도록 수정하라.

(c) 평균을 구하는 부분을 함수 get_average(float a[], int n)으로 작성하고 이 함수를 호출하여서 평균을 구하도록 위의 프로그램을 수정하라.

(d) 다음과 같은 10점 단위의 점수대 분포도를 출력하도록 코드를 추가하라. 분포도도 배열로 구현하라.

점수대	인원수
0-10	0
11-20	1
...	

08 다음 코드에서 잘못된 부분이 있으면 지적하고 수정하라.

(a)
```
int main(void)
{
    int scores[10][60];
    compute_avg(scores);
}
int compute_avg(int array[][]){ ... }
```

(b)
```
float test[10];
scanf("%f", test[0]);
```

09 다음 프로그램 출력은?

```
int arr[5] = {1};
for (int i = 0; i < 5; i++)
    printf("%d ", arr[i]);
```

Programming

배열 정의 및
초기화

MEDIUM
★★☆

01 배열 days[]를 아래와 같이 초기화하고 배열 요소의 값을 다음과 같이 출력하는 프로그램을 작성하시오.

31, 29, 31, 30, 31, 30, 31, 31, 30, 31, 30, 31

```
1월은 31일까지 있습니다.
2월은 29일까지 있습니다.
3월은 31일까지 있습니다.
4월은 30일까지 있습니다.
5월은 31일까지 있습니다.
6월은 30일까지 있습니다.
...
```

HINT 배열을 초기화하려면 int days[] = { 31, 29, ... }; 와 같이 한다.

배열 요소 접근

MEDIUM
★★☆

02 크기가 **10**인 1차원 배열에 난수를 저장한 후에, 최대값과 최소값을 출력하는 프로그램을 작성하시오. 난수는 rand() 함수를 호출하여 생성하라.

```
최대값은 29358
최소값은 41
```

HINT x[i] = rand(); // 난수를 생성하여서 i번째 배열 요소에 대입한다.

배열 함수 작성

HARD
★★★

03 2개의 정수 배열 a, b를 받아서 대응되는 배열 요소가 같은지를 검사하는 함수 array_equal(int a[], int b[], int size)를 작성하고 테스트하라. 이 함수는 a[0]와 b[0], a[1]과 b[1], ..., a[size-1]와 b[size-1]가 같은지를 검사한다. 만약 전체 요소가 같다면 1을 반환하고 그렇지 않으면 0을 반환한다.

```
1 2 3 0 0 0 0 0 0 0
0 0 0 0 0 0 0 0 0 0

2개의 배열은 다름
```

HINT 반복 루프를 이용하여서 배열의 각 요소가 같은지를 검사한다. 만약 하나라도 다르면 0을 바로 반환하면 된다.

04 2개의 정수 배열 a, b를 받아서 배열 a의 요소를 배열 b로 복사하는 함수 array_copy(int a[], int b[], int size)를 작성하고 테스트하라. 이 함수는 a[0]를 b[0]에, a[1]를 b[1]에, ... ,a[size-1]을 b[size-1]에 대입한다. 이 함수의 반환값은 없다.

배열 함수 작성

MEDIUM
★★☆

```
1 2 3 0 0 0 0 0 0
1 2 3 0 0 0 0 0 0

배열이 복사되었음
```

HINT 반복 루프를 이용하여서 배열의 각 요소를 복사한다.

05 0부터 9까지의 난수를 100번 생성하여 가장 많이 생성된 수를 출력하는 프로그램을 작성하시오. 난수는 rand() 함수를 사용하여 생성하라.

배열 응용

MEDIUM
★★☆

```
가장 많이 나온 수=9
```

HINT 본문의 빈도수 구하는 예제를 참고한다. 0에서 9까지의 난수는 rand()%10으로 구할 수 있다.

06 로또 번호를 생성하는 프로그램은 8장에서 다루어 보았다. 다만 8장에서는 숫자들이 중복하여 나오는 문제를 해결하지 못했다. 배열을 이용하여서 숫자들이 중복되면 다시 난수를 발생하도록 코드를 수정하여보자.

배열 응용

MEDIUM
★★☆

```
로또 번호는 다음과 같습니다.
28 15 25 12 2 1
```

HINT 로또 번호 number가 생성되면 배열 check[number]를 1로 설정한다. 이미 1이면 중복된 것이므로 다시 난수를 생성한다.

07 다음과 같은 2차원 표를 배열로 생성하고, 각 행의 합계, 각 열의 합계를 구하여 출력하는 프로그램을 작성하라.

2차원 배열

MEDIUM
★★☆

12	56	32	16	98
99	56	34	41	3
65	3	87	78	21

```
0행의 합계: 214
1행의 합계: 233
2행의 합계: 254
0열의 합계: 176
1열의 합계: 115
2열의 합계: 153
...
```

HINT 2차원 배열을 주어진 표로 초기화한다. 각 행의 합계, 각 열의 합계를 중첩 반복문을 통하여 계산한다.

2차원 배열

HARD
★★★

08 2차원 배열을 이용하여 세제곱근을 찾는 프로그램을 작성해보자. 먼저 10×2 크기의 2차원 배열을 만들고 첫 번째 열에는 정수를, 두 번째 열에는 세제곱값을 저장하라. 사용자에게 세제곱값을 입력하도록 하고 이 세제곱값을 배열에서 찾아서 첫 번째 열에 있는 값을 출력하도록 하여 보라.

```
정수를 입력하시오: 27
27의 세제곱근은 3
```

HINT 2차원 배열을 순차탐색하여서 사용자가 입력한 세제곱값을 찾은 후에 첫 번째 열에 저장된 값을 출력하면 그것이 세제곱근이 된다. 세제곱근이 없는 경우도 처리하도록 하자.

1차원 배열의
응용

HARD
★★★

09 사용자가 입력하는 10개의 실수 자료의 평균과 표준 편차를 계산하는 프로그램을 작성하라. 평균은 n개의 실수가 주어져 있을 때, 다음과 같이 계산된다.

$$m = \frac{1}{n} \sum_{i=1}^{n} x_i$$

표준 편차는 다음과 같이 계산된다. 표준 편차는 자료가 평균값 주위에 어느 정도의 넓이로 분포하고 있는가를 나타내는 하나의 척도이다.

$$\sigma = \sqrt{\frac{1}{n} \sum_{i=1}^{n} (x_i - m)^2}$$

```
데이터를 입력하시오:10
데이터를 입력하시오:20
데이터를 입력하시오:30
데이터를 입력하시오:40
데이터를 입력하시오:50
데이터를 입력하시오:60
데이터를 입력하시오:70
데이터를 입력하시오:80
데이터를 입력하시오:90
데이터를 입력하시오:100
평균값은 55.000000
표준편차값은 28.722813
```

HINT 사용자가 입력하는 자료 값들은 모두 배열에 저장한다. 평균과 표준편차를 구하는 함수를 작성하고 함수의 인수로 배열을 넘기도록 하자.

10 학생들의 시험 점수를 통계 처리하는 프로그램을 작성하여 보라. 한 학급은 최대 5명까지의 학생들로 이루어진다. 각 학생들은 3번의 시험을 치른다. 학생들의 성적은 난수를 생성하여서 얻는다. 각 시험에 대하여 최대점수, 최저점수를 계산하여 출력한다.

2차원 배열의 응용

HARD
★★★

학번	시험 #1	시험 #2	시험 #3
1	...	...	...
2			
3			
4			
5			

```
시험 #0의 최대점수=17
시험 #0의 최저점수=1
시험 #1의 최대점수=19
시험 #1의 최저점수=3
시험 #2의 최대점수=96
시험 #2의 최저점수=22
```

HINT 2차원 배열을 이용한다. 각 열의 최소값, 최대값을 반복문을 통하여 계산한다.

11 벡터에 대한 연산을 배열을 이용하여서 작성하여보자.

1차원 배열 함수 작성

HARD
★★★

(a) 2개의 벡터를 더하는 연산은 다음과 같이 정의된다. 2개의 벡터를 더하는 함수인 vector_add()를 작성하라. 이 함수를 테스트하기 위한 코드도 작성하라.

$$\vec{X} + \vec{Y} = (x_1 + y_1, x_2 + y_2, x_3 + y_3)$$

```
[ 1.00 2.00 3.00 ] + [ 1.00 2.00 3.00 ] = [ 2.00 4.00 6.00 ]
```

HINT 하나의 벡터를 크기가 3인 1차원 배열로 나타내자. vector_add(double x[], double y[], double z[])는 2개의 배열을 받아서 반복 구조를 이용하여 벡터의 합을 계산한 후에 매개 변수 z를 통하여 벡터의 합을 반환한다.

(b) 벡터의 내적(dot product)를 계산하는 함수인 vector_dot_prod()를 작성하라. 이 함수를 테스트하기 위한 코드도 작성하라. 벡터의 내적은 다음과 같이 정의된다.

$$\vec{X} \cdot \vec{Y} = (x_1 y_1 + x_2 y_2 + x_3 y_3)$$

```
[ 1.00 2.00 3.00 ]*[ 1.00 2.00 3.00 ] = 14.00
```

HINT 벡터의 내적을 구하는 것이 더 쉽다. 하나의 벡터를 크기가 3인 배열로 나타내고 double vector_dot_prod(double x[], double y[])는 2개의 배열을 받아서 반복 구조를 이용하여 내적은 계산한 후에 스칼라 값을 반환한다.

12 아주 간단한 재고 관리 시스템을 만들어보자. 상품마다 상품 번호가 붙어 있고 상품 번호를 사용자가 입력하면 물품이 어디 있는지를 알려주는 번호를 출력한다. 상품 번호는 1부터 10까지로 하고 장소를 나타내는 번호는 1부터 100까지라고 가정한다. 1차원 배열을 사용하여 미리 상품 번호마다 장소를 저장해놓고 사용자로부터 상품 번호를 받아서 장소를 출력한다.

```
상품 번호를 입력하시오: 1
상품 1번은 선반 29에 있습니다.
```

HINT 본문에 있는 영화관 예약 시스템을 참조하여서 작성한다.

13 2차원 행렬(matrix)에 대한 다음과 같은 함수를 작성하고 테스트하여 보라. 행렬의 크기는 3×3으로 가정하라.

(a) scalar_mult(int a[][3], int scalar)

$$2 \cdot \begin{bmatrix} 1 & 2 & 3 \\ 4 & 5 & 6 \\ 7 & 8 & 9 \end{bmatrix} = \begin{bmatrix} 2 & 4 & 6 \\ 8 & 10 & 12 \\ 14 & 16 & 18 \end{bmatrix}$$

```
2 4 6
8 10 12
14 16 18
```

(b) transpose((int a[][3], int b[][3])

$$\begin{bmatrix} 1 & 2 & 3 \\ 4 & 5 & 6 \\ 7 & 8 & 9 \end{bmatrix}^T = \begin{bmatrix} 1 & 4 & 7 \\ 2 & 5 & 8 \\ 3 & 6 & 9 \end{bmatrix}$$

```
1 4 7
2 5 8
3 6 9
```

HINT 하나의 행렬을 2차원 배열로 나타내자. void transpose(int a[][3], int b[][3])로 선언하여서 a[][]를 전치하여서 b[][]로 반환한다. 배열은 원본이 함수로 전달되는 것에 유의하자.

14 어떤 석유 회사가 있다. 회사가 채굴하려고 하는 영역은 6행, 6열로 이루어진 36개의 셀로 분할된다. 회사는 시추 기술을 사용하여 각 셀의 잠재적 석유 매장량을 확인했다. 우리는 석유 매장량을 난수로 생성한다. 이 회사는 전체 영역 중에서 3 x 3 구역만을 빌리고자 한다. 가장 매장량이 많은 3 x 3 구역을 선정하고, 그 구역의 매장량을 출력하는 프로그램을 작성하라.

2차원 배열

HARD
★★★

```
1 2 3 3 5 2
1 2 3 3 5 2
1 2 3 3 5 2
1 2 3 0 0 0
1 2 3 0 0 0
1 2 3 0 0 0

가장 매장량이 많은 구역의 매장량은 33입니다.
```

15 수학에서의 "random walk"라 불리우는 문제를 프로그래밍하여보자. 술에 취한 딱정벌레가 10×10 크기의 타일 위에 있다. 딱정벌레는 임의의(랜덤) 위치를 선택하여 여기저기 걸어 다닌다. 현재의 위치에서 인접한 8개의 타일로 걸어가는 확률은 동일하다고 가정하자. 딱정벌레가 이동하는 경로를 다음과 같이 표시하라.

2차원 배열 응용

HARD
★★★

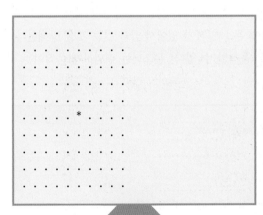

HINT 방 전체를 2차원 배열 tile[n][m]로 모델링을 하고 처음에는 딱정벌레가 배열의 중앙에 있다고 가정하라. tile[][]의 초기값은 0이다. 딱정벌레가 타일을 지나갈 때마다 2차원 배열의 값을 1로 만들어서 딱정벌레가 지나갔음을 나타낸다. 0부터 7까지의 랜덤한 숫자를 생성하여 다음과 같이 움직인다. 즉 0이면 북쪽으로 이동하고 4이면 남쪽으로 이동한다. 0부터 7까지의 랜덤한 숫자는 다음과 같이 생성할 수 있다. 즉 rand() 함수의 반환값을 8로 나누어 나머지를 취한다.

```
number = rand() % 8;
```

화면을 지우려면 system("cls")을 실행한다.

16 지뢰 찾기는 예전에 윈도우에 무조건 포함되어 있어서 상당히 많은 사람들이 즐겼던 프로그램이다. 2차원의 게임판 안에 지뢰가 숨겨져 있고 이 지뢰를 모두 찾아내는 게임이다. 10×10 크기의 2차원 배열을 만들고 여기에 30%의 위치에 지뢰를 숨긴다. 사용자가 지뢰가 없는 곳을 클릭했을 때는 * 문자가 나온다. 사용자가 지뢰를 열면 # 문자가 나오고 게임이 종료된다.

2차원 배열 응용
HARD
★★★

```
어떤 셀을 여시겠어요?(행번호, 열번호) 5 5
· · · · · · · · · ·
· · · · · · · · · ·
· · · · · · · · · ·
· · · · · · · · · ·
· · · · · · · · · ·
· · · · * · · · · ·
· · · · · · · · · ·
· · · · · · · · · ·
· · · · · · · · · ·
· · · · · · · · · ·
```

```
어떤 셀을 여시겠어요?(행번호, 열번호) 6 6
· · · · · · · · · ·
· · · · · · · · · ·
· · · · · · · · · ·
· · · · · · · · · ·
· · · · · · · · · ·
· · · · * · · · · ·
· · · · · # · · · ·
· · · · · · · · · ·
· · · · · · · · · ·
· · · · · · · · · ·
지뢰입니다.
종료합니다.
```

HINT 어떤 칸이 지뢰일 확률은 난수를 발생시켜서 결정한다. 전체의 30%를 지뢰로 하고 싶으면 0부터 99 사이의 난수를 생성하여서 30보다 적은 경우에만 지뢰를 놓으면 된다. 화면을 지우려면 system("cls")을 실행한다.

17 간단한 텍스트 기반의 게임을 작성해보자. 보드의 크기는 20×10이다. 주인공은 '#'로 표시되어 있다. 주인공이 금 'G'를 찾으면 게임이 종료된다. 중간에 몬스터 'M'이 있어서 금을 찾는 것을 방해한다. 주인공은 'w', 's', 'a', 'd' 키를 이용하여 상하좌우로 움직일 수 있다. 몬스터는 랜덤하게 움직이는 것으로 하라.

2차원 배열 응용
HARD
★★★

```
....................
.#..................
....................
....................
....................
....................
....M...............
......M.............
....................
....................
........G...........
왼쪽(a) 오른쪽(d) 위쪽(w) 아래쪽(s): d
```

```
....................
..#.................
....................
....................
....................
....................
...M................
......M.............
....................
....................
........G...........
왼쪽(a) 오른쪽(d) 위쪽(w) 아래쪽(s):
```

HINT 사용자로부터 실시간으로 키를 받으려면 _getch() 함수를 사용해야 한다. 몬스터들은 난수만큼 자동으로 이동하도록 하라. 최대한 게임을 재미있게 만들어보자. 화면을 지우려면 system("cls")을 실행한다.

포인터

포인터가 가장 어렵다고 들었어요.

포인터는 단순히 메모리 주소를 저장하는 변수입니다.
메모리 주소를 사용해야 하는 경우도 있기 때문이죠.

Objectives

- 포인터의 개념을 이해한다.
- 포인터 선언 및 초기화 과정을 이해한다.
- 포인터의 연산의 특수성을 이해한다.
- 포인터와 배열의 관계를 이해한다.
- 포인터를 이용한 참조에 의한 호출을 이해한다.

11 포인터

11.1 포인터란?

포인터(pointer)는 메모리의 주소를 가지고 있는 변수이다. 컴퓨터에서 메모리는 바이트 (byte) 단위로 주소가 매겨져 있다. **그림 11-1**에서 마을에 있는 건물들은 주소를 가지고 있고 이 주소를 이용하여 우리는 원하는 집을 찾을 수 있다. 컴퓨터 메모리도 주소로 접근할 수 있고 주소를 이용하여 값을 저장하기도 하고 값을 읽기도 한다. 먼저 변수의 주소에 자세히 대하여 살펴보자.

그림 11-1
마을은 컴퓨터 메모리이고 건물들은 하나의 바이트(byte)를 나타낸다. 건물마다 주소가 있듯이 컴퓨터 메모리의 바이트들도 주소를 가지고 있다.

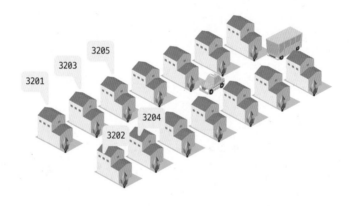

변수는 컴퓨터 메모리에 저장된다.

이제까지 우리는 변수를 만들어서 사용하였다. 이들 변수는 어디에 만들어지는 것일까? 변수가 자료들을 저장하는 역할을 하므로 메모리(memory)에 만들어지는 것이 확실하다.

그림 11-2
메모리의 구조

메모리의 단위는 바이트이다.

주소 → 0 1 2 3 4 5 6 7 8 9 10 11 12 13 14 15 16 17 18 19

메모리의 각 바이트마다 고유한 주소가 매겨진다. 이들 주소를 사용하여 우리는 메모리의 바이트에 접근할 수 있다. 만약 시스템이 20바이트의 메모리를 가지고 있다고 하자. **그림 11-2**에서 알 수 있듯이 첫 번째 바이트의 주소는 0, 두 번째 바이트의 주소는 1, 마지막 바이트의 주소는 19가 된다.

프로그램에서 변수를 만들면 이들 변수는 컴파일러에 의하여 메모리 공간의 비어있는 위치를 차지한다. 변수가 차지하는 메모리 공간의 크기는 변수의 자료형에 따라 달라진다. 일반적인 PC 환경에서 char형 변수는 1 바이트, int형 변수는 4 바이트, float형 변수는 4 바이트를 차지한다. 다음의 프로그램을 살펴보자.

```c
int main(void)
{
    int i = 10;
    char c = 69;
    float f = 12.3;
    return 0;
}
```

참고사항

변수는 자료형에 따라 메모리에서 차지하는 공간이 달라진다. 그렇다면 4 바이트를 차지하는 변수의 경우, 변수의 주소는 과연 몇 번째 바이트의 주소일까? 변수가 차지하는 바이트의 주소 중에서 가장 낮은 주소가 그 변수의 주소가 된다.

위와 같이 변수들을 생성하면 메모리상에는 다음과 같이 변수들이 배치될 수 있다. 물론 절대적인 주소값은 시스템에 따라 달라진다. 아래 그림은 변수들이 메모리에 배치되는 하나의 가능한 예이다.

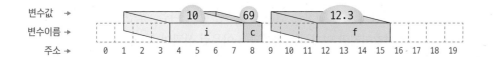

그림 11-3
변수의 종류에 따라서 메모리에서 차지하는 공간이 달라진다.

주소 연산자 &

그렇다면 우리는 어떻게 변수의 주소를 알 수 있을까? C 언어에는 변수의 주소를 계산하는 연산자 &가 있다. 주소 연산자(address-of operator) &는 변수의 이름을 받아서 변수의 주소를 반환한다. 예를 들어 int i;라고 변수를 정의했으면 변수 i의 주소는 &i하면 알 수 있다.

참고사항

실제로 출력되는 주소를 보면 우리의 예상과는 상당히 다르다. 메모리 공간에 변수를 배치하는 것은 컴파일러와 운영체제의 권한이다. 여기서 한 가지 주의할 점은 주소를 출력하는 형식 지정자는 %p이다. %p는 주소를 16진수로 출력한다. %u를 사용하여도 된다.

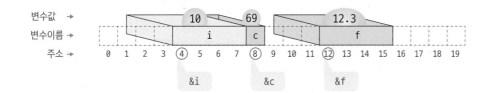

그림 11-4
주소 연산자 &

address_of.c

```
1    // 주소 연산자
2    #include <stdio.h>
3
4    int main(void)
5    {
6        int i = 10;
7        char c = 69;
8        double f = 12.3;
9
10       printf("i의 주소: %p\n", &i);      // 변수 i의 주소출력
11       printf("c의 주소: %p\n", &c);      // 변수 c의 주소출력
12       printf("f의 주소: %p\n", &f);      // 변수 f의 주소출력
13
14       return 0;
15   }
```

실행할 때마다 주소는 달라진다.

```
i의 주소: 0000003D69DDF974
c의 주소: 0000003D69DDF994
f의 주소: 0000003D69DDF9B8
```

포인터의 선언

포인터(pointer)는 가리킨다는 뜻의 동사 point에 er을 붙인 것이다. 따라서 가리키는 것이라는 뜻이다. 포인터는 변수의 주소를 가지고 있는 변수이다. 포인터는 변수이지만 저장하고 있는 것이 보통의 변수처럼 데이터가 아니라, 메모리의 주소이다. 포인터도 변수이다. 변수임을 강조하기 위하여 때때로 "포인터 변수"라고 한다. 따라서 사용하기 전에 선언되어야한다. 포인터의 이름은 일반적인 변수 이름과 같은 규칙으로 만들면 된다. 포인터를 선언하려면 포인터가 가리키게 되는 대상을 먼저 쓰고 *를 붙인 다음, 포인터의 이름을 쓴다. *는 수식에서는 곱셈 기호이지만 여기서는 곱셈과는 아무런 상관이 없다.

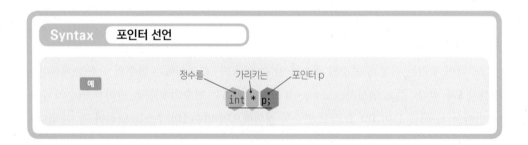

Syntax 포인터 선언

예

정수를 가리키는 포인터 p

int * p;

참고사항

포인터를 선언할 때 int *p라고 쓸 수도 있고 int* p라고도 쓸 수 있다. 두 가지 모두 사용할 수 있는 표현이다. 일반적으로 많이 사용하는 표현 방법은 int *p와 같은 표현이다.

p는 정수 데이터를 가리키는 포인터이다. 현재는 선언만 하고 아직 초기화하지 않았으므로 포인터는 아무 의미 없는 값을 가지고 있다. 지금까지 진행된 모습을 그림으로 보면 **그림 11-5**과 같다.

그림 11-5
포인터 변수 p의 선언

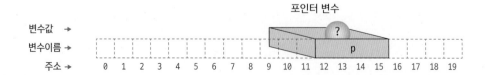

참고로 우리는 어떠한 타입의 데이터를 가리키는 포인터도 만들 수 있다. 다음은 몇 가지의 예이다.

```
char *pc;      // 문자를 가리키는 포인터 pc
float *pf;     // 실수(float형)를 가리키는 포인터 pf
double *pd;    // 실수(double형)를 가리키는 포인터 pd
```

참고사항

32비트 운영체제에서 포인터는 4바이트이다. 64비트 운영 체제에서는 8바이트이다. sizeof(p)로 계산할 수 있다. 윈도우 10이고 64비트 CPU라면 8바이트이다.

주소는 한 가지 형식인데 포인터에 다양한 타입이 존재하는 이유는 무엇일까?

생각해보면 메모리상에서 주소는 동일한 크기이기 때문에 정수를 가리키는 포인터나 문자를 가리키는 포인터나 크기에서는 차이가 없다. 진짜 이유는 포인터가 가리키는 대상을 확실하게 함으로써 프로그래밍 실수를 예방하기 위해서이다. 예를 들어서 int형의 정수를 가리키는 포인터로 char형의 문자 데이터를 가리켜서 연산을 하게 되면 부정확한 결과를 생성할 수 있다.

여러 개의 포인터 변수를 한 줄에 선언할 때는 주의하여야 한다. 다음과 같이 선언하는 것은 잘못되었다.

```
int *p1, p2, p3;   // (x) p2와 p3는 정수형 변수가 된다.
```

올바르게 선언하려면 다음과 같이 하여야 한다.

```
int *p1, *p2, *p3; // (o) p2와 p3는 포인터 변수가 된다.
```

어떻게 포인터를 초기화할까?

포인터가 생성된 직후에는 아직 초기화되어 있지 않다. 따라서 포인터는 사용하기 전에 반드시 초기화를 하여야 한다. 포인터에 다음과 같이 절대 주소 10000번지를 대입할 수 있을까?

```
int *p = (int *)10000;
```

위의 코드에서는 10000번지를 (int *)타입으로 형변환하여서 포인터 p를 초기화한다. 여러분이 아두이노처럼 임베디드 장치를 위한 프로그램을 개발하는 경우에는, 위와 같은 문장이 가능하다. 아두이노에서 하드웨어는 메모리의 일부로 인식된다. 예를 들어서 메모리의 특정번지에 값을 쓰면 LED를 켜거나 끌 수 있다

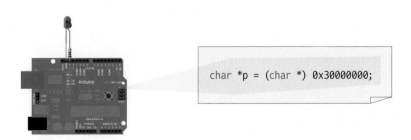

하지만 윈도우가 설치된 PC에서는 운영체제가 메모리를 관리하므로 위와 같이 절대 주소 값을 대입하는 것은 피해야 한다. 그렇다면 포인터는 어떻게 초기화를 하여야 할까? 포인터 에는 주소가 저장되어야 하므로 & 연산자를 이용하여 변수의 주소를 계산하여 포인터에 대 입할 수 있다.

```
int i = 10;       // 정수 변수 i가 선언되고 10으로 초기화된다.
int *p;           // 정수 포인터가 선언된다.
p = &i;           // 포인터 p에 변수 i의 주소를 저장한다.
```

변수 i의 주소가 4이었다고 가정하고 p = &i의 연산을 실행하면 변수 i의 주소인 4가 p에 대입되어 **그림 11-6**과 같이 된다.

그림 11-6
p = &i 문장이 실행되면 변수 i의 주소인 4가 p에 대입된다.

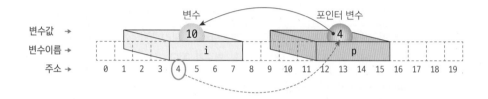

참고로 앞에서 등장하였던 다양한 포인터를 초기화하면 다음과 같다.

```
char c = 'A';         // 문자형 변수 c
float f = 36.5;       // 실수형 변수 f
double d = 3.141592;  // 실수형 변수 d

char *pc = &c;        // 문자를 가리키는 포인터 pc
float *pf = &f;       // 실수를 가리키는 포인터 pf
double *pd = &d;      // 실수를 가리키는 포인터 pd
```

그림 11-7
포인터와 변수의 연결

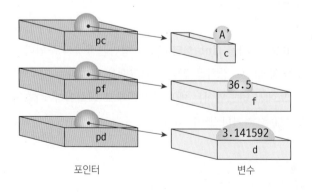

포인터를 선언하고 변수의 주소를 포인터에 대입하는 예제를 작성해 보자.

pointer_variable.c

```
1    #include <stdio.h>
2
3    int main(void)
4    {
5        int i = 10;
6        double f = 12.3;
7        int *pi = NULL;
8        double *pf = NULL;
9
10       pi = &i;
11       pf = &f;
12       printf("%p %p\n", pi, &i);
13       printf("%p %p\n", pf, &f);
14       return 0;
15   }
```

정수를 가리키는 포인터: 지역 변수로 포인터를 선언하고 초기화를 시키지 않으면 쓰레기 값을 갖게 된다. 이때는 NULL 값을 저장하여 놓는 것이 좋다. NULL은 주소 0이다.

double형 실수를 가리키는 포인터

포인터 pi에 변수 i 의 주소를 대입한다.

참고사항

포인터를 출력하는 형식 지정자는 %p 이다. %p는 16진수로 주소를 출력한다. 실행 결과를 보면 포인터는 8바이트임을 알 수 있다.

컴퓨터마다 주소는 달라진다.

```
0000002AFF8FFB24 0000002AFF8FFB24
0000002AFF8FFB48 0000002AFF8FFB48
```

NOTE

NULL은 stdio.h 헤더 파일에 다음과 같이 정의된 포인터 상수로 0번지를 의미한다.

`#define NULL ((void *)0)`

0번지는 일반적으로는 사용할 수 없다(CPU가 인터럽트를 위하여 사용한다). 따라서 포인터 변수의 값이 0이면 아무 것도 가리키고 있지 않다고 판단할 수 있다.

NOTE

포인터의 중요성

포인터는 C언어 학습에 있어서 가장 도전적인 주제라고 한다. 이것은 포인터 자체가 이해하기 어려워서 그런 것이 아니고 포인터와 배열, 포인터와 함수 등의 관계를 파악하여 사용하는데 시간이 걸리기 때문일 것이다. 하지만 포인터는 중요하고 강력한 도구이다. 포인터야말로 C언어를 다른 프로그래밍 언어들과 차별화시키는 특징이 된다. 포인터를 이용하게 되면 마치 기계어나 어셈블리 언어처럼 주소를 가지고 직접 컴퓨터의 메모리에 접근해서 메모리를 조작할 수 있다. 여러분은 다른 언어에 비하여 도구를 하나 더 가지고 있는 셈이다. 임베디드 시스템에서 C언어가 널리 사용되는 이유이다.

NOTE

포인터를 사용하는 이유

왜 포인터를 사용하는 것인가? 간단하게 말하면 데이터의 복사를 피하고 데이터를 공유하여 작업하고자 할 때 포인터를 사용하게 된다. 예를 들어서 누군가가 블랙홀에 대하여 질문하였을 때 백과사전 전체를 복사해서 주는 것보다 백과사전의 520페이지를 보라고 알려주는 편이 효율적일 수 있다. 또 연결 리스트라는 자료 구조에서는 데이터들이 포인터를 이용하여 서로 연결된다. 또 동적 메모리는 포인터로만 사용이 가능하다. 다른 언어, 예를 들어서 자바나 파이썬에서도 포인터가 없는 것이 아니다. 포인터는 있지만 개발자가 마음대로 사용할 수 없을 뿐이다. 포인터의 가장 큰 문제점은 개발자가 실수로 메모리를 잘못 조작할 수 있는 점이다. 항상 큰 힘에는 큰 책임이 따르는 법이다.

11.2 간접 참조 연산자 *

포인터가 단순히 메모리의 주소만 저장할 수 있는 변수라면 별로 유용하지 않을 것이다. 포인터가 유용한 이유는 포인터를 통하여 값을 읽어오거나 값을 변경할 수 있기 때문이다. 포인터 p가 가리키는 주소에 있는 데이터를 읽으려면 p앞에 * 기호를 붙여서 *p하면 된다. 이것을 포인터를 통하여 메모리를 간접 참조(dereferencing, indirection)한다고 한다. 다음 코드를 살펴보자.

```
int i = 10;              // 정수 변수 i가 선언되고 10으로 초기화된다.
int *p;                  // 정수 포인터가 선언된다.
p = &i;                  // 포인터 p에 변수 i의 주소를 저장한다.
printf("%d \n", *p);     // 10이 출력된다.
```

그림 11-8
간접 참조 연산자 *

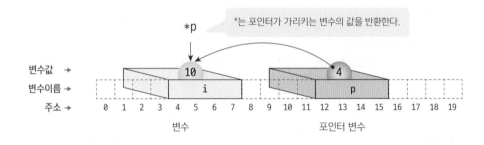

포인터 p가 가리키는 변수가 i라면 *p는 변수 i와 동일하다. 따라서 *p를 출력하면 변수 i의 값이 출력되고 *p에 어떤 값을 저장하면 변수 i에 그 값이 저장된다. 결론적으로 포인터를 이용하면 변수를 간접적으로 참조할 수 있는 것이다.

간접 참조 연산자 *의 해석

*p를 좀 더 자세히 분석하여보자. *p는 p가 가리키는 위치에 있는 데이터를 가져오라는 의미이다. 만약 p가 int형 포인터이면 p가 가리키는 위치에 정수가 있다고 가정하고 4바이트를 읽어 들인다. 만약 double형 포인터이면 p가 가리키는 위치에 실수가 있다고 생각하고 8바이트를 읽어 들이는 것이다. 이것이 포인터의 타입이 필요한 이유이다. 만약 포인터의 타입이 없다면 포인터를 이용하여 데이터를 읽어 들일 때, 몇 개의 바이트를 읽어야 할지 알 수 없게 될 것이다.

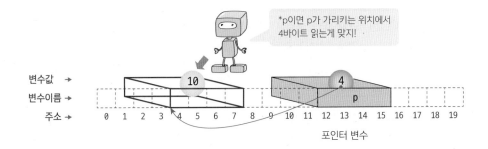

만약 임베디드 시스템이라서 우리가 메모리를 마음대로 관리할 수 있다고 가정하자. pi, pc, pd의 서로 다른 타입의 3개의 포인터를 만들고 절대 주소 10000을 대입하였다. *pi, *pc, *pd는 10000번지부터 몇 바이트를 읽어 들이게 되는가?

```
int *pi = (int *)10000;
char *pc = (char *)10000;
double *pd = (double *)10000;
```

pi는 int형 포인터이므로 *pi와 같이 쓰면 10000번지부터 4바이트를 읽게 된다. 같은 방법으로 *pc는 10000번지부터 1바이트를, *pd는 10000번지부터 8바이트를 읽게 된다. 위의 코드는 설명을 위한 것이다. 아두이노에서는 위와 같은 절대 주소를 사용할 수 있다. 윈도우 상에서는 위와 같이 절대 주소를 사용하면 실행 오류가 발생한다.

& 연산자와 * 연산자

& 연산자와 * 연산자를 비교하여보자. & 연산자는 변수의 주소를 구하여 포인터에 대입할 때 사용되는 연산자이다. * 연산자는 포인터를 통하여 변수를 간접 참조할 때 사용하는 연산자이다. 아래 그림을 참조하라.

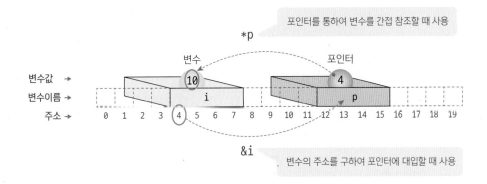

예제#1

가장 기본적인 예제로 변수와 포인터를 연결한 후에 변수의 주소와 포인터의 값을 출력하여보자. 또한 변수의 값과 포인터가 가리키는 값을 출력하여 비교하여보자.

pointer1.c

```
1   #include <stdio.h>
2
3   int main(void)
4   {
5       int i = 3000;
6       int *p=NULL;         포인터의 선언
7
8       p = &i;              변수 i의 주소를 p에 대입한다.
9
10      printf("p = %p\n", p);       포인터와 변수의 주소를
11      printf("&i = %p\n\n", &i);   출력해본다.
12
13      printf("i = %d\n", i);       포인터를 통하여 변수의
14      printf("*p = %d\n", *p);     값을 간접 참조한다.
15
16      return 0;
17  }
```

```
p = 0000006DEA0FFBD4
&i = 0000006DEA0FFBD4

i = 3000
*p = 3000
```

변수의 주소는 실행할 때마다 달라질 수 있다.

 예제#2

포인터는 변수의 주소를 저장하는 변수이다. 포인터는 변수이기 때문에 저장된 주소를 다른 값으로 얼마든지 변경할 수 있다. 이번에는 다른 변수의 주소를 포인터에 저장하여서 포인터의 값을 변경하여보자.

pointer2.c

```
1   #include <stdio.h>
2
3   int main(void)
4   {
5       int x=10, y=20;
6       int *p;              p는 x를 가리킨다.
7
8       p = &x;
9       printf("p = %p\n", p);
10      printf("*p = %u\n\n", *p);
11                           p는 y를 가리킨다.
12      p = &y;
13      printf("p = %p\n", p);
14      printf("*p = %u\n", *p);
15
16      return 0;
17  }
```

```
p = 0000007A8F3AF974
*p = 10

p = 0000007A8F3AF994
*p = 20
```

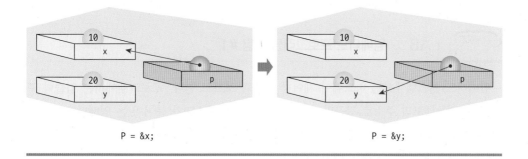

P = &x; → P = &y;

 예제#3

간접 참조 연산자 *을 이용하여서 포인터가 가리키는 변수의 값을 변경할 수 있다. 예를 들어서 *p = 20은 포인터 p가 가리키는 위치에 20을 대입한다.

pointer3.c

```c
1   #include <stdio.h>
2   int main(void)
3   {
4
5       int i=10;
6       int *p;
7
8       p = &i;
9       printf("i = %d\n", i);
10
11      *p = 20;
12      printf("i = %d\n", i);
13
14      return 0;
15  }
```

p가 i를 가르킨다.

p가 가리키는 위치에 20이 저장된다.

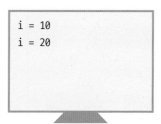

```
i = 10
i = 20
```

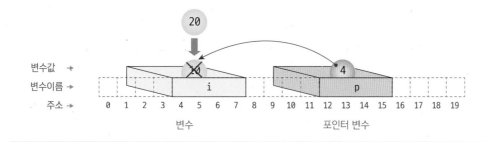

변수값 →
변수이름 →
주소 →   0 1 2 3 4 5 6 7 8 9 10 11 12 13 14 15 16 17 18 19
          변수   포인터 변수

그림 11-9
*p = 20;은 p가 가리키는 위치에 20을 대입한다.

참고사항

volatile 키워드는 하드웨어
비트가 실시간으로 변경될
수 있으니, 항상 실시간으로
읽으라는 의미이다. 미리 읽
어놓은 값을 사용하면 안 된
다는 의미이다.

 LAB　　임베디드 프로그래밍 체험 #1

임베디드 시스템에서는 하드웨어 제어를 입출력 포트로 한다. 프로그램에서는 입출력 포트를 특정한 메모리 주소로 접근할 수 있다. 예를 들어서 LED가 붙어 있는 임베디드 시스템을 가정하자. 0x30000000번지에 LED를 제어하는 입출력 포트가 매핑되어 있다. LED가 다음과 같이 입출력 포트에 붙어 있다고 가정하자.

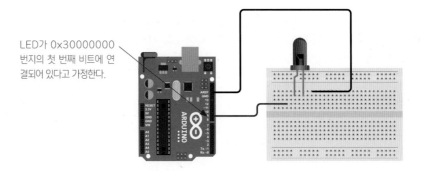

LED가 0x30000000
번지의 첫 번째 비트에 연
결되어 있다고 가정한다.

LED를 1초에 한 번씩 켰다가 끄고 싶다. 코드를 어떻게 만들어야 할까? 0x30000000번지의 첫 번째 비트를 1로 만들었다가 약 1초 후에 꺼야 한다. 따라서 포인터와 비트 연산을 동시에 사용하여야 한다.

```
volatile char *p = (volatile char *) 0x30000000;
int i;
while(1) {
        *p |= 0x1;     // 첫 번째 비트를 1로 만든다. 다른 비트들은 건드리지 않는다.
        for(i=0;i<100000; i++) ;        // 시간 지연 루프
        *p &= ~(0x1); // 첫 번째 비트를 0로 만든다. 다른 비트들은 건드리지 않는다.
        for(i=0;i<100000; i++) ;        // 시간 지연 루프
}
```

포인터 변수 없이 그냥 메모리 주소만 사용하여도 된다.

```
while(1) {
     * (volatile char *)0x30000000 |= 0x1;
     for(i=0;i<100000; i++) ;        // 시간 지연 루프
     * (volatile char *)0x30000000 &= ~(0x1);
     for(i=0;i<100000; i++) ;        // 시간 지연 루프
}
```

중간점검

1 메모리는 어떤 단위를 기준으로 주소가 매겨지는가?
2 다음의 각 자료형이 차지하는 메모리 공간의 크기를 쓰시오.
   (a) char (b) short (c) int (d) long (e) float (f) double
3 포인터도 변수인가?
4 변수의 주소를 추출하는데 사용되는 연산자는 무엇인가?
5 변수 x의 주소를 추출하여 변수 p에 대입하는 문장을 쓰시오.
6 정수형 포인터 p가 가리키는 위치에 25를 저장하는 문장을 쓰시오.

NOTE

32비트 정수 0xA0B0C0D0을 10000번지에 저장할 때, 각 바이트들은 어디에 저장될까? 2가지의 방법이 있다. 리틀엔디안(little-endian) 방식은 낮은 바이트부터 먼저 저장된다. 빅엔디안(big-endian) 방식에서는 높은 바이트부터 먼저 저장된다.

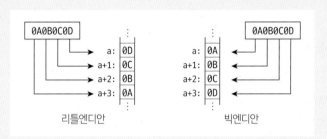

우리가 사용하는 인텔의 CPU나 ARM CPU들은 리틀엔디안 방식을 사용한다. 예전에 모토롤라 CPU는 빅엔디안 방식을 사용하였다.

11.3 포인터 사용시 주의할 점

초기화하지 않고 사용하기

참고사항

포인터는 강력한 도구이지만 프로그램에서 오류를 발생시키는 원천이기도 하다. 가장 흔한 오류는 초기화가 안 된 포인터를 사용하지 않는 것이다. 만약 포인터가 선언만 되고 초기화되지 않았다면 포인터도 쓰레기값을 가지게 된다. 따라서 이런 상태에서 포인터를 이용하여 메모리의 내용을 변경한다면 문제가 발생할 수 있다. 예를 들어 다음과 같은 코드는 포인터 p를 초기화시키지 않고 포인터 p가 가리키는 곳에 100을 저장하고 있어 위험한 코드이다. 만약 우연히 p가 중요한 영역을 가리키고 있었다면 중요한 정보를 덮어 쓸 수도 있으며 따라서 전체 시스템을 다운시킬 수도 있다. 보통의 경우에는 운영체제가 이러한 잘못된 메모리의 접근을 차단하게 되지만 이러한 코드는 사용하지 않는 것이 좋다.

포인터를 사용할 때는 스파이더맨 영화에 나왔던, 다음과 같은 말을 항상 기억하자.

"With great power comes great responsibility"

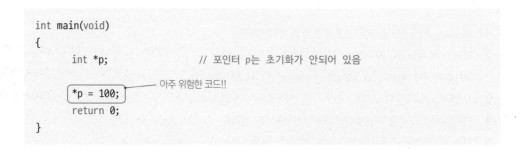

```
int main(void)
{
    int *p;                      // 포인터 p는 초기화가 안되어 있음

    *p = 100;        ─ 아주 위험한 코드!!
    return 0;
}
```

그림 11-10
초기화가 안된 상태에서 포인터를 사용하는 것은 위험하다.

참고사항

정확하게 말하자면 NULL은 stdio.h에 다음과 같이 정의되어 있다.

`#define NULL    ((void *)0)`

즉 포인터로서 0번지를 의미한다.

참고사항

일반 프로그램이 0번지에 접근하면 하드웨어적으로 CPU에 인터럽트가 걸리게 된다.

그림 11-11
널 포인터

NULL 포인터의 사용

포인터가 아무것도 가리키고 있지 않을 때는 NULL(0)로 설정하는 것이 바람직하다. NULL은 헤더 파일 stdio.h에 0으로 정의되어 있다.

```
int *p = NULL;
```

왜냐하면 주소 0을 액세스하려고 하면 시스템에서 자동적으로 오류를 감지하고 이것을 해결할 수 있기 때문이다. 주소 0에서 보통 CPU가 사용하는 영역이어서 일반 프로그램은 주소 0에 접근할 수 없다. 그리고 포인터를 사용하기 전에 NULL인지 아닌지를 체크하는 것도 안전한 코드를 만드는데 도움이 된다.

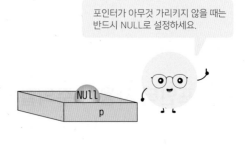

포인터 p가 유효한지 아닌지를 검사하려면 다음과 같이 한다.

```
if( p != NULL )
        printf("포인터 p는 유효합니다.\n");
else
        printf("포인터 p는 유효하지 않습니다.\n");
```

포인터 타입과 변수의 타입은 일치하여야 한다

포인터에는 가리키는 자료형에 따라 여러 가지 타입이 존재한다. 즉 int형 포인터는 int형만을 가리킬 수 있다. 마찬가지로 double형 포인터는 double형만을 가리킬 수 있다. 포인터는 메모리의 어디든지 가리킬 수 있지만, 포인터에 의하여 참조되는 객체가 얼마만큼의 크기이고 무엇이 어떤 형식으로 저장되어 있는 지를 결정하는 것은 포인터의 타입이다. 다음의 코드를 살펴보자.

```c
#include <stdio.h>
int main(void)
{
        int i;
        double *pd;              오류! double형 포인터에 int형 변수의 주소를 대입

        pd = &i;
        *pd = 36.5;              pd가 가리키는 곳에 8바이트 실수 상수를 저장한다. 오류가 발생한다.
        return 0;
}
```

위의 코드를 실행하였을 경우, 어떤 일이 발생하는가? 위의 코드는 문법적으로 잘못되지는 않았지만 심각한 실행 오류가 있다. double형 포인터 pd에 int형 변수의 주소가 대입되었다. 이어서 pd가 가리키는 곳에 double형 상수인 36.5가 대입되었다. 보통은 int가 double보다 작기 때문에 따라서 36.5를 변수 i의 주소에 쓰게 되면 변수 i의 범위를 넘어가서 이웃 바이트들을 덮어쓰게 된다. 일반적인 경우에 int가 4바이트이고 double은 8바이트이므로 double을 int에 저장할 경우, 이웃 4바이트의 값이 변경된다. 따라서 특별한 경우가 아니면 포인터로 다른 타입의 데이터를 가리키게 하면 안 된다.

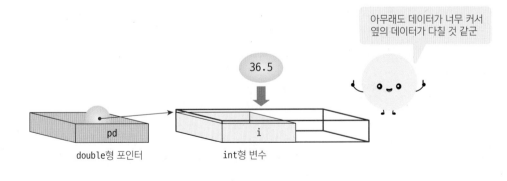

아무래도 데이터가 너무 커서 옆의 데이터가 다칠 것 같군

double형 포인터   int형 변수

그림 11-12
포인터 타입과 변수의 타입이 다른 경우

<u>1</u>   초기값이 결정되지 않은 포인터에는 어떤 값을 넣어두는 것이 안전한가?

<u>2</u>   char형 변수에 double형 포인터로 값을 저장한다면 어떤 문제가 발생하는가?

중간점검

11.4 포인터 연산

포인터에 대해서도 사칙 연산이 적용이 될까? 포인터도 변수이므로 값을 더하거나 뺄 수 있을 것 같다. 실제로 포인터에 대하여 덧셈과 뺄셈은 의미 있는 연산이다. 그렇다면 곱셈이나 나눗셈은 어떤가? 주소에 대하여 곱셈이나 나눗셈을 한다는 것은 좀 이상해 보인다. 실제로 포인터에 대해서는 사칙 연산 중에서 덧셈과 뺄셈만이 허용된다. 만약 포인터를 증가시키거나 감소시키면 어떻게 될까?

덧셈과 뺄셈 연산

만약 포인터 p의 값이 1000이라고 해보자. 즉 포인터 p는 1000번지를 가리키고 있다. 만약 p를 하나 증가시키면 p의 값은 어떻게 될까? 즉 p++하면 p의 값은 무엇이 되는가? 일반적으로는 1001이 될 것 같지만 p가 어떤 자료형을 가리키는 포인터인가에 따라 그럴 수도 있고 아닐 수도 있다. p가 int형 포인터라면 p는 1004가 된다.

포인터 변수에 대한 연산은 일반적인 변수에 대한 연산과는 조금 다르다. 포인터에 증가 연산인 ++를 적용하였을 경우, 증가되는 값은 포인터가 가리키는 객체의 크기이다. 따라서 char형 포인터를 증가시키면 char형의 크기인 1바이트만큼 증가한다. int형 포인터를 증가시키면 int형의 크기인 4바이트만큼 증가한다. double형 포인터를 증가시키면 double형의 크기인 8바이트만큼 포인터의 값이 증가한다. -- 연산자를 사용하여 감소시킬 때도 마찬가지이다.

표 11-1
포인터의 증감 연산시 증가되는 값

포인터 타입	++연산후 증가되는값
char	1
short	2
int	4
float	4
double	8

증감 연산자뿐만 아니라 포인터에 정수를 더하거나 뺄 때도 마찬가지이다. 포인터에 정수를 더하면 포인터의 값에 단순히 1이 증가되는 것이 아니라 포인터가 가리키는 자료형의 크기만큼 증가된다. 즉 포인터가 가리키는 자료형의 크기가 s일 때 포인터에 정수 n을 더하면 포인터 값은 s*n만큼 증가된다. 다음의 예제를 살펴보자.

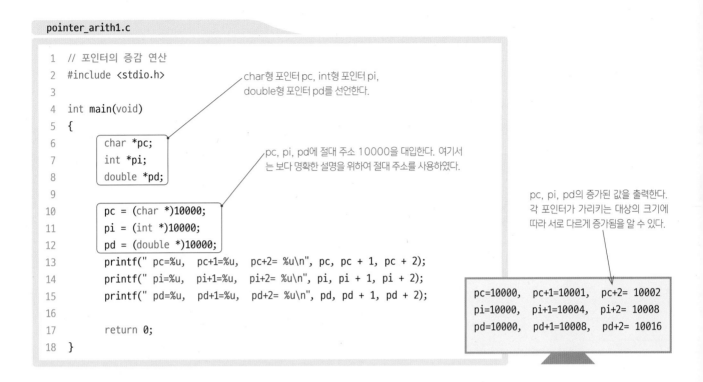

```
pointer_arith1.c

1    // 포인터의 증감 연산
2    #include <stdio.h>
3
4    int main(void)
5    {
6        char *pc;
7        int *pi;
8        double *pd;
9
10       pc = (char *)10000;
11       pi = (int *)10000;
12       pd = (double *)10000;
13       printf(" pc=%u,   pc+1=%u,   pc+2= %u\n", pc, pc + 1, pc + 2);
14       printf(" pi=%u,   pi+1=%u,   pi+2= %u\n", pi, pi + 1, pi + 2);
15       printf(" pd=%u,   pd+1=%u,   pd+2= %u\n", pd, pd + 1, pd + 2);
16
17       return 0;
18   }
```

char형 포인터 pc, int형 포인터 pi, double형 포인터 pd를 선언한다.

pc, pi, pd에 절대 주소 10000을 대입한다. 여기서는 보다 명확한 설명을 위하여 절대 주소를 사용하였다.

pc, pi, pd의 증가된 값을 출력한다. 각 포인터가 가리키는 대상의 크기에 따라 서로 다르게 증가됨을 알 수 있다.

```
pc=10000,   pc+1=10001,   pc+2= 10002
pi=10000,   pi+1=10004,   pi+2= 10008
pd=10000,   pd+1=10008,   pd+2= 10016
```

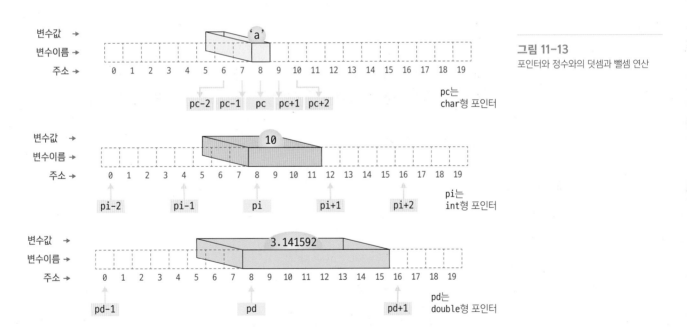

그림 11-13
포인터와 정수와의 덧셈과 뺄셈 연산

간접 참조 연산자와 증감 연산자

++나 --와 같은 증감 연산자는 간접 참조 연산자인 *와 같이 사용될 수 있다. 여기서 주의하여야 할 점이 있다. 증감 연산자를 포인터에 적용할 수도 있고 포인터가 가리키는 대상에 적용할 수도 있다. 이것을 잘 구별하여 사용하여야 한다. 다음과 같은 문장은 무엇을 증가하는 것일까?

```
*p++;
```

이 문장은 p가 가리키는 위치에서 값을 가져온 후에 포인터 p를 증가한다. ++의 우선 순위가 *보다 높지만 ++가 수식의 뒤에 붙어 있으므로 *p를 먼저 수행한 후에 p에 대하여 ++가 수행된다. 만약 포인터가 가리키는 대상의 값을 증가하려고 했으면 다음과 같이 하여야 한다. 이 문장에서 괄호가 * 연산자를 먼저 수행하게 만든다.

```
(*p)++;
```

뺄셈에 대해서도 마찬가지이다. 다음의 표에 비교하여 정리하였다.

수식	의미
v = *p++	p가 가리키는 값을 v에 대입한 후에 p를 증가한다.
v = (*p)++	p가 가리키는 값을 v에 대입한 후에 p가 가리키는 값을 증가한다.
v = *++p	p를 증가시킨 후에 p가 가리키는 값을 v에 대입한다.
v = ++*p	p가 가리키는 값을 가져온 후에 그 값을 증가하여 v에 대입한다.

아래 예제 프로그램을 통하여 이것을 확인하자.

pointer_arith2.c

```
1    // 포인터의 증감 연산
2    #include <stdio.h>
3
4    int main(void)
5    {
6         int i = 10;
7         int *pi = &i;
8
9         printf("i = %d,  pi = %p\n", i, pi);
10        (*pi)++;
11        printf("i = %d,  pi = %p\n", i, pi);
12
13        *pi++;
14        printf("i = %d,  pi = %p\n", i, pi);
15
16        return 0;
17   }
```

pi가 가리키는 대상을 증가

pi를 증가

```
i = 10,  pi = 000000FFEBCFF974
i = 11,  pi = 000000FFEBCFF974
i = 11,  pi = 000000FFEBCFF978
```

포인터의 형변환

C언어에서는 명시적으로 포인터의 타입을 변경할 수 있다. 예를 들어서 doube형 포인터를 int형 포인터로 타입을 변경할 수 있는 것이다. 이 경우에는 반드시 형변환 연산자를 앞에 써주어야 한다. 만약 형변환 연산자를 써주지 않으면 경고가 발생한다.

```
double *pd = &f;
int *pi;

pi = (int *)pd;
```
└── double형 포인터를 int형 포인터로 변환

앞에서 살펴보았듯이 포인터의 타입을 바꾸어서 메모리에 접근하는 것은 아주 조심스럽게 하여야 한다. 자신이 접근할 수 있는 범위를 넘어서 이웃 바이트를 건드리면 안 된다. 하나의 예제로 정수 변수를 생성하고, char형 포인터를 이용하여 정수 변수 안의 각각의 바이트들을 출력하여보자.

pointer_arith3.c

```
1  #include <stdio.h>
2
3  int main(void)
4  {
5      int data = 0x0A0B0C0D;
6      char *pc;
7      int i;
8
9      pc = (char *)&data;
10     for (i = 0; i < 4; i++)
11         printf("*(pc + %d) = %02X \n", i, *(pc + i));
12     return 0;
13 }
```

```
*(pc + 0) = 0D
*(pc + 1) = 0C
*(pc + 2) = 0B
*(pc + 3) = 0A
```

> **참고사항**
>
> 포인터의 증감 연산에서 포인터의 위험성을 조금은 느낄 수 있다. 포인터는 우리가 마음대로 증감시킬 수 있지만 증감된 포인터가 잘못된 위치를 가리킬 수도 있다. 우리가 만든 데이터가 아닌 남의 데이터를 가리킬 수도 있고 운영체제가 사용하는 데이터 영역을 가리킬 수도 있다. 이런 경우, 포인터를 이용하여 값을 쓰거나 읽게 되면 심각한 오류가 발생할 수 있다. C 컴파일러는 포인터의 증감 연산까지는 추적하지 못한다. 따라서 이런 경우, 컴파일 시에는 오류가 발생하지 않지만 프로그램이 실행되면 실행 오류가 발생하게 된다.

1 포인터에 대하여 적용할 수 있는 연산에는 어떤 것들이 있는가?

2 int형 포인터 p가 80번지를 가리키고 있었다면 (p+1)은 몇 번지를 가리키는가?

3 p가 포인터라고 하면 *p++와 (*p)++의 차이점은 무엇인가?

4 p가 포인터라고 하면 *(p+3)의 의미는 무엇인가?

중간점검

11.5 포인터와 함수

함수 호출시 인수 전달 방식

함수가 매개 변수를 통하여 외부로부터 데이터를 받는 방법은 크게 나누어서 두 가지가 있다.

- 값에 의한 호출(call-by-value): 복사본이 전달된다.
- 참조에 의한 호출(call-by-reference): 원본이 전달된다.

함수가 호출될 때 인수의 복사본이 함수로 전달되면 값에 의한 호출이다. 만약 함수가 호출될 때 인수들의 원본이 함수로 전달되면 참조에 의한 호출이다. C에서는 값에 의한 호출만을 지원한다. 참조에 의한 호출은 포인터를 이용하여서 간접 구현이 가능하다. 전통적인 예제인 swap() 함수를 이용하여서 설명하여보자. swap()은 주어진 변수의 값을 교환하는 함수이다. swap(a, b)와 같이 호출하면 변수 a와 변수 b의 값을 교환하면 된다.

값에 의한 호출

swap() 함수를 일단 다음과 같이 구현해보자. 금방 밝혀지겠지만 이 방법은 잘못된 방법이다.

swap1.c

```
1    // 포인터와 함수
2    #include <stdio.h>
3    void swap(int x, int y);
4
5    int main(void)
6    {
7        int a = 100, b = 200;
8
9        printf("a=%d b=%d\n",a, b);
10       swap(a, b);
11       printf("a=%d b=%d\n",a, b);
12
13       return 0;          인수가 값으로 전달된다.
14   }
15
16   void swap(int x, int y)
17   {
18       int tmp;
```

```
19
20              printf("x=%d  y=%d\n",x, y);
21
22          tmp = x;                          tmp를 이용해서 x와 y의 값을 교환한다.
23          x = y;
24          y = tmp;
25
26              printf("x=%d  y=%d\n",x, y);}      x, y의 값은 바뀌었지만 a, b의 값은
27      }                                          바뀌지 않았다.
```

```
a=100  b=200
x=100  y=200
x=200  y=100
a=100  b=200
```

위의 프로그램의 실행결과를 보면 swap() 안에서는 변수 x와 변수 y의 값이 교환되었지
만 main()에서는 변수 a와 변수 b의 값이 교환되지 않았다. swap() 함수 안에서는 변수 x와
y의 값이 서로 바뀌었지만 왜 이것이 main()으로 전달되지 않았을까? 이유는 C에서는 함수
호출이 기본적으로 "값에 의한 호출"이기 때문이다. 함수의 인수로 변수의 값만 전달되기 때
문에 원본 변수 자체를 변경할 수는 없다. 우리가 문서의 복사본을 전달했을 경우, 복사본을
가진 사람이 원본을 변경할 수 없는 것이나 마찬가지이다. 복사본이 교환되었다고 해서 원본
이 교환되는 것은 아니다. swap()의 매개 변수인 x, y는 main()의 a, b와는 다른 변수이다.
변수 x와 y의 값은 성공적으로 교환되었지만 변수 a과 b에는 전혀 영향을 끼치지 못했다.

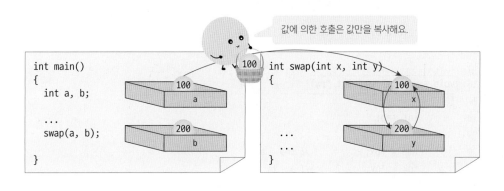

값에 의한 호출은 값만을 복사해요.

```
int main()                        int swap(int x, int y)
{                                 {
  int a, b;                   100          100
                                             x
  ...                                 ...
  swap(a, b);             200          200
}                                            y
                                  ...
                                  ...
                                  }
```

그림 11-14
값에 의한 호출

참조에 의한 호출

"값에 의한 호출"과 반대되는 개념은 "참조에 의한 호출"(call-by-reference)이다. 이것
은 변수의 복사본이 함수로 전달되는 것이 아니라 원본이 직접 전달되는 것이다. 변수의 원
본이 전달되기 때문에 호출된 함수 안에서 매개 변수의 값을 수정하면 원래의 변수가 똑같이
수정된다. "값에 의한 호출"이 부작용을 막는 안전한 방법이고 많이 사용되지만 때때로 참조
에 의한 호출이 꼭 필요한 경우가 있다.

C언어에서 "참조에 의한 호출"이 필요한 경우, 포인터를 이용하여 "참조에 의한 호출"을
구현할 수 있다. 변수의 주소를 함수에 넘겨주면 호출된 함수에서는 이 포인터를 이용하여
원본 변수의 값을 수정할 수 있다. 우리가 목적지의 주소를 복사하여 다른 사람에게 주더라
도 그 사람이 그 복사된 주소를 가지고 목적지를 찾아갈 수 있는 것과 마찬가지이다.

참고사항

함수 호출의 부작용이란 함수 호출의
결과로 의도하지 않은 변수의 값이 변
경되는 것을 뜻한다. 이런 부작용이 많
으면 버그 없는 소프트웨어를 작성하
기가 아주 힘들어진다.

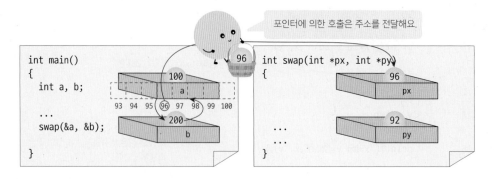

그림 11-15
포인터를 이용하는 "참조에 의한 호출"

포인터에 의한 호출은 주소를 전달해요.

swap2.c

```
1    // 포인터와 함수
2    #include <stdio.h>
3    void swap(int *px, int *py);
4
5    int main(void)
6    {
7            int a = 100, b = 200;
8
9            printf("a=%d b=%d\n",a, b);
10           swap(&a, &b);
11           printf("a=%d b=%d\n",a, b);
12
13           return 0;           변수의 주소가 전달된다.
14   }
15
16   void swap(int *px, int *py)
17   {
18           int tmp;
19
20           tmp = *px;          // tmp = a;
21           *px = *py;          // a = b;
22           *py = tmp;          // b = tmp;
23   }
```

a, b의 값이 올바르게 교환되었다.

```
a=100 b=200
a=200 b=100
```

위의 실행 결과를 보면 두 개의 변수의 값이 제대로 교환된 것을 알 수 있다. 세부 절차를 자세히 살펴보자.

(1) main()에서는 다음과 같이 swap()을 호출하였다.

        swap(&a, &b);

함수 호출시 인수가 a, b가 아니고 &a, &b 인 것에 유의하여야 한다. 즉 변수의 값을 전달하는 것이 아니라 변수의 주소를 전달한다. swap()에서는 매개 변수 px, py로 전달된 변수의 주소를 받는다. 주소를 받을 수 있는 자료형은 포인터이다. 따라서 swap() 은 다음과 같이 정의되어야 한다.

```
void swap(int *px, int *py)
```

(2) swap()안에서는 tmp라는 임시 변수에 a의 값을 저장한다. a의 값은 포인터 px을 통하여 얻을 수 있다. px은 &a의 값을 가지고 있고 따라서 *px은 a의 값이 된다.

```
tmp = *px;          // 결과적으로 tmp = a;와 같은 의미이다.
```

(3) 포인터를 통하여 b의 값을 a에 저장하는 것이 필요하다. px과 py가 각각 a과 b를 가리키고 있으므로 다음 문장이 b의 값을 a에 대입한다.

```
*px = *py;          // 결과적으로 a = b;와 같은 의미이다.
```

(4) tmp에 저장되었던 값을 b에 대입하면 된다.

```
*py = tmp;          // 결과적으로 b = tmp;와 같은 의미이다.
```

결론적으로 C에서도 참조에 의한 호출을 구현할 수 있다.

scanf() 함수

"참조에 의한 호출"을 사용하는 전형적인 예가 바로 scanf() 함수이다. 이때까지 이유는 잘 설명이 안 되었지만 scanf()는 항상 변수들의 주소를 요구했었다. 그 이유를 이제는 이 야기할 수 있다. 변수의 이름만 전달하게 되면 scanf()는 변수에 값을 저장할 수 없다. 이유 는 지금까지 설명한 대로 C에서는 기본적인 인수 전달 방식이 "값에 의한 호출"이기 때문이 다. 따라서 변수의 주소를 scanf()에 보내서 사용자로부터 받은 값이 변수에 저장되도록 해 야 한다.

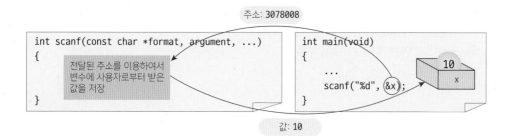

값에 의한 호출과 참조에 의한 호출은 어떤 경우에 사용해야 하는가?

일반적으로 어떤 계산이나 동작을 위하여 값만을 필요로 하면 당연히 값에 의한 호출을 사용하여야 한다. 반면 함수가 외부에서 선언된 변수의 값을 변경할 필요가 있다면 참조에 의한 호출을 사용하여야 한다. 참조에 의한 호출은 함수가 전역 변수를 사용하지 않고서도 외부의 변수들을 참조할 수 있는 합법적인 방법이다.

함수가 포인터를 통하여 값을 변경할 수 없게 하려면?

만약 프로그래머가 포인터를 통하여 원본 변수의 값이 변경되지 않도록 지정하고 싶으면 함수의 매개 변수를 선언할 때 앞에 const를 붙이면 된다. const를 앞에 붙이면 포인터가 가리키는 내용이 변경 불가능한 상수라는 뜻이 된다. 위의 코드에서 sub()가 매개 변수 p를 통하여 p가 가리키는 값을 변경하는 것을 방지하고 싶으면 다음과 같이 한다.

```
void sub(const int *p)
{
        *p = 0; // 오류!! const로 선언되면 매개 변수 p를 통하여 값을 변경할 수 없다.
}
```

예제# 1

만약 함수가 하나 이상의 값을 반환하여야 한다면 포인터를 사용하는 것이 하나의 방법이다. C언어에서 return 문장은 하나의 값만을 반환할 수 있다. 따라서 하나 이상의 값을 반환할 때는 포인터 인수를 사용하여 반환하는 것이 보통이다. 다음의 프로그램은 직선의 기울기와 y절편의 값을 구하는 함수를 작성해 본 것이다. 점 $(x1, y2)$, $(x2, y2)$를 지나는 직선의 기울기는

$$slope = \frac{y2 - y1}{x2 - x1}$$

와 같고 y절편은

$$yintercept = y1 - slope^* x1$$

으로 구할 수 있다. 문제는 이 함수가 반환해야 하는 값이 2개라는 점이다. 포인터 인수를 이용하여 2개의 값을 반환해보자.

slope.c

```c
1   #include <stdio.h>
2
3   // 기울기와 y절편을 계산한다.
4   int get_line_parameter(int x1, int y1, int x2, int y2, float *slope, float *yintercept)
5   {
6           if( x1 == x2 )
7               return -1;
8           else
9           {
10            *slope = (float)(y2 - y1)/(float)(x2 - x1);
11            *yintercept = y1 - (*slope)*x1;
12            return 0;
13          }
14  }
15
```

포인터를 통하여 값들을 반환

```
16   int main(void)
17   {
18       float s, y;
19
20       if( get_line_parameter(3, 3, 6, 6, &s, &y) == -1 )
21           printf("에러\n");
22       else
23           printf("기울기는 %.2f \n y절편은 %.2f\n", s, y);
24
25       return 0;
26   }
```

```
기울기는 1.00
y절편은 0.00
```

포인터를 사용하는 반환값

함수의 반환값으로도 포인터를 사용할 수 있다. 한 가지 주의해야 할 점은 함수가 종료되더라도 남아 있는 기억 장소의 변수를 반환해야 한다는 점이다. 예를 들어서 지역 변수의 경우, 함수가 종료되면 사라지기 때문에 지역 변수의 주소를 반환하면 안 된다. 예를 들어서 다음 함수는 지역 변수의 주소를 반환하기 때문에 잘못되었다.

```
int *add(int x, int y)
{
    int result;

    result = x + y;          오류!: 함수가 종료되면 소멸되는
    return &result;          변수의 주소를 반환하면 안된다.
}
```

포인터를 반환하는 함수의 예는 문자열 처리 함수에서 많이 등장한다. 12장의 문자열 처리 함수에서 자세하게 살펴보도록 하자.

---

1 함수에 매개 변수로 변수의 복사본이 전달되는 것을 _____라고 한다.

2 함수에 매개 변수로 변수의 원본이 전달되는 것을 _____리고 한디.

3 함수 안에서 외부 변수를 변경해야 하는 경우에는 어떤 방법을 사용하여 인수를 전달하여야 하는가?

중간점검

11.6 포인터와 배열

포인터를 학습하는 도중에 배열이 나오는 것에 대하여 의아하게 생각하는 사람도 있을 것이다. 하지만 배열과 포인터는 아주 밀접한 관계를 가지고 있다. 왜냐하면 배열 이름이 바로 포인터이기 때문이다. 배열 이름은 배열이 시작되는 주소와 같다.

참고사항

배열의 주소는 실행할 때마다 달라질 수 있다. 여기서는 설명을 위하여 주소를 16진수가 아닌 부호없는 정수로 출력하였다. 이점 많은 양해 부탁드린다.

p_array1.c

```
1    // 포인터와 배열의 관계
2    #include <stdio.h>
3
4    int main(void)
5    {
6        int a[] = { 10, 20, 30, 40, 50 };
7        printf("&a[0] = %u\n", &a[0]);
8        printf("&a[1] = %u\n", &a[1]);
9        printf("&a[2] = %u\n", &a[2]);
10
11       printf("a = %u\n", a);
12
13       return 0;
14   }
```

배열의 첫 번째 요소는 a[0]이다. 이 첫 번째 요소의 주소는 &a[0]가 된다. 같은 식으로 두 번째, 세 번째 요소의 주소값은 각각 &a[1]와 &a[2]이다. 이 주소값들을 부호없는 정수값으로 출력하였다.

배열 이름을 부호없는 정수값으로 출력하였다. 첫 번째 요소의 주소값과 완전히 동일함을 알 수 있다.

```
&a[0] = 1245008
&a[1] = 1245012
&a[2] = 1245016
a = 1245008
```

위의 프로그램에서 알게 된 몇 가지 사실을 정리하여보자. 배열은 요소들이 메모리에서 연속된 공간을 차지하고 있음을 알 수 있다. 또한 a가 int형 배열이므로 각 요소들이 차지하는 메모리 공간은 4바이트이다. 이것은 첫 번째 요소와 두 번째 요소의 주소의 차이를 관찰하면 알 수 있다. 놀라운 사실은 배열의 이름을 정수 형식으로 출력하면 배열의 첫 번째 요소의 주소와 같다는 사실이다.

그림 11-16
배열 이름은 배열을 가리키는 포인터이다.

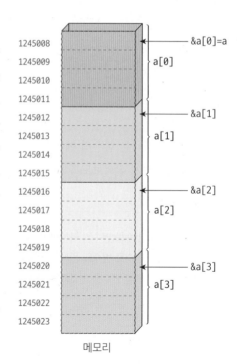

배열의 이름이 포인터이므로 여기에 여러 가지 포인터 연산을 적용하여보자.

p_array2.c

```
1   // 포인터와 배열의 관계
2   #include <stdio.h>
3
4   int main(void)
5   {
6           int a[] = { 10, 20, 30, 40, 50 };
7
8           printf("a = %u\n", a);
9
10          printf("a + 1 = %u\n", a + 1);
11
12          printf("*a = %d\n", *a);
13
14          printf("*(a+1) = %d\n", *(a+1));
15
16          return 0;
17  }
```

배열의 이름을 포인터처럼 사용할 수 있다.

a + 1의 값을 출력하였다. a + 1은 a보다 4가 크며 a[1]의 주소와 같다.

배열의 이름이 포인터라고 했으므로 배열의 이름이 가리키는 곳의 내용 *a를 출력하면 a[0]와 같다.

*(a + 1)은 a[1]과 같다.

```
a = 2876963656
a + 1 = 2876963660
*a = 10
*(a+1) = 20
```

배열 이름을 포인터라고 생각하고 *a를 출력하여 보면 첫 번째 요소 a[0]의 값이 출력됨을 알 수 있었다. 또한 a + i는 a가 포인터이므로 배열의 시작 주소에 (i * 배열 요소의 크기)값이 더해진다. 따라서 a + i는 &a[i]와 같다. 또한 *(a + i)는 a[i]와 완전히 동일하다.

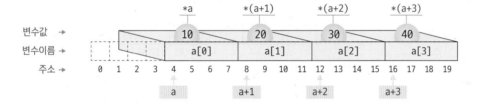

그림 11-17
배열의 이름은 첫번째 요소를 가리키는 포인터와 같다.

배열의 이름이 포인터이기는 하지만 증가시킬 수는 없다. 왜냐하면 배열의 이름은 포인터 상수이기 때문이다. 즉 그 값이 변경될 수는 없다. 실제로 컴파일러는 배열의 이름에 공간을 할당하지는 않는다. 대신에 배열의 이름이 있는 곳을 배열의 시작 주소로 대치한다. 따라서 다음과 같은 코드는 명백한 오류이다.

```
int a[] = { 10, 20, 30, 40, 50 };
++a;                           컴파일 오류: a는 포인터 상수이므로 변경 불가
```

포인터를 배열처럼 사용

배열 이름이 포인터라면 역으로 포인터도 배열 이름처럼 사용할 수 있을까? 포인터도 배열처럼 취급할 수 있고 배열과 똑같이 사용할 수 있다. 실제로 이것은 상당히 편리한 기능이다. 다음의 예제를 참조하라.

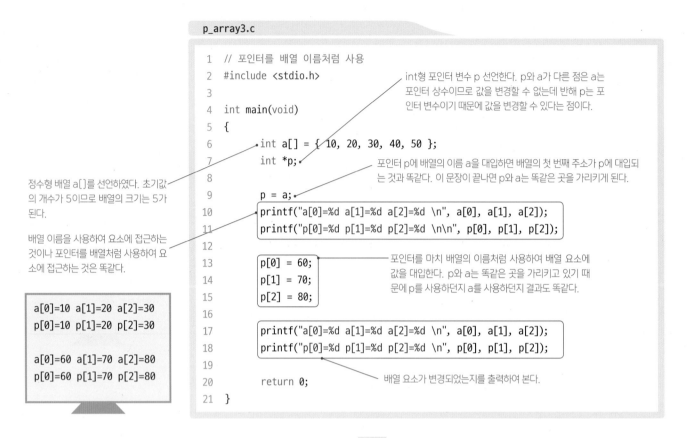

```
p_array3.c
1    // 포인터를 배열 이름처럼 사용
2    #include <stdio.h>
3
4    int main(void)
5    {
6        int a[] = { 10, 20, 30, 40, 50 };
7        int *p;
8
9        p = a;
10       printf("a[0]=%d a[1]=%d a[2]=%d \n", a[0], a[1], a[2]);
11       printf("p[0]=%d p[1]=%d p[2]=%d \n\n", p[0], p[1], p[2]);
12
13       p[0] = 60;
14       p[1] = 70;
15       p[2] = 80;
16
17       printf("a[0]=%d a[1]=%d a[2]=%d \n", a[0], a[1], a[2]);
18       printf("p[0]=%d p[1]=%d p[2]=%d \n", p[0], p[1], p[2]);
19
20       return 0;
21   }
```

int형 포인터 변수 p 선언한다. p와 a가 다른 점은 a는 포인터 상수이므로 값을 변경할 수 없는데 반해 p는 포인터 변수이기 때문에 값을 변경할 수 있다는 점이다.

포인터 p에 배열의 이름 a를 대입하면 배열의 첫 번째 주소가 p에 대입되는 것과 똑같다. 이 문장이 끝나면 p와 a는 똑같은 곳을 가리키게 된다.

포인터를 마치 배열의 이름처럼 사용하여 배열 요소에 값을 대입한다. p와 a는 똑같은 곳을 가리키고 있기 때문에 p를 사용하던지 a를 사용하던지 결과도 똑같다.

배열 요소가 변경되었는지를 출력하여 본다.

정수형 배열 a[]를 선언하였다. 초기값의 개수가 5이므로 배열의 크기는 5가 된다.

배열 이름을 사용하여 요소에 접근하는 것이나 포인터를 배열처럼 사용하여 요소에 접근하는 것은 똑같다.

```
a[0]=10 a[1]=20 a[2]=30
p[0]=10 p[1]=20 p[2]=30

a[0]=60 a[1]=70 a[2]=80
p[0]=60 p[1]=70 p[2]=80
```

그림 11-18
포인터를 배열의 이름처럼 사용할 수도 있다.

배열 매개 변수

배열이 함수로 전달되는 경우를 자세히 살펴보자. 10장에서도 간단히 살펴보았지만, 배열 매개 변수는 다른 자료형의 매개 변수들과는 큰 차이가 있다.

먼저 일반적인 자료형의 매개 변수부터 살펴보자. 왼쪽 그림에서 정수형 매개 변수 x가 다음과 같이 선언되었다면 변수 x에는 실제로 기억 장소가 할당된다. x는 지역 변수와 동일하다. 하지만 오른쪽과 같이 매개 변수로 배열을 선언하게 되면 매개 변수 b에서는 실제로 배열이 생성되지 않는다. b는 외부에서 전달되는 배열의 주소를 저장하는 포인터로 생성된다.

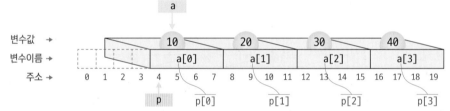

```
// 일반적인 매개 변수의 경우
void sub(int x)
{
    ...
}
```
x에 실제로 기억 장소가 할당된다.

```
// 배열 매개 변수인 경우
void sub(int b[], int size)
{
    ...
}
```
실제로 배열 b가 생성되지 않는다. b는 배열을 가리키는 포인터로서 외부에서 전달된 배열의 주소가 전달된다.

함수를 호출할 때 배열을 전달하면 자동으로 배열의 주소가 전달된다. 앞에서 배열의 이름은 배열을 가리키는 포인터와 같다고 이야기한 바 있다. 그것이 실제로 여기에서 적용되는 것이다. 아래의 왼쪽 박스에서 sub()를 호출할 때, 배열의 이름 a를 전달하고 있다. 이것이 오른쪽 박스의 매개 변수 b로 복사되는 것이다. sub()의 매개 변수 b는 배열을 가리키는 포인터처럼 동작한다. b를 통하여 배열 원소에 접근하면 배열 a의 원소들이 접근된다.

```
int main(void)
{
        int a[3]={ 1, 2, 3 };

        sub(a, 3);
}
배열의 이름은 포인터이다.
```

```
void sub(int b[], int size)
{
        b[0] = 4;
        b[1] = 5;
        b[2] = 6;
}
b를 통하여 원본 배열을
변경할 수 있다.
```

완전한 프로그램으로 살펴보자.

p_func.c

```
1   #include <stdio.h>
2
3   void sub(int b[], int size );
4
5   int main(void)
6   {
7           int a[3] = { 1, 2, 3 };
8
9           printf("%d %d %d\n", a[0], a[1], a[2]);
10          sub(a, 3);
11          printf("%d %d %d\n", a[0], a[1], a[2]);
12
13          return 0;
14  }
15
16  void sub(int b[], int size)
17  {
18          b[0] = 4;
19          b[1] = 5;
20          b[2] = 6;
21  }
```

배열 a를 sub()로 전달한다.
배열의 이름은 배열의 주소이
므로 배열의 주소가 전달된다.

매개 변수 b는 전달된 배열
을 가리키는 포인터이다.

b[]를 통하여 원본 배열 a[]가 변경된다.

원본 배열이 변경된다.

```
1 2 3
4 5 6
```

함수에서 배열을 받을 때, 매개 변수를 포인터로 선언할 수도 있다. 아래의 방법은 위의 코드와 100% 동일하다.

```
// 포인터 매개 변수
void sub(int *b, int size)
{
    b[0] = 4;
    b[1] = 5;
    b[2] = 6;
}
```

배열의 이름과 포인터는 근본적으로 같다.

배열 표기법을 사용하여 요소에 접근

```
// 포인터 매개 변수
void sub(int *b, int size)
{
    *b = 4;
    *(b+1) = 5;
    *(b+2) = 6;
}
```

포인터 표기법을 사용하여 요소에 접근

왜 다른 변수와 배열을 차별 대우하는 것일까? 이유는 다른 변수들은 기억 장소를 할당하여도 별 문제가 없지만, 배열은 문제가 있을 수 있다. 배열은 크기가 상당히 클 수도 있고 따라서 원본 배열에서 복사본 배열로 전체 내용을 복사해주려면 상당한 시간을 필요로 한다. 예를 들어서 도서관에 사전과 같은 아주 두꺼운 책이 있다면 이것을 복사하여서 주는 것보다는 책의 위치를 알려주고 직접 도서관에 와서 보도록 하는 것이 더 효과적인 것이나 마찬가지이다.

 오류 주의

만약 크기가 10000인 배열 전체를 전달하려는 생각에 다음과 같이 하면 함수 호출을 하면 안 된다.

```
sub(a[10000], 10000);
```

a[10000]에는 2가지의 오류가 있는데, 먼저 a[10000]은 전체 배열을 의미하는 것이 아니고 단지 배열에서 10000번째 원소를 나타낸다. 두 번째로 a[]의 원소는 0에서 9999까지만 가능하다. 따라서 10000번째 원소는 존재하지 않는다.

예제# 1

포인터를 이용하여 배열의 요소에 접근하는 것은 인덱스를 사용하는 것보다 복잡해 보인다. 왜 그냥 인덱스를 사용하지 않고 포인터를 통하여 배열의 요소를 참조하는 것일까? 장점이 있기 때문이다. 배열의 요소들은 메모리에서 연속된 주소를 할당받기 때문에 포인터의 증가 연산을 사용하면 빠르게 전체 요소에 접근할 수 있다. 우리는 배열을 인수로 받아서 배열 요소의 합을 구하는 함수를 여러 가지 방법으로 작성하여보자. 함수가 배열을 인수로 받을 때는 배열 원본이 전달됨을 잊지 말자.

```
int get_sum1(int a[], int n)
{
    int i;
    int sum = 0;

    for (i=0; i<n; i++)
        sum += a[i]
    return sum;
}
```

인덱스 표기법 사용

```
int get_sum2(int a[], int n)
{
    int i;
    int *p;
    int sum = 0;

    p = a;
    for (i=0; i<n; i++)
        sum += *p++;
    return sum;
}
```

포인터만 증가하면 다음 요소가 된다.

포인터 사용

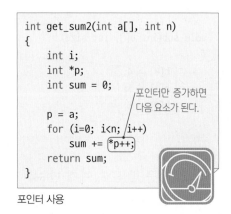

① **배열의 인덱스를 사용하는 방법**

가장 평범한 방법이다. 배열의 요소에 순차적으로 접근하기 위하여 인덱스를 사용한다. 우리가 a[i]처럼 배열의 요소를 인덱스를 사용하여 참조하면 컴파일러는 내부적으로 a[i]의 주소를 (시작 주소 + sizeof(int) * i)와 같이 계산한다. 예를 들어서 a가 1000번지부터 시작한다면 a[2]의 주소는 (1000 + 4 * 2)와 같이 계산된다. 따라서 a[i]와 같은 표기법을 사용하면 요소의 주소를 계산하는 시간이 필요하다(물론 아주 작은 시간이긴 하다).

② 포인터를 사용하는 방법

포인터 p는 배열의 이름 a로 초기화되었다. 배열의 이름은 첫 번째 요소의 주소와 같으므로 p는 첫 번째 요소를 가리킨다. for 루프에서 *p를 sum에 더하고 p를 하나 증가시킨다. p가 증가되면 p는 배열의 다음 요소를 가리키게 된다. 이와 같은 방식에서는 매번 반복 때마다 배열 요소의 주소를 다시 계산할 필요가 없어서 시간이 더 적게 걸리게 되므로 약간 효율적이다. 주의할 점은 약간 효율적이라고 해서 항상 배열의 요소를 포인터를 사용하여 참조하라는 이야기는 절대 아니다. 상황에 따라서 포인터를 사용하는 편이 더 간단하고 효율적인 경우가 있다는 의미이다. 영상 처리와 같이 큰 데이터를 다루는 경우에는, 포인터를 이용하는 방법이 약간 더 효율적이다.

 LAB 영상 처리

이번에는 포인터를 이용하여서 영상을 처리하는 예제를 살펴보자. 디지털 시대에는 영상도 디지털로 표현된다. 디지털 영상은 근본적으로 2차원 배열이다. 앞에서 포인터를 이용하면 배열의 요소 처리를 빠르게 할 수 있다고 하였다. 2차원 배열로 표현된 영상을 받아서 영상의 밝기를 10만큼 증가시키는 코드를 살펴보자. 물론 아주 단순화시킨 모델이다. 하지만 근본적인 원리는 동일하다.

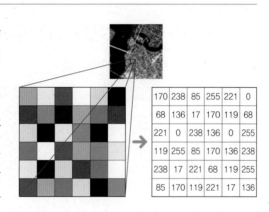

```
010 020 030 040 050
010 020 030 040 050
010 020 030 040 050
010 020 030 040 050
010 020 030 040 050

020 030 040 050 060
020 030 040 050 060
020 030 040 050 060
020 030 040 050 060
020 030 040 050 060
```

 Hint 먼저 10×10 영상을 2차원 배열로 나타낸다. 이 배열을 받아서 배열의 요소에 10을 더하는 함수 brighten_image()를 작성한다. brighten_image()에서는 포인터가 첫 번째 배열 요소를 가리키게 한 후에 각 픽셀의 데이터를 포인터를 통하여 처리한다. 처리가 끝나면 포인터를 증가시켜서 다음 픽셀을 가리키게 한다.

Solution image_proc.c

```c
1  #include <stdio.h>
2  #define SIZE 5
3
4  void print_image(int image[SIZE][SIZE])
5  {
6      int r,c;
7      for(r=0;r<SIZE;r++) {
8          for(c=0;c<SIZE;c++) {
9              printf("%03d ", image[r][c]);
10         }
11         printf("\n");
12     }
13     printf("\n");
14 }
15 void brighten_image(int image[SIZE][SIZE])
16 {
17     int r,c;
18     int *p;
19     p = &image[0][0];          ← 첫 번째 픽셀을 가리키게 한다.
20     for(r=0;r<SIZE;r++){
21         for(c=0;c<SIZE;c++){
22             *p += 10;
23             p++;               ← 포인터를 하나 증가시켜서
24         }                        다음 픽셀을 가리키게 한다.
25     }
26 }
27 int main(void)
28 {
29     int image[SIZE][SIZE] = {
30         { 10, 20, 30, 40, 50},
31         { 10, 20, 30, 40, 50},
32         { 10, 20, 30, 40, 50},     ← 디지털 이미지 표현
33         { 10, 20, 30, 40, 50},
34         { 10, 20, 30, 40, 50}};
35
36     print_image(image);
37     brighten_image(image);
38     print_image(image);
39
40     return 0;
41 }
```

도전문제

포인터를 이용하지 않는 버전도 작성하여보자. 즉 배열의 인덱스 표기법으로 위의 프로그램을 변환하여보자.

1 배열의 첫 번째 요소의 주소를 계산하는 2가지 방법을 설명하라.

2 배열 a[]에서 *a의 의미는 무엇인가?

3 배열의 이름에 다른 변수의 주소를 대입할 수 있는가?

4 포인터를 이용하여 배열의 요소들을 참조할 수 있는가?

5 포인터를 배열의 이름처럼 사용할 수 있는가?

11.7 포인터 사용의 장점

포인터를 사용하게 되면 어떤 장점이 있는 것일까? 많은 장점이 있겠지만 몇 가지만을 생각하여보자.

포인터를 이용하면 연결 리스트나 이진 트리 등의 향상된 자료 구조를 만들 수 있다.

연결 리스트는 포인터를 사용하여 메모리에 흩어져 있는 데이터들을 연결하는 자료 구조이다. 포인터가 데이터가 저장된 곳을 가리킬 수 있기 때문에 포인터들로 연결된 다음과 같은 구조를 생각해 볼 수 있다.

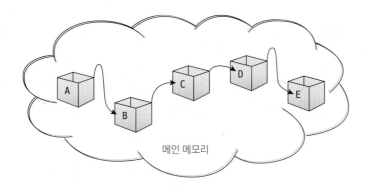

메인 메모리

그림 11-19
연결 리스트의 개념

그림 11-19와 같은 구조를 연결 리스트(linked list)라고 한다. 연결 리스트는 줄로 연결된 상자라고 생각할 수 있다. 상자 안에는 데이터가 들어가고 상자에 연결된 줄을 따라가면 다음 상자를 찾을 수 있다. 연결 리스트는 일단 데이터를 한군데 모아두는 것을 포기하는 것이다. 데이터들은 메인 메모리상의 어디에나 흩어져서 존재할 수 있다. 이점은 배열과는 정반대이다. 배열의 요소들은 반드시 기억 장소에서 연속적인 위치를 차지하여야 한다. 그러면 연결 리스트에서 다음 데이터는 어떻게 찾을 수 있을까? 앞의 데이터는 뒤의 데이터를 가리

키는 줄을 가진다. 앞의 데이터에서 다음 데이터를 찾아가려면 앞의 데이터의 줄을 따라가면 된다. 연결 리스트에서는 이런 식으로 물리적으로 흩어져 있는 자료들을 서로 연결하여 하나로 묶는다. 상자를 연결하는 줄이 바로 포인터(pointer)로 구현한다.

메모리 매핑 하드웨어

임베디드 시스템에서는 흔히 포인터를 이용하여서 메모리 매핑 하드웨어(memory-mapped hardware)를 직접 조작한다. 메모리 매핑 하드웨어란 메모리처럼 접근할 수 있는 하드웨어 장치를 의미한다. 예를 들어서 아두이노에서 LED 제어 모듈을 메모리 주소로 접근하는 것이다. 예를 들어서 제어 모듈을 가리키는 int형 포인터를 정의하고 주소 0x7FFF로 초기화한 후에 여기에 어떤 값을 쓸 수 있다.

```
volatile int *hw_address = (volatile int *)0x7FFF;
*hw_address = 0x0001;              // 주소 0x7FFF에 있는 장치에 0x0001 값을 쓴다.
```

참조에 의한 호출

C언어에서는 기본적으로 "값에 의한 호출"을 지원하지만, 포인터를 이용하면 "참조에 의한 호출"을 구현할 수 있다. 즉 포인터 매개 변수를 통하여 외부의 변수나 배열에 접근하여서 값을 변경할 수 있다. 또한 함수가 하나 이상의 값을 반환할 때도 포인터를 사용할 수 있다.

동적 메모리 할당

18장에서 동적 메모리 할당을 학습하게 된다. 동적 메모리 할당이란 프로그램이 실행 도중에 운영 체제로부터 메모리를 실시간으로 할당받는 중요한 기법이다. 만약 포인터가 없다면 우리는 동적 메모리를 사용하기가 어려워 질 것이다. 18장에서 자세하게 학습하여보자.

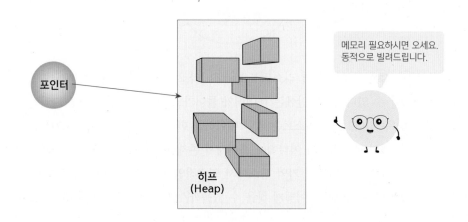

Mini Project　　자율 주행 자동차

자율 주행 자동차에 3개의 센서(왼쪽, 중간, 오른쪽 센서)가 있고 이들 3개의 센서에서 장애물까지의 거리를 getSensorData() 함수를 통하여 받는 다고 가정하자.

자율 주행 자동차

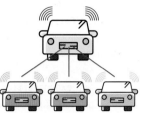

즉 getSensorData() 함수는 3개의 double형 데이터를 매개 변수를 통하여 반환하여야 한다. getSensorData() 함수를 작성해보자. getSensorData()는 0.0에서 100.0까지의 double형의 난수 3개를 생성하고, 이것을 매개 변수를 통하여 반환한다.

```
왼쪽 센서와 장애물과의 거리: 41.00
중간 센서와 장애물과의 거리: 67.00
오른쪽 센서와 장애물과의 거리: 34.00
```

Solution

```c
1  #include <stdio.h>
2
3  // 0부터 99까지의 난수(실수형태)를 발생하여 크기가 3인 배열 p에 저장한다.
4  void getSensorData(double * p)
5  {
6      // 여기를 작성한다.
7      return;
8  }
9
10 int main(void)
11 {
12     double sensorData[3];
13     getSensorData(sensorData);
14
15     printf("왼쪽 센서와 장애물과의 거리: %lf \n", sensorData[0]);
16     printf("중간 센서와 장애물과의 거리: %lf \n", sensorData[1]);
17     printf("오른쪽 센서와 장애물과의 거리: %lf \n", sensorData[2]);
18     return 0;
19 }
```

장애물까지의 거리가 난수로 생성되면 이것을 바탕으로 경고 메시지를 출력하거나 핸들을 조작하는 문장도 출력해보자.

Summary

```c
#define SIZE 3
int get_array_sum(int *p, int n);

int main(void)
{
    int expenses[SIZE] = { 100, 200, 200 };
    printf("%d\n", get_array_sum(expenses, SIZE));
}                                    배열의 이름은 배열의 주소
int get_array_sum(int *p, int n)
{                        포인터를 통하여 배열의 주소를 받는다.
    int i, result=0;
    for(i=0; i<n; i++)        포인터를 배열처럼 사용할 수 있다.
        result += p[i];
    return result;
}
```

빈칸을 채우면서 정리하여 봅시다.

▶ 메모리는 _____를 기준으로 주소가 매겨진다.

▶ 포인터는 _____을 저장할 수 있는 변수이다.

▶ 변수 x의 주소를 추출하려면 _____라고 하면 된다.

▶ *p의 의미는 _____이다.

▶ int형 포인터 p가 가리키는 위치에 100을 저장하는 문장은 _____이다.

▶ 포인터가 아무것도 가리키고 있지 않는 경우에는 _____값을 넣어두는 편이 좋다.

▶ 배열 a에서 a는 _____의 주소이다.

▶ p가 포인터라면 p[2]는 수식 *(p+____)와 같다.

▶ *p++의 의미는 _____이다.

▶ 사칙 연산 중에서 포인터에 대하여 적용할 수 있는 연산에는 _____ , _____이 있다.

▶ int형 포인터 p가 80번지를 가리키고 있었다면 (p+1)은 ____ 번지를 가리킨다.

▶ 함수 호출시 인수 전달 방법 중에서 기본적인 방법은 "_____에 의한 호출"이다.

Exercise

01 다음에서 인덱스에 의한 배열 요소 참조는 포인터에 의한 참조로 바꾸고 반대로 포인터에 의한 참조는 인덱스에 의한 참조로 바꾸시오. (a)번은 예이다.

(a) list[6]   *(list+6)   (b) name[3]

(c) *(cost + 8)   (d) message[0]

02 다음 코드의 빈칸에 알맞은 문장을 넣으시오.

```
char code;
_____;       // char형 포인터 p선언
_____;       // 포인터에 변수 code의 주소 대입
_____;       // 포인터를 통하여 변수 code에 'a' 대입하기
```

03 int a[]={10, 20, 30, 40, 50}으로 정의되었다고 가정하자. *(a+2)의 값은?

① 10   ② 20   ③ 30   ④ 40   ⑤ 50

04 아래 문장이 실행되었다고 가정하자. 다음 중 다른 문장들과 실행 결과가 다른 것은?

```
int i;
int *p = &i;
```

① i = i + 1;   ② (*p)++;   ③ *p++;   ④ *p = *p + 1;

05 다음 프로그램의 출력은?

```
int x = 6;
int *p = &x;
printf("%d\n", --(*p));
printf("%d\n", (*p)++);
```

06 다음 프로그램의 출력은?

```
int *p = (int *)1000;
double *q = (double *)2000;
printf("%d\n", p+2);
printf("%d\n", q+1);
```

07 다음 프로그램의 출력은?

```
int list[10] = { 0, 1, 2, 3, 4, 5, 6, 7, 8, 9 };
int *p;
p = list;
printf("%d\n", *list);
printf("%d\n", *p + 1);
printf("%d\n", *(p + 1));
```

08 double형 배열을 매개 변수 a로 전달받는 함수 print_array()의 헤더를 다음과 같은 방법으로 작성하라. 반환값은 없다.

(a) b를 배열로 선언 _____

(b) b를 포인터로 선언 _____

09 다음 프로그램에서 ip의 값이 변경되지 않는 이유는 무엇인가?

```
void f(int *p)
{
        static int data = 5;
        p = &data;
}
int main(void)
{
        int *ip=NULL;
        f(ip);
}
```

Programming

01 실수를 받아서 정수부와 소수부로 분리하는 함수 get_frac(double f, int *pi, double*pd);을 작성하고 테스트해보자.

> 포인터를 이용한
> 값 반환
> ───────
> MEDIUM
> ★★☆

```
실수를 입력하시오: 3.14

get_frac(3.14)이 호출되었습니다.
정수부는 3입니다.
소수부는 0.14입니다.
```

02 크기가 3인 int형 배열을 생성하고 사용자로부터 정수를 받아서 배열을 채운다. 배열 요소의 주소와 값을 다음과 같이 출력하는 프로그램을 작성해보자.

> 배열과 포인터
> ───────
> MEDIUM
> ★★☆

```
정수를 입력하시오: 10
정수를 입력하시오: 20
정수를 입력하시오: 30

===================
주소        값
===================
FCB04730   10
FCB04734   20
FCB04738   30
```

HINT "%08X\t%03d\n" 형식 지정자를 사용한다. 주소는 실행할 때마다 달라질 수 있다.

03 정수 배열을 받아서 요소들을 난수로 채우는 함수 array_fill()를 작성하고 테스트하라. 난수는 라이브러리 함수인 rand()를 사용하여 생성한다.

> 정수형 배열
> ───────
> MEDIUM
> ★★☆

```
41 18467 6334 26500 19169 15724 11478 29358 26962 24464
```

```
void array_fill(int A[], int size) {
        int i;
        for(i=0 ; i<size ; i++) {
            ...
        }
}
```

HINT 포인터 A는 A[0], A[1],...과 같이 배열 이름처럼 사용될 수 있다. 난수는 rand()로 발생한다.

04 문자형 배열을 생각해보자. 배열의 요소에는 문자 H, E, L, L, O가 저장되어 있고 맨 끝에는 0을 저장시킨다. 저장된 문자들의 개수를 세어서 반환하는 함수 my_strlen(char *p)를 작성하고 테스트해보자. 이것은 실제로 C언어가 문자열을 저장하는 방법이다.

> 문자형 배열
> ───────
> MEDIUM
> ★★☆

```
저장된 문자열 = HELLO
문자열의 길이 = 5
```

HINT 반복 루프를 만들어서 문자형 배열의 요소가 0이 될 때까지 반복시킨다. 반복 횟수를 세어서 반환한다.

05 큰 배열을 할당받아서 우리 마음대로 메모리를 사용하고자 한다. 크기가 1000인 char형 배열을 생성한다. 배열의 첫 번째 바이트에는 'a'를 저장하고, 다음 4바이트에는 정수 100을 저장하고, 다음 4바이트에는 float형 실수 3.14를 저장할 수 있는가? 다시 꺼내서 출력해보자.

포인터 타입

MEDIUM
★★☆

```
'a'    100    3.14
```

06 정수 배열의 요소들을 화면에 출력하는 함수 array_print()를 작성하고 테스트하라. 출력 형식은 다음과 같은 형식이 되도록 하라.

배열과 포인터

MEDIUM
★★☆

```
A[] = { 1, 2, 3, 4, 5, 0, 0, 0, 0, 0, }
```

```c
void array_print(int *A, int size) {
        int i;
        printf("A[] = { ");
        for(i=0 ; i<size ; i++) {
            ...
        }
        printf("A[] = }\n");
}
```

HINT 배열의 크기를 sizeof(A)/sizeof(A[0])와 같이 구하는 것은 동일한 함수 안에서만 가능하다.

07 배열에 저장된 값을 역순으로 출력하는 프로그램을 작성하라. 단 인덱스를 사용하지 않고 포인터만을 사용해보자.

배열과 포인터

MEDIUM
★★☆

```
A[] = 0 1 2 3 4 5 6 7 8 9
A[] = 9 8 7 6 5 4 3 2 1 0
```

HINT 포인터로 배열의 끝을 가리키게 하고 포인터를 하나씩 감소시키면서 배열 요소 값을 출력한다.

08 배열에 double형의 실수값들이 저장되어 있다. 이 실수값 중에서 최대값이 저장된 요소를 찾아서 요소의 주소를 반환하는 다음과 같은 함수를 구현하고 테스트해보자.

배열과 함수

MEDIUM
★★☆

```c
double* get_max(double* A, int size);
```

```
A[] = 1.23 3.14 9.16 100.90
최대값은 100.90입니다.
```

09 학생들의 평점은 **4.3**점이 만점이라고 하자. 배열 grades[]에 학생 **10**명의 학점이 저장되어 있다. 이것을 **100**점 만점으로 변환하여서 배열 scores[]에 저장하는 함수를 작성하고 테스트하라.

포인터를 이용한
값들의 반환

MEDIUM
★★☆

```
0.00 0.50 1.0 1.5 2.0 2.5 3.0 3.5 4.0 4.3
0.0 11.63 23.26 34.88 46.51 58.14 69.77 81.40 93.02 100.00
```

```
void convert(double *grades, double *scores, int size) {
    int i;
    for(i=0 ; i<size ; i++) {
        ...
    }
}
```

HINT 점수 변환은 비례식을 사용한다. 즉 100:4.3 = x:y 라는 비례식을 풀면 된다.

10 정수 배열 A[]를 다른 정수 배열 B[]에 복사하는 함수를 작성하고 테스트하라.

포인터와 배열

MEDIUM
★★☆

```
A[] = 1 2 3 0 0 0 0 0 0 0
B[] = 1 2 3 0 0 0 0 0 0 0
```

```
void array_copy(int *A, int *B, int size) {
    int i;
    for(i=0 ; i<size ; i++) {
        ...
    }
}
```

11 직원들의 기본급이 배열 A[]에 저장되어 있다. 배열 B[]에는 직원들의 보너스가 저장되어 있다. 기본급과 보너스를 합하여 이번 달에 지급할 월급의 총액을 계산하고자 한다. A[]와 B[]를 더하여 배열 C[]에 저장하는 함수를 작성하고 테스트하라. 즉 모든 i에 대하여 C[i] = A[i] + B[i]가 된다.

포인터와 배열

MEDIUM
★★☆

```
A[] = 1 2 3 0 0 0 0 0 0 0
B[] = 4 5 6 0 0 0 0 0 0 0
C[] = 5 7 9 0 0 0 0 0 0 0
```

```
void array_add(int *A, int *B, int *C, int size) {
    int i;
    for(i=0 ; i<size ; i++) {
        ...
    }
}
```

12 직원들의 월급이 배열 A[]에 저장되어 있다고 가정하자. 이번 달에 회사에서 지급할 월급의 총액을 계산하고자 한다. 정수형 배열 요소들의 합을 구하여 반환하는 함수를 작성하고 테스트하라.

포인터와 배열

MEDIUM
★★☆

```
A[] = 1 2 3 0 0 0 0 0 0
월급의 합=6
```

```c
int array_sum(int *A, int size) {
    int i, sum=0;
    for(i=0 ; i<size ; i++) {
        ...
    }
    return sum;
}
```

13 직원들의 월급이 저장된 배열에서 월급이 200만원인 사람을 찾고 싶을 때가 있다. 주어진 값을 배열 A[]에서 탐색하여 배열 요소의 인덱스를 반환하는 함수를 작성하고 테스트하라.

포인터와 배열

MEDIUM
★★☆

```
월급 200만원인 사람의 인덱스=3
```

```c
int search(int *A, int size, int search_value) {
    int i;
    for(i=0 ; i<size ; i++) {
        if( A[i] == search_value ) ...
    }
}
```

14 2개의 정수의 합과 차를 동시에 반환하는 함수를 작성하고 테스트하라. 포인터 매개 변수를 사용한다.

포인터를 이용한
값 반환

MEDIUM
★★☆

```
원소들의 합 = 300
원소들의 차 = -100
```

```c
void get_sum_diff(int x, int y, int *p_sum, int *p_diff) {
    ...
}
```

HINT 함수 매개 변수에 포인터를 사용하면 2개 이상의 값을 반환할 수 있다. 본문에서 직선의 기울기와 절편을 반환하는 예제를 참고하라.

15 우리가 프로그램을 하다 보면 사용자로부터 2개의 정수를 받아오는 경우가 많다. 이것을 함수로 구현해두고 필요할 때마다 사용하면 편리할 것이다. 하지만 한 가지 문제가 있다. C에서 함수는 하나의 값만 반환할 수 있다. 2개 이상의 값을 반환하려면 다른 방법을 사용해야 하는데 다음과 같이 포인터도 사용할 수 있다.

포인터를 이용한
값 반환

MEDIUM
★★☆

```
void get_two_int(int *px, int *py);
```

위와 같은 원형을 가지는 함수를 작성하고 이것을 이용해서 정수의 합을 계산하는 프로그램을 작성해보자.

```
정수 2개를 입력하시오: 10 20
정수의 합은 30
```

16 2개의 정렬된 정수 배열 A[]와 B[]가 있다고 가정하자. 이 2개의 배열을 합쳐서 하나의 정렬된 배열 C[]로 만드는 함수를 작성하고 테스트한다. 다음과 같은 함수 원형을 가진다고 가정하라.

포인터와 배열

HARD
★★★

```
void merge(int *A, int *B, int *C, int size) {
    ...
}
```

여기서 배열 A[], B[]는 똑같은 크기로 정의되어 있다고 가정한다. 배열 C[]에는 충분한 공간이 확보되어 있다고 가정하자. 합치는 알고리즘은 다음과 같다. 먼저 A[0]와 B[0]를 비교한다. 만약 A[0]가 B[0]보다 작으면 A[0]를 C[0]에 복사한다. 다음에는 A[1]과 B[0]를 비교한다. 이번에는 B[0]가 A[1]보다 작다면 B[0]를 C[1]에 저장한다. 똑같은 방식으로 남아있는 요소들을 비교하여 더 작은 요소를 C[]로 복사한다. 만약 A[]나 B[]중에서 어느 하나가 먼저 끝나게 되면 남아있는 요소들을 전부 C[]로 이동한다.

```
A[] = 2 5 7 8
B[] = 1 3 4 6
C[] = 1 2 3 4 5 6 7 8
```

문자와 문자열

문자열은 중요한데 지금까지 처리 못했어요.

문자열은 배열을 사용해서 저장할 수 있습니다. 또 배열과 포인터를 알아야 완전하게 설명할 수 있어서 그랬던 거죠.

Objectives

- 문자와 문자열이 컴퓨터 내부에서 어떻게 표현되는지를 학습한다.
- 문자와 문자열의 입출력하는 방법을 이해하고 응용할 수 있다.
- 문자와 문자열을 처리하는 라이브러리 함수를 이해하고 응용할 수 있다.
- 문자 배열에 여러 개의 문자열을 저장하는 방법을 이해한다.

12 문자와 문자열

12.1 문자와 문자열

컴퓨터는 근본적으로 숫자를 처리하는 기계이지만 인간을 상대하여야 하므로, 텍스트를 처리하는 작업도 무척 중요하다. 인간은 텍스트를 이용하여 정보를 저장하고 전달하기 때문이다. 인간이 컴퓨터에 명령을 내리는 프로그램도 텍스트 형태로 되어 있지 않은가?

컴퓨터   사용자

이번 장에서는 C에서의 문자와 문자열 처리 방법에 대하여 자세히 살펴볼 것이다. C에서는 문자열을 위한 별도의 자료형이 없어서 처음에는 조금 어렵고 불편한 것처럼 보이지만 익숙해지면 다른 언어보다 정교하게 문자열을 처리할 수 있다.

문자와 문자열

문자와 문자열을 구분하지 않는 프로그래밍 언어도 있지만 C언어에서는 문자와 문자열을 구분한다. 문자(character)는 하나의 글자이며 작은따옴표를 이용하여 'A'와 같이 표기한다. 문자열(string)은 문자들의 모임이다. 문자열은 큰따옴표를 이용하여 "ABC"와 같이 표기한다. "A"와 "Hello World!"은 모두 문자열이다.

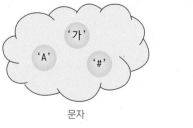

문자

문자열

문자와 문자열은 어디에 저장되는가?

문자는 어디에 저장할 수 있을까? C에는 문자를 저장하기 위하여 만들어진 자료형인 char 형이 있다. char형의 변수를 사용하면 하나의 문자를 저장할 수 있다. 하지만 문자열은 어디에 저장할 수 있을까? 문자열은 여러 개의 문자가 모인 것이므로 char형의 배열을 이용하면 된다.

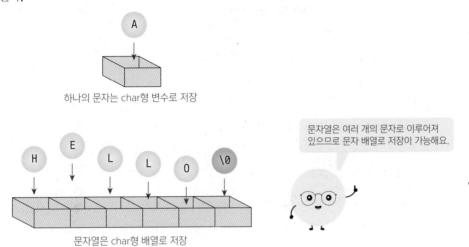

하나의 문자는 char형 변수로 저장

문자열은 여러 개의 문자로 이루어져 있으므로 문자 배열로 저장이 가능해요.

문자열은 char형 배열로 저장

위의 그림에서는 "HELLO"라는 문자열을 문자 배열에 저장하였다. 여기서 한 가지 이상한 것은 문자열의 끝에 '\0'이라는 문자가 저장되어 있는 것이다. 이것은 NULL(널) 문자라고 불린다. 문자열의 끝은 반드시 NULL 문자로 표시를 해주어야 한다.

NULL 문자

NULL(널) 문자는 아스키 코드 값이 0인 문자이다. 왜 문자열은 반드시 NULL 문자로 끝나야 하는가? 그 이유는 문자열의 끝을 NULL 문자로 표시하지 않으면 문자열의 끝을 발견하는 데 상당한 애로가 있기 때문이다.

NULL 문자는 문자열의 끝을 나타냅니다.

왜 문자열의 끝은 반드시 표시를 해주어야 하는 것인가? 정수형 변수의 경우는 끝을 표시할 필요가 없었다. 정수형 변수는 사용되는 바이트의 개수가 항상 일정하기 때문이다. 정수형 변수의 경우 항상 4바이트가 할당된다. 하지만 문자열의 경우, 문자열을 저장하기 위하여 10바이트의 문자 배열을 잡았다고 가정하자. 널 문자는 사용하지 않는다고 가정하자. 문자열 "Seoul"을 이 문자 배열에 저장하면 "Seoul"을 저장하기 위하여 5바이트가 사용된다. 나머지 5바이트는 사용되지 않는다. 이 나머지 5바이트에는 아무런 의미가 없는 쓰레기 값이 들어 있을 수 있다.

그림 12-1
NULL 문자의 필요성: 정상적인 데이터와 쓰레기값을 분리하기 위해서이다.

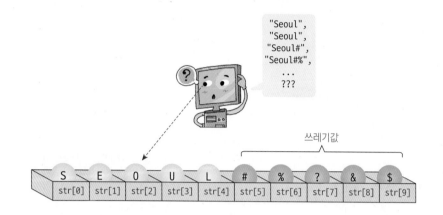

인간은 "Seoul"만이 의미 있는 문자열이고 "#%?&$"은 쓰레기 문자라는 것을 알지만 컴퓨터는 어디서부터 어디까지가 의미 있는 문자열인지 알지 못한다. 왜냐하면 '#'나 '%'들도 당당한 하나의 문자이기 때문이다. 따라서 문자열의 경우, 문자열의 끝을 표시하여야만 메모리에서 정확히 어디까지가 의미 있는 문자열인지를 확실하게 알 수 있다.

그러면 어떤 문자를 사용해서 문자열의 끝을 표시할 것인가? 알파벳 중에서 잘 사용하지 않는다고 해서 'z'와 같은 문자로 문자열의 끝을 표시하면 안 된다는 것은 자명하다. 'z'를 포함하는 문자열도 흔치 않지만 있기 때문이다. 문자열의 끝을 표시하는 문자는 문자열에서 전혀 사용되지 않는 문자이어야 한다. 그래야만 그 문자를 만나면 문자열의 끝이라는 것을 알 수 있기 때문이다. 그렇다면 어떤 문자가 그런 조건을 만족하는가? 아스키 코드표에 보면 맨 처음에 위치한 문자가 있다. 아스키 코드값이 0인 문자, 바로 NULL 문자(null character)가 그런 문자이다.

예를 들어 문자열 "Seoul"을 저장한다고 하면 문자 배열에는 'S', 'e', 'o', 'u', 'l' 등의 5개의 문자가 저장되고 맨 마지막에는 NULL 문자인 '\0'가 저장된다. 따라서 문자 배열은 저장하고자 하는 문자열의 크기보다 항상 하나 더 커야 한다. 이것은 C에서 항상 많은 혼동을 가져오는 문제이니만큼, 확실하게 이해하여야 한다.

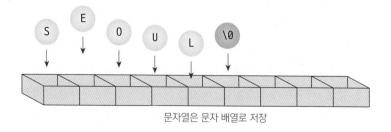

문자열은 문자 배열로 저장

예제# 1

문자 배열을 선언하고 여기에 문자열을 저장하고 출력하는 간단한 예를 살펴보자. 문자 배열도 배열의 일종이므로 인덱스를 이용하여서 얼마든지 배열 원소에 접근하고 변경할 수 있다. 왜 문자열의 끝에는 NULL 문자가 있어야 하는지를 여기서 실감하여보자.

string1.c

```c
1   #include <stdio.h>
2
3   int main(void)
4   {
5       int i;
6       char str[4];
7
8       str[0] = 'a';
9       str[1] = 'b';
10      str[2] = 'c';
11      str[3] = '\0';
12
13      i = 0;
14      while(str[i] != '\0') {
15          printf("%c",str[i]);
16          i++;
17      }
18      printf("\n");
19      return 0;
20  }
```

문자열을 저장하기 위하여 문자 배열을 선언한다.

문자 배열의 원소에 차례대로 문자를 저장한다.

NULL 문자를 넣어준다.

문자 배열에 들어 있는 문자들을 하나씩 출력하여보자. 문자 배열에 저장된 문자열을 출력할 때는 %s를 사용하면 되지만 여기서는 문자열 처리의 기본적인 방법을 실감하기 위하여 문자 배열에 들어 있는 문자들을 하나씩 화면에 출력하다가 NULL 문자가 나오면 반복을 종료하도록 하였다.

```
abc
```

참고사항

여기서 잠깐 C 언어 퀴즈를 풀고 지나가자. C 언어 코드에서 A, 'A', "A"의 차이를 생각해보자.

A : 컴파일러는 A를 변수의 이름으로 간주한다.

'A': 문자 A를 나타낸다.

"A": 문자 A만으로 이루어진 문자열을 나타낸다. 'A'와는 다르다.

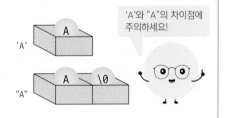

'A'와 "A"의 차이점에 주의하세요!

여기서 주의해야 할 것은 'A'와 "A"의 차이점이다. 'A'는 하나의 문자를 나타내며 문자 A에 대한 아스키 코드와 같다. "A"는 문자열이며 A의 아스키 코드에 문자열 끝을 나타내는 NULL 분사가 추기된다.

참고사항

문자열을 더 쉽게 출력하는 방법은 다음과 같이 %s를 사용하는 것이다.

```c
printf("%s\n", str);
```

문자 배열의 초기화 방법

앞의 예제에서는 문자 배열에 각각의 문자를 하나씩 넣어주었지만, 더 쉬운 방법이 있다. 바로 문자 배열을 문자열로 초기화하는 방법이다.

배열을 초기화하듯이 각 배열 요소값을 중괄호 안에 넣어서 초기화할 수 있다. 이 경우 배열의 마지막에는 NULL 문자를 넣어주어야 한다.

```
char str[4] = { 'a', 'b', 'c', '\0' };
```

str | a | b | c | \0

문자열 상수를 사용하여 초기화할 수 있다. 이 경우에는 컴파일러가 자동으로 문자열의 끝에 NULL 문자를 추가한다. 이 경우, 문자 배열의 크기는 문자열보다 커야 한다.

```
char str[4] = "abc";
```

str | a | b | c | \0

참고사항
문자 배열의 크기는 초기화 문자열의 길이보다 커도 된다.
 char str[6]="abc";

만약 문자 배열의 크기가 충분하지 않으면 컴파일러는 경고를 한다. 이 경우, 일부 문자는 저장되지 않으며 NULL 문자도 추가되지 않는다.

```
char str[4] = "abcdef";  ← 컴파일 경고가 발생한다.
```

str | a | b | c | d

만약 반대로 문자 배열의 크기가 초기화 문자열보다 크다면 남는 공간은 모두 NULL 문자로 초기화한다. 이것은 배열에서도 학습한 적이 있다. 배열의 초기화에서 초기값이 없는 공간은 0으로 초기화된다.

```
char str[6] = "abc";
```

str | a | b | c | \0 | \0 | \0

만약 NULL 문자열로 초기화하려면 다음과 같은 문장을 사용한다.

```
char str[4] = "";
```

str | \0 | \0 | \0 | \0

만약 배열의 크기를 지정하지 않으면 컴파일러가 자동으로 배열의 크기를 초기화 문자열에 맞추어 설정한다. 이 방법은 문자열을 이루는 문자의 개수를 셀 필요가 없어서 편리하다.

```
char str[] = "abc";  // 배열의 크기는 4가 된다.
```

str | a | b | c | \0

참고사항
또 형식 지정자 없이 printf(str);와 같이 그냥 문자 배열을 전달하여도 문자열은 출력된다.

문자열의 출력

문자 배열에 저장된 문자열을 출력할 때, 기본적이고 편리한 방법은 printf()의 "%s" 형식 지정자를 사용하는 것이다. "%s"을 사용할 때는 문자 배열의 이름을 적어주면 된다.

```
printf("%s", str);
```

예제#2

여러 가지 방법으로 문자 배열을 선언하고 초기화한 후에 화면에 출력하는 간단한 예제를 살펴보자.

string2.c

```
1   #include <stdio.h>
2
3   int main(void)
4   {
5       char str1[6] = "Seoul";
6       char str2[3] = { 'i', 's' , '\0'};
7       char str3[] = "the capital city of Korea.";
8
9       printf("%s %s %s\n", str1, str2, str3);
10      return 0;
11  }
```

- 문자열 상수로 초기화
- 초기값을 나열하여서 초기화
- 문자 배열의 크기 생략, 문자 배열의 크기는 초기값의 개수에 따라 자동으로 결정된다.
- 문자열을 출력할 때, %s을 사용한다.

```
Seoul is the capital city of Korea.
```

예제#3

이번 예제에서는 하나의 문자열에 저장된 문자들을 다른 문자 배열로 복사하여보자. 물론 문자열을 복사하는 작업은 라이브러리 함수로도 가능하지만 여기서는 각각의 문자들을 직접 이동하여보자.

string3.c

```
1   #include <stdio.h>
2
3   int main(void)
4   {
5       char src[] = "Action speaks louder than words";
6
7       char dst[100];
8       int i;
9
10      printf("원본 문자열=%s\n", src);
11      for (i = 0; src[i] != '\0'; i++)
12          dst[i] = src[i];
13
14      dst[i] = '\0';
15      printf("복사된 문자열=%s\n", dst);
16
17      return 0;
18  }
```

- 문자 배열의 크기 생략, 문자 배열의 크기는 초기값의 개수에 따라 자동으로 결정된다.
- NUL 문자가 나올 때까지 반복하면서 각각의 문자들을 새로운 배열로 복사한다.
- 마지막에 NULL 문자를 넣어준다

```
원본 문자열=Action speaks louder than words
복사된 문자열=Action speaks louder than words
```

예제#4

주어진 문자열의 길이를 구하는 방법을 살펴보자. 문자열의 길이는 라이브러리 함수 strlen()을 이용하면 쉽게 알 수 있으나 여기서는 직접 문자 배열을 처리하여 길이를 구해보자.

string4.c

```
1    // 문자열의 길이를 구하는 프로그램
2    #include <stdio.h>
3
4    int main(void)
5    {
6        char str[30] = "C language is easy";
7        int i = 0;
8
9        while(str[i] != NULL)
10           i++;
11       printf("문자열 \"%s\"의 길이는 %d입니다.\n", str, i);
12
13       return 0;
14   }
```

반복 루프는 str 배열의 i번째 문자가 NULL이 아니면 i를 증가시키는 연산을 반복하라는 의미이다. i번째 문자의 값이 NULL이라는 것은 문자열이 종료되었다는 것을 의미한다. 따라서 위의 반복 루프는 NULL 문자가 아니면 i값을 계속해서 증가시키라는 의미이다. NULL 문자는 문자열의 끝에 위치하므로 i값은 NULL 문자 앞에 위치한 문자들의 개수와 같게 된다. NULL 문자는 개수에 포함되지 않는다.

```
문자열 "C Language is easy"의 길이는 18입니다.
```

문자열의 변경

문자 배열에 들어 있는 문자열은 변경이 가능하다. 예를 들어서 문자 배열이 "Hello"로 초기화되었더라도, 뒤에 "World"로 변경할 수 있다. 문자 배열에 들어 있는 문자열을 변경하려면 어떻게 해야 하는가? 몇 가지의 가능한 방법이 있다.

① 첫 번째 방법은 각 배열 요소에 원하는 문자를 개별적으로 대입하는 방법이다. 확실한 방법이지만 아주 불편하다.

```
char str[10] = "Hello";
str[0] = 'W';
str[1] = 'o';
str[2] = 'r';
str[3] = 'l';
str[4] = 'd';
str[5] = '\0';
```

이 경우, 프로그래머가 문자열의 끝에 NULL 문자를 넣어주어야 한다.

② 라이브러리 함수인 strcpy()를 사용하여 문자열을 문자 배열에 복사할 수 있다. 문자 배열을 원하는 문자열로 변경할 수 있으므로 가장 편리한 방법이다. 12.6절에서 자세하게 살펴본다.

```
char str[10] = "Hello";
strcpy(str, "World");
```

③ 가장 편리할 것 같은, 다음과 같은 방법은 사용할 수 없다. 주의하여야 한다.

```
char str[10] = "Hello";
str = "World";        // 문법적 오류!
```
배열 이름 str에 문자열의 주소를 대입하는 문장으로 문법적인 오류이다.

컴파일러 측면에서 보면, 위의 문장은 배열의 이름에 문자열을 대입하라는 의미가 된다. 배열의 이름은 우리가 알다시피, 배열을 가리키는 주소로서 변경이 불가능하다. 따라서 위의 문장은 문법적인 오류가 된다.

문자열 상수와 포인터

문자열 상수는 "HelloWorld"와 같이 프로그램 소스 안에 포함된 문자열을 의미한다. 문자열 상수는 프로그램이 사용하는 메모리 영역 중에서 텍스트 세그먼트(text segment)라고 불리는 특수한 메모리 영역에 저장된다. 텍스트 세그먼트는 읽기는 가능하지만, 변경할 수 없는 메모리 영역이다. 다음과 같이 문장의 정확한 의미를 분석하여보자.

```
char *p = "HelloWorld";
```

참고사항

텍스트 세그먼트와 데이터 세그먼트는 모두 메모리의 일부이다. 단순히 메모리의 영역을 표시한 것이다.

먼저 포인터 변수가 생성된다. 모든 변수는 데이터 세그먼트(data segment)라고 불리는 영역에 저장된다. 따라서 포인터 변수 p도 데이터 세그먼트에 생성된다. 문자열 상수 "HelloWorld"가 저장된 주소가 포인터 변수 p에 저장된다.

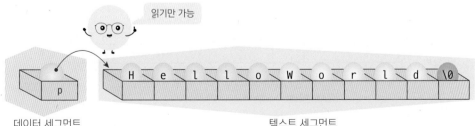

데이터 세그먼트
(값을 변경할 수 있는
메모리 영역)

텍스트 세그먼트
(값을 읽기만 하고 변경할 수는 없는 메모리 영역)

문자열 상수가 텍스트 세그먼트에 저장되므로 문자열 상수는 우리가 마음대로 변경할 수는 없다. 따라서 다음과 같이 포인터 변수를 통하여 문자열 상수를 변경하려고 하면, 컴파일 오류는 발생하지 않지만, 운영 체제에서 오류를 감지하여 프로그램의 실행이 중지된다.

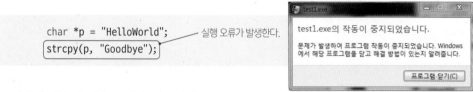

하지만 다음과 같은 문장은 가능하다.

```
char *p = "HelloWorld";
p = "Goodbye";              가능하다.
```

포인터 변수 p는 데이터 세그먼트에 있으므로 우리가 값을 변경할 수 있다. 따라서 다른 문자열 상수의 주소를 p에 저장할 수 있는 것이다.

이번에는 문자열을 배열에 저장해보자. p는 배열이 되고 데이터 세그먼트에 이 배열이 저장된다. 따라서 우리가 얼마든지 내용을 변경할 수 있다.

```
char p[] = "HelloWorld";
strcpy(p, "Goodbye");        // OK!
```

데이터 세그먼트
(값을 변경할 수 있는 메모리 영역)

간단한 예제 프로그램으로 이것을 확인하여보자.

stringconst.c

```
1    #include <stdio.h>
2
3    int main(void)
4    {
5        char *p = "HelloWorld";
6        printf("%s \n", p);
7
8        p = "Welcome to C World!";   // 가능
9        printf("%s \n", p);
10
11       p = "Goodbye";               // 가능
12       printf("%s \n", p);
13                                              실행 오류!
14       // p[0] = 'a';          // 오류가 발생한다.
15
16       return 0;
17   }
```

```
HelloWorld
Welcome to C World!
Goodbye
```

문자열 상수를 많이 저장할 필요가 있을 때는 다음과 같은 방법을 사용하는 것도 좋다. 예를 들어서 영화 이름을 프로그램 코드 안에 저장해 사용하려면 다음과 같이 문자형 포인터의 배열을 만들고 문자열 상수로 초기화하는 것도 방법이다.

```
char *pmovies[10] = { "Transformer", "Sound of Music", "Cats", "Sing Street" };
for (int i = 0; i<4; i++) {
    printf("%s \n", pmovies[i]);
}
```

중간점검

1 C에서 문자열은 어떻게 정의되는가?

2 문자열에서 NULL 문사의 역할은 무엇인가?

3 NULL 문자의 아스키 코드 값은 얼마인가?

4 NULL 문자로 끝나지 않는 문자열을 출력하면 어떻게 되는가?

5 B, 'B', "B"의 차이점을 설명하라.

6 변경 가능한 문자열은 어디에 저장되는가?

7 문자열의 크기보다 문자 배열의 크기를 하나 더 크게 하는 이유는 무엇인가?

8 문자 배열을 문자열로 초기화하는 방법을 설명하라.

12.2 문자 입출력 라이브러리

문자와 문자열은 프로그램에서 아주 많이 사용된다. 따라서 기본적인 연산은 모두 라이브러리 함수로 지원된다. 문자와 문자열을 처리하고 입출력하는 라이브러리에 대하여 자세히 살펴보자.

먼저 문자를 입출력하는 라이브러리 함수에 대하여 살펴보자. 이제까지 우리가 했던 대로 문자나 문자열은 printf() 함수나 scanf() 함수를 이용해서 얼마든지 입출력할 수 있다. 하지만 특정한 경우에는 다른 입출력 함수들을 사용하는 것이 코드를 간단하게 만든다. 문자를 입출력하는 함수들은 다음과 같다.

표 12-1
문자 입출력 함수

입출력 함수	설명
int getchar(void)	하나의 문자를 읽어서 반환한다(버퍼를 사용한다).
void putchar(int c)	변수 c에 저장된 문자를 출력한다(버퍼를 사용한다).
int _getch(void)	하나의 문자를 읽어서 반환한다(버퍼를 사용하지 않음).
void _putch(int c)	변수 c에 저장된 문자를 출력한다(버퍼를 사용하지 않음).
scanf("%c", &c)	하나의 문자를 읽어서 변수 c에 저장한다.
printf("%c", c);	변수 c에 저장된 문자를 출력한다.

getchar()과 putchar()

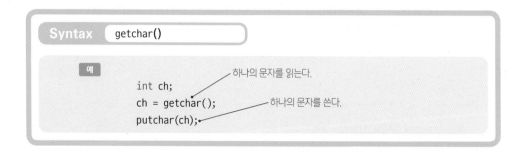

```
Syntax    getchar()

예
                              하나의 문자를 읽는다.
        int ch;
        ch = getchar();
                              하나의 문자를 쓴다.
        putchar(ch);
```

참고사항

getchar()의 반환형이 int형인 것은 아스키 코드 0xFF 값이 나올 수도 있기 때문이다. EOF를 32비트 int형-1(0xFFFFFFFF)로 하면 문자형-1(0xFF)와 확실하게 구분할 수 있다. 15장에서 자세하게 설명하였다.

이들 함수를 사용하려면 <stdio.h>를 포함하여야 한다. 함수 반환형이 int형이어서 조금 이상할 것이다. char형으로 하지 않고 int형으로 하는 이유는 입력의 끝을 나타내는 EOF(End of File) 문자를 체크하기 위해서이다. EOF 문자는 보통 32비트의 -1로 정의된다. 가장 많이 등장하는 코드를 예제로 살펴보자.

getchar.c

```
1  // getchar()의 사용
2  #include <stdio.h>
3  int main(void)
4  {
5      int ch;        // 정수형에 주의
6      while( (ch = getchar()) != EOF )
7          putchar(ch);
8      return 0;
9  }
```

getchar()의 반환형은 char형가 아니라 int형이다. 따라서 int형 변수를 선언하였다.

키보드에서 하나의 문자를 입력받아서 변수 ch에 대입하고 ch가 EOF가 아니면 putchar()를 이용하여 화면에 다시 출력한다. 콘솔에서 EOF는 Ctrl+Z를 누르면 입력된다.

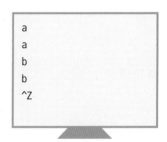

실제로 getchar()를 사용해보면 조금 이상한 점을 하나 더 느낄 수 있다. 즉 키보드에서 하나의 문자를 입력해도 전혀 반응이 없다. 여러분이 엔터키를 쳐야만 이전에 입력하였던 문자를 받는다. 왜 그럴까? 이것은 getchar()가 버퍼를 사용하고 있기 때문이다. 사용자가 키보드를 이용하여 문자를 입력하면 이들 문자는 곧바로 프로그램으로 가는 것이 아니라 버퍼라고 불리는 저장 공간으로 간다. 엔터키가 눌러지면, 비로소 버퍼에 저장되었던 문자들이 프로그램으로 전달된다. 보통 입력이나 출력에 버퍼를 사용하는 것은 다중 사용자 환경에서 컴퓨터를 효율적으로 사용하기 위해서이다. 따라서 PC 환경에서 즉각적인 응답을 원할 때는 _getch()라는 함수를 사용하여야 한다. _getch()는 getchar()와 동일하지만 버퍼를 사용하지 않는다.

참고사항

중간에 버퍼가 있으면 문자를 잘못 입력했을 경우에 수정할 수 있다.

모든 문자는 일단 버퍼로 간다.

엔터키(\n)가 입력되면 모두 프로그램으로 간다.

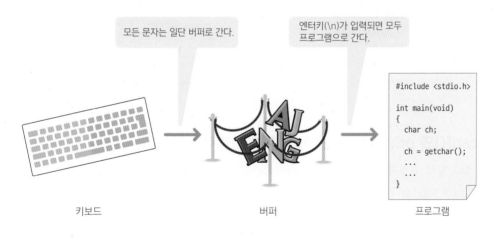

키보드   버퍼   프로그램

그림 12-2
버퍼의 개념

_getch()과 _putch()

문자를 받거나 출력할 때 _getch()와 _putch()를 사용할 수도 있다. 이들 함수는 getchar()와 putchar() 함수와 아주 유사하지만, 에코가 없으며 버퍼를 사용하지 않는다. 이들 함수를 사용하려면 <conio.h>를 포함하여야 한다. 이들 함수는 버퍼를 사용하지 않는 문자 단위 입출력 함수들이다. 따라서 사용자가 문자를 하나 입력하면 바로 프로그램으로 전달된다.

참고사항

예전부터 사용하던 이름은 getch() 이었지만, 표준화가 진행되면서 _getch()을 사용하는 것이 권장되고 있다.

또 한 가지 다른 점은 이들 함수들은 에코(echo)를 하지 않는다. `getchar()`와 같은 보통의 입출력 함수들은 문자를 입력받으면서 화면에도 문자를 출력하는데 `_getch()` 함수는 전혀 화면에 아무것도 나타내지 않는다. 만약 `_getch()`를 사용하는데 에코가 필요하면 `_getche()`를 사용할 수 있다. 다음 표에서 문자 입출력 함수들을 비교하였다.

표 12-2
문자 입출력 함수

함수	헤더파일	버퍼사용여부	에코여부	응답성	문자수정여부
getchar()	<stdio.h>	사용함 (엔터키를 눌러입력됨)	에코	줄단위	가능
_getch()	<conio.h>	사용하지 않음	에코하지 않음	문자단위	불가능
_getche()	<conio.h>	사용하지 않음	에코	문자단위	불가능

'q'를 입력할 때까지 입력된 문자를 그대로 출력하는 프로그램을 `_getch()`와 `_putch()`를 이용해서 작성하여보자.

getch.c

```
1  #include <stdio.h>
2  #include <conio.h>
3
4  int main(void)
5  {
6      int ch;
7      while( (ch = _getch()) != 'q' )
8          _putch(ch);
9      return 0;
10 }
```

getch()의 반환형도 int형이다. 따라서 int형 변수를 선언하였다.

키보드에서 하나의 문자를 입력받아서 그 문자가 q이면 while 루프를 중단하고 빠져 나간다. q가 아니면 그 문자를 putchar()를 이용하여 화면에 다시 출력한다. 여기서는 에코를 하지 않는 것에 유의하여야 한다. 에코를 원한다면 _getche()와 _putche()를 사용하여야 한다.

이번에는 EOF를 사용할 수 없다. Ctrl도 하나의 문자로 입력되기 때문이다. 'q'를 받으면 반복을 중단하는 것으로 하였다.

scanf()와 printf()를 사용하여 문자 입출력하기

"%c" 형식 지정자를 사용하여서 입출력하면 된다. 스페이스나 줄바꿈 문자를 빼고 문자만 받으려면 " %c"와 같이 한다.

```
char ch;
scanf("%c", &ch);
```

중간점검

1 getchar()와 _getch()가 다른 점은 무엇인가?
2 하나의 문자를 입력받는 방법에는 몇 가지나 있는가?

12.3 문자열 입출력 라이브러리

문자열을 입출력하는 것은 아주 많이 사용되는 기능이다. 일반적인 경우에는 scanf()와 printf()를 사용하면 된다.

입출력 함수	설명
int scanf("%s", s)	문자열을 읽어서 문자배열 s[]에 저장
int printf("%s", s)	배열 s[]에 저장되어 있는 문자열을 출력한다.
char *gets_s(char *s, int size)	한 줄의 문자열을 읽어서 문자 배열 s[]에 저장한다.
int puts(const char *s)	배열 s[]에 저장되어 있는 한 줄의 문자열을 출력한다.

표 12-3
문자열 입출력 함수

scanf()와 printf()를 이용한 문자열 입출력

"%s" 형식 지정자를 사용한다. 간단한 예를 보이면 다음과 같다.

scanf_printf.c

```
1   #include <stdio.h>
2
3   int main(void)
4   {
5       char name[100];
6       char address[100];
7
8       printf("이름을 입력하시오: ");
9       scanf("%s", name);
10      printf("현재 거주하는 주소를 입력하시오: ");
11      scanf("%s", address);
12
13      printf("안녕하세요, %s에 사는 %s씨.\n", address, name);
14      return 0;
15  }
```

이름을 입력하시오: 홍길동
현재 거주하는 주소를 입력하시오: 서울시 종로구 1번지

안녕하세요. 서울시에 사는 홍길동씨.

실행 결과를 보면 약간의 문제가 있음을 알 수 있다. 주소를 올바르게 입력받지 못한다. scanf()의 %s 형식 지정자는 하나의 단어만 입력받을 수 있다. 따라서 한 줄 전체를 입력받으려면 gets_s()를 사용하여야 한다.

gets_s()와 puts()을 이용한 문자열 입출력

gets_s(buf, 100)에서 100은 문자열을 저장할 배열의 크기이다.

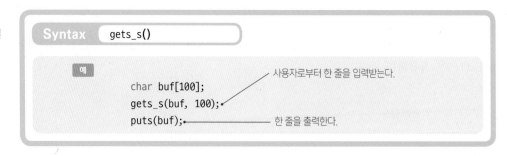

gets_s()는 표준 입력에서 엔터키, 즉 줄바꿈 문자('\n')가 나올 때까지 한 줄 전체를 문자열로 입력받는다. 문자열에 줄바꿈 문자('\n')는 포함되지 않으며 대신에 자동으로 NULL 문자('\0')를 추가한다. 입력받은 문자열은 buf가 가리키는 주소에 저장된다. 만약 성공적으로 입력받았으면 인수 buf가 그대로 반환된다. 만약 실패하였으면 NULL값이 반환된다.

그림 12-3
gets_s()는 한 줄의 입력을 받아서 줄바꿈 문자를 NULL 문자로 변환하여 배열에 저장한다.

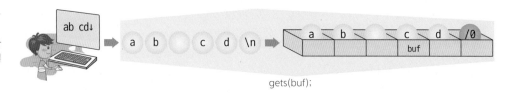

gets(buf);

puts()는 str가 가리키는 문자열을 받아서 화면에 출력하는 함수이다. 이때 문자열의 끝에 있는 NULL 문자('\0')는 줄바꿈 문자('\n')로 변경된다. 만약 출력 작업이 성공적이었으면 음수가 아닌 값이 반환된다. 만약 실패하였으면 EOF(End of File)이 반환된다.

여기서 한 가지 주의할 점은 gets_s()는 인수로 전달된 메모리 공간에 문자열을 저장한다. 따라서 반드시 유효한 메모리 주소를 전달하여야 한다. 따라서 다음과 같은 문장은 잘못된 문장이다. p가 초기화되지 않아서 p가 유효한 메모리 공간을 가리키고 있지 않다.

```
char *p;
gets_s(p, 1);     // 오류!!!
```

gets.c

```
1   #include <stdio.h>
2
3   int main(void)
4   {
5       char name[100];
6       char address[100];
7
8       printf("이름을 입력하시오: ");
9       gets_s(name, sizeof(name));
10      printf("현재 거주하는 주소를 입력하시오: ");
11      gets_s(address, sizeof(address));
12
13      printf("안녕하세요, %s에 사는 %s씨.\n", address, name);
14      return 0;
15  }
```

배열의 이름이 배열의 주소이므로 &name 와 같이 하지 않도록 조심한다.

gets_s()를 이용하여 한 줄의 문자열을 입력받는다. 입력은 100개의 문자로만 제한된다. gets_s()는 지정된 개수 이상이 입력되면 입력을 중지한다.

이름을 입력하시오: 홍길동
현재 거주하는 주소를 입력하시오: 서울시 종로구 1번지

안녕하세요? 서울시 종로구 1번지에 사는 홍길동씨.

중간점검

1 한 줄의 텍스트를 입력받는 문장을 작성하라.
2 사용자로부터 하나의 단어를 입력받는 문장을 작성하라.

12.4 문자 처리 라이브러리

문자를 처리하는 작업은 많은 사람들이 필요로 하는 기능이므로 라이브러리로 제공된다. 주로 문자들을 검사하거나 대문자를 소문자로 변환시키는 함수들이 포함된다. 이러한 함수들은 헤더파일 ctype.h에 정의된다. 따라서 이들 함수를 사용하려면 반드시 ctype.h를 포함하여야 한다.

문자에 대한 검사는 주로 영문 알파벳인지 숫자인지 대문자인지 소문자인지와 같은 것들을 검사하게 된다. 문자를 검사하는 함수 이름은 is...()로 시작된다. 만약 검사 결과가 참이면 1이 반환되고 거짓이면 0이 반환된다. 인수는 int형으로 선언되고 반환값도 int형이 된다.

함수	설명
isalpha(c)	c가 영문자인가?(a-z, A-Z)
isupper(c)	c가 대문자인가?(A-Z)
islower(c)	c가 소문자인가?(a-z)
isdigit(c)	c가 숫자인가?(0-9)
isalnum(c)	c가 영문자이나 숫자인가?(a-z, A-Z, 0-9)
isxdigit(c)	c가 16진수의 숫자인가?(0-9, A-F, a-f)
isspace(c)	c가 공백문자인가?(' ', '\n', '\t', '\v', '\r')
ispunct(c)	c가 구두점 문자인가?
isprint(c)	c가 출력가능한 문자인가?
iscntrl(c)	c가 제어 문자인가?
isascii(c)	c가 아스키 코드인가?

표 12-4
문자 검사 라이브러리 함수

문자에 대한 변환은 대표적으로 대문자를 소문자로 바꾸는 함수를 예로 들 수 있다. 문자를 변환하는 함수 이름은 **to...()**로 시작된다. 반환값은 변환된 문자이다. 이들 함수들은 모두 **int**형 인수를 받고 반환형도 **int**형이다.

표 12-5
문자 변환 라이브러리 함수

함수	설명
toupper(c)	c를 대문자로 바꾼다.
tolower(c)	c를 소문자로 바꾼다.
toascii(c)	c를 아스키 코드로 바꾼다.

간단한 예제로 키보드에서 입력된 문자를 검사하여 소문자이면 대문자로 바꾸어 주는 프로그램을 작성하여보자.

char_process.c

```
1   #include <stdio.h>          ── 문자 처리 함수들의 원형이 정의되어 있다.
2   #include <ctype.h>
3
4   int main( void )
5   {
6       int c;
7
8       while((c = getchar()) != EOF) {
9           if( islower(c) )
10              c = toupper(c);
11          putchar(c);
12      }
13      return 0;
14  }
```

괄호에 의하여 getchar()가 반환하는 값이 먼저 c에 대입되고 c의 값이 EOF와 다른지가 검사된다.

파일의 끝이 아니면 반복, 여기서는 입력의 끝을 나타낸다.

islower()를 사용하여 소문자인지를 검사하고 소문자이면 toupper()를 이용하여 대문자로 변환한다. 변환된 문자는 putchar()를 이용하여 화면에 출력한다.

```
abcdef
ABCDEF
^Z
```

LAB   단어 세기

문자열 안에 들어 있는 단어(알파벳으로 시작하는 단어만)의 개수를 세는 프로그램을 작성하여보자. 예를 들어서 "C language book" 안에는 3개의 단어가 들어 있다. 먼저 단어가 되려면 첫 글자가 알파벳이어야 한다. 따라서 **isalpha()**라는 함수를 사용하여 첫 글자가 알파벳인지 검사한다. 만약 첫 글자가 알파벳이면 단어의 시작이므로 단어 카운터를 하나 증가한다. 만약 단어의 중간이라면 아무것도 하지 않는다. 만약 알파벳이 아닌 글자가 나오면 다음 단어를 기다린다고 표시를 한다. 물론 **strtok()**를 사용하면 쉽게 할 수 있지만 여기서는 각 글자를 처리하는 방법으로 구현하여보자.

Solution wc.c

```
1  #include <stdio.h>
2  #include <ctype.h>
3
4  int count_word(char *s);
5  int main( void )
6  {
7      int wc = count_word("the c book...");
8      printf("단어의 개수: %d \n", wc);
9      return 0;
10 }
11
12 int count_word ( char * s )
13 {
14     int i, wc = 0, waiting = 1;
15
16     for( i = 0; s[i] != NULL; i++)    // s의 각 글자 조사
17        if( isalpha(s[i]) ) {          // s의 글자가 알파벳이면
18           if( waiting ) {             // 단어를 기다리고 있으면
19              wc++;                    // 카운터를 증가
20              waiting = 0;             // 단어를 처리하는 중
21           }
22        }
23        else                           // 알파벳이 아니면
24           waiting = 1;                // 단어를 기다린다.
25
26     return wc;
27 }
```

단어의 개수 (→ 12행)
단어를 기다리고 있는 상태이면 1이다. (→ 14행)
알파벳에 해당되지 않는 문자이면 단어를 기다리는 상태로 바꾼다. (→ 24행)

참고사항

만약 단어에 숫자도 포함된다고 하면 이 프로그램은 약간 수정하여야 한다.

```
if( isalpha(s[i]) ||
isdigit(s[i]) ){
    ...
}
```

단어의 개수: 3

LAB 유효한 암호 확인

사용자가 유효한 암호를 입력하였는지를 검사하는 프로그램을 작성해보자. 유효한 암호는 7 글자 이상이고, 하나 이상의 소문자, 하나 이상의 대문자 및 하나 이상의 숫자를 포함해야 한다. islower(), isupper(), isdigit()를 사용해보자.

패스워드를 입력하시오: abc1234

유효한 암호가 아닙니다.

```
Solution   check_pass.c
1  #include <stdio.h>
2  #include <string.h>
3  #include <ctype.h>
4
5  int main(void)
6  {
7          int lower_case_count = 0;                  // 소문자 개수
8          int upper_case_count = 0;                  // 대문자 개수
9          int digit_count = 0;                       // 숫자 개수
10         char pass[100];
11         int len;
12
13         printf("패스워드를 입력하시오: ");
14         gets_s(pass, sizeof(pass));
15
16         len = strlen(pass);                        // 문자열의 길이
17         if (len < 7) {
18                 printf("유효한 암호가 아닙니다. \n");
19                 exit(1);
20         }
21         for (int i = 0; i < len; i++) {
22                 if (islower(pass[i])) ++lower_case_count;
23                 if (isupper(pass[i])) ++upper_case_count;
24                 if (isdigit(pass[i])) ++digit_count;
25         }
26         if (lower_case_count > 0 && upper_case_count > 0 && digit_count > 0)
27                 printf("강한 암호입니다. \n");
28         else
29                 printf("유효한 암호가 아닙니다\n");
30         return 0;
31 }
```

중간점검

1 문자 처리 라이브러리 함수를 사용하려면 포함시켜야 하는 헤더 파일은 무엇인가?

2 getchar()와 getch()가 다른 점은 무엇인가?

3 ispunct('.')의 반환값은 무엇인가?

4 toupper('a')의 반환값은 무엇인가?

12.5 문자열 처리 라이브러리 함수

문자열을 사용하다 보면 두 개의 문자열을 붙이는 작업이나 두 개의 문자열을 서로 비교하

는 작업들이 필요해진다. 이러한 문자열 처리 작업을 프로그래머가 직접 함수로 작성하여 사용하는 것도 물론 가능하다. 하지만 무척 시간이 많이 소모되는 작업이고 또한 작성된 함수에 오류가 있을 가능성도 있다. C에서는 이러한 문자열 조작을 처리해주는 많은 라이브러리 함수들을 제공하고 있다.

참고사항

문자열 라이브러리 함수 이름은 str로 시작한다.

문자열 함수들은 `string.h`에 선언되어 있다. 따라서 이들 함수들을 사용하려면 `string.h`를 프로그램의 첫 부분에서 포함시켜야 한다.

```
#include <string.h>
```

문자열 처리 라이브러리는 상당히 복잡하다. 따라서 여기서는 가장 기초적인 몇 가지만 살펴볼 것이다.

함수	설명
strlen(s)	문자열 s의 길이를 구한다.
strcpy(s1, s2)	s2를 s1에 복사한다.
strcat(s1, s2)	s2를 s1의 끝에 붙여넣는다.
strcmp(s1, s2)	s1과 s2를 비교한다.
strncpy(s1, s2, n)	s2의 최대 n개의 문자를 s1에 복사한다.
strncat(s1, s2, n)	s2의 최대 n개의 문자를 s1의 끝에 붙여넣는다.
strncmp(s1, s2, n)	최대 n개의 문자까지 s1과 s2를 비교한다.
strchr(s, c)	문자열 s안에서 문자 c를 찾는다.
strstr(s1, s2)	문자열 s1에서 문자열 s2를 찾는다.
char *strtok(s, delimit);	문자열 s를 delimit를 이용하여 토큰으로 분리한다.

표 12-6
문자열 라이브러리 함수

참고사항

size_t는 변수의 크기를 표시하는데 사용되는 자료형이다. unsigned int로 정의되어 있다.

문자열 길이

문자열의 길이를 계산하는 함수는 `strlen(const char *str)`이다.

참고사항

strlen()은 NULL 문자는 제외하고 나머지 문자의 개수를 반환한다. 혼동하면 안 된다.

```
int size = strlen("Hello");        // size는 5가 된다.
```

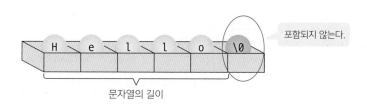

포함되지 않는다.

문자열의 길이

문자열 복사

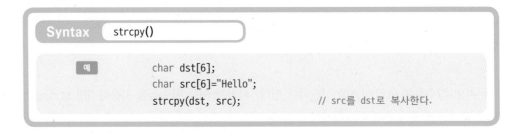

참고사항
함수 원형에서 const는 포인터를 통하여 값이 변경되지 않음을 표시한다.

strcpy()는 src가 가리키는 문자열을 dst가 가리키는 배열로 복사한다. dst가 저장하고 있었던 값은 덮어씌워져서 없어진다. 문자열의 복사는 한 문자씩 이루어지며 NULL 문자 '\0'가 나올 때까지 복사를 계속하게 된다. strcpy()를 사용하면 간단하게 한 줄로 복사를 할 수 있으므로 간편하다. 이때 주의할 점은 dst의 문자열 길이가 src의 문자열 길이보다 길거나 같아야 한다.

그림 12-4
strcpy()의 동작

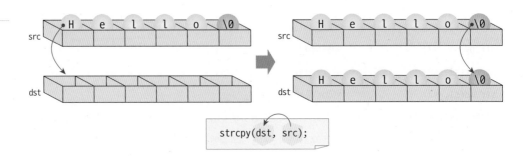

만약 복사할 문자의 개수를 제한하려면 strncpy()를 사용하면 된다. strncpy()는 복사되는 문자의 개수가 인수로 주어지는 n을 넘을 수 없다. 만약 src 문자열의 길이가 n보다 작으면 전체 src 문자열이 복사된다.

```
strncpy(dst, "Hello", 3);                    // "Hel" 만 복사된다.
```

문자열 연결

```
Syntax    strcat()

예        char dst[12]= "Hello";
          char src[6] = "World";
          strcat(dst, src);          // dst가 "HelloWorld"가 된다.
```

위의 코드는 dst 문자열 뒤에 src 문자열을 연결한다. strcat()은 src를 dst의 끝에 붙이고 전체 문자열을 NULL 문자로 종료한다.

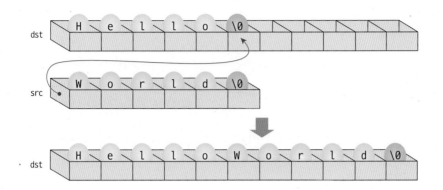

그림 12-5
strcat(dst, src)의 동작

만약 dst 배열에 src를 연결할 충분한 공간이 없다면 문제가 발생한다. 이러한 문제를 방지하려면 strncat() 함수를 사용하여야 한다.

```c
char dst[12]= "Hello";
char src[6] = "World";
strncat(dst, src, 3);                  // dst가 "HelloWor"가 된다.
```

strcpy()와 strcat()의 사용

 예제

strcpy_strcat.c

```c
1   #include <string.h>
2   #include <stdio.h>
3
4   int main( void )
5   {
6        char string[80];
7
8        strcpy( string, "Hello world from " );
9        strcat( string, "strcpy " );
10       strcat( string, "and " );
11       strcat( string, "strcat!" );
12       printf( "string = %s\n", string );
13       return 0;
14  }
```

크기가 80인 문자 배열을 정의한다.

strcpy() 함수를 이용하여 문자 배열 string[]에 Hello world from을 복사한다.

strcat() 함수를 이용하여 기존의 문자열의 끝에 새로운 문자열을 붙인다.

최종 문자열을 화면에 출력한다.

```
string = Hello world from strcpy and strcat!
```

문자열 비교

두 개의 문자열을 비교하는 데는 strcmp() 함수를 사용하면 된다. strcmp()는 사전적인 순서로 두 개의 문자열을 비교한다.

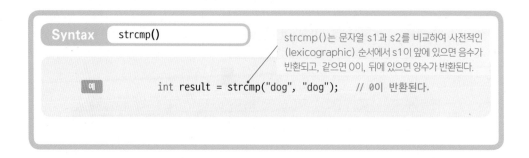

strcmp()는 주로 2개의 문자열이 같은지를 검사하는데 사용된다. 주의할 점은 2개의 문자열이 같으면 0이 반환된다는 점이다(1이 아니다!).

그림 12-6
사전적인 순서

반환값	s1과 s2의 관계
< 0	s1이 s2보다 앞에 있다.
0	s1 == s2
> 0	s1이 s2보다 뒤에 있다.

하지만 문자열에는 사전에 없는 기호도 많이 등장한다. 따라서 보다 엄밀한 함수의 정의가 필요하다. strcmp()는 문자열을 구성하는 문자들의 아스키 코드값을 차례대로 비교한다. 만약 두 문자의 코드값이 같다면 계속하여서 다음 문자들을 비교한다. 만약 s1의 문자가 s2의 문자보다 크면 양수(+1)을, 작으면 음수(-1)를 반환한다. 문자열이 끝날 때까지 모든 문자들이 일치하면 0을 반환한다.

그림 12-7
strccmp()의 동작

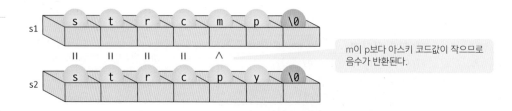

예를 들어서 **그림 12-7**은 strcmp("strcmp", "strcpy")와 같이 호출한 상황을 보여준다. 첫 번째 문자부터 비교하게 되어서 결국 'm'과 'p'를 비교하게 된다. 'm'이 'p'보다 아스키 코드값이 작으므로 음수(-1)이 반환된다. 만약 최대 n문자까지만 비교를 하고 싶으면 strncmp() 함수를 사용하면 된다. 사용자가 입력하는 2개의 단어들을 비교하여 결과를 출력하는 프로그램을 작성하여보자.

strcmp.c

```
1   // strcmp() 함수
2   #include <string.h>
3   #include <stdio.h>
4
5   int main( void )
6   {
7       char s1[80];    // 첫번째 단어를 저장할 문자배열
8       char s2[80];    // 두번째 단어를 저장할 문자배열
9       int result;
10
11      printf("첫 번째 단어를 입력하시오:");
12      scanf("%s", s1);
13      printf("두 번째 단어를 입력하시오:");
14      scanf("%s", s2);
15
16      result = strcmp(s1, s2);
17      if( result < 0 )
18          printf("%s가 %s보다 앞에 있습니다.\n", s1, s2);
19      else if( result == 0 )
20          printf("%s가 %s와 같습니다.\n", s1, s2);
21      else
22          printf("%s가 %s보다 뒤에 있습니다.\n", s1, s2);
23      return 0;
24  }
```

strcmp()를 사용하기 위해서는 string.h 헤더파일이 필요하다.

첫 번째 단어와 두 번째 단어를 입력받아 저장하기 위한 문자 배열을 선언한다. 배열의 크기는 각각 80이다. 충분한 배열의 크기를 확보하는 것은 프로그래머의 책임이다. 공간이 충분하지 않으면 scanf() 함수가 다른 데이터를 덮어쓸 수도 있다. 주의하여야 한다.

사용자한테 단어를 입력하라는 메시지를 출력하고 scanf()를 이용하여 단어를 입력받는다. 여기서 배열 이름에 &기호를 붙이지 않았음에 유의하여야 한다. 배열의 이름은 그 자체가 포인터이기 때문에 &기호를 사용할 필요가 없다.

strcmp()를 이용하여 s1과 s2에 저장된 문자열을 비교한다. 만약 s1이 s2보다 앞서 있으면 음수가, 같으면 0이, s1이 뒤에 있으면 양수가 반환된다.

```
첫 번째 단어를 입력하시오: cat
두 번째 단어를 입력하시오: dog
cat가 dog보다 앞에 있습니다.
```

```
첫 번째 단어를 입력하시오:zebra
두 번째 단어를 입력하시오:dog
zebra가 dog보다 뒤에 있습니다.
```

문자 검색

주어진 문자열에 특정한 문자가 있는지를 검색하려면 strchr()를 이용한다.

Syntax `strchr()`

예

```
char *p = strchr("dog", 'g');
```

'g' 문자의 주소를 반환한다.

참고사항

strchr()과 비슷한 함수로 strrchr()이 있다. 이 함수는 strchr()과 검색하는 방향이 반대이다. 즉 마지막 문자에서 시작하여 문자열의 시작 부분으로 원하는 문자를 검색한다.

strchr()은 문자열 str의 첫 번째 문자부터 차례대로 검색해나가다가 문자 c를 찾으면 그 위치의 주소를 반환한다. 문자를 찾지 못하면 NULL값을 반환한다. 문장에서 특정 단어를 찾아서 그 위치를 출력하는 프로그램을 작성하여보자.

strchr.c

```
1    #include <string.h>              strchr()를 사용하기 위해서는
2    #include <stdio.h>               string.h 헤더파일이 필요하다.
3
4    int main( void )
5    {
6        char s[] = "language";        여기서 검색할 문자
7        char c = 'g';
8        char *p;
9        int loc;                       g는 문자열 "language"의 네 번째에서 처음으로
10                                       나타난다. 따라서 strchr()는 처음 나타나는 'g'의
11       p = strchr(s, c);              위치를 반환하므로 &s[3]이 함수의 반환값으로 반환
12       if ( p == NULL )               된다.
13           printf( "%c가 발견되지 않았음\n", c );
14       else {                         g의 위치를 주소를 가지고 계산한다. g의
15           loc = (int)(p - s);        주소에서 s[]의 시작 주소를 뺀다.
16           printf("%s에서 첫 번째 %c가 %d에서 발견되었음\n", s, c, loc);
17       }
18       return 0;
19   }
```

language에서 첫 번째 g가 3에서 발견되었음

문자열 검색

주어진 문자열 안에 특정한 문자열이 있는지를 검색하려면 strstr()를 이용한다.

참고사항

strstr()은 상당히 편리한 함수이니 반드시 기억하도록 하자. 문자열에 어떤 단어가 있는지를 검사할 때 사용할 수 있다.

Syntax strstr()

strstr() 함수는 문자열 s안에서 부분 문자열 (substring) sub를 검색하는 함수이다. 만약 부분 문자열이 발견되면 그 위치의 주소를 반환한다. 만약 부분 문자열을 찾지 못하면 NULL값이 반환된다.

예 char *p = strstr("dog and cat", "cat");

문장에서 특정 문자열을 찾아서 그 위치를 출력하는 프로그램을 작성하여보자.

strstr.c

```
1   #include <string.h> ←————— strstr()를 사용하기 위해서는
2   #include <stdio.h>              string.h 헤더파일이 필요하다.
3
4   int main( void )
5   {                    검색하고 싶은 부분 문자열
6       char s[] = "A bird in hand is worth two in the bush";
7       char sub[] = "bird";
8       char *p;
9       int loc;                    위의 예제 코드에서 strstr()은 문자열 s에서 맨 처음
10                                  나오는 "bird"를 찾는다. "bird"는 배열 s에서 s[2]
11      p = strstr(s, sub); ←       에서 발견되고 따라서 s[2]의 주소인 &s[2]가 반환값
12                                  으로 반환된다. 따라서 포인터 p는 &s[2]로 대입된다.
13      if ( p == NULL )
14          printf( "%s가 발견되지 않았음\n", sub );
15      else {              부분 문자열의 주소에서 전체 문자열의
16          loc = (int)(p - s); ←   시작 주소를 빼서 위치를 계산한다.
17          printf( "%s에서 첫 번째 %s가 %d에서 발견되었음\n", s, sub, loc );
18      }
19      return 0;
20  }
```

A bird in hand is worth two in the bush에서 첫 번째 bird가 2에서 발견되었음

문자열 토큰 분리

strtok()은 상당히 많이 사용되는 편리한 함수이다. 이 함수를 사용하면 문장에서 단어를 쉽게 분리할 수 있다. 예를 들어서 "Hello World!"를 "Hello"와 "World!"로 분리할 수 있다. strtok()에서는 단어를 분리하는 분리자를 사용자가 마음대로 지정할 수 있다.

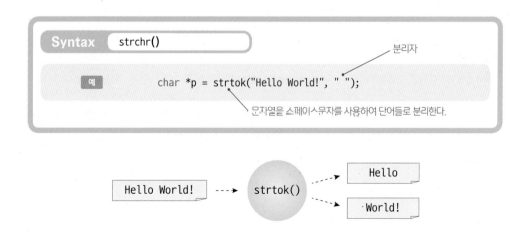

Syntax   strchr()

                                                          분리자
예   char *p = strtok("Hello World!", " ");

                    문자열을 스페이스문자를 사용하여 단어들로 분리한다.

Hello World! ---→ strtok() ⇢ Hello
                              ⇢ World!

strtok 함수는 문자열 s에서 다음 단어를 찾는다. 매개 변수 delimit는 단어를 분리하는

분리자이다. 예를 들어서 문자열에서 스페이스 문자(' ')를 분리자로 사용하여서 첫 번째 단어를 얻으려면 strtok(s, " ")와 같이 호출한다. strtok()는 첫 번째 단어를 가리키는 포인터를 반환한다. 만약 계속하여서 다음 단어를 읽으려면 s 대신에 NULL을 넣으면 된다. 즉 나머지 토큰들은 연속적인 strtok(NULL, " ") 호출에 의하여 추출된다.

```
t1 = strtok(s, " ");         // 첫 번째 토큰          ─ 분리자는 스페이스 문자
t2 = strtok(NULL, " ");      // 두 번째 토큰
t3 = strtok(NULL, " ");      // 세 번째 토큰
t4 = strtok(NULL, " ");      // 네 번째 토큰
```

분리자를 여러 개 지정하려면 분리자들을 모아서 문자열로 만든다. 예를 들어서 '/'과 '|'를 동시에 분리자로 사용하려면 "/|"와 같이 지정하면 된다. 스페이스 문자(' ')와 쉼표(','), 탭 문자('\t'), 줄바꿈 문자('\n')들을 분리자로 사용하여서 문장에서 단어들을 분리하는 예제를 작성하여보자.

strtok.c

```
1   #include <string.h>
2   #include <stdio.h>
3
4   int main( void )
5   {
6       char s[] = "Man is immortal, because he has a soul";
7       char seps[]   = " ,\t\n";
8       char *token;
9
10      token = strtok( s, seps );
11
12      while( token != NULL ) {
13          printf( "토큰: %s\n", token );
14          token = strtok( NULL, seps );
15      }
16      return 0;
17  }
```

분리자는 스페이스 문자와 쉼표, 탭문자, 줄바꿈 문자이다.
문자열에서 첫번째 토큰을 얻는다.
문자열 s에 토큰이 있는 동안 반복한다.
다음 토큰을 얻으려면 NULL을 인수로 준다.

```
토큰: Man
토큰: is
토큰: immortal
토큰: because
토큰: he
토큰: has
토큰: a
토큰: soul
```

여기서 분리자만 바꾸면 다양한 작업을 할 수 있음에 유의하라. 만약 "100:200:300" 문자열에서 ':' 문자를 분리자로 사용하여서 "100", "200", "300"으로 분리하려면 strtok(s, ":")와 같이 적어주면 된다. 어떤 문자도 분리자로 사용할 수 있다.

LAB 　단답형 퀴즈

　단답형 문제를 채점하는 프로그램을 작성해보자. 사용자가 정답을 입력할 때까지 반복한다. 단답형 문제이기 때문에 문자열이 일치하는지를 검사한다. do-while 루프를 사용하는 것이 좋을 거 같다. strcmp()를 이용하여 문자열이 일치하는지를 검사한다.

```
임베디드 장치에 가장 많이 사용되는 언어는? Java
임베디드 장치에 가장 많이 사용되는 언어는? Python
임베디드 장치에 가장 많이 사용되는 언어는? C
맞았습니다!
```

Solution 　short_ans.c

```c
1  #include <stdio.h>
2  #include <string.h>
3
4  int main(void)
5  {
6      char key[] = "C";
7      char buffer[80] = "";
8      do {
9         printf("임베디드 장치에 가장 많이 사용되는 언어는? ");
10        gets_s(buffer, sizeof(buffer));
11     } while (strcmp(key, buffer) != 0);
12
13     printf("맞았습니다!");
14     return 0;
15  }
```

🔺 도전문제

(1) "C언어", "c언어" 등의 유사 문자열도 다 정답이 될 수 있다. 이들도 정답으로 인정하도록 위의 프로그램을 확장해보자.

(2) 여러 개의 문제를 출제하고 정답을 채점하도록 업그레이드해보자. 문제도 문자열로 문자 배열에 저장해보자. 점수도 출력한다.

중간점검

1 문자열 s1를 문자열 s2로 복사하는 문장을 써라.
2 "String"을 저장하려면 최소한 어떤 크기 이상의 문자 배열이 필요한가?
3 문자열을 서로 비교하는 함수는?
4 strcpy()와 strncpy()의 차이점은 무엇인가?
5 s1[]에 저장된 문자열 뒤에 s2[]를 붙이고 싶으면 어떤 라이브러리 함수를 어떻게 사용하여야 하는가?
6 strcmp("dog", "dog")의 반환값은 얼마인가?

12.6 문자열 수치 변환

때때로 문자열을 수치로 변환해야 하는 상황도 가끔 발생한다. 예를 들어서 문자열 "36.5"이 있다면 이것은 실수값 36.5와는 엄연히 다르다. 문자열 "36.5"는 메모리에 **그림 12-8**의 (a)와 같이 문자 배열로 저장된다. 실수값 36.5는 **그림 12-8**의 (b)와 같이 double형의 변수 안에 저장될 것이다.

그림 12-8
문자열 36.5과 실수값 36.5

(a) 문자열 36.5

(b) 실수값 36.5

그렇다면 문자열을 수치로 바꾸고 싶을 때는 어떻게 하면 되고 그 반대의 경우에는 어떻게 해야 하는가? 몇 가지의 방법이 존재한다. 먼저 sscanf()와 sprintf()에 대하여 살펴보자.

sscanf()와 sprintf()

이들 함수는 scanf()와 printf() 앞에 s를 붙인 것으로 s는 문자열(string)을 의미한다. sscanf()는 키보드에서 입력받는 대신에 문자열에서 입력받는다. 또한 sprintf()는 모니터로 출력하는 대신에 문자열로 출력한다. 이들 함수의 첫 번째 매개 변수는 항상 문자열이고 나머지 매개 변수는 printf()나 scanf()와 동일하다.

표 12-7
sscanf()와 sprintf()

함수	설명
sscanf(s, ...)	문자열 s로부터 지정된 형식으로 수치를 읽어서 변수에 저장한다.
sprintf(s, ...)	변수의 값을 형식 지정자에 따라 문자열 형태로 문자 배열 s에 저장한다.

간단한 예를 들어보자. "Hello World!"과 같이 저장된 문자열이 있다고 가정하자. 이 문자

열에서 첫 번째 문자열과 두 번째 문자열을 sscanf()로 추출하여보자.

```
1   #include <stdio.h>
2
3   int main( void )
4   {
5       char instring[]="file 12";
6       char name[10]; int number;
7
8       sscanf(instring, "%s %d", name, &number);
9       printf("name = %s \n", name);
10      printf("number = %d \n", number);
11      return 0;
12  }
```

문자열에서 "%s" 형식과 "%d"으로 읽어서 name과 number에 저장한다.

```
name = file
number = 12
```

sprintf.c

```
1   #include <stdio.h>
2
3   int main( void )
4   {
5       char buffer[50];
6       int x=10, y=20, result;
7
8       result = x + y;
9       sprintf(buffer, "정수 %d와 정수 %d를 더하면 %d입니다.", x, y, result);
10      printf("%s \n", buffer);
11      return 0;
12  }
```

buffer에 변수들의 값을 문자열로 저장한다.

```
정수 10와 정수 20를 더
하면 30입니다.
```

 LAB   영상 파일 이름 자동 생성

프로그램을 제작하다 보면 파일 이름을 자동으로 생성하는 것이 필요한 경우도 있다. 예를 들어서 화면 캡처 프로그램에서 캡처된 이미지에 순차적으로 번호를 붙여서 파일로 저장할 수도 있다. 다음과 같은 파일 이름을 반복 구문을 사용하여 자동 생성해보자.

```
image0.jpg
image1.jpg
image2.jpg
...
```

참고사항

sprintf() 대신에 itoa()를 사용하여도 된다. itoa(i, s, 10);이라고 호출한다. 맨끝의 10은 10진수라는 의미이다.

```
Solution   sprintf.c
1  #include <stdio.h>
2  #include <string.h>
3
4  int main(void)
5  {
6      char filename[100];
7      int i;
8
9      for(i=0; i < 6; i++){
10         sprintf(filename, "image%d.jpg", i);
11         printf("%s \n", filename);
12     }
13     return 0;
14 }
```

sprintf()는 아주 편리한 함수이다. 하나의 큰 문자열에 각종 변수와 문자열을 붙여서 출력할 수 있다. 반드시 기억해야 하는 함수이다. printf()와 100% 동일하고 다만 출력 대상이 문자 배열이라는 점만 다르다. printf()의 출력 대상은 콘솔이다. 아래 그림은 변수 i의 값이 3일 때의 문자 배열에 저장되는 내용을 보여준다.

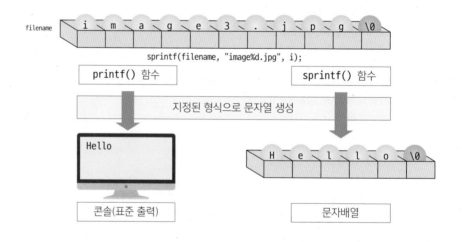

전용 함수 사용

간단하게 문자열을 정수나 실수로 변환하는 경우에는 전용 함수를 사용하는 것도 바람직하다. 문자열을 수치값으로 변환하는 전용 함수로는 atoi(), atof()이 있다.

표 12-8
문자열을 수치로 변환하는 함수

함수	설명
int atoi(const char *str);	str을 int형으로 변환한다.
double atof(const char *str);	str을 double형으로 변환한다.

문자열을 정수와 실수로 바꾸어서 더하고 결과를 다시 문자열로 바꾸는 프로그램을 작성하여보자.

참고사항

atoi()는 "ascii to interger"로 암기하자.

atoi.c

```
1   #include <stdio.h>
2   #include <stdlib.h>
3
4   int main( void )
5   {
6        char s1[] = "100";
7        char s2[] = "12.93";
8        int i;
9        double d, result;
10
11       i = atoi(s1);
12       d = atof(s2);
13
14       result = i + d;
15
16       printf("연산 결과는 %.2f입니다.\n", result);
17
18       return 0;
19   }
```

atoi()와 같은 전용 함수들을 사용하려면 헤더 파일 stdlib.h를 포함하여야 한다.

s1에서 정수를 추출한다.

s2에서 실수를 추출한다.

연산 결과는 112.93입니다.

중간점검

1 실수값 3.141592와 문자열 "3.141592"가 차지하는 메모리 공간을 비교하라.
2 문자열 "3.141592"를 실수값을 변환하고자 할 때 사용할 수 있는 함수는 어떤 것들이 있는가?
3 printf()와 sprintf()가 다른 점은 무엇인가?

12.7 문자열 여러 개를 저장하는 방법

2차원 문자 배열을 사용하는 방법

문자열을 문자 배열에 저장할 수 있다는 것은 앞에서 이야기하였다. 그렇다면 문자열이 여러 개 있는 경우에는 어떤 구조를 사용하여 저장하면 제일 좋을까? 예를 들어서 화면에 메뉴를 출력하는 루틴에서는 여러 개의 문자열이 필요하다. 여러 개의 문자열을 저장하려면, 문자열의 배열을 만드는 것이 여러모로 간편하다. 문자열이 하나의 문자 배열에 저장되므로 문자열의 배열은 배열의 배열, 즉 2차원 문자 배열이 된다.

```
char s[3][6] = {
        "init",
        "open",
        "close"
};
```

위와 같이 2차원 문자 배열을 생성하면 2차원 배열의 각 행이 주어진 문자열로 초기화
된다.

그림 12-9
문자열의 배열

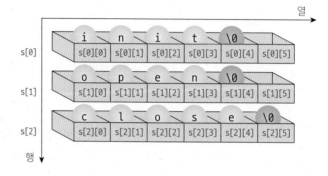

위에서 2차원 배열 s의 각각의 행은 s[0], s[1], s[2]와 같이 접근할 수 있다. 즉 s[0]은
s의 0번째 행을 나타내며 여기에는 문자열 "init"가 저장되어 있다. 따라서 s의 0번째 행에
저장된 문자열을 출력하려면 다음과 같이 하면 된다.

```
printf("%s", s[0]);    // "init"가 출력된다.
```

문자 포인터 배열을 사용하는 방법

만약 문자열의 길이가 서로 다르면 길이가 짧은 문자열이 저장된 행은 낭비되는 공간이 많
아진다. 메모리의 낭비를 막으려면 포인터의 개념을 사용하면 된다. 다음과 같이 포인터의
배열을 이용하게 되면 메모리 공간을 정확하게 문자열의 크기가 맞추어 사용할 수 있다.

참고사항

이러한 배열은 각 행의 길이가 다
를 수 있다. 이런 배열을 래그드 배열
(ragged array)이라고도 한다.

```
char *s[3] = {
        "init",
        "open",
        "close"
};
```

위의 s는 3개의 포인터를 요소로 가지는 배열이다. 각 포인터는 메모리에 저장된 문자열
상수의 주소를 가지고 있다. 문자열 상수는 문자열의 크기만큼만 자리를 차지한다. 따라서
공간을 절약할 수 있다. 하지만 한번 문자열이 결정되면 문자열의 내용을 변경할 수 없다는
단점도 있다.

예제

앞에서 설명한 내용을 프로그램으로 작성하여보자.

stringarray1.c

```
1   #include <stdio.h>
2
3   int main( void )
4   {
5       int i;
6       char menu[5][10] = {
7           "init",
8           "open",
9           "close",
10          "read",
11          "write"
12      };
13
14      for(i = 0; i < 5; i++)
15          printf("%d 번째 메뉴: %s \n", i, menu[i]);
16
17      return 0;
18  }
```

2차원 문자 배열 menu[][]를 생성하고 5개의 문자열로 초기화한다.

반복 루프를 이용하여 각각의 문자열을 화면에 출력한다.

i번째 문자열

```
0 번째 메뉴: init
1 번째 메뉴: open
2 번째 메뉴: close
3 번째 메뉴: read
4 번째 메뉴: write
```

2차원 배열로 입력받는 예제

사용자로부터 여러 개의 문자열을 입력받아서 배열에 저장하여보자.

stringarray2.c

```
1   #include <stdio.h>
2
3   int main( void )
4   {
5       int i;
6       char fruits[3][20];
7
8       for(i = 0; i < 3; i++) {
9           printf("과일 이름을 입력하시오: ");
10          scanf("%s", fruits[i]);
11      }
12      for(i = 0; i < 3; i++)
13          printf("%d번째 과일: %s\n", i, fruits[i]);
14      return 0;
15  }
```

2차원 문자 배열 fruits[][]를 생성한다. 최대 문자열 3개이고 각 문자열의 최대 길이는 19이다.

반복 루프를 이용하여 문자열을 받아서 2차원 배열에 저장한다.

2차원 배열에서 i번째 문자열을 의미한다. & 연산자를 붙이면 안된다. fruits[i]가 문자열을 가리키는 주소이기 때문이다.

```
과일 이름을 입력하시오: 사과
과일 이름을 입력하시오: 배
과일 이름을 입력하시오: 포도
0번째 과일: 사과
1번째 과일: 배
2번째 과일: 포도
```

LAB   한영 사전의 구현

3차원 문자열 배열을 이용하여 간단한 한영 사전을 구현하여보자. 영어 단어가 dic[i][0]에 저장된다. 한글 설명은 dic[i][1]에 저장된다. 사용자가 단어를 입력하면 strcmp()를 이용하여 일치하는 단어를 배열 dic에서 찾는다. 일치하는 단어가 있으면 화면에 출력하고 종료하고 만약 일치하는 단어가 없으면 오류 메시지를 출력하고 종료한다.

```
단어를 입력하시요: boy
boy: 소년
```

Solution dic.c

```c
1  #include <stdio.h>
2  #include <string.h>
3  #define WORDS 5
4
5  int main( void )
6  {
7      int i, index;
8      char dic[WORDS][2][30] = {
9          {"book", "책"},
10         {"boy", "소년"},
11         {"computer", "컴퓨터"},
12         {"lanuguage", "언어"},
13         {"rain", "비"},
14     };
1      char word[30];
16
17     printf("단어를 입력하시오:");
18     scanf("%s", word);
19
20     index = 0;
21     for(i = 0; i < WORDS; i++){
22         if( strcmp(dic[index][0], word) == 0 ) {
23             printf("%s: %s\n", word, dic[index][1]);
24             return 0;
25         }
26         index++;
27     }
28     printf("사전에서 발견되지 않았습니다.\n");
29     return 0;
30 }
```

단어의 개수

0이면 영어, 1이면 한글

3차원 배열에 미니 영한 사전을 저장한다.

문자열의 최대 길이

사용자로부터 단어를 입력받는다.

배열에 저장된 모든 단어와 일치하는지를 검사한다.

일치하는 문자열이 발견되면

단어의 설명을 출력한다.

1 "C", "JAVA", "C++", "BASIC" 등을 저장하는 문장을 작성하라.
2 2차원 문자 배열 s에 저장된 0번째 문자열을 printf()를 이용하여 화면에 출력하는 문장을 작성하라.

중간점검

 LAB   메시지 암호화

메시지를 암호화하는 간단한 기법 중의 하나는 줄리어스 시저가 사용한 암호화 기법이다. 이 방법은 평문에 단순히 더하기(즉, 영어의 알파벳을 왼쪽으로 이동하던지 오른쪽으로 이동하는 것)를 하여 암호문을 얻는다. 즉 예를 들어 다음과 같이 변경하여 전송하였다.

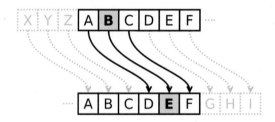

평문	a	b	c	d	e	f	g	h	i	j	k	l	m	n	o	p	q	r	s	t	u	v	w	x	y	z
암호문	D	E	F	G	H	I	J	K	L	M	N	O	P	Q	R	S	T	U	V	W	X	Y	Z	A	B	C

예를 들어서 "meet at midnight"을 위의 표에 의하여 변환하면 "phhw dw plgqjkw"가 된다. 사용자가 제시한 문자열을 암호화하거나 복호화하는 프로그램을 작성하라.

```
문자열을 입력하시요: meet at midnight
암호화된 문자열: phhw dw plgqljkw
```

 먼저 사용자로부터 문자열을 받아야 한다. 우리는 한 줄 전체를 받아야 하므로 gets_s()를 사용하여야 한다.
Hint 또 암호화하는 함수 encrypt()를 작성하여서 사용하자. encrypt()는 문자 배열을 받아서 암호화한다. 암호화
할 때는 먼저 문자 배열에 들어 있는 문자를 꺼내서 알파벳인지를 검사한다. 알파벳이면 문자에 shift를 더한
다. 알파벳만 이동하여야 한다. 다른 특수문자들은 이동하면 안 된다. 또 알파벳을 이동한 후에 'z'를 넘어갔
는지를 검사한다. 'z'를 넘어갔으면 26을 빼서 앞으로 이동시킨다. 만약 shift 가 음수일 수도 있다면 'A' 보다
작은지도 검사하여서 26을 더해야 할 것이다.

Solution   encrypt.c

```c
1  #include <stdio.h>
2  void encrypt(char cipher[], int shift);
3
4  int main (void) {
5
6      char cipher[50];          ← 암호화할 문자열
7      int shift=3;              ── 이동 거리
8      printf("문자열을 입력하시오: ");
9      gets_s(cipher, 50);   // 한줄 전체 입력
10     encrypt (cipher, shift);  ── 문자 배열을 함수에 전달
11     return 0;                    한다. 원본이 전달된다.
12 }
13 void encrypt (char cipher[], int shift) {
14     int i = 0;
1
16     while (cipher[i] != '\0') {                    ── 문자가 알파벳이면
17         if( cipher[i] >= 'A' && cipher[i] <= 'z'){
18             cipher[i] += shift;
19             if( cipher[i] > 'z' )          ── 경계를 넘어갔으면 26을 빼서 앞으로 간다.
20                 cipher[i] -= 26;
21         }
22         i++;
23     }
24     printf("암호화된 문자열: %s \n", cipher);
25 }
```

🔺 도전문제

(1) 복호화하는 함수 decrypt()도 작성하여 테스트하라.

(2) 메뉴를 만들어서 사용자로 하여금 암호화와 복호화 중에서 선택하게 하라.

     1 — 암호화

     2 — 복호화

 Mini Project   행맨 게임

행맨(hangman) 또는 휠 오브 포춘(wheel of fortune)과 같은 단어 게임을 제작하여보자. 빈칸으로 구성된 문자열이 주어지고 사용자는 문자열에 들어갈 글자들을 하나씩 추측해서 맞추는 게임이다. 사용자가 문자열에 들어 있는 글자를 정확하게 입력했으면 화면에 그 글자를 출력한다. 일정한 횟수만 시도할 수 있게 하라.

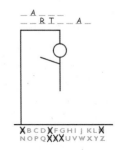

```
문자열을 입력하시오: ____ __ _____
글자를 추측하시오: e
문자열을 입력하시오: _ee_ __ _____
글자를 추측하시오: t
문자열을 입력하시오: _eet _t _____t
글자를 추측하시오: m
문자열을 입력하시오: meet _t m_____t
글자를 추측하시오:
```

 Hint 먼저 정답이 들어 있는 문자 배열 solution[]과 사용자가 입력하는 값들이 저장되는 문자 배열 answer[]를 생성한다. 사용자가 입력하는 문자는 getch()를 호출하여 받는다. 사용자가 입력한 문자가 정답에 있는지를 검사하는 반복 루프를 작성한다. 반복 루프에서는 정답이 들어 있는 배열과 현재까지 맞춘 문자 배열을 비교하여서 모두 일치하면 반복 루프를 탈출한다.

Solution

```c
1  #include <stdio.h>
2
3  int main(void) {
4      char solution[100] = "meet at midnight";    // 정답이 들어 있는 문자 배열
5      char answer[100] = "____ __ _____";       // 현재까지 사용자가 맞춘 문자열
6      char ch;
7      int i;
8
9      while (1) {
10         printf("\n문자열을 입력하시오: %s \n", answer);
11         printf("글자를 추측하시오: ");
12         ch = _getch();
13
14         // 사용자가 입력한 문자를 answer[]에 넣어서 정답을 비교한다.
15         for (i = 0; solution[i] != NULL; i++) {
16             // 사용자가 맞추었으면 글자를 보이게 한다.
17             if (solution[i] == ch)
18                 answer[i] = ch;
19         }
20         if (strcmp(solution, answer) == 0) break;    // 정답과 일치하는지를 검사
21     }
22     return 0;
23 }
```

도전문제

(1) "meet at midnight"에서 "____ _ _____"을 자동으로 생성할 수 있는가?

(2) 여러 개의 단어들이 들어 있는 2차원 배열을 생성하여서 랜덤하게 하나의 정답을 고르도록 프로그램을 업그레이드하라.

(3) 일정한 횟수만 시도할 수 있게 하라.

Q&A

Q 문자열을 비교할 때 다음과 같이 하면 왜 안되는가?

```c
char *s;
if( s == "langauge" )
```

A C언어는 문자들의 배열로 문자열을 나타낸다. C에서는 하나의 배열을 다른 배열과 ==로 비교할 수는 없다. 위의 비교는 포인터 s의 값과 "language"가 저장된 주소를 비교한다. 대부분의 경우, 동일한 위치를 가리킬 수가 없으므로 위의 식은 항상 같지 않다고 결과가 나온다. 두 개의 문자열을 비교하려면 반드시 strcmp()를 사용하여야 한다.

```c
if( strcmp(s, "language") == 0 )
```

Q 다음 문장이 오류를 발생하는 이유는 무엇인가?

```c
char *p = "Hello World!";
p[1] = NULL;
```

A 위의 선언의 경우, 문자 배열이 생성되는 것이 아니라 문자열 상수가 저장되고 이 문자열 상수의 주소만 포인터 p가 가지고 있다. 그리고 문자열 상수는 읽기 전용 메모리 공간에 저장되므로 p를 가지고 문자열을 수정하려고 하면 실행 오류가 발생한다

Q 다음 문장이 오류를 발생하는 이유는 무엇인가?

```c
char s[100] ;
s = "A friend in power is a friend lost.";
```

A C에서는 문자열은 배열에 저장되고 배열에 = 연산자로 어떤 값을 대입할 수는 없다. strcpy() 함수를 사용하여야 한다.

```c
strcpy(s, "A friend in power is a friend lost.");
```

Summary

▶ 컴퓨터에서 문자는 _____코드로 나타낸다.

▶ 문자를 표현하는 자료형은 _____이다.

▶ 문자열은 연속된 문자들의 모임으로 문자열의 끝은 _____문자로 표시한다.

▶ 문자열을 저장할 때는 _____배열에 저장한다.

▶ A, 'A', "A"의 차이점을 설명하는 다음 표의 빈칸을 채우시오.

대상	설명
A	_____
'A'	_____
"A"	_____

▶ 문자 배열 s를 "xyz"로 초기화하려면 _____와 같이 한다.

▶ 저장하려는 문자열의 크기보다 문자 배열의 크기를 하나 더 크게 하는 이유는 _____문자를 저장하기 위해서이다.

▶ 문자열 처리 함수에는 다음과 같은 함수들이 있다. 빈칸을 채우시오.

함수	설명
strlen(s)	_____
strcpy(s1, s2)	_____
_____	s2를 s1의 끝에 붙여넣는다.
strcmp(s1, s2)	_____

▶ strcmp() 함수에서 2개의 문자열이 일치하면 어떤 값이 반환되는가?

▶ 문자열 처리 라이브러리 함수를 사용하려면 포함시켜야 하는 헤더 파일은 _____이다.

▶ getchar()와 getch()의 차이점은 _____이다.

▶ strcpy()와 strncpy()의 차이점은 _____이다.

▶ strcmp("dog", "dog")의 반환값은 _____이다.

▶ printf()와 sprintf()의 차이점은 _____이다.

▶ 문자열 입출력 함수에는 다음과 같은 함수들이 있다. 빈칸을 채우시오.

함수	설명
gets_s(s)	_____
puts(s)	_____
sprintf(s, ...)	_____
sscanf(s, ...)	_____

Exercise

01 문자열의 끝을 표시하는 특수문자는?

① ‘.’   ② ‘\n’   ③ ‘\0’   ④ ‘\e’

02 문자열 “Hello, World”을 저장하려면 최소 몇 개의 바이트가 필요한가?

① 12   ② 13   ③ 14   ④ 15

03 다음의 설명에 부합하는 함수를 아래 박스에서 선택하여 빈칸에 적으시오.

> strcmp(),   strtok(),   strcat(),   strcpy(),   strlen(),   sprintf(),   gets_s()

(a) _____ 함수는 하나의 문자열의 끝에 다른 문자열을 연결한다.
(b) _____ 함수는 문자열을 복사한다.
(c) _____ 함수는 문자열에서 토큰을 찾는다.
(d) _____ 함수는 표준 입력에서 하나의 문자열을 읽는다.
(e) _____ 함수는 문자열을 이루는 문자의 개수를 반환한다.

04 다음의 문장의 오류 여부를 말하고 오류가 있는 경우, 그 이유를 쓰시오.

(a) strcat(s, ‘?’);   _____   _____
(b) if(s != “value”)   _____   _____
(c) char a[20];   _____   _____
    a = “Hello World!”;

05 다음의 문장이 제대로 동작하지 않는 이유는 무엇인가? 어떻게 수정하여야 하는가?

```
char *s1 = "Hi! ";
char *s2 = "Programmers";
char *s3 = strcat(s1, s2);
```

06 다음 두 문장의 차이점을 설명하라.

```
char a[] = "Hello World!";
char *p = "Hello World!";
```

07 두 개의 문자열이 일치하는지를 검사하는 문장을 올바르게 작성한 것은?

① if(s1 == "Hello")   ② if(strcmp(s1, "Hello"))

③ if(strcmp(s1, "Hello") 〈 0)   ④ if(strcmp(s1, "Hello") == 0)

08 다음 프로그램에 오류가 있는지를 말하고 있다면 수정하라.

```c
int main(void)
{
    char *p;
    scanf("%s", p);
}
```

09 다음의 변수들에게 몇 바이트의 메모리가 할당되는가?

(a) char str[] = "abc";   (b) char *pc = "abc";

(c) char str[10] = "abc";   (d) char str[2][10] = { "abc", "def" };

10 다음과 같이 정의되어 있다고 가정하고 다음의 수식의 값을 말하시오.

```c
char s[][10] = { "HIGH", "MIDDLE", "LOW" };
```

(a) s[1]   (b) s[1][3]   (c) *s

11 다음의 코드의 실행 결과를 쓰시오.

```c
char *p;
char s[]="Hello";
p = s + strlen(s) - 1;
while( p >= s ){
    printf("%s \n", p);
    p--;
}
```

12 다음의 함수가 하는 작업은 무엇인가? 구체적으로 mystery("abc", "abd")와 같이 호출하면 어떤 값이 반환되는가?

```c
int mystery(const char *s1, const char *s2){
    while(*s1 == *s2){
        if(*s1 == 0)
            return(0);
        s1++; s2++;
    }
    return(1);
}
```

Programming

문자 처리

MEDIUM
★★☆

01 사용자로부터 문자열을 입력받아서 역순으로 출력하는 프로그램을 작성하라.

```
문자열을 입력하시오: Hello
역순 문자열: olleH
```

HINT 배열의 끝에서 시작하여 앞으로 가면서 문자를 출력하면 될 것이다.

문자 처리

MEDIUM
★★☆

02 문자열을 입력으로 받아서 문자열에 포함된 모든 공백 문자를 삭제하는 함수를 작성하고 테스트하라.

```
문자열을 입력하시오: I am a boy.
공백 제거 문자열 = Iamaboy.
```

HINT 두 번째 문자열을 생성하여서 첫 번째 문자열에서 공백 문자를 제외하고 다른 문자를 이동한다.

문자 처리

MEDIUM
★★☆

03 문자열을 입력으로 받아서 사용자가 지정하는 문자를 삭제하는 함수를 작성하고 테스트하라.

```
문자열을 입력하시오: ###HELLO###
제거할 문자: #
결과 문자열 = HELLO
```

HINT 두 번째 문자열을 생성하여서 첫 번째 문자열에서 제거할 문자를 제외하고 다른 문자를 이동한다.

문자 처리 함수
작성

MEDIUM
★★☆

04 문자열 안에 포함된 특정한 문자의 개수를 세는 함수 int str_chr(char *s, int c)를 작성하라. s 는 문자열이고 c는 개수를 셀 문자이다.

```
문자열을 입력하시오: I am a boy.
문자를 입력하시오: a

a의 개수: 2
```

HINT 문자 배열에 저장된 문자들을 방문하면서 지정된 문자가 나타날 때마다 카운터 변수를 증가시킨다.

문자 처리

HARD
★★★

05 사용자로부터 받은 문자열에서 각 문자가 나타나는 빈도를 계산하여 출력하는 프로그램을 작성하 시오.

```
문자열을 입력하시오:meet at midnight
a: 1
b: 0
c: 0
d: 1
...
```

HINT 각 문자들의 빈도를 저장하는 배열을 만들어서 활용해보자.

06 문자열을 사용자로부터 받아서 알파벳 문자의 개수, 숫자의 개수, 기타 특수 문자의 개수를 출력하는 프로그램을 작성하여보자.

> 문자열을 입력하시오: Hello2!
>
> 문자열 안의 알파벳 문자의 개수: 5
> 문자열 안의 숫자의 개수: 1
> 문자열 안의 기타 문자의 개수: 1

문자 처리

MEDIUM
★★☆

HINT 문자열 안의 문자들을 아스키 코드 값에 따라 분류한다.

07 사용자에게 질문을 제시하고 답변을 받아서 긍정이면 1을 반환하고 부정이면 0을 반환하는 함수 get_response(char *prompt)를 작성하고 테스트하라. 여기서 매개 변수 prompt는 사용자에게 제시하는 질문이다. 긍정을 의미하는 문자열은 "YES", "Yes", "yes", "OK", "ok"로 가정하라. 부정을 의미하는 문자열은 "NO", No", "no"로 가정하라. 대소문자는 구별하지 않는다.

> 게임을 하시겠습니까: yes
> 긍정적인 답변입니다.

문자 비교 라이브러리 함수

MEDIUM
★★☆

HINT 문자열을 비교할 때는 strcmp()를 사용한다. 반환값이 0이면 문자열이 일치한다. 대소문자를 구별하지 않으려면 입력되는 문자들을 tolower()를 이용하여서 모두 소문자로 만들면 된다.

08 사용자가 입력한 문자열에서 단어의 개수를 계산하여 화면에 출력하는 프로그램을 작성하여보자.

> 문자열을 입력하시오: I am a boy
> 단어의 수는 4입니다.

strtok() 라이브러리 함수

HARD
★★★

HINT strtok() 함수를 사용하여보자. 첫 번째 호출은 strtok(s, " ")이고 두 번째 호출부터는 strtok(NULL, " ")와 같이 호출한다. 더 이상 단어가 없으면 NULL을 반환한다.

09 흔히 패스워드를 입력받을 때는 사용자가 입력한 문자 대신에 * 문자를 표시한다. _getch()를 이용하여 사용자가 입력한 문자를 비밀스럽게 입력받는 프로그램을 작성하여보자.

> 패스워드를 입력하시오: *****
> 입력된 패스워드는 1234입니다.

_getch() 사용

MEDIUM
★★☆

10 사용자가 입력한 문자열에서 특정한 단어의 개수를 계산하여 화면에 출력하는 프로그램을 작성하여보자.

> 문자열을 입력하시오: It was developed to write the UNIX operating system.
> 단어: the
>
> the의 개수: 1

strtok() 라이브러리 함수

HARD
★★★

HINT strstr() 함수를 사용해보자.

11 간단한 철자 교정 프로그램을 작성하여보자. 문자열을 입력으로 받아서 문자열 안에 마침표가 있으면 문자열의 첫 번째 문자가 대문자인지를 검사한다. 만약 대문자가 아니면 대문자로 변환한다. 또한 문장의 끝에 마침표가 존재하는지를 검사한다. 역시 마침표가 없으면 넣어준다. 즉 입력된 문자열이 "pointer is easy"라면 "Pointer is easy."로 변환하여 화면에 출력한다.

<table>
<tr><td>문자 처리</td></tr>
<tr><td>MEDIUM
★★☆</td></tr>
</table>

```
문자열을 입력하시오: i am a boy
수정된 텍스트: I am a boy.
```

HINT 문자열 s의 첫 번째 문자는 s[0]이고 마지막 문자는 s[strlen(s)-1]이다.

12 회문(palindrome)이란 바로 읽거나 거꾸로 읽어도 같은 글이 되는 단어이다. 예를 들면 "madam"와 같은 문자열이 회문이다. 사용자로부터 문자열을 받아서 회문 여부를 판별하여 그 결과를 화면에 출력하는 프로그램을 작성하여 보라.

<table>
<tr><td>문자 처리</td></tr>
<tr><td>HARD
★★★</td></tr>
</table>

```
문자열을 입력하시오: madam
회문입니다.
```

HINT 대소문자를 무시하여야 한다. tolower()나 toupper()를 사용하여서 소문자나 대문자로 통일한다. 역순 문자열을 만들고 strcmp()를 사용하여도 된다.

13 사용자로부터 한줄의 문자열을 입력받아서 문자열에 포함된 단어들을 역순으로 배열하여 출력하는 프로그램을 작성하시오.

<table>
<tr><td>strtok() 사용</td></tr>
<tr><td>HARD
★★★</td></tr>
</table>

```
문자열을 입력하시오: programming in c
c in programming
```

HINT 단어들을 추출할 때는 무조건 strtok()를 사용하여보자. 무척이나 편리한 함수이다.

14 사용자에게 영어 이름을 성과 이름으로 나누어서 대문자로 입력하도록 하여서 성과 이름의 위치를 바꾸고 소문자로 변환하여 출력하는 프로그램을 작성하라.

<table>
<tr><td>strtok() 사용</td></tr>
<tr><td>MEDIUM
★★☆</td></tr>
</table>

```
성과 이름을 대문자로 입력하시오: HONG GILDONG
gildong, hong
```

HINT 역시 strtok() 함수를 사용한다.

15 사용자로부터 문자열을 받아서 문자열에 포함된 구두점의 개수를 세는 프로그램을 작성하라. 여기서 구두점에는 마침표와 쉼표만이 포함된다고 가정하자.

<table>
<tr><td>문자 처리</td></tr>
<tr><td>MEDIUM
★★☆</td></tr>
</table>

```
문자열을 입력하시오: By the way, I am a boy.
구두점의 개수는 2입니다.
```

16 간단한 "찾아 바꾸기" 기능을 구현하여보자. 첫 번째로 사용자에게 최대 **80** 문자의 문자열을 입력하도록 한다. 두 번째로 찾을 문자열을 입력받는다. 세 번째로 바꿀 문자열을 입력받는다. 문자열을 찾아서 바꾼 후에 결과 문자열을 화면에 출력한다.

라이브러리 함수
사용
───
HARD
★★★

```
문자열을 입력하시오: A fool and his money are sonn parted.
찾을 문자열: sonn
바꿀 문자열: soon
수정된 문자열: A fool and his money are soon parted.
```

HINT 역시 문자열에서 단어를 추출할 때는 strtok() 함수를 사용하고 문자열들이 서로 일치하는지를 비교할 때는 strcmp()를 사용한다.

17 사용자로부터 받은 문자열을 버블 정렬 방법을 이용하여 정렬한 후에 출력하는 프로그램을 작성하라.

라이브러리 함수
사용
───
HARD
★★★

```
문자열의 개수: 3
문자열을 입력하시오: banana
문자열을 입력하시오: apple
문자열을 입력하시오: grape

정렬된 문자열은 다음과 같습니다.
apple banana grape
```

HINT 버블 정렬은 인접한 요소들이 순서대로 되어 있지 않으면 교환하는 정렬 방법이다. strcmp()를 이용하여 문자열의 순서를 비교할 수 있다. 버블 정렬은 10장을 참조하라.

18 다음과 같이 연산의 이름을 문자열로 받아서 해당 연산을 실행하는 프로그램을 작성하라. 연산을 나타내는 문자열은 "add", "sub", "mul", "div"으로 하라.

라이브러리 함수
사용
───
HARD
★★★

```
연산을 입력하시오: add 3 5
연산의 결과: 8
```

HINT 문자열들이 서로 일치하는지를 비교할 때는 strcmp()를 사용한다. scanf("%s %d %d",...)를 사용하여 사용자로부터 입력받는다.

19 요즘 길거리에서는 글자들이 흘러가는 **LED** 전광판을 볼 수 있다. 이것을 프로그램으로 구현하여보자.

문자 처리
───
HARD
★★★

```
텍스트를 입력하시오: call NOW and you'll get free shipping

call NOW and you'll get free shipping
all NOW and you'll get free shipping c
ll NOW and you'll get free shipping ca
l NOW and you'll get free shipping cal
...
```

HINT 여러 가지 방법들의 있겠다. 먼저 매 반복마다 실제로 문자 배열의 내용을 수정할 수도 있다. 또는 포인터를 이용하여서 현재 위치에서 일정 길이만큼을 화면에 표시하는 것이다. 문자열의 길이보다 먼저 끝나게 되면 처음으로 돌아간다.

20 암호화 방법 중에 XOR 암호화가 있다. 이 방법은 평문의 각 문자에 키값을 XOR하여서 암호문을 얻는 방법이다. 암호화할 때 사용한 XOR 키를 알면 암호화된 값에 다시 XOR해서 평문을 얻을 수 있다. 평문과 키값을 사용자로부터 받아서 XOR 암호화하여 출력하는 프로그램을 작성해보자

문자 처리

HARD
★★★

```
텍스트를 입력하시오: The quick brown fox jumps over the lazy dog.
키를 입력하시오: s

암호화된 문자열: 'ㅎㅌㄱㅈㅈSㅏㄱSㅎSㄱㅈㅠㅈ
복원된 문자열: The quick brown fox jumps over the lazy dog.
```

HINT output[i] = data[i] ^ key[i % keyLen]; 연산을 사용하여서 암호화할 수 있다. 복호화도 동일한 문장을 사용할 수 있다.

21 단어 애나그램(anagram) 게임을 작성해보자. 영어 단어를 이루는 글자들이 뒤죽박죽 섞인 것을 받아서 순서대로 재배치하는 게임을 애나그램 게임이라고 한다.

문자 처리

HARD
★★★

```
epalp의 원래단어를 맞춰보세요: alppe
epalp의 원래단어를 맞춰보세요: appel
epalp의 원래단어를 맞춰보세요: apple
축하합니다.
```

HINT 문자열 안의 글자들을 섞으려면 난수가 필요하다. 2개의 난수를 발생시켜서 그 위치의 글자들을 서로 바꾸면 된다. 이것을 문자열의 길이만큼 반복한다. 물론 난수의 범위는 문자열 안이어야 한다.

22 런길이 인코딩을 이용한 간단한 텍스트 압축 프로그램을 작성해본다. 텍스트는 사용자로부터 직접 입력된다. 알파벳 영문자로 한정한다. 권장하는 방법은 런길이 인코딩(run length encoding)이다. 런길이 인코딩은 무손실 압축 방법 중 하나로서, 텍스트를 압축할 때 반복되는 문자가 있으면, 이것을 반복되는 개수와 반복되는 문자로 바꾸는 방법이다. 예를 들어서 "wwwsssssssssschh"는 "3w9s1c2h"로 압축하는 것이다. 전체 데이터 양이 줄어든 것을 알 수 있다.

문자 처리

HARD
★★★

```
문자열을 입력하시오: wwwsssssssssschh
3w9s1c2h
```

구조체

여러 종류의 데이터를 하나로 묶어서 정의할 수 있나요?

구조체를 사용하면 여러 종류의 변수들을 하나로 묶어서 정의할 수 있습니다.

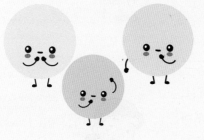

Objectives

- 구조체의 개념을 학습하고 구조체를 선언하고 초기화하는 방법을 이해한다.
- 구조체 멤버 연산자인 .을 이해하고 사용할 수 있다.
- 구조체와 포인터의 관계를 학습한다.
- -> 연산자를 이해하고 사용할 수 있다.
- 구조체의 배열을 생성할 수 있고 활용할 수 있다.
- 공용체의 개념을 학습하고 구조체를 선언하고 초기화하는 방법을 이해한다.
- typedef를 이용한 사용자 정의 자료형을 만드는 방법을 이해한다.

13 구조체

13.1 구조체란 무엇인가?

C에서의 자료형은 기본 자료형과 파생 자료형으로 분류할 수 있다. 기본 자료형은 int, double, char와 같은 자료형이다. 파생 자료형은 이들 기본 자료형에서 파생된 것으로 배열, 구조체, 공용체, 포인터 등을 들 수 있다. 구조체(structure)는 파생 자료형 중에서도 가장 중요하고 많이 사용되는 자료형이다.

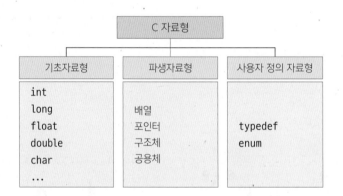

우리는 지금까지 동일한 종류의 데이터를 하나로 묶기 위하여 배열(array)을 사용하였다. 그러나 만약 서로 다른 종류의 데이터들을 하나로 묶어야 된다면 어떻게 할 것인가? 예를 들어서 학생을 나타내는 데이터는 학번, 이름, 학점 등을 생각할 수 있는데 이들은 모두 자료형이 다르다. 학번은 정수형, 이름은 문자열이며 학점은 실수형이다.

학번: 20100001(정수)
이름: "최자영"(문자열)
학점: 4.3(실수)
...

물론 다음과 같이 개별적인 변수로도 표현할 수 있으나 이들을 하나의 단위로 묶을 수 있다면 아주 편리할 것이다.

이러한 경우에 사용할 수 있는 방법이 구조체(structure)이다. 구조체는 자료형이 다른 변수들을 묶어서 새로운 자료형을 만드는 방법이다. 구조체는 객체 지향 프로그래밍에서 말하는 클래스의 모체가 된다. 학생에 대한 정보를 구조체로 묶어보면 다음과 같다.

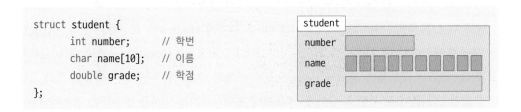

배열이 같은 자료형을 하나로 묶는 것이라면 구조체는 서로 다른 자료형들을 하나로 묶는 것이다.

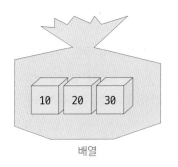

그림 13-1
배열과 구조체의 비교

1 구조체와 배열의 차이점을 이야기해보라.
2 복소수, 날짜, 화면의 좌표, 사각형 등을 표현하는데 필요한 데이터를 나열해보라.

중간점검

13.2 구조체의 선언, 초기화, 사용

구조체 선언

구조체는 struct라는 키워드를 사용하여 다음과 같은 형식으로 정의된다.

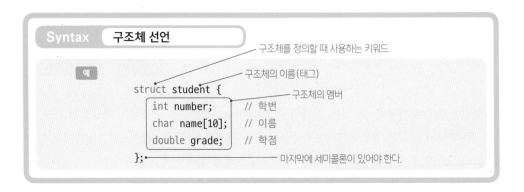

참고사항

구조체 태그는 구조체의 이름이라고
할 수 있다.

위의 구조체 선언에서는 학생에 대한 데이터를 구조체 student로 표현하고 있다. struct
는 구조체를 선언할 때 사용하는 키워드이다. 이어서 나오는 student는 구조체 태그(tag)라
고 한다. 태그는 구조체에 붙여지는 이름으로 구조체와 구조체를 구별하는 역할을 한다. 그
뒤에 중괄호를 붙이고, 중괄호 사이에, 구조체에 포함시키기를 원하는 변수들을 선언하면 된
다. 이렇게 선언된 number, name, grade를 구조체 멤버(structure member)라고 한다. 어떠
한 자료형의 변수도 구조체의 멤버가 될 수 있지만 모두 유일한 이름을 가져야 한다. 구조체
의 선언이 끝나면 반드시 세미콜론을 붙여주어야 한다. 구조체를 선언하는 것도 하나의 문장
에 해당하기 때문이다.

여기서 주의할 점은 구조체 선언은 변수 선언이 아니라는 점이다. 구조체 선언은 구조체
안에 어떤 변수들이 들어간다는 것만 말해주는 것이다. 즉 구조체 선언은 구조체의 형태(틀)
만 정의한 것이다. 아직 구조체를 이용하여 변수를 만들지 않았음을 유의하라. 이는 마치 붕
어빵을 만드는 틀만을 만든 것이고 아직 붕어빵(변수)은 하나도 만들지 않은 것과 같다. 붕어
빵 틀이 있다고 해서 붕어빵을 먹을 수 있는 것은 아니다. 즉 아직은 데이터를 저장할 수는
없다.

그림 13-2
구조체 선언과 구조체 변수의 차이점

많이 사용되는 구조체를 몇 개 정의해보자.

```
// 화면의 좌표
struct point {
    int x;          // x 좌표
    int y;          // y 좌표
};
```

```
// 복소수
struct complex {
    double real;    // 실수부
    double imag;    // 허수부
};
```

```
// 날짜
struct date {
    int month;      // 월
    int day;        // 일
    int year;       // 년
};
```

```
// 사각형
struct rectangle {
    int x, y;       // 좌측 상단
    int width;      // 너비
    int height;     // 길이
};
```

구조체 변수 생성

일단 구조체를 정의하였으면 이 구조체를 이용하여 구조체 변수를 생성하여보자. 구조체 이름을 사용하여 변수들을 생성하면 된다. 다만 앞에 struct가 붙는 것만 다르다.

참고사항

구조체를 소스 파일 첫 부분에 정의하게 되면 전체 소스 파일에서 구조체 변수를 정의할 수 있다. 만약 특정 함수 안에서 구조체를 정의하였다면 함수 안에서만 구조체 변수를 정의할 수 있다.

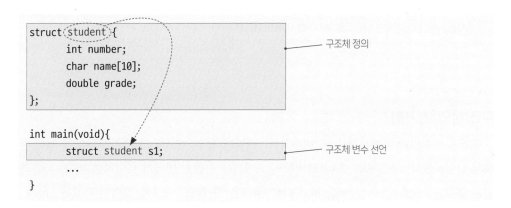

그림 13-3
구조체 변수의 선언

위의 문장은 student라는 구조체를 이용하여 s1이라는 구조체 변수를 만든 것이다. s1이라는 변수 안에는 구조체의 멤버인 number, name, grade가 들어 있다. s1에는 실제 메모리 공간이 할당되며 s1이 차지하는 메모리 공간의 크기는 각 멤버들의 크기를 합치면 알 수 있는데 대략 4+10+8=22바이트가 된다. 컴파일러는 액세스 속도를 빠르게 하기 위하여 더 많은 메모리를 할당하는 경우도 있으므로 sizeof 연산자를 이용하는 편이 정확하다.

참고사항

CPU는 4바이트 단위로 메모리를 읽는 것이 효율적이어서 4바이트 단위로 구조체에 메모리를 할당하는 경우도 많다.

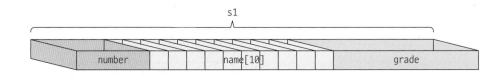

그림 13-4
구조체 변수 s1

위와 같이 소스 파일의 첫 부분에서 구조체 정의를 하게 되면 이 구조체 정의를 소스 파일 전체에서 사용할 수 있다. 하나의 문장에서 여러 개의 구조체 변수를 동시에 선언할 수도 있다. 아래의 문장에서는 구조체 **student**의 변수 2개가 선언되었다. 기본 자료형으로 변수를 선언하는 것과 비교하면 키워드 **struct**를 앞에 추가하는 거 말고는 다른 점이 없다.

```
struct student s2, s3;
```

구조체의 정의와 구조체 변수 선언을 동시에 할 수도 있다. 이 경우 구조체 정의 다음에 변수 이름을 써주면 된다.

그림 13-5
구조체 정의와 동시에 구조체 변수 선언의 예

```
struct student {
        int number;
        char name[10];
        double grade;
} s1;
```
구조체 정의 ◀

s1은 구조체 student의 변수이다.

참고사항

구조체를 int와 같은 새로운 타입으로 생각하면 이해가 쉬워진다. int x;로서 int 타입의 변수가 생성되듯이 struct point p1;이라고 하면 point 타입의 변수가 생성된다고 생각하자.

구조체의 초기화

구조체 변수의 초기화는 배열과 비슷하다. 배열의 경우, 요소들의 초기값들을 중괄호 안에서 나열하였다. 구조체의 경우, 멤버들의 초기값을 중괄호 안에서 나열하면 된다. 다음과 같은 경우, 중괄호 안에 있는 값 24, "Kim", 4.3은 차례대로 구조체 멤버인 number, name, grade에 할당되며 문장의 끝은 세미콜론으로 끝난다.

```
struct student {
    int number;
    char name[10];
    double grade;
};
struct student s1 = { 24, "Kim", 4.3 };
```

그림 13-6
구조체 변수 s1의 초기화

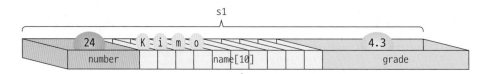

첫 번째 문장은 구조체 student를 정의하였다. 두 번째 문장은 구조체 student의 변수를 선언하면서 초기화한다. 구조체 정의와 변수 선언 모두 세미콜론으로 끝남을 유의하라. 변수를 하나 더 선언하고 초기화하여 보면 다음과 같다.

```
struct student s2 = { 25, "Park", 3.9 };
```

이제 구조체 student의 변수가 하나 더 생성되었다.

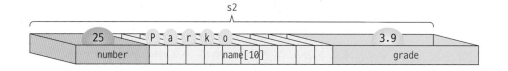

그림 13-7
구조체 변수 s2의 초기화

구조체 멤버 참조

지금까지 구조체를 정의하고 구조체 변수를 선언하는 방법을 살펴보았다. 그러나 구조체에서 정작 중요한 것은 구조체 멤버 변수들을 참조하는 것이다. 구조체 변수를 통하여 멤버들을 참조하려면 특별한 연산자가 필요하다. 구조체의 멤버는 멤버 연산자(.)를 이용하여 액세스할 수 있다. s1.grade와 같이 구조체 변수 이름을 쓰고 점을 찍은 후에 멤버의 이름을 써주면 된다.

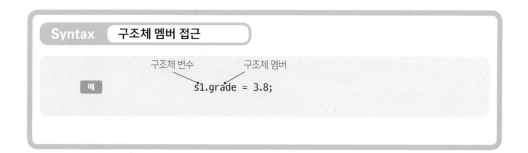

예를 들어 구조체 변수 s1의 멤버 변수인 grade에 3.8을 대입하는 문장은 다음과 같다.

```
s1.grade = 3.8;
```

만약 멤버가 문자 배열이라면 strcpy()를 사용해서 문자열을 저장할 수 있다.

```
strcpy(s1.name, "Kim");
```

이름없는 구조체

구조체를 정의할 때 태그 이름은 생략하여도 무방하다. 그러나 이 경우 구조체의 이름이 없으므로 이 구조체의 변수를 더 이상 생성할 수 없다. 따라서 이 경우에는 필요한 모든 구조체 변수를 구조체 정의와 함께 선언하여야 한다.

```c
struct {
    int number;
    char name[10];
    double grade;
} s1, s2, s3;
```

만약 프로그램의 뒷부분에서 똑같은 구조체가 필요한 경우에는 구조체에 이름을 붙이지 않았기 때문에 위의 정의를 다시 사용할 수 없어서 다시 구조체를 정의하여야 한다.

예제#1

일단 제일 간단한 예제로 student 구조체를 선언하고 구조체 변수를 정의해보자. 구조체 멤버에 값을 대입한 후에 멤버의 값들을 다시 참조하여 화면에 출력하여보자.

student1.c

```c
1   #include <stdio.h>
2   #include <stdlib.h>
3
4   struct student {
5       int number;
6       char name[10];
7       double grade;
8   };
9
10  int main(void)
11  {
12      struct student s;
13
14      s.number = 20230001;
15      strcpy(s.name,"홍길동");
16      s.grade = 4.3;
17
18      printf("학번: %d\n", s.number);
19      printf("이름: %s\n", s.name);
20      printf("학점: %.2f\n", s.grade);
21
22      return 0;
23  }
```

구조체 student를 선언한다. student는 number, name, grade의 3개의 멤버로 정의된다. 아직 구조체 변수는 선언되지 않았다. 구조체를 함수의 외부에 선언하면 파일의 모든 함수에서 사용할 수 있다. 만약 구조체를 함수의 내부에서 선언하면 해당 함수 내부에서만 사용이 가능하다.

구조체 student의 변수 s가 선언된다. 선언되는 위치가 함수 내부이므로 지역 변수가 되고 따라서 초기값은 쓰레기 값이 된다.

구조체 변수 s의 멤버에 값들을 대입한다. number는 정수형이므로 정수를, name[]은 문자 배열이므로 문자열을, grade는 double 형이므로 실수를 대입한다. 문자 배열 name[]의 경우, 다음과 같은 문장은 허용되지 않는다. 따라서 strcpy() 함수를 사용하여야 한다.

```c
name = "홍길동";      // 허용되지 않음!!
```

구조체 변수 s에 저장된 값들을 printf()를 이용하여 화면에 출력하였다. 멤버 연산자(.)는 구조체의 멤버를 참조하는 연산자이다.

```
학번: 20230001
이름: 홍길동
학점: 4.30
```

이번에는 사용자로부터 데이터를 받아서 구조체의 멤버에 저장해보자.

 예제#2

student2.c

```
1   #include <stdio.h>
2                              구조체 정의
3   struct student {
4         int number;
5         char name[10];
6         double grade;
7   };
8
9   int main(void)
10  {                          구조체 변수 정의
11        struct student s;
12
13        printf("학번을 입력하시오: ");
14        scanf("%d", &s.number);
15
16        printf("이름을 입력하시오: ");
17        scanf("%s", s.name);
18
19        printf("학점을 입력하시오(실수): ");
20        scanf("%lf", &s.grade);
21
22        printf("\n학번: %d\n", s.number);
23        printf("이름: %s\n", s.name);
24        printf("학점: %.2f\n", s.grade);
25
26        return 0;
27  }
```

구조체 변수 s의 멤버 number에 사용자로부터 받은 학번을 저장한다. &s.number는 &(s.number)와 같다. 즉 우선 순위로 보아서 멤버 연산자가 먼저 실행된다.

구조체 변수 s의 멤버 name에 사용자로부터 받은 이름을 저장한다. name은 배열의 이름이므로 이미 배열을 가리키는 포인터이다. 따라서 앞에 & 연산자를 붙이지 않는다. 만약 & 연산자를 붙이려면 &(s.name[0])와 같이 하여야 한다.

구조체 변수 s의 멤버 grade에 사용자로부터 받은 학점값을 저장한다. grade는 double형이므로 scanf()의 형식 지정자로 %lf를 사용하였다.

```
학번을 입력하시오: 20230001
이름을 입력하시오: 홍길동
학점을 입력하시오(실수): 4.3


학번: 20230001
이름: 홍길동
학점: 4.30
```

새로운 초기화 방법

C언어의 최신 버전에서는 새로운 구조체 초기화 방법이 추가되었다. 예제를 보면서 설명해보자. 먼저 2차원 공간의 점을 구조체로 나타내었다. 구조체의 멤버로는 x좌표와 y좌표가 있다.

```c
#include <stdio.h>

// 2차원 공간의 점을 구조체로 나타낸다.
struct point {
      int     x;
      int     y;
};

int main(void)
{

      struct point p = { 1, 2 };              // ①
      struct point q = { .y = 2, .x = 1 };    // ②
      struct point r = p;                     // ③
      r = (struct point) { 1, 2 };            // ④ C99 버전

      printf("p=(%d, %d) \n", p.x, p.y);
      printf("q=(%d, %d) \n", q.x, q.y);
      printf("r=(%d, %d) \n", r.x, r.y);
      return 0;
}
```

```
p=(1, 2)
q=(1, 2)
r=(1, 2)
```

①은 가장 고전적인 방법이다. 앞에서 학습하였다.

②는 구조체의 멤버 이름을 이용하여서 초기화하는 방법이다. .y는 구조체 멤버 y를 나타낸다.

③은 다른 구조체의 내용을 복사하여서 새로운 구조체를 초기화하는 방법이다. 구조체 변수 r은 p와 동일한 값을 가지게 된다. 예전부터 있었던 방법이다. 구조체 끼리는 복사가 가능하다.

④는 C99에서 새롭게 추가된 방법으로 중요한 기법이다. 왜냐하면 구조체 변수 선언이 종료된 후에도 { 1, 2 }을 사용하여 초기화할 수 있기 때문이다.

LAB　　2차원 공간 상의 점을 구조체로 표현하기

사용자로부터 두 점의 좌표를 입력받아서 두 점사이의 거리를 계산하여보자. 점의 좌표를 구조체로 표현한다. 두 점 사이의 거리는 $\sqrt{(x_1-x_2)^2+(y_1-y_2)^2}$ 으로 계산한다.

```
점의 좌표를 입력하시오(x y): 10 10
점의 좌표를 입력하시오(x y): 20 20
거리는 14.142136입니다.
```

Solution　point.c

```c
1  #include <stdio.h>
2  #include <math.h>
3
4  struct point {
5        int x;
6        int y;
7  };
8
9  int main(void)
10 {
11     struct point p1, p2;
12     int xdiff, ydiff;
13     double dist;
14
15     printf("점의 좌표를 입력하시오(x  y): ");
16     scanf("%d %d", &p1.x, &p1.y);
17
18     printf("점의 좌표를 입력하시오(x  y): ");
19     scanf("%d %d", &p2.x, &p2.y);
20
21     xdiff = p1.x - p2.x;
22     ydiff = p1.y - p2.y;
23
24     dist = sqrt((double)(xdiff * xdiff + ydiff * ydiff));
25     printf("거리는 %f입니다.\n", dist);
26     return 0;
27 }
```

구조체 point를 선언한다. point는 2개의 멤버 x와 y로 정의된다. 아직 구조체 변수는 선언되지 않았다.

구조체 student의 변수 p1과 p2가 선언된다. 선언되는 위치가 함수 내부이므로 자동 변수가 되고 따라서 초기값은 쓰레기값이 된다.

x좌표의 차이를 저장할 변수 xdiff와 y좌표의 차이를 저장할 변수 ydiff를 선언한다. 두 점 사이의 거리는 일반적으로 실수값이므로 double형 변수 dist를 선언한다.

사용자에게 점의 좌표를 입력받아서 구조체 변수에 저장한다.

x 좌표값의 차이와 y 좌표값의 차이를 계산한다. 이 값들은 음수가 될 수도 있다. 하지만 제곱하는 과정에서 양수로 바뀌므로 걱정할 것은 없다.

제곱근을 계산하는 함수 sqrt()를 호출하여 $\sqrt{(x_1-x_2)^2+(y_1-y_2)^2}$ 값을 계산한다. sqrt()는 double형을 받아서 double형을 반환한다.

구조체를 멤버로 가지는 구조체

어떤 자료형도 구조체의 변수가 될 수 있다. 구조체도 다른 구조체의 멤버가 될 수 있다. 포인터도 구조체의 멤버가 될 수 있다. 예를 들어서 학생을 나타내는 구조체에 생년월일을 추가하여보자. 생년월일을 처리하려면 날짜를 나타내는 구조체를 별도로 정의하는 것이 편리하다.

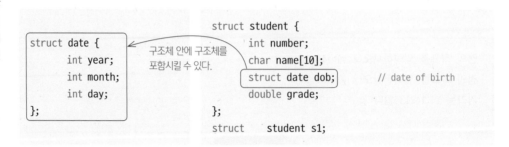

date 구조체를 student의 멤버로 추가한다. student 구조체 안의 멤버 dob에 값을 대입하려면 다음과 같이 하면 된다.

```
s1.dob.year = 2000;
s1.dob.month = 03;
s1.dob.day = 29;
```

 LAB   사각형을 point 구조체로 나타내기

구조체 안에 구조체가 포함된 예제를 살펴보자. 사각형은 왼쪽 상단의 꼭지점의 좌표와 오른쪽 하단의 꼭지점의 좌표로 나타낼 수 있다.

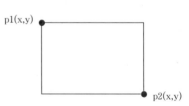

꼭지점의 좌표를 표시하는데 앞의 예제의 point 구조체를 사용하자. 프로그램에서는 사각형의 꼭지점의 좌표를 입력받아서 사각형의 면적과 둘레를 계산하여 출력한다.

```
왼쪽 상단의 입력하시오: 10 10
오른쪽 하단의 좌표를 입력하시오: 20 20
면적은 100이고 둘레는 40입니다.
```

```
         Solution    nested_struct.c
 1  #include <stdio.h>
 2
 3  struct point {
 4      int x;
 5      int y;
 6  };
 7
 8  struct rect {
 9      struct point p1;
10      struct point p2;
11  };
12
13  int main(void)
14  {
15      struct rect r;
16      int w, h, area, peri;
17
18      printf("왼쪽 상단의 좌표를 입력하시오: ");
19      scanf("%d %d", &r.p1.x, &r.p1.y);
20
21      printf("오른쪽 하단의 좌표를 입력하시오: ");
22      scanf("%d %d", &r.p2.x, &r.p2.y);
23
24      w = r.p2.x - r.p1.x;
25      h = r.p2.x - r.p1.x;
26
27      area = w * h;
28      peri = 2 * w + 2 * h;
29      printf("면적은 %d이고 둘레는 %d입니다.\n", area, peri);
30
31      return 0;
32  }
```

구조체 point를 선언한다. point의 멤버는 x와 y이다. 선언되는 위치가 함수 외부이므로 같은 소스 파일에 있는 모든 함수가 사용할 수 있다.

구조체 rect를 선언한다. rect의 멤버로 구조체 변수 p1과 p2가 포함되어 있다. 구조체 안에 다른 구조체가 멤버로 포함될 수 있다.

구조체 rect를 이용하여 구조체 변수 r을 선언한다.

사용자로부터 받은 x좌표와 y좌표를 저장한다. r의 p1에 직접 값을 대입할 수는 없고 r.p1.x와 같은 중첩된 구조체의 말단 멤버까지 내려가서 각각에 대입하여야 한다.

구조체에 저장된 좌표값을 이용하여 사각형의 가로와 세로를 구한다. 가로와 세로를 이용하여 넓이와 둘레를 구하고 이것을 화면에 출력한다.

참고사항

구조체를 int와 같은 새로운 타입으로 생각하면 이해가 쉬워진다. int x; 문장으로 int 타입의 변수가 생성되듯이 struct point p1; 이라고 하면 point 타입의 변수가 생성된다.

구조체 변수의 대입과 비교

구조체 변수에 허용되는 연산은 어떤 것들이 있을까? 다른 자료형의 변수들은 대입 연산, 비교 연산들을 할 수 있다. 구조체 변수들은 어떨까?

구조체를 다른 구조체에 대입하는 것은 가능하다. 즉 하나의 구조체 변수에 들어 있는 자료들을 다른 구조체 변수로 복사할 수 있다. 이것이 개별 변수들을 사용하는 것보다 구조체를 사용하는 것이 편리한 이유이다. 예를 들어보자. 2차원 공간에서 점의 위치를 나타내는 구조체를 선언하여보자.

```
struct point {
        int x;
        int y;
};
struct point p1 = {10, 20};
struct point p2 = {30, 40};
```

여기서 p2 = p1; 과 같이, 하나의 구조체를 다른 구조체로 대입하는 연산이 가능하다. p2 = p1; 문장을 실행하면 p1과 p2의 좌표값이 (10, 20)으로 같아진다. 아래의 왼쪽과 오른쪽의 문장은 동일한 효과를 가진다.

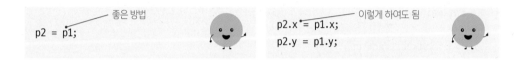

만약 많은 멤버 변수를 가지는 구조체라면 이러한 대입 연산을 사용하면 많은 시간을 절약할 수 있다.

그러나 구조체 변수와 구조체 변수를 서로 비교하는 것은 허용되지 않는다.

```
if( p1 == p2 )          컴파일 오류
{
        printf("p1와 p2이 같습니다.")
}
```

```
if( (p1.x == p2.x) && (p1.y == p2.y) )          올바른 방법
{
        printf("p1와 p2이 같습니다.")
}
```

구조체 변수를 비교하려면 멤버마다 별도의 비교 수식을 적어주어야 한다.

중간점검

<u>1</u> 구조체의 변수끼리 허용되는 연산에는 어떤 것들이 있는가?
<u>2</u> 구조체 태그와 구조체 변수의 차이점은 무엇인가?
<u>3</u> 구조체 멤버로 구조체를 넣을 수 있는가?
<u>4</u> 구조체는 배열을 멤버로 가질 수 있는가?

13.4 구조체의 배열

우리가 예로 살펴보았던 student 구조체 변수는 학생 한 명의 데이터만을 저장할 수 있다. 그러나 우리는 일반적으로 많은 학생들의 데이터를 처리하게 된다. 따라서 여러 개의 구조체

가 필요하게 된다. 이런 경우에는 통상적으로 구조체의 배열을 사용하게 된다. 구조체의 배열이란 **그림 13-8**과 같이 구조체가 여러 개 모인 구조이다.

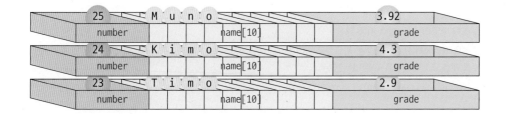

그림 13-8
구조체의 배열

구조체 배열의 선언

구조체의 배열은 int나 char 배열을 선언하는 것과 비슷하다. 다만 앞에 struct가 붙는 것이 다를 뿐이다. 아래에서는 student 구조체의 배열을 list[]란 이름으로 선언하였다. 이 배열은 학생 100명의 데이터를 저장할 수 있다. 각 학생들의 데이터는 구조체로 표현되어 있다.

```
struct student {
      int number;
      char name[20];
      double grade;
};

struct student list[100];
```
─ 구조체의 배열로서 구조체
100개를 저장할 수 있다.

인덱스가 2인 요소에 값을 저장하여보자. 배열의 인덱스는 0부터 시작됨을 잊어서는 안 된다.

```
list[2].number = 24;
strcpy(list[2].name, "홍길동");      // 문자열은 항상 strcpy()를 이용하여 대입
list[2].grade = 4.3;
```

구조체 배열의 초기화

구조체의 배열도 초기화가 가능하다. 다만 배열 초기화 안에 구조체 초기화가 들어가야 하므로 중괄호 안에 또 중괄호가 필요하게 된다.

참고사항

C에서의 초기화는 일반적으로 숭괄호를 이용한다. 구조체 배열의 초기화는 2차원 배열의 초기화와 유사하다.

```
struct student list[3] = {
      { 1, "Park", 3.42 },
      { 2, "Kim",  4.31 },
      { 3, "Lee",  2.98 }
};
```

여기서 주의할 점은 각 요소의 초기값 사이에는 콤마가 있어야 한다. 다만 맨 마지막 요소 다음에는 콤마를 붙이지 않는다.

구조체 배열의 요소 개수 자동 계산

구조체 배열에서 요소의 개수를 자동으로 알아내려면 배열에서 학습한 대로 하면 된다. 즉 전체 배열의 총바이트 수를 개별 요소의 바이트 수로 나누면 된다.

```
n = sizeof(list)/sizeof(list[0]);
```
또는
```
n = sizeof(list)/sizeof(struct student);
```

 예제

다음 예제는 구조체의 배열을 사용하는 예를 보여준다. 학생들의 데이터를 반복 구조를 사용하여 입력받는다. 데이터들은 구조체의 배열에 저장된다.

array_of_struct.c

```c
1  #include <stdio.h>
2  #define SIZE 3
3
4  struct student {
5      int number;
6      char name[20];
7      double grade;
8  };
9
10 int main(void)
11 {
12     struct student list[SIZE];
13     int i;
14
15     for(i = 0; i < SIZE; i++)
16     {
17         printf("학번을 입력하시오: ");
18         scanf("%d", &list[i].number);
19         printf("이름을 입력하시오: ");
20         scanf("%s", list[i].name);
21         printf("학점을 입력하시오(실수): ");
22         scanf("%lf", &list[i].grade);
23     }
24
25     for(i = 0; i< SIZE; i++)
26         printf("이름: %s,   학점: %f\n", list[i].name, list[i].grade);
27
28     return 0;
29 }
```

구조체 student를 선언한다. student는 number, name, grade의 3개의 멤버로 정의된다. 아직 구조체 변수는 선언되지 않았다. 구조체를 함수의 외부에 선언하면 파일의 모든 함수에서 사용할 수 있다. 만약 구조체를 함수의 내부에서 선언하면 해당 함수 내부에서만 사용이 가능하다.

구조체 student의 배열 list[]가 선언된다. 역시 선언되는 위치가 함수 내부이므로 자동 변수가 되고 따라서 배열 요소의 초기값은 쓰레기값이 된다.

반복 루프를 이용하여 사용자로부터 값을 입력받아 배열 요소들에 대입한다. name[]은 문자 배열이므로 scanf()에서 주소 연산자 &을 사용하지 않았다. 배열의 이름은 그 자체로 포인터이다.

반복 루프를 이용하여 배열 list[]에 저장된 값들을 화면에 출력한다.

```
학번을 입력하시오: 1
이름을 입력하시오: 홍길동
학점을 입력하시오(실수): 4.3
학번을 입력하시오: 2
이름을 입력하시오: 김유신
학점을 입력하시오(실수): 3.92
학번을 입력하시오: 3
이름을 입력하시오: 이성계
학점을 입력하시오(실수): 2.87
이름: 홍길동,   학점: 4.300000
이름: 김유신,   학점: 3.920000
이름: 이성계,   학점: 2.870000
```

1 상품 5개의 정보를 저장할 수 있는 구조체의 배열을 정의해보라. 상품은 번호와 이름, 가격을 멤버로 가진다.

중간점검

13.5 구조체와 포인터

구조체에서 포인터가 사용되는 경우는 다음의 2가지이다.

① 구조체를 가리키는 포인터
② 포인터를 멤버로 가지는 구조체

구조체를 가리키는 포인터

변수를 가리키는 포인터를 만들 수 있는 것처럼 구조체를 가리키는 포인터도 만들 수 있다. 구조체 포인터는 다음과 같이 선언된다. 아래 코드에서 포인터 p는 student 구조체를 가리킬 수 있는 포인터이다. 구조체 포인터 p와 구조체 s를 연결하려면 s의 주소를 추출하여 p에 대입해주면 된다.

오류 주의

여기서 *p.number라고 하면 안 된다. 왜냐하면 멤버 연산자(.)의 우선순위가 * 연산자에 비해 더 높기 때문에 p.number가 먼저 계산되고 다음에 *(p.number)가 계산된다. 그러나 우리가 원하는 것은 *p를 먼저 계산하는 것이므로 반드시 괄호를 이용하여야 한다.

```
struct student s = { 24, "Kim", 4.3 };
struct student *p;                          ── 구조체 student를 가리키는 포인터 선언

p = &s;                                     ── 구조체의 주소를 포인터에 대입

                                            포인터를 통하여 구조체의
                                            정보에 접근한다. (*p)가
                                            구조체가 된다.
printf("학번=%d 이름=%s 학점=%f \n", (*p).number,(*p).name,(*p).grade);
```

구조체 포인터를 이용하여 구조체의 멤버를 액세스하려면 위와 같이 (*p).number와 같이 하면 된다. *p가 구조체를 가리키고 여기에 마침표 기호를 붙이면 멤버가 되는 것이다.

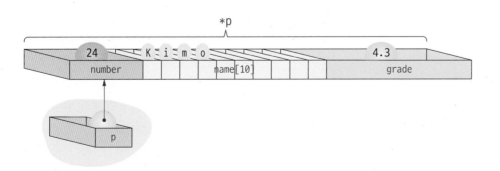

그림 13-9
포인터를 이용한 구조체 멤버의 참조

포인터를 이용하여 구조체의 멤버를 가리키는 것은 프로그램에서 자주 등장하기 때문에 이것을 위한 특수한 연산자 ->가 있다. -> 연산자는 간접 멤버 연산자(indirect membership operator)라고 불리는 것으로 구조체 포인터를 이용하여 멤버에 접근하기 위하여 사용된다.

```
p->number;          ———— (*p).number와 같다.
```

어떤 표현을 사용하든지 의미는 완전히 일치하지만 -> 연산자가 훨씬 간편하여 많이 사용된다. p->number의 의미는 포인터 p가 가리키는 구조체의 멤버 number 라는 의미이다.

```
printf("학번=%d 이름=%s 학점=%f\n", p->number, p->name, p->grade);
```

다음은 혼동하기 쉬운 구조체 변수와 구조체 포인터의 조합을 비교 정리한 것이다.

① (*p).number
포인터 p가 가리키는 구조체의 멤버 number를 의미한다.

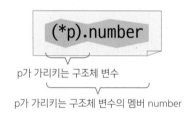

p가 가리키는 구조체 변수
p가 가리키는 구조체 변수의 멤버 number

② p->number
포인터 p가 가리키는 구조체의 멤버 number를 의미하며 (*p).number와 완전히 동일하다.

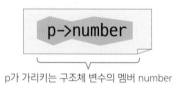

p가 가리키는 구조체 변수의 멤버 number

③ *p.number
연산자 우선순위에 의하여 *(p.number)와 같다. 구조체 p의 멤버 number가 가리키는 것이란 의미이다. 이때 number는 반드시 포인터여야 한다. number가 포인터가 아니면 오류이다.

④ *p->number
연산자의 우선순위에 의하여 *(p->number)와 같다. p가 가리키는 구조체의 멤버 number가 가리키는 내용을 의미한다. 만약 number가 포인터가 아니면 오류이다.

위의 내용들을 예제로 정리하여보자.

pointer_to_st.c

```
1   // 포인터를 통한 구조체 참조
2   #include <stdio.h>
3
4   struct student {
5        int number;
6        char name[20];
7        double grade;
8   };
9   int main(void)
10  {
11       struct student s = { 1, "홍길동", 4.3 };
12       struct student *p;
13
14       p = &s;
15
16       printf("학번=%d 이름=%s 학점=%.2f \n", s.number, s.name, s.grade);
17       printf("학번=%d 이름=%s 학점=%.2f \n", (*p).number,(*p).name,(*p).grade);
18       printf("학번=%d 이름=%s 학점=%.2f \n", p->number, p->name, p->grade);
19
20       return 0;
21  }
```

구조체 변수 s를 선언하고 초기화 하였다. student 구조체를 가리 킬 수 있는 포인터 p를 선언한다.

구조체 변수 s의 주소값을 구조체 포인터 p 에 대입하여 p가 s를 가리키도록 하였다.

구조체 포인터 p를 이용하여 구조체 변수 s의 멤버를 참조한다. (*p)는 s 와 동일하고 따라서 (*p).number 는 s.number와 동일하다.

구조체 포인터 p를 이용하여 구조체 변수 s의 멤버를 참조하는 또 다른 방법을 보여준다. -> 연산자는 간접 멤버 연산자로서 구조 체 포인터에서 바로 구조체의 멤버로 접근할 수 있다.

```
학번=1 이름=홍길동  학점=4.30
학번=1 이름=홍길동  학점=4.30
학번=1 이름=홍길동  학점=4.30
```

포인터를 멤버로 가지는 구조체

구조체는 멤버로 포인터를 가질 수 있다. int형이나 double형에 대한 포인터도 가능하고 다른 구조체에 대한 포인터도 가능하다. 구조체 포인터를 멤버로 가지는 구조체를 정의하고 사용하여보자.

st_pointer.c

```
1   #include <stdio.h>
2
3   struct date {
4        int month;
5        int day;
6        int year;
7   };
8
9   struct student {
```

```
10          int number;
11          char name[20];
12          double grade;                        포인터가 구조체의 멤버
13          struct date *dob;
14      };
15
16  int main(void)
17  {                                            구조체 변수들을 선
18          struct date d = { 3, 20, 2000 };     언하고 초기화한다.
19          struct student s = { 1, "Kim", 4.3 };
20
21          s.dob = &d;                          구조체 변수 s의 멤
22                                               버인 포인터 dob에
23          printf("학번: %d\n", s.number);       구조체 d의 주소를
24          printf("이름: %s\n", s.name);         대입하였다.
25          printf("학점: %.2f\n", s.grade);
26          printf("생년월일: %d년 %d월 %d일\n", s.dob->year, s.dob->month, s.dob->day);
27
28          return 0;
29  }
```

학번: 1
이름: Kim
학점: 4.30
생년월일: 2000년 3월 20일

위의 예제에서는 13번째 라인에서 구조체를 가리킬 수 있는 구조체 포인터를 멤버로 선언
하였다. 18번째와 19번째 라인에서 구조체 변수들을 선언하고 초기화하였다. 21번째 라인에
서는 구조체 변수 s의 멤버인 포인터 dob에 구조체 d의 주소를 대입하였다. 따라서 dob는 구
조체 d를 가리키게 된다.

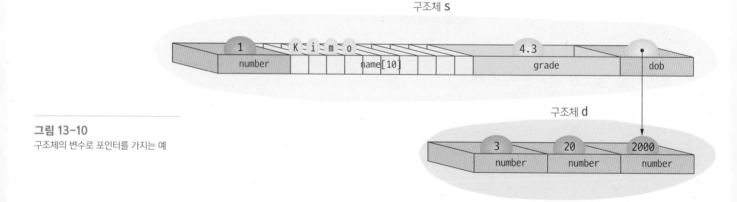

그림 13-10
구조체의 변수로 포인터를 가지는 예

문자 배열과 문자 포인터의 차이점

여기서 잠깐 중요한 점을 짚고 지나가자. 만약 구조체 안에 문자열을 저장할 필요가 있다
가 가정하자(많은 경우에 구조체 안에 문자열이 저장된다). 이 문자열을 위하여 문자 배열을
생성하는 것이 좋을까? 아니면 단순히 문자형을 가리키는 포인터만을 생성하고 여기에 문자
열 상수를 대입하는 것이 좋을까?

```
struct studentA {            문자 배열을 선언하였다.
    int number;
    char name[10];
    double grade;
};
```

```
struct studentB {
    int number;       문자 포인터를 선언하였다.
    char *p;
    double grade;
};
```

왼쪽이나 오른쪽과 같이 선언해도 문제는 없다. 하지만 문자 배열과 문자 포인터의 차이점을 잘 숙지하고 있어야 한다. 위의 구조체를 사용해서 구조체 변수를 생성하여보자.

```
struct studentA s1 = { 20190001, "홍길동", 4.3 };
struct studentB s2 = { 20190002, "김유신", 4.2 };
```

위와 같이 구조체 변수를 생성하고 초기화하는 것에 오류는 없다. 그러나 미묘한 차이는 있다. 구조체 s1의 경우, 문자열은 구조체 내부의 배열 name[]에 저장된다. 즉 10 바이트의 공간이 구조체 내부에 할당되는 것이다. 따라서 다음과 같이 사용자로부터 이름을 받아서 구조체 안에 저장할 수 있다.

```
        struct studentA s1;
OK! →  scanf("%s", s1.name);
```

반면에 구조체 s2의 경우, 구조체 내부에는 포인터 p를 위한 4바이트의 공간만 할당된다. 즉 문자열을 위한 공간은 구조체 s2에는 없다. 위에서 **"김유신"** 문자열은 텍스트 세그먼트에 저장되고 포인터 p가 그곳을 가리키게 된다. 구조체 s2 안에 문자열이 저장되는 것은 아니다. 이점을 주의하여야 한다. 따라서 구조체 s2에는 다음과 같이 scanf()에서 문자열을 받아서 저장할 수는 없는 것이다.

```
struct studentB s2;                오류: s2안에 정의된 포인터 p가 올바른
scanf("%s", s2.p);                 주소로 초기화되지 않았음!!
```

그러나 다음과 같은 문장은 가능하다. 이때는 문자열 **"강감찬"**은 메모리의 텍스트 세그먼트에 저장되고 그 수소가 s2.p에 지정된다.

```
struct studentB s2;
s2.p = "강감찬";
```

만약 사용자부터 문자열을 받아서 구조체 안에 저장하는 경우가 아니라면 studentB와 같이 구조체 안에서 문자 포인터만 정의하여 사용해도 된다.

13.6 구조체와 함수

함수의 인수로 구조체를 넘기면 어떻게 될까? 또 함수에서 반환값으로 구조체를 반환할 수 있을까? 결론부터 말하자면 구조체는 함수의 인수로도 사용이 가능하고 함수에서 반환값으로 반환될 수 있다. 구조체가 인수나 반환값으로 사용될 때는 "값에 의한 호출" 원칙이 적용된다. 즉 구조체 변수의 모든 내용이 복사되어 함수로 전달되고 반환된다. 따라서 함수에는 구조체의 복사본이 인수로 전달되므로 함수 안에서 인수의 값이 변경되더라도 원본 구조체에 영향을 주지 않는다. 단점으로 만약 구조체의 크기가 클 경우에는 상당한 시간이 소요된다. 따라서 이 경우에는 구조체의 포인터를 사용하는 것이 바람직하다.

구조체를 함수의 인수로 넘기는 방법

구조체를 함수의 인수로 넘기는 경우, 다른 기본 자료형을 넘길 때와 별반 다르지 않다. 즉 구조체의 복사본이 함수로 전달되게 된다. 따라서 만약 구조체의 크기가 크면 그만큼 시간과 메모리가 소요된다. 예를 들어 두 명의 학생들의 데이터를 받아서 학번이 같으면 동일한 학생이라고 판정하는 함수를 작성하여보자. 구조체가 함수로 전달된다.

참고사항

만약 문자열이 같은지를 판단하려면 strcmp() 함수를 사용하여야 한다.

구조체의 경우, 복사된다.

```
int equal(struct student s1, struct student s2)
{
    if( s1.number == s2.number )
        return 1;
    else
        return 0;
}
```

```
int main(void)
{
    struct student a = { 1, "lee", 3.8 };
    struct student b = { 2, "kim", 4.0 };
    if( equal(a, b) == 1 ){
        printf("같은 학생 \n");
    }
    else {
        printf("다른 학생 \n");
    }
}
```

이 함수의 매개 변수는 2개이며 모두 구조체이다. 두 개의 구조체 s1, s2를 받아서 멤버인 number가 같은지를 검사한다. 만약 number가 같으면 1을 반환하고 다르면 0를 반환한다. 만약 구조체의 크기가 크다면, 적지 않은 시간과 메모리 공간을 차지할 수 있다. 따라서 이런 경우에는 구조체를 직접 보내는 것이 아니라 구조체의 포인터를 인수로 보내는 것이 좋다. 포인터는 항상 일정한 크기임을 잊지 말아야 한다. 함수는 이 포인터를 이용하여 구조체에 접근하면 된다. 앞에서의 함수를 수정하여보자.

참고사항

포인터는 대부분의 경우 4바이트, 또는 8바이트이다. CPU에 따라서 달라질 수 있다.

```
                                              int main(void)
                                              {
                 구조체 포인터를 보낸다.              struct student a = { 1, "lee", 3.8
                                              };
                                                  struct student b = { 2, "kim", 4.0 };
int equal(struct student *p1, struct student *p2)   if( equal(&a, &b) == 1 ){
{                                                     printf("같은 학생 \n");
    if( p1->number == p2->number )                }
        return 1;                                 else {
    else              포인터를 통하여 구조              printf("다른 학생 \n");
        return 0;     체에 접근한다.                   }
}                                             }
```

여기서 간접 멤버 연산자인 -> 연산자를 사용하였다. 이러한 방식이 장점만 있는 것은 아니다. 포인터를 잘못 사용하게 되면 원본 데이터를 훼손할 수도 있다. 앞에서의 구조체를 직접 보내는 방식에서는 복사본이기 때문에 아무리 변경하여도 원본에 영향을 주지는 않았다. 이러한 점을 방지하려면 한 가지 방법이 있다. 원본을 읽기만 하고 수정할 필요는 없는 경우, 매개변수를 정의할 때 다음과 같이 const 키워드를 써주면 된다. const 키워드가 구조체 앞에 있으면 이 포인터가 가리키는 구조체의 값을 변경할 수 없다는 의미이다.

참고사항
함수로 포인터가 전달되고 원본을 변경할 필요가 없으면 가급적 const를 적어주도록 하자.

```
int equal(const struct student *p1, const struct student *p2)
{
    if( p1->number == p2->number )
        return 1;                            이 포인터를 통하여 구조체
    else                                     를 변경하는 것은 금지된다.
        return 0;
}
```

구조체를 함수의 반환값으로 넘기는 방법

지금까지는 정수나 실수 등의 기본 자료형을 반환값으로 넘기는 예제만을 다루었다. 그렇다면 함수가 구조체를 반환할 수도 있을까? 물론 얼마든지 가능하다. 함수의 반환값을 구조체로 표시해주면 된다. 예를 들면 다음과 같다. 함수가 구조체를 반환할 때도 원본이 아닌 복사본이 전달된다. 구조체를 사용하면 함수가 여러 개의 값을 반환할 수 있다.

참고사항
원래 함수는 하나의 값만을 반환할 수 있지만, 여러 개의 값을 구조체에 넣어서 구조체를 반환하면 여러 개의 값을 동시에 반환하는 것이 가능하다.

```
struct student  create()             int main(void)
{                                    {
    struct student s;
    s.number = 3;                        struct student a;
    strcpy(s.name,"park");               a = create();
    s.grade = 4.0;
    return s;                            return 0;
}                                    }
         구조체 s가 구조체 a로 복사된다.
```

LAB 벡터 연산

벡터(vector) 연산을 수행하는 함수를 제작하여보자. 많은 벡터 연산들이 있으나 여기서는 가장 기본적인 두 벡터의 합을 구하는 함수 get_vector_sum()를 제작하여보자. 이 함수는 두 개의 벡터를 인수로 받아서 덧셈을 하고 덧셈의 결과로 생성된 벡터를 반환한다.

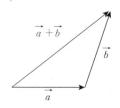

```
벡터의 합은 (7.0, 9.0) 입니다.
```

Solution vector.c

```c
1  #include <stdio.h>
2
3  struct vector {
4          double x;
5          double y;
6  };
7  struct vector get_vector_sum(struct vector a, struct vector b);
8
9  int main(void)
10 {
11         struct vector a = { 2.0, 3.0 };
12         struct vector b = { 5.0, 6.0 };
13         struct vector sum;
14
15         sum = get_vector_sum(a, b);
16         printf("벡터의 합은 (%.1f, %.1f) 입니다.\n", sum.x, sum.y);
17
18         return 0;
19 }
20
21 struct vector get_vector_sum(struct vector a, struct vector b)
22 {
23         struct vector result;
24
25         result.x = a.x + b.x;
26         result.y = a.y + b.y;
27
28         return result;
29 }
```

구조체 vector를 선언한다. point의 멤버는 실수형인 x와 y이다. 선언되는 위치가 함수 외부이므로 같은 소스 파일에 있는 모든 함수가 사용할 수 있다.

구조체를 매개 변수로 받는다.

get_vector_sum()의 원형을 정의하였다. 원형에서 구조체의 정의가 필요하므로 구조체 정의가 끝난 후에 함수의 원형을 정의하였다. 구조체를 반환한다.

구조체 vector를 이용하여 구조체 변수 a, b, sum을 선언한다. a와 b는 초기화 값이 주어진다. sum은 벡터의 합이 저장될 예정이므로 초기화되지 않았다.

get_vector_sum()을 호출하여 벡터 a와 벡터 b의 합을 계산하였다. 인수로 2개의 구조체 변수 a와 b가 전달되었다. 이들 구조체 변수의 복사본이 함수로 전달된다. 함수에서 반환되는 구조체를 sum에 대입한다.

매개 변수 a와 b를 통하여 2개의 구조체 변수를 전달받는다. 두 벡터의 합을 구하고 연산의 결과인 구조체 변수 result를 반환한다. 구조체를 반환하는 경우에도 복사본이 반환된다.

도전문제

구조체 포인터를 이용하여 위의 프로그램을 다시 작성해보자. 즉 vector 구조체의 포인터를 함수 get_vector_sum()로 전달하여보자.

구조체 안의 배열

우리는 배열은 원본이 전달되는 것으로 알고 있다. 만약 구조체 안에 배열이 있으면 어떻게 될까? 결론부터 말하자면 구조체 안에 배열이 있으면 배열도 복사되어 전달된다. 아무리 배열이라고 하더라도 구조체 안에 포함되어 있으면 구조체의 일부로 간주되는 것이다. 따라서 배열을 복사하여 함수로 전달하여야 되는 경우라면 구조체로 배열을 감싸서 전달하면 된다.

<u>1</u> 구조체를 함수의 인수로 전달하면 원본이 전달되는가? 아니면 복사본이 전달되는가?

<u>2</u> 원본 구조체를 포인터로 함수에 전달하는 경우, 원본 구조체를 훼손하지 않게 하려면 어떻게 하면 되는가?

중간점검

13.7 공용체

C에서는 같은 메모리 영역을, 여러 개의 변수가 공유할 수 있게 하는 기능이 있다. 이것은 공용체(union)라 불린다. 같은 메모리 영역을 여러 개의 변수가 공유하도록 하는 것은 메모리를 절약하기 위해서이다. 공용체를 선언하고 사용하는 방법은 구조체와 아주 비슷하며 구조체와 똑같은 방법으로 태그를 붙여서 사용한다. 다만 공용체는 멤버들이 같은 공간을 공유하기 때문에 동시에 모든 멤버 변수들의 값을 저장할 수는 없으면 어떤 순간에는 하나의 멤버만 존재할 수 있다. 구조체는 각 멤버가 독립된 공간을 할당받지만, 공용체에는 가장 큰 멤버의 크기만큼의 메모리만 할당된다.

> 멤버 i가 사용하지 않는다면 내가 쓸 수 있죠

```
union example {
        char c;         // 같은 기억 공간 공유
        int i;          // 같은 기억 공간 공유
};
```

char c;

int i;

4 바이트

> 공용체는 모든 멤버 변수가 하나의 기억 장소를 공유합니다.

여기서 union은 키워드이고 example은 공용체 태그 이름이며 변수 c와 변수 i는 공용체의 멤버이다. example 공용체는 변수 c와 변수 i가 같은 기억장소를 공유한다. 구조체와는 다르게 어떤 순간에는 문자나 정수 둘 중의 하나만 존재할 수 있다.

구조체와 마찬가지로 위 선언은 틀만을 정의한 것이다. 즉 변수가 생성된 것을 아니다. 변수를 생성시킬 수 있는 틀을 정의한 것이다. 공용체 변수를 생성하려면 구조체와 마찬가지로 태그 이름을 사용하여 선언하면 된다.

```
union example v;
```

위에서는 공용체 변수 v가 선언되었다. 공용체 변수의 크기는 멤버 중에서 메모리를 가장 많이 요구하는 멤버의 크기와 같다. 공용체 example의 크기는 멤버 중에서 크기가 가장 큰 변수 i의 크기와 같게 되어 4바이트가 된다. 공용체도 구조체와 마찬가지로 초기화할 수 있다. 하지만 한 번에 하나의 멤버만 사용되기 때문에 첫 번째 멤버만 초기화된다.

```
union example v = { 'A' };
```

공용체에서 멤버 접근 방법은 구조체와 동일하다. 즉 멤버 연산자인 . 연산자를 이용하여 접근하면 된다.

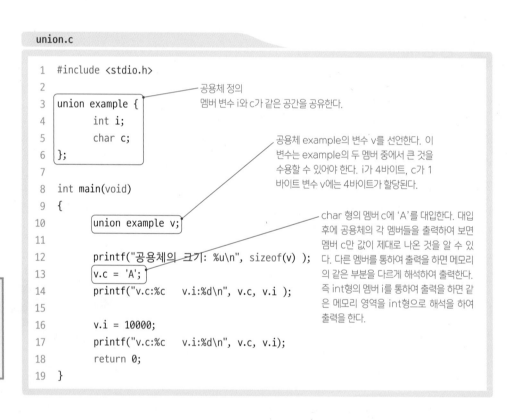

union.c

```
1    #include <stdio.h>
2
3    union example {
4          int i;
5          char c;
6    };
7
8    int main(void)
9    {
10         union example v;
11
12         printf("공용체의 크기: %u\n", sizeof(v) );
13         v.c = 'A';
14         printf("v.c:%c    v.i:%d\n", v.c, v.i );
15
16         v.i = 10000;
17         printf("v.c:%c    v.i:%d\n", v.c, v.i);
18         return 0;
19   }
```

공용체 정의
멤버 변수 i와 c가 같은 공간을 공유한다.

공용체 example의 변수 v를 선언한다. 이 변수는 example의 두 멤버 중에서 큰 것을 수용할 수 있어야 한다. i가 4바이트, c가 1바이트 변수 v에는 4바이트가 할당된다.

char 형의 멤버 c에 'A'를 대입한다. 대입 후에 공용체의 각 멤버들을 출력하여 보면 멤버 c만 값이 제대로 나온 것을 알 수 있다. 다른 멤버를 통하여 출력을 하면 메모리의 같은 부분을 다르게 해석하여 출력한다. 즉 int형의 멤버 i를 통하여 출력을 하면 같은 메모리 영역을 int형으로 해석을 하여 출력을 한다.

```
공용체의 크기: 4
v.c:A    v.i:-858993599
v.c:     v.i:10000
```

여기서 주의할 점은 선택된 멤버에 따라 저장된 값이 다르게 해석된다는 점이다. 따라서 프로그래머가 올바르게 값을 저장하고 사용하여야 한다. 공용체는 주로 동일한 메모리 영역에 대하여 여러 가지 해석을 요구하는 응용 프로그램에서 유용하다. 메모리의 같은 영역에 서로 다른 여러 가지 자료형을 사용할 수 있도록 함으로써 메모리를 절약할 수 있다.

NOTE

구조체와 공용체의 차이점

학생 데이터를 구조체로 정의한 경우와 공용체로 정의한 경우를 비교해보면 다음과 같다.

```
struct student
{
    int number;
    char gender;
    double grade;
} s1;
```

s1

4byte	1byte	8byte
number	gender	grade

```
union student
{
    int number;
    char gender;
    double grade;
} s2;
```

s2

8byte

number(4byte)
◄──►
gender(1byte)
◄─►
grade(8byte)
◄────────────────►

예제#1

그렇다면 공용체에는 현재 저장된 값이 어떤 타입인지는 어떻게 알 수 있을까? 정수와 문자를 저장할 수 있는 공용체의 경우, 현재 저장된 값이 문자인가 아니면 정수인가를 어떻게 알 수 있을까? 공용체는 어떤 멤버를 통하여 값을 받았는지는 기억하지 않는다. 따라서 프로그래머가 잘 기억하고 사용하여야 한다. 이것을 기억하기 위하여 보통 공용체에는 현재 저장된 값의 타입을 나타내는 별도의 변수가 추가된다.

구체적인 예를 들어보자. 학생 데이터에서 학번 또는 주민등록번호 중에서 하나만 있으면 학생을 구별할 수 있으므로 공용체를 사용하여 학번 또는 주민등록번호를 저장하여보자. 타입을 나타내는 type 변수를 이용하여 어떤 타입의 값이 공용체에 저장되어 있는지 나타낸다.

union2.c

```
1   #include <stdio.h>
2   #include <string.h>
3
4   #define STU_NUMBER 1
5   #define REG_NUMBER 2
6
7   struct  student {          공용체가 현재 어떤 변
8       int type;              수를 사용하는지를 저장
9       union {                            주민등록번호나 학번 중에
10          int stu_number;      // 학번    서 하나를 선택할 수 있다.
11          char reg_number[15]; // 주민등록번호
12      } id;
13      char name[20];
14  };
15  void print(struct student s)
16  {
```

```
17       switch(s.type)
18       {
19       case STU_NUMBER:
20           printf("학번 %d\n", s.id.stu_number);
21           printf("이름: %s\n", s.name);
22           break;
23       case REG_NUMBER:
24           printf("주민등록번호: %s\n", s.id.reg_number);
25           printf("이름: %s\n", s.name);
26           break;
27       default:
28           printf("타입오류\n");
29           break;
30       }
31   }
32   int main(void)
33   {
34       struct student s1, s2;
35
36       s1.type = STU_NUMBER;
37       s1.id.stu_number = 1;
38       strcpy(s1.name, "홍길동");
39
40       s2.type = REG_NUMBER;
41       strcpy(s2.id.reg_number, "990101-1056076");
42       strcpy(s2.name, "김철수");
43
44       print(s1);
45       print(s2);
46   }
```

공용체의 타입에 따라서 적절한 값을 출력한다.

학번 사용

주민등록번호 사용

```
학번: 1
이름: 홍길동
주민등록번호: 990101-1056076
이름: 김철수
```

중간점검

1 공용체의 선언에 사용하는 키워드는_____이다.
2 공용체에 할당되는 메모리의 크기는 어떻게 결정되는가?

13.8 열거형

열거형(enumeration)이란 변수가 가질 수 있는 값들을 나열해놓은 자료형이다. 쉽게 말하자면 변수가 가질 수 있는 값들을 나타내는 상수들을 모아놓은 자료형이다. 열거형으로 선언된 변수는 열거형에 정의된 상수들만을 가질 수 있다. 예를 들어서 요일을 나타내는 변수 d

를 선언한다고 가정하자. 어차피 변수 d는 SUN, MON, TUE, WED, THU, FRI, SAT 중의 하나만을 가질 수 있다. 이럴 때 열거형이 사용된다.

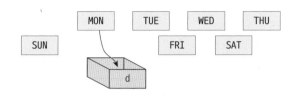

그림 13-11
요일을 나타내는 열거형

열거형이 필요한 이유

예를 들어서 요일을 나타내는 변수를 선언한다고 하자. 일요일은 0, 월요일은 1, 화요일은 2와 같은 식으로 정수를 사용하여 요일을 나타낼 수 있다.

```
int today;
today = 0;      // 일요일
today = 1;      // 월요일
...
```

> **참고사항**
>
> 왜 열거형을 사용할까? 프로그램에서는 가질 수 있는 값을 제한하는 것이, 오히려 프로그래밍 오류를 줄이기 때문이다.

정수를 사용하여 여러 가지 사물을 구별할 수 있지만, 프로그래밍에서는 되도록 오류를 줄이고 가독성을 높여야 된다. 0보다는 SUN라는 기호상수가 더 바람직하다. 의미를 쉽게 알 수 있기 때문이다. 또 today에 9와 같은 의미없는 값이 대입되지 않도록 미리 차단하는 것도 필요하다.

열거형의 정의

열거형은 다음과 같이 enum이라는 키워드를 사용하여 만들어진다. 열거형도 구조체처럼 사용자가 새로운 자료형을 정의하는 방법의 하나이다.

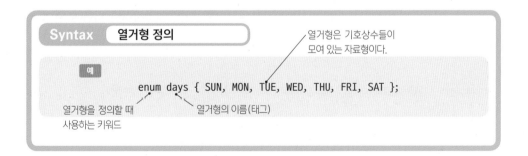

위의 문장은 열거형 days을 정의하기 위한 문장이다. days은 열거형의 이름이고 여기에는 SUN, MON, TUE, WED, THU, FRI, SAT 와 같은 기호상수들이 모여 있다. 구조체의 정의처럼 위의 문장은 변수를 찍어낼 수 있는 틀만을 생성한 것이다. 아직 열거형의 변수는 생성되지 않았다.

정의된 열거형을 이용하여 열거형 변수를 선언하려면 다음과 같은 문장을 작성하여야
한다.

열거형 days에 정의된 기호상수 sun
은 변수 today에 대입할 수 있다.

열거형 변수 today를 정의한다. today는
열거형 days에 정의된 값만을 가질 수 있다.

```
enum days  today;
today = SUN;                    // OK!
```

today는 열거형 변수로서 열거형 days에 정의된 값들만을 가질 수 있다. 즉 SUN, MON,
TUE, WED, THU, FRI, SAT 중에서 하나만을 가질 수 있다. 그러나 정의되지 않는 값을 대입하
면 컴파일 오류가 발생한다.

```
today = MY_DAY;                 ────── 컴파일 오류!!
```

열거형의 예를 몇 가지 더 들어보자.

```
enum colors { white, red, blue, green, black };
enum BOOL { FALSE, TRUE };
enum levels  { low, medium, high };
enum car_types  { sedan, suv, sports_car, van, pickup, convertible };
```

기호 상수들의 값

열거형 days 안에 들어 있는 상수들은 0에서 시작하여 1씩 증가하는 정수값으로 자동으로
설정된다. 즉 sun은 0이고 mon은 1이다.

```
enum days { SUN, MON, TUE, WED, THU, FRI, SAT };        // SUN=0, MON=1, ...
```

이러한 값들의 배정은 사용자가 변경할 수 있다. 만약 1부터 시작하려면 다음과 같이 첫
번째 식별자 뒤에 =1을 붙여주면 된다.

```
enum days { SUN=1, MON, TUE, WED, THU, FRI, SAT };      // SUN=1, MON=2, ...
```

필요한 경우에 사용자가 모든 식별자들의 값을 지정할 수도 있다.

```
enum days { SUN=7, MON=1, TUE, WED, THU, FRI, SAT=6 };  // SUN=7, MON=1, ...
```

enum1.c

```
1   #include <stdio.h>
2
3   enum days { SUN, MON, TUE, WED, THU, FRI, SAT };
4   char *days_name[] = {
5   "sunday", "monday", "tuesday", "wednesday", "thursday", "friday",
6   "saturday" };
7
8   int main(void)
9   {
10      enum days d;
11      d = WED;
12      printf("%d번째 요일은 %s입니다\n", d, days_name[d]);
13      return 0;
14  }
```

days라는 열거형을 정의하였다. 첫 번째 식별자의 값은 0이다. 다음 식별자는 이후 1씩 증가하면서 설정된다.

main() 함수 안에서는 days 열거형으로 d라는 변수가 정의된다. d가 열거형이므로 d는 미리 열거된 값들 중 하나만 가질 수 있다. 즉 MON에서부터 SUN까지의 값들만 가질 수 있다.

문자형 포인터 배열을 이용하여 문자열 배열을 구현하였다. 이런 방식으로 문자열이 포함된 배열을 만들면 메모리의 낭비가 없다. 여기서 문자열 상수는 메모리에 저장된 후에 시작 주소를 반환한다. 이 시작 주소로 문자형 포인터들이 설정된다.

3번째 요일은 wednesday 입니다

다른 방법과의 비교

기본적으로 열거형은 정수 형태의 기호 상수를 정의하는 경우에 사용된다. 다른 방법들과 비교하여보자.

정수 사용	기호 상수	열거형
	#define LCD 1 #define OLED 2	enum tvtype { LCD, OLED }; enum tvtype code;

switch(code) {
　case 1:
　　printf("LCD TV\n");
　　break;
　case 2:
　　printf("OLED TV\n");
　　break;
}
	switch(code) {
	　case LCD:
	　　printf("LCD TV\n");
	　　break;
	　case OLED:
	　　printf("OLED TV\n");
	　　break;
	}
		switch(code) {
		　case LCD:
		　　printf("LCD TV\n");
		　　break;
		　case OLED:
		　　printf("OLED TV\n");
		　　break;
		}

컴퓨터는 알기 쉬우나 사람은 기억하기 어렵다.	기호 상수를 정의할 때 오류를 저지를 수 있다.	컴파일러가 중복이 일어나지 않도록 체크한다.

　열거형을 사용하면 특정한 숫자 대신에 기호를 사용함으로써 프로그램의 이해도를 향상시킬 수 있고, 변수가 열거된 값 이외의 값을 취하는 것을 막아서 오류를 줄여준다.

참고사항
만약 열거형의 태그를 생략하게 되면 단순히 기호상수만 정의된다. 예를 들어서 다음과 같이 태그없이 정의되었다면 열거형 변수를 선언할 수는 없지만

```
enum { SUN, MON, TUE, WED, THU, FRI, SAT };
int d;
d = WED;
```

프로그래머는 기호상수 SUN, MON, TUE, WED, THU, FRI, SAT 등을 사용할 수 있다.

중간점검

<u>1</u> 열거형의 선언에 사용하는 키워드는 _____이다.

<u>2</u> 열거형은 어떤 경우에 사용되는가?

<u>3</u> 열거형에서 특별히 값을 지정하지 않으면 자동으로 정수상수값이 할당되는가?

13.9 typedef

typedef의 개념

C언어에서는 프로그래머가 자신이 필요한 자료형을 정의하여서 사용할 수 있다. typedef 은 말 그대로, 새로운 자료형(type)을 정의(define)하는 것이다. 이 키워드는 C의 기본 자료형을 확장시키는 역할을 한다. 즉 사용자가 새로운 자료형을 추가할 수 있도록 한다.

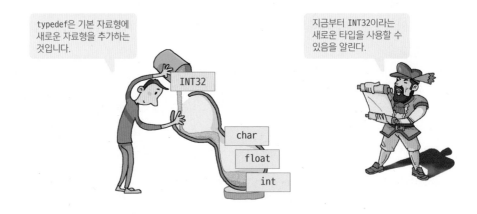

그림 13-12
typedef은 기본 자료형에 사용자가 정의한 자료형을 추가한다.

typedef의 사용 형식은 다음과 같다.

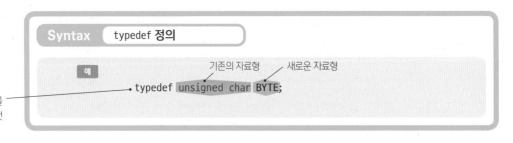

Syntax   typedef 정의

예

기존의 자료형   새로운 자료형

typedef unsigned char BYTE;

기존의 자료형인 unsigned char를 새로운 자료형 BYTE로 정의하는 것이다.

typedef을 이용한 간단한 예가 위에 나와 있다. unsigned char형은 작은 정수를 저장하는데도 많이 사용된다. 정수를 저장한다는 것을 강조하기 위하여 typedef을 사용하여 unsigned char형을 BYTE라는 이름으로 다시 정의할 수 있다. 이렇게 정의된 BYTE라는 자료형은 기본 자료형과 똑같이 변수를 정의하는데 사용될 수 있다.

```
typedef unsiged char  BYTE;
BYTE index;                      // unsigned char index;와 같다.
```

다른 기본 자료형도 **typedef**을 이용하여 새로운 이름을 붙일 수도 있다. C에서의 **int**형은 어떤 컴퓨터에서는 16비트이기도 하고 어떤 컴퓨터에서는 32비트이다. 이것을 확실하게 하기 위하여 프로그래머들은 다음과 같이 기본 자료형을 나름대로 다시 정의하여 사용하기도 한다.

```
typedef int  INT32;
typedef short  INT16;

INT32 i;                         // int i;와 같다.
INT16 k;                         // short k;와 같다.
```

구조체로 새로운 자료형 만들기

기존의 자료형에 새로운 이름을 붙이는 것은 별 다른 이점이 없어 보인다. 그러나 **typedef** 문은 상당히 복잡한 형식도 새로운 자료형으로 만들 수 있는 능력이 있다. 예를 들어 다음과 같은 구조체를 만들었다고 하자.

```
struct point {
     int x;
     int y;
};
```

위의 구조체를 새로운 타입으로 정의하려면 다음과 같이 **typedef**을 이용한다.

```
typedef struct point  POINT;         ── 새로운 자료형
                └── 기존의 자료형
```

즉 **struct point**를 새로운 타입인 POINT로 정의하는 것이다. 지금부터는 POINT라는 새로운 자료형이 생성된 것이므로 앞에 **struct**를 붙일 필요가 없다. 즉 point 구조체 변수를 생성하려면 다음과 같이 하면 된다.

```
POINT a, b;
```

여기서 구조체의 선언과 **typedef**을 같이 사용할 수도 있다.

```
typedef struct point {          ─── 구조체를 새로운 자료형 POINT로 정의
     int x;
     int y;
} POINT;
```

추가적인 예로 복소수(complex number)를 새로운 타입으로 선언하여 보면 다음과 같다.

```
typedef struct complex {
     double real;
     double imag;
} COMPLEX;
COMPLEX x, y;
```

앞에서 학습한 enum 키워드를 이용하여 BOOL 이라는 새로운 자료형을 정의할 수도 있다.

```
typedef enum { FALSE, TRUE } BOOL;
BOOL condition;                          // enum { FALSE, TRUE } condition;
```

STRING_PTR이라는 자료형도 정의하여보자.

```
typedef char * STRING_PTR;
STRING_PTR p;                            // char *p;
```

 LAB   2차원 공간 상의 점을 POINT 타입으로 정의하기

컴퓨터 그래픽에서 많이 등장하는 평행이동에 관한 프로그램을 작성하여보자. 2차원 공간에서의 점을 구조체로 표현한 다음에 이 구조체를 typedef을 이용하여 새로운 타입인 POINT로 정의한다. translate() 함수의 인수로 원래의 점의 좌표와 이동된 거리를 전달하여서 점의 평행이동 계산을 한다.

```
(2, 3)+(10, 10)->(12, 13)
```

Solution typedef.c

```c
1  #include <stdio.h>
2
3  typedef struct point {
4      int x;
5      int y;
6  } POINT;
7
8  POINT translate(POINT p, POINT delta);
9
10 int main(void)
11 {
12     POINT p = { 2, 3 };
13     POINT delta = { 10, 10 };
14     POINT result;
15
16     result = translate(p, delta);
17     printf("(%d, %d)+(%d, %d)->(%d, %d)\n", p.x, p.y, delta.x, delta.y, result.x,
18 result.y);
19
20     return 0;
21 }
22
23 POINT translate(POINT p, POINT delta)
24 {
25     POINT new_p;
26
27     new_p.x = p.x + delta.x;
28     new_p.y = p.y + delta.y;
29
30     return new_p;
31 }
```

구조체 point를 정의하면서 동시에 struct point를 새로운 자료형인 POINT로 정의한다. typedef이 함수의 외부에서 이루어졌으므로 현재 소스 파일의 모든 함수가 이 정의를 사용할 수 있다.

새로 정의된 POINT를 이용하여 필요한 변수들을 생성한다. p는 원래의 점의 좌표이고 delta는 평행이동하는 거리, result는 결과를 저장할 변수이다.

p를 delta만큼 평행이동하기 위하여 translate()를 호출한다. p와 delta가 함수의 인수로 주어지고 이들은 구조체이므로 모두 매개 변수로 복사된다.

구조체 p에 delta를 더하여 새로운 점의 좌표인 new_p를 계산한다. 구조체끼리는 더할 수 없으므로 구조체의 멤버별로 따로 따로 덧셈을 하여 준다.

결과를 저장하고 있는 구조체인 result를 반환한다. 이 구조체도 마찬가지로 복사본이 main()으로 전달된다.

NOTE

배열과 같은 복잡한 자료형도 새로운 자료형으로 다시 정의할 수 있다.

```c
typedef float VECTOR[2];        // VECTOR는 실수 2개로 이루어진 1차원 배열
typedef float MATRIX[10][10];   // MATRIX는 실수 100개로 이루어진 2차원 배열

VECTOR v1, v2;   // v1과 v2는 1차원 배열
MATRIX m1, m2;   // m1과 m2는 2차원 배열
```

typedef의 장점

typedef을 사용했을 경우, 몇 가지의 장점이 있다.

① 이식성을 높여준다.

가장 큰 장점은 자신의 코드를 컴퓨터 하드웨어에 독립적으로 만들 수 있다는 점이다. 컴퓨터 시스템에 따라서 int형은 2바이트이기도 하고 4바이트이기도 하다. 만약 int형 대신에 typedef을 이용한 INT32나 INT16을 사용하게 되면 확실하게 2바이트인지 4바이트인지를 지정할 수 있다. 만약 컴퓨터 시스템이 달라지면 typedef 정의만 변경하면 된다.

C 컴파일러가 size_t나 time_t와 같은 자료형을 만들어서 사용하는 이유도 이러한 이유다. size_t는 size_of 연산자가 반환하는 값의 타입이다. 이 값은 컴퓨터 시스템에 따라서 달라질 수 있기 때문에, 자료형을 고정시키지 않고 헤더 파일에서 정의한 size_t를 사용하는 것이다. 실제로 비주얼 스튜디오에서는 다음과 같이 stdio.h에 size_t가 정의되어 있다.

```
typedef unsigned int size_t;
```

② #define과의 차이점

#define을 이용해도 typedef과 비슷한 효과를 낼 수 있다. 즉 다음과 같이 INT32를 정의할 수 있다.

```
#define UINT32 unsigned int
```

위와 같이 정의하면 전처리기가 UINT32를 unsigned int로 대치하게 된다. 따라서 결과는 비슷하다. 그러나 #define보다는 typedef이 훨씬 좋은 방법이다. typedef은 컴파일러가 직접 처리한다. 따라서 typedef은 단순하게 문자열을 다른 문자열로 대치하는 것과는 완전히 다르다. 앞에서 살펴보았던 VECTOR와 같은 자료형의 정의는 #define으로 절대 정의할 수 없다.

```
typedef float VECTOR[2];                    // #define으로는 불가능하다.
```

③ 문서화의 역할도 한다.

typedef을 사용하게 되면 주석을 붙이는 것과 같은 효과가 있다. 앞의 POINT나 MATRIX와 같은 이름들을 사용하게 되면 구조체가 무엇을 표현하는 것인지를 확실하게 알 수 있다.

1 typedef의 용도는 무엇인가?

2 typedef의 장점은 무엇인가?

3 사원을 나타내는 구조체를 정의하고 이것을 typedef을 사용하여서 employee라는 새로운 타입으로 정의하여보자.

중간점검

Mini Project   4지 선다 퀴즈 프로그램

여러 개의 4지 선다형 문제를 저장하고 있다가 사용자에게 출력하고 사용자로부터 입력을 받아서 정답 여부를 출력해주는 프로그램을 작성해보자. 문제와 항목, 정답은 구조체에 저장할 수 있다. 문제가 여러 개이므로 구조체의 배열을 사용한다.

```
1. 파이썬    2. Java   3. C   4. Javascript
위의 언어 중에서 임베디드 장치에 가장 적합한 프로그래밍 언어는?   3
맞았습니다.
...
```

Hint 다음과 같은 구조체를 고려해본다.

```
struct QUESTION {
        char question[SIZE];
        char item1[SIZE];
        char item2[SIZE];
        char item3[SIZE];
        char item4[SIZE];
        int solution;
};
```

Solution   multiple_choice.c

```c
1  #define _CRT_SECURE_NO_WARNINGS
2  #include<stdio.h>
3  #include<stdlib.h>
4  #define SIZE 100
5
6  struct QUESTION {
7      char question[SIZE];
8      char item1[SIZE];
9      char item2[SIZE];
10     char item3[SIZE];
11     char item4[SIZE];
12     int solution;
13 };
14
15 struct QUESTION bank[100] = {
16     {"임베디드 장치에 가장 적합한 프로그래밍 언어는?", "1. Python", "2. Java",
   "3. C",  "4. Javascript", 3 },
17     {"서로 다른 자료형을 모을 수 있는 구조는?", "1. 배열", "2. 변수",  "3. 구조
   체",  "4. 포인터", 3 },
18 };
19
20 int main(void)
21 {
22     int select, i;
23     for (i = 0; i < 2; i++) {
24         printf("%s\n", bank[i].question);
25         printf("%s   ", bank[i].item1);
26         printf("%s   ", bank[i].item2);
27         printf("%s   ", bank[i].item3);
28         printf("%s   ", bank[i].item4);
29         scanf("%d", &select);
30         if (select == bank[i].solution)
31             printf("맞았습니다.\n\n");
32         else
33             printf("틀렸습니다.\n\n");
34     }
35     return 0;
36 }
```

도전문제

(1) 문제를 10 문제 정도 추가해보라.

(2) 위의 프로그램에서 전체 문제 중에서 몇 문제를 맞추었는지를 표시하는 기능을 추가하라.

(3) 문제가 랜덤하게 제시되도록 프로그램을 수정해보자. 한번 제시한 문제가 다시 나오면 안 된다.

Q&A

Q 구조체를 선언하는 다음의 두문장은 어떤 차이가 있는가? 어떤 방법이 더 좋은 방법인가?

```
struct tag1 { ... };                // ①
typedef struct { ... } type1;       // ②
```

A ①은 태그 이름이 **tag1**인 구조체를 선언한다. ②는 새로운 타입인 **type1**을 만드는 문장이다. ①과 같이 선언되었을 경우, 구조체 변수를 만드는 방법은 다음과 같다.

```
struct tag1 v;
```

②와 같이 선언되었을 경우, 구조체 변수를 만드는 방법은 다음과 같다.

```
type1 v;
```

두 번째 질문에 대하여 답하여보자. 많은 사람들이 **typedef**이 더 좋은 방법이라고 생각하지만 꼭 그런 것은 아니다. **typedef**은 추상화된 자료형을 만들고자 할 때 유용하다. 어떤 사람들은 구조체에 **typedef**을 사용하면 구조체인지 아닌지를 알 수가 없다는 이유로 사용하는 것을 꺼린다.

Q 구조체의 크기를 sizeof로 측정하여 보면 생각했던 것보다 큰 이유는 무엇인가?

```
#include <stdio.h>
struct tag1 {
        char c;
        int i;
};
int main(void)
{
     printf("%d\n", sizeof(struct tag1));       // 8이 출력된다.
}
```

A 구조체의 멤버들의 접근 속도를 빠르게 하기 위하여 보통은 4바이트 단위로 정렬하게 된다. 따라서 구조체에는 컴파일러에 따라서 추가적으로 패딩 바이트들이 붙을 수 있다.

Q 배열의 이름은 배열을 가리키는 포인터처럼 동작한다. 하지만 구조체의 이름도 구조체를 가리키는 포인터인가?

A 아니다. 구조체 변수의 이름은 구조체 전체를 의미한다. 포인터가 아니다.

Summary

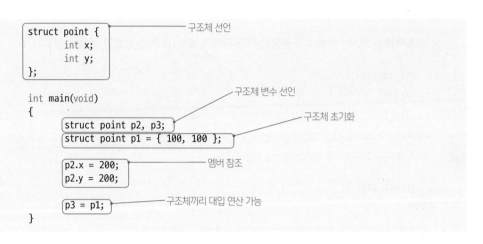

```
struct point {                 ────── 구조체 선언
        int x;
        int y;
};

int main(void)                 ────── 구조체 변수 선언
{
    struct point p2, p3;
    struct point p1 = { 100, 100 };   ────── 구조체 초기화

    p2.x = 200;                ────── 멤버 참조
    p2.y = 200;

    p3 = p1;                   ────── 구조체끼리 대입 연산 가능
}
```

▶ 구조체와 배열의 차이점은 _____이다.

▶ 구조체는 키워드 _____으로 선언하고 공용체는 _____, 열거형은 _____으로 선언한다.

▶ 구조체의 선언만으로 변수가 만들어지는가? _____

▶ 구조체를 가리키는 포인터 p를 통하여 구조체 안의 변수 x를 참조하는 수식은_____이다.

▶ 원본 구조체를 포인터로 함수에 전달하는 경우, 원본 구조체를 훼손하지 않게 하려면 어떻게 하면 되는가? _____

```
union data {
    double d;                  ────── 같은 공간을 공유한다.
    int i;
};
```

▶ _____은 다른 타입의 변수들이 동일한 기억 공간을 공유할 수 있도록 만든 것이다.

```
enum color { red, green, blue };   ────── 열거형 선언
enum color favorite = red;
```

▶ _____은 정수형 상수값들을 나열해 놓은 자료형이다.

▶ #define 대신에 열거형을 사용하는 장점은 무엇인가? _____

```
typedef long int BIGINT;       ────── long int를 BIGINT로 선언
BIGINT i;
```

▶ 새로운 자료형을 정의하기 위하여 사용되는 키워드는 _____이다.

01 다음과 같은 데이터들을 가지는 구조체를 정의하고 c1이라는 이름의 구조체 변수를 정의하여보자.

```
struct _____ {
        _____  _____;
        _____  _____;
        _____  _____;
};
_____ _____; // 구조체 변수 선언
```

Customer

이름(문자열)

우편 번호(int)

마일리지(long)

02 다음 문장이 참인지 거짓인지를 판단하라.

(a) 구조체를 선언하면 자동으로 변수가 생성된다. ☐참 ☐거짓

(b) typedef은 변수를 선언하는 키워드이다. ☐참 ☐거짓

(c) 구조체는 == 연산자를 사용하여 비교할 수 있다. ☐참 ☐거짓

(d) 구조체를 함수로 전달하면 원본이 전달된다. ☐참 ☐거짓

(e) 구조체 변수는 =연산자를 이용하여 대입될 수 있다. ☐참 ☐거짓

03 Employee 구조체로 정의된 변수 e에는 salary라는 필드가 있다. 이 필드를 올바르게 참조한 것은?

① e->salary   ② e.salary   ③ (*e).salary   ④ .e-salary

04 포인터 p는 Employee 구조체로 정의된 변수 e를 가리킨다. Employee 구조체는 salary라는 필드를 가진다. p를 이용하여 salary를 올바르게 참조한 것을 모두 고르시오.

① p->salary   ② p.salary   ③ (*p).salary   ④ p-salary

05 설명에 맞는 항목을 서로 연결하시오.

- 여러 개의 변수가 메모리 공간을 공유하는 것
- 서로 다른 자료형의 변수들을 묶은 것
- 여러 개의 기호 상수를 정의한 것
- 사용자 정의 자료형을 정의하는 키워드

- typedef
- 열거형
- 공용체
- 구조체

06 다음의 열거형의 정의를 보고 각 식별자의 정수값을 예측하여 보시오.

```
enum colors { white, red=3, blue, green, black=9 };
```

식별자	white	red	blue	green	black
값					

07 다음 중 올바르게 정의된 구조체는?

① struct { int a; }   ② struct foo { int a; }
③ struct foo int a;   ④ struct foo { int a; };

08 (a) 자동차를 나타내는 구조체 Car를 정의한다. Car는 int speed; int gear; char model[10]; 등의 변수를 가지고 있다. 구조체 Car와 구조체 변수 myCar를 선언해보자.

(b) (a)에서 선언한 Car 구조체의 배열 list를 선언해보자. 크기는 3으로 하고 { 100, 1, "sclass" }, { 60, 2, "eclass" }, { 0, 1, "cclass" }로 초기화해보자.

09 다음의 설명에 부합하는 열거형을 정의하여보자.

(a) 빛의 3원색을 표현하는 열거형 primary_color
(b) 12달을 표현하는 열거형 months

10 다음 코드가 오류를 가지고 있는지를 먼저 분석하고 오류가 있다면 어떤 오류인지를 설명해보자.

(a)
```c
struct book {
        char title[50];
        int pages;
};
book.pages = 512;
```

(b)
```c
struct book {
        char title[50] = "Data Structures";
        int pages = 577;
} abook;
```

(c)
```c
typedef enum { red, gree } color;
color.red = 1;
```

(d)
```c
struct fraction {
        int num;
        int den;
} *p;
*p->num = 3;
*p->den = 5;
```

Programming

01 책을 구조체로 표현하자. 책에 대한 정보는 제목(문자열, 최대 100문자), 저자(문자열, 최대 100문자), 장르(열거형) 등으로 구성된다. 구조체 book을 이용하여 책 정보를 표현해보자. 책의 장르는 COMIC, SF, DOCU, DRAMA 중의 하나로 분류하고 열거형으로 구현된다. {"바람과 함께 사라지다", "마가렛 미첼", DRAMA }의 값을 가지는 구조체 변수를 생성했다가 다시 화면에 출력해보자.

구조체 정의 및 생성

MEDIUM
★★☆

```
struct book {
    char    title[100];
    char    author[100];
    GENRE type;
};
```

```
{ 바람과 함께 사라지다, 마가렛 미첼, DRAMA }
```

02 1번 문제에서 정의한 2개의 구조체를 받아서 책의 저자가 일치하는지를 검사하는 함수 equal_author()을 작성해보자. equal_author()은 다음과 같은 원형을 가진다. b1과 b2의 저자가 같으면 1을 반환하고 그렇지 않으면 0을 반환한다. 함수를 작성하여 테스트한다.

구조체 함수 전달

MEDIUM
★★☆

```
int equal_author(struct book b1, struct book b2);
```

```
b1 = { 노인과 바다, 헤밍웨이, DRAMA }
b2 = { 누구를 위하여 종을 울리나, 헤밍웨이, DRAMA }
equal_author()의 반환값: 1
```

03 구조체를 이용하여 이메일을 표현할 수 있는 구조체를 정의하고, 적당한 초기값을 부여하고 출력하는 프로그램을 작성하라. 구조체의 멤버는 제목(title), 수신자(sender), 발신자(receiver), 내용(content), 날짜(date), 우선순위(pri) 등으로 구성된다.

구조체 초기화

MEDIUM
★★☆

```
제목: 안부 메일
수신자: chulsoo@hankuk.ac.kr
발신자: hsh@hankuk.ac.kr
내용: 안녕하십니까? 새해 복 많이 받으세요.
날짜: 2023/1/1
우선순위: 1
```

HINT 제목, 수신자, 발신자, 내용, 날짜 등은 모두 문자 배열로 표현된다.

04 구조체를 이용하여 복소수를 다음과 같이 정의하고 복소수의 덧셈을 수행하는 함수를 작성하고 테스트하시오.

```
struct complex {
        double real;
        double imag;
};
struct complex complex_add(struct complex c1, struct complex c2){ ... }
```

```
1.00+2.00i
2.00+3.00i
3.00+5.00i
```

HINT 복소수의 덧셈은 다음과 같이 정의된다. $(a+bi)+(c+di)=(a+c)+(b+d)i$ 함수는 구조체를 반환할 수 있다. 복사본이 반환된다.

05 2차원 평면에서 점은 (x, y) 좌표로 나타낼 수 있다. 따라서 하나의 점은 다음과 같은 point라는 구조체로 정의할 수 있다. 이 point 구조체를 받아서 두 점의 좌표가 일치하면 1을 반환하고 그렇지 않으면 0을 반환하는 함수 int equal(struct point p1, struct point p2)를 작성하고 테스트하라.

```
struct point {
        int x,  y;
};
```

```
(1, 2) != (3, 5)
```

06 앞의 문제에서 equal() 함수를 다음과 같이 구조체의 포인터를 받도록 변경하여서 작성하고 테스트하라

```
int equal(struct point *p1, struct point *p2);
```

```
(1, 2) != (3, 5)
```

HINT 구조체 포인터를 통하여 접근할 때는 p->x1과 같이 접근한다.

07 2차원 공간에 있는 점의 좌표를 받아서 이 점이 속하는 사분면의 번호를 반환하는 함수 int quadrant(struct point p)를 작성하고 테스트하라. 앞의 point 구조체를 사용한다.

```
(-1, 2)의 사분면 = 2
```

HINT 구조체에서 멤버는 . 연산자를 사용해서 p.x와 같이 접근한다.

08 원의 중심을 나타내는데 point 구조체를 사용할 수 있다. 원을 나타내는 circle 구조체를 정의해보자. 이 circle 구조체를 받아서 다음과 같은 기능을 하는 함수를 작성하고 테스트해보자.

```
struct point {
    int x, y;
};
struct circle {
    struct point center; // 원의 중심
    double radius;       // 원의 반지름
};
```

(a) 원의 면적을 계산하는 함수 double area(struct circle c)
(b) 원의 둘레를 계산하는 함수 double perimeter(struct circle c)
(c) typedef을 사용하여 struct circle을 CIRCLE로 정의한 후에 (a)와 (b)를 다시 작성해보자.

```
원의 중심점: (0, 0)
원의 반지름: 10
원의 면적=314.00
원의 둘레=62.80
```

HINT 구조체를 함수로 넘기면 복사본이 전달된다.

09 각각의 음식에 대하여 음식의 이름, 칼로리 정보를 구조체로 표현한다. 사용자가 하루 동안 먹은 음식들을 입력받아 구조체의 배열에 저장하고 하루 동안 먹은 음식의 칼로리를 계산하는 프로그램을 작성해보자.

```
struct food {
    char name[100];
    int calories;
};
```

```
총 칼로리=2100
```

HINT 구조체의 배열은 struct food food_array[3]와 같이 선언한다.

10 직원을 나타내는 구조체 employee가 사번(정수), 이름(문자열), 전화번호(문자열), 나이(정수) 등으로 구성된다. 구조체의 배열을 선언하고 10명의 데이터로 초기화해보자. 이중에서 나이가 20 이상 30 이하인 직원을 찾아서 출력하도록 해보자. typedef을 사용하여서 구조체 타입을 정의해서 사용해보자.

```
이름: 홍길동1 나이=20
이름: 홍길동2 나이=25
이름: 홍길동8 나이=23
이름: 홍길동9 나이=29
```

HINT 구조체 배열을 선언하고 배열 요소들을 방문하면서 각 요소들의 멤버를 검사하여서 조건에 맞는 구조체를 찾는다.

11 전화번호부를 구성하기 위하여 이름, 집전화번호, 휴대폰 번호로 구성되는 구조체를 정의한 후에 이 구조체의 배열을 선언하여 전화번호부를 구성한다. 3명의 데이터를 사용자로부터 받아서 저장하여 보라. 사용자로부터 이름을 입력받아서 전화번호를 검색하는 프로그램을 작성해보자.

```
이름을 입력하시오: Kim
집전화번호: 111-1111
휴대폰 번호: 01-111-1112
...
검색할 이름: Kim
집전화번호: 111-1111
휴대폰 번호: 01-111-1112
```

HINT 문자열은 문자 배열로 표현된다. 문자열이 일치하는지를 검사하려면 수식 strcmp(s1, s2)== 0 을 사용한다.

12 포커 게임에 사용되는 카드를 구조체 card로 정의하고 52개의 카드를 구조체의 배열로 나타내라. 52개의 카드를 적절한 값으로 초기화하고 값들을 출력하는 프로그램을 작성해보자. card 구조체는 다음과 같은 멤버값을 가진다고 가정해보자. 먼저 카드의 수는 정수로 표현되며 멤버의 이름은 value라고 하라. value는 1부터 13까지의 값을 가질 수 있다. 카드의 타입은 하나의 문자로 표현되며 멤버의 이름은 suit라고 하라. suit는 'c', 'd', 'h', 's'의 값을 가질 수 있다.

```
1:c 2:c 3:c 4:c 5:c 6:c 7:c 8:c 9:c 10:c 11:c 12:c 13:c 1:d 2:d 3:d 4:d 5:d 6:d 7:d 8:d 9:d
10:d 11:d 12:d 13:d 1:h 2:h 3:h 4:h 5:h 6:h 7:h 8:h 9:h 10:h 11:h 12:h 13:h 1:s 2:s 3:s 4:s
5:s 6:s 7:s 8:s 9:s 10:s 11:s 12:s 13:s
```

HINT 하나의 카드는 struct card { int value, char suit; }와 같이 표현할 수 있다. 적절한 값으로 초기화하여보자.

13 삼각형, 사각형, 원을 동시에 표현할 수 있는 공용체를 설계하라. 삼각형은 밑변과 높이, 사각형은 가로와 세로, 원은 반지름만을 저장하도록 해보자. 현재의 공용체가 표현하고 있는 도형의 종류는 열거형 변수를 사용하여 나타낸다. 사용자로부터 도형의 종류와 도형의 데이터를 받아서 저장하여보자.

```
도형의 타입을 입력하시오(0, 1, 2): 0
밑변과 반지름을 입력하시오(예를 들어서 100 200): 100 200
면적은 10000
```

HINT 구조체 안에 type과 공용체가 들어 있는 형태이다.

```
struct shape {
      int type;                                // 도형의 종류를 나타낸다.
      union {                                  // 공용체
         struct {  int base, height; } tri;    // 삼각형 데이터
         struct {  int width, height;  } rect; // 사각형 데이터
         struct {  int radius; } circ;         // 원 데이터
      } data;
};
```

14 데이터베이스의 기능을 하는 간단한 프로그램을 작성하여보자. 이 프로그램은 mp3와 같은 음악 파일을 관리한다. 사용자는 음악 파일을 추가, 삭제, 출력할 수 있으며 제목을 가지고 특정 곡을 탐색할 수 있다. 사용자 인터페이스는 다음과 같다.

구조체 배열

HARD
★★★

```
====================
 1. 추가
 2. 출력
 3. 검색
 4. 종료
====================
정수값을 입력하시오 : 1
제목:Top of The World
가수:Carpenters
위치:c:\mp3\top.mp3
장르(0: 가요, 1: 팝, 2: 클래식, 3: 영화음악)1
```

HINT 음악을 구조체로 표현한다. 전체 음악들은 구조체의 배열로 표현한다. 현재 배열 안에 저장된 구조체의 개수를 전역 변수로 나타낸다. 각 메뉴들을 함수로 구현하여보자. 검색은 제목을 받아서 일치하는 음악 파일을 반환한다.

15 도서관에서 소장 도서들을 관리할 수 있는 프로그램을 작성해보자. 책 정보를 저장할 수 있는 구조체를 정의한다. 구조체는 책 번호, 제목, 대출 여부 등의 정보를 저장할 수 있어야 한다. 많은 책을 저장하려면 구조체의 배열을 생성하여야 할 것이다. 다음과 같은 메뉴를 생성한 후에 각 메뉴 항목을 구현한다.

구조체 배열

HARD
★★★

```
====================
 1. 도서 번호로 책 찾기
 2. 저자 이름으로 책 찾기
 3. 제목으로 책 찾기
 4. 새로운 책 추가
 5. 도서관이 소장한 도서의 수 표시
====================
메뉴 중 하나를 선택하시오:
```

16 어느 학교나 학기가 끝나면 학과 내에서 가장 평점이 높은 학생을 선발하여서 장학금을 수여한다. 가장 평점이 높은 학생을 찾아서 학생의 이름과 학번, 평점을 화면에 출력하는 프로그램을 작성하여보자. 학생에 대한 정보는 구조체를 이용하여서 표현한다. 학생들이 여러 명이므로 구조체의 배열을 사용하는 것이 좋겠다. 직딩된 값으로 초기화를 시키자. 평점이 최대인 학생을 찾는 알고리즘은 정수의 배열에서 최대값을 찾는 것과 동일하다.

구조체 배열

HARD
★★★

```
평점이 가장 높은 학생은 (이름: 홍길동, 학번: 20230001, 평점: 4.20)입니다.
```

CHAPTER

14

포인터 활용

포인터는 이전에 다 학습한 거 아니었나요?

포인터는 상당히 많은 분야에 응용됩니다. 이 장에서는
필요한 것만 골라서 학습하면 됩니다.

Objectives

● 포인터의 포인터, 포인터 배열, 함수 포인터들을 학습한다.
● 다차원 배열과 포인터의 관계를 살펴본다.
● main() 함수의 인수에 대하여 살펴본다.

14 포인터 활용

14.1 이중 포인터

우리는 11장에서 포인터(pointer)의 기초를 학습하였다. 포인터는 상당히 응용 분야가 넓다. 포인터를 가리키는 포인터도 만들 수 있고 또한 함수를 가리키는 포인터도 가능하다. 포인터의 배열도 만들 수 있고 다차원 배열을 포인터를 이용하여 참조할 수도 있다. 상당히 다양하고 많은 작업들을 포인터를 이용하여 할 수 있다. 이번 장에서 포인터의 기초를 넘어서 진정한 포인터의 위력을 마음껏 느껴보자. 하지만 너무 부담이 된다면 이번 장에서 자신에게 필요한 것만 학습하여도 좋다.

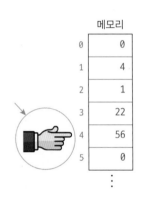

앞에서 학습하였지만 포인터는 주소값을 가지고 있는 변수이다. 포인터가 포인터를 가리키도록 할 수 있을까? 왜 그런 것이 필요한지는 나중에 설명하기로 하고 과연 그것이 가능할지만 생각해보자. 두 개의 포인터 p와 q를 가정하자. 포인터 p도 변수이기 때문에 주소가 있다. 따라서 포인터 p의 주소를 다른 포인터 q에 넣으면 포인터 q가 포인터 p를 가리키게 된다. 이것을 포인터의 포인터(pointer to pointer) 또는 이중 포인터(double pointer)라고도 한다. 이중 포인터도 어차피 주소가 저장되므로 다른 포인터와 마찬가지로 4바이트의 메모리 공간이 필요하다.

그림 14-1
여기서 q가 이중포인터이다.

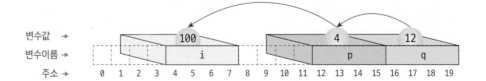

예를 들어서 정수형 포인터를 가리키는 이중 포인터는 다음과 같이 선언된다.

```
int **q;                // int형 포인터에 대한 이중 포인터 선언
```

*기호를 두 개를 사용했음을 유의하여야 한다. *기호를 한 개 사용하면 보통의 포인터가 되고 두 개 사용하면 이중 포인터가 되는 것이다. 포인터를 해석할 때는 *연산자를 "…을 가리키는 포인터"로 바꾸어 생각하면 이해하기 쉽다. 즉 **그림 14-2**와 같이 생각하면 이해가 쉽다.

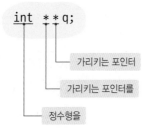

그렇다면 이중 포인터는 포인터와 어떻게 연결되는 것인가? 다음과 같이 정수형 변수 i와 정수형 포인터 p, 이중 포인터 q를 선언하고 이들을 연결하여보자.

```
int i = 100;            // i는 int형 변수
int *p = &i;            // p는 i를 가리키는 포인터
int **q = &p;           // q는 포인터 p를 가리키는 이중 포인터
```

p는 정수형 포인터로 현재는 변수 i를 가리키게 초기화되었다. 즉 p는 변수 i의 주소를 가지고 있다. 포인터도 일종의 변수임을 잊지 말아야 한다. 따라서 포인터도 주소를 가지고 있다. q는 정수형 포인터를 가리키는 포인터로 정의되었다. 여기에 정수형 포인터인 p의 주소가 초기값으로 대입되었다. 위의 3개의 문장이 끝나면 **그림 14-3**과 같은 상태가 된다.

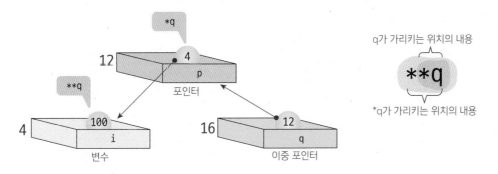

포인터 p를 통해서도 변수 i의 값을 변경할 수 있고 이중 포인터 q를 통해서도 변수 i의 값을 변경할 수 있다.

```
*p = 200;              // 변수 i의 값이 200으로 변경된다.
**q = 300;             // 변수 i의 값이 300으로 변경된다.
```

**q는 *(*q)로 생각할 수 있다. 즉 q가 가리키는 값인 *q가 다시 포인터가 되고, 이 포인터 *q가 가리키는 값이 *(*q)이다.

 예제#1

이제까지의 설명을 프로그램으로 살펴보자.

dp1.c

```
1   // 이중 포인터 프로그램
2   #include <stdio.h>
3
4   int main(void)                        이중 포인터
5   {
6       int i = 100;              // 정수 변수 선언
7       int *p = &i;              // 포인터 p는 i를 가리킨다.
8       int **q = &p;             // 이중 포인터 q는 p를 가리킨다.
9
10      *p = 200;                 // p를 통하여 i에 200 저장
11      printf("i=%d\n", i);
12
13      **q = 300;                // q를 통하여 i에 300 저장
14      printf("i=%d\n", i);
15
16      return 0;
17  }
```

```
i=200
i=300
```

 예제#2

이중 포인터가 가장 많이 사용되는 상황은 외부에서 정의된 포인터 값을 함수 안에서 변경하려고 하는 경우이다.

참고사항

포인터의 주소를 함수에서 받으려고 하니 어쩔 수 없이 이중 포인터 형태가 되는 것이다.

dp2.c

```
1   #include <stdio.h>
2
3   void set_pointer(char **q);
4   int main(void)
5   {
6
```

```
 7        char *p;
 8        set_pointer(&p);                         포인터 p의 주소를 전달한다.
 9        printf("오늘의 격언: %s \n", p);
10        return 0;
11  }                                              이중 포인터 q를 통하여 외부의 포인터 p를 변경한다.
12  void set_pointer(char **q)
13  {
14        *q = "All that glisters is not gold.";
15  }
```

오늘의 격언: All that glisters is not gold.

프로그램 설명

이 프로그램에서는 함수 외부에 선언된 포인터를 인수로 받아서 변경하는 전형적인 코드를 보여준다. main()에서 char형 포인터 p가 선언되었다. p를 set_pointer()의 인수로 전달하여 p의 값을 변경하려고 한다. 외부에서 선언된 변수의 값을 인수로 받아서 변경하려면 반드시 변수의 주소를 함수에 전달하여야 한다. 따라서 p의 주소를 보내야 한다. p는 이미 char형 포인터이므로 p의 주소를 set_pointer()로 전달해야 한다. 인수로 받은 이중 포인터 q를 이용하여 *q에 "All that glisters is not gold."를 대입한다.

여기서 주의할 점은 다음과 같이 하면 안 된다는 것이다. 잠시 왜 안 되는지를 생각하여 보라.

```
int main(void)
{
      ...
   set_pointer(p);           포인터의 값만 복사된다. 따라서 q를 변경
      ...                    하여도 p는 변경되지 않는다.
}
void set_pointer(char *q)
{
      q = "All that glisters is not gold.";
}
```

참고사항

포인터를 함수 안에서 변경하려면 매개 변수를 이중 포인터로 정의하여야 한다.

언뜻 보면 맞는 거 같지만 사실은 잘못되어 있다. 함수 호출 시에 인수들은 복사본이 전달된다. set_pointer()를 호출할 때 p를 넘겨주면 p가 가지고 있던 주소값만 복사된다. 따라서 p 자체는 변경할 수 없다. p 자체를 변경하려면 p의 주소를 넘겨 주어야 하는 것이다.

---

1 double형 포인터를 가리키는 이중 포인터 dp를 선언하여보자.

2 char c; char *p; char **dp; p = &c; dp =&p;와 같이 정의되었을 때 **dp은 무엇을 가리키는가?

중간점검

14.2   포인터 배열

포인터 배열(an array of pointers)은 포인터들을 모아서 배열로 만든 것이다. 즉 배열의 요소가 포인터이다. 다음은 정수형 포인터 배열을 정의한 것이다.

그림 14-4
포인터 배열

① [] 연산자가 * 연산자보다 우선 순위가 높으므로 ap는 먼저 배열이 된다.

int *ap[10];

② 어떤 배열이냐 하면 int *(포인터)들의 배열이 된다.

위의 정수형 포인터 배열을 좀 자세히 분석하여보자. 변수 이름 ap에 [] 연산자와 * 연산자가 붙어 있다. 어떻게 해석하여야 되는가? 이럴 때 연산자의 우선 순위가 적용된다. 이 경우에는, [] 연산자가 * 연산자보다 우선 순위가 높으므로 먼저 적용되어서 변수 ap는 일단 배열이 된다. 어떤 배열이냐 하면 int *들의 배열이 된다. 즉 정수를 가리키는 포인터들의 배열이 된다. 포인터 배열 ap에는 10개의 배열 요소가 있고 각각의 요소들은 정수형 포인터이므로 정수형 변수들의 주소가 저장될 수 있다.

정수형 포인터 배열을 초기화하여보자. 각 변수들의 주소를 다음과 같이 대입연산으로 넣어주면 된다.

```
int a = 10, b = 20, c = 30, d = 40, e = 50;
int *ap[5] = { &a, &b, &c, &d, &e };
```

그림 14-5
정수형 포인터 배열

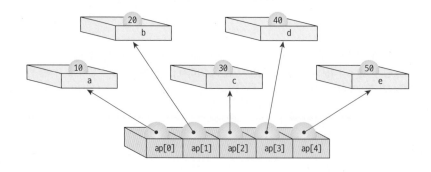

문자형 포인터 배열

포인터 배열 중에서 가장 많이 사용되는 형태는 문자형 포인터 배열이다. 이 문자형 포인터 배열은 효율적으로 여러 개의 문자열을 저장할 수 있다. 우리가 여러 개의 문자열을 저장하여야 한다고 가정하여보자. 예를 들어서 과일 이름을 여러 개를 저장하여야 한다면 2차원 배열에 다음과 같이 저장할 수 있다.

```c
char fname[4][10] = {
        "apple",
        "blueberry",
        "orange",
        "melon"
};
```

2차원 배열의 각 행은 문자열 중에서 가장 긴 문자열을 저장할 수 있도록 충분히 크게 선언되어야 한다. 이 방법의 문제점은 짧은 문자열을 저장하는 행에서는 공간이 낭비될 수 있다는 점이다.

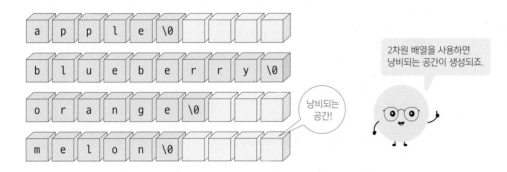

그림 14-6
고정 길이의 2차원 배열을 사용하는 경우

이러한 경우에 최선의 방법은 포인터들의 배열을 만들어서 문자열을 저장하는 방법이다. 이 방법에서는 각 행들의 길이가 가변적으로 변할 수 있어서 래그드 배열(ragged array)라고 불린다.

```c
char *fruits[4] = {
        "apple",
        "blueberry",
        "orange",
        "melon"
};
```

fruits 포인터 배열이 생성되고 초기화된 후의 메모리의 모습을 그려보면 다음과 같다.

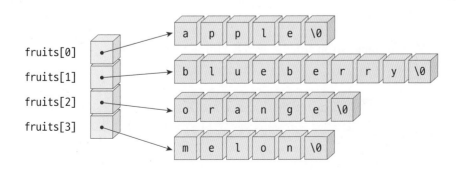

그림 14-7
래그드 배열을 사용하는 경우

위의 래그드 배열을 분석하여보자. fruits라는 문자형 포인터 배열이 선언되었다. 이 포인터 배열의 요소들은 문자형 포인터이다. 이들 포인터들은 문자열 상수로 초기화된다. 문자열 상수란 "apple"처럼 문자열을 큰 따옴표로 둘러쌓은 것이다. 컴파일러가 문자열 상수를 만나면 텍스트 세그먼트에 문자열을 저장한 다음에 문자열이 저장된 주소 값을 반환한다. 따라서 포인터 배열의 각 요소들은 이 문자열의 주소 값으로 초기화된다. 이런 방법으로 문자열을 저장하게 되면 각각의 문자열의 길이가 달라도 메모리의 낭비가 발생하지 않는다.

stringarray.c

```
1   // 문자열 배열
2   #include <stdio.h>
3
4   int main(void)
5   {
6       int i, n;
7       char *fruits[] = {          문자형 포인터 배열
8           "apple",
9           "blueberry",
10          "orange",
11          "melon"
12      };
13      n = sizeof(fruits)/sizeof(fruits[0]);     // 배열 요소 개수 계산
14      for(i = 0; i < n; i++)
15          printf("%s \n", fruits[i]);
16      return 0;
17  }
```

```
apple
blueberry
orange
melon
```

중간점검

1 double형의 포인터 10개를 가지는 배열을 정의하여보자.
2 래그드 배열이 일반적인 2차원 배열보다 좋은 점은 무엇인가?

14.3 배열 포인터

배열 포인터(a pointer to an array)는 배열을 가리키는 포인터이다.

배열 포인터

C 언어에서는 배열을 가리키는 포인터도 작성할 수 있는 것이다. 형식은 다음과 같다.

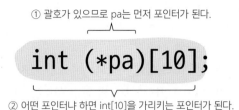

① 괄호가 있으므로 pa는 먼저 포인터가 된다.

int (*pa)[10];

② 어떤 포인터냐 하면 int[10]을 가리키는 포인터가 된다.

간단하게 배열 포인터를 실습하여보고 지나가자.

arraypointer.c

```
1   #include <stdio.h>
2
3   int main(void)
4   {
5       int a[5] = { 1, 2, 3, 4, 5 };
6       int (*pa)[5];          int [5] 배열에 대한 포인터 선언
7       int i;                  배열 포인터에 배열의 주소를 계산하여 대입한다. 첫 번째
8                               배열 요소의 주소가 아니다.
9       pa = &a;
10      for(i=0 ; i<5 ; i++)    배열 포인터를 이용하여서 배열의 각 요소에 접근한다.
11          printf("%d \n", (*pa)[i]);   *pa가 배열이 된다.
12      return 0;
13  }
```

참고사항

포인터 배열과 배열 포인터의 비교

상당히 복잡하다. 그러나 원리를 이해하면 쉽다.

• int *ap[10];

포인터의 배열이다. 배열을 나타내는 [] 연산자는 포인터를 나타내는 * 연산자보다 우선순위가 높다. 따라서 ap는 먼저 배열이 된다. 그리고 어떤 배열이냐 하면 포인터들의 배열이 된다.

• int (*pa)[10];

이번에는 괄호에 의하여 우선 순위가 바뀌었다. 괄호 때문에 * 연산자가 먼저 적용되어서 pa는 먼저 포인터가 된다. 그리고 어떤 포인터냐 하면 int [10]을 가리키는 포인터가 된다.

복잡하지만 실전에서는 포인터의 배열이 훨씬 많이 나온다. 따라서 괄호 없이 사용하면 별 문제가 없다. 사실 전문적인 프로그래머도 배열 포인터(즉 배열에 대한 포인터)는 잘 사용하지 않는다.

14.4 함수 포인터

지금까지의 포인터는 주로 변수를 가리키는 포인터였다. 하지만 포인터는 변수뿐만이 아니라 함수도 가리킬 수 있다. 함수도 실행이 시작되는 주소를 가지고 있기 때문에 이 주소를 포인터에 넣을 수가 있는 것이다. 포인터에 저장된 함수 주소를 이용하여 우리는 함수를 호출할 수 있다. 함수를 가리키는 포인터를 함수 포인터(function pointer)라고 한다. 일반적인 포인터는 변수가 저장된 주소를 가리키지만, 함수 포인터는 함수가 시작되는 주소를 가리킨다.

그림 14-8
함수 포인터의 개념

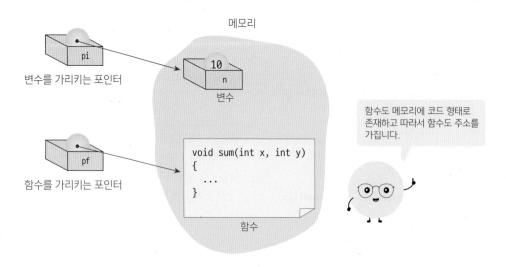

▶ 참고사항

함수 포인터는 상당히 쓸모가 있다. 상황에 따라서 처리 함수를 수시로 변경하여야 하는 경우에 사용하면 상당히 도움이 된다. 특히 임베디드 시스템 프로그래밍에서는 인터럽트 처리 테이블과 같은 이벤트 처리 함수들을 구현하는데 아주 유용하다.

변수를 가리키는 포인터는 int *pi와 같이 가리키는 자료형만 알려주면 되므로 상대적으로 간단하다. 하지만 포인터를 이용하여 함수를 호출하려면 포인터가 함수를 가리킨다는 것도 알려줘야 하고 함수 호출에 필요한 인수, 반환형도 함께 알려주어야 한다. 이 모든 것은 다음과 같은 선언으로 해결된다.

▶ 참고사항

여기서도 우선 순위 때문에 괄호가 필요하다. 괄호에 의하여 먼저 포인터로 만들어야 한다.
함수 포인터 이름을 둘러싸는 괄호가 없으면 즉 int *pf(int, int)와 같이 선언하면 정수형 포인터를 반환하는 pf라는 함수가 되어 완전히 다른 의미가 되므로 주의하여야 한다.

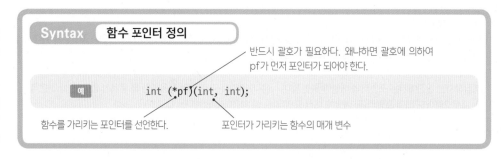

위에서는 정수형 매개 변수 2개를 가지며 정수형을 반환하는 함수 포인터 pf를 선언하였다. 이렇게 선언된 함수 포인터는 반환형, 매개 변수 등이 정확히 일치하는 함수만을 가리킬 수 있다. 함수 포인터가 함수를 가리키게 하려면 다음과 같이 함수의 이름을 포인터에 대입하면 된다.

```
int add(int, int);          // 함수 원형 정의

int (*pf)(int, int);        // 함수 포인터 정의
pf = add;                   // 함수의 이름을 함수 포인터에 대입
```

함수 포인터 선언은 함수 원형을 정의하는 것과 비슷하다. 함수 원형에서 함수 이름 대신에 (*함수포인터이름)을 써주면 된다.

위의 대입문은 함수 포인터 pf에 add()의 시작 주소를 대입하는 것으로 pf가 add()를 가리키게 된다. 함수의 이름은 함수의 시작 주소를 나타내는 포인터 상수로 간주된다. 따라서 배열의 경우와 마찬가지로 함수의 이름 앞에 &연산자를 사용할 필요가 없다. 만약 반환형과 매개 변수만 일치하면 이름이 다르더라도 함수를 바꿔가며 가리킬 수 있다.

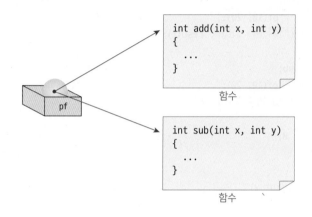

그림 14-9
함수 포인터

함수 포인터가 특정한 함수를 가리키게 하였으면 이제 이 함수 포인터를 이용하여 함수를 호출할 수 있다.

```
result = (*pf)(10, 20);
```

pf가 함수의 주소를 가지고 있으므로 *pf는 함수 add()와 같다. 따라서 (*pf)(10, 20)은 add(10, 20)과 같다. 이 때 괄호를 꼭 사용해야 하는 이유는 *pf(10, 20)으로 하면 *연산자보다 () 연산자가 더 우선순위가 높아서 *(pf(10,20))과 같은 의미가 된다. 따라서 함수 호출 pf(10,20)이 먼저 실행되고 함수의 반환값이 가리키는 내용이 되어 버린다. 따라서 * 연산자가 먼저 실행되도록 (*pf)와 같이 반드시 괄호가 있어야 한다.

(*pf)라는 표현이 약간 번거롭기 때문에 대부분의 컴파일러에서는 pf를 함수 이름처럼 사용해서 호출하는 것을 허용한다. pf는 어차피 컴파일러가 함수 포인터로 알고 있기 때문에 (*pf)라는 표현 대신에 pf를 마치 함수 이름처럼 사용해도 문제가 없다.

```
result = pf(10, 20);
```

예제

fp1.c

```c
1  #include <stdio.h>
2
3  int add(int, int);          함수 원형 정의
4  int sub(int, int);
5
6  int main(void)
7  {
8      int result;
9      int (*pf)(int, int);     함수 포인터 정의
10                              함수 포인터에 함수 add()의 주소 대입
11     pf = add;
12     result = pf(10, 20);     함수 포인터를 통한 함수 add() 호출
13     printf("10+20은 %d\n", result);
14
15     pf = sub;                // 함수 포인터에 함수 sub()의 주소 대입
16     result = pf(10, 20);     // 함수 포인터를 통한 함수 sub() 호출
17     printf("10-20은 %d\n", result);
18
19     return 0;
20  }
21
22  int add(int x, int y)
23  {
24      return x+y;
25  }
26
27  int sub(int x, int y)
28  {
29      return x-y;
30  }
```

```
10+20은 30
10-20은 -10
```

함수 포인터의 배열

함수 포인터의 배열을 만들 수 있을까? 함수 포인터도 함수의 주소가 들어 있는 변수이기 때문에 배열로 만들 수 있다. 다만 표기법이 상당히 복잡해진다. 아마 포인터 중에서 최고로 복잡한 표기법이 될 듯하다. 하지만 함수 포인터의 배열은 실제 응용 프로그램에서 비교적 많이 사용된다.

예를 들어서 크기가 5인 함수 포인터 배열을 선언하면 다음과 같다.

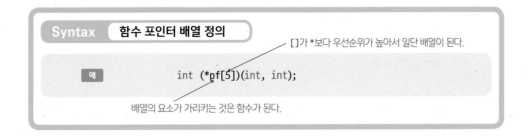

각 배열 요소는 반환형이 int이고 두 개의 매개 변수를 가지는 함수를 가리키는 함수 포인터가 된다. 여기서 함수 포인터는 결국은 함수의 시작 번지이므로 배열의 요소에 저장되는 것은 결국 단순한 주소이다.

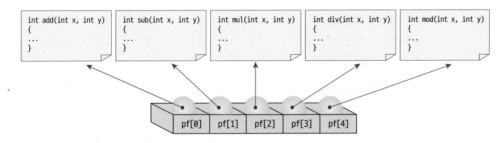

그림 14-10
함수 포인터 배열

함수 포인터는 상당히 많이 사용된다. 예를 들어서 메뉴를 구현할 때 함수 포인터를 사용할 수 있다. 사용자에게 메뉴를 제시하고 사용자가 메뉴를 선택하면 선택된 번호를 함수 포인터 배열의 인덱스로 사용한다. 사칙 연산을 수행하는 프로그램을 함수 포인터 배열을 이용하여 작성해보자.

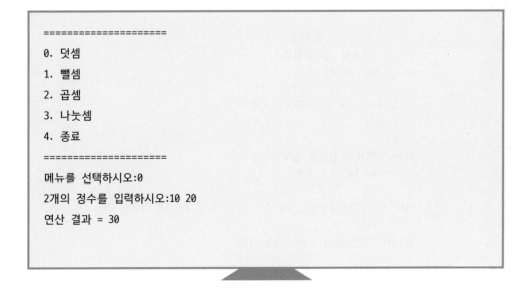

fp2.c

```c
1   // 함수 포인터 배열
2   #include <stdio.h>
3
4   // 함수 원형 정의
5   void menu(void);
6   int add(int x, int y);
7   int sub(int x, int y);
8   int mul(int x, int y);
9   int div(int x, int y);
10
11  void menu(void)
12  {
13          printf("=====================\n");
14          printf("0. 덧셈\n");
15          printf("1. 뺄셈\n");
16          printf("2. 곱셈\n");
17          printf("3. 나눗셈\n");
18          printf("4. 종료\n");
19          printf("=====================\n");
20  }
21
22  int main(void)
23  {
24          int choice, result, x, y;
25
26          int (*pf[4])(int, int) = { add, sub, mul, div };
27
28          while(1)
29          {
30              menu();
31
32              printf("메뉴를 선택하시오:");
33              scanf("%d", &choice);
34
35              if( choice < 0 || choice >=4 )
36                  break;
37
38              printf("2개의 정수를 입력하시오:");
39              scanf("%d %d", &x, &y);
40
41              result = pf[choice](x, y);          // 함수 포인터를 이용한 함수 호출
42
43              printf("연산 결과 = %d\n",result);
44          }
45          return 0;
46  }
47
48  int add(int x, int y)
49  {
50          return x + y;
```

함수 포인터 배열 요소를 함수의 주소들로 초기화 한다.

```
51  }
52
53  int sub(int x, int y)
54  {
55          return x - y;
56  }
57
58  int mul(int x, int y)
59  {
60          return x * y;
61  }
62
63  int div(int x, int y)
64  {
65          return x / y;
66  }
```

함수 인수로서의 함수 포인터

함수 포인터도 변수이기 때문에 함수 호출 시에 인수로 전달이 가능하다. 함수 포인터가 인수로 전달되면 전달받은 함수 측에서는 이 함수 포인터를 이용하여 함수 호출을 할 수 있다. 이 기능을 이용하면 호출된 함수가 특정한 함수를 호출해주도록 호출하는 측에서 결정할 수가 있다.

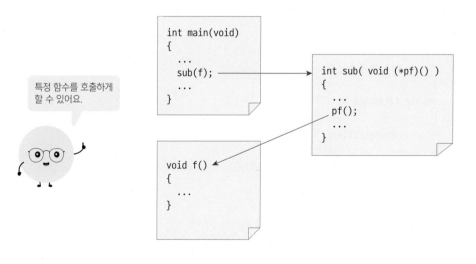

그림 14-11
함수 인수로서의 함수 포인터

예를 들어서 다음과 같은 수식을 계산하여보자.

$$\sum_{1}^{n} (f^2(k) + f(k) + 1)$$

여기서 $f(k)$은 다양한 함수가 될 수 있다. 예를 들면 $f(k) = \dfrac{1}{k}$ 또는 $f(k) = \cos(k)$ 등이 될 수

있다. 따라서 프로그램에서 위의 수식을 계산하는 함수를 만드는 경우에 함수 포인터를 사용하여 $f(k)$를 표현하는 것이 바람직하다.

```
pf3.c
1  #include <stdio.h>
2  #include <math.h>
3
4  double f1(double k);
5  double f2(double k);
6  double formula(double (*pf)(double), int n);
7
8  int main(void)
9  {
10      printf("%.2f\n", formula(f1, 10));
11      printf("%.2f\n", formula(f2, 10));
12  }
13
14  double formula(double (*pf)(double), int n)
15  {
16      int i;
17      double sum = 0.0;
18
19      for(i = 1; i < n; i++)
20          sum += pf(i) * pf(i) + pf(i) + 1;
21      return sum;
22  }
23
24  double f1(double k)
25  {
26      return 1.0 / k;
27  }
28  double f2(double k)
29  {
30      return cos(k);
31  }
```

f1을 인수로 하여서 formula()를 호출한다.

함수 포인터를 매개 변수로 받는다.

함수 포인터를 이용하여서 수식을 계산한다.

13.36
12.71

중간점검

1 int 값을 반환하고 double 값을 인수로 받는 함수의 포인터 pf를 선언하여보자.
2 1번의 함수 포인터를 통하여 3.0을 인수로 하여 함수를 호출하는 문장을 작성하라.

14.5 다차원 배열과 포인터

10장에서 배열과 포인터의 밀접한 관계를 학습한 바 있다. 배열의 이름은 사실상의 포인터이고, 배열의 이름을 포인터처럼 사용할 수 있었다. 하지만 10장에서는 일차원 배열에 대해서만 살펴보았다. 그렇다면 다차원 배열의 경우는 어떨까? 즉 다차원 배열의 이름은 무엇을 가리키는 포인터일까? 그리고 포인터를 이용하여 다차원 배열의 요소들을 참조할 때는 어떻게 하여야 할까? 이번 절에서 자세하게 살펴보기로 하자.

정수형 2차원 배열 m을 가정하자. 2차원 배열은 배열 요소들이 2차원적으로 배치되어 있는 배열이다. 배열 m은 3개의 행(row)과 3개의 열(column)을 가지는 구조이다.

```
int m[3][3];
```

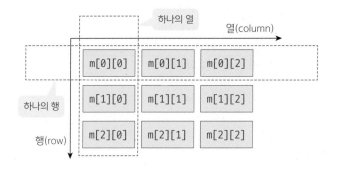

그림 **14-12**
2차원 배열

2차원 배열은 메모리에 어떤 식으로 저장될까? 메모리는 우리가 알다시피 1차원적인 구조이다. 따라서 2차원 배열을 메모리에 저장하려면 두 가지 방법 중의 하나로 저장하여야 한다. 첫 번째 방법은 행우선 방법(row-major)으로 행을 기준으로 하여서 2차원 배열을 메모리에 저장하는 방법이다. 즉 0번째 행을 먼저 저장한 후에, 1번째 행에 속하는 요소들을 저장하는 방법이다. 두 번째 방법은 열우선 방법(column-major)으로 열을 기준으로 메모리에 저장하는 방법이다. 프로그래밍 언어에 따라서 이들 두 가지의 방법 중에서 하나를 선택하고 있다. C에서는 행우선 방법이 사용된다.

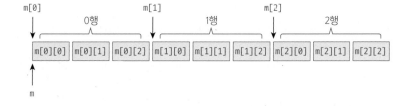

그림 **14-13**
2차원 배열은 행우선 방법으로 저장된다.

2차원 배열 m은 **그림 14-13**과 같이 메모리에 저장된다. 그렇다면 2차원 배열 이름이 어디를 가리키는지를 생각하여보자. 쉽게 예측할 수 있었겠지만, m이라고 하는 2차원 배열 이름은 첫 번째 배열 요소의 주소인 &m[0][0]와 같다. 이는 1차원 배열의 이름이 배열의 첫 번째 요소를 가리키는 포인터였던 것과 같은 이치이다.

그렇다면 m[0], m[1], m[2]는 무엇일까? m[0]는 0번째 행의 시작 주소와 같다. m[1]은 1번째 행의 시작 주소와 같으며 m[2]는 2번째 행의 시작 주소와 같다. 이것을 다음의 예제로 살펴보자.

참고사항

배열의 주소는 실행할 때마다 달라질 수 있다.

먼저 m의 값을 출력하였다. m의 값이 &m[0][0]와 같은 것을 알 수 있다. 또한 m[0], m[1], m[2]의 값이 &m[0][0], &m[1][0], &m[1][1]과 같음을 알 수 있다.

```
m = 000000341A36F888
m[0] = 000000341A36F888
m[1] = 000000341A36F894
m[2] = 000000341A36F8A0
&m[0][0] = 000000341A36F888
&m[1][0] = 000000341A36F894
&m[2][0] = 000000341A36F8A0
```

multi_array.c

```c
1    // 다차원 배열과 포인터
2    #include <stdio.h>
3
4    int main(void)                          // 2차원 배열 m[3][3]을 선언하였다.
5    {
6        int m[3][3] = { 10, 20, 30, 40, 50, 60, 70, 80, 90 };
7
8        printf("m = %p\n", m);              // 배열의 시작주소
                                             // 각 행의 시작 주소와 같다.
9        printf("m[0] = %p\n", m[0]);        // 0행의 시작주소
10       printf("m[1] = %p\n", m[1]);        // 1행의 시작주소
11       printf("m[2] = %p\n", m[2]);        // 2행의 시작주소
12       printf("&m[0][0] = %p\n", &m[0][0]);
13       printf("&m[1][0] = %p\n", &m[1][0]);
14       printf("&m[2][0] = %p\n", &m[2][0]);
15
16       return 0;
17   }
```

다차원 배열의 이해

다차원 배열을 배열의 배열로 생각하면 이해가 쉬워진다. m이라는 배열은 m[0], m[1], m[2]의 세 개의 요소로 되어 있는 배열이고 다시 m[0]는 m[0][0], m[0][1], m[0][2]로 되어 있는 배열이라는 식으로 생각하는 것이다. 따라서 m[0], m[1], m[2]도 배열의 이름으로 생각할 수 있다. 다음 그림을 참조하라.

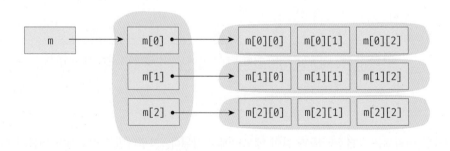

그림 14-14
다차원 배열의 해석

2차원 배열의 정의를 다음과 같이 해석하면 이해하기 쉬워진다. 연산자 []의 결합 법칙을

기억한다면 해석하기 쉬울 것이다.

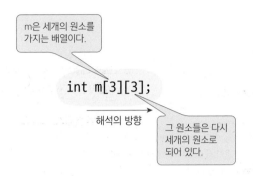

그림 14-15
2차원 배열

포인터를 이용한 다차원 배열 운행

우리는 11장에서 인덱스를 이용해서 방문하는 방법이 포인터를 이용하는 방문보다 더 효율적이라는 것을 알았다. 그렇다면 다차원 배열의 경우에는 어떻게 방문하여야 할까? 2차원 배열의 평균을 구하는 문제를 가지고 살펴보자.

```
#define ROWS 4
#define COLS 3

int m[ROWS][COLS] = { { 10, 20, 30 }, { 10, 20, 30 }, { 10, 20, 30 }, { 10, 20, 30} };
```

① 특정한 행의 요소들의 평균을 구하는 경우

같은 행에 속하는 요소들은 순서대로 메모리에 놓여 있다. 따라서 포인터를 이용하는 편이 효율적이다. 먼저 포인터 p가 행의 첫 번째 요소를 가리키게 한다. endp는 행의 마지막 요소를 가리키게 한다. 반복하면서 p가 가리키는 값을 sum에 합한 후에 p를 증가시킨다. p가 endp를 넘어가게 되면 반복을 중단하면 된다.

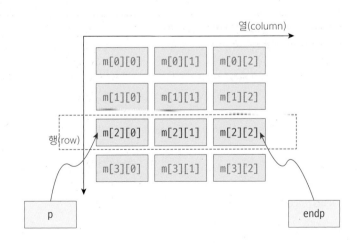

그림 14-16
행의 평균을 구하는 경우

```
double get_row_avg(int m[ROWS][COLS], int r)
{
      int *p, *endp;
      double sum = 0.0;

      p = &m[r][0];                    // p는 r행의 시작 주소
      endp = &m[r][COLS-1];            // endp는 r행의 종료 주소

      while( p <= endp )               // p가 종료 주소보다 작거나 같으면
            sum += *p++;               // sum에 p가 가리키는 값 누적

      sum /= COLS;                     // 평균 계산

      return sum;
}
```

② 전체 요소들의 평균을 구하는 경우

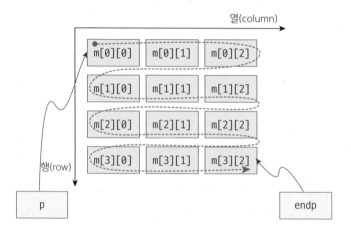

그림 14-17
행의 평균을 구하는 경우

먼저 포인터 p가 배열의 첫 번째 요소를 가리키게 한다. endp는 배열의 마지막 요소를 가리키게 한다. 반복하면서 p가 가리키는 값을 sum에 합한 후에 p를 증가시킨다. p가 endp와 같아지면 반복을 중단하면 된다.

```
double get_total_avg(int m[][COLS])
{
      int *p, *endp;
      double sum = 0.0;

      p = &m[0][0];                    // p는 0행의 시작 주소
      endp = &m[ROWS-1][COLS-1];       // endp는 (ROWS-1)행의 종료 주소

      while( p <= endp )               // p가 종료 주소보다 작거나 같으면
            sum += *p++;               // sum에 p가 가리키는 값 누적

      sum /= ROWS * COLS;              // 평균 계산

      return sum;

}
```

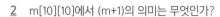

1 m[10][10]에서 m[0]의 의미는 무엇인가?
2 m[10][10]에서 (m+1)의 의미는 무엇인가?

14.6 const 포인터와 volatile 포인터

const 키워드

우리가 알다시피 const는 변하지 않음을 나타내는 키워드이다. const 키워드를 포인터에 붙이면 어떤 작용을 할까? const를 붙이는 위치에 따라서 상당히 다르게 해석된다.

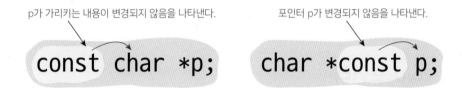

p가 가리키는 내용이 변경되지 않음을 나타낸다.

포인터 p가 변경되지 않음을 나타낸다.

```
const char *p;          char *const p;
```

먼저 왼쪽과 같이 const 키워드가 * 연산자 앞에 있으면 포인터가 가리키는 대상이 변경되지 않는다는 것을 의미한다. 그러나 포인터는 변경이 가능하다. 반면에 const 키워드가 * 연산자 다음에 있으면 포인터 자체가 변경되지 않는다는 것을 의미한다. 간단한 예제를 작성하여서 살펴보자.

constpointer.c

```
1   #include <stdio.h>
2
3   int main(void)
4   {
5       char s[] = "Barking dogs seldom bite.";
6       char t[] = "A bad workman blames his tools";
7       const char * p=s;
8       char * const q=s;
9                               ──── p가 가리키는 곳의 내용을 변경할 수 없다.
10      //p[3] = 'a';
11      p = t;                  ──── 하지만 p는 변경이 가능하다.
12                              ──── q가 가리키는 곳의 내용은 변경할 수 있다.
13      q[3] = 'a';
14      //q = t;                ──── 하지만 q는 변경이 불가능하다.
15
16      return 0;
17  }
```

volatile 키워드

변수나 포인터 앞에 volatile 키워드가 있는 경우가 있다. volatile은 주로 동일한 메모리를 여러 개의 프로세스나 스레드가 사용할 때 필요하다. 또 하드웨어의 상태를 나타내는 비트를 읽는데 필요하다. volatile은 다른 프로세스나 스레드, 하드웨어가 값을 불시에 변경할 수 있으니 값을 사용할 때마다 다시 메모리에서 읽으라는 것을 의미한다. 어떤 변수가 volatile로 지정되면 컴파일러는 프로그램에 의하여 변수가 접근될 때마다 메모리에서 값을 다시 로드한다. 따라서 이것은 컴파일러의 최적화를 방해한다. 하지만 불시에 변경되는 값을 처리하는 경우에는 불가피하다.

p가 가리키는 내용이 수시로 변경되니
사용할 때마다 다시 로드하라는 의미이다.

```
volatile char *p;
```

14.7 void 포인터

포인터는 선언할 때 반드시 무엇을 가리키는지를 명시하여야 한다. 하지만 포인터를 선언할 당시에는 아직 구체적으로 대상물이 정해지지 않은 경우도 있다. 이러한 경우에 void 포인터가 사용된다. void 포인터는 순수하게 메모리의 주소만을 가지고 있는 변수이다. 제네릭 포인터(generic pointer)라고도 한다.

```
void *p;
```

이 주소를 이용해서 어떤 대상물을 가리킬 것인지는 아직 정해지지 않았다. 따라서 void 형 포인터에는 *연산자를 사용할 수 없다. 그 이유는 가리키는 대상이 없기 때문이다. 만약 *연산자를 사용하려면 반드시 명시적인 대상을 가리키는 포인터 타입으로 형변환을 하여야 한다.

```c
int a = 10;
void *p;                        // void 포인터 p 선언

p = &a;                         // p는 변수 a의 주소를 가지고 있다.
// printf("%d", *p);            // 오류!!
printf("%d", *(int *)p);        // OK!
```

void 포인터는 어디에 유용한가? void 포인터를 이용하면 어떤 타입의 포인터도 받을 수 있는 함수를 작성할 수 있다. 예를 들어서 전달받은 메모리를 0으로 채우는 함수를 작성해보면 다음과 같다.

```
void memzero(void *ptr, size_t len)
{
      for (; len > 0; len--) {
          *(char *)ptr = 0;
      }
}
```

memzero() 함수는 void 포인터를 받아서 이것을 문자형 포인터로 형변환한 후에 포인터가 가리키는 곳에 0을 저장한다. 다음의 예제를 살펴보자.

vp.c

```
1   #include <stdio.h>
2   void memzero(void *ptr, size_t len)
3   {
4         for (; len > 0; len--) {
5             *(char *)ptr = 0;
6         }
7   }
8
9   int main(void)
10  {
11        char a[10];
12        memzero(a, sizeof(a));
13
14        int b[10];
15        memzero(b, sizeof(b));
16
17        double c[10];
18        memzero(c, sizeof(c));
19
20        return 0;
21  }
```

---

1   void형 포인터 vp를 int형 포인터 ip로 형변환하는 문장을 작성하라.

중간점검

14.8 main 함수의 인수

main()도 함수이므로 매개 변수와 반환값을 가질 수 있다. 지금까지는 다음과 같은 형태만을 사용하였다. 이 형태에서는 매개 변수 선언 위치에 void가 있어서 매개 변수를 전달받지 못했다.

```
int main(void)
{
      ...
}
```
외부 입력을 받지 않는 main()

하지만 다른 형태의 main() 함수 정의도 사용할 수 있다. 이 정의에서는 매개 변수를 전달받는 것이 가능해진다.

```
int main(int argc, char *argv[])
{
      ..
}
```
외부 입력을 받을 수 있는 main()

위의 형태에서는 두 개의 매개 변수가 선언되어 있다. argc는 프로그램이 전달받는 인수들의 개수를 가지고 있다. argv는 프로그램이 전달받는 인수들을 문자열 형태로 가지고 있다.

우리가 만든 프로그램은 최종적으로 확장자가 exe인 실행 파일이 되어서 하드 디스크에 저장된다. 명령 프롬프트 창에서 이 프로그램의 이름을 입력하게 되면 프로그램을 실행시킬 수 있다. 예를 들어서 우리가 만드는 프로그램의 이름이 mycopy.exe라면 다음과 같이 입력하면 mycopy 프로그램이 실행된다. 여기서는 mycopy 프로그램이 파일 복사를 하는 프로그램이고 다음과 같이 명령 프롬프트에서 원본 파일 이름과 복사본 파일 이름을 받는다고 가정하자.

```
C:\cprogram> mycopy src dst  Enter↵
```

이와 같은 경우에 운영체제는 src과 dst이라는 인수를 프로그램으로 전달할 것이다. 하지만 어떤 방법으로 전달하는가? 바로 이전에 잠깐 등장하였던 argc와 argv를 통하여 전달된다. argc는 명령어 행(command line)에 존재하는 모든 단어들의 개수를 전달한다. 위의 예제의 경우, 프로그램의 이름도 포함되므로 argc는 3이 된다. argv는 문자형 포인터의 배열이다. 따라서 argv는 여러 개의 문자열을 가리킬 수 있다. 다음 그림을 참조하자.

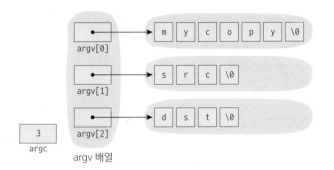

그림 14-18
argc와 argv[]의 의미

argv[] 배열의 요소들은 명령어 행에 있는 인수들의 주소를 가지게 된다. main 함수에서는 argv[] 배열을 통하여 명령어 행에서 입력된 인수들을 알 수 있다. 문자열은 항상 맨 끝에 NULL 문자를 가진다는 것을 잊지 말자. 예제로 main()로 전달되는 명령 인수들을 출력하는 프로그램을 살펴보자.

main_arg.c

```
1   #include <stdio.h>                명령 인수의 개수
2                                                            명령 인수
3   int main(int argc, char *argv[])
4   {
5       int i = 0;
6
7       for(i = 0;i < argc; i++)
8           printf("명령어 행에서 %d번째 문자열 = %s\n", i, argv[i]);
9
10      return 0;
11  }
```

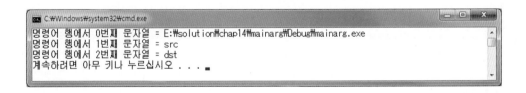

```
C:₩Windows₩system32₩cmd.exe
명령어 행에서 0번째 문자열 = E:₩solution₩chap14₩mainarg₩Debug₩mainarg.exe
명령어 행에서 1번째 문자열 = src
명령어 행에서 2번째 문자열 = dst
계속하려면 아무 키나 누르십시오 . . .
```

프로그램 설명

3	main 함수를 정의할 때 기존과는 다른 정의를 사용하고 있다. 이번에는 두 개의 인수를 전달받는다.
7-8	for를 사용한 반복 루프에서 i가 0에서부터 argc보다 작을 때까지 argv[i]를 문자열 형태로 출력한다. 현재 argc가 3이므로 i값이 0에서 2까지 반복되고 따라서 argv[0]부터 argv[2]가 가리키는 문자열이 출력된다.

위의 프로그램을 실행시킬 때는 이전과는 다르게 하여야 한다. 두 가지의 방법이 존재한다. 첫 번째는 명령 프롬프트 창을 사용하는 것이다. 컴파일/링크가 끝난 뒤에 명령 프롬프트 창을 열어서 해당 실행 파일이 존재하는 지를 확인한 다음에 다음과 같이 직접 입력한다.

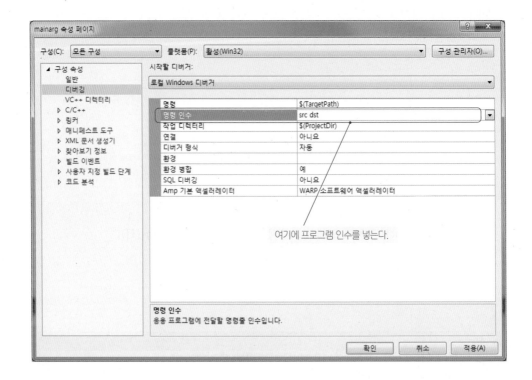

명령 프롬프트 창을 사용하기가 싫다면 비주얼 스튜디오 2022에서 명령 인수를 입력하는 방법을 알아야겠다. 다음과 같이 하면 된다. [프로젝트]→[main_arg.exe 속성]을 선택하면 다음과 같은 화면이 뜬다. 여기서 명령 인수 칸에 원하는 문자열을 입력한다.

여기에 프로그램 인수를 넣는다.

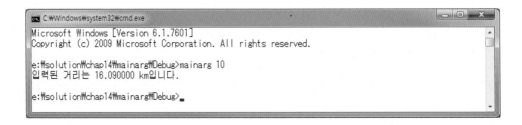

LAB   프로그램 인수 사용하기

두 번째의 예제로 사용자로부터 마일(mile)로 된 거리를 받아서 킬로미터(km)로 변환해주는 프로그램을 작성해보자. 하지만 scanf()를 사용하지 말고 프로그램 인수로 받아보자.

Solution mile2km.c

```c
1  // main 함수의 인수 활용
2  #include <stdio.h>
3  #include <stdlib.h>
4
5  int main(int argc, char *argv[])
6  {
7      double mile, km;
8
9      if( argc != 2 ){
10         printf("사용 방법: mile2km 거리\n");
11         return 1;
12     }
13
14     mile = atof(argv[1]);
15     km = 1.609 * mile;
16     printf("입력된 거리는 %f km입니다. \n", km);
17
18     return 0;
19 }
```

프로그램 설명

9	먼저 프로그램 인수를 받는 프로그램의 경우, 자신에게 필요한 인수의 개수가 입력되지 않았으면 사용법을 출력하고 프로그램을 종료하는 것이 보통이다. 따라서 여기서도 argc가 2가 아니면 프로그램의 실행을 종료한다. 여기서 프로그램의 인수는 하나이지만 프로그램 자체의 이름도 포함이 되므로 argc는 2이어야 한다.
14	argv가 가리키는 값들은 수치값이 아니고 문자열이다. 따라서 이들 문자열을 수치값으로 변환해주는 함수가 필요하다. 다행히도 stdlib.h에는 다음과 같은 파일들이 선언되어 있다.

```c
int atoi(char *str)      // 문자열을 정수값으로 변환
double atof(char *str)    // 문자열을 실수값으로 변환
long atol(char *str)      // 문자열을 long형 정수값으로 변환
```

따라서 상황에 맞는 함수를 골라서 사용하면 된다. 여기서는 실수값으로 입력될 가능성이 맞으므로 atof() 함수를 사용하였다.

<u>1</u> C >main arg1 arg2 arg3와 같이 실행시킬 때 argv[0]가 가리키는 것은?

<u>2</u> C >main arg1 arg2 arg3와 같이 실행시킬 때 argc의 값은?

중간점검

 **LAB** qsort() 함수 사용하기

C언어에서 정렬할 때 가장 많이 사용하는 라이브러리 함수가 qsort()이다. qsort() 함수는 데이터가 저장된 배열을 정렬한다. qsort()는 배열의 시작 주소와 배열 요소의 개수, 요소 하나의 크기, 비교 함수를 받는다. qsort()는 범용 정렬 함수로 제작되었기 때문에 배열의 자료형은 알 수가 없다. 따라서 배열 요소를 직접 비교할 수는 없고, 외부의 함수를 받아서 그 함수를 호출하여 요소와 요소를 비교한다.

```
void qsort(void *base, size_t nitems, size_t size, int (*compar)(const void *, const
void*));
```

- base — 정렬될 배열의 주소
- nitems — 요소들의 개수(배열의 크기)
- size — 각 요소들의 크기(바이트 단위)
- compar — 2개의 요소를 비교하는 함수

비교 함수 compar()는 배열의 요소의 주소 2개를 인수로 받는다. 첫 번째 인수가 첫 번째 요소의 주소이고 두 번째 인수가 두 번째 요소의 주소이다. 비교 함수가 반환해야 할 값은 int 형이다. 반환값이 음수이면, 첫 번째 요소가 두 번째 요소보다 작다. 0이면, 같다는 뜻이고, 양수이면, 첫 번째 요소가 두 번째 요소보다 크다는 의미이다. qsort()를 호출하여 다음과 같은 배열에 저장된 정수들을 정렬해보자.

```
int values[] = { 98, 23, 99, 37, 16 };
```

정렬 후의 배열: 16 23 37 98 99

 Solution qsort.c

```
1  #include <stdio.h>
2  #include <stdlib.h>
3
4  int values[] = { 98, 23, 99, 37, 16 };
5
```

```
 6  int compare(const void * a, const void * b)
 7  {
 8          return (*(int*)a - *(int*)b);
 9  }
10
11  int main()
12  {
13          int n;
14
15          qsort(values, 5, sizeof(int), compare);
16
17          printf("정렬한 후 배열: ");
18          for (n = 0; n < 5; n++)
19              printf("%d ", values[n]);
20          printf("\n");
21
22          return(0);
23  }
```

도전문제

난수를 생성하여 정수형 배열을 채운 후에 qsort()를 호출하여 정렬하여보자.

도전문제

다음과 같은 형식의 구조체 2개를 성적을 기준으로 비교하는 함수를 작성하여보자.

```
struct Student {
    int age, grade;
    char name[20];
};
int comparator(const void *p, const void *q)
{
    int l = ((struct Student *)p)->grade;
    _____;
    return (l - r);
}
```

Mini Project   이분법으로 근 구하기

수학이나 물리학에서의 중요한 문제 중의 하나는 f(x) = 0을 만족하는 근(root)을 구하는 문제이다. 2차식의 경우에는 공식이 있지만 일반적인 n차식의 경우 공식이 존재하지 않는다. 이때 사용할 수 있는 방법이 이분법(bisection)이다. 이분법은 만약 구간 [a, b]에서 f(a)와 f(b)가 서로 다른 부호를 갖는다면 이 구간에서 근을 가진다는 사실을 이용하는 것이다.

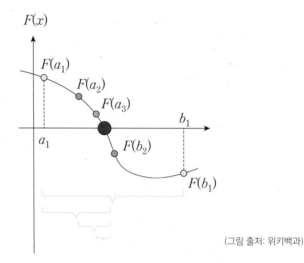

(그림 출처: 위키백과)

구간 [a, b]에서 근을 가지는 것이 확실하면 구간 [a, b]의 중점 m을 구하여 구간 [a, m]과 구간 [m, b]로 나눈다. 각각의 구간에서 다시 f(a)와 f(b)의 부호를 조사하여 근이 어떤 구간에 위치하는지를 결정한다. 다시 그 구간에 대하여 동일한 과정을 되풀이한다. 이 방법을 사용하면 근이 위치하는 범위를 점점 줄일 수 있다. 구간의 범위가 충분히 작아지면 범위의 중간점을 근으로 할 수 있다. 이분법을 수행하는 함수 bisection()를 작성하고 테스트하라. 우리의 최종 목표는 함수 포인터를 사용하여 bisection()이 일반적인 함수에 대하여 근을 계산하는 것이다. 이것은 도전 문제로 다루어보자. 우리는 다음과 같은 함수에 대하여 [-200, 200] 구간에서 근을 구해보자.

$$f(x) = x^3 - x^2 + 2$$

```
최종 근 = -0.999928
```

```
Solution  bisection.c

 1  #include <stdio.h>
 2  #include <math.h>
 3  #define EPSILON 0.0001
 4
 5  double func(double x)
 6  {
 7        return x*x*x - x*x + 2;
 8  }
 9
10  void bisection(double a, double b)
11  {
12        if (func(a) * func(b) >= 0) {
13            printf("적절한 a와 b가 아님\n");
14            return;
15        }
16
17        double c = a;
18        while ((b - a) >= EPSILON) {
19            c = (a + b) / 2;
20            if (func(c)*func(a) < 0) {
21                b = c;
22            }
23            else {
24                a = c;
25            }
26        }
27        printf("최종 근 = %lf\n", c);
28  }
29
30  int main(void)
31  {
32        double a = -200, b = 200;
33        bisection(a, b);
34        return 0;
35  }
```

17행 → a와 b가 어느 정도 가까워지면 반복을 종료한다.
19행 → 중점을 계산한다.

🔬 도전문제

(1) 이 프로그램에서 함수 포인터를 사용하여서 bisection() 함수를 보다 범용적으로 작성히어보자. 함수 포인터는 double (*fp)(double); 와 같이 선언할 수 있다.

(2) 사용자로부터 3차항 계수, 2차항 계수, 1차항 계수, 상수항 계수를 입력받아서 일반적인 3차식의 근을 구하도록 변경할 수 있는가?

Summary

```
// 설명을 빈칸에 적으면서 정리합시다.
...
int main(int argc, char *argv[])
{
        int x, y;
        int *p[2] = { &x, &y };
        int (*pf)(int, int);

        x = atoi(argv[1]);
        y = atoi(argv[2]);
        check(p);

        pf = add;
        printf("%d\n", pf(x, y));
        return 0;
}
void check(int *p[2])
{
        if( *p[0] < 0 )    *p[0] = 0;
        if( *p[1] < 0 )    *p[1] = 0;
}
int add(int x, int y)
{
        return x+y;
}
```

▶ 포인터를 가리키는 포인터를 _____ 라고 한다.

▶ 포인터를 요소로 갖는 배열을 _____ 라고 한다.

▶ 함수를 가리키는 포인터를 _____ 라고 한다.

▶ m[10][10]에서 m[1]이 가리키는 것은 _____ 이다.

▶ 아직까지 가리키는 대상물이 결정되지 않은 포인터를 _____ 라고 한다.

▶ argc는 명령 인수의 _____ 이고 argv는 _____ 을 가리킨다.

Exercise

01 다음은 무엇을 선언하는 문장인가?

(a) int **dp;　　＿＿＿＿＿＿＿＿＿＿＿＿＿＿＿＿

(b) int *pa[10];　　＿＿＿＿＿＿＿＿＿＿＿＿＿＿＿＿

(c) int (*p)[3];　　＿＿＿＿＿＿＿＿＿＿＿＿＿＿＿＿

(d) void (*f)(int a);　＿＿＿＿＿＿＿＿＿＿＿＿＿＿＿＿

02 다음의 설명에 맞는 문장을 작성해보자.

(a) int형 포인터에 대한 포인터

(b) 5개의 double형 포인터를 저장하는 배열의 선언

(c) char형 인수를 받으며 double형을 반환하는 함수에 대한 포인터

(d) 2개의 short형 인수를 받으며 int형을 반환하는 함수에 대한 포인터의 배열

(e) 아무것도 가리키지 않는 포인터 p

03 다음 프로그램의 출력을 쓰시오.

(a)
```c
int i = 80;
int *p = &i;
int **dp = &p;

**dp = 90;
*p = 100;

printf("%d %d %d", i, *p, **dp);
```

(b)
```c
int main(void)
{
  int m[3][2] = { 1, 2, 3, 4, 5, 6 };

  printf("%d\n", **m);
  printf("%d\n", *m[1]);
}
```

(c)
```c
char *a[] = {"서울", "부산", "인천", "대구"};
char **x;
x = a;

printf("%s\n",*x);
```

(d)
```c
int a[2][3] = {
        { 1, 2, 3},
        { 4, 5, 6}
};
int (*p)[3] = a;
printf("%d", p[0][1]);
```

Programming

01 정수 배열 { 30, 80, 100, 50, 60, 20, 40, 90, 70, 10 }을 내림차순으로 정렬하는 프로그램을 작성해보자. 라이브러리 함수 qsort()를 사용한다.

```
정렬되지 않은 배열:
30, 80, 100, 50, 60, 20, 40, 90, 70, 10,
내림차순으로 정렬된 배열
100, 90, 80, 70, 60, 50, 40, 30, 20, 10,
```

HINT qsort() 함수에 역순으로 비교하는 함수 포인터를 전달한다.

02 학생(학번 int number, 이름 char name[10], 성적 double score)을 나타내는 구조체 Student를 정의한다. 구조체 Student의 배열에 학생 30명의 정보를 저장한다. 모든 정보는 난수로 생성해보자. 라이브러리 함수 qsort()를 사용하여 성적을 기준으로 정렬하는 프로그램을 작성해보자.

```
성적으로 정렬한 결과
  22 0.133333 ihfqoapgvz
  16 0.166667 evnmphwqb
   2 0.300000 ekqcffe
...
```

HINT qsort() 함수에 구조체를 성적으로 비교하는 함수 포인터를 전달한다.

03 10개 정도의 속담을 문자열의 형태로 함수 set_proverb() 내부에 저장하고 있다가 사용자가 set_proverb()을 호출하면 인수로 받은 이중 포인터를 이용하여 외부에 있는 char형 포인터 s를 설정하는 set_proverb()을 작성하고 테스트하라.

```
몇 번째 속담을 선택하시겠습니까? 2
선택된 속담 = A bad workman quarrels with his tools.
```

HINT set_proverb(char **q, int n) 함수는 외부의 포인터 값을 변경하여야 하므로 이중 포인터 매개 변수를 가진다. 또 내부에 정적 문자 포인터 배열로 10개의 속담을 저장하고 있다.

```c
void set_proverb(char **q, int n)
{
    static char *array[10]={"A bad shearer never had a good sickle.",
                "A bad workman (always) blames his tools.",
                "A bad workman quarrels with his tools.",
                "A bad thing never dies.",
                ...
    }
}
```

04 2차원 배열에 정수가 저장되어 있다고 가정한다. 우리가 가지고 있는 단 하나의 함수는 1차원 배열에 저장된 정수의 합을 구하는 int get_sum(int array[], int size) 라고 가정하자. 2차원 배열의 각 행에 대하여 get_sum()을 호출하여서 각 행의 합을 구한 후에, 이것들을 모두 합쳐서 전체 2차원 배열에 저장된 정수들의 합을 구하는 프로그램을 작성하여보자.

2차원 배열과 포인터

MEDIUM
★★☆

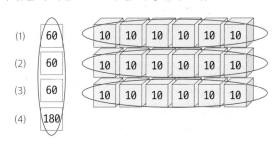

```
정수의 합 = 180
```

HINT 2차원 배열을 m[][]이라고 하면 m[0]는 첫 번째 행이고 m[1]은 두 번째 행을 가리킨다. 이것들은 또 1차원 배열이기도 하다. 즉 2차원 배열은 1차원 배열들의 모임이라고 생각할 수 있다.

05 학생들의 성적이 scores라는 2차원 배열에 저장되어 있다고 가정하자. scores의 행은 한 학생에 대한 여러 번의 시험 성적을 나타낸다. scores의 열은 한 시험에 대한 여러 학생들의 성적이다. 학생별로 성적의 평균을 구하려고 한다. 2차원 배열의 각 행이 1차원 배열임을 이용하여 다음과 같이 1차원 배열의 평균을 구하는 함수 get_average()를 호출하여 각 학생에 대한 평균 성적을 계산하여보자.

2차원 배열과 포인터

MEDIUM
★★☆

```
double get_average(int list[], int n);
```

```
0행의 평균값 = 65
1행의 평균값 = 50
2행의 평균값 = 56
```

HINT 4번과 유사한 문제이다.

06 문자열의 배열을 인수로 받아서 저장된 문자열을 전부 출력하는 pr_str_array() 함수를 작성하여 테스트하여보자. pr_str_array()는 다음과 같은 원형을 가진다.

이중 포인터

MEDIUM
★★☆

```
void pr_str_array(char **dp, int n);
```

```
A bad shearer never had a good sickle.
A bad workman (always) blames his tools.
A bad workman quarrels with his tools.
...
```

HINT 문자열 자체가 1차원 문자 배열에 저장된다. 따라서 문자열의 배열이라면 자연스럽게 배열의 이름은 이중 포인터가 된다.

07 int형 배열과 int형 포인터를 받아서 포인터가 배열의 가장 큰 값을 가리키게 하는 함수 set_max_ptr()을 구현하고 테스트하여보자.

이중 포인터

MEDIUM
★★☆

```
가장 큰 값은 9
```

HINT
```c
int main(void)
{
    int m[6] = { 5, 6, 1, 3, 7, 9 };
    int *pmax;  // 배열 m의 요소 중에서 가장 큰 값을 pmax가 가리킨다.

    set_max_ptr(m, 6, &pmax);
    return 0;
}


void set_max_ptr(int m[], int size, int **pmax);
{
    ...
}
```

08 문자열을 가리키고 있는 포인터의 배열을 인수로 받아서 문자열을 알파벳 순으로 정렬시키는 함수 sort_strings()를 작성하고 테스트하여 보라. 다음과 같은 원형을 가진다.

포인터 배열

HARD
★★★

```
void sort_strings(char *s[], int size);
```

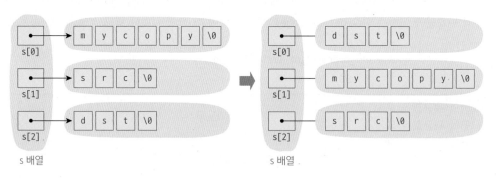

```
dst
mycopy
src
```

HINT 정렬의 방법으로 버블 정렬을 사용하여보자. 버블 정렬은 정렬이 완료될 때까지 이웃요소들의 교환하는 정렬 방법이다. 다음 코드를 참조한다.
```c
void sort_strings(char *list[], int size)
{
    int i, j, least;
    char *temp;

    for (i = 0; i < size - 1; i++) {
        least = i;   // i번째 값을 최소값으로 가정
        for (j = i + 1; j < size; j++)   // 최소값 탐색
```

```
                      if (strcmp(list[j], list[least]) < 0)
                          least = j;
              // i번째 요소와 least 위치의 요소를 교환
              temp = list[i];
              list[i] = list[least];
              list[least] = temp;
        }
   }
```

09 디지털 영상은 보통 2차원 배열로 표현된다. 각 배열 요소는 픽셀이라고 불린다. 흑백 영상의 경우, 하나의 픽셀은 보통 0에서 255의 값을 가지며 0은 검정색을, 255는 흰색을 나타낸다. 중간값은 회색을 나타낸다. 영상이 `unsigned char image[ROWS][COLS]`에 저장되어 있다고 가정하고 픽셀 값이 128 미만이면 0으로 만들고 128 이상이면 255로 만들어보자.

배열과 포인터

MEDIUM
★★☆

```
255 255 255 255 0 255 255 255 255 255
255 255 255 0 0 255 255 255 255 255
255 255 0 255 0 255 255 255 255 255
255 255 255 255 0 255 255 255 255 255
255 255 255 255 0 255 255 255 255 255
255 255 255 255 0 255 255 255 255 255
255 255 255 255 0 255 255 255 255 255
255 255 255 255 0 255 255 255 255 255
255 255 255 255 0 255 255 255 255 255
255 255 0 0 0 0 0 255 255 255
```

HINT 영상은 다음과 같이 표현할 수 있다.
int image[HEIGHT][WIDTH] = {
    {0,0,0,0,130,0,0,0,0,0},
    ...
};
2차원 배열에서 포인터 p를 첫 번째 요소를 가리키게 한 후에 다음 요소로 이동하려면 p++ 하면 된다. 이런 식으로 영상 내의 모든 픽셀 데이터를 처리하여보자.

10 크기가 3×3인 2차원 배열을 다른 2차원 배열로 복사하는 함수 `void array_copy(int src[][WIDTH], int dst[][WIDTH])`를 구현하고 테스트하여 보라. 수행 속도를 위하여 배열 첨자 방법 대신에 포인터를 사용해보자.

배열과 포인터

MEDIUM
★★☆

```
<원본 2차원 배열>
100 30 67
89 50 12
19 60 90
<복사본 2차원 배열>
100 30 67
89 50 12
19 60 90
```

HINT int *p = &src[0][0]; 에서 시작하여 &src[HEIGHT-1][WIDTH-1];까지 반복한다.

11 (**ADVANCED**) 생명 게임(game of life)라고 불리는 인구 증가 게임을 구현하여보자. John H. Conway에 의해 발명된 생명 게임은 출생과 생존, 죽음의 모델을 가정한다. 이 게임은 가로와 세로로 20개씩의 셀을 갖는 보드 위에서 게임을 한다. 각 셀은 비어 있거나, 생명체를 나타내는 0 값을 가질 수 있다. 각 셀은 8개의 이웃을 갖는다. 생명체의 다음 세대는 다음 규칙에 따라 결정된다.

(a) 출생 – 3개의 이웃에 사람이 살면 현재의 위치에서 사람이 탄생한다.
(b) 죽음 – 4개 이상의 이웃에 사람이 살면 과밀로 인해 죽게 된다. 둘보다 적은 이웃에만 사람이 살면 외로움으로 죽게 된다.
(c) 생존 – 둘 또는 셋의 이웃에 사람이 살면 현 위치의 사람은 다음 세대까지 생존하게 된다.

예를 들어서 다음 그림은 하나의 세대에서 다음 세대로 진행되는 모습을 보여 준다.

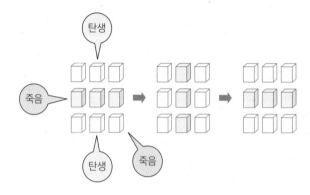

보드는 2차원 배열을 이용하여 생성하고 포인터를 최대한 많이 사용하여 생명 게임의 속도를 높이도록 하라.

```
----------
----------
-----X----
-----XX---
----X-X---
----------
----------
----------
----------
----------

generation 1
종료하려면 q, 계속하려면 m: m
```

HINT 보드의 내부에서는 속도를 빠르게 하기 위하여 포인터를 사용하여서 위, 아래, 옆 셀들을 접근해보라.

```
int *p = &(board[row][col]);       // 현재 위치
neighbor += *(p-WIDTH-1);          // 상단 왼쪽의 픽셀
neighbor += *(p-WIDTH);            // 상단의 픽셀
neighbor += *(p-WIDTH+1);          // 상단 오른쪽 픽셀
...
```

스트림과 파일 입출력

파일은 너무 오래된 저장 방법 아닌가요. 요
즘에는 데이터베이스를 사용하는거 같던
데...

데이터베이스의 기초가 파일입니다. 간단한 경우에는
요즘도 파일을 사용합니다.

Objectives

- 스트림의 개념 이해
- 형식화된 입출력의 이해
- 파일 입출력의 이해
- 입출력 라이브러리 함수들의 이해

15 스트림과 파일 입출력

15.1 스트림

일반적으로 프로그램에서는 화면이나 키보드, 파일 등의 입출력 장치에 대하여 데이터를 쓰거나 읽게 된다. 입출력 장치들은 상당히 다양한 방식으로 데이터를 주고받지만, C에서는 스트림(stream)이라는 개념을 사용하여서 일관된 방법으로 입출력을 수행할 수 있다. 스트림이란 모든 입력과 출력을 바이트(byte)들의 흐름으로 생각하는 것이다. 어떤 입출력 장치던지 상관없이 바이트 단위로 입출력이 이루어진다.

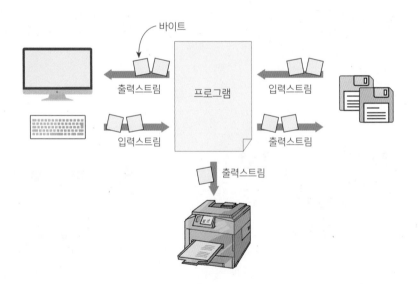

그림 15-1
스트림의 개념

스트림의 최대 장점은 장치 독립성이다. 입출력 장치에 상관없이 프로그램을 작성할 수 있다는 것이다. 입력 장치가 무엇이건 출력 장치가 무엇이건 간에 입력과 출력은 무조건 연속된 바이트의 스트림이라고 생각하면 된다. 설사 입출력 장치가 아직은 개발되지 않은 장치라고 하더라도 말이다. 그 장치와 입출력할 수 있는 프로그램은 미리 준비할 수 있는 것이다.

스트림의 또 하나의 특징은 기본적으로 버퍼(buffer)를 사용한다는 점이다. 일반적으로 CPU의 속도가 입출력 장치보다 훨씬 빠르기 때문에, CPU가 하나의 바이트가 입출력되기를 기다리는 것은 아주 비효율적이다. 따라서 CPU와 입출력 장치 중간에 버퍼를 설치한다. 입력 장치는 버퍼에 데이터들을 저장하고, 버퍼에 어느 정도 데이터가 쌓이면 CPU가 한 번에 데이터를 가져간다. 출력의 경우에도 CPU가 버퍼로 대량의 데이터를 전송하면, 출력 장치가 시간이 날 때마다 버퍼에서 데이터를 가져가게 된다.

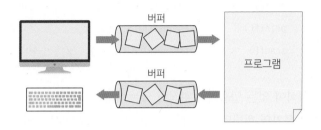

그림 15-2
스트림에는 버퍼가 포함되어 있다.

표준 입출력 스트림

몇 개의 기본적인 스트림들은 프로그래머가 생성하지 않아도 자동으로 생성된다. 이것을 표준 입출력 스트림(standard input/output stream)이라고 한다. 이들 스트림들은 프로그램이 시작될 때 자동으로 만들어지고, 프로그램이 종료될 때 자동으로 소멸된다. **표 15-1**은 표준 입출력 스트림들을 나타낸다.

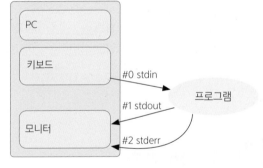

이름	스트림	연결 장치
stdin	표준 입력 스트림	키보드
stdout	표준 출력 스트림	모니터의 화면
stderr	표준 오류 스트림	모니터의 화면

표 15-1
표준 입출력 스트림

프로그래머에게 제공되는 스트림의 최대 개수는 시스템에 따라 다르지만 512개 정도인데 이들 3개의 표준 입출력 스트림이 첫 부분을 차지하고 있다. stdin은 표준 입력 스트림을 의미한다. 우리가 scanf()를 사용하게 되면 바로 이 stdin 스트림을 사용하는 것이다. stdout은 표준 출력 스트림이다. 우리가 printf()를 사용하게 되면 바로 이 stdout을 사용하는 것이다. stderr은 오류를 따로 출력하기 위하여 만들어진 스트림이다. stderr는 프로그래머가 다르게 정의할 수도 있으나 보통은 stdout과 같이 모니터의 화면을 의미한다.

입출력 함수의 분류

입출력 함수들은 사용하는 스트림과 입출력 형식이 지정되느냐 않느냐에 따라 **표 15-2**와 같이 분류할 수 있다.

표 15-2
입출력 함수들의 분류

형식	스트림	표준 스트림	일반 스트림	설명
형식이 없는 입출력 (문자 형태)		getchar()	fgetc(FILE *f,...)	문자 입력 함수
		putchar()	fputc(FILE *f,...)	문자 출력 함수
		gets_s()	fgets(FILE *f,...)	문자열 입력 함수
		puts()	fputs(FILE *f,...)	문자열 출력 함수
형식이 있는 입출력 (정수, 실수...)		printf()	fprintf(FILE *f,...)	형식화된 출력 함수
		scanf()	fscanf(FILE *f,...)	형식화된 입력 함수

참고사항

함수 이름 앞에 f가 붙으면 일반 스트림 함수라고 생각하면 된다.

입출력 함수를 형식이 없는 입출력과 형식이 있는 입출력으로 분류할 수 있다. 형식이 없는 입출력이란 주로 문자열 형태의 입출력을 의미한다. 반대로 형식이 있는 입출력이란 정수나 실수 등의 데이터를 어떤 형식을 지정하여 입출력하는 것을 의미한다. 입출력 함수들을 스트림에 따라서 분류할 수도 있다. 표준 스트림을 사용하는 함수와 일반적인 스트림을 사용하는 함수로 분류할 수 있다.

중간점검

1 C에서의 모든 입력과 출력을 _____ 형식으로 처리된다.
2 스트림은 모든 입력과 출력을 _____ 들의 흐름으로 간주한다.
3 스트림의 최대 장점은 _____ 이다.
4 입력을 위한 표준적인 스트림은 _____ 이고 기본적으로 _____ 장치와 연결된다.
5 출력을 위한 표준적인 스트림은 _____ 이고 기본적으로 _____ 장치와 연결된다.

15.2 파일의 기초

이때까지 우리가 다루어온 대부분의 예제 프로그램은 표준 입력인 키보드와 표준 출력인 모니터를 사용하였다. 그러나 실제 응용 프로그램에서는 데이터나 현재의 설정 정보를 저장하기 위하여 디스크에 저장되는 파일을 많이 사용한다. 파일을 사용하는 이유는 무엇일까?

그림 15-3
메모리와 파일

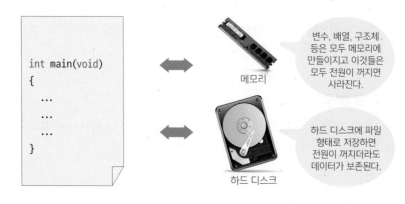

이때까지 우리는 모든 데이터를 변수에 저장하였다. 변수는 메모리에서 생성되는데 메모리는 우리가 잘 알다시피 영구적인 기억장치가 아니다. 즉 전원이 꺼지면 메모리에 있었던 데이터는 사라지게 된다. 또한 전원을 끄지 않더라도 프로그램이 종료되면 프로그램 안에 있었던 데이터는 역시 사라지게 된다. 따라서 데이터를 영구적으로 보관하려면 디스크와 같은 보조 기억 장치에 보관하여야 한다. C에서는 디스크에 파일을 생성시켜서 데이터를 보관할 수 있다. 이번 장에서는 파일을 생성하여 데이터를 저장하고 읽어오는 방법에 대하여 살펴본다.

파일의 개념

C에서의 모든 입출력은 스트림을 통하여 이루어진다. 파일도 예외가 아니다. 파일도 스트림으로 취급되기 때문에 파일도 일련의 연속된 바이트라고 생각하면 된다. 따라서 파일에 대한 입출력도 표준 입출력과 동일한 함수들로 이루어진다. 이것이 바로 스트림의 장점이라고 할 수 있다. 파일 입출력을 위해서는 프로그래머가 파일 이름을 직접 결정하여 파일 스트림을 생성하여야 한다.

> **참고사항**

텍스트 파일에서는 문자열의 끝을 나타내는데, NULL 문자를 사용하지 않는다. 다만 텍스트 파일에서는 줄의 끝을 표시하기 위하여 '\n'을 사용한다.

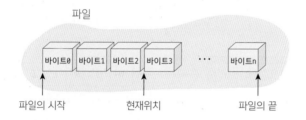

그림 15-4
파일은 일련의 연속된 바이트이다.

모든 파일은 입출력 동작이 발생하는 현재 위치를 나타내는 파일 포인터(file pointer)를 가지고 있다. 파일을 처음으로 열면 파일 포인터는 파일의 첫 번째 바이트를 가리킨다. 입출력 연산이 진행되면 파일 포인터는 자동적으로 앞으로 이동한다.

텍스트 파일

C는 텍스트 파일(text file)과 이진 파일(bianry file)의 두 가지 파일 유형을 지원한다. 텍스트 파일은 사람이 읽을 수 있는 텍스트가 들어 있는 파일이다. 소스 파일이나 메모장 파일이 텍스트 파일의 예이다. 텍스트 파일에는 문자들이 들어 있고 이들 문자들은 아스키 코드를 이용하여 표현된다. 텍스트 파일이 중요한 이유는 모니터, 키보드, 프린터 등이 모두 문자 데이터만을 처리하기 때문이다. 텍스트 파일은 연속적인 줄(line)들로 구성된다. 각 줄은 여러 개의 문자들을 포함할 수 있으며 줄의 끝을 알리는 줄바꿈 문자로 종료된다. **그림 15-5**를 참조하라.

그림 15-5
텍스트 파일

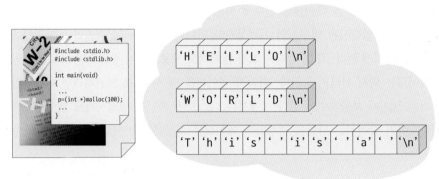

텍스트 파일: 문자로 구성된 파일   텍스트 파일

줄의 끝을 알리는 문자는 운영 체제마다 조금씩 다르다. 윈도우즈에서는 줄의 끝이 캐리지 리턴과 줄바꿈 문자(CR-LF)의 조합으로 이루어진다. 유닉스에서는 줄바꿈 문자(LF)만을 사용한다. 이러한 변환은 라이브러리 함수가 자동적으로 수행한다. 따라서 프로그래머들은 줄의 끝에 줄바꿈 문자만 있다고 생각하면 된다.

그림 15-6
텍스트 파일에서 라인의 끝 표시는 시스템마다 다르다.

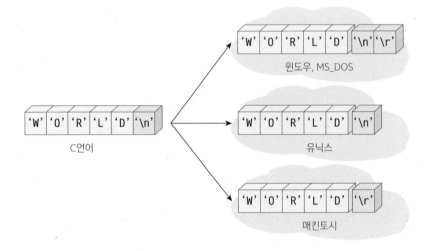

예를 들어서 윈도우즈에서는 텍스트 파일이 **그림 15-7**과 같이 저장된다.

그림 15-7
윈도우즈에서 저장된 텍스트 파일

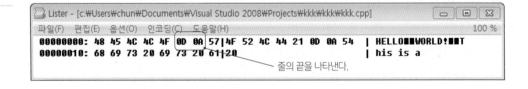

이진 파일

참고사항

이진 데이터 형식은 컴퓨터가 가장 좋아하는 형태이다. 컴퓨터는 이진수 개념 위에 구축되었다.

이진 파일은 사람이 읽을 수는 없으나 컴퓨터는 읽을 수 있는 파일이다. 즉 문자 데이터가 아니라 이진 데이터가 직접 저장되어 있는 파일이다. 이진 파일은 텍스트 파일과는 달리, 줄들로 분리되지 않는다. 모든 데이터들은 문자열 형태가 아닌, 이진수 형태로 저장된다. 따라

서 텍스트 파일처럼 한 줄이라는 개념이 없기 때문에 줄의 끝을 표시할 필요가 없으며 NULL
이나 CR, LF와 같은 문자들도 특별한 의미를 가지지 않고 단순히 데이터로 취급된다. 이진
파일은 특정 프로그램에 의해서만 판독이 가능하다. 실행 파일, 사운드 파일, 이미지 파일
등이 이진 파일의 예이다.

이진 파일: 데이터로 구성된 파일

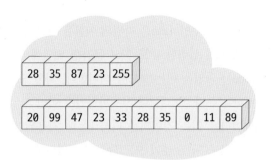

이진 파일

그림 15-8
이진 파일

파일 처리의 개요

프로그램에서 파일을 연다(open)는 것은 파일에서 데이터를 읽거나 쓸 수 있도록 모든 준
비를 마치는 것을 의미한다. 내부적으로는 파일과 연결된 스트림을 만들게 된다. 파일을 연
다음에는 데이터를 읽고 쓸 수 있다. 파일을 사용한 후에는 파일을 닫아야(close) 한다. 따라
서 파일을 다룰 때는 반드시 다음과 같은 순서를 지켜야 한다.

파일 열기   파일 읽기와 쓰기   파일 닫기

그림 15-9
파일 처리의 순서

파일 열기

파일을 여는 함수는 fopen()이다. fopen()는 stdio.h에 정의되어 있다.

Syntax **파일 열기**

예

                        파일 이름   파일 모드
          FILE *fp;
          fp = fopen("test.txt", "w");

fopen()은 주어진 파일 이름을 가지고 파일을 생성하여 FILE 포인터를 반환한다. FILE은
stdio.h에 typedef을 이용하여 선언된 구조체 자료형이다. FILE 구조체에는 오른쪽 참고 박

참고사항

```
struct _iobuf {
  char *_ptr;
  int  _cnt;
  char *_base;
  int  _flag;
  int  _file;
  int  _charbuf;
  int  _bufsiz;
  char *_tmpfname;
};
typedef struct _iobuf FILE;
```

스와 같이 파일에 관한 정보가 들어 있다. 각각의 파일에 대하여 FILE 구조체가 하나씩 필요하다. 파일을 연 다음, 이후에 뒤따르는 모든 동작에서 이 FILE 구조체가 필요하다. 만약 fopen()이 실패하면 NULL 포인터가 반환된다. 예를 들어 잘못된 파일 이름을 가지고 파일을 열고자 하는 경우, fopen()이 실패할 수 있다.

첫 번째 매개 변수인 name은 파일의 이름을 나타내는 문자열이다. 큰따옴표로 둘러싸인 문자열 상수로 직접 입력할 수도 있고 문자형 배열에 담아서 전달할 수도 있다. 두 번째 매개 변수인 mode는 파일을 여는 모드를 의미한다. 파일 모드는 파일과 관련된 여러 가지 선택 사항을 결정하는 문자열이다. 텍스트 파일인지 이진 파일인지, 파일에 데이터를 쓸 것인지 파일에서 데이터를 읽을 것인지를 나타내는데 사용된다. 기본적인 파일 모드에는 읽기 모드("r"), 쓰기 모드("w"), 추가 모드("a")가 있다. 예를 들어서 만약 파일 모드가 "r"이면 읽기 작업을 위하여 파일을 여는 것이다. 파일 모드가 "w"이면 파일에 데이터를 쓰기 위하여 파일을 생성하는 것이다. 다음 표에서 모드에 허용되는 값을 정리하였다.

표 15-3
파일 모드

모드	설명
"r"	읽기 모드로 파일을 연다. 만약 파일이 존재하지 않으면 오류가 발생한다.
"w"	쓰기 모드로 새로운 파일을 생성한다. 파일이 이미 존재하면 기존의 내용이 지워진다.
"a"	추가 모드로 파일을 연다. 만약 기존의 파일이 있으면 데이터가 파일의 끝에 추가된다. 파일이 없으면 새로운 파일을 만든다.
"r+"	읽기 모드로 파일을 연다. 쓰기 모드로 전환할 수 있다. 파일이 반드시 존재하여야 한다.
"w+"	쓰기 모드로 새로운 파일을 생성한다. 읽기 모드로 전환할 수 있다. 파일이 이미 존재하면 기존의 내용이 지워진다.
"a+"	추가 모드로 파일을 연다. 읽기 모드로 전환할 수 있다. 데이터를 추가하면 EOF 마커를 추가된 데이터의 뒤로 이동한다. 파일이 없으면 새로운 파일을 만든다.
"t"	텍스트 파일 모드로 파일을 연다.
"b"	이진 파일 모드로 파일을 연다.

그림 15-10
기본적인 파일 모드

"r"
파일의 처음 부터 읽는다.

"w"
파일의 처음 부터 쓴다.
만약 파일이 존재하면 기존의
내용이 지워진다.

"a"
파일의 끝에 쓴다.
파일이 없으면 생성 된다.

기본적인 파일 모드에 "t"나 "b"를 붙일 수 있다. 텍스트 파일을 열 때는 "t"를 붙이고, 이진 파일을 열 때는 "b"를 붙인다. 예를 들어서 읽기 모드로 이진 파일을 열려면 "rb"로 모드 값을 주어야 한다. 만약 "t"나 "b"를 붙이지 않았으면 텍스트 파일로 간주한다.

"a" 나 "a+" 모드는 추가 모드(append mode)라고 한다. 추가 모드로 파일이 열리면, 모든 쓰기 동작은 파일의 끝에서 일어난다. 따라서 파일 안에 있었던 기존의 데이터는 절대 지워지지 않는다.

"r+", "w+", "a+" 파일 모드가 지정되면 읽고 쓰기가 모두 가능하다. 이러한 모드를 수정 모드(update mode)라고 한다. 즉 파일의 내용을 수정하는데 사용되는 모드라는 의미이다. 그러나 읽기 모드에서 쓰기 모드로, 또는 쓰기 모드에서 읽기 모드로 전환하려면 반드시 fflush(), fsetpos(), fseek(), rewind() 중의 하나를 호출하여야 한다. 즉 예를 들어서 "r+" 모드로 파일을 열면, 일단은 읽기 모드가 된다. 모드를 전환하지 않으면 읽기만 가능하다. 만약 쓰기 모드로 전환하려면 앞에서 언급하였던 함수들 중의 하나를 호출하여야 한다.

파일 닫기

열린 파일을 닫는 함수는 fclose()이다. fclose()는 stdio.h에 정의되어 있다.

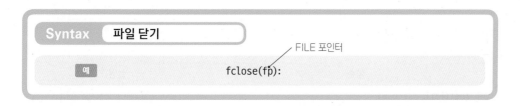

Syntax | 파일 닫기

FILE 포인터

예   fclose(fp);

성공적으로 파일을 닫는 경우에는 0이 반환된다. 만약 실패한 경우에는 −1이 반환된다.

예제

파일 이름이 sample.txt인 파일을 쓰기 모드로 여는 예제를 살펴보자.

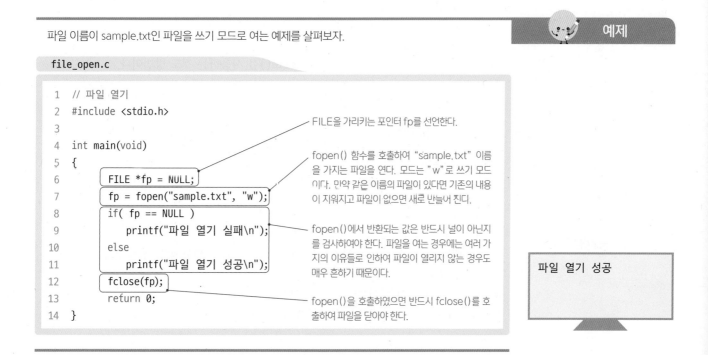

file_open.c

```
1   // 파일 열기
2   #include <stdio.h>
3
4   int main(void)
5   {
6       FILE *fp = NULL;
7       fp = fopen("sample.txt", "w");
8       if( fp == NULL )
9           printf("파일 열기 실패\n");
10      else
11          printf("파일 열기 성공\n");
12      fclose(fp);
13      return 0;
14  }
```

FILE을 가리키는 포인터 fp를 선언한다.

fopen() 함수를 호출하여 "sample.txt" 이름을 가지는 파일을 연다. 모드는 "w"로 쓰기 모드이다. 만약 같은 이름의 파일이 있다면 기존의 내용이 지워지고 파일이 없으면 새로 만들어 진다.

fopen()에서 반환되는 값은 반드시 널이 아닌지를 검사하여야 한다. 파일을 여는 경우에는 여러 가지의 이유들로 인하여 파일이 열리지 않는 경우도 매우 흔하기 때문이다.

fopen()을 호출하였으면 반드시 fclose()를 호출하여 파일을 닫아야 한다.

파일 열기 성공

파일의 삭제

파일을 삭제할 때도 라이브러리 함수를 사용하면 된다. 파일을 삭제하는 함수는 remove()이다. remove()는 stdio.h에 정의되어 있다. 성공적으로 삭제를 하는 경우에는 0이 반환된다. 만약 실패한 경우에는 -1이 반환된다.

file_remove.c

```
1  #include <stdio.h>
2
3  int main( void )                          파일을 삭제한다.
4  {
5      if( remove( "sample.txt" ) == -1 )
6          printf( "sample.txt를 삭제할 수 없습니다.\n" );
7      else
8          printf( "sample.txt를 삭제하였습니다.\n" );
9      return 0;
10 }
```

기타 유용한 함수들

함수	설명
int foef(FILE *stream)	파일의 끝이 도달되면 true를 반환한다.
int rename(const char *oldname, const char *newname)	파일의 이름을 변경한다.
FILE *tmpfile()	임시 파일을 생성하여 반환한다.
int ferror(FILE *stream)	스트림의 오류 상태를 반환한다. 오류가 발생하면 true가 반환된다.

임시 파일을 생성하여서 사용하려면 tmpfile()을 사용하는 것도 방법이다.

```
FILE *fp;
fp = tmpfile();
...                  // 임시 파일의 사용
fclose(fp);
```

중간점검

1 파일은 일련의 연속된 _____라고 생각할 수 있다.
2 파일에는 사람이 읽을 수 있는 텍스트가 들어 있는 _____파일과 사람은 읽을 수 없으나 컴퓨터는 읽을 수 있는 _____파일이 있다.
3 파일을 여는 라이브러리 함수는 _____이다.
4 fopen()은 _____을 가리키는 포인터를 반환한다

15.3 텍스트 파일 읽기와 쓰기

파일을 열었으면 프로그램에서는 파일에서 데이터를 읽을 수도 있고 쓸 수도 있다. 파일 입출력에 관계되는 라이브러리 함수들은 다음의 몇 가지 카테고리로 나눌 수 있다.

종류	입력 함수	출력 함수
문자 단위	int fgetc(FILE *fp)	int fputc(int c, FILE *fp)
문자열 단위	char *fgets(char *buf, int n, FILE *fp)	int fputs(const char *buf, FILE *fp)
서식화된 입출력	int fscanf(FILE *fp, ...)	int fprintf(FILE *fp,...)
이진 데이터	size_t fread(char *buffer, int size, int count, FILE *fp)	size_t fwrite(char *buffer, int size, int count, FILE *fp)

문자 단위와 문자열 단위의 입출력은 입출력의 단위가 문자나 문자열이 된다. 주된 용도는 파일에 사람들이 읽을 수 있는 텍스트 형태로 데이터를 저장하는 것이다. 이들 함수들은 일반적으로 성공적으로 읽은 항목의 개수를 반환한다. 따라서 반환되는 값이 0이면 입출력이 실패했다는 것을 의미한다. 입출력이 실패하는 이유는 여러 가지인데, 오류가 발생할 수도 있고, 파일이 끝났을 수도 있다. 오류의 종류를 자세히 알려면 feof()나 ferror()를 호출하면 된다.

서식화된 입출력은 fprintf()와 fscanf()를 사용하는 것이다. 예를 들어서 정수를 텍스트로 변환하여 파일에 저장하거나 파일에서 텍스트를 읽어서 정수로 변환할 때 사용한다. 텍스트 파일에서 사용된다.

이진 데이터 입출력은 이진 파일에서만 가능하다. 이것은 메모리에 있는 데이터를 직접 디스크 파일에 그대로 저장하는 것이다. 이것은 주로 전용 프로그램에서 나중에 사용하기 위한 데이터를 저장하기 위해서 사용된다.

문자 단위 입출력

하나의 문자를 파일에 쓰는 fputc()를 이용하여서 간단하게 텍스트 파일을 생성하여서 무언가를 써보자.

fputc.c

```
1   #include <stdio.h>
2
3   int main(void)
4   {
5       FILE *fp = NULL;
6       fp = fopen("sample.txt", "w");
7       if( fp == NULL )
8           printf("파일 열기 실패\n");
9       else
10          printf("파일 열기 성공\n");
11          fputc('a', fp);
12          fputc('b', fp);
13          fputc('c', fp);
14          fclose(fp);
15          return 0;
16  }
```

fputc()을 이용하여서 하나의 문자를 fp가 가리키는 파일에 쓴다.

sample.txt를 텍스트 에디터로 열어보면 abc가 써져 있는 것을 확인할 수 있다.

```
파일 열기 성공
```

📄 sample - 메모장	— □ ✕
파일(F) 편집(E) 서식(O) 보기(V) 도움말(H)	
abc	

이번에는 `fgetc()`를 사용하여서 이전에 저장하였던 파일의 내용을 화면에 표시하여보자.

fgetc.c

```
1   #include <stdio.h>
2   int main(void)
3   {
4       FILE *fp = NULL;
5       int c;
6
7       fp = fopen("sample.txt", "r");
8       if( fp == NULL )
9           printf("파일 열기 실패\n");
10      else
11          printf("파일 열기 성공\n");
12      while((c = fgetc(fp)) != EOF )
13      {
14          putchar(c);
15      }
16      fclose(fp);
17      printf("\n");
18      return 0;
19  }
```

참고사항

fgetc() 함수가 int형 값을 반환하는 이유를 정확히 아는 것이 중요하다. 파일 안에는 바이트들이 저장되어 있고 바이트들은 0x00에서 0xFF까지의 값이 있을 수 있다. 만약 fgetc()가 char 형을 반환하면 우리는 파일의 끝을 나타내는 -1과 파일 안의 데이터 0xFF를 구분할 수 없다. 왜냐하면 8비트만 사용하면 0xFF가 -1이기 때문이다.
따라서 반환값으로 32비트 -1 값(0xFFFFFFFF)을 사용함으로써 파일 안의 0xFF와 EOF(0xFFFFFFFF)를 확실히 구분할 수 있다.

fgetc()는 지정된 파일로부터 단일 문자를 입력받는다. 인수 fp는 fopen()을 이용하여 파일을 열 때 반환되는 FILE에 대한 포인터이다. fgetc()는 fp가 가리키는 파일에서 하나의 문자를 읽어서 int형으로 반환한다. 만약 오류가 발생하거나 파일의 끝에 도달하였으면 EOF를 반환한다. EOF(End of File)는 파일의 끝을 나타내는 특수 문자이다. EOF는 stdio.h에 정의되어 있으며 int형 -1(0xFFFFFFFF)이다. 파일 안의 바이트들은 0x00에서 0xFF 값이 이기 때문에 int형 -1은 파일의 끝을 나타내는 기호로 사용될 수 있다.

```
파일 열기 성공
abc
```

문자열 단위 입출력

문자들로 이루어진 한 줄 전체를 입력받으려면 fgets()를 사용하여야 한다. fgets()의 원형은 stdio.h에 정의되어 있고 다음과 같다. 한 줄의 텍스트를 파일에 쓸 때는 fputs()를 사용한다.

```
Syntax   문자열 단위 입출력
                       여기에 문자열을 저장        최대 개수
     예        char *fgets( char *s, int n, FILE *fp );
               int fputs( char *s, FILE *fp );
```

문자열 입출력 함수를 이용하여 텍스트 파일을 복사하여보자. 원본 파일과 복사 파일의 이름을 입력받은 후에 원본 파일에서 100 문자씩 읽어서 문자 배열에 저장한다. 저장된 문자들은 다시 복사 파일로 출력된다. 복사할 때는 fgets()와 fputs()를 사용한다. 문자열 입출력 함수를 사용하므로 텍스트 파일만 복사된다.

fcopy1.c

```c
1   #include <stdio.h>
2   #include <stdlib.h>
3
4   int main(void)
5   {
6       FILE *fp1, *fp2;
7       char file1[100], file2[100];
8       char buffer[100];
9
10      printf("원본 파일 이름: ");
11      scanf("%s", file1);
12
13      printf("복사 파일 이름: ");
14      scanf("%s", file2);
15
16      // 첫 번째 파일을 읽기 모드로 연다.
17      if( (fp1 = fopen(file1, "r")) == NULL )
18      {
19          fprintf(stderr,"원본 파일 %s을 열 수 없습니다.\n", file1);
20          exit(1);
21      }
22
23      // 두 번째 파일을 쓰기 모드로 연다.
24      if( (fp2 = fopen(file2, "w")) == NULL )
25      {
26          fprintf(stderr,"복사 파일 %s을 열 수 없습니다.\n", file2);
27          exit(1);
28      }
29
```

원본 파일을 읽기 모드로 연다. 반환값이 NULL이면 열기 과정에서 오류가 발생한 것이므로 오류 메시지를 화면에 출력하고 exit()를 호출하여 프로그램을 종료한다.

같은 방법으로 복사 파일을 쓰기 모드로 연다. 만약 동일한 이름이 디스크에 존재하면 기존의 내용은 지워진다.

```
30              // 첫 번째 파일을 두 번째 파일로 복사한다.
31          while( fgets(buffer, 100, fp1) != NULL )
32              fputs(buffer, fp2);
33
34          fclose(fp1);
35          fclose(fp2);
36
37          return 0;
38      }
```

fgets()를 호출하여 원본 파일에서 한 줄을 읽어서 배열 buffer로 저장한다. fgets()은 줄바꿈 문자를 만나거나 99바이트가 읽히면 읽기를 중단한다. 읽은 문자들을 fputs()을 이용하여 복사 파일에 기록한다. fgets()에서 읽으면서 자동적으로 문자열의 끝에 NULL 문자가 삽입되기 때문에 NULL 문자를 붙일 필요가 없다. 줄바꿈 문자는 저장되지 않는다.

원본 파일 이름: a.txt
복사 파일 이름: b.txt

LAB   파일에서 특정 문자열 탐색

텍스트 파일에서 특정 문자열을 탐색하는 프로그램을 작성하여보자. 사용자로부터 입력 텍스트 파일 이름과 탐색할 문자열을 받는다. 파일을 열어서 한 줄씩 문자 배열로 읽어 들인 후에, strstr() 라이브러리 함수를 이용하여 문자 배열 안에 찾고자 하는 문자열이 있는 지를 검사한다. 만약 발견되면 현재 라인의 번호를 화면에 출력한다.

입력 파일 *proverbs.txt*

```
Absence makes the heart grow fonder.
Actions speak louder than words.
All for one and one for all.
All's fair in love and war.
...
```

```
입력 파일 이름을 입력하시오:  proverbs.txt
탐색할 단어를 입력하시오:  man
proverbs.txt: 16 Behind every good man is a good woman.
proverbs.txt: 41 A dog is a man's best friend.
proverbs.txt: 57 Early to bed and early to rise makes a man healthy, wealthy, and wise.
```

Solution   search.c

```c
1  #include <stdio.h>
2  #include <string.h>
3
4  int main(void)
5  {
6      FILE *fp;
7      char fname[128], buffer[256], word[256];
8      int line_num = 0;
9
```

```
10        printf("입력 파일 이름을 입력하시오:  ");
11        scanf("%s", fname);
12
13        printf("탐색할 단어를 입력하시오:  ");
14        scanf("%s", word);
15
16        // 파일을 읽기 모드로 연다.
17        if( (fp = fopen(fname, "r")) == NULL )
18        {
19            fprintf(stderr,"파일 %s을 열 수 없습니다.\n", fname);
20            exit(1);
21        }
22
23        while( fgets(buffer, 256, fp) )
24        {
25            line_num++;
26            if( strstr(buffer, word) )
27                printf("%s: %d %s", fname, line_num, buffer);
28        }
29        fclose(fp);
30        return 0;
31  }
```

사용자로부터 텍스트 파일 이름과 탐색할 단어를 입력받는다.

파일을 읽기 모드로 연다. 오류로 인하여 파일을 열 수 없으면 프로그램을 종료한다.

while 루프를 이용하여 파일로부터 한 라인씩 입력받아서 그 안에 탐색 단어가 있는 지를 검사한다. 문자열 라이브러리 함수 중에서 strstr()을 사용한다. 이 함수는 문자열 안에 다른 문자열이 있는지를 검사한다. 만약 발견되면 그 문자열이 발견된 위치를 반환한다. 발견되지 않으면 NULL 값을 반환한다. 따라서 NULL이 아닌 다른 값이 발견되면 문자열이 발견된 것이다. 따라서 그 경우에는 파일 이름과 라인 번호를 출력한다. fgets()이 0이면 파일에 더 이상의 줄이 없다는 것을 의미한다. 따라서 반복을 종료한다.

형식화된 입출력

파일에 문자 데이터를 기록하는 경우에는 앞의 fputc()나 fputs()를 사용하면 된다. 하지만 정수나 실수 데이터를 기록하는 경우에는 어떤 함수를 사용하여야 하는가? 정수나 실수 데이터는 화면에 문자열로 변환되어서 출력되는 것처럼 파일에서도 문자열로 바꾸어서 저장하는 것이 보통이다. 즉 정수 10은 화면에 문자열 "10"으로 출력되듯이 파일에도 문자열 "10"으로 저장시키는 것이다. 이런 종류의 입출력을 형식화된 입출력이라고 한다. 형식화된 입출력은 프로그래머가 특정 형식을 지정하고 이 형식으로 파일에 입출력을 하는 것이다. 형식화된 입출력은 fprintf()와 fscanf()을 이용하여 이루어진다.

Syntax **형식화된 입출력**

예
```
int fprintf( FILE *fp,  const char *format, ...);
int fscanf( FILE *fp,  const char *format, ...);
```

사용자가 입력하는 학생들의 성적을 형식화된 입출력을 사용하여 텍스트 파일에 저장하였다가 다시 읽어서 평균을 계산하여서 화면에 출력하는 프로그램을 작성하여보자.

score3.c

```c
1   #include <stdio.h>
2   #include <stdlib.h>
3
4   int main(void)
5   {
6       FILE *fp;
7       char fname[100];
8       int number, count = 0;
9       char name[20];
10      float score, total = 0.0;
11
12      printf("성적 파일 이름을 입력하시오:  ");
13      scanf("%s", fname);
14
15      // 성적 파일을 쓰기 모드로 연다.
16      if( (fp = fopen(fname, "w")) == NULL ) {
17          fprintf(stderr,"성적 파일 %s을 열 수 없습니다.\n", fname);
18          exit(1);
19      }
20
21      // 사용자로부터 학번, 이름, 성적을 입력받아서 파일에 저장한다.
22      while( 1 ) {
23          printf("학번, 이름, 성적을 입력하시요: (음수이면 종료) ");
24          scanf("%d", &number);
25          if( number < 0 ) break;
26          scanf("%s %f", name, &score);
27          fprintf(fp, " %d %s %f", number, name, score);
28      }
29      fclose(fp);
30
31      // 성적 파일을 읽기 모드로 연다.
32      if( (fp = fopen(fname, "r")) == NULL ) {
33          fprintf(stderr,"성적 파일 %s을 열 수 없습니다.\n", fname);
34          exit(1);
35      }
36
37      // 파일에서 성적을 읽어서 평균을 구한다.
38      while( !feof( fp ) ) {
39          fscanf(fp, "%d %s %f", &number, name, &score);
40          total += score;
41          count++;
42      }
43
44      printf("평균 = %.2f\n", total/count);
45      fclose(fp);
46
47      return 0;
48  }
```

사용자로부터 성적 파일 이름을 입력받는다. 이 이름으로 fopen()을 호출하여 쓰기 모드로 새로운 파일을 생성한다. 만약 파일 열기 과정에서 오류가 발생하면 exit()를 호출하여 프로그램을 종료한다.

사용자로부터 먼저 학번을 입력받는다. 만약 음수가 입력되면 반복 루프를 종료한다. 음수가 아니면 이름과 성적을 입력받아서 fprintf()를 이용하여 성적 파일에 학번, 이름, 성적을 기록한다. 데이터들은 모두 fprintf()에 의하여 문자열로 변환된 뒤에 파일에 기록된다. 여기서 한 학생의 데이터를 기록한 다음에는 반드시 줄바꿈 문자를 출력하자.

동일한 파일을 읽기 모드로 하여 다시 파일 열기를 한다.

반복 루프를 통하여 파일에서 데이터를 읽다가 파일의 끝 표시가 나오면 중단하여야 한다. feof()는 파일에서 입출력이 일어나는 위치가 파일의 끝인지를 검사하는 함수이다. feof()가 거짓이면 반복을 계속하고 참이 되면 반복을 중단한다.

파일의 끝이 아니면 형식화된 파일 입력 함수인 fscanf()를 이용하여 학번과 이름, 성적을 읽는다. 변수 total에 성적을 계속 더해 나간다. 반복이 종료된 다음, total을 학생 수로 나누면 평균을 구할 수 있다.

```
성적 파일 이름을 입력하시오: scores.txt
학번, 이름, 성적을 입력하시오: (음수이면 종료)  1 KIM 10.0
학번, 이름, 성적을 입력하시오: (음수이면 종료)  2 PARK 20.0
학번, 이름, 성적을 입력하시오: (음수이면 종료)  3 LEE 30.0
학번, 이름, 성적을 입력하시오: (음수이면 종료)  -1
평균 = 20.00
```

중간점검

1   fgetc()의 반환형은 _____형이다.

2   텍스트 파일에서 하나의 줄을 읽어서 반환하는 함수는 _____이다.

3   텍스트 파일에 실수나 정수를 문자열로 변경하여 저장할 때 사용하는 함수는 _____이다.

4   텍스트 파일에서 실수나 정수를 읽는 함수는 _____이다.

15.4 이진 파일 읽기와 쓰기

지금까지 살펴본 입출력 함수들은 주로 텍스트 데이터의 입출력을 수행하는 함수들이었다. 여기서는 이진 데이터의 입출력을 수행하는 함수들에 대하여 살펴보자. 먼저 텍스트 파일과 이진 파일의 차이점을 다시 한번 자세하게 살펴보자.

텍스트 파일(text file)에서는 모든 정보가 문자열로 변환되어서 파일에 기록된다. 예를 들어서 123456와 같은 정수값을 파일에 출력하려면 6개의 문자 '1', '2', '3', '4', '5', '6'으로 변환하여 파일에 출력된다. 이러한 변환은 fprintf() 함수가 담당하였다. 마찬가지로 파일에서 정수값을 읽을 때도 파일에서 '1', '2', '3', '4', '5', '6'을 읽어서 fscanf()가 정수 123456로 변환한다.

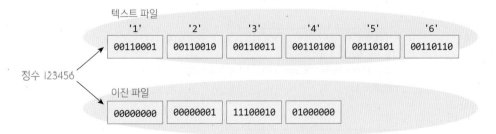

이진 파일(binary file)은 이진 데이터가 직접 저장되어 있는 파일이다. 즉 정수 123456는 문자열로 변환되지 않고 이진수 형태로 그대로 파일에 기록되는 것이다. 하나의 정수는 4 바이트로 표현되므로 4 바이트가 파일에 저장된다. 이진 파일의 장점은 효율성이다. 텍스트 파일에서 숫자 데이터를 읽으려면 fscanf()를 사용하여 문자열을 숫자로 변환하여야 하기 때문에 시간이 많이 걸리며 비효율적이다. 이진 파일을 사용하면 이러한 변환 과정 없이 바로 숫자 데이터를 읽을 수 있으며 텍스트 파일에 비하여 저장 공간도 더 적게 차지한다.

이진 파일의 단점은 인간이 파일의 내용을 확인하기가 힘들다는 점이다. 텍스트 데이터가 아니므로 모니터나 프린터로 출력하는 것이 불가능하다. 또한 텍스트 파일은 컴퓨터의 기종이 달라도 파일을 이동할 수 있다. 왜냐하면 아스키 코드로 되어 있기 때문에 다른 컴퓨터에서도 읽을 수 있기 때문이다. 그러나 이진 파일의 경우, 정수나 실수 데이터를 표현하는 방식이 컴퓨터 시스템마다 다를 수 있기 때문에 이식성이 떨어진다. 따라서 이식성이 중요하다면 약간 비효율적이더라도 텍스트 형식의 파일을 사용하는 것이 좋다. 하지만 데이터가 상당히 크고 실행 속도가 중요하다면 이진 파일로 하는 것이 좋을 것이다. 사운드 파일, 이미지 파일 등이 이진 파일의 예이다.

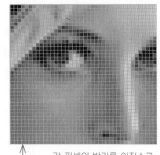

각 픽셀의 밝기를 이진수로 나타낸다.

이진 파일 쓰기

배열에 저장된 정수값을 이진 파일에 저장하여보자. 이진 파일은 특히 대량의 데이터를 한 번에 기록할 때 무척 편리하다.

binary1.c

```
1  #include <stdio.h>
2
3  #define SIZE 5
4  int main(void)
5  {
6
7      int buffer[SIZE] = { 10, 20, 30, 40, 50 };
8      FILE *fp = NULL;
9                                              파일을 (쓰기+이진파일) 모드로 연다.
10     fp = fopen("binary.bin", "wb");          // ①
11     if( fp == NULL ) {
12         fprintf(stderr, "binary.bin 파일을열수없습니다.");
13         return 1;
14     }
15                                              SIZE만큼의 항목을 buffer에서 fp로 저장한다.
16     fwrite(buffer, sizeof(int), SIZE, fp);   // ②
17
18     fclose(fp);
19     return 0;
20 }
```

① 이진 파일을 생성하려면 fopen()을 호출할 때 파일 모드에 "b"를 붙이면 된다. 즉 쓰기 전용 파일을 열려면 "wb"로, 읽기 전용 파일을 열려면 "rb"로, 추가 모드로 파일을 열려면 "ab"로, 읽고 쓰기를 동시에 하려면 "rb+"로 해주면 된다.

파일 모드	설명
"rb"	읽기 모드 + 이진 파일 모드
"wb"	쓰기 모드 + 이진 파일 모드
"ab"	추가 모드 + 이진 파일 모드
"rb+"	읽고 쓰기 모드 + 이진 파일 모드
"wb+"	쓰고 읽기 모드 + 이진 파일 모드

② 이진 파일 출력은 메모리 블록에 있는 데이터를 디스크 파일로 직접 저장한다. 이 방식을 사용하면 배열에 있는 데이터 전체를 한 번에 디스크 파일로 쓸 수 있으며 반대로 디스크 파일로부터 배열 전체를 한 번에 읽어올 수 있다.

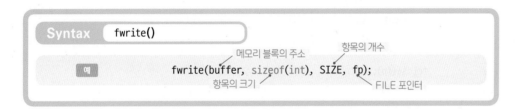

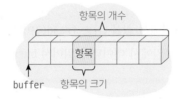

fwrite()는 buffer가 가리키는 위치에 있는 데이터를 이진 파일에 저장한다. fwrite()는 실제로 파일에 쓴 항목의 수를 반환한다.

- buffer는 파일에 기록할 데이터를 가지고 있는 메모리 블록의 시작 주소이다.
- size는 저장되는 항목의 크기로서 단위는 바이트이다.
- count는 서장하려고 히는 항목의 개수이다. 만약 int형의 데이터 10개를 쓰려고 하면 항목의 크기는 4가 되고 항목의 개수는 10이 될 것이다.
- fp는 FILE 포인터이다.

이진 파일 읽기

앞에서 기록하였던 binary.bin 파일은 텍스트 에디터로 읽을 수 없다. 이 파일을 읽어서 파일의 데이터를 화면에 표시하는 프로그램을 작성하여보자.

binary2.c

```
1    #include <stdio.h>
2    #define SIZE 5
3
4    int main(void)
5    {
6        int i;
7        int buffer[SIZE];
8        FILE *fp = NULL;
9
10       fp = fopen("binary.bin", "rb");
11       if( fp == NULL )
12       {
13           fprintf(stderr, "binary.bin 파일을 열 수 없습니다.");
14           return 1;
15       }
16       fread(buffer, sizeof(int), SIZE, fp);
17
18       for(i=0 ; i<SIZE ; i++)
19           printf("%d ", buffer[i]);
20       printf("\n");
21
22       fclose(fp);
23       return 0;
24   }
```

파일을 (읽기+이진파일) 모드로 연다.

SIZE만큼의 항목을 fp에서 buffer로 읽는다.

```
10 20 30 40 50
```

여기서 중요한 것은 이진 파일에서 값을 읽는 `fread()`이다. `fread()`의 형식은 `fwrite()`와 동일하다. `fread()`는 이진 파일에서 데이터를 읽어서 `buffer`에 저장한다.

Syntax `fread()`

메모리 블록의 주소   항목의 개수

예   `fread(buffer, sizeof(int), SIZE, fp);`

항목의 크기   FILE 포인터

버퍼링

스트림에는 기본적으로 버퍼(buffer)가 포함되어 있다. 버퍼가 있다면 출력 데이터는 일단 버퍼에 써진다. 버퍼가 다 채워지면 비로소 디스크 파일에 버퍼의 내용을 기록한다. 입력 시에도 마찬가지다. 한 문자만 필요해서 입력을 요구했더라도 관련된 전체 블록을 읽어서 버퍼에 둔다. 만약 다음 문자가 필요하면 파일에서 읽지 않고 버퍼에서 읽어서 반환하게 된다. 버퍼를 두는 이유는 디스크에서 물리적으로 데이터를 읽을 때는 상당한 시간이 걸리기 때문이다. 따라서 한번 읽을 때 많이 읽어두고 나중에 다음 데이터가 필요하면 바로 버퍼에서 갖다주는 것이다. 즉 우리가 마트에 갔을 때 비누를 많이 사두었다가 비누가 떨어지면 서랍에서 꺼내서 사용하는 것과 같은 이치이다.

하지만 프로그램에 따라서 버퍼를 비워야 하는 경우도 자주 발생한다. 즉 프로그램이 쓴 데이터가 즉시 하드웨어 장치에 써지기를 원한다면 버퍼를 비워야 한다. 버퍼는 fflush()를 호출하면 비워진다. 버퍼의 내용이 디스크 파일에 써진다.

```
fflush(fp);
```

인수 fp는 FILE에 대한 포인터이다. 파일에서 읽을 때도 마찬가지이다. 기존에 버퍼에 있던 것을 무시하고 새로 읽으려면 fflush()를 호출한다. fflush()가 호출되면 파일이 읽기 모드로 열려있는 경우, 버퍼는 단순히 비워진다. 파일이 쓰기 모드로 열려있는 경우, 버퍼의 내용이 디스크에 기록된다.

버퍼가 유용하기는 하지만 버퍼가 있으면 안 되는 경우가 있다. 예를 들어 장치나 파일을 직접적으로 제어할 필요가 있는 경우라든지 많은 양의 이진 데이터를 쓰거나 읽을 경우에는 오히려 .버퍼가 없는 편이 편하다. 만약 입출력에서 버퍼를 제거하려면 setbuf() 함수를 사용한다. setbuf()는 스트림의 버퍼를 직접 지정하는 함수로서 만약 버퍼 자리에 NULL을 써주면 버퍼를 제거하겠다는 것을 의미한다.

```
setbuf(fp, NULL);
```

그러나 일반적으로 버퍼가 없는 입출력의 경우, 입력과 출력을 할 때마다 시스템 호출이 필요하므로 속도가 매우 느려지고 비효율적이다. 버퍼를 사용하게 되면 이러한 시스템 호출의 횟수를 줄일 수 있다. 따라서 꼭 필요한 경우만 버퍼를 사용하지 않는 함수를 사용하여야 한다.

참고사항

C언어에서는 전통적으로 앞에 f가 없는 open(), read()와 write() 함수도 지원된다. 이들 함수는 스트림을 사용하지 않아서 버퍼가 없는 순수 파일 입출력 함수이다. 하드웨어 장치에서 읽을 때는 이들 함수들을 사용하는 것이 좋다.

 LAB   이진 파일에 학생 정보 저장하기

우리는 파일을 이용하여 간단한 데이터베이스 시스템을 흉내 낼 수 있다. 데이터베이스란 데이터를 모아 놓은 것으로 손쉽게 검색할 수 있도록 해주는 저장 기법이다. 데이터베이스의 저장 단위는 레코드(record)라고 부른다. 레코드는 구조체로 구현할 수 있다. 여기서는 학생들의 데이터베이스를 만들어보자. 학생들의 정보 중에서 중요한 깃만을 구조체로 정의하였다. 학생들의 정보를 이진 파일에 저장하고 다시 읽어서 화면에 출력하는 프로그램을 작성하여보자.

```
학번 = 1, 이름 = Kim, 평점 = 3.99
학번 = 2, 이름 = Min, 평점 = 2.68
학번 = 3, 이름 = Lee, 평점 = 4.01
```

Solution binary_file.c

```c
1  #include <stdio.h>
2  #include <stdlib.h>
3  #define SIZE 3
4
5  struct student {
6      int number;        // 학번
7      char name[20];     // 이름
8      double gpa;        // 평점
9  };
10
11 int main(void)
12 {
13     struct student table[SIZE] = {
14         { 1, "Kim", 3.99 },
15         { 2, "Min", 2.68 },
16         { 3, "Lee", 4.01 }
17     };
18     struct student s;
19     FILE *fp = NULL;
20     int i;
21
22     // 이진 파일을 쓰기 모드로 연다.
23     if( (fp = fopen("student.dat", "wb")) == NULL )
24     {
25         fprintf(stderr,"출력을 위한 파일을 열 수 없습니다.\n");
26         exit(1);
27     }
28
29     // 배열을 파일에 저장한다.
30     fwrite(table, sizeof(struct student), SIZE, fp);
31     fclose(fp);
32
33     // 이진 파일을 읽기 모드로 연다.
34     if( (fp = fopen("student.dat", "rb")) == NULL )
35     {
36         fprintf(stderr,"입력을 위한 파일을 열 수 없습니다.\n");
37         exit(1);
38     }
39
40     for(i = 0;i < SIZE; i++)
41     {
42         fread(&s, sizeof(struct student), 1, fp);
43         printf("학번 = %d, 이름 = %s, 평점 = %.2f\n", s.number, s.name, s.gpa);
44     }
45     fclose(fp);
46
47     return 0;
48 }
```

학생에 대한 데이터를 구조체로 정의한다. 구조체의 배열을 생성하여 학생 3명의 데이터로 초기화를 시킨다.

student.dat란 이름으로 이진 파일을 생성한다. "wb"는 쓰기 모드와 이진 파일 모드를 의미한다. 반환값이 NULL이면 파일 생성 과정에서 오류가 발생한 것이다. 오류 메시지는 stderr에 출력되었다. stderr은 표준 입출력 스트림 중의 하나로 주로 오류 메시지를 출력하는데 사용된다. exit()는 프로그램을 종료시키는데 사용되는 라이브러리 함수이다. exit()의 인수는 프로그램이 종료될 때 반환되는 값이다. 오류가 있는 경우는 1을 반환한다.

fwrite()를 이용하여 구조체의 배열을 파일에 저장한다. 한 항목의 크기는 sizeof(struct student)로 계산한다. 항목의 개수는 3으로 고정되어 있다. 일단 파일을 닫는다.

동일한 파일을 다시 연다. 이번에는 "rb"로 하여 읽기 모드와 이진 파일 모드를 지정한다.

fread()를 이용하여 한 번에 하나의 레코드를 읽는다. fread()나 fwrite()는 몇 번이고 원하는 만큼 호출될 수 있다.

LAB   이미지 파일 복사하기

여기서는 이진 파일을 복사하는 프로그램을 작성하여보자. 이미지 파일의 이름을 사용자로부터 받아서 복사본을 생성하여 본다. 복사가 올바르게 되었는지 이미지 뷰어 프로그램을 이용하여서 확인하여보자.

pome.jpg

copy.jpg

Hint

- 이진 파일을 읽거나 쓰려면 fopen()을 호출할 때 파일 모드에 "b"를 붙이면 된다. 쓰기 전용 파일을 열려면 "wb"로, 읽기 전용 파일을 열려면 "rb"로 하여야 한다.

```
src_file = fopen("pome.jpg", "rb");
dst_file = fopen("copy.jpg", "wb");
```

- 이진 파일에서 데이터를 읽으려면 fread()를 사용한다.

```
fread(buffer, 1, sizeof(buffer), src_file);
```

- 이진 파일에 데이터를 쓰려면 fwrite()를 사용한다.

```
fwrite(buffer, 1, sizeof(buffer), dst_file);
```

- fread()는 성공적으로 읽은 항목의 개수를 반환한다. 따라서 0이 반환되면 파일의 끝에 도달한 것으로 볼 수 있다.

Solution   image_copy.c

```
1  #include <stdio.h>
2
3  int main(void)
4  {
5      FILE *src_file, *dst_file;
6      char filename[100];
7      char buffer[1024];
8      int r_count;
9
10     printf("이미지 파일 이름: ");
11     scanf("%s", filename);
12
13     src_file = fopen(filename, "rb");
14     dst_file = fopen("copy.jpg", "wb");
15     if( src_file==NULL || dst_file ==NULL ){
16         fprintf(stderr, "파일 열기 오류 \n");
```

```
17          return 1;
18      }
19      while((r_count = fread(buffer, 1, sizeof(buffer), src_file)) > 0) {
20          int w_count = fwrite(buffer, 1, r_count, dst_file);
21          if( w_count < 0 ) {
22              fprintf(stderr, "파일 쓰기 오류 \n");
23              return 1;
24          }
25          if( w_count < r_count ) {
26              fprintf(stderr, "미디어 쓰기 오류 \n");
27              return 1;
28          }
29      }
30      printf("copy.jpg로 이미지 파일이 복사됨 \n");
31      fclose(src_file);
32      fclose(dst_file);
33      return 0;
34  }
```

 LAB   파일 압축 (RLE)

입력 문자열이 주어지면 이것을 RLE 알고리즘으로 압축하여 파일에 기록하는 프로그램을 작성해보자. 예를 들어 입력 문자열이 "aaaaaaccccyxx"이면 프로그램은 "6a5c1y2x"를 파일에 기록한다. 현재의 알고리즘은 입력은 텍스트 파일이고, 알파벳 문자만을 가정한다. 또 반복 횟수는 10 미만이라고 가정한다.

rle.c

```
1  #include <stdio.h>
2  #include <stdlib.h>
3
4  int main(void)
5  {
6      FILE* fp1 = fopen("test.txt", "r");        // 텍스트 파일을 가정한다.
7      FILE* fp2 = fopen("result.txt", "w");
8      char curr_ch = 0, prev_ch = 0;             // 현재 문자와 이전 문자
9      int count = 0;
10
11     while (1) {
12         int i= fread(&curr_ch, sizeof(char), 1, fp1);
13         if (feof(fp1)) {                       // 파일의 끝이면
```

```
14                        fprintf(fp2, "%c%d", count, prev_ch);
15                    break;
16              }
17          if (prev_ch != curr_ch && prev_ch!=0) {   // 이전 문자와 현재 문자가 다르면
18                  fprintf(fp2, "%d%c", count, prev_ch);
19                  count = 1;
20          }
21          else count++;
22          prev_ch = curr_ch;
23      }
24      fclose(fp1);
25      fclose(fp2);
26      return 0;
27  }
```

 도전문제

위의 프로그램에 압축을 푸는 코드도 추가해보자. 즉 "6a5c1y2x"을 "aaaaaaccccccyxx"로 만드는
코드를 추가해본다.

LAB   파일 암호화 (XOR)

파일 암호화는 일상 생활에서도 많이 사용되는 기술이다. 민감한 개인 정보가 들어 있는
파일은 반드시 암호화를 시키는 것이 좋다. 이번 장에서 XOR 암호화 방법을 사용하여 파일을
암호화해보자. 이 알고리즘에서는 파일 안의 모든 문자에 대하여 암호키와 비트 XOR 연산자
를 적용한다. 출력을 해독하려면 동일한 키를 사용하여 XOR 함수를 다시 적용하면 된다. 예
를 들어서 암호화키 "0123456789"를 이용하여 왼쪽의 텍스트 파일을 암호화하면 오른쪽 파
일처럼 된다.

xor.c

```
1  #include <stdio.h>
2  #include <stdlib.h>
3  #define SIZE 10000
4  char* key = "0123456789";
5
```

```
6   int main(void)
7   {
8        char name[256], name1[256];
9        char p[SIZE];                    // 파일은 10000 바이트 미만이어야 한다.
10       printf("입력 파일 이름: ");
11       scanf("%s", name);
12       printf("출력 파일 이름: ");
13       scanf("%s", name1);
14       FILE* f1 = fopen(name, "r+b");
15       FILE* f2 = fopen(name1, "w+b");
16
17       int length = fread(p, sizeof(char), 10000, f1); // 실제로 읽은 바이트 수가 반환된다.
18       for (unsigned long i = 0; i < length; i++) {
19           p[i] ^= key[i % 10];       // XOR 연산
20       }
21       fwrite(p, sizeof(char), length, f2);
22       fclose(f1);
23       fclose(f2);
24       return 0;
25   }
```

중간점검

1 문자 데이터가 아니고 이진 데이터가 저장되어 있는 파일을 _____ 파일이라고 한다.

2 이진 파일을 생성할 때 사용하는 함수는 _____이다.

3 읽기 전용 이진 파일을 생성할 때 사용하는 파일 모드는 _____이다.

15.5 임의 접근

순차 접근과 임의 접근

지금까지의 파일 입출력 방법은 모두 데이터를 파일의 처음부터 순차적으로 읽거나 기록하는 것이었다. 이것을 순차 접근(sequential access) 방법이라고 한다. 이러한 방법은 한번 읽은 데이터를 다시 읽으려면 현재의 파일을 닫고 파일을 다시 열어야 한다. 또한 앞부분을 읽지 않고 중간이나 마지막으로 건너뛸 수도 없다. 또 다른 파일 입출력 방법으로 임의 접근 (random access) 방법이 있다. 임의 접근 방법은 파일의 어느 위치에서든지 읽기와 쓰기가 가능하다.

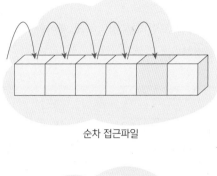

순차 접근파일

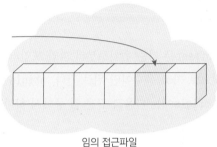

임의 접근파일

그림 15-11
순차 접근 파일과 임의 접근 파일의 비교

임의 접근의 원리

모든 파일에는 파일 포인터(file pointer)라는 것이 존재한다. 파일 포인터는 읽기와 쓰기 동작이 현재 어떤 위치에서 이루어지는 지를 나타낸다. 새 파일이 만들어지게 되면 파일 포인터는 값이 0이고 이것은 파일의 시작 부분을 가리킨다. 기존의 파일의 경우, 추가 모드에서 열렸을 경우에는 파일의 끝이 되고, 다른 모드인 경우에는 파일의 시작 부분을 가리킨다.

파일에서 읽기나 쓰기가 수행되면 파일 포인터가 갱신된다. 예를 들어 읽기 모드로 파일을 열고, 100바이트를 읽었다면 파일 포인터의 값이 100이 된다. 다음에 다시 200바이트를 읽었다면 파일 포인터는 300이 된다. 우리가 입출력 함수를 사용하면 그 함수의 내부에서 파일 포인터의 값이 변경된다. 사실 프로그래머는 파일 포인터에 대하여 크게 신경 쓸 필요는 없다.

보통 순차적으로 데이터를 읽게 되면 파일 포인터는 파일의 시작 위치에서 순차적으로 증가하여 파일의 끝으로 이동한다. 그러나 만약 파일의 데이터를 전체를 다 읽지 않고 부분적으로 골라서 읽고 싶은 경우에는 파일 포인터를 이동시켜서 임의 파일 액세스를 할 수 있다. 임의(random)라는 말은 임의의 위치에서 데이터를 읽을 수 있다는 의미이다. 예를 들어서 데이터를 파일의 시작 부분으로부터 1000바이트 위치에서 읽었다가 다시 시작 위치로부터 500바이트 떨어진 위치에서 읽어야 하는 경우도 있다. 즉 데이터를 임의의 위치에서 읽는 기능이 필요한 경우도 있는 것이다. 이때는 위치 표시자를 조작하여야 만이 파일을 원하는 임의의 위치에서 읽을 수 있다. 파일 포인터를 조작하는 함수는 fseek()이다.

파일 포인터 관련 함수

fseek() 함수를 이용하면 파일 포인터를 정밀하게 제어할 수 있다. fseek()는 파일 포인터의 값을 원하는 값으로 설정한다.

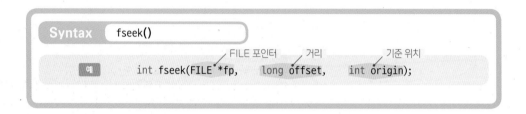

Syntax   fseek()

예   int fseek(FILE *fp,   long offset,   int origin);

FILE 포인터   거리   기준 위치

fp는 FILE 포인터이다. offset은 기준 위치로부터 파일 포인터가 이동하는 거리를 나타낸다. offset이 양수이면 앞으로 가고 음수이면 뒤로 간다. origin은 파일 포인터를 이동시키는 기준 위치를 나타낸다. origin에는 다음과 같은 값 중에서 하나를 사용할 수 있다.

상수	값	설명
SEEK_SET	0	파일의 시작
SEEK_CUR	1	현재 위치
SEEK_END	2	파일의 끝

예를 들어서 fseek(fp, 2, SEEK_SET)이라고 호출하면 파일의 처음에서 2바이트 만큼 떨어진 곳으로 파일 포인터를 이동하라는 의미가 된다. fseek(fp, -1, SEEK_END)라고 호출하면 EOF에서 역방향으로 1바이트 만큼 떨어진 곳으로 파일 포인터를 이동하라는 의미가 된다. SEEK_END는 파일의 마지막 데이터의 위치가 아니라 EOF가 놓인 위치를 가리킨다. offset은 얼마든지 음수가 가능하다.

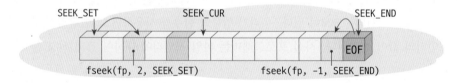

SEEK_SET   SEEK_CUR   SEEK_END

fseek(fp, 2, SEEK_SET)   fseek(fp, -1, SEEK_END)

파일 포인터를 파일의 시작 위치로 설정하려면 fseek()를 사용하여도 되지만 rewind() 라이브러리 함수도 마찬가지의 역할을 한다.

```
rewind(fp);
```

rewind()가 호출되면 파일 포인터가 0으로 설정된다. 주로 rewind()는 파일을 읽은 다음, 다시 읽고자 할 때 사용된다.

파일 포인터의 현재 위치를 알아내려면 ftell(FILE *fp)을 사용한다. ftell()은 현재 파일 포인터의 값을 long형으로 반환한다. long 형으로 반환하는 이유는 때에 따라서는 파일이 매우 클 수 있고 그런 경우에는 파일 포인터의 값이 long형으로만 표시될 수 있기 때문이다. 만약 오류가 발생하면 -1L을 반환한다.

　파일의 끝을 알아내는 함수는 foef(FILE *fp)이다. foef()는 현재 위치가 파일의 끝인지를 알려준다.

예제#1

텍스트 파일에 "ABCDEFGHIJKLMNOPQRSTUVWXYZ"을 기록한 후에 이 파일을 다시 읽기 모드로 연다. fseek()에 적절한 값을 넣어서 호출한 후에 fgetc()를 호출하여 반환값을 화면에 출력한다.

```
fseek(fp, 3, SEEK_SET) = D
fseek(fp, -1, SEEK_END) = Z
```

```c
#include <stdio.h>

int main (void)
{
    FILE *fp;
    char buffer[100];

    fp = fopen("sample.txt", "wt");
    fputs( "ABCDEFGHIJKLMNOPQRSTUVWXYZ" , fp );
    fclose(fp);

    fp = fopen("sample.txt", "rt");

    fseek( fp , 3 , SEEK_SET );
    printf("fseek(fp,, 3, SEEK_SET) = %c \n", fgetc(fp));

    fseek( fp , -1 , SEEK_END );
    printf("fseek(fp, -1, SEEK_END) = %c \n", fgetc(fp));

    fclose(fp);
    return 0;
}
```

파일의 처음에서 3바이트만큼 떨어진 위치로 이동한다.
파일 위치 표시자는 D를 가리킨다.

파일의 끝(EOF)에서 앞으로 한 바이트 이동한다. 파일
위치 표시자는 Z를 가리킨다.

중간점검

1　파일의 처음부터 순차적으로 읽거나 쓰는 방법을 _____이라고 한다.
2　파일의 어느 위치에서나 읽고 쓰기가 가능한 방법을 _____이라고 한다.
3　파일에서 읽기나 쓰기가 수행되면 파일의 현재의 위치를 표시하는 _____가 갱신된다.
4　파일의 위치 표시자를 알아내는 함수는 _____이다.

Mini Project   주소록 만들기

자신과 친한 사람들의 정보를 저장하고 업데이트할 수 있는 간단한 프로그램을 작성하여보자. 입력하거나 업데이트한 데이터는 파일로 저장된다. 저장된 데이터에 대하여 검색할 수 있다. 자기에게 필요한 여러 가지 사항들을 저장할 수 있도록 하자. 즉 자신만의 간단한 데이터베이스 시스템을 작성하여보자.

```
====================
 1. 추가
 2. 수정
 3. 검색
 4. 종료
====================
정수값을 입력하시오: 1
이름: 홍길동
주소: 서울시 종로구 1번지
휴대폰: 010-1234-5678
특징: 초능력 슈퍼 히어로
```

먼저 파일 모드를 어떻게 해야 할까? 우리는 주로 데이터를 파일에 추가하거나 아니면 검색하게 된다. 따라서 가장 적합한 것은 "a+"모드이다. "a+" 모드는 추가 모드이며 우리가 파일에 쓰면 무조건 파일의 맨 끝에 추가된다. 그리고 파일에서 읽을 수도 있는데, 읽기 전에 무조건 fseek()를 해주어야 한다. 즉 fseek()를 하지 않으면 모드가 변경되지 않는다. 수정은 약간 복잡한데 파일이 오픈된 상태에서 중간만 변경하는 것보다는 차라리 새로운 파일을 생성하여서 거기에 전체를 다시 기록하는 것이 낫다. 예전 파일은 삭제하고 이름을 바꾸면 된다.

연락처 데이터는 물론 구조체로 나타내는 것이 좋다. 구조체를 파일에 쓰려면 이진 파일 모드가 적당하다. 한 사람분의 데이터가 입력되면 무조건 파일에 쓴다. 따라서 구조체의 배열은 필요 없고 한 개의 구조체만 있으면 된다. 검색할 때도 파일을 오픈한 상태에서 fread()를 호출하여서 하나씩 구조체로 불러들여서 이름을 비교한다.

Solution contacts.c

```c
1  #define SIZE 100
2
3  typedef struct person {              // 연락처를 구조체로 표현한다.
4      char name[SIZE];                 // 이름
5      char address[SIZE];              // 주소
6      char mobilephone[SIZE];          // 휴대폰
7      char desc[SIZE];                 // 특징
8  } PERSON;
9
10 int main(void)
11 {
12     FILE *fp;
13     int select;
14     // 이진 파일을 추가 모드로 오픈한다.
15     if( (fp = fopen("address.dat", "ab+")) == NULL ) {
16         fprintf(stderr,"입력을 위한 파일을 열 수 없습니다");
17         exit(1);
18     }
19     while(1)  {
20         menu();                          // 메뉴를 표시한다
21         printf("정수값을 입력하시오: ");  // 사용자로부터 정수를 받는다
22         scanf("%d",&select);
23         switch(select) {
24         case 1:   add_record(fp); break;    // 데이터를 추가한다
25         case 2:   update_record(fp); break; // 데이터를 수정한다
26         case 3:   search_record(fp); break; // 데이터를 탐색한다
27         case 4:   fclose(fp); return 0;
28         }
29     }
30     fclose(fp);                          // 이진 파일을 닫는다
31     return 0;
32 }
33 // 데이터를 추가한다
34 void add_record(FILE *fp)
35 {
36     PERSON data;
37     data = get_record();        // 사용자로부터 데이터를 받아서 구조체에 저장
38     fseek(fp, 0, SEEK_END);     // 파일의 끝으로 간다
39     fwrite(&data, sizeof(data), 1, fp);   // 구조체 데이터를 파일에 쓴다
40 }
...
```

도전문제

(1) search_record() 함수를 구현해보자.

(2) update_record() 함수를 구현하여보자. 앞에서 언급한 대로 수정된 부분만 파일에 덮어쓰는 것은 상당히 어렵다. 따라서 수정된 전체 내용을 읽어서 새로운 파일에 쓰도록 해보자.

Summary

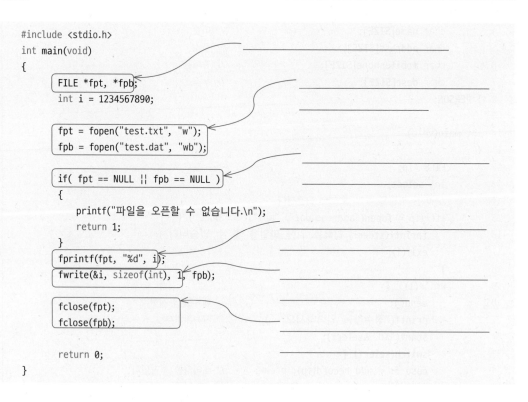

```c
#include <stdio.h>
int main(void)
{
    FILE *fpt, *fpb;
    int i = 1234567890;

    fpt = fopen("test.txt", "w");
    fpb = fopen("test.dat", "wb");

    if( fpt == NULL || fpb == NULL )
    {
        printf("파일을 오픈할 수 없습니다.\n");
        return 1;
    }
    fprintf(fpt, "%d", i);
    fwrite(&i, sizeof(int), 1, fpb);

    fclose(fpt);
    fclose(fpb);

    return 0;
}
```

▶ 파일은 연속된 _____의 모임이라고 생각할 수 있다.

▶ 스트림은 _____ 구조체를 통하여 접근된다.

▶ 프로그램이 실행될 때 자동으로 만들어지는 3개의 스트림의 이름은 _____, _____, _____이다.

▶ 파일에는 사람이 읽을 수 있는 텍스트가 들어 있는 _____파일과 사람은 읽을 수 없으나 컴퓨터는 읽을 수 있는 _____파일이 있다.

▶ _____ 문자는 텍스트 파일의 끝을 나타내는 특수 문자이다.

▶ 읽고 쓸 수 있는 이진 파일을 생성할 때 사용하는 파일 모드는 "_____"이다.

▶ fgetc()의 반환형은 _____형이다.

▶ 파일을 삭제하는 라이브러리 함수는 _____이다.

▶ 파일의 어느 위치에서나 읽고 쓰기가 가능한 방법을 _____이라고 한다.

▶ 파일의 파일 포인터를 알아내는 함수는 _____이다.

Q&A

Q 텍스트 파일과 이진 파일 입출력은 어떤 점이 다른가?

A 텍스트 파일을 입출력하는 경우에는 변환이 발생할 수 있다. 예를 들어서 줄의 끝을 나타내는 표시인 \n을 시스템에 맞추어서 \r\n으로 변환하게 된다. 하지만 이진 파일 입출력의 경우에는 어떠한 변환도 없이 입출력하게 된다.

Q EOF란 도대체 무엇인가? 어떤 값이 사용되는가?

A EOF는 End of File을 나타낸다. EOF는 용어 그대로 파일의 끝을 나타내는 표시이다. EOF는 시스템에 따라 달라지게 된다. 보통은 int형(32비트)의 -1(0xFFFFFFFF)이 사용된다. getchar() 등의 반환값이 char형이 아닌 int형으로 되어 있는 이유도 바로 이 EOF값을 제대로 반환하기 위해서이다.

Q 보통 파일은 EOF 표시가 나올 때까지 읽을 수 있다. 하지만 키보드로 입력하는 경우에는 EOF가 존재하는가?

A 키보드에서도 EOF를 입력할 수 있다. 그 방법은 운영 체제마다 달라지는데 윈도즈의 경우, Control-Z를 입력하면 EOF가 입력된다.

Q 파일의 중간에 위치한 하나의 문자만을 수정하려고 한다. 어떻게 하여야 하는가?

A 파일을 "r+" 모드로 오픈한 후에 fseek()를 이용하여 원하는 위치로 이동한 다음, 문자를 쓰면 된다.

Q 파일의 중간 부분에 새로운 줄을 넣거나 삭제할 수 있는가?

A 일반적인 해법은 없다. 보통은 새로운 파일을 오픈하여 재작성하여야 한다. 삭제할 때는 보통 실제로 삭제하는 것이 아니라 삭제되었다고 표시만 하는 기법을 많이 사용한다.

Q 파일을 오픈한 후에 닫지 않으면 어떻게 되는가?

A 큰 일은 발생하지 않지만 닫는 것이 좋다. 일반적으로는 프로그램이 종료되면 파일들은 모두 자동적으로 닫혀지게 된다. 하지만 하나의 프로그램에서 열 수 있는 파일의 개수는 보통 제한되어 있으므로 파일을 열기만 하고 닫지 않으면 문제가 될 수 있다.

Exercise

01 다음 중 표준 파일 스트림이 아닌 것은?

① stdin   ② stdout   ③ stderr   ④ stdcon

02 다음은 표준 입출력 함수들에 대한 설명이다. 설명에 가장 일치하는 함수를 보기에서 골라서 쓰시오.

① _____ : 스트림의 버퍼를 강제로 비우는 함수
② _____ : 텍스트 파일에서 하나의 줄을 입력받는 함수
③ _____ : 파일의 끝을 검사하는 함수
④ _____ : 형식 제어 문자열을 사용하여서 파일에 정수나 실수를 읽는 함수

feof()   fgetc()   fscanf()   fgets()   fflush()   ftell()   fprintf()   fseek()

03 파일의 시작 부분으로 파일 포인터를 이동시키는 문장은?

① fseek(fp, 0L, SEEK_END);   ② fseek(fp, 0L, SEEK_START);
③ fseek(fp, 0L, SEEK_SET);   ④ fseek(fp, -1L, SEEK_SET);

04 다음의 설명에 적합한 문장을 작성하시오.

(a) 파일 "junk.txt"을 추가 모드로 열고 반환값을 afp에 대입한다.
(b) 파일 "para.txt"을 읽기와 쓰기가 모두 가능한 모드로 열고 반환값을 pfp에 대입한다.
(c) 파일 "company.dat"를 읽기가 가능한 이진 모드로 열고 반환값을 bfp에 대입한다.

05 텍스트 파일을 읽다가 쓰기도 하고자 한다. 어떤 파일 모드로 열어야 하는가?

① "r"   ② "wb"   ③ "w"   ④ "r+"

06 _____ 함수는 표준 입력 스트림에서 하나의 문자를 읽어서 반환한다.

① gets_s()   ② fgetc()   ③ getc()   ④ getchar()   ⑤ ungetc()

07 다음 중에서 이진 파일에서 올바르게 읽은 문장을 모두 선택하시오.

```
FILE *fp = fopen("TEST.DAT", "rb");
char buffer[200];
```

① fread(fp, buffer, 100, 1);   ② fread(buffer, 100, 1, fp);
③ fread(buffer, 1, 300, fp);   ④ fread(fp, buffer, 1, 100);

08 다음 프로그램의 오류를 지적하시오. 오류는 하나 이상일 수도 있다.

```
#include <stdio.h>
struct test {
        int a;
        float b;
} record;
int main(void)
{
        FILE fp = fopen("TEST.DAT", "rb");
        fread(record, sizeof(record), 1, fp);
        fclose(fp);
        return 0;
}
```

09 다음 프로그램의 실행 결과를 쓰시오.

```
#include <stdio.h>
int main(void)
{
        int i;
        long int pos;
        FILE *fp = fopen("test.dat", "w+b");

        for(i = 0; i < 10; i++)
            fwrite(&i, sizeof(int), 1, fp);
        pos = ftell(fp);
        pos -= 8;
        fseek(fp, pos, 0);
        fread(&i, sizeof(int), 1, fp);
        printf("i = %d\n",i);
        fclose(fp);
}
```

Programming

01 텍스트 파일 proverbs.txt를 읽어서 각 줄의 앞에 줄 번호를 붙여서 화면에 출력하는 프로그램을 작성하라.

```
1: Absence makes the heart grow fonder.
2: Actions speak louder than words.
3: All for one and one for all.
4: All's fair in love and war.
5: All work and no play makes Jack a dull boy.
...
```

HINT 텍스트 파일을 한 줄씩 읽어서 화면에 쓸 때 앞에 printf()를 이용하여서 줄 번호를 적어주면 된다.

02 텍스트 파일을 열어서 파일 안에 들어 있는 문자들을 모두 대문자로 변경하여 새로운 파일에 저장하는 프로그램을 작성한다. 새로운 파일을 화면에 출력해서 확인하자.

```
첫 번째 파일 이름:  proverbs.txt
두 번째 파일 이름:  test2.txt
ABSENCE MAKES THE HEART GROW FONDER.
ACTIONS SPEAK LOUDER THAN WORDS.
ALL FOR ONE AND ONE FOR ALL.
...
```

HINT 입력 파일은 읽기 모드로 열고 출력 파일은 쓰기 모드로 연다. 텍스트 파일이므로 fgetc()으로 하나의 문자를 얻어서 toupper()를 이용하여서 대문자로 변환한 후에 출력 파일에 쓴다. 이 동작을 파일이 끝날 때까지 반복한다.

03 두 개의 텍스트 파일을 서로 비교하는 프로그램을 작성하여보자. 파일의 이름은 사용자에게 입력받는다. 만약 두 개의 파일이 일치하면 "파일은 서로 일치함"을 출력하며 일치하지 않으면 일치하지 않는 첫 번째 문장을 다음과 같이 출력한다.

```
첫 번째 파일 이름:  proverbs.txt
두 번째 파일 이름:  test2.txt
<< Absence makes the heart grow fonder.
>> ABSENCE MAKES THE HEART GROW FONDER.
```

HINT 텍스트 파일이므로 fgets()와 fputs()를 사용한다. strcmp()를 이용하여서 2개의 문자열을 비교한다.

04 다음과 같이 학생들의 교과목 성적이 저장되어 있는 텍스트 파일을 읽어서 성적의 평균을 구하여 다른 파일에 쓰는 프로그램을 작성해보자. 평균은 소수점 2자리까지 출력하도록 하라.

이름	국어	수학	영어		이름	평균
홍길동	90	80	70	→	홍길동	70.00
김유신	95	68	87		김유신	83.33
...					...	

HINT 일단 한 학생의 데이터는 구조체로 표현하자. 입력 파일에서 fscanf()를 이용하여서 데이터들을 읽어서 구조체에 정보를 저장한다. 평균을 계산하여서 fprintf()를 이용하여서 출력 파일에 쓴다.

05 사용자로부터 받은 파일 이름으로 텍스트 파일을 연 후에 파일 안에 들어 있는 문자들의 개수와 단어들의 개수를 계산하여 출력해보자.

```
파일 이름:  proverbs.txt
문자의 개수는 718
단어의 개수는 36
```

HINT 인쇄 가능한 문자는 isprint(c)로 검사할 수 있다.

06 사용자가 입력하는 텍스트를 파일에 저장하여 주는 프로그램을 작성하여보자. 사용자가 **Ctrl-Z**를 입력하면 종료하는 것으로 가정한다.

```
파일 이름:  test.c
#include <stdio.h>
int main(void) {
        printf("Hello World!");
        return 0;
}
Ctrl+Z
```

HINT fgets(..., stdin)를 사용하면 사용자로부터 한 줄의 문장을 받을 수 있다. 만약 fgets()가 0을 반환하면 Ctrl-Z가 입력된 것이므로 반복 루프를 종료하고 출력 파일을 닫으면 된다.

07 명령 프롬프트에서 인수로 주어진 2개의 텍스트 파일을 합하여 하나의 파일로 저장하는 프로그램을 작성해보자.

```
C> fileadd hello.c main.c dst.c
hello.c 파일과 main.c 파일을 합하여 dst.c 파일로 저장합니다.
```

HINT 명령어 인수를 받을 때는 main(int argc, char* argv[]) 형식을 사용한다.

08 텍스트 파일 `proverbs.txt`를 읽어서 사용자가 지정하는 줄을 삭제하는 프로그램을 작성해보자.

```
삭제를 원하는 줄 번호: 2
test.txt로 저상되었습니다.
```

HINT 파일에서 특정한 내용을 삭제할 때는 원본을 변경하지 말고, 원본에 해당 줄만 빼고 나머지를 모두 다른 파일에 저장하는 편이 편리하다.

09 텍스트 파일에서 특정한 단어를 찾아서 다른 단어로 변경하여 출력 파일에 쓰는 프로그램을 작성해 보자.

```
Android 4.1, Jelly Bean, is the fastest
and smoothest version of Android yet.
```

```
안드로이드 4.1, Jelly Bean, is the
fastest and smoothest version of
Android yet.
```

HINT 역시 다양한 방법으로 할 수 있겠다. 파일에서 한 줄씩 읽어서 strstr()이나 strtok()를 사용하여 단어를 분리한 후에 단어를 변환하여 출력 파일에 쓴다.

10 사용자가 지정하는 텍스트 파일을 읽어서 시저 암호 방법으로 암호화된 파일을 생성하는 프로그램을 작성해보자.

```
파일 이름을 입력하시오: test.txt
이동 거리를 입력하시오: 3
암호화된 파일은 test_enc.txt입니다.
```

HINT 시저 암호 방법은 문자 코드에 일정한 값을 더하는 암호화 방법이다.

11 하드 디스크에서 파일을 삭제하는 프로그램을 작성해보자.

```
파일 이름을 입력하시오: test.txt
test.txt가 성공적으로 삭제되었습니다.
```

HINT 라이브러리 함수인 remove()를 사용해보자.

12 (1) 사람들의 이름과 전화번호를 파일에 저장하는 프로그램을 작성해보자. 사람들의 이름은 aa부터 zz까지 676(26×26)개의 이름을 자동으로 생성한다. 전화번호도 100부터 775까지를 자동으로 생성한다.

```
phone.txt
  aa 100
  ab 101
  ac 102
  ...
  zz 775
```

(2) 위에서 생성된 전화번호부 파일 phone.txt를 읽고, 여기에서 사용자가 지정하는 사람의 전화번호 를 찾아서 화면에 표시하고 종료하는 프로그램을 작성해보자.

```
찾고자 하는 사람의 이름: ab Enter↵
ab의 전화번호는 101입니다.
```

13 자기가 소유하고 있는 도서를 관리하는 프로그램을 작성하여보자. 다음과 같은 메뉴 화면을 가진다.

텍스트 파일 처리

HARD
★★★

```
====================
 1. 추가
 2. 검색
 3. 파일로 저장
 4. 파일에서 읽기
 5. 종료
====================
정수값을 입력하시오 : 1
도서의 이름: Introduction to Heros
저자: 홍길동
출판사: 히어로출판사
```

HINT 본문의 "실습: 주소록 만들기"를 참고하라.

14 이진 파일의 가장 전형적인 예는 이미지 파일이다. 이미지 파일 안에는 이미지 픽셀 값들이 이진값으로 저장된다. 많은 이미지 파일은 앞에 헤더가 있어서 헤더를 해석해야 만이 이미지 픽셀값들을 꺼내서 사용할 수 있다. 다행하게도 RAW 파일 형식은 이미지 헤더가 없고 픽셀값이 8비트 이진데이터로 저장되어 있다. "lena(256x256).raw" 파일을 읽어서 화면에 표시하는 프로그램을 작성해보자. "lena(256x256).raw" 파일은 출판사 홈페이지나 인터넷에서 구할 수 있다.

이진 파일 처리

HARD
★★★

HINT 픽셀값을 화면에 그릴 때는 다음과 같은 함수를 사용한다.

```c
#include <windows.h>
#include <stdio.h>

int main(void)
{
    HDC hdc = GetWindowDC(GetForegroundWindow());
    ...
    SetPixel(hdc, x, y, RGB(red, green, blue));
    ...
}
```

CHAPTER

16

전처리 및 다중 소스 파일

맞습니다. 이외에도 #ifdef 등과 같은 전처리 문장도 많이 사용됩니다. 분할 컴파일 기법도 배워봅시다. 중요합니다.

#include나 #define 문장이 전처리기 인가요?

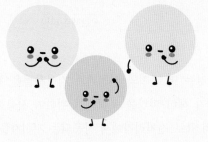

Objectives

● 전처리기란 본격적으로 컴파일하기에 앞서서 소스 파일을 처리하는 컴파일러의 한 부분 이다. 이번 장에서는 전처리기가 제공하는 많은 유용한 특징들에 대하여 살펴본다.

● 매크로가 어떻게 프로그램을 더욱 효율적이고 읽기 쉽게 만드는지를 이해한다.

● 조건부 컴파일 기능과 이것을 이용한 디버깅과 이식성에 대해서도 살펴본다.

● 여러 개의 소스 파일로 프로젝트를 구성하는 방법을 살펴본다.

● 구조체 안에 비트를 저장할 수 있는 비트 필드 기능을 이해하고 사용할 수 있다.

16 전처리 및 다중 소스 파일

16.1 전처리기란?

전처리기(preprocessor)는 본격적으로 컴파일하기에 앞서서 소스 파일을 전처리하는 컴파일러의 한 부분이다. 전처리기는 소스 파일을 처리하여 수정된 소스 파일을 생산한다. 이 수정된 소스 파일은 컴파일러에 의하여 본격적으로 컴파일된다. 보통 이 수정된 소스 파일은 컴파일 과정이 끝난 다음에 삭제되기 때문에 사용자에게는 보이지 않는다.

그림 16-1
전처리기의 개념

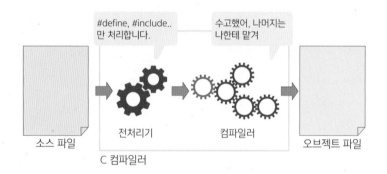

소스 파일   전처리기   컴파일러   오브젝트 파일

C 컴파일러

전처리기가 하는 작업은 무엇일까? 전처리기는 몇 가지의 전처리기 지시자들을 처리한다. 이들 지시자들은 #기호로 시작한다. 우리가 헤더 파일을 포함하기 위하여 사용하였던 #include가 바로 전처리기 지시어이다. 아래의 표로 전처리기에서 사용되는 지시자들을 요약하였다.

표 16-1
전처리기 지시자

지시어	의미	지시어	의미
#define	매크로 정의	#endif	조건 처리 문장 종료
#include	파일 포함	#ifdef	매크로가 정의되어 있는 경우
#undef	매크로 정의 해제	#ifndef	매크로가 정의되어 있지 않은 경우
#if	조건이 참일 경우	#line	행번호 출력
#else	조건이 거짓일 경우	#pragma	시스템에 따라 의미가 다름

16.2 단순 매크로

#define 지시자를 이용하면 숫자 상수에 의미 있는 이름을 부여할 수 있다. #define 문을 이용하여 숫자 상수를 기호 상수로 만든 것을 단순 매크로(macro)라고 한다.

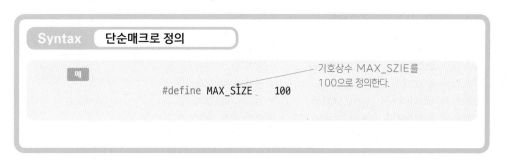

100보다는 MAX_SIZE가 이해하기 쉽지..

예를 들어 위의 문장은 100이라는 정수 상수를 MAX_SIZE라는 기호 상수로 표기하는 것이다. 전처리기는 소스 파일에서 MAX_SIZE를 모두 찾아서 100으로 변경한다. 이것은 에디터의 편집 기능을 사용하여 MAX_SIZE를 찾아서 100으로 바꾸는 것과 유사하다.

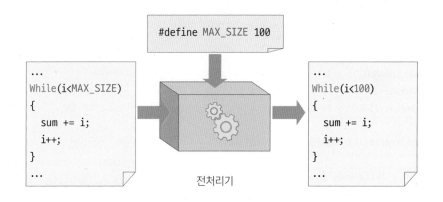

그림 16-2
#define 지시자의 개념

숫자 상수 100을 구태여 MAX_SIZE라는 기호 상수로 표시하려는 이유는 무엇인가? 첫째는 기호 상수를 사용하는 편이 프로그램의 가독성을 높인다는 것이다. 숫자 100보다는 MAX_SIZE라는 기호가 더 많은 정보를 준다. 둘째는 값의 변경이 용이하다는 점이다. 만약 다음과 같이 MAX_SIZE가 여러 곳에서 사용되고 있는 경우, 이 값을 100에서 200으로 변경하려면 #define 문장만 변경하면 된다.

```
#define MAX_SIZE 100
for(i=0;i<MAX_SIZE;i++)
{
    f += (float) i/MAX_SIZE;
}
```

```
#define MAX_SIZE 200
for(i=0;i<MAX_SIZE;i++)
{
    f += (float) i/MAX_SIZE;
}
```

반면에 기호 상수를 사용하지 않고 숫자를 그대로 사용하는 경우에는 일일이 그 위치를 찾아다니면서 바꾸어 주어야 한다. 예제에서는 두 곳이지만 실제로는 이보다 훨씬 많을 수 있다.

#define은 반드시 숫자 상수를 기호 상수로만 바꾸는데 한정되지 않는다. 사실 어떤 텍스트도 다른 텍스트로 바꿀 수 있다. 많이 사용되는 매크로의 예를 살펴보면 다음과 같다.

```
#define PI          3.141592      // 원주율
#define EOF         (-1)          // 파일의 끝표시
#define EPS         1.0e-9        // 실수의 계산 한계
#define DIGITS      "0123456789"  // 문자 상수 정의
#define BRACKET     "(){}[]"      // 문자 상수 정의
#define getchar()   getc(stdin)   // stdio.h에 정의
#define putchar()   putc(stdout)  // stdio.h에 정의
```

 예제

#define 지시자를 사용하면 연산자 &&를 AND로 바꾸어서 사용할 수도 있다. 다음은 몇 개의 논리 및 비교 연산자를 바꾸어서 사용하는 예이다.

define1.c

```
1   #include <stdio.h>
2
3   #define AND      &&        ──── 단순 매크로 정의
4   #define OR       ||
5   #define NOT      !
6   #define IS       ==
7   #define ISNOT    !=
8
9   int search(int list[], int n, int key)        ──── 배열에서 key값을 찾는 함수
10  {
11          int i = 0;                              ──── 단순 매크로 사용
12                                                       &&와 == 대신에 AND와 IS를 사용하였다.
13          while( i < n AND list[i] ISNOT key )     &&와 == 대신에 AND와 IS를 사용하면 &&
14                  i++;                             대신 &을 사용하는 실수나 == 대신에 =을 사
15          if( i IS n )                             용하는 실수를 막을 수 있다. 하지만 정의를 잘
16                  return -1;                       못 사용하여 오류가 발생할 수도 있다.
17          else
18                  return i;
19  }
20
21  int main(void)
22  {
23          int m[] = { 1, 2, 3, 4, 5, 6, 7 };       ──── 배열 m에서 5의 위치를 찾는다.
24
25          printf("배열에서 5의 위치=%d\n", search(m, sizeof(m) / sizeof(m[0]), 5));
26          return 0;
27  }
```

배열에서 5의 위치=4

1   #define을 이용하여서 1234를 KEY로 정의하여보자.
2   #define을 이용하여서 scanf를 INPUT으로 정의하여보자.

중간점검

16.3   함수 매크로

함수 매크로(function-like macro)란 매크로가 함수처럼 매개 변수를 가지는 것이다. 함수 매크로를 사용하면 함수처럼 복잡 계산을 간단하게 나타낼 수 있다. 다음과 같은 형식을 가진다.

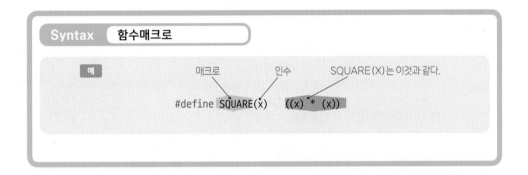

Syntax   함수매크로

예

매크로   인수   SQUARE(X)는 이것과 같다.

#define SQUARE(x)   ((x) * (x))

위의 예제에서는 제곱을 계산하는 매크로 SQUARE를 정의하고 있다. SQUARE는 x라는 매개 변수를 가진다. 전처리기가 소스 코드에서 SQUARE를 발견하게 되면 정의된 문자열로 변환하고 x를 매크로 호출의 인수로 치환한다.

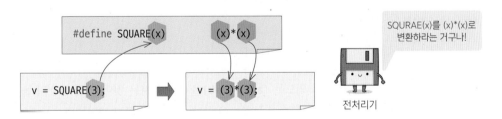

#define SQUARE(x)   (x)*(x)

v = SQUARE(3);   ➡   v = (3)*(3);

전처리기

SQURAE(x)를 (x)*(x)로
변환하라는 거구나!

그림 16-3
#define 지시자의 개념

매크로는 두 개 이상의 매개 변수를 가질 수 있다.

```
#define SUM(x, y)    ((x) + (y))
#define MAX(x, y)    ( (x) > (y) ) ? (x) : (y)
#define MIN(x, y)    ( (x) < (y) ) ? (x) : (y)
```

매크로를 사용할 때의 주의할 점

함수 매크로에서는 매개 변수의 자료형을 써주지 않는다. 따라서 어떠한 자료형에 대해서도 적용이 가능하다. 예를 들어 SQUARE 매크로는 정수를 제곱하는데 사용될 수도 있고 실수를 제공하는데 사용될 수도 있다. 따라서 이것은 상당한 장점이다. 함수와는 다르게 자료형에 따라서 매크로를 여러 개 만들 필요가 없는 것이다.

```
v = SQUARE(7);        // 정수 제곱 7*7
v = SQUARE(1.23);     // 실수 제곱 1.23*1.23
```

변수를 포함한 수식도 매크로의 매개 변수가 될 수 있다.

```
v = SQUARE(a+b);      // 수식의 제곱  ((a+b)*(a+b))
```

여기서 주의해야 할 점이 나온다. 함수 매크로에서는 매개 변수가 기계적으로 대치되기 때문에 반드시 매크로의 매개 변수들을 괄호로 묶어주어야 한다.

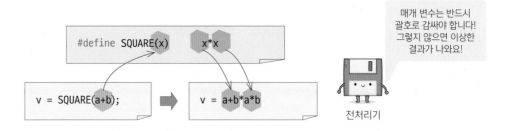

만약 괄호로 묶지 않았을 경우, 어떤 일이 발생하는지를 살펴보자. 만약 SQUARE 매크로가 다음과 같이 정의되었다고 가정하자.

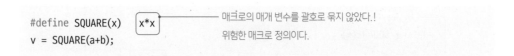

위의 코드를 작성한 사람의 원래 의도는 (a+b)*(a+b)을 계산하자는 것이었다. 그러나 a+b가 x자리에 기계적으로 대치되기 때문에 원래 의도와는 달리 다음과 같이 확장된다.

```
v = a + b*a + b;
```

따라서 원래의 의도인 v = (a+b)*(a+b)와는 차이가 있다. 따라서 반드시 매크로의 매개 변수들은 반드시 괄호로 묶어서 정의하여야 한다.

```
#define SQUARE(x)    ((x) * (x))
```
올바른 방법이다. 매개 변수들은 항상 괄호로 묶어주자.

매크로 사용시 주의할 점

① 매크로를 정의할 때 매개 변수는 모두 사용되어야 한다.

```
#define HALFOF(y, x) ((x) / 2)  // 오류!!
```

② 매크로 이름과 괄호 사이에 공백이 있으면 안 된다.

```
#define ADD (x, y) ((x) + (y))  // 오류!!
```

ADD와 (사이에 공백이 있기 때문에 전처리기는 기호 상수 정의로 생각하고 ADD라는 문자열을 (x, y) ((x) + (y))로 치환한다.

TIP

참고사항

매크로를 한줄 이상으로 만드는 방법

매크로를 작성하다 보면 한 줄을 넘어가는 경우도 많다. 이때에는 줄의 맨 끝에 \을 적어주면 한 줄이 연장된다.

```
#define PRINT(x) if( debug==1 && \
                 mode==1 ) \
                     printf("%d", x);
```

매크로는 함수와 비슷하기는 하나 완전히 같지 않다. 다음의 예제로 살펴보자.

예제

macro1.c

```
1   // 매크로 예제
2   #include <stdio.h>
3   #define SQUARE(x)   ((x) * (x))
4
5   int main(void)
6   {
7       int x = 2;
8
9       printf("%d\n", SQUARE(x));
10      printf("%d\n", SQUARE(3));
11      printf("%f\n", SQUARE(1.2));   // 실수에도 적용 가능
12      printf("%d\n", SQUARE(x+3));
13      printf("%d\n", 100/SQUARE(x));
14      printf("%d\n", SQUARE(++x));   // 9가 아니고 16이 출력된다.
15
16      return 0;
17  }
```

단순 매크로 정의

실행 결과를 보면 14번째 줄을 제외하고는 별 문제가 없어 보인다. 11번째 줄에서 매크로의 장점을 알 수 있다. 함수와는 다르게 매크로는 여러 가지 자료형에 대하여 적용할 수 있다.

14번째 줄의 경우 예상했던 값은 9였을 것이다. 즉 x의 값이 1 증가되어 3이 되고 이것을 제곱하면 9가 된다. 하지만 실행 결과는 16이다. 이렇게 된 이유는 전처리기에 의하여 SQUARE(++x)이 다음과 같이 확장되었기 때문이다.

++x * ++x

결과적으로 x의 값이 두 번 증가하게 된다. 일반적으로 증가나 감소 연산자를 매크로와 함께 사용하면 안 된다. 만약 SQUARE가 함수였다면 이러한 문제는 발생하지 않는다.

```
4
9
1.440000
25
25
16
```

연산자

함수 매크로를 사용하다가 보면 매크로의 인수를 문자열로 변경하고 싶은 경우가 발생한다. 예를 들어서 "x=5"와 같이 변수의 이름과 값을 동시에 출력하는 매크로 PRINT()를 작성하고 싶다. 하지만 다음과 같이 매크로를 작성하고 PRINT(x)로 호출하였다면 실제 출력은 다음과 같다.

macro2.c

```
1  #include <stdio.h>
2
3  #define PRINT(exp) printf("exp=%d\n", exp);
4
5  int main(void)
6  {
7          int x=5;
8
9          PRINT(x);
10         return 0;
11 }
```

printf("exp = %d\n", x);로 변환된다.

exp=5

실행 결과를 보면 생각대로 출력되지 않았다. 원인을 생각하여 보면 첫째로, 전처리기는 큰따옴표 안의 exp는 치환하지 않는다. 만약 큰따옴표 안의 exp도 x로 치환되게 하려면 exp를 큰따옴표 밖에 위치시켜야 한다. 둘째로, 전달된 실제 인수인 x를 문자열로 만들어야 한다. 매크로에 전달된 인수를 문자열로 만들려면 매개 변수 앞에 #를 붙이면 된다.

```
#define PRINT(exp) printf(#exp " = %d\n",exp);
```
인수를 따옴표 밖에 두었고, 인수를 문자열로 변환하기 위하여 #를 붙였다.

#은 문자열 변환 연산자(Stringizing Operator)라고 불린다. 매크로 정의에서 매개 변수 앞에 #가 위치하면 매크로 호출에 의하여 전달되는 실제 인수는 큰따옴표로 감싸지고 문자열로 변환된다. # 연산자는 매개 변수를 가지는 매크로에서만 사용할 수 있다. 매크로를 위와 같이 변경하고 다시 실행시키면 #exp는 "x"로 치환되고 printf("x"" = %d\n", x);와 같이 변경되어서 다음과 같이 출력된다.

x=5

내장 매크로

내장 매크로란 컴파일러가 제공하는 몇 개의 미리 정의되어 있는 매크로이다. 많이 사용하는 것은 다음의 4가지이다.

내장 매크로	설명
__DATE__	이 매크로를 만나면 컴파일된 날짜(월 일 년)로 치환된다.
__TIME__	이 매크로를 만나면 컴파일된 시간(시:분:초)으로 치환된다.
__LINE__	이 매크로를 만나면 소스 파일에서의 현재의 라인 번호로 치환된다.
__FILE__	이 매크로를 만나면 소스 파일 이름으로 치환된다.

참고사항

이들 매크로의 처음과 끝에 두 개의 밑줄이 있다. 이것은 프로그래머가 사용하는 매크로와 겹치지 않게 하기 위한 것이다.

만약 프로그래머가 이들 매크로를 사용하면 전처리기에 의하여 미리 정의된 코드로 치환된다. 예를 들어서 __DATE__ 매크로를 사용하면 소스 코드를 컴파일하는 날짜가 입력된다. 따라서 프로그램을 실행시킬 때 이 프로그램을 언제 컴파일 했는지를 알 수 있다. 이것은 프로그램이 최신 버전인지 아닌지를 구분하는데 도움을 준다.

```
printf("컴파일 날짜=%s\n", __DATE__);
```

__LINE__과 __FILE__은 주로 디버깅에 관한 정보를 출력할 때 사용된다. 오류가 발생했을 경우, __LINE__과 __FILE__을 출력해주면 어떤 소스 파일의 몇 번째 라인에서 발생한 오류인지를 쉽게 알 수 있다.

```
printf("치명적 오류 발생 파일 이름=%s 라인 번호= %d\n", __FILE__, __LINE__);
```

여기서 __LINE__ 매크로는 정수를 반환하므로 출력할 때는 %d를 사용하여 출력하여야 한다.

 LAB   ASSERT 매크로

프로그램을 디버깅할 때 자주 사용되는 ASSERT 매크로를 작성해보자. ASSERT는 어떤 전제 조건을 검사하는데 사용된다. 예를 들어서 프로그래머는 소스의 어떤 위치에서는 변수 i의 값이 0이라고 확신한다. 그러나 논리적인 버그로 인하여 i의 값이 0이 아닐 수도 있다. 이런 경우에 ASSERT 매크로가 사용되었다면, 만약 가정이 잘못되는 경우, ASSERT는 __LINE__과 __FILE__ 내장 매크로를 이용하여 소스 파일의 이름과 행번호를 출력하고 종료하게 된다.

```
가정(sum == 0)이 소스 파일 C:\Users\chun\source\repos\Project21\Project21\macro4.c
12번째 줄에서 실패.
```

```
 Solution    macro4.c

 1  #include <stdio.h>
 2                                        매크로 정의를 연장할 때 \ 기호 사용
 3  #define ASSERT(exp) { if (!(exp)) \
 4      { printf("가정(" #exp ")이 소스 파일 %s %d번째 줄에서 실패.\n"\
 5      __FILE__, __LINE__), exit(1);}}
 6                                        내장 매크로: 소스 파일 이름
 7  int main(void)
 8  {                        내장 매크로: 라인 번호
 9      int sum = 100;
10
11      ASSERT(sum == 0);        // sum의 값이 0인지를 확인한다.
12      return 0;
13  }
```

> **프로그램 설명** 위의 소스에서 인수를 문자열로 변환하기 위하여 # 연산자를 사용하였다. ASSERT 매크로는 조건
> 식의 값이 0이 되면 오류 메시지를 출력하고 프로그램을 종료하게 된다. 매크로 정의 시에 한 줄을 넘어가게 되면 \
> 기호를 라인의 끝에 추가하여서 매크로 정의를 연장할 수 있다.

함수 매크로와 함수

함수 매크로는 함수와 비슷한 점이 많다. 그렇다면 매크로를 함수 대신 사용하면 어떤 장점과 단점이 있을까? 장점은 함수 매크로는 함수에 비하여 수행 속도가 빠르다는 것이다. 매크로는 호출이 아니라, 코드가 그 위치에 삽입되는 것이기 때문에 함수 호출의 복잡한 단계를 거칠 필요가 없다. 함수 호출을 하기 위해서는 인수와 복귀 주소를 시스템 스택에 저장해야 한다. 매크로는 이러한 절차들이 필요 없다. 따라서 실행 속도가 빠르다.

그렇다면 매크로의 단점은 무엇인가? 일단 코드의 길이를 어느 한도 이상 길게 할 수 없다. 많은 경우 한 줄이고 두세 줄까지가 한계이다. 그 이상도 물론 가능하지만 상당히 복잡해진다. 또한 매크로는 전처리기가 발견될 때마다 매크로의 정의 부분에 있는 코드로 대체하므로 소스의 길이가 길어진다. 만약 30개의 매크로가 있다면 30개의 똑같은 코드가 프로그램에 존재하게 된다. 함수를 사용하였다면 단 하나의 코드만을 가지고 있으면 된다. 따라서 매크로를 사용하면 소스 파일의 크기가 커진다. 따라서 함수 매크로를 사용할 것이냐 함수를 사용할 것이냐는 문제는 프로그램의 크기와 실행 속도 중에서 어떤 것이 더 중요한지를 따져보아야 한다. 다음과 같은 간단한 기능은 함수보다는 매크로를 사용하는 편이 낫다.

```
#define MIN(x, y)    ((x) < (y) ? (x) : (y))    // x와 y 중에서 더 작은 값을 구한다.
#define ABS(x)       ((x) > 0 ? (x) : -(x))     // 절대값을 계산한다.
```

만약 매크로가 전체 프로그램을 통하여 한 번만 사용된다면 큰 효과는 기대하기 힘들다. 하지만 매크로가 중첩 반복 루프 안에 위치했다면 실행 속도가 개선될 가능성이 많다.

LAB 비트 매크로 작성

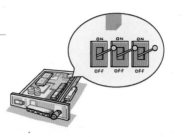

일반적으로 아두이노와 같은 하드웨어를 제어하기 위해서는 하드웨어가 가지고 있는 특정한 비트를 1로 만들거나 0로 만들게 된다.

이런 경우에 많이 사용되는 함수 매크로가 있다. 이들 매크로들은 변수를 받아서 특정 비트값을 반환하거나 설정한다. GET_BIT()는 변수 w에서 k번째 비트의 값을 0 또는 1로 반환한다.

```
#define GET_BIT(w, k)   (((w) >> (k)) & 0x01)      ── 변수의 w의 k번째 비트 값 반환
```

SET_BIT_ON()는 변수 w의 k번째 비트를 1로 설정하는 매크로이다. SET_BIT_OFF()는 변수 w의 k번째 비트를 0로 설정하는 매크로이다.

```
#define SET_BIT_ON(w, k)    ((w) |= (0x01 << (k)))      ── 변수의 w의 k번째 비트 값을 1로 설정
#define SET_BIT_OFF(w, k)   ((w) &= ~(0x01 << (k)))     ── 변수의 w의 k번째 비트 값을 0로 설정
```

Solution bit_shift_ex1.c

```c
1  #include <stdio.h>
2  #define GET_BIT(w, k)   (((w) >> (k)) & 0x01)
3  #define SET_BIT_ON(w, k)    ((w) |= (0x01 << (k)))
4  #define SET_BIT_OFF(w, k)   ((w) &= ~(0x01 << (k)))
5
6  int main(void)
7  {
8      int data=0;
9
10     SET_BIT_ON(data, 2);
11     printf("%08X\n", data);
12     printf("%d\n", GET_BIT(data, 2));
13
14     SET_BIT_OFF(data, 2);
15     printf("%08X\n", data);
16     printf("%d\n", GET_BIT(data, 2));
17     return 0;
18 }
```

- data의 2번째 비트를 1로 설정
- data의 2번째 비트값을 읽는다.
- data의 2번째 비트를 0로 설정
- data의 2번째 비트값을 읽는다.

```
00000004
1
00000000
0
```

중간점검

1   함수 매크로와 함수 중에서 속도 면에서 유리한 것은?
2   주어진 수의 3제곱을 계산하는 함수 매크로를 정의하여보자.

16.4 #ifdef, #endif

#ifdef은 조건부 컴파일을 지시하는 전처리 지시자이다. 조건부 컴파일이란 어떤 조건이
만족되는 경우에만 지정된 코드 블록을 컴파일하는 것이다. #ifdef는 주어진 매크로가 정의
되어 있으면 #if와 #endif 사이에 있는 모든 문장들을 컴파일한다. 그렇지 않으면 문장들은
컴파일되지 않고, 결과적으로 실행 코드에 포함되지 않는다(아예 없는 것으로 취급된다).

Syntax	조건부 컴파일

매크로 DEBUG가 정의되어 있으면 #if와 #endif
사이에 있는 모든 문장들을 컴파일한다.

```
예      #ifdef DEBUG
            printf("value=%d\n", value);
        #endif
```

간단한 예를 들어 보자. 디버깅 시에 가장 많이 사용되는 기법이 의심이 가는 부분에서 변
수의 값들을 출력하여 보는 것이다. 예를 들어서 다음과 같이 함수가 호출될 때 매개 변수의
값을 출력하여 보는 것이다.

```
int average(int x, int y)
{
        printf("x=%d, y=%d\n", x, y);

        return (x+y)/2;
}
```

```
int average(int x, int y)
{
#ifdef DEBUG
        printf("x=%d, y=%d\n", x, y);
#endif
        return (x+y)/2;
}
```

그러나 위와 같은 출력문은 디버깅 시에는 유용하지만 디버깅이 끝나면 불필요한 문장
이다. 오히려 출력하느라고 실행 속도를 떨어뜨린다. 따라서 오른쪽과 같은 조건부 컴파일
을 사용하는 것이 좋다. 아래의 문장은 DEBUG라는 매크로가 정의되어 있으면 컴파일된다.
DEBUG 매크로가 선언되어 있지 않다면 아예 컴파일에 포함되지 않는다. 그렇다면 DEBUG라는

매크로는 어디서 정의하는가? 보통은 소스 코드의 첫 부분에서 정의하거나 컴파일할 때 옵션으로 제공하기도 한다.

```
#define DEBUG

int average(int x, int y)          컴파일에 포함
{
#ifdef DEBUG
        printf("x=%d, y=%d\n", x, y);
#endif
        return (x+y)/2;
}
```

```
int average(int x, int y)          컴파일에 포함되지
{                                   않음
#ifdef DEBUG
        printf("x=%d, y=%d\n", x, y);
#endif
        return (x+y)/2;
}
```

이와 같이 #ifdef은 프로그램을 디버깅할 때 많이 사용된다. 디버깅할 때는 여러 가지 디버깅에 관련된 정보들을 출력하고 싶은 경우에 DEBUG를 정의하여 사용하고 제품으로 출시될 때에는 DEBUG를 정의하지 않아서 디버깅 정보를 출력하는 문장들이 컴파일에 포함되지 않도록 한다.

 LAB 여러 가지 버전 정의하기

어떤 회사에서 DELUXE 버전과 STANDARD 버전의 프로그램을 개발하였다고 하자. DELUXE 버전에는 STANDARD 버전의 모든 기능이 들어 있고 몇 가지 고급 기능이 추가되어 있다. 두 버전의 소스를 따로 작성하는 것보다는 동일한 소스를 가지고 2가지의 버전을 만들 수 있으면 편리할 것이다. DELUXE 버전을 만들기 위해서는 소스 파일의 시작 부분에서 DELUXE라고 하는 매크로를 정의하면 된다. 만약 DELUXE 매크로가 정의되어 있지 않으면 STANDARD 버전으로 컴파일될 것이다.

> 딜럭스 버전입니다.

Solution ifdef1.c

```
 1  #include <stdio.h>
 2  #define DELUXE
 3
 4  int main(void)
 5  {                                  DELUXE가 정의된 경우에만 컴파일된다.
 6  #ifdef DELUXE
 7          printf("딜럭스 버전입니다. \n");
 8  #endif
 9          return 0;
10  }
```

LAB　리눅스 버전과 윈도우 버전 분리

#ifdef와 #else를 함께 사용할 수도 있다. #else를 사용하면 매크로가 정되지 않았을 경우 컴파일되는 문장들이 들어간다. 예를 들면 어떤 회사에서 리눅스와 윈도우즈 버전의 프로그램을 개발하였다고 하자. 유닉스와 윈도우즈 버전 소스를 따로 유지할 수도 있지만 상당히 번거로워진다. 이런 경우에 소스 코드는 하나로 하고 조건에 따라서 다르게 컴파일하여 서로 다른 실행 파일을 만들어 낼 수 있다면 상당히 편리할 것이다. 조건부 컴파일은 이와 같이 다양한 상황에 맞추어서 소스를 서로 다르게 컴파일할 때 사용된다.

ifdef2.c

```
1   #include <stdio.h>
2   #define LINUX
3
4   int main(void)                          ── LINUX 버전
5   {
6   #ifdef LINUX
7           printf("리눅스 버전입니다. \n");   ── WINDOWS 버전
8   #else
9           printf("윈도우 버전입니다. \n");
10  #endif
11          return 0;
12  }
```

매크로는 어디서 정의하는가?

#ifdef의 조건으로 사용되는 매크로는 소스 파일의 시작 부분에서 정의하기도 하지만 보통은 대부분의 컴파일러에서 소스를 건드리지 않고 컴파일러의 대화 상자에서 변경할 수 있도록 한다. 비주얼 스튜디오에서도 [프로젝트]→[macro4의 속성] 메뉴를 클릭하면 다음과 같은 대화 상자가 나오고 여기에서 프로그래머가 원하는 매크로를 정의할 수 있다.

참고사항

여기서 macro4는 프로젝트 이름이다. 이 이름은 사용자마다 달라질 수 있다.

#ifndef

#ifndef은 #ifdef의 반대의 의미가 된다. 즉 어떤 매크로가 정의되어 있지 않으면 #ifndef와 #endif 사이의 문장이 컴파일에 포함된다. 만약 매크로가 정의되어 있으면 컴파일에서 빠지게 된다.

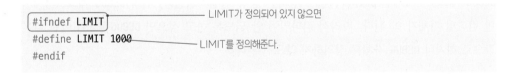

#undef

#undef은 매크로의 정의를 취소한다. 이 전처리 지시자는 주로 이전에 정의된 매크로를 다시 정의하고 싶은 경우에 사용한다. 즉 이전의 정의를 무효화하고 새로 정의하고 싶은 경우에 사용한다.

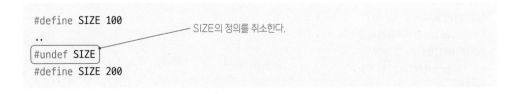

1 전치리기 지시자 #ifdef을 사용하여 TEST가 정의되어 있는 경우에만 화면에 "TEST"라고 출력하는 문
장을 작성하여보자.

16.5 #if, #else, #endif

#if는 #if 다음에 있는 기호를 검사하여 기호가 참으로 계산되면 #if와 #endif 사이에 있
는 모든 코드를 컴파일한다. 조건은 상수 수식이어야 하고 관계 연산자나 논리 연산자는 사
용할 수 있다.

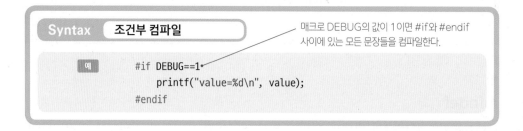

Syntax 조건부 컴파일

매크로 DEBUG의 값이 1이면 #if와 #endif
사이에 있는 모든 문장들을 컴파일한다.

```
예       #if DEBUG==1
            printf("value=%d\n", value);
        #endif
```

앞 절에서 학습한 #ifdef은 매크로의 값에는 상관하지 않는다. 즉 매크로가 정의만 되
어 있으면 된다. 하지만 #if는 매크로의 값에 따라서 컴파일 여부를 결정한다. 위의 예에서
DEBUG 매크로가 1이면 printf()를 포함하는 문장이 컴파일된다. 만약 DEBUG 매크로가 0이
면 컴파일 자체가 안 된다. 따라서 컴파일이 안 되도록 하고 싶으면 DEBUG를 1이 아닌 다른
값으로 하거나 DEBUG 자체를 정의하지 않으면 된다.

C의 if문과 비슷하게 전처리기도 if...else if와 같은 구문도 사용할 수 있다. #elif는
#else 와 #if를 합하여 쓰는 것으로 C의 else if에 해당한다. 만약 어떤 게임 업체에서 국내
버전과 중국 버전, 미국 버전을 동시에 작업하고 있다면 다음과 같이 하여서 국가에 따라서
서로 다른 메시지가 출력되도록 할 수 있다.

```
#define NATION 1

#if NATION == 1
      printf("안녕하세요?");
#elif NATION == 2
      printf("你好吗?");
#else
      printf("Hello World!");
#endif
```

#if...#endif 에서는 매크로의 값에 다음과 같이 비교 연산자를 사용할 수 있다.

```
#if (VERSION > 3)                          // 버전이 3 이상이면 컴파일
...
#endif
```

다른 매크로와 비교하는 것도 가능하다. 그리고 간단한 사칙 연산 및 논리 연산자도 가능하다. 하지만 매크로를 실수나 문자열과 비교할 수는 없다.

```
#if (AUTHOR == KIM)                        // 가능!! KIM은 다른 매크로
#if (VERSION*10 > 500 && LEVEL == BASIC)   // 가능!!
#if (VERSION > 3.0)                        // 오류 !! 버전 번호는 300과 같은 정수로 표시
#if (AUTHOR == "CHULSOO")                  // 오류 !!
```

그리고 defined 연산자를 사용하여 매크로가 정의되었는지를 알 수 있다. 아래의 문장은 "버전이 300이상이거나 DELUXE 매크로가 정의되어 있으면"의 의미이다.

```
#if (VERSION > 300 || defined(DELUXE) )
```

아주 많이 사용되는 것이 #if 0 이다. #if 0는 어떤 코드 블록을 잠시 주석 처리하고 싶은 경우에 많이 사용된다. /*와 */을 사용하여 전체를 주석으로 만들 수도 있으나 중간에 다른 /*... */이 있는 경우에는 사용이 어렵다. 이때 #if 0을 사용하면 손쉽게 주석을 만들 수 있다.

```
#if 0          // 여기서부터 시작하여
void test()
{
 /* 여기에 주석이 있다면 코드 전체를 주석 처리하는 것이 쉽지 않다. */
 sub();
}
#endif         // 여기까지 주석 처리된다.
```

만약 주석 처리했던 코드 블록을 다시 살리려면 간단히 #if 0를 #if 1로 변경하면 된다.

예제#1

어떤 문제를 해결하는 알고리즘이 3개가 있다고 가정해보자. 예를 들면 정렬하는 알고리즘에는 선택 정렬, 버블 정렬, 퀵 정렬 등이 있다. 이 알고리즘을 모두 구현한 후에 상황에 따라서 정렬 알고리즘을 다르게 선택하려고 한다면 다음과 같이 전처리기를 사용할 수 있다.

```
#define SORT_METHOD 3

#if (SORT_METHOD == 1)
...      // 선택정렬구현
#elif (SORT_METHOD == 2)
...      // 버블정렬구현
#else
...      // 퀵정렬구현
#endif
```

중간점검

1 #if를 사용하여 DEBUG가 2일 경우에만 "HELLO"가 나오도록 문장을 작성하자.
2 #if를 사용하여 DEBUG가 2이고 LEVEL이 3인 경우에만 "HELLO"가 나오도록 문장을 작성하자.

16.6 다중 소스 파일

우리가 지금까지 실습한 C 프로그램은 모두 하나의 소스 파일로만 되어 있었다. 그러면 모든 C 프로그램은 하나의 파일로만 되어 있는 것일까? 복잡한 프로그램의 경우(10,000 라인 이상), 하나의 파일에 모든 코드를 저장한다면 파일의 크기가 너무 커질 것이다. 파일을 편집하는 것도 쉽지 않을 것이다. 그리고 크기 문제가 아니라도 소프트웨어 공학적으로 하나의 소스 파일로만 만드는 것은 좋지 않다. C에서는 하나의 프로그램이 여러 소스 파일로 이루어질 수 있다. 그리고 이것이 일반적이다.

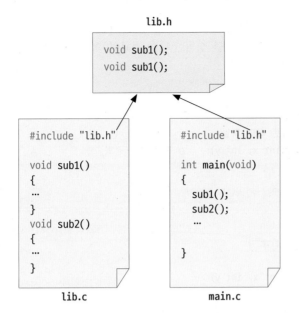

그림 16-5
하나의 프로그램은 여러 개의 소스 파일
로 이루어질 수 있다.

그렇다면 왜 소스 파일을 여러 개를 만드는 것일까? 서로 밀접하게 관련된 함수들을 모아서 독립적인 소스 파일에 저장시켜 놓으면 다음에 다시 사용할 수 있기 때문이다. 예를 들어 정수의 거듭제곱 x^y을 구하는 함수 power(int x, int y)를 제작하여 소스 파일 power.c에 저장해 놓았다고 가정하자. 다음 프로젝트에서도 만약 거듭제곱 함수가 필요하면 power.c 파일을 가져다가 사용할 수 있는 것이다. 별도의 소스 파일로 작성되어 있지 않다면 소스 파일에서 power() 함수만을 분리하는 작업을 해야 할 것이다. 여러 개의 소스 파일로 만들어지는 프로그램에서 각각의 소스 파일을 모듈(module)이라고 한다. 보통 각각의 모듈은 하나의 소스 파일과 함수들의 원형이 정의되어 있는 헤더 파일을 가진다.

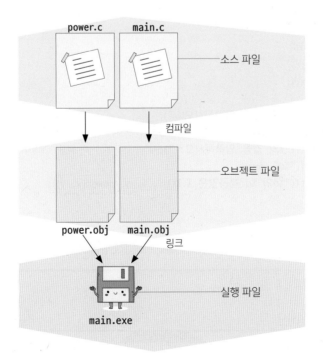

거듭제곱을 구하는 함수 power()를 만들고 이것을 power.c에 저장하여보자. 그리고 main.c를 만들고 여기에 main() 함수를 정의한 다음, main()에서 power()를 호출한다.

power.h

```
1   #pragma once
2   // power.c에 대한 헤더 파일
3   double power(int x, int y);     // 함수 원형 정의
```

power.c

```
1   // power.c
2   #include "power.h"                         현재 디렉토리에서 power.h를 찾으라는 의미이다.
3
4   double power(int x, int y)                 x의 y제곱값을 계산하여서 반환한다.
5   {
6       double result = 1.0;        // 초기값은 1.0
7       int i;
8
9       for(i = 0;i < y; i++)
10          result *= x;
11
12      return result;
13  }
```

main.c

```
1   // main.c
2   #include <stdio.h>
3   #include "power.h"                         현재 디렉토리에서 power.h를 찾으라는 의미이다.
4
5   int main(void)
6   {
7       int x,y;
8
9       printf("x의 값을 입력하시오: ");
10      scanf("%d", &x);                       외부 파일에 정의된 함수를 사용한다.
11      printf("y의 값을 입력하시오: ");         링크 단계에서 서로 연결된다.
12      scanf("%d", &y);
13      printf("%d의 %d 제곱값은 %.2f\n", x, y, power(x, y));
14
15      return 0;
16  }
```

```
x의 값을 입력하시오: 2
y의 값을 입력하시오: 3
2의 3제곱은 8.00입니다.
```

프로그램 설명   현재 여기서는 소스 파일은 두 개이다. 하나는 main() 함수를 포함하고 있는 main.c이고 다른 하나는 power() 함수를 포함하고 있는 power.c이다. 이 두 개의 소스 파일이 하나의 프로그램을 만든다. 추가로 하나의 헤더 파일 power.h가 있다. 이 헤더 파일은 power()에 대한 원형을 가지고 있어서 power() 함수를 사용하려는 모듈이라면 반드시 포함시켜야 한다.

power.c에는 power() 함수가 정의되어 있다. 먼저 #include와 큰 따옴표를 이용하여 power.h를 포함하고 있다. 큰 따옴표는 현재 디렉토리에서 헤더 파일을 찾으라는 의미이다. power() 함수 안에서는 for 루프를 이용하여 x를 y번 곱하게 된다. result 변수를 double 선언하고 1.0으로 초기화한다. 여기서는 result에 x를 y번 곱해야 하므로 result의 초기값은 0.0이 아닌 1.0이어야 한다. 0.0이면 무조건 아무리 다른 수를 곱해도 결과는 0이 되기 때문이다. for 루프 안에서는 i를 0에서부터 y−1까지 증가시키면서 result에 x를 곱한다. 곱하는 문장에서 단축 대입 연산을 사용하였다. result *= x; 는 result = result *x;와 같다.

파일 main.c에는 power.h를 포함한다. main()에서는 사용자로부터 값을 입력 받은 뒤에 x의 y제곱 값을 power() 함수를 호출하여 계산한다.

 TIP

사용자가 만든 헤더 파일을 포함할 때는 다음 문장과 같이 "..."을 사용한다.

```
#include "power.h"
```

반면에 컴파일러가 제공하는 헤더 파일을 포함할 때는 <...>을 사용한다.

```
#include <stdio.h>
```

비주얼 스튜디오에서의 다중 소스 파일

비주얼 스튜디오를 사용할 때 여러 개의 소스 파일을 사용하려면 어떻게 하면 되는가? 아주 간단하다. 하나의 프로젝트 안에 여러 개의 소스 파일을 추가하면 된다. 보다 구체적으로는 아래 그림과 같이 솔루션 탐색기 안의 [소스 파일]이라는 아이콘 위에서 마우스 오른쪽 버튼을 눌러서 [추가]→[새항목]→[C++ 파일]을 선택하고 소스 파일 이름을 적으면 된다. 만약 이미 존재하는 소스 파일이라면 [추가]→[기존항목]을 선택하면 된다.

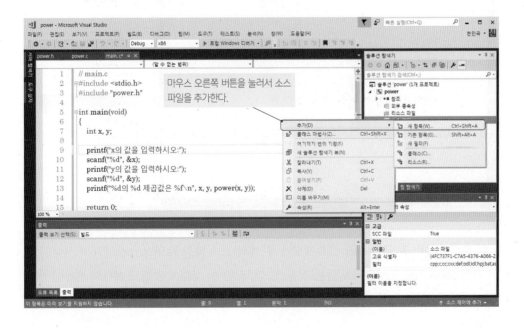

앞의 예제의 power.c와 main.c 파일을 이런 식으로 프로젝트에 추가하면 다음 그림과 같이 될 것이다. 이 상태에서 왼쪽 솔루션 탐색기 안에 소스 파일을 확장시켜 보면 우리가 생성한 두 개의 소스 파일이 존재하는 것을 알 수 있다.

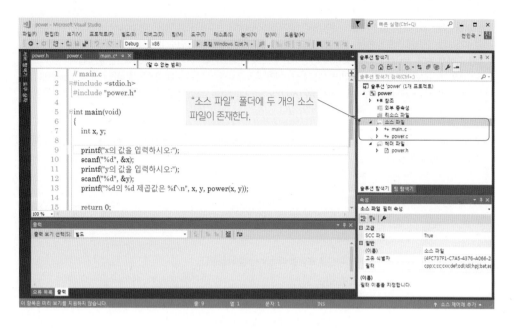

헤더 파일도 같은 식으로 추가하지만 이번에는 [헤더 파일] 폴더에 추가한다. 솔루션 탐색기 안의 [헤더 파일]이라는 아이콘 위에서 마우스 오른쪽 버튼을 눌러서 [추가]→[새항목]→[헤더 파일]을 선택하고 헤더 파일 이름을 적으면 된다.

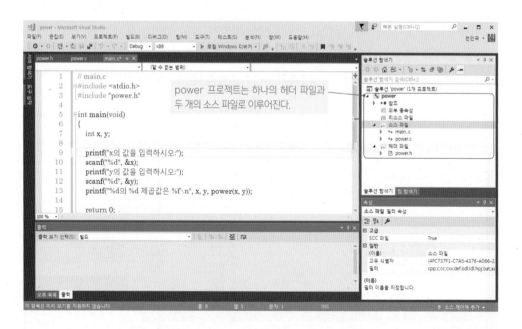

위의 화면에서 우리는 power 프로젝트가 두 개의 소스 파일 main.c, power.c와 하나의 헤더 파일 power.h로 구성되어 있다는 것을 알 수 있다. 이 상태에서 빌드 메뉴의 솔루션 빌드를 선택하면 이들 파일들을 모두 컴파일하고 링크하여서 하나의 실행 파일 power.exe를 만들게 된다.

헤더 파일에 들어가는 것

왜 헤더 파일을 사용하는 것인가? 헤더 파일을 사용하지 않으려면 다른 소스 파일에서 제공하는 함수를 사용하기 전에 함수 원형을 소스 파일 첫 부분에서 선언하여야 한다. 만약 소스 파일이 여러 개라면 동일한 내용이 복사되어서 들어가게 된다.

예를 들어서 그래픽 기능을 제공하는 함수들이 graphics.c에 모여 있다고 가정하자. 이 함수들을 사용하려면 다른 소스 파일에서는 이들 함수의 원형을 소스 파일 첫 부분에서 선언하여야 한다. 하지만 이것은 상당히 번거로운 일이고 소스 파일이 많다면 같은 내용이 중복된다.

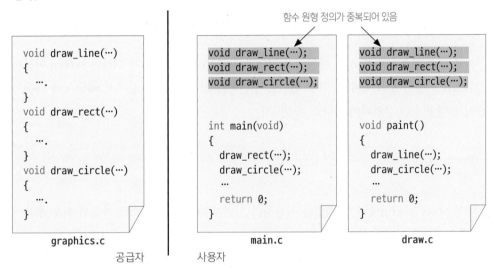

이런 경우에 헤더 파일을 작성하여서 여기에 함수들의 원형을 넣어두고 다른 소스 파일에서는 이 헤더 파일을 포함하는 것이 좋다.

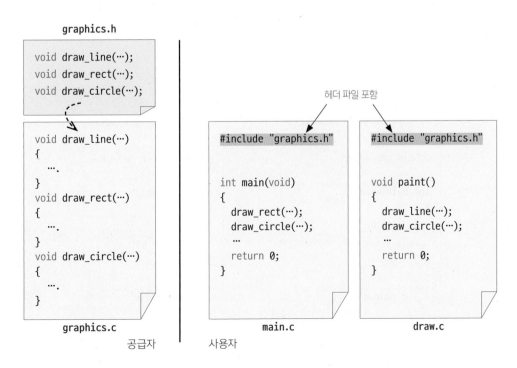

헤더 파일에는 어떤 내용들을 넣으면 좋을까? 일반적으로는 함수의 원형 또는 구조체 정의, 매크로 정의, `typedef`의 정의를 넣어주면 좋다.

다중 소스 파일과 외부 변수

다중 소스 파일의 경우, 하나의 프로그램에 여러 개의 소스 파일이 존재한다. 그렇다면 하나의 소스 파일에 정의되어 있는 변수를 다른 소스 파일에서 사용할 수 있을까? 지역 변수의 경우 어차피 정의된 함수를 벗어나면 사용이 불가능하다. 전역 변수의 경우, 함수의 외부에서 선언된 변수로서 그 소스 파일 안에서는 사용이 가능하다. 전역 변수를 다른 소스 파일에서도 사용할 수 있을까? 사용할 수 있는 방법이 있다. 바로 외부 변수로 선언하는 것이다.

외부 변수 선언은 다른 소스 파일에서 정의된 전역 변수를 사용하기 위하여 `extern` 이라는 키워드를 사용하여 그 변수를 외부 변수로 선언하는 것이다. 예를 들어서 `main.c`에 다음과 같이 전역 변수가 선언되어 있다고 가정하자.

```
double gx, gy;
```

만약 `power.c` 파일에서 이 파일을 사용하려면 먼저 다음과 같이 소스 파일의 처음 부분에서 외부 변수로 선언을 하면 가능하다.

```
extern double gx, gy;
```

외부 변수로 선언되면 `power.c`에서는 `gx`, `gy`를 사용할 수 있다. `extern` 키워드는 변수가 외부에 선언되어 있다는 것을 컴파일러에게 알려주는 역할을 한다. `extern`으로 선언된 변수는 전역 변수처럼 소스 파일의 모든 함수에서 사용할 수 있다.

외부 소스 파일에 선언된 변수를 사용하려면 extern을 사용한다.

```
double gx, gy;

int main(void)
{
  gx = 10.0;
  ...
}
```
main.c

```
extern double gx, gy;

int power(void)
{
  ...
  result *= gx;
}
```
power.c

구조체, typedef, 매크로 정의

구조체, typedef, 매크로 등을 여러 소스 파일에 걸쳐서 공유하여서 사용하려면 이들을 헤더 파일에 넣어주는 것이 좋다. 예를 들어서 사각형을 구조체 rect로 표현하였다고 가정하자. 이 rect 구조체를 여러 소스 파일에서 사용하려면 다음과 같이 헤더 파일에 넣어 주는 것이 좋다.

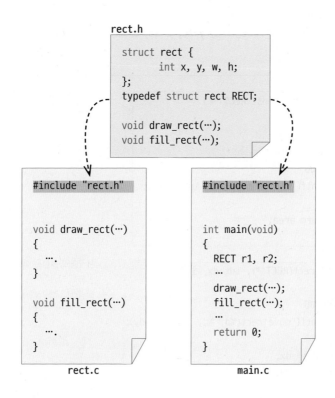

소스 파일 rect.c에서는 draw_rect()와 fill_rect() 함수를 정의한다. 이때 구조체 rect에 대한 정보가 필요하므로 구조체 rect를 헤더 파일 rect.h에 정의하고, rect.c에서 rect.h를 포함한다. 소스 파일 main.c에서도 구조체 rect를 사용하므로 역시 동일한 헤더 파일 rect.h를 포함시킨다. 구조체 rect를 각 소스 파일의 첫 부분에 별도로 정의하여도 되지만, 이렇게 하면 소스가 중복되어서 관리가 어려워진다.

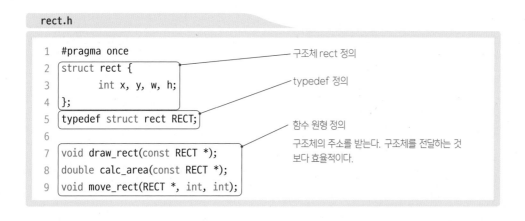

rect.c

```c
1  #include <stdio.h>
2  #include "rect.h"
3  #define DEBUG
4
5  void draw_rect(const RECT *r)
6  {
7  #ifdef DEBUG
8      printf("draw_rect(x=%d, y=%d, w=%d, h=%d) \n", r->x, r->y, r->w, r->h);
9  #endif
10 }
11
12 double calc_area(const RECT *r)
13 {
14     double area;
15     area = r->w * r->h;
16 #ifdef DEBUG
17     printf("calc_area()=%.2f \n", area);
18 #endif
19     return area;
20 }
21
22 void move_rect(RECT *r, int dx, int dy)
23 {
24 #ifdef DEBUG
25     printf("move_rect(%d, %d) \n", dx, dy);
26 #endif
27     r->x += dx;
28     r->y += dy;
29 }
```

현재 디렉토리에서 rect.h를 찾으라는 의미이다.

매크로 DEBUG를 정의

사각형 정보를 화면에 출력한다. 사각형을 가리키는 포인터를 매개 변수로 받는다. 포인터를 통하여 사각형 정보를 변경하지 않으므로 const를 앞에 붙였다.

사각형의 면적을 계산하여서 반환한다.

사각형을 가리키는 포인터를 매개 변수로 받는다. 포인터를 통하여 사각형 정보를 변경하지 않으므로 const를 앞에 붙였다.

사각형의 원점을 이동한다. 사각형의 정보를 변경하여야 하므로 const를 붙이면 안 된다.

main.c

```c
1  #include <stdio.h>
2  #include "rect.h"
3
4  int main(void)
5  {
6      RECT r={10,10, 20, 20};
7      double area=0.0;
8
9      draw_rect(&r);
10     move_rect(&r, 10, 20);
11     draw_rect(&r);
12     area = calc_area(&r);
13     draw_rect(&r);
14     return 0;
15 }
```

사각형 구조체 선언

함수들을 차례로 호출하여 준다.

```
draw_rect(x=10, y=10, w=20, h=20)
move_rect(10, 20)
draw_rect(x=20, y=30, w=20, h=20)
calc_area()=400.00
draw_rect(x=20, y=30, w=20, h=20)
```

 LAB   헤더 파일 중복 포함 막기

실수로 헤더 파일이 중복하여 소스 파일에 포함되면 예기치 못한 컴파일 오류를 발생시킨다. 예를 들어서 구조체가 들어 있는 헤더 파일을 소스 파일에 2번 포함시키면 컴파일 오류가 발생한다. 이것을 막기 위하여 #ifndef 지시어를 사용할 수 있다. #ifndef 지시어는 "특정한 기호상수가 정의되어 있지 않으면"을 나타낸다. 어떻게 하면 될까? 예를 들어서 다음과 같이 구조제 정의가 2번 포함되면 컴파일 오류가 발생한다.

① 비주얼 스튜디오에서 "헤더파일" 아이콘 위에서 "항목 추가"를 선택하고 student.h 파일을 추가한다. 다음과 같은 구조체 정의를 입력한다.

student.h

```
1   // 자동으로 입력되는 #pragma once는 일단 삭제한다.
2   struct STUDENT {
3       int number;
4       char name[10];
5   };
```

② "소스파일" 아이콘 위에서 "항목 추가"를 선택하고 main.c 파일을 추가한다. 다음과 같은 코드를 입력한다.

main.c

```
1   #include "student.h"
2   #include "student.h"    // 실수로 2번 포함시켰다!
3
4   int main(void)
5   {
6       return 0;
7   }
```

③ 위의 코드를 컴파일하면 다음과 같은 오류가 발생할 것이다. 이것을 해결해보자.

	코드	설명	프로젝트	파일	줄	Suppression State
❌	C2011	'STUDENT': 'struct' 형식 재정의	ConsoleApplication2	student.h	1	

이런 경우에는 다음과 같은 방법을 많이 사용한다. 헤더 파일에 #ifndef 지시어를 사용한다.

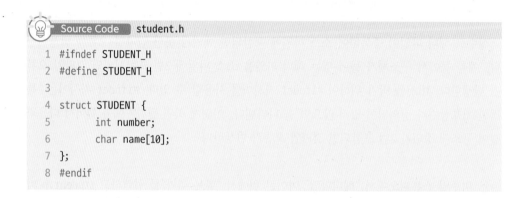

```
Source Code   student.h
1  #ifndef STUDENT_H
2  #define STUDENT_H
3
4  struct STUDENT {
5       int number;
6       char name[10];
7  };
8  #endif
```

맨 처음에 #ifndef STUDENT_H 전처리기 문장이 있다. 이 문장이 의미하는 바는 만약 STUDENT_H라는 기호 상수가 아직까지 정의되지 않았다면 아래를 컴파일하라는 것이다. 만약 헤더 파일이 처음으로 포함되는 경우라면 STUDENT_H가 정의되었을 리가 없다. 따라서 아래에 있는 문장들을 컴파일하게 된다. 컴파일 되는 첫 번째 문장은 STUDENT_H를 정의하는 문장이다. 따라서 이후에 실수로 다시 한 번 student.h가 포함되더라도 이번에는 STUDENT_H가 정의되어 있으므로 student.h를 컴파일하지 않고 그냥 지나갈 것이다.

 TIP

최근의 C언어에서는 다음과 같은 문장을 헤더 파일의 첫 부분에 추가하여도 동일한 효과를 낸다. 비주얼 스튜디오에서 헤더 파일을 추가하면 자동으로 첫 부분에 추가된다.

```
#pragma once
```

 중간점검

1 다음 문장의 참 거짓을 말하라. "여러 소스 파일을 이용하는 것보다 하나의 소스 파일로 만드는 편이 여러모로 유리하다."

2 팩토리얼을 구하는 함수가 포함된 소스 파일과 관련 헤더 파일을 제작하여보자.

3 2차원 공간에서 하나의 점을 나타내는 point 구조체를 정의하는 헤더 파일을 작성하여보자.

16.7   비트 필드 구조체

우리는 가끔 몇 개의 비트만 있으면 충분히 나타낼 수 있는 데이터들이 있음을 알 수 있다. 예를 들면 남녀의 성별을 구별하는 데는 하나의 비트만 있으면 충분하다. 하나의 비트는 0 또는 1의 값을 가질 수 있으므로 남성이면 0으로 하고 여성이면 1로 하면 된다. 비트 필드 (bit field) 구조체는 이러한 경우에 사용할 수 있는 구조이다.

비트 필드 구조체는 구조체의 일종으로서 멤버가 비트로 정의되어 있는 구조체를 의미한다. 비트 필드를 사용하면 꼭 필요한 만큼의 비트만을 사용할 수 있어서 메모리를 효율적으로 사용하는 것이 가능하다. 간단한 예로 상품 정보를 저장하는 비트 필드 구조체를 만들어보자.

```
struct product {                           ─── 비트 필드 구조체
        unsigned style : 3;
        unsigned size  : 2;
        unsigned color : 1;
};
```

product 구조체에는 style, size, color의 3개의 비트 필드가 정의되어 있다. 이들은 각각은 3, 2, 1비트로 되어 있다. 이들 비트 필드의 크기는 멤버 이름 다음에 콜론(:)을 사용하여 나타낸다. 여기서 주의할 점은 "unsigned style : 3;"이라는 문장이 unsigned가 3개 있다는 뜻이 아니라는 점이다. unsigned 중에서 3개의 비트만을 사용한다는 것을 나타낸다. 이 비트 필드의 크기를 나타내는 숫자는 0에서 unsigned 자료형이 가지는 비트수 사이의 값이어야 한다. 비주얼 스튜디오에서는 unsigned 자료형이 32비트로 표현되므로 0에서 32까지의 숫자를 사용할 수 있다.

style 멤버는 3비트로 정의되었으므로 0에서 7까지의 값을 가질 수 있다. 같은 식으로 size 멤버는 2비트이므로 0에서 3까지의 값을 가질 수 있고, color 멤버는 1비트이므로 0 아니면 1만을 가질 수 있다. 따라서 만약 각 멤버가 가질 수 있는 값의 범위가 부족하면 비트의 수를 늘려야 한다.

그렇다면 이런 비트 필드는 메모리에는 어떤 식으로 저장되는가? 비트 필드는 선언된 순서대로 unsigned 자료형 안에 하위비트에서부터 순차적으로 저장된다.

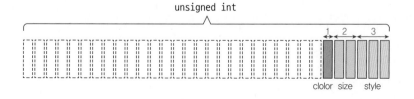

그림 16-6
비트 필드의 구현

다음의 예제를 참조하라.

bit_field.c

```
1   // 비트 필드 구조체
2   #include <stdio.h>
3
4   struct product {
5       unsigned style : 3;
6       unsigned size : 2;
7       unsigned color : 1;
8   };
9
10  int main(void)
11  {
12      struct product p1 = { 0, 0, 0 }
13
14      p1.style = 5;
15      p1.size = 3;
16      p1.color = 1;
17
18      printf("style=%d size=%d color=%d\n", p1.style, p1.size, p1.color);
19      printf("sizeof(p1)=%d\n", sizeof(p1));
20
21      return 0;
22  }
```

main() 함수의 외부에서 비트 필드 구조체를 정의하였다.

main() 함수 안에서는 이 비트 필드 구조체의 정의를 이용하여 구조체 변수 p1을 정의하였다.

p1의 style, size, color 멤버에 각각 5, 3, 1이라는 값을 대입하였다. 일반적으로 32비트의 중간에 위치한 비트에 값을 대입하려면 앞에서 학습하였던 비트 이동 연산자 및 비트 AND 연산 등을 이용하여야 하는데 비트 필드를 이용하면 이러한 것들은 모두 컴파일러가 자동으로 수행한다.

sizeof 연산자를 비트 필드 구조체에 적용하면 전체 unsigned int형의 크기가 반환된다.

```
style=5 size=3 color=1
sizeof(p1)=4
```

비트 필드를 사용할 때 주의할 점

비트 필드를 사용할 때에 비트 필드 멤버의 이름은 생략이 가능하다. 이때에는 해당 비트들은 사용할 수 없으며 단지 자리만 차지하게 된다.

```
struct product {
    unsigned style : 3;
    unsigned size  : 2;
    unsigned color : 1;
    unsigned : 2;
};
```

이름은 없고 자리만 차지하는 비트 필드를 둘 수 있다.

위의 선언에서 마지막 비트 필드는 이름이 없다. 따라서 2비트는 그냥 사용되지 않으면서 자리만 차지하는 역할을 한다. 이러한 비트 필드가 필요한 이유는 워드의 경계에 비트 필드가 걸치게 되면 입출력 속도가 상당히 늦어지기 때문에 다음 멤버가 워드의 처음에서 시작할 수 있도록 이러한 필드를 두는 것이다.

이름이 없는 비트 필드 중에서 크기가 0인 비트 필드를 둘 수 있다. 이때에는 그때까지 사용하지 않은 현재 워드의 남아 있는 비트들을 모두 버린다. 이는 다음 비트 필드가 워드의 처음에서 시작하도록 만들기 위해서이다.

```
struct product {
      unsigned style : 3;          ─── 현재 워드의 남아있는 비트를 버린다.
      unsigned : 0;
      unsigned size  : 2;
      unsigned color : 1;
};
```

여기서 첫 번째 워드의 하위의 3비트를 style이 사용하고 나머지 비트들은 모두 버려진다. 다음 워드에서 size와 color는 할당된다.

또한 비트 필드의 크기를 지정할 때에 워드의 크기를 넘어설 수는 없다. 비주얼 스튜디오에서 워드의 크기는 32비트이다. 따라서 32비트를 넘는 비트 필드의 크기를 지정하면 오류이다.

```
struct product {
      unsigned style : 3;          ─── 32보다 큰 크기를 입력하면 오류
      unsigned option: 34;
      unsigned size  : 2;
      unsigned color : 1;
};
```

비트 필드 구조체 안에 일반 멤버도 같이 선언할 수 있다. 즉 구조체 안에 비트 필드 멤버와 일반 멤버를 동시에 둘 수 있다.

```
struct product {
      int number;                  ─── 일반 멤버도 가능
      unsigned style : 3;
      unsigned size  : 2;
      unsigned color : 1;
};
```

비트 필드의 응용 분야

비트 필드를 사용하는 첫 번째 목적은 데이터를 저장할 때 저장 장소를 절약하기 위해서이다. ON 또는 OFF의 상태만 가지는 변수를 저장할 때 32비트의 int형 변수를 사용하는 것보다는 1비트 크기의 비트 필드를 사용하는 편이 훨씬 메모리를 절약한다.

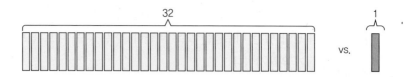

또 하나, 비트 필드가 많이 사용되는 분야는 하드웨어 제어를 하기 위해서다. 컴퓨터에 연결되는 하드웨어 장치들은 메모리 주소에 매핑되는 하드웨어 포트를 이용하여 제어하는 경우가 많다. 이런 하드웨어 장치들은 비트 단위로 제어하도록 되어 있다. 이런 경우에 하드웨어 포트를 비트 필드로 정의하여 사용한다.

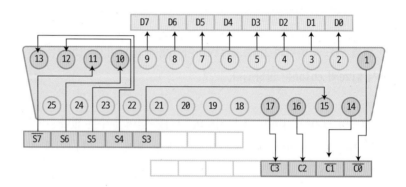

 LAB   비트 필드와 공용체를 이용한 하드웨어 제어

비트 필드를 공용체와 함께 사용하면 동일한 주소의 메모리를 바이트 단위로 읽거나 비트 단위로 쉽게 읽을 수 있다. 예를 들어서 임베디드 시스템에서 0xE002C000 번지에 LED 제어 모듈이 있다면 다음과 같은 코드로 LED 중 하나를 켤 수 있다.

```c
#include <stdio.h>
typedef union {
        struct {
                unsigned char b1 : 1;
                unsigned char b2 : 1;
                unsigned char b3 : 1;
                unsigned char b4 : 1;
                unsigned char reserved : 4;
        } bits;
        unsigned char byte;
} HW_Register;

int main(void)
{
        volatile HW_Register* reg = (volatile HW_Register*)0xE002C000;
        reg->bits.b2 = 1;   // LED를 켠다.
        return 0;
}
```

Mini Project   전처리기 사용하기

C언어에서 전처리기를 잘 사용하면 여러 가지 버전을 한 번에 처리할 수 있다. 여기서는 간단하게 원의 면적을 구하는 간단한 프로그램을 작성하여보자. 원의 면적을 구하기 위해서는 파이를 사용하여야 한다. 만약 파이가 선언되어 있지 않다면 파이를 기호 상수로 선언하자. 또 DEBUG가 선언되면 자세한 정보를 화면에 출력하도록 하자. 또 미국 버전과 한국 버전을 작성한다. 미국 버전에서는 모든 메시지가 영어로 출력되고 단위도 인치가 된다. 한국 버전에서는 모든 메시지가 한글로 출력되고 단위도 cm가 된다. SQUARE() 함수 매크로도 억지로 사용하여보자.

```
원의 반지름을 입력하시오(cm): 5.0
area(5.00)가 호출되었음
원의 면적은 78.54입니다.
```

```
Please enter radius of a circle(inch): 5.0
area(5.00) is called
area of the circle is 78.54
```

Solution

```c
1  #include <stdio.h>
2
3  #define USA
4  #define DEBUG                          단순 매크로 PI가 정의되지 않았으면 정의한다.
5
6  #ifndef PI
7  #define PI 3.141592
8  #endif
9                                         함수 매크로 PI가 정의되지 않았으면 정의한다.
10 #ifndef SQUARE
11 #define SQUARE(r)    (r)*(r)
12 #endif
13
14 double area(double radius)             DEBUG가 정의되어 잇으면 디버깅 정보를 출력한다.
15 {
16     double result=0.0;
17 #ifdef DEBUG
18 #ifdef USA
19     printf("area(%f) is called \n", radius);
20 #else
21     printf("area(%f)가 호출되었음 \n", radius);
22 #endif
23 #endif
```

```
24          result = PI*SQUARE(radius);
25          return result;
26  }
27
28  main(void)
29  {
30          double radius;
31
32  #ifdef USA
33          printf("Please enter radius of a circle(inch) : ");
34  #else
35          printf("원의 반지름을 입력하시오: ");
36  #endif
37
38          scanf("%lf", &radius);
39  #ifdef USA
40          printf("area of the circle is %f \n", area(radius));
41  #else
42          printf("원의 면적은 %f입니다\n", area(radius));
43  #endif
44
45          return 0;
46  }
```

USA 가 정의되어 있으면 모든 메시지를 영어로 출력한다.

도전문제

(1) 일본어 버전도 추가해보자. 메시지를 일본어로 번역하는 작업은 구글 번역기를 이용하자.

(2) 버전을 나타내는 매크로를 정의하고 버전이 100 이하이면 원의 면적을 계산할 수 없다는 메시지를 출력하고 종료하게끔, 위의 프로그램을 수정하여보자.

(3) _ _DATE_ _와 _ _LINE_ _을 출력하여보자.

Summary

▶ 숫자 상수를 기호 상수로 정의하는 데 사용되는 전처리 지시자는 #_____이다.

▶ 함수처럼 인수를 가지는 매크로를 _____라 한다.

```
#define PI    3.141592
#define CUBE(x) ((x)*(x)*(x))
```

▶ 전처리 지시자 _____은 조건부 컴파일을 지시하는 전처리 지시자로서 기호가 정의되어 있으면 코드를 컴파일하고 그렇지 않으면 코드를 컴파일 하지 않는다.

```
#define CPLUSPLUS 1
#ifdef CPLUSPLUS
#define NULL 0
#else
#define NULL (void *)0
#endif
```

▶ 전처리 지시자 _____은 조건부 컴파일을 지시하는 전처리 지시자로서 기호가 참이면 코드를 컴파일하고 기호가 거짓이면 코드를 컴파일 하지 않는다.

```
#define CPLUSPLUS 1
#if CPLUSPLUS==1
#define NULL 0
#else
#define NULL (void *)0
#endif
```

▶ 매크로 정의를 취소할 때, 사용하는 지시어는 _____이다.

▶ 내장 매크로 ___LINE___은 현재의 _____로 치환된다.

▶ 내장 매크로 ___FILE___이 의미하는 것은 무엇인가?

▶ 다른 소스 파일에서 선언된 전역 변수를 사용하기 위해서는 _____ 키워드를 이용하여 외부 변수로 선언하여야 한다.

```
typedef struct Foo {
        int flag    : 1;
        int counter : 15;
} Foo;

Foo myFoo;
myFoo.flag = 1;
```

▶ 구조체의 일종으로 멤버들의 크기가 비트 단위로 나누어져 있는 구조체는 _____이다.

▶ 비트 필드 구조체를 정의하는 경우, 자료형은 _____을 사용하여야 한다.

Exercise

01 #define을 이용하여서 단순 매크로 SIZE를 10으로 올바르게 정의한 것을 모두 고르시오.

① #define SIZE=10   ② #define SIZE(x) 10

③ #define SIZE==10   ④ #define SIZE 10

02 다음의 설명에 부합하는 매크로를 정의하여보자.

(a) 첫 번째 매개 변수 x가 두 번째 y보다 작거나 세 번째 매개 변수 z보다 크면 0을 반환하고 그렇지 않으면 1을 반환하는 매크로 RANGE(x, y, z)

(b) x가 홀수이고 y보다 크면 1을 반환하는 매크로 ODD_GT(x, y)

(c) c가 대문자이면 참을 반환하는 매크로 IS_UPPER(c)

03 다음의 문장에 오류가 있다면 그 이유를 적으시오.

① #define SQURE(x, y) ((x)*(x))   _____

② #ifdef VERSION==1   _____

③ #if (DEBUG > 3.00)   _____

④ #undef DEBUG   _____

⑤ #define SIZE=100   _____

⑥ #if (VERSION*100 > 300 && DATE > 080901)   _____

⑦ #if (LEVEL == "BASIC")   _____

04 #include <header>와 #include "header"의 차이점은 무엇인가?

05 다음 프로그램에서 논리적으로 잘못된 부분을 찾아서 올바르게 수정하시오.

```c
#define AREA(w. h) w*h
int main(void)
{
    int x=10;
    printf("%d\n", AREA(x+1, 10));
    return 0;
}
```

06 다음 프로그램의 결과를 예측하시오.

```c
#define DEBUG 0
int main(void)
{
#ifdef DEBUG
    printf("DEBUG 버전\n");
#else
    printf("정식 버전\n");
#endif
    return 0;
}
```

07 다음 프로그램이 출력하는 것은 무엇인가?

```c
#include <stdio.h>
#define HELLO(x, y) \
    printf(#x " and " #y " Hello!\n");

int main(void)
{
    HELLO(Kim, Park);
    return 0;
}
```

08 다음의 소스에서 오류가 있는지 살펴보고 만약 오류가 있다면 올바르게 수정하시오. 논리적인 오류
도 포함한다.

(a)
```c
#define DEBUG
#ifdef !DEBUG
...
#endif
```

(b)
```c
#define PRINT(x) printf("%d", x);
int main(void)
{
    PRINT(x);
    return 0;
}
```

09 다음의 설명에 부합하는 문장을 작성해보자.

(a) 1비트 크기의 비트 필드 8개를 선언한다. 비트 필드의 이름은 bit1에서 bit8으로 한다.

(b) bit1에 1을 대입한다.

Programming

전처리기

MEDIUM
★★☆

01 다음 소스에 대한 질문에 답하라.

```c
double power(int x, int y)
{
    double result = 1.0;
    int i;

    for(i = 0;i < y; i++) {
        printf("result=%f\n", result);  // ①
        result *= x;
    }

    return result;
}
```

(a) 전처리기 지시자 #ifdef을 사용하여 DEBUG가 정의되어 있는 경우에만 화면 출력이 나오도록 해보자.

(b) #if를 사용하여 DEBUG가 2이고 LEVEL이 3인 경우에만 화면 출력이 나오도록 수정해보자.

(c) 문장 ①을 수정하여 소스 파일에서 현재의 행 번호가 함께 출력되도록 해보자.

(d) #if를 이용하여 문장 ①을 주석 처리하여보자.

함수 매크로

MEDIUM
★★☆

02 3개의 정수 중에서 최소값을 구하는 매크로 `GET_MIN(x, y, z)`를 정의하고 이것을 이용하여서 사용자로부터 받은 3개의 정수 중에서 최소값을 계산하여서 출력하는 프로그램을 작성한다.

```
3개의 정수를 입력하시오: 30 20 10
최소값은 10입니다.
```

HINT 만약 매크로가 길어서 한 줄을 넘을 때는 맨 끝에 '\'을 적어주어서 연장하도록 한다. 조건 연산자를 사용하여도 되고 if-else 문장을 사용할 수도 있다.

함수 매크로

MEDIUM
★★☆

03 배열 원소의 값을 모두 지정된 값으로 초기화하는 `ARRAY_INIT(array, size, value)`를 작성하여 테스트하여보자.

```
[ 0 0 0 0 0 0 0 0 0 0 ]
```

HINT 매크로 안에서도 얼마든지 변수를 선언할 수 있다. 예를 들어서 다음과 같은 문장도 가능하다.
`#define ARRAY_INIT(array, size, value) { int i; for(i=0; i<size; i++) ... }`

04 원기둥의 부피는 $\pi r^2 h$이다. 사용자로부터 반지름과 높이를 받아서 원기둥의 부피를 구하는 프로그램을 작성한다. 파이는 단순 매크로로 정의한다. 원기둥의 부피를 구하는 공식은 함수 매크로로 정의한다.

함수 매크로

MEDIUM
★★☆

```
원기둥의 반지름을 입력하시오: 10
원기둥의 높이를 입력하시오: 20
원기둥의 부피: 6283.18
```

HINT 원기둥의 부피를 계산하는 매크로 VOLUME(r, h)를 정의하여보자.

05 c가 공백 문자(탭, 스페이스, 줄바꿈 문자)이면 참이 되는 매크로 IS_SPACE(c)를 정의하여서 사용자가 입력한 문자열 중에서 공백 문자의 개수를 출력하여보자.

함수 매크로

MEDIUM
★★☆

```
문자열을 입력하시오: I am a boy.
공백문자의 개수: 3
```

HINT 비교 연산자와 논리 연산자를 사용하여서 검사한다.

06 정수값을 받아서 2진수 형태로 출력하는 함수 display_bit(int value)를 작성하여보자. 본문에서 정의한 함수 매크로 GET_BIT(n, pos)를 사용한다.

함수 매크로 및 비트 연산

MEDIUM
★★☆

HINT 다음의 코드를 참조한다.

```
for(i=0;i<32;i++)
    if( GET_BIT(n, i) )
        printf("1");
    else
        printf("0");
```

```
정수값을 입력하시오: 10
00000000000000000000000000001010
```

07 사용자로부터 입력받은 정수를 비트 이동시키는 프로그램을 작성하여보자. 먼저 정수 변수의 값을 입력받은 후에 이동시킬 방향, 이동할 거리를 사용자로부터 입력받는다. 비트 이동 전후에 정수의 값을 비트로 출력하도록 한다. 앞 문제에서 작성한 display_bit() 함수를 사용한다.

함수 매크로 및 비트 연산

MEDIUM
★★☆

```
정수값을 입력하시오: 10
왼쪽 이동은 0, 오른쪽 이동은 1을 입력하시오: 0
이동시킬 거리: 3
이동 전: 00000000000000000000000000001010
이동 후: 00000000000000000000000001010000
```

08 비트 연산자를 이용하여 대소문자를 변경할 수 있다. 대문자의 아스키 코드는 모두 여섯 번째 비트가 0이고 소문자의 경우에는 여섯 번째 비트가 모두 1이다. 따라서 XOR 연산을 이용하여 문자의 여섯 번째 비트를 바꿔주면 대소문자가 바뀌게 된다. 이 성질을 이용하여 사용자가 입력한 문자열의 대소문자를 바꾸는 프로그램을 작성하라.

함수 매크로 및 비트 연산

MEDIUM
★★☆

```
문자열을 입력하시오: Introduction
결과 문자열: iNTRODUCTION
```

09 암호화 방법 중의 하나는 암호화할 값을 키값과 비트 XOR 연산을 하는 것이다. 원래의 값을 복원하려면 다시 비트 XOR 연산을 하면 된다. 이 암호화 방법을 사용하여 사용자로부터 문자열을 암호화하고 다시 복호화하는 프로그램을 작성하라. 다중 소스 파일 형태로 작성하라.

비트 연산

HARD
★★★

```
I am a boy가 xRY W Zoy로 엔코딩됨
xRY W Zoy가 I am a boy로 디코딩됨
```

10 다음과 같은 2개의 파일로 이루어진 프로그램을 작성하고 컴파일하여 실행해보자.

다중 소스 파일

MEDIUM
★★☆

- 정수 2개를 받아서 합계를 반환하는 함수 add(int x, int y)을 가지고 있는 add.c
- add()를 호출하여 10과 20의 합을 계산하는 문장이 포함된 main.c

```
합계=30
```

HINT 비주얼 스튜디오의 "소스 파일" 폴더에서 항목 추가를 눌러서 add.c 소스 파일과 main.c 소스 파일을 추가한다.

11 배열에 관한 각종 연산을 포함하는 array.c를 작성한다. 예를 들어서 배열 원소들의 합을 계산하는 함수 get_sum_of_array(), 배열 원소들을 화면에 출력하는 함수 print_array() 등의 함수를 포함하라. 다시 main.c 파일을 생성하고 여기서 array.c에 포함된 함수들을 호출하여 보라. array.c가 제공하는 함수들의 원형은 array.h 헤더 파일에 저장한다.

다중 소스 파일

HARD
★★★

```
[ 1 2 3 4 5 6 7 8 9 10 ]
배열 요소의 합=55
```

HINT get_sum_of_array(int a[], int size), print_array(int a[], int size)

12 이제까지 학습한 내용을 바탕으로 화면에 달력을 출력하는 프로그램을 만들어보자. 화면에 현재 월을 출력한다. 전처리기를 사용하여서 영어 버전과 한국어 버전을 작성해본다.

다중 소스 파일 및
전처리기

HARD
★★★

```
연도를 입력하시오 : 2021
월을 입력하시오 : 8

일   월   화   수   목   금   토
 1    2    3    4    5    6    7
 8    9   10   11   12   13   14
15   16   17   18   19   20   21
22   23   24   25   26   27   28
29   30   31
```

```
Enter year : 2021
Enter month : 8

SUN  MON  TUE  WED  THU  FRI  SAT
 1    2    3    4    5    6    7
 8    9   10   11   12   13   14
15   16   17   18   19   20   21
22   23   24   25   26   27   28
29   30   31
```

HINT 특정한 연도의 특정한 날짜의 요일은 다음과 같이 알 수 있다.

```
#include <stdio.h>
#include <time.h>
// 일요일=0, 월요일=1, ...
int getDay(int date, int month, int year)
{
    int t[] = { 0, 3, 2, 5, 0, 3, 5, 1, 4, 6, 2, 4 };
    year -= month < 3;
    return (year + year/4 - year/100 + year/400 + t[month - 1] + date) % 7;
}
int main(void)
{
    printf("요일=%d \n", getDay(1, 1, 2023));
    return 0;
}
```

동적 메모리

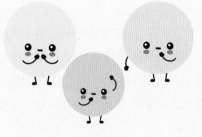

배열의 크기가 고정되어 있어서 너무 불편해요! 좋은 방법이 있나요?

동적 메모리를 사용하면 실행 시간에 적절한 크기의 동적 배열을 생성할 수 있습니다.

Objectives
- 동적 메모리 할당의 개념과 절차를 이해하고 관련된 라이브러리 함수를 학습한다.
- 연결 리스트의 개념을 이해하고 배열과 비교하여 장단점을 살펴보고, 삽입, 삭제하는 함수를 학습한다.

17 동적 메모리

17.1 동적 할당 메모리란?

동적 할당 메모리의 개념

프로그램이 메모리를 할당받는 방법에는 정적과 동적의 2가지 방법이 있다. 정적 메모리 할당(static memory allocation)이란 프로그램이 시작되기 전에 미리 정해진 크기의 메모리를 할당받는 것이다. 이 경우, 메모리의 크기는 프로그램이 시작하기 전에 결정되며 프로그램의 실행 도중에 크기가 변경될 수는 없다. 예를 들면 학생들의 시험 성적을 처리하기 위하여 아래와 같이 배열을 선언하면 정적으로 메모리를 할당받는 것이다.

100개의 정수만 저장할 수 있다.

```
int score_s[100];
```

정적 메모리 할당은 아주 간단하게 메모리를 할당할 수 있는 방법이지만, 경우에 따라 비효율적일 수 있다. 위의 문장에서는 100개의 성적을 저장할 수 있는 공간을 할당하고 있다. 하지만 처리해야 하는 성적의 개수가 200개라면 위의 배열로는 전부 처리할 수 없을 것이다. 반대로 항상 30개 정도의 성적만 입력된다면, 70개를 저장할 수 있는 공간은 낭비될 것이다.

그림 17-1
동적 메모리의 필요성

메모리도 필요할 때마다 요청해서 사용하면 좋은데…

프로그램이 실행 시간에 판단하여서 필요한 크기로 배열을 동적으로 생성할 수는 없을까? 즉 사용자가 200명의 성적을 처리할 때는 크기가 200인 배열을 생성하고, 30명의 성적이라면 크기가 30인 배열을 생성하는 것이다. 이러한 동적 배열이 지원된다면 낭비 없이 메모리를 효율적으로 사용할 수 있을 것이다. 동적 배열은 동적 메모리 할당을 통하여 생성할 수 있다.

동적 메모리 할당(dynamic memory allocation)이란 프로그램이 실행 도중에 동적으로 메모리를 할당받는 것을 말한다. 프로그램에서는 필요한 만큼의 메모리를 할당받아서 사용하고, 사용이 끝나면 메모리를 반납한다. 필요한 만큼만 할당을 받고 또 필요한 때에 사용하고 반납하기 때문에 메모리를 매우 효율적으로 사용할 수 있다. 크기가 100인 동적 배열 score 를 생성하여보면 다음과 같다.

100개의 정수를 저장할 수 있다.

score = (int *) malloc(100*sizeof(int));

참고사항

동적 메모리 할당의 또 하나의 좋은 점은 변수가 생성되고 소멸되는 시간을 마음대로 조절할 수 있다는 점이다.

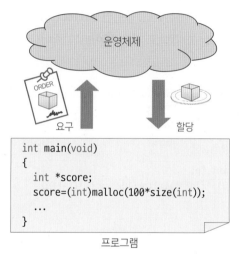

운영체제

ORDER

요구　할당

```
int main(void)
{
  int *score;
  score=(int)malloc(100*size(int));
  ...
}
```

프로그램

그림 17-2
동적 메모리 할당

참고사항

동적 배열도 얼마든지 정적 배열처럼 사용할 수 있다.

score[0] =10;
score[1] =20;
...
등의 문장이 가능하다.

동적 메모리의 사용 절차

동적 메모리를 사용하는 절차에 대하여 살펴보자. 동적 메모리 사용은 은행에서 대출을 받는 절차와 비슷하다. 은행에서 대출을 받으려면 필요만큼의 금액을 대출 신청서에 적어서 은행에 제출하여야 한다. 은행에서 신청서를 심사하여서 대출이 승인되면 대출금이 지급된다. 사용자가 대출금의 사용을 끝내면 대출금을 다시 은행에 반환하여야 한다. 동적 메모리 할당도 마찬가지이다. 먼저 얼마나 할당을 받을 것인지를 결정하고 라이브러리 함수를 호출하여 운영 체제에 메모리를 요청하는 단계가 필요하다. 만약 충분한 메모리가 존재하면 그 요청은 승인되고 메모리가 할당된다. 프로그램은 할당된 메모리를 사용한다. 사용이 끝나면 메모리를 다시 운영 체제에 반납하는 단계가 필요하다. 만약 메모리를 반납하지 않으면 다른 프로그램이 동적 메모리를 사용할 수 없게 될 것이다. 따라서 반드시 동적 메모리는 명시적으로 반납을 해주어야 한다.

참고사항

운영체제는 프로그램을 실행할 때, 4개의 공간을 할당한다. (1) 코드를 저장하는 공간, (2)전역 변수를 저장하는 공간, (3)스택, (4)히프 공간이 그것이다. 스택은 지역 변수들이 저장되는 메모리 공간이다.

히프 공간은 프로그램이 동적으로 메모리를 할당받을 수 있는 공간이다.

그림 17-3
동적 메모리 사용 단계

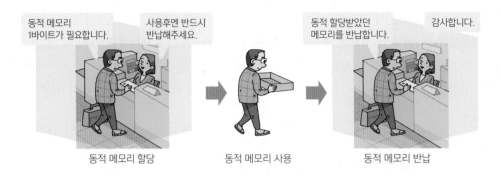

동적 메모리 할당   동적 메모리 사용   동적 메모리 반납

17.2   동적 메모리 할당의 기본

동적 메모리 할당

동적 메모리를 할당하는 가장 기본적인 함수인 malloc(size)은 바이트 단위로 메모리를 할당한다. 여기서 인수 size는 할당받고 싶은 바이트의 수이다. malloc()은 <stdlib.h>에 원형이 정의되어 있다.

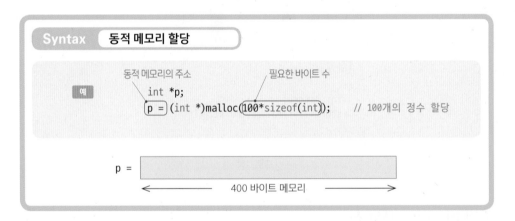

malloc() 함수는 동적 메모리의 주소를 반환한다. 따라서 이 주소를 이용하여서 동적 메모리를 사용하면 된다. 예를 들어서 100개의 정수를 저장할 수 있는 공간을 할당받아보자. 100개의 정수는 몇 바이트일까? 정수 하나가 sizeof(int) 만큼의 바이트이므로 100개의 정수는 100*sizeof(int)가 될 것이다. 물론 100*4라고 하여도 되지만 컴퓨터에 따라서 정수의 크기가 다를 수도 있으므로 sizeof(int)를 사용하는 것이 안전하다.

malloc()이 반환하는 반환형은 void *이다. void 포인터를 반환하는 이유는 malloc() 함수 입장에서는 프로그래머가 할당받은 메모리 블록을 어떤 자료형으로 사용할지 알 수 없기 때문이다. 프로그래머는 void 포인터를 자신이 원하는 포인터 타입으로 바꾸어서 사용하면 된다.

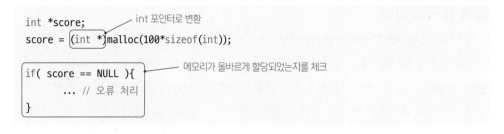

```
int *score;                int 포인터로 변환
score = (int *)malloc(100*sizeof(int));

if( score == NULL ){       메모리가 올바르게 할당되었는지를 체크
    ... // 오류 처리
}
```

malloc()은 메모리가 부족하면 NULL을 반환하므로 항상 반환값이 NULL이 아닌지도 체크하여야 한다. malloc()이 할당한 동적 메모리는 초기화가 되어 있을까? malloc()은 효율성을 위하여 동적 메모리를 초기화하지 않는다. 따라서 쓰레기값이 들어 있다고 생각하여야 한다. 자신이 원하는 값으로 초기화시키면 된다.

참고사항

동적 메모리를 초기화시키지 않은 이유는 조금이라도 실행 시간을 단축하기 위해서이다. 0으로 초기화된 동적 메모리를 원한다면 뒤에 기술되는 calloc()을 사용하면 된다.

동적 메모리 사용

할당받은 공간은 어떻게 사용하면 좋을까? 포인터가 반환되므로 포인터를 이용하여서 동적 메모리를 사용하여야 한다. 따라서 2가지 방법 중에서 하나를 사용한다. 첫 번째는 * 연산자를 사용하는 방법이다.

```
*score = 100;        동적 배열의 첫번째 정수
*(score+1) = 200;
*(score+2) = 300;
...
```

두 번째 방법은 동적 메모리를 배열과 같이 취급하여서 [] 연산자를 사용하는 것이다.

```
score[0] = 100;        동적 배열의 첫번째 정수
score[1] = 200;
score[2] = 300;
...
```

동적 메모리를 동적 배열처럼 생각하고 두 번째 방법처럼 사용하는 것이 보다 일반적이다.

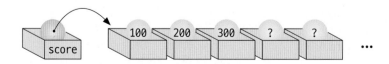

동적 메모리 반납

시스템에서 동적으로 할당 가능한 메모리는 그 크기가 제한되어 있다. 따라서 할당받은 메모리의 사용이 끝났을 때는 반드시 메모리를 다른 프로그램이 사용할 수 있도록 반납하여야 한다. free()는 동적 메모리 블록을 시스템에 반납한다. free()를 호출할 때는 할당된 메모리를 가리키는 포인터를 인수로 하여 호출하여야 한다. 따라서 malloc()이 반환한 포인터는 절대 잊어버리면 안 된다! free()를 호출하여서 동적 메모리를 반납하고 나면, 반납된 동적 메모리는 더 이상 사용할 수 없다.

Syntax 　동적 메모리 해제

예
```
score = (int *)malloc(100*sizeof(int));
...
free(score);    ← score가 가리키는 동적 메모리를 반납한다.
```

예제#1 정수 1개, 실수 1개, 문자 1개를 저장할 수 있는 공간을 할당받아서 사용한 후에 반납하는 코드를 작성해보자.

malloc1.c

```
1   #include <stdio.h>      두개의 헤더 파일을 포함하고 있다. printf() 함수를
2   #include <stdlib.h>     위한 stdio.h, 그리고 malloc()과 free()를 위한
                            stdlib.h를 반드시 포함시켜야 한다.
3
4   int main(void)
5   {
6       int *pi;
7       double *pf;
8       char *pc;                              동적 메모리 할당
9       pi = (int *)malloc(sizeof(int));
10      pf = (double *)malloc(sizeof(double));
11      pc = (char *)malloc(sizeof(char));
12      if (pi == NULL || pf == NULL || pc == NULL) { // 반환값이 NULL인지 검사
13          printf("동적 메모리 할당 오류\n");
14          exit(1);
                                       동적 메모리 사용
15      }
16      *pi = 100;      // pi[0] = 100;
17      *pf = 3.14;     // pf[0] = 3.14;
18      *pc = 'a';      // pc[0] = 'a';
19      free(pi);
20      free(pf);                              동적 메모리 반납
21      free(pc);
22      return 0;
23  }
```

예제#2

정수 10, 20, 30을 저장할 수 있는 동적 메모리를 생성해보자.

malloc2.c

```
1    #include <stdio.h>
2    #include <stdlib.h>
3
4    int main(void)
5    {
6        int *list;
7        list = (int *)malloc(3 * sizeof(int));
8        if (list == NULL) {          // 반환값이 NULL인지 검사
9            printf("동적 메모리 할당 오류\n");
10           exit(1);
11       }
12       list[0] = 10;
13       list[1] = 20;
14       list[2] = 30;
15
16       free(list);
17       return 0;
18   }
```

두개의 헤더 파일을 포함하고 있다. printf() 함수를 위한 stdio.h, 그리고 malloc()과 free()를 위한 stdlib.h를 반드시 포함시켜야 한다.

동적 메모리 할당

동적 메모리 사용

동적 메모리 반납

참고사항

동적 메모리 할당이 끝나면, 정적 배열과 동일하게 사용할 수 있다.

```
list[0] =10;
list[1] =20;
...
```

등의 문장이 가능하다.

LAB   **동적 배열을 이용한 성적 처리**

성적 처리 프로그램을 작성한다고 하자. 사용자한테 학생이 몇 명인지를 물어보고 적절한 동적 메모리를 할당한다. 사용자로부터 성적을 받아서 저장하였다가 평균을 계산하여 출력한다. 학생들의 수에 따라 적절한 동적 배열을 생성할 수 있다.

```
학생의 수: 3
학생 #1 성적: 10
학생 #2 성적: 20
학생 #3 성적: 30
성적 평균=20.00
```

Solution   **malloc3.c**

```
1    #include <stdio.h>
2    #include <stdlib.h>
3
4    int main(void)
5    {
6        int *list;
```

```
 7        int i, students, sum=0;
 8
 9        printf("학생의 수: ");
10        scanf("%d", &students);
11        list = (int *)malloc(students * sizeof(int));
12        if (list == NULL) {          // 반환값이 NULL인지 검사
13            printf("동적 메모리 할당 오류\n");
14            exit(1);
15        }
16        for (i = 0; i<students; i++) {
17            printf("학생 #%d 성적: ", i+1);
18            scanf("%d", &list[i]);
19        }
20        for (i = 0; i<students; i++)
21            sum += list[i];
22        printf("성적 평균=%.2f \n", (double)sum/students);
23        free(list);
24        return 0;
25 }
```

학생의 수 만큼 동적 메모리를 할당한다.

동적 메모리에 성적을 저장한다.

중간점검

1 프로그램의 실행 도중에 메모리를 할당받아서 사용하는 것을 _____이라고 한다.

2 동적으로 메모리를 할당받을 때 사용하는 대표적인 함수는 _____이다.

3 동적으로 할당된 메모리를 해제하는 함수는 _____이다.

4 동적 메모리 할당을 사용하기 위하여 포함 시켜야 하는 헤더 파일은 _____이다.

17.3 calloc()과 realloc()

calloc()

calloc()은 0으로 초기화된 동적 메모리를 할당한다. 따라서 초기화된 메모리 블록을 얻을 때는 calloc()을 사용하는 것이 편리하다. 또 바이트 단위가 아닌 항목 단위로 메모리를 할당한다.

```
int *p;
p = (int *)calloc(5, sizeof(int));
```

항목의 개수

항목의 크기

0으로 초기화된 동적 메모리를 n*size 만큼 할당한다.

위의 코드에서 각 항목의 크기가 sizeof(int)이고, 항목의 개수가 5이다.

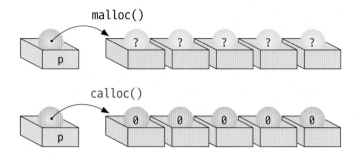

그림 17-4
malloc()과 calloc()의 비교

realloc()

realloc() 함수는 이름 그대로, malloc()으로 할당받았던 메모리 블록의 크기를 변경할 때 사용한다.

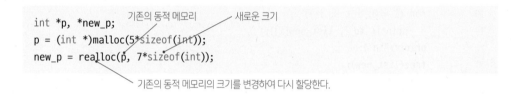

realloc()의 첫 번째 매개 변수는 기존에 동적 할당된 메모리 블록을 가리키는 포인터이다. realloc()의 두 번째 매개 변수는 새로운 크기(바이트 단위)이다. 동적 메모리 안의 기존 데이터 값은 유지된다.

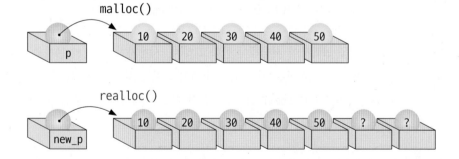

동적 배열의 크기를 증가시키는 전형적인 코드를 살펴보자. 먼저 2개의 정수만을 저장할 수 있는 동적 메모리를 할당받고 나중에 이 메모리 공간을 정수 3개를 저장할 수 있는 공간으로 확장한다. 기존의 데이터들은 보존되기 때문에 따로 복사할 필요는 없다.

 예제#1

realloc.c

```c
1  #include <stdio.h>
2  #include <stdlib.h>
3
4  int main()
5  {
6      int *list = (int *)malloc(sizeof(int) * 2);
7      int i;
8      int *list_new;
9
10     if(list==NULL) return 1;
11     list[0] = 10;
12     list[1] = 20;
13
14     list_new = (int *)realloc(list, sizeof(int) * 3);
15     if(list_new==NULL) return 1;
16     list_new[2] = 30;
17
18     for (i = 0; i < 3; i++)
19         printf("%d ", list_new[i]);
20     printf("\n");
21     free(list_new);
22     return 0;
23 }
```

```
10 20 30
```

LAB 어떤 문자열이라도 저장하는 동적 메모리

사용자로부터 문자열을 입력하여 저장해야 한다고 하자. 사용자가 몇 개의 문자를 입력할지, 미리 알 수는 없다. 이런 경우에는 일단 최대 10개의 문자를 저장할 수 있는 동적 메모리를 할당한 후에, 10개가 넘어가면 realloc()을 이용하여 동적 메모리의 크기를 조정해보자. 동적 배열의 크기는 이전 크기의 2배씩 증가된다.

입력할 문자열=Like a desert in my soul, in the need of cool water.
입력된 문자열=Like a desert in my soul, in the need of cool water.

Solution realloc2.c

```c
1  #include <stdio.h>
2  #include <stdlib.h>
3  #include <string.h>
4
5  int main(void)
6  {
```

```
7          char* p;
8          int size = 10, index = 0;  // size= 동적 배열의 크기, index= 현재 저장 위치
9          char c;
10
11         p = (char*)malloc(size * sizeof(char));
12         printf("입력할 문자열=");
13         do {
14            c = getchar();
15            if (index >= (size-1)) {    // NULL 문자를 저장해야 하므로 1을 뺀다.
16               size *= 2;      // realloc()은 값비싼 연산이므로 한 번에 2배씩 증가한다.
17               p = (char*)realloc(p, sizeof(char) * size);
18            }
19            p[index++] = c;
20         } while (c != '\n');
21         p[index] = NULL;
22
23         printf("입력된 문자열=%s \n", p);
24         free(p);
25         return 0;
26 }
```

참고사항

malloc()과 realloc()의 반환값이 NULL 인지를 검사해야 하지만 코드의 복잡도를 줄이기 위하여 생략하였으니 양해 부탁드린다. 실제 사용시는 반드시 반환값이 NULL인지를 검사하여야 한다.

 Q 동적으로 1차원 배열은 생성할 수 있다. 하지만 2차원 배열은 불가능하다. 동적으로 2차원 배열을 생성하는 방법은 없는가?

A 2차원 동적 배열을 생성할 수 있다. 가장 일반적인 방법은 이중 포인터 배열을 만들고 각 포인터가 동적 할당된 메모리를 가리키도록 초기화하는 것이다. 간략한 예제는 다음과 같다. 영상 처리에서 많이 사용된다.

```
// row와 column은 2차원 배열의 열의 개수와 행의 개수
int **image = (int **)malloc(rows * sizeof(int *));
for(i = 0; i < rows; i++)
    image[i] = (int *)malloc(columns * sizeof(int));
// 2차원 배열의 사용
image[0][0] = 255;
...
```

참고사항

동적 메모리를 반납하지 않으면 어떤 일이 발생할까?
동적 메모리는 프로그래머가 명시적으로 반납하지 않으면 해제되지 않는다. 운영 체제는 메모리의 일정한 부분을 히프(heap)으로 잡아서 여기에서 동적 메모리를 할당한다. 따라서 동적 메모리는 크기가 정해져 있어서 어떤 프로그램에서 많이 사용해버리면 다른 프로그램은 제한을 받게 된다. 실제로 동적 메모리가 반납이 안 되면 전체 프로그램들이 서서히 느려지게 된다. 가장 나쁜 경우는 계속하여서 할당만 하고 전혀 반납하지 않는 경우이다. 이 경우에는 운영 체제가 멈출 수도 있다. 아래의 코드는 아주 잘못되어 있다. 이전의 메모리 블록에 대한 주소가 사라진다.

```
int main(void)
{
    int *p;
    p = malloc( 100 * sizeof(int) );
    p = malloc( 100 * sizeof(int) );
    ...
    return;
}
```

이전의 메모리 블록에
대한 주소가 사라진다.

동적 메모리 반납이 안 되어서 사용 가능한 메모리가 점점 줄어드는 현상을 메모리 누수(memory leak)라고 한다.
메모리 누수는 아주 발견하기 어려운 버그 중의 하나이다. 여러분의 스마트폰이 사용할수록 속도가 느려진다면 어디선가 메모리 누수가 발생하고 있는 것이다. 메모리 누수는 시스템을 종료했다가 다시 시작하면 일시적으로 사라진다.

중간점검

1 동적 할당 후에 메모리 블록을 초기화하여 넘겨주는 함수는 _____이다.

2 할당되었던 동적 메모리의 크기를 변경하는 함수는 _____이다.

3 동적 메모리 할당에서의 단위는 _____이다.

4 malloc()이 반환하는 자료형은 _____이다.

17.4 구조체를 동적 생성해보자

구조체를 저장할 수 있는 공간도 다음과 같이 할당받을 수 있다. 만약 구조체의 배열이 필요하면 구조체의 크기에다 필요한 개수를 곱해주면 된다. 아래의 프로그램에서는 책을 표현하는 구조체를 정의하고 구조체의 배열을 동적으로 생성한다.

```
struct Book {
    int number;
    char title[100];
};

struct Book *p;
p = (struct Book *)malloc(2 * sizeof(struct Book));
```

동적으로 생성된 구조체 배열은 포인터를 통해서만이 접근할 수 있는 점에 유의하라. p[0]는 첫 번째 구조체이고 p[1]은 두 번째 구조체이다.

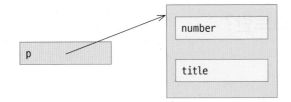

malloc4.c

```
1  #include <stdio.h>
2  #include <stdlib.h>
3  #include <string.h>
4
5  struct Book {
6       int number;
7       char title[100];
8  };
9
10  int main(void)
11  {
12       struct Book *p;
13
14       p = (struct Book *)malloc(2 * sizeof(struct Book));
15
16       if (p == NULL) {
17          printf("메모리 할당 오류\n");
18          exit(1);
19       }
20       p[0].number = 1;      // (*p).number = 1
21       strcpy(p[0].title, "C Programming");
22
23       p[1].number = 2; // (*p+1).number = 2
24       strcpy(p[1].title, "Data Structure");
25
26       free(p);
27       return 0;
28  }
```

프로그램 설명

5-8	구조체를 정의한다. 구조체의 멤버는 정수형 변수 number와 문자형 배열 name[]이다.
12	구조체를 가리킬 수 있는 포인터 변수를 선언한다.
14	malloc()을 이용하여 구조체 2개 분량의 메모리를 동적으로 할당받는다. 이 메모리 블록의 시작 주소를 p에 대입한다.
16	malloc()이 반환한 값이 NULL인지를 검사한다. NULL이면 메모리 할당 오류이므로 메시지를 출력하고 exit()를 호출하여 종료한다.
21-22	동적으로 할당받은 첫 번째 구조체에 데이터를 대입한다.
24-25	동적으로 할당받은 두 번째 구조체에 데이터를 대입한다.
27	동적으로 할당받은 공간은 사용이 끝나면 항상 시스템에 반납하여야 한다. free()를 호출하여 malloc()이 할당한 공간을 반납한다.

17.5 연결 리스트란?

연결 리스트의 개념

우리는 지금까지 대량의 데이터를 저장하는데 주로 배열을 이용하였다. 배열은 장점과 단점을 가진다. 장점은 구현이 간단하고 빠르다는 것이다. 단점으로는 먼저 크기가 고정된다. 즉 동적으로 크기가 늘어나거나 줄어들 수 없다. 따라서 만약 데이터를 추가하고 싶은데 더이상 남은 공간이 없다면 문제가 발생한다. 물론 더 큰 배열을 만들어서 기존의 배열에 있는 데이터들을 전부 복사하면 되지만 이것은 많은 CPU 시간을 낭비한다. 또한, 중간에 새로운데이터를 삽입하거나 삭제하기 위해서는 기존의 데이터들을 이동하여야 한다. 예를 들어서 **그림 17-5**처럼 a[0]와 a[1] 사이에 새로운 데이터를 넣으려면 a[1]부터 a[3]까지 하나씩 뒤로 밀어서 빈 공간을 만든 후에 새로운 데이터를 a[1]에 넣어야 한다.

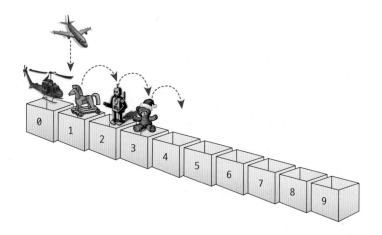

그림 17-5
배열의 문제점

연결 리스트(linked list)는 이러한 단점을 보완하기 위한 자료 구조이다. 연결 리스트는 각각의 요소가 포인터를 사용하여 다음 요소의 위치를 가리킨다. 포인터를 사용하여 자료들을 연결하는 방법은 매우 널리 사용되며 연결 리스트에만 사용되는 것이 아니고 다른 여러 가지의 자료 구조, 즉 스택, 큐, 트리, 그래프 등을 구현하는데 널리 사용된다.

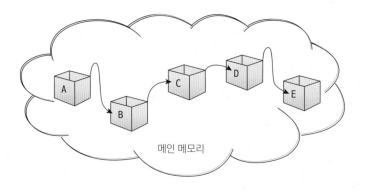

그림 17-6
연결 리스트의 구조

메인 메모리

연결 리스트는 **그림 17-6**과 같이 줄로 연결된 상자라고 생각할 수 있다. 상자 안에는 데이터가 들어가고 상자에 연결된 줄을 따라가면 다음 상자를 찾을 수 있다. 연결 리스트는 일단 데이터를 한군데 모아두는 것을 포기하는 것이다. 데이터들은 메인 메모리의 어디에나 흩어져서 존재할 수 있다. 그러면 데이터들 사이의 순서는 어떻게 알 수 있을까? 데이터들의 순서를 유지하기 위하여 앞의 데이터는 뒤의 데이터를 가리키는 줄을 가진다. 앞의 데이터에서 다음 데이터를 찾아가려면 앞의 데이터의 줄을 따라가면 된다.

연결 리스트란 바로 이런 식으로 물리적으로 흩어져 있는 자료들을 서로 연결하여 하나로 묶는 방법이다. C에서는 상자를 연결하는 줄을 포인터(pointer)로 구현한다. 포인터를 사용하면 하나의 자료에서 다음 자료를 쉽게 가리킬 수 있다. 연결 리스트를 사용하면 어떤 장점이 있을까? 앞에서 등장하였던 배열의 중간에 데이터를 삽입, 삭제하는 문제를 살펴보자. 연결 리스트에서는 앞뒤에 있는 데이터들을 이동할 필요가 없이 줄만 변경시켜주면 된다. **그림 17-7**에서 데이터 N이 B와 C사이에 삽입되며 실선은 삽입전이고 점선은 삽입후이다.

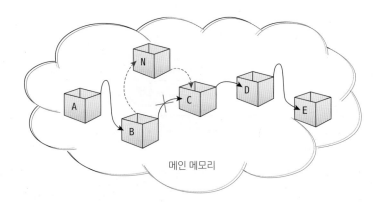

그림 17-7
연결 리스트에서의 삽입연산

삭제 시에도 마찬가지이다. **그림 17-8**과 같이 항목 C를 삭제하려고 하면 데이터들을 옮길 필요가 없이 그냥 데이터들을 연결하는 줄만 수정하면 된다.

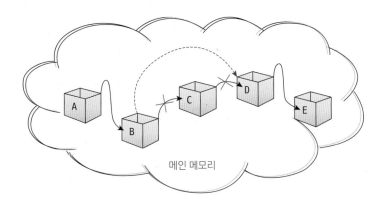

그림 17-8
연결 리스트에서의 삭제 연산

연결 리스트의 또 하나의 장점은 데이터를 저장할 공간이 필요할 때마다 동적으로 공간을 만들어서 쉽게 추가할 수 있다는 것이다. 이것은 배열에 비하여 상당한 장점이 된다. 그러나 장점만 있는 것은 아니고 배열에 비하여 상대적으로 구현이 어렵고 오류가 나기 쉬운 점은 단점이라 할 수 있다.

연결 리스트의 구조

앞의 그림에서의 상자를 노드(node)라고 부른다. 연결 리스트는 이들 노드들의 집합이다. 노드는 **그림 17-9**와 같이 데이터 필드(data field)와 링크 필드(link field)로 구성되어 있다.

그림 17-9
노드의 구조

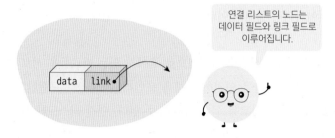

데이터 필드에는 우리가 저장하고 싶은 데이터가 들어간다. 데이터는 정수가 될 수도 있고 학번, 이름, 전화번호가 들어있는 구조체와 같은 복잡한 데이터가 될 수도 있다.

그림 17-10
다양한 데이터 필드

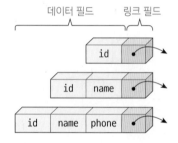

링크 필드에는 다른 노드를 가리키는 포인터가 저장된다. 이 포인터를 이용하여 다음 노드로 건너갈 수 있다. 연결 리스트에서는 연결 리스트의 첫 번째 노드를 알아야 만이 전체의 노드에 접근할 수 있다. 따라서 연결 리스트마다 첫 번째 노드를 가리키고 있는 변수가 필요한데 이것을 헤드 포인터(head pointer)라고 한다. 연결 리스트의 이름은 바로 이 헤드 포인터의 이름과 같다고 생각하면 된다. 연결 리스트에 노드가 하나도 없으면 헤드 포인터는 NULL 값을 가지게 되고 공백 연결 리스트라고 한다. 연결 리스트의 마지막 노드의 링크 필드는 NULL으로 설정되는데 이는 더 이상 연결된 노드가 없다는 것을 의미한다.

그림 17-11
연결 리스트에서의 헤드 포인터와 NULL 링크 필드

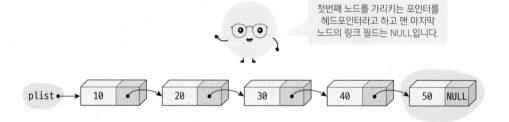

연결 리스트에서 노드들은 메모리상의 어떤 곳에나 위치할 수 있다. 즉 노드들의 순서가 리스트상의 순서와 동일하지 않을 수 있다는 특징을 가지고 있다. 연결 리스트를 사용하면 연속적인 기억공간이 없어도 데이터를 저장하는 것이 가능하고 미리 기억공간을 확보할 필요도 없다. 필요할 때마다 노드를 동적으로 생성하여 연결하면 된다.

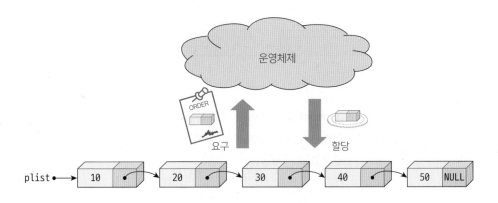

그림 17-12
연결 리스트에서의 노드의 동적 생성

그러나 장점만 있는 것은 아니고 단점도 있다. 첫째로 링크 필드를 위한 추가 공간이 필요하게 되고 둘째로 연산의 구현이나 사용 방법이 배열에 비해 복잡해진다는 점이다. 따라서 프로그래밍 에러가 발생할 가능성도 많아진다.

자기 참조 구조체

연결 리스트를 구현하려면 먼저 자기 참조 구조체를 알아야 한다. 자기 참조 구조체(self-referential structure)는 특별한 구조체로서 구성 멤버 중에 같은 타입의 구조체를 가리키는 포인터가 존재하는 구조체를 말한다. 다음의 예를 보자.

```
struct NODE {
    int data;
    struct NODE *link;    ← 현재 구조체를 가리킬 수 있는 포인터
};
```

위의 문장은 NODE라는 구조체를 정의하고 있다. 구조체 NODE는 정수형 변수 data와 포인터 변수 link로 구성되어 있다. link는 바로 지금 정의하고 있는 구조체 NODE를 가리키는 포인터로 정의되고 있다.

자기 참조 구조체는 포인터를 이용하여 다른 구조체와 연결될 수가 있다. 자기 참조 구조체는 자료 구조 중에서 연결 리스트나 트리를 구성할 때 많이 등장한다. 일반적으로 항목의 개수를 미리 예측할 수 없는 경우에 자체 참조 구조체를 정의해 놓고 동적으로 기억 장소를 할당받아서 이들을 포인터로 연결하여 자료 구조를 구성한다. 자기 참조 구조체를 포인터로 연결하여 자료를 저장하게 되면 중간에 새로운 자료를 삽입하기가 용이해진다.

그림 17-13은 두 개의 자기 참조 구조체를 연결한 모습을 보여준다. 첫 번째 구조체 안에 있는 link 포인터는 두 번째 구조체를 가리킨다. 두 번째 구조체 안에 들어 있는 link 포인터의 값은 NULL이다. 자기 참조 구조체의 포인터 값이 NULL이면 다른 구조체를 가리키지 않는다는 것을 나타낸다.

그림 17-13
서로 연결된 자기 참조 구조체

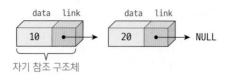

자기 참조 구조체

보통 자기 참조 구조체는 **typedef**을 이용하여 새로운 타입으로 정의하는 것이 보통이다. **typedef**을 이용하게 되면 매번 **struct** 키워드를 써주지 않아도 된다. **typedef**을 이용하여 생성된 새로운 타입의 이름은 대문자로 하였다.

```
typedef struct NODE {
        int data;
        struct NODE *link;
} NODE;
```

typedef으로 자기 참조 구조체를
새로운 자료형 NODE로 정의한다.

연결 리스트 생성의 예

간단한 연결 리스트를 생성하여보자. 노드의 구조는 구조체를 이용하여 앞에서와 같이 정의되었다고 가정한다.

```
typedef struct NODE {
        int data;
        struct NODE *link;
} NODE;
```

data | link

노드의 구조는 정의되었지만 아직 노드는 생성되지 않았음에 주의하여야 한다. 일반적으로는 연결 리스트에서는 필요할 때마다 동적 메모리 할당을 이용하여 노드를 동적으로 생성한다. 다음의 코드에서는 포인터 변수 p1을 만들고 **malloc()** 함수를 이용하여 노드의 크기만큼의 동적 메모리를 할당받는다. 이 동적 메모리가 노드가 되는 것이다.

```
NODE *p1;
p1 = (NODE *)malloc(sizeof(NODE));
```

다음 절차는 새로 만들어진 노드에 데이터를 저장하고 링크 필드를 NULL로 설정하는 것이다.

```
p1->data = 10;
p1->link = NULL;
```

일반적으로 연결 리스트에는 여러 개의 노드가 서로 연결되어 있다 따라서 똑같은 방식으로 두 번째 노드도 역시 동적으로 생성하고 첫 번째 노드의 링크 필드가 두 번째 노드를 가리키도록 하여 두 개의 노드를 서로 연결하여보자.

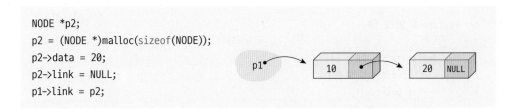

```
NODE *p2;
p2 = (NODE *)malloc(sizeof(NODE));
p2->data = 20;
p2->link = NULL;
p1->link = p2;
```

노드를 더 생성하고 싶으면 이상의 과정을 원하는 만큼 반복하면 된다. 한 가지 주의할 점은 동적 메모리 할당을 이용하였기 때문에 사용이 끝나면 반드시 메모리를 해제해주어야 한다. 즉 사용이 끝나면 다음의 코드를 수행하여야 한다.

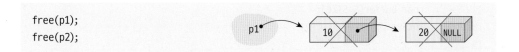

```
free(p1);
free(p2);
```

보통 연결 리스트에 삽입과 삭제하는 함수를 따로 작성하여서 이 함수를 호출하여 노드 삽입과 삭제를 수행하는 것이 보통이다. 이러한 연결 리스트에 대한 기본적인 연산은 자료 구조 과목에서 자세하게 살펴보자. 여기서는 지금까지 학습한 내용만 가지고 간단한 응용 프로그램을 작성하여보자.

연결 리스트의 응용 예

자신이 가지고 있는 책의 목록을 관리하는 프로그램을 작성한다고 가정하자. 제일 먼저 결정해야 할 것은 책에 대한 정보를 어떤 자료 구조를 사용하여 표현할 것인가이다. 책은 제목, 출판사, 가격, 독자들의 평점 등의 다양한 항목들이 포함되어야 하고 항목들의 유형은 다양할 수 있다. 예를 들어서 책의 제목은 문자열로 표현해야 할 것이다. 책의 가격은 정수형이면 될 것이고 책의 평점은 실수형일 수 있다. 따라서 다양한 유형의 항목들을 모아야 해서 구조체가 가장 적합하다. 책이 여러 권이므로 구조체의 배열을 생성하면 된다. 하지만 배열을 사용하면 프로그램을 컴파일할 때에 모든 것을 결정하여야 한다. 프로그램이 실행되면서 입력되는 책의 개수만큼 메모리를 할당받을 수 있으면 좋을 것이다. 연결 리스트를 사용하면 사용자가 입력하는 책의 개수만큼만 메모리를 할당받을 수 있다. 프로그램은 약간 복잡해지지만 상당한 보상이 있는 것이다.

book.c

```c
1  #include <stdio.h>
2  #include <stdlib.h>
3  #include <string.h>
4
5  #define S_SIZE 50
6
7  typedef struct NODE {                        노드의 타입을 정의
8          char title[S_SIZE];
9          int year;
10         struct NODE *link;
11 } NODE;
12
13 int main(void)
14 {                                            노드를 가리키는 포인터 정의
15         NODE *list = NULL;
16         NODE *prev, *p, *next;
17         char buffer[S_SIZE];
18         int year;
19
20         // 연결 리스트에 정보를 입력한다.
21         while(1)   {
22            printf("책의 제목을 입력하시오:(종료하려면 엔터) ");
23            gets_s(buffer, S_SIZE-1);
24            if( buffer[0] == '\0' )
25               break;
26                                               동적 메모리 할당
27            p = (NODE *)malloc(sizeof(NODE));
28            strcpy(p->title, buffer);
29            printf("책의 출판 연도를 입력하시오: ");
30            gets_s(buffer, S_SIZE-1);
31            year = atoi(buffer);
32            p->year = year;         기존의 연결 리스트의 끝에 새로운 노드를 추가
33
34            if( list == NULL )      // 리스트가 비어 있으면
35               list = p;            // 새로운 노드를 첫번째 노드로 만든다.
36            else                    // 리스트가 비어 있지 않으면
37               prev->link = p;      // 새로운 노드를 이전 노드의 끝에 붙인다.
38            p->link = NULL;         // 새로운 노드의 링크 필드를 NULL로 설정
39            prev = p;
40         }
41      printf("\n");
42
43      // 연결 리스트에 들어 있는 정보를 모두 출력한다.
44      p = list;                                연결 리스트 안의 노드 순회
45      while( p != NULL )
46      {
47         printf("[%s, %d]->", p->title, p->year);
48         p = p->link;
49      }
```

```
50
51        printf("\n");
52        // 동적 할당을 반납한다.
53        p = list;
54        while( p != NULL ) {
55            next = p->link;
56            free(p);              ── 동적 메모리 반납
57            p = next;
58        }
59
60        return 0;
61    }
```

```
책의 제목을 입력하시오: (종료하려면 엔터)파워 자바
책의 출판 연도를 입력하시오: 2022
책의 제목을 입력하시오: (종료하려면 엔터)파워 C++
책의 출판 연도를 입력하시오: 2023
책의 제목을 입력하시오: (종료하려면 엔터)

[파워 자바, 2022]->[파워 C++, 2023]->
```

위의 프로그램에서는 크게 나누어서 3가지의 작업이 수행된다. 첫째로 사용자로부터 책의 제목과 출판 연도를 입력받아서 동적으로 생성된 노드에 기록한 후에 연결 리스트의 맨 끝에 연결한다. 둘째로 생성된 연결 리스트를 따라가면서 각각의 노드가 가지고 있는 데이터들을 화면에 출력한다. 셋째로 연결 리스트 안에 동적 메모리 할당으로 생성된 노드들을 없애고 메모리 공간을 반납한다.

① 연결 리스트 생성하기

21번째 라인에 있는 반복 루프 안에서 노드들이 만들어져서 연결 리스트에 추가된다. 먼저 사용자로부터 책의 제목을 입력받는다. 만약 사용자가 책의 제목대신에 엔터키만 눌렀다면 반복을 중단한다. gets_s()는 하나의 라인을 입력받고 라인의 끝을 나타내는 줄바꿈 문자를 NULL 문자로 변환하여 반환한다. 따라서 문자 배열 buffer[]에 NULL 문자만 존재한다면 사용자는 엔터키만을 누른 것이다. 따라서 이 경우에는 break 문을 실행한다.

```
while(1)
{
    printf("책의 제목을 입력하시오: (종료하려면 엔터)");
    gets_s(buffer, S_SIZE);
    if( buffer[0] == '\0' )
        break;
```

책의 제목이 입력되었다면 malloc()을 사용하여 구조체를 저장할 수 있는 메모리 공간을 할당받는다. malloc()은 동적으로 생성된 구조체의 주소를 반환하고 이 주소를 포인터 p에 저장한다.

```
    p = (NODE *)malloc(sizeof(NODE));
```

p를 통하여 이 구조체에 사용자가 입력한 책의 제목을 복사한다. 이어서 사용자로부터 책

의 출판 연도도 입력받고 역시 포인터 p를 통하여 동적으로 생성된 구조체에 복사한다. 여기서 출판 연도도 gets_s()를 통하여 문자열로 입력받은 후에 atoi()를 사용하여 문자열을 정수로 변환하였다.

```
strcpy(p->title, buffer);
printf("책의 출판 연도를 입력하시오: ");
gets_s(buffer, S_SIZE);
year = atoi(buffer);
p->year = year;
```

모든 정보가 노드에 저장되었으면 다음 단계는 연결 리스트의 끝에 이 노드를 연결하면 된다. 하지만 만약 연결 리스트에 노드가 하나도 없는 상태라면 이 노드가 연결 리스트의 첫 번째 노드가 되어야 할 것이다. 따라서 현재 연결 리스트에 노드가 있는지 없는지를 검사할 수 있어야 한다. 앞에서 모든 연결 리스트는 헤드 포인터를 갖는다고 했었다. 헤드 포인터는 연결 리스트의 첫 번째 노드를 항상 가리키고 있다. 만약 헤드 포인터가 NULL이면 NULL이면 연결 리스트에서는 현재 노드가 하나도 없는 것이다. 소스에서 헤드 포인터는 list이다. 따라서 list가 NULL이면 현재 생성된 노드가 첫 번째 노드가 된다. list가 NULL이 아니면 바로 전에 할당된 구조체의 뒤에 연결해야 할 것이다. list의 초기값은 반드시 NULL이어야 한다. 여기서 prev는 직전에 할당된 구조체를 가리킨다.

```
if( list == NULL )
    list = p;
else
    prev->link = p;
```

다음 단계는 현재 처리하고 있는 구조체가 연결 리스트의 마지막 노드라는 것을 나타내기 위하여 link를 NULL로 설정한다.

```
p->link = NULL;
```

마지막으로 다음번의 반복 사이클에서는 현재 구조체가 이전 구조체가 될 것이다. 따라서 p를 prev에 대입한다.

```
prev = p;
```

② 연결 리스트의 노드 방문하기

연결 리스트가 생성되면 보통 연결 리스트상의 노드들을 방문하면서 여러 가지 처리를 하게 된다. 여기서는 단순히 연결 리스트 상의 노드가 가지고 있는 값들을 화면에 출력해보자.

우선 연결 리스트의 첫 번째 노드를 찾아야 한다. 첫 번째 노드를 가리키는 포인터는 헤드 포인터가 가지고 있고 우리의 소스에서는 list가 헤드 포인터에 해당한다. 따라서 list를 p 에 대입한다.

```
p = list;
```

현재 p는 연결 리스트의 첫 번째 노드를 가리키고 있다. p를 통하여 첫 번째 노드가 가지고 있는 정보들을 화면에 출력한다.

```
while( p != NULL )
{
    printf("[%s¦%d]->", p->title, p->year);
    p = p->link;
}
```

이어서 두 번째 노드의 정보를 출력해야 한다. 두 번째 노드는 어떻게 접근할 수 있을까? 바로 첫 번째 노드의 link에 두 번째 노드의 주소가 저장되어 있다. 따라서 p->link를 p에 대입하여서 p가 두 번째 노드를 가리키도록 한다. 이러한 작업을 반복하면 모든 노드에 대한 정보가 출력된다.

연결 리스트에 있는 마지막 노드에 저장된 정보가 출력되고 나면 p가 NULL이 된다. 왜냐하면 연결 리스트에서 마지막 노드의 link값은 NULL이기 때문이다. 따라서 p가 NULL이 되면 반복 루프를 종료하면 된다.

③ 연결 리스트의 노드 삭제하기

연결 리스트의 각 노드들은 동적 메모리 할당을 이용하여 생성되었다. 따라서 연결 리스트를 사용한 다음에는 반드시 노드들이 차지하고 있는 메모리 공간을 반납할 필요가 있다.

```
p = list;
while( p != NULL )
{
    next = p->link;
    free(p);
    p = next;
}
```

역시 포인터 p에 헤드 포인터 list의 값을 복사하고 p가 NULL이 될 때까지 반복하면 된다. 여기서 p가 가리키는 공간을 반납하면 p->link를 참조할 수 없다. 따라서 free()를 호출하여 메모리 공간을 반납하기 전에 p->link를 next라는 포인터에 저장한다. free() 호출이 종료된 다음에 next를 p에 대입하여 다음 노드로 이동하면 된다.

중간점검

1   연결 리스트에서 다음 노드는 _____로 가리킨다.

2   연결 리스트의 일반적인 노드는 _____ 필드와 _____ 필드로 구성되어 있다.

3   구조체의 멤버 중에 자기 자신을 가리키는 포인터가 존재하는 구조체를 _____라고 한다.

4   배열과 연결 리스트의 가장 큰 차이점은 무엇인가?

 Mini Project   영화 관리 프로그램

영화들을 저장할 수 있는 구조체 배열을 동적 메모리를 이용하여서 생성하고 여기에 영화 정보를 저장했다가 다시 화면에 출력하는 프로그램을 작성하여보자. 영화 정보는 사용자로부터 받는다.

```
영화의 개수: 2
영화 제목: back to the future
영화 평점: 10.0
영화 제목: wonder woman
영화 평점: 9.0


===================================

영화 제목: back to the future
영화 평점: 10.00
영화 제목: wonder woman
영화 평점: 9.00
===================================
```

Hint 이 문제는 물론 정적 배열을 사용하면 아주 쉬운 문제이지만 여기서 동적 메모리 할당을 이용해보자. 동적 메모리를 사용하면 사용자가 원하는 만큼의 공간을 실행 시간에 할당받을 수 있다. 먼저 영화 정보를 다음과 같이 구조체로 표현한다.

```
typedef struct movie {          // 구조체 타입 정의
      char title[100];          // 영화 제목
      double rating;            // 영화 평점
} MOVIE;
```

또 사용자가 입력하고자 하는 영화의 수를 size에 입력받은 후에, size개의 MOVIE 구조체를 저장할 수 있는 메모리 공간을 동적으로 할당받아서 이 주소를 moves에 저장하여보자.

```
MOVIE *movies;                  // 동적 메모리 공간을 가리키는 포인터
movies = (MOVE *)malloc(sizeof(MOVIE)* size);   // 동적 메모리 할당
```

Solution   **movie.c**

```c
1  #include <stdio.h>
2  #include <stdlib.h>
3
4  typedef struct movie {  // 구조체 타입 정의
5       char title[100];  // 영화 제목
6       double rating;    // 영화 평점
7  } MOVIE;
8
9  int main(void)
10 {
11
12      MOVIE *movies;   // 동적 메모리 공간을 가리키는 포인터
13      int size, i;
14
15      printf("몇 편이나 저장하시겠습니까? ");
16      scanf("%d", &size);
17      getchar();        // 엔터키 제거
18
19      movies = (MOVIE *)malloc(sizeof(MOVIE)* size);  // 동적 메모리 할당
20      if (movies == NULL) {
21          printf("동적 메모리 할당 오류");
22          exit(1);
23      }
24
25      for (i = 0; i<size; i++) {          // size편의 영화 정보 입력
26          printf("영화 제목: ");
27          gets_s(movies[i].title, 100);   // 영화 제목에는 빈칸이 있을 수 있다.
28          printf("영화 평점: ");
29          scanf("%lf", &(movies[i].rating));
30          getchar();                      // 엔터키 제거
31      }
32      printf("\n=======================\n");
33      printf("제목\t\t평점 \n");
34      printf("=======================\n");
35      for (i = 0; i<size; i++)
36          printf("%s \t %.2f \n", movies[i].title, movies[i].rating);
37      printf("=======================\n");
38      free(movies);                       // 동적 메모리 공간 해제
39      return 0;
40 }
```

도전문제

(1) 영화를 이름으로 검색하는 코드도 추가해보자.

(2) 동적 메모리에 있는 데이터를 파일에 저장하는 코드도 추가해보자.

Advanced Topic

수동 메모리 관리 vs 자동 메모리 관리

프로그래밍 언어는 동적 메모리에 데이터를 많이 저장한다. 문자열, 정수, 구조체 등과 같은 간단한 변수가 포함된다. 또 리스트, 객체들의 더 복잡한 데이터 구조들도 동적 메모리에 저장된다. 초기 프로그래밍 언어에서 대부분의 개발자는 프로그램의 모든 메모리 관리를 담당했다. 즉, 변수나 배열, 구조체를 만들기 전에 먼저 메모리를 할당해야 했다. 동적 메모리 사용을 마친 후에는 다른 사용자를 위해 해당 메모리를 해제 해제해야 했다. 이로 인해 몇 가지의 문제가 발생했다.

▶ 메모리를 해제하는 것을 잊을 수 있다. 사용을 마친 후 메모리를 해제하지 않으면 메모리 누수가 발생할 수 있다. 이로 인해 프로그램이 시간이 지남에 따라 너무 많은 메모리를 사용하게 될 수 있다. 장기간 실행되는 응용 프로그램의 경우, 이로 인해 심각한 문제가 발생할 수 있다. 예를 들면 셋톱박스나 스마트폰이 그렇다.

▶ 너무 빨리 메모리를 해제할 수 있다. 누군가 사용 중인 메모리를 해제하는 것이다. 이로 인해 존재하지 않는 메모리 값에 액세스하려고 하면 프로그램이 종료될 수 있다.

이러한 문제는 바람직하지 않았기 때문에 최신 언어에는 자동 메모리 관리가 추가되었다. 파이썬이나 자바, C#에서는 프로그래머는 더 이상 메모리를 직접 관리할 필요가 없다. 대신 가비지 수집기(garbage collector)가 이를 처리한다. 자동 메모리 관리를 위한 몇 가지 방법이 있다. 한 가지 방법은 참조 카운팅을 사용하는 방법이다. 참조 카운팅을 통해 가비지 컬렉터는 객체에 대한 모든 참조를 추적한다. 객체에 대한 참조가 없으면 가비지 수집기가 삭제할 수 있다.

프로그래머에게 자동 메모리 관리는 많은 이점을 가져다 준다. 저수준 메모리 세부 사항에 대해 생각하지 않고 프로그램을 개발할 수 있다. 또한 메모리 누수 또는 위험한 댕글링 포인터를 방지하는 데 도움이 된다. 그러나 자동 메모리 관리에는 비용이 든다. 프로그램은 모든 참조를 추적하기 위해 추가 메모리와 계산을 사용해야 한다. 또한 자동 메모리 관리 기능이 있는 많은 프로그래밍 언어는 가비지 수집기가 수집할 개체를 찾고 삭제하는 동안 모든 실행이 중지된다. 그러나 성능이 중요한 장기 실행 애플리케이션의 경우, 여전히 수동 메모리 관리가 사용된다. 가장 대표적인 언어가 우리가 배우는 C언어와 C++ 언어이다.

Summary

▶ 프로그램의 실행 도중에 메모리를 할당받아서 사용하는 것을 _____이라고 한다.

▶ 동적으로 메모리를 할당받을 때 사용하는 대표적인 함수는 _____이다.

▶ 동적 메모리 할당에서의 단위는 _____이다.

▶ `malloc()`이 반환하는 자료형은 _____이다.

▶ 동적으로 할당된 메모리를 해제하는 함수는 _____이다.

▶ 동적 메모리 함수의 원형은 헤더 파일 _____에 정의되어 있다.

```
int *ptr;
ptr = (int *) malloc(10 * sizeof (int));
if (ptr == NULL) {
    ...
} else {
    ...
    free(ptr);
}
```

▶ 동적 할당 후에 메모리 블록을 초기화하여 넘겨주는 함수는 _____이다.

▶ 할당되었던 동적 메모리의 크기를 변경하는 함수는 _____이다.

▶ `malloc()`의 인수는 _____을 나타낸다.

▶ `realloc()`을 호출하면 기존의 메모리 공간에 있던 데이터들은 어떻게 되는가?

_____

▶ `free()`를 호출하지 않고 프로그램을 종료하면 어떻게 되는가?

_____

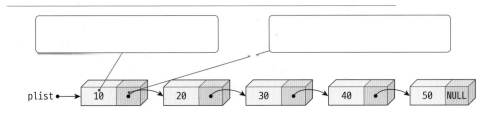

▶ 연결 리스트의 일반적인 노드는 _____필드와 _____필드로 구성되어 있다.

▶ 연결 리스트에서 다음 노드는 _____로 가리킨다.

▶ 배열과 연결 리스트의 가장 큰 차이점은 무엇인가?

_____

Exercise

01 C언어에서 동적으로 메모리를 할당하는 올바른 함수는?

① new()   ② malloc()   ③ create()   ④ get_mem()

02 C언어에서 동적 메모리를 반납하는 올바른 함수는?

① free()   ② delete()   ③ clear()   ④ remove()

03 다음 코드에서 잘못된 부분은 어떤 부분인가? 동적 메모리 할당을 추가하여서 올바르게 수정하여
보자.

```
char* p;
printf("텍스트를 입력하시오: ");
gets_s(p, 100);
printf("입력된 텍스트는 %s입니다. \n",answer);
```

04 다음 문장의 빈칸을 채우시오.

(a) 동적으로 메모리를 할당받는 함수는 _____이고 반납하는 함수는 _____이다.
(b) malloc() 함수의 반환형은 _____이다.
(c) malloc() 함수의 매개 변수의 타입은 _____이다.

05 다음 문장에서 오류를 찾아서 수정하시오.

```
(a) int *pi;
    pi = malloc(sizeof(int), 10);
(b) char *pi;
    pi = calloc(10 * sizeof(char));
(c) char *pc;
    pc = (double *)malloc(10 * sizeof(double));
```

06 다음의 설명에 적합한 문장을 작성하시오.

> (a) double형 데이터를 저장할 수 있는 공간을 동적 할당하고 여기에 3.14를 저장한다.
>
> _____
>
> _____
>
> (b) int형 데이터 5개를 저장할 수 있는 공간을 동적 할당하고 여기에 1부터 5까지를 저장한다.
>
> _____

07 다음과 같은 코드의 문제점은 무엇인가?

```c
int* A = (int *)malloc(10*sizeof(int));
int* B = (int *)malloc(6*sizeof(int));
B = A;
```

08 다음 그림과 같은 연결 리스트에서 다음 질문에 답해보자.

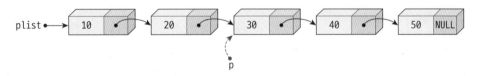

(a) p = p->link 문장의 의미는?

(b) p->link->link가 가리키는 노드는?

(c) 다음과 같은 문장을 적용하면 어떻게 되는가?

```c
p = plist;
while ( p->link != NULL )
        p = p->link;
plist = p;
```

09 연결 리스트에서 다음 문장의 실행이 종료되었을 때 temp의 값은 얼마인가? (   )

```c
temp = phead;
while(temp->link != NULL)
        temp = temp->link;
```

① temp는 NULL이 된다.   ② temp는 마지막 노드를 가리킨다.

③ temp는 첫번째 노드를 가리킨다.   ④ temp는 두번째 노드를 가리킨다.

Programming

01 malloc() 함수를 사용하여 int 변수, short 변수, float 변수를 저장할 수 있는 동적 메모리를 만들고 사용자로부터 해당 값을 입력받아서 저장한다. 동적 메모리에 저장된 값을 꺼내서 출력한다.

```
정수(int형)을 입력하시오: 100
정수(short형)를 입력하시오: 20000
실수(float형)을 입력하시오: 3.14

입력된 값은 100, 20000, 3.14입니다.
```

02 사용자가 입력한 n개의 실수의 합을 계산하기 위한 C 프로그램을 작성해보자. 사용자로부터 실수의 개수를 먼저 입력받도록 해보자. 실수의 개수만큼 동적 메모리를 할당하고, 실수들을 동적 메모리에 저장한다.

```
실수의 개수: 3
실수를 입력하시오: 1.2
실수를 입력하시오: 1.3
실수를 입력하시오: 1.4
합은 3.9입니다.
```

HINT 실수를 저장할 수 있는 동적 메모리는 malloc(sizeof(double)*size)를 호출하면 할당받을 수 있다. 동적 메모리는 배열처럼 사용할 수 있다.

03 정수 100개를 저장할 수 있는 동적 메모리를 할당받고 여기에 0부터 99 사이의 난수를 저장한다. 난수 중에서 최대값을 찾아서 출력해보자.

```
난수 중에서 최대 값은 89입니다.
```

04 malloc() 함수를 사용하여 문자열을 저장할 수 있는 동적 메모리를 생성하고 사용자가 입력한 문자열을 저장한 후에 화면에 출력한다. 문자열을 입력받기 전에 문자열의 최대 길이를 먼저 입력받는다.

```
문자열의 최대 길이를 입력하시오: 100
문자열을 입력하시오: This is a computer.

입력된 문자열은 This is a computer. 입니다.
```

05 처음에 20바이트를 동적 할당받아서 "hangookuniv"를 저장한다. `realloc()`를 이용하여 동적 할당 메모리의 크기를 30바이트로 증가시키고, 이미 있던 문자열에 ".com"을 추가해보자. 저장된 문자열 과 동적 할당 메모리의 주소를 출력해보자.

realloc() 이용

MEDIUM
★★☆

```
문자열 = hangookuniv,  주소 = 1320282688
문자열 = hangookuniv.com,  주소 = 1320269648
```

HINT realloc()을 사용해보자.

06 다음과 같은 구조체를 동적 메모리 할당으로 생성하는 프로그램을 작성해보자. 동적으로 생성된 구 조체에는 { 10, 3.14, 'a' }를 저장한다.

동적 구조체 할당

MEDIUM
★★☆

```
typedef struct rec {
        int i;
        float PI;
        char A;
} my_record;
```

```
i = 10
PI = 3.14
A=a
```

07 성적을 나타내는 구조체가 다음과 같다. 사용자에게 구조체의 개수를 입력하도록 요청하고 개수만큼 의 동적 메모리를 할당받은 후에 구조체에 값을 저장한다. 입력이 끝나면 구조체에 저장된 값을 화면 에 출력한다.

동적 구조체 배열

HARD
★★★

```
struct course {
      char subject[30];    // 과목 이름
      double marks;        // 학점
};
```

```
구조체의 개수: 3
과목 이름과 성적: C언어 4.0
과목 이름과 성적: 자료구조 3.9
과목 이름과 성적: 파이썬 3.8

C언어      4.0
자료구조    3.9
파이썬      3.8
```

연결 리스트

——————
HARD
★★★

08 사용자로부터 정수들을 입력받아서 연결 리스트에 저장하고, 결과를 다음과 같이 출력하는 프로그램을 작성해보자.

```
양의 정수를 입력하시오(종료 -1): 10
양의 정수를 입력하시오(종료 -1): 20
양의 정수를 입력하시오(종료 -1): 30
양의 정수를 입력하시오(종료 -1): -1
10->20->30->NULL
```

HINT 연결 리스트는 노드들로 구성되고 노드들은 포인터로 연결되어 있다.

연결 리스트

——————
HARD
★★★

09 전화번호부를 연결 리스트를 이용하여 만들어보자. 사용자가 전화번호를 입력하면 연결 리스트의 끝에 추가한다. 탐색 기능도 추가해보자.

```
전화번호부 메뉴
----------------------------------------
1. 초기화
2. 전화번호 추가
3. 전화번호 탐색
4. 종료
----------------------------------------
번호를 입력하시오: 2
이름: Kim
번호: 010-1234-5678
추가되었습니다.
...
```

HINT 본문의 책 정보를 연결 리스트로 관리하는 프로그램을 참조한다.

10 최대 100개의 문자를 저장할 수 있는 동적 메모리를 할당받아서 여기에 사용자가 입력한 문자열을 저장하였다가 이것을 다시 "sample.txt" 텍스트 파일에 쓰는 프로그램을 작성해보자.

```
문자열을 입력하시오: this is a test.
파일 sample.txt로 저장되었습니다.
```

찾아보기

Index

찾아보기 Index